AF895633

Strafprozessuale Schranken und Hürden in der Kriminalitätsbekämpfung und -prävention

Internationales und Europäisches Strafverfahrensrecht

Herausgegeben von Hans-Heiner Kühne und Robert Esser

Band 19

PETER LANG

Fabian Maximilian Johannes Teichmann

Strafprozessuale Schranken und Hürden in der Kriminalitätsbekämpfung und -prävention

- untersucht am Beispiel der Bekämpfung der Terrorismusfinanzierung in Deutschland, Liechtenstein, Österreich und der Schweiz -

PETER LANG

Bibliografische Information der Deutschen Nationalbibliothek
Die Deutsche Nationalbibliothek verzeichnet diese Publikation in der Deutschen Nationalbibliografie; detaillierte bibliografische Daten sind im Internet über http://dnb.d-nb.de abrufbar.

Umschlagabbildung:
© Fabian Maximilian Johannes Teichmann

Gedruckt auf alterungsbeständigem, säurefreiem Papier.
Druck und Bindung: CPI books GmbH, Leck

ISBN 978-3-631-82824-3 (Print)
E-ISBN 978-3-631-82945-5 (E-PDF)
E-ISBN 978-3-631-82946-2 (EPUB)
E-ISBN 978-3-631-82947-9 (MOBI)
DOI 10.3726/17281

© Peter Lang GmbH
Internationaler Verlag der Wissenschaften
Berlin 2020
Alle Rechte vorbehalten.

Peter Lang – Berlin · Bern · Bruxelles · New York · Oxford · Warszawa · Wien

Das Werk einschließlich aller seiner Teile ist urheberrechtlich geschützt. Jede Verwertung außerhalb der engen Grenzen des Urheberrechtsgesetzes ist ohne Zustimmung des Verlages unzulässig und strafbar. Das gilt insbesondere für Vervielfältigungen, Übersetzungen, Mikroverfilmungen und die Einspeicherung und Verarbeitung in elektronischen Systemen.

Diese Publikation wurde begutachtet.

www.peterlang.com

Abstract

Während die Massnahmen und Organisationen zur Bekämpfung der Terrorismusfinanzierung bereits hinreichend untersucht wurden, ist nach wie vor wenig über die konkreten Vorgehensweisen von Terrorismusfinanzierern bekannt. Die vorliegende Arbeit beschäftigt sich mit dieser Forschungslücke und zeigt auf, welche strafprozessualen Schranken und Hürden die Bekämpfung der Terrorismusfinanzierung, aber auch anderer Straftaten, massgeblich erschweren. Zudem werden Anregungen für Gesetzesänderungen entwickelt, um eine effektivere Kriminalitätsbekämpfung und -prävention zu ermöglichen.

Vorwort

Mein besonderer Dank gilt Professor Dr. Dr. h. c. Hans-Heiner Kühne, der im Rahmen unseres gemeinsamen Aufenthalts an der National Academy of Legal Sciences der Ukraine im Jahr 2017 erstmals vom vorliegenden Forschungsprojekt erfahren und mich seitdem als väterlicher Freund kontinuierlich ermutigt, unterstützt und mit wertvollen Ratschlägen begleitet hat. Es ist ihm zu verdanken, dass das vorliegende Werk nun in seiner „Reihe zum Internationalen und Europäischen Strafverfahrensrecht" erscheinen darf. Ferner gilt mein Dank Professor Dr. Robert Esser für seine Bereitschaft, das Werk in seiner Funktion als Mitherausgeber zu prüfen. Zudem bedanke ich mich bei sämtlichen Teilnehmenden der empirischen Studie. Gewidmet ist die vorliegende Arbeit meinen Grosseltern, Elisabeth und Maximilian Zeiller, die mir meine Ausbildung ermöglicht haben.

Inhaltsverzeichnis

1. Einleitung

Im Rahmen der vorliegenden Arbeit werden strafprozessuale Schranken und Hürden in der Kriminalitätsbekämpfung und -prävention am Beispiel der Bekämpfung der Terrorismusfinanzierung in Deutschland, Liechtenstein, Österreich und der Schweiz untersucht. Terrorismusbekämpfung ist nach wie vor ein zentrales Thema. Der selbsternannte „Islamische Staat", welcher auch als „IS" bezeichnet wird, hält die Welt in Atem. Terroranschläge in Europa und Kämpfe um Gebiete in Syrien prägen die Berichterstattung der Medien. Es herrscht Einigkeit darüber, dass der Terrorismus bekämpft werden muss. Uneinigkeit existiert hingegen über die zu wählende Vorgehensweise.

Ein möglicher Ansatz der Terrorismusbekämpfung besteht darin, die Finanzierungsströme von Terroristen auszutrocknen. Die dieser Vorgehensweise zugrundeliegende Logik besagt, dass viele Formen von Terrorismus mit gewissen Kosten verbunden sind und Terroristen ohne entsprechende finanzielle Mittel in ihren Handlungsoptionen eingeschränkt sein dürften. Dies ist insofern logisch, als Terroristen unter anderem auf Waffen und Sprengstoff angewiesen sind, um Anschläge verüben zu können. Allerdings muss dieses Argument im Hinblick auf die jüngsten Anschläge in Nizza, Berlin und Stockholm auch relativiert werden. In den drei erwähnten Fällen wurde auf gestohlene Lastkraftwägen als Tatmittel zurückgegriffen, weshalb diese Anschläge nur mit sehr geringen Kosten verbunden waren. Grundsätzlich ist anzumerken, dass Terrorismus zu finanzieren erstaunlich günstig ist. Ein Anschlag kostet im Durchschnitt lediglich 10'000 US-$.[1]

Obwohl nicht jeder Terroranschlag mit hohen Kosten verbunden ist und es möglich sein dürfte, auch mit sehr geringen Kosten viele Menschen zu verletzen oder gar zu töten und folglich eine gewisse mediale Reichweite zu erreichen, ist vernünftigerweise davon auszugehen, dass grössere terroristische Organisationen, wie beispielsweise der IS oder Al-Qaida, gewisse finanzielle Mittel benötigen, um ihre Strukturen aufrechtzuerhalten. Man denke hier exemplarisch an die Bezahlung von Kämpfern in Syrien, welche die Gebiete des IS verteidigen und damit eine Rückzugs- und Ausbildungsmöglichkeit für Terroristen aus aller Welt schaffen.

Daher ist es im Interesse der internationalen Gemeinschaft, die Terrorismusfinanzierung zu bekämpfen. Dies dient dem Zweck, terroristische Organisationen

---

1 ZEIT, 2015: S. 1 ff.

zu schwächen. Dadurch werden die organisatorischen Strukturen dieser Vereinigungen in ihren Möglichkeiten eingeschränkt. Grössere Anschläge sind im Idealfall nicht mehr zu realisieren.

Allerdings stellt sich die Frage, wie man die Terrorismusfinanzierung definiert und bekämpft. Die vorliegende Arbeit verwendet die Definition von Art. 260^{quinquies} CH-StGB[2], welche in Kapitel 2.1. genauer erläutert wird. Auf die bestehenden Mechanismen der Terrorismusfinanzierung wird in Kapitel 2.2. eingegangen. Die Analyse der vorliegenden Literatur zum Thema Terrorismusfinanzierung wird Stärken und Schwächen der existierenden Massnahmen aufzeigen.

Insbesondere liegt der Schwerpunkt der bestehenden Forschung zum Thema Terrorismusfinanzierung auf dem Versuch, Statistiken über die Einnahmequellen und den Vermögenstransfer von Terroristen zu untersuchen. Dabei ist jedoch davon auszugehen, dass es eine ausserordentlich hohe Dunkelziffer gibt. Allerdings wurde bisher nicht untersucht, wie ein intelligenter Terrorismusfinanzierer vorgehen würde, um mit einem möglichst geringen Entdeckungsrisiko für die Terrorismusfinanzierung bestimmte Vermögenswerte zu schaffen und anschliessend zu transferieren.

Das Ziel dieser Studie ist es, das Vorgehen intelligenter Täter zu antizipieren und Vorschläge für gesetzgeberische Massnahmen für eine effektivere Bekämpfung der Terrorismusfinanzierung zu entwickeln. Daher wird die Perspektive intelligenter Täter eingenommen und es werden Methoden zur Generierung von Einnahmequellen und zum Transfer von Vermögenswerten entwickelt. Diese Methoden dienen als Grundlage für eine Analyse der Schwachstellen der Terrorismusbekämpfung aus strafprozessualer Sicht.

Vor allem sollen strafprozessrechtliche Schwachstellen der Bekämpfung der Terrorismusfinanzierung in Deutschland, Liechtenstein, Österreich und der Schweiz analysiert werden. Im Besonderen soll dargestellt werden, wie intelligente Terrorismusfinanzierer vorgehen können und welche strafprozessrechtlichen Schwierigkeiten sich dabei für Ermittler ergeben. Zu diesem Zweck werden ausgewählte Instrumente der Ermittler auf ihre praktische Relevanz hin

---

2 CH-StGB – schweizerisches Strafgesetzbuch
CH-StPO – schweizerische Strafprozessordung
DE-StGB – deutsches Strafgesetzbuch
DE-StPO – deutsche Strafprozessordnung
Ö-StGB – österreichisches Strafgesetzbuch
Ö-StPO – österreichische Strafprozessordnung
FL-StGB – liechtensteinisches Strafgesetzbuch
FL-StPO – liechtensteinische Strafprozessordnung

untersucht und rechtsvergleichend analysiert. Abschliessend werden Verbesserungsvorschläge für den Gesetzgeber entwickelt.

Zunächst werden im Sinne einer Vorstudie 15 informelle Gespräche mit illegalen Finanzdienstleistern geführt, um explorativ zu untersuchen, welche Einnahmequellen Terroristen nutzen und wie sie ihre Gelder transferieren könnten. Aufbauend auf den Ergebnissen der Vorstudie werden 15 semistandardisierte Experteninterviews mit Ermittlern im Rahmen einer zusammenfassenden qualitativen Inhaltsanalyse nach Mayring analysiert. Dabei wird untersucht, wie intelligente Terrorismusfinanzierer konkret vorgehen müssen, um mit möglichst geringem Risiko Vermögenswerte für die Terrorismusfinanzierung zu generieren und zu transferieren.

Anschliessend wird dargestellt, wie ausgewählte strafprozessrechtliche Instrumente den Ermittlern in der Schweiz helfen könnten, die im Rahmen der Diskussion der empirischen Ergebnisse beschriebenen Methoden der Terrorismusfinanzierung effektiver zu bekämpfen. Dabei wird die aktuelle Rechtslage in der Schweiz als Ausgangspunkt genommen und durch rechtsvergleichende Anregungen aus Deutschland, Liechtenstein und Österreich ergänzt. Letztendlich sollen dadurch Anregungen für eine Gesetzesreform in der Schweiz gegeben werden, um eine noch effektivere Bekämpfung und Prävention der Kriminalität in Deutschland, Liechtenstein, Österreich und der Schweiz zu ermöglichen.

Insbesondere wird angeregt, Onlinedurchsuchungen zu ermöglichen. Geschickt agierende Täter kommunizieren nicht mit anderen Personen über geplante Vorgehensweisen. Daher sind Onlinedurchsuchungen häufig das einzige zur Verfügung stehende Mittel, um sogenannte Lonely Wolves zu identifizieren und ihnen einen Verstoss gegen Art. 260^{quinquies} CH-StGB nachzuweisen. Dies dürfte in vielen Fällen nur durch das unbemerkte Eindringen in Datenverarbeitungssysteme und deren Durchsuchung gelingen.

Ferner wird vorgeschlagen, die Befugnisse der Verdeckten Ermittler[3] zu erweitern. Verdeckte Ermittler sind in der Regel verhältnismässig leicht von Tätern zu identifizieren. Dies liegt daran, dass es Verdeckten Ermittlern, abgesehen von wenigen Ausnahmen, nicht gestattet ist, Straftaten zu begehen.

---

3 „Verdeckte Ermittler", „- Ermittlung", „- Fahnder" und „- Fahndung" werden als Eigennamen gross geschrieben.

2. Stand der Forschung und Forschungslücke

In diesem Kapitel werden der Stand der Forschung zum Thema Terrorismusfinanzierung, allfällige Forschungslücken sowie die dieser Studie zugrundeliegende forschungsmethodische Vorgehensweise dargestellt. Ziel dieses Kapitels ist es nicht, eine Enzyklopädie über Literatur zum Thema Terrorismusfinanzierung zu verfassen. Vielmehr sollen die theoretischen Grundlagen für die anschliessende empirische Untersuchung geschaffen werden. Dies setzt voraus, dass dem Leser ein Überblick über den aktuellen Stand der Forschung gegeben wird, um zu erläutern, warum die Untersuchung der Forschungsfragen sinnvoll und notwendig ist.

In einem ersten Schritt wird der Begriff der Terrorismusfinanzierung für die Zwecke dieser Arbeit definiert. Anschliessend wird dargestellt, welche Einnahmequellen Terroristen haben und wie sie Vermögenswerte zum Zweck der Terrorismusfinanzierung transferieren. Ferner werden bestehende Massnahmen zum Zweck der Bekämpfung der Terrorismusfinanzierung betrachtet. Abschliessend wird eine Forschungslücke identifiziert.

2.1. Definition der Terrorismusfinanzierung

Zunächst muss definiert werden, welches Phänomen überhaupt bekämpft werden soll.[4] Im Gegensatz zu anderen Straftaten sind Terrorismus und die Terrorismusfinanzierung nicht leicht zu definieren.[5] Trotz intensiver Bemühungen ist es der internationalen Gemeinschaft bisher nicht gelungen, sich auf eine einheitliche Definition der Terrorismusfinanzierung zu einigen.[6]

Die Tatsache, dass es keine einheitliche Definition für Terrorismusfinanzierung gibt, ist unter anderem darauf zurückzuführen, dass es schwer ist, eine einheitliche Definition für Terrorismus zu entwickeln.[7] Dabei scheint es sich um ein nahezu unüberwindbares Problem zu handeln, da sich die internationale

---

4 Veng Mei Long, 2005: S. 19.

5 Tofangsaz, 2015: S. 386; Cooper, 2001: S. 881 f.; Ruby, 2002: S. 9 f.; Tilly, 2004: S. 5 f.; Lutz, 2002: S. 2 f.; Saul, 2005a: S. 57 f.; Saul, 2005b: S. 141; Senechal dela Roche, 2004: S. 1 f.; Begorre-Bret, 2005: S. 1987 f.; Scharf, 2000: S. 391; Gibbs, 1989: S. 329 f.; Schmid, 2004a: S. 40 f.; Schmid, 2004b: S. 375 f.; Rodin, 2004: S. 752 f.

6 Dalyan, 2008: S. 138; Cassese, 2001: S. 993; Zeidan, 2003: S. 491 f.; Dumitriu, 2005: S. 237 f.

7 Guillaume, 2004: S. 544; Badey, 1998: S. 90 f.; Prabha, 2000: S. 125.

Gemeinschaft nicht auf eine einheitliche Definition verständigen kann.[8] Beispielsweise muss zwischen Freiheitskämpfern und Terroristen unterschieden werden.[9] Alleine die USA verfügen bereits über diverse verschiedene Definitionen von Terrorismus.[10]

Zudem wird der Begriff von verschiedenen Gruppen weltweit missbraucht, um noch radikalere Vorgehensweisen zu rechtfertigen.[11] Dies führt wiederum zu Fragen bei der Strafverfolgung. Schliesslich ist unklar, ob der Tatbestand der Finanzierung des Terrorismus erfüllt ist, wenn der Täter eine Gruppe finanziert hat, welche unter Umständen gar nicht eindeutig als terroristische Vereinigung definiert werden kann.

In der Schweiz wurde die Terrorismusfinanzierung in Art. 260^{quinquies} CH-StGB definiert. Andere Gesetze, wie beispielsweise das Bundesgesetz zur Bekämpfung der Geldwäscherei und der Terrorismusfinanzierung, verweisen auf diese Definition. Selbige dient somit auch als Grundlage für die vorliegende Arbeit. Mit Art. 260^{quinquies} CH-StGB wurde in der Schweiz letztendlich das Übereinkommen zur Bekämpfung der Finanzierung des Terrorismus (ÜBFT), welches am 09. Dezember 1999 in New York getroffen worden war, umgesetzt. Art. 260^{quinquies} CH-StGB lautet wie folgt:

> *«Finanzierung des Terrorismus*
> *1 Wer in der Absicht, ein Gewaltverbrechen zu finanzieren, mit dem die Bevölkerung eingeschüchtert oder ein Staat oder eine internationale Organisation zu einem Tun oder Unterlassen genötigt werden soll, Vermögenswerte sammelt oder zur Verfügung stellt, wird mit Freiheitsstrafe bis zu fünf Jahren oder Geldstrafe bestraft.*
> *2 Nimmt der Täter die Möglichkeit der Terrorismusfinanzierung lediglich in Kauf, so macht er sich nach dieser Bestimmung nicht strafbar.*
> *3 Die Tat gilt nicht als Finanzierung einer terroristischen Straftat, wenn sie auf die Herstellung oder Wiederherstellung demokratischer und rechtsstaatlicher Verhältnisse oder die Ausübung oder Wahrung von Menschenrechten gerichtet ist.*
> *4 Absatz 1 findet keine Anwendung, wenn mit der Finanzierung Handlungen unterstützt werden sollen, die nicht im Widerspruch mit den in bewaffneten Konflikten anwendbaren Regeln des Völkerrechts stehen.»*[12]

---

8 Scharf, 2004: S. 359.

9 Ganor, 2002: S. 287; Howard, 2002: S. 8 f.; Kennedy, 2009: S. 1 f.; Hughes, 2007: S. 293; Klabbers, 2003: S. 299 f.; Lopez-Rivera & Headley, 1989: S. 162; Kalin & Kunzli, 2000: S. 46 f.

10 Orlova & Moore, 2004: S. 310; Perry, 2003: S. 249 f.

11 Forster, 2005: S. 215.

12 Art. 260^{quinquies} CH-StGB.

Art. 260^{quinquies} CH-StGB wird im nachfolgenden Kapitel detailliert behandelt. Folglich wird vorliegend auf weitere Ausführungen verzichtet.

In Deutschland wurde die Terrorismusfinanzierung in § 89c DE-StGB definiert. Dort heisst es

« (1) 1Wer Vermögenswerte sammelt, entgegennimmt oder zur Verfügung stellt mit dem Wissen oder in der Absicht, dass diese von einer anderen Person zur Begehung

1. *eines Mordes (§ 211), eines Totschlags (§ 212), eines Völkermordes (§ 6 des Völkerstrafgesetzbuches), eines Verbrechens gegen die Menschlichkeit (§ 7 des Völkerstrafgesetzbuches), eines Kriegsverbrechens (§§ 8, 9, 10, 11 oder 12 des Völkerstrafgesetzbuches), einer Körperverletzung nach § 224 oder einer Körperverletzung, die einem anderen Menschen schwere körperliche oder seelische Schäden, insbesondere der in § 226 bezeichneten Art, zufügt,*
2. *eines erpresserischen Menschenraubes (§ 239a) oder einer Geiselnahme (§ 239b),*
3. *von Straftaten nach den §§ 303b, 305, 305a oder gemeingefährlicher Straftaten in den Fällen der §§ 306 bis 306c oder 307 Absatz 1 bis 3, des § 308 Absatz 1 bis 4, des § 309 Absatz 1 bis 5, der §§ 313, 314 oder 315 Absatz 1, 3 oder 4, des § 316b Absatz 1 oder 3 oder des § 316c Absatz 1 bis 3 oder des § 317 Absatz 1,*
4. *von Straftaten gegen die Umwelt in den Fällen des § 330a Absatz 1 bis 3,*
5. *von Straftaten nach § 19 Absatz 1 bis 3, § 20 Absatz 1 oder 2, § 20a Absatz 1 bis 3, § 19 Absatz 2 Nummer 2 oder Absatz 3 Nummer 2, § 20 Absatz 1 oder 2 oder § 20a Absatz 1 bis 3, jeweils auch in Verbindung mit § 21, oder nach § 22a Absatz 1 bis 3 des Gesetzes über die Kontrolle von Kriegswaffen,*
6. *von Straftaten nach § 51 Absatz 1 bis 3 des Waffengesetzes,*
7. *einer Straftat nach § 328 Absatz 1 oder 2 oder § 310 Absatz 1 oder 2,*
8. *einer Straftat nach § 89a Absatz 2a*

verwendet werden sollen, wird mit Freiheitsstrafe von sechs Monaten bis zu zehn Jahren bestraft. 2Satz 1 ist in den Fällen der Nummern 1 bis 7 nur anzuwenden, wenn die dort bezeichnete Tat dazu bestimmt ist, die Bevölkerung auf erhebliche Weise einzuschüchtern, eine Behörde oder eine internationale Organisation rechtswidrig mit Gewalt oder durch Drohung mit Gewalt zu nötigen oder die politischen, verfassungsrechtlichen, wirtschaftlichen oder sozialen Grundstrukturen eines Staates oder einer internationalen Organisation zu beseitigen oder erheblich zu beeinträchtigen, und durch die Art ihrer Begehung oder ihre Auswirkungen einen Staat oder eine internationale Organisation erheblich schädigen kann.

(2) Ebenso wird bestraft, wer unter der Voraussetzung des Absatzes 1 Satz 2 Vermögenswerte sammelt, entgegennimmt oder zur Verfügung stellt, um selbst eine der in Absatz 1 Satz 1 genannten Straftaten zu begehen.

(3) 1Die Absätze 1 und 2 gelten auch, wenn die Tat im Ausland begangen wird. 2Wird sie ausserhalb der Mitgliedstaaten der Europäischen Union begangen, gilt dies nur, wenn sie durch einen Deutschen oder einen Ausländer mit Lebensgrundlage im Inland begangen wird oder die finanzierte Straftat im Inland oder durch oder gegen einen Deutschen begangen werden soll.

(4) 1In den Fällen des Absatzes 3 Satz 2 bedarf die Verfolgung der Ermächtigung durch das Bundesministerium der Justiz und für Verbraucherschutz. 2Wird die Tat in einem anderen Mitgliedstaat der Europäischen Union begangen, bedarf die Verfolgung der Ermächtigung durch das Bundesministerium der Justiz und für Verbraucherschutz, wenn die Tat weder durch einen Deutschen begangen wird noch die finanzierte Straftat im Inland noch durch oder gegen einen Deutschen begangen werden soll.

(5) Sind die Vermögenswerte bei einer Tat nach Absatz 1 oder 2 geringwertig, so ist auf Freiheitsstrafe von drei Monaten bis zu fünf Jahren zu erkennen.

(6) Das Gericht mildert die Strafe (§ 49 Absatz 1) oder kann von Strafe absehen, wenn die Schuld des Täters gering ist.

(7) 1Das Gericht kann die Strafe nach seinem Ermessen mildern (§ 49 Absatz 2) oder von einer Bestrafung nach dieser Vorschrift absehen, wenn der Täter freiwillig die weitere Vorbereitung der Tat aufgibt und eine von ihm verursachte und erkannte Gefahr, dass andere diese Tat weiter vorbereiten oder sie ausführen, abwendet oder wesentlich mindert oder wenn er freiwillig die Vollendung dieser Tat verhindert. 2Wird ohne Zutun des Täters die bezeichnete Gefahr abgewendet oder wesentlich gemindert oder die Vollendung der Tat verhindert, genügt sein freiwilliges und ernsthaftes Bemühen, dieses Ziel zu erreichen.»[13]

Mit § 89c DE-StGB hat der Gesetzgeber einen einheitlichen und eigenständigen Straftatbestand mit einer Mindestfreiheitsstrafe geschaffen. § 89c des Deutschen Strafgesetzbuches ist Art. 260^{quinquies} des Schweizerischen Strafgesetzbuches nachgebildet.[14] § 89c DE-StGB weist somit erhebliche Ähnlichkeit mit dem schweizerischen Art. 260^{quinqies} CH-StGB auf. Diese Ähnlichkeiten beziehen sich insbesondere auf die Merkmale des Sammelns und der Zurverfügungstellung von Vermögenswerten, welche wertmässig nicht näher eingegrenzt wurden. In subjektiver Hinsicht besteht erhebliche Ähnlichkeit im Hinblick auf den dolus directus 1. und 2. Grades, welcher in Artikel 260^{quinqies} Abs. 2 des Schweizerischen Strafgesetzbuches und in Art. 2 Abs. 1 des UN-Übereinkommens zur Bekämpfung der Finanzierung des Terrorismus zu finden ist.[15] Im Gegensatz zum Schweizerischen Strafgesetzbuch differenziert das Deutsche Strafgesetzbuch nicht, ob Vermögenswerte lediglich einmalig oder gelegentlich entgegengenommen wurden.[16]

Zur Erfüllung der internationalen Vorgaben wird in § 89c Abs. 1 Nr. 1 bis Nr. 8 DE-StGB auf zahlreiche Straftaten Bezug genommen, welche sowohl

---

13 § 89c DE-StGB.

14 Fischer, 2020: § 89c DE-StGB Rz. 2.

15 Zöller, 2018: § 89c DE-StGB Rz. 3.

16 Fischer, 2020: § 89c DE-StGB Rz. 4.

Individualrechtsgüter als auch Gemeinschaftsrechtsgüter schützen. Nach Abs. 1 S. 2 gilt für Fälle des Abs. 1 Nr. 1 bis Nr. 7 eine Regelung, welche jener vom § 129a Abs. 2 DE-StGB entspricht. Dadurch wird gewährleistet, dass § 89c DE-StGB lediglich auf Sachverhalte angewandt werden kann, welche dem originär-terroristischen Bereich zugeordnet werden müssen. Interessanterweise orientiert sich § 89c DE-StGB an Art. 260quinquies des Schweizerischen Strafgesetzbuches. In der Literatur wird § 89c DE-StGB häufig kritisiert, insbesondere wird die verfassungsmässig erforderliche Bestimmtheit und Verhältnismässigkeit von § 89c DE-StGB infrage gestellt.[17] Im § 89c DE-StGB wird danach differenziert, ob die terroristische Tat von einem Dritten oder vom finanzierenden Täter selbst begangen werden soll. Weitere inhaltliche Unterschiede zwischen § 89c Abs. 1 (Begehung der Tat durch einen Dritten) und Abs. 2 (Begehung der Tat durch den Finanzierer selbst) bestehen nicht.[18] Die zu finanzierende Tat muss zudem entweder hinsichtlich der Art ihrer Begehung oder ihrer Auswirkungen geeignet sein, dem Staat oder eine internationale Organisation erheblich zu schädigen.[19]

Im § 89c Abs. 1 DE-StGB werden das Sammeln und die Entgegennahme von Vermögenswerten sowie die Zurverfügungstellung von selbigen zum Zwecke der Terrorismusfinanzierung geregelt.[20] Es ist anzumerken, dass mindestens zwei Personen involviert sein sollten und ein äusserlich sichtbares Verhalten gefordert sein muss. Damit kann gewährleistet werden, dass lediglich das Einsammeln, aber nicht das Ansammeln die Tatbestandsvoraussetzungen erfüllt.[21] Es muss sich zudem um ein mehrartiges Geschehen handeln. Hinsichtlich des Sammelns ist insbesondere auf eine Planmässigkeit und Konstanz in der Entgegennahme oder dem Einfordern von Vermögenswerten abzustellen.[22] Unter der Entgegennahme von Vermögenswerten ist insbesondere ein Verhalten zu verstehen, dass die Annahme, aber nicht die Aufforderung zur Vermögensspende umfasst.[23] Hinsichtlich des Entgegennehmens ist darauf hinzuweisen, dass eine gewisse Entscheidungsautonomie über die Vermögenswerte vorausgesetzt werden kann.[24] Unter der Zurverfügungstellung hingegen ist die Übergabe

17 Schäfer, 2017: § 89c DE-StGB Rz. 1.
18 Sternberg-Lieben, 2019: § 89c DE-StGB Rz. 2.
19 Fischer, 2020: § 89c DE-StGB Rz. 6.
20 Schäfer, 2017: § 89c DE-StGB Rz. 9.
21 Paeffgen, 2017: § 89c DE-StGB Rz. 7.
22 Schäfer, 2017: § 89c DE-StGB Rz. 8.
23 Schäfer, 2017: § 89c DE-StGB Rz. 10.
24 Paeffgen, 2017: § 89c DE-StGB Rz. 8.

von Vermögenswerten zu verstehen.[25] Die Zurverfügungstellung meint sodann auch die mittelbare Überlassung an Dritte. Diese kann beispielsweise durch Überweisung oder Aushändigung erfolgen.[26] Davon abzugrenzen sind alltägliche Vermögenszuflüsse, wie beispielsweise Gehaltszahlungen. Diese sollen nicht tatbestandsmässig sein.[27]

Als Vermögenswerte gelten somit insbesondere Geld sowie alle anderen geldwerten Gegenstände und Tatmittel.[28] Diese können beweglich oder unbeweglich sein. Auch Rechte kommen hierfür infrage.[29] Letztere dürften insbesondere im Hinblick auf die Entwicklung von Kryptowährungen und anderen Blockchain-Technologien, wie beispielsweise Token, interessant sein. Es ist inzwischen möglich, auch Rechte zu verbriefen und hierfür die Blockchain-Technologie zu nutzen. Die erwähnten Definitionen sind in Deutschland, Liechtenstein, Österreich und der Schweiz weitestgehend identisch. In § 89 Abs. 1 DE-StGB ist die Finanzierung fremder Taten geregelt. Dabei gilt es hervorzuheben, dass hierbei nicht nur schwere staatsgefährdende Gewalttaten gemeint sind, sondern jede Art von terroristischer Straftat.[30] In § 89c Abs. 2 DE-StGB werden dieselben Tathandlungen wie in Abs. 1 unter Strafe gestellt. Dabei werden insbesondere Vorbereitungshandlungen, welche vorher straflos waren, neu unter Strafe gestellt.[31] Auch hiervon sind keine Alltagsgeschäfte, welche auf Rechtspflicht beruhen, erfasst.[32] Alltägliche Vermögenszuflüsse sollen im Tatbestand von § 89c DE-StGB nicht erfasst sein.[33]

Aus subjektiver Sicht genügt bedingter Vorsatz.[34] Der Vorsatz des Täters muss sich zudem darauf beziehen, dass die Mittel für eine terroristische Tat verwendet werden sollen.[35] Allerdings ist hier zwischen fremden Taten und eigenen Taten zu differenzieren. Bei fremden Taten im Sinne von § 89c, Abs. 1 ist entweder ein dolus directus 2. Grades, also das sichere Wissen, dass dies andere Personen eine Straftat im Sinne von § 89c, Abs. 1 S. 1 DE-StGB begehen möchten und die

25 Paeffgen, 2017: § 89c DE-StGB Rz. 7.
26 Lackner/Kühl, 2018: § 89c DE-StGB Rz. 2.
27 Schäfer, 2017: § 89c DE-StGB Rz. 11.
28 Fischer, 2020: § 89c DE-StGB Rz. 2.
29 Schäfer, 2017: § 89c DE-StGB Rz. 12.
30 Paeffgen, 2017: § 89c DE-StGB Rz. 9.
31 Schäfer, 2017: § 89c DE-StGB Rz. 13.
32 Paeffgen, 2017: § 89c DE-StGB Rz. 13.
33 Kindhäuser, 2018: § 89c DE-StGB Rz. 2.
34 Schäfer, 2017: § 89c DE-StGB Rz. 14.
35 Sternberg-Lieben, 2019: § 89c DE-StGB Rz. 9.

betroffenen Vermögenswerte hierfür verwendet werden sollen oder ein Handeln mit einer entsprechenden Absicht erforderlich. Sofern es sich um eine eigene Tat im Sinne des § 89c Abs. 2 DE-StGB handelt, ist ein dolus directus 1. Grades, also echte Absicht, erforderlich.[36] Dabei kommt ein Straftatenkatalog zur Anwendung, welcher an § 129a DE-StGB angelegt ist. Die Straftaten sind in § 89c Abs. 1 S. 1 Nr. 1 bis Nr. 8 DE-StGB aufgeführt.[37] Es erübrigt sich, den Katalog der Straftaten vorliegend noch mal zu wiederholen, da der Gesetzestext mit abgedruckt wird. Erwähnenswert ist jedoch, dass § 89c Abs. 1 S. 2 DE-StGB fordert, dass die in Abs. 1 S. 1 Nr. 1 bis Nr. 7 DE-StGB aufgeführten Straftaten eine besondere Bestimmung und Eignung aufzuweisen haben.[38]

In § 89c Abs. 3 DE-StGB ist die Anwendbarkeit auf Auslandstaten geregelt. Dabei wird insbesondere zwischen Taten innerhalb und ausserhalb der Europäischen Union differenziert. Letztere unterliegen einschränkenden Voraussetzungen. Die Regelung erinnert an § 89a Abs. 3 DE-StGB.[39] Bestimmte Auslandssachverhalte werden unter einem Ermächtigungsvorbehalt gestellt. Diese Regelung erinnert an § 89a Abs. 4 DE-StGB.[40] Ähnlich wie bei § 89a DE-StGB beurteilt sich die Rechtswidrigkeit nach den allgemeinen Grundsätzen. Sie gilt als indiziert, sofern der Tatbestand erfüllt ist. Insbesondere sind keinerlei Rechtfertigungsgründe ersichtlich.[41]

Im früheren § 89a Abs. 4 DE-StGB wurde eine Erheblichkeit der Vermögenszuwendung vorausgesetzt.[42] Der Gesetzgeber hat bewusst auf das Erfordernis der Erheblichkeit der Vermögenszuwendung verzichtet. Dafür wurde in Absatz 5 ein minderschwerer Fall bzw. in Absatz 6 die zwingende Minderung sowie ein potentielles Absehen von Strafe vorgesehen. In der Literatur wurde argumentiert, dass diese Technik ein Verstoss gegen den Verhältnismässigkeitsgrundsatz darstellt. Es wurde in den Raum gestellt, dass damit die Möglichkeiten für präventivpolizeiliche Massnahmen erweitert werden.[43] Es gilt zu beachten, dass das Gericht bei geringer Schuld die Strafe nach § 49 Abs. 1 DE-StGB zu mildern hat. Es kann alternativ (fakultativ) auch von der Strafe absehen.[44] Die Geringwertigkeit des

36 Schäfer, 2017: § 89c DE-StGB Rz. 15.
37 Schäfer, 2017: § 89c DE-StGB Rz. 16.
38 Schäfer, 2017: § 89c DE-StGB Rz. 17.
39 Schäfer, 2017: § 89c DE-StGB Rz. 18.
40 Schäfer, 2017: § 89c DE-StGB Rz. 19.
41 Schäfer, 2017: § 89c DE-StGB Rz. 20.
42 Kindhäuser, 2018: § 89c DE-StGB Rz. 6.
43 Paeffgen, 2017: § 89c DE-StGB Rz. 10.
44 Von Heintschel-Heinegg, 2016: § 89c DE-StGB Rz. 15.

Vermögens hat nicht mehr Straflosigkeit, wie vorher, zur Folge, sondern führt zu einer Reduktion des Strafmasses um die Hälfte.[45] Problematisch ist aus der Sicht des Autors, dass der Wert der Vermögensgegenstände nicht eingegrenzt wurde. So fallen auch sehr niedrige Vermögenswerte unter den Tatbestand von § 89c DE-StGB. Man denke hierbei an wenige Euro für einige Schuss Munition.[46]

Hinsichtlich des Strafrahmens ist festzuhalten, dass bei geringwertigen Vermögenswerten eine Halbierung der Strafe vorzunehmen ist. Hierbei könnte man im Inland auf eine Wertgrenze von 50,00 € abstellen. Im Ausland könnte man auf die am jeweiligen Tatort üblichen Verhältnisse Rücksicht nehmen. Letzteres dürfte jedoch für deutsche Richter schwierig zu beurteilen sein.[47]

§ 89c DE-StGB wurde als abstraktes Gefährdungsdelikt ausgestaltet, dabei richten sich Täterschaft und Teilnahme nach den allgemeinen Grundsätzen. Der Versuch ist hingegen nicht strafbedroht.[48] Taten im Sinne von § 89c DE-StGB gelten als mitbestrafte Vortat und treten im Rahmen der Gesetzeskonkurrenz hinter durchgeführte Taten in jedem Stadium sowie jeder Form der Beteiligung zurück.[49]

In Österreich ist die Terrorismusfinanzierung in § 278d Ö-StGB geregelt:

« (1) Wer Vermögenswerte mit dem Vorsatz bereitstellt oder sammelt, dass sie, wenn auch nur zum Teil, zur Ausführung

1. *einer Luftpiraterie (§ 185) oder einer vorsätzlichen Gefährdung der Sicherheit der Luftfahrt (§ 186),*
2. *einer erpresserischen Entführung (§ 102) oder einer Drohung damit,*
3. *eines Angriffs auf Leib, Leben oder Freiheit einer völkerrechtlich geschützten Person oder eines gewaltsamen Angriffs auf eine Wohnung, einen Dienstraum oder ein Beförderungsmittel einer solchen Person, der geeignet ist, Leib, Leben oder Freiheit dieser Person zu gefährden, oder einer Drohung damit,*
4. *einer vorsätzlichen Gefährdung durch Kernenergie oder ionisierende Strahlen (§ 171), einer Drohung damit, eines unerlaubten Umgangs mit Kernmaterial oder radioaktiven Stoffen (§ 177b), einer sonstigen strafbaren Handlung zur Erlangung von Kernmaterial oder radioaktiven Stoffen oder einer Drohung mit der Begehung eines Diebstahls oder Raubes von Kernmaterial oder radioaktiven Stoffen, um einen anderen zu einer Handlung, Duldung oder Unterlassung zu nötigen,*

45 Sternberg-Lieben, 2019: § 89c DE-StGB Rz. 14.
46 Zöller, 2018: § 89c DE-StGB Rz. 12.
47 Zöller, 2018: § 89c DE-StGB Rz. 21.
48 Zöller, 2018: § 89c DE-StGB Rz. 5.
49 Paeffgen, 2017: § 89c DE-StGB Rz. 17.

5. *eines erheblichen Angriffs auf Leib oder Leben eines anderen auf einem Flughafen, der der internationalen Zivilluftfahrt dient, einer Zerstörung oder erheblichen Beschädigung eines solchen Flughafens oder eines darauf befindlichen Luftfahrzeugs oder einer Unterbrechung der Dienste des Flughafens, sofern die Tat unter Verwendung einer Waffe oder sonstigen Vorrichtung begangen wird und geeignet ist, die Sicherheit auf dem Flughafen zu gefährden,*
6. *einer strafbaren Handlung, die auf eine in den §§ 185 oder 186 geschilderte Weise gegen ein Schiff oder eine feste Plattform, gegen eine Person, die sich an Bord eines Schiffes oder auf einer festen Plattform befindet, gegen die Ladung eines Schiffes oder eine Schifffahrtseinrichtung begangen wird,*
7. *der Beförderung eines Sprengsatzes oder einer anderen tödlichen Vorrichtung an einen öffentlichen Ort, zu einer staatlichen oder öffentlichen Einrichtung, einem öffentlichen Verkehrssystem oder einer Versorgungseinrichtung oder des Einsatzes solcher Mittel mit dem Ziel, den Tod oder eine schwere Körperverletzung eines anderen oder eine weitgehende Zerstörung des Ortes, der Einrichtung oder des Systems zu verursachen, sofern die Zerstörung geeignet ist, einen erheblichen wirtschaftlichen Schaden herbeizuführen,*
8. *einer strafbaren Handlung, die den Tod oder eine schwere Körperverletzung einer Zivilperson oder einer anderen Person, die in einem bewaffneten Konflikt nicht aktiv an den Feindseligkeiten teilnimmt, herbeiführen soll, wenn diese Handlung auf Grund ihres Wesens oder der Umstände darauf abzielt, eine Bevölkerungsgruppe einzuschüchtern oder eine Regierung oder eine internationale Organisation zu einem Tun oder Unterlassen zu nötigen,*
9. *einer sonstigen strafbaren Handlung nach § 278c Abs. 1, einer strafbaren Handlung nach den §§ 278e, 278f oder 278g oder der Anwerbung eines anderen zur Begehung einer terroristischen Straftat nach § 278c Abs. 1 Z 1 bis 9 oder 10,*

verwendet werden, ist mit Freiheitsstrafe von einem bis zu zehn Jahren zu bestrafen.
(1a) Ebenso ist zu bestrafen, wer Vermögenswerte für

1. *eine andere Person, von der er weiss, dass sie Handlungen nach Abs. 1 begeht, oder*
2. *ein Mitglied einer terroristischen Vereinigung, von der er weiss, dass sie darauf ausgerichtet ist, Handlungen nach Abs. 1 zu begehen,*

bereitstellt oder sammelt.

(2) Der Täter ist nach Abs. 1 oder Abs. 1a nicht zu bestrafen, wenn die Tat nach einer anderen Bestimmung mit strengerer Strafe bedroht ist.»[50]

§ 278d Ö-StGB ist ebenfalls als Typ des Vorbereitungsdelikts zu betrachten.[51] Er wurde als Auffangtatbestand geschaffen und dient der Umsetzung des UN-Terrorismus-Finanzierungsübereinkommens BGB i III. 2002/102 sowie der

50 § 278d Ö-StGB.
51 Plöchl, 2017: § 278d Ö-StGB, Rz. 1.

UN-Sicherheitsrats-Resolution 1373 (2001).[52] Insbesondere soll gewährleistet werden, dass auch die Finanzierung des Terrorismus bereits strafbar ist.[53] Tatbestandsmässig ist die vorsätzliche Bereitstellung oder das Sammeln von Vermögenswerten, welche zur Ausführung einer oder verschiedener der in den Ziffern 1 bis 8 erwähnten Katalogtaten verwendet werden sollen.[54]

Unter Vermögenswerten sind ähnlich wie in Deutschland, der Schweiz und Liechtenstein auch in Österreich sämtliche Vermögensgegenstände zu verstehen. Diese können materieller, immaterieller, beweglicher oder auch unbeweglicher Natur sein. Die Art des Erwerbs spielt hierbei keine wesentliche Rolle. Insbesondere ist auch die Übertragung von Rechten denkbar.[55] Ähnlich wie der deutsche § 89c, d, e DE-StGB sieht auch § 278d Abs. 1 Ö-StGB keine Erheblichkeitsgrenze vor. In der Literatur wird jedoch die Meinung vertreten, dass eine einmalige, geringfügige Leistung nicht zwingend tatbildlich sein muss.[56] Die Auflistung der Katalogtaten erfolgt in § 278d Ö-StGB teilweise explizit und teilweise taxativ.[57] Auf eine Wiedergabe der einzelnen Katalogtaten mit vorliegend verzichtet. Dies insbesondere im Hinblick darauf, dass der Gesetzestext mit abgedruckt wird.

Tatbestandsmässig ist sowohl das Bereitstellen als auch das Sammeln von Vermögenswerten, sofern diese für eine der in § 278d Ö-StGB erwähnten Katalogtaten verwendet werden sollen. In Absatz 1 wird Verwendungsvorsatz verlangt.[58] Strafbar nach § 278d Ö-StGB ist das Sammeln oder Bereitstellen von Vermögenswerten, welche wenigstens zu einem Teil zur Ausführung einer der in Absatz 1 erwähnten Katalogtaten verwendet werden soll.[59] In Absatz 1a wird das erforderliche Wissen verlangt. Beide Begehungsformen sind taxativ und somit rechtlich gleichwertig. Es wird von einem sogenannten alternativen Mischdelikt gesprochen.[60] Unter dem Bereitstellen von Vermögenswerten wird letztendlich die Einräumung der faktischen Verfügungsmacht verlangt.[61] Als Sammeln ist jede Tätigkeit zu verstehen, welche darauf abzielt, Vermögenswerte übertragen zu bekommen oder zu akkumulieren.[62]

---

52 Fabrizy, 2018: § 278d Ö-StPO Rz. 1.
53 Plöchl, 2017: § 278d Ö-StGB, Rz. 1.
54 Plöchl, 2017: § 278d Ö-StGB, Rz. 2.
55 Plöchl, 2017: § 278d Ö-StGB, Rz. 3.
56 Plöchl, 2017: § 278d Ö-StGB, Rz. 4.
57 Plöchl, 2017: § 278d Ö-StGB, Rz. 5.
58 Plöchl, 2017: § 278d Ö-StGB, Rz. 18.
59 Bertel & Schwaighofer, 2010: § 278d Ö-StGB Rz. 1.
60 Plöchl, 2017: § 278d Ö-StGB, Rz. 18.
61 Plöchl, 2017: § 278d Ö-StGB, Rz. 19.
62 Plöchl, 2017: § 278d Ö-StGB, Rz. 20.

§ 278d Abs. 1 Ö-StGB ist als Vorsatzdelikt ausgestaltet, wobei dolus eventualis im Sinne von § 5 Abs. 1 Ö-StGB ausreichend ist.[63] Dieser muss sich jedoch auf sämtliche Tatbildmerkmale beziehen. Verlangt wird unter anderem ein deliktspezifischer erweiterter (Eventual-) Vorsatz hinsichtlich der Verwendung der Vermögenswerte zur Ausführung einer der in den Ziffern 1–8 erwähnten Katalogtaten. In diesem Zusammenhang wird auch von Verwendungsvorsatz gesprochen. Entscheidend ist, dass dieser Vorsatz bereits zum Zeitpunkt des Sammelns oder Bereitstellens der Vermögenswerte vorhanden sein muss. Dadurch wird das Unrecht konstituiert. Eine tatsächliche Ausführung der Katalogtaten ist hingegen nicht erforderlich.[64] § 278d Abs. 1a Ö-StGB ist ebenfalls ein Vorsatzdelikt. Da hier jedoch kein Verwendungsvorsatz verlangt wird, ist bereits die Finanzierung einzelner Terroristen, beispielsweise durch die Übernahme der Lebensunterhaltskosten, tatbestandsmässig.[65]

§ 278d Ö-StGB ist als sogenanntes selbständiges Vorbereitungsdelikt ausgestaltet, sowohl der Versuch als auch der Rücktritt im Sinne des § 16 Ö-StGB möglich. Es handelt sich bei § 278d Ö-StGB um ein sogenanntes Erfolgsdelikt. Die Tathandlung des Bereitstellens gilt als vollendet, sobald die Vermögenswerte Dritten tatsächlich übergeben oder diesen zumindest eine faktische Verfügungsmacht darüber eingeräumt wurde.[66] Im Hinblick auf das Sammeln von Vermögenswerten gilt die Tat als vollendet, sobald der Täter entsprechende Vermögenswerte erhält. Allerdings sind auch strafbare Versuchshandlungen denkbar. Darunter fallen unter anderem Spendenaufrufe.[67] § 278d Ö-StGB ist als Allgemeindelikt ausgestaltet. Es gelten somit die allgemeinen Grundsätze für die Beteiligung.[68] Die Beitragstäterschaft gilt nur als versucht und ist somit nicht strafbar (§ 15 Abs. 2 Ö-StGB), sofern die gesammelten oder bereitgestellten Mittel nicht für eine in § 278d Abs. 1 Ö-StGB erwähnte Katalogtat verwendet werden.[69] In § 278d Ö-StGB ist eine Freiheitsstrafe von ein bis zu zehn Jahren vorgesehen. Straf-Befreiungen sind mit BGB i I. 2013/134 entfallen.[70]

Sofern die zur Verfügung gestellten Mittel tatsächlich zur Ausführung einer terroristischen Straftat verwendet werden, ist eine Regelbeitragstäterschaft im

63 Fabrizy, 2018: § 278d.
64 Plöchl, 2017: § 278d Ö-StGB, Rz. 21.
65 Plöchl, 2017: § 278d Ö-StGB, Rz. 21/1.
66 Plöchl, 2017: § 278d Ö-StGB, Rz. 23.
67 Plöchl, 2017: § 278d Ö-StGB, Rz. 24.
68 Plöchl, 2017: § 278d Ö-StGB, Rz. 25.
69 Bertel & Schwaighofer, 2010: § 278d Ö-StGB Rz. 1.
70 Plöchl, 2017: § 278d Ö-StGB, Rz. 26.

Sinne von § 12 Ö-StGB (dritter Fall) gegeben. Dies falls tritt § 278d Ö-StGB hinter die strenger bestrafte Tat zurück. Dies insbesondere im Hinblick auf die § 278d Abs. 2 Ö-StGB verankerte Subsidiaritätsklausel.[71] Sofern ein Rücktritt von einem Versuch zu einer in § 278d Abs. 1 Ziffer 1–8 Ö-StGB aufgelisteten Katalogtat erfolgt und folglich straffrei bleibt, leben § 278d Ö-StGB und die damit verbundene Strafbarkeit wieder auf.[72] Da in den internationalen Vorgaben kein Strafaufhebungsgrund der tätigen Reue vorgesehen ist, wurde dieser auch in § 278d Ö-StGB nicht übernommen.[73]

Der liechtensteinische § 278d FL-StGB ist nahezu identisch mit dem österreichischen § 278d Ö-StGB:

> *«1) Wer Vermögenswerte mit dem Vorsatz bereitstellt oder sammelt, dass sie, wenn auch nur zum Teil, verwendet werden*
>
> *1. zur Ausführung*
>
> *a) einer Luftpiraterie (§ 185) oder einer vorsätzlichen Gefährdung der Sicherheit der Luftfahrt (§ 186),*
>
> *b) einer erpresserischen Entführung (§ 102) oder einer Drohung damit,*
>
> *c) eines Angriffs auf Leib, Leben oder Freiheit einer völkerrechtlich geschützten Person oder eines gewaltsamen Angriffs auf eine Wohnung, einen Dienstraum oder ein Beförderungsmittel einer solchen Person, der geeignet ist, Leib, Leben oder Freiheit dieser Person zu gefährden, oder einer Drohung damit,*
>
> *d) einer vorsätzlichen Gefährdung durch Kernenergie oder ionisierende Strahlen (§ 171), einer Drohung damit, einer strafbaren Handlung zur Erlangung von Kernmaterial oder radioaktiven Stoffen oder einer Drohung mit der Begehung eines Diebstahls oder Raubes von Kernmaterial oder radioaktiven Stoffen, um einen anderen zu einer Handlung, Duldung oder Unterlassung zu nötigen,*
>
> *e) eines erheblichen Angriffs auf Leib oder Leben eines anderen auf einem Flughafen, der der internationalen Zivilluftfahrt dient, einer Zerstörung oder erheblichen Beschädigung eines solchen Flughafens oder eines darauf befindlichen Luftfahrzeugs oder einer Unterbrechung der Dienste des Flughafens, sofern die Tat unter Verwendung einer Waffe oder sonstigen Vorrichtung begangen wird und geeignet ist, die Sicherheit auf dem Flughafen zu gefährden,*
>
> *f) einer strafbaren Handlung, die auf eine in den §§ 185 oder 186 geschilderte Weise gegen ein Schiff oder eine feste Plattform, gegen eine Person, die sich an Bord eines Schiffes oder auf einer festen Plattform befindet, gegen die Ladung eines Schiffes oder eine Schifffahrtseinrichtung begangen wird,*
>
> *g) der Beförderung eines Sprengsatzes oder einer anderen tödlichen Vorrichtung an einen öffentlichen Ort, zu einer staatlichen oder öffentlichen Einrichtung, einem*

71 Plöchl, 2017: § 278d Ö-StGB, Rz. 27.

72 Plöchl, 2017: § 278d Ö-StGB, Rz. 28.

73 Plöchl, 2017: § 278d Ö-StGB, Rz. 29.

öffentlichen Verkehrssystem oder einer Versorgungseinrichtung oder des Einsatzes solcher Mittel mit dem Ziel, den Tod oder eine schwere Körperverletzung eines anderen oder eine weitgehende Zerstörung des Ortes, der Einrichtung oder des Systems zu verursachen, sofern die Zerstörung geeignet ist, einen besonders grossen wirtschaftlichen Schaden herbeizuführen,

h) einer Handlung, die den Tod oder eine schwere Körperverletzung einer Zivilperson oder einer anderen Person, die in einem bewaffneten Konflikt nicht aktiv an den Feindseligkeiten teilnimmt, herbeiführen soll, wenn diese Handlung auf Grund ihres Wesens oder der Umstände darauf abzielt, eine Bevölkerungsgruppe einzuschüchtern oder eine Regierung oder eine internationale Organisation zu einem Tun oder Unterlassen zu nötigen, oder

2. von einer Person oder einer Vereinigung (§ 278b Abs. 3), die eine in Ziff. 1 genannte Handlung begeht oder sich an einer solchen Vereinigung als Mitglied beteiligt (§ 278b Abs. 2), ist mit Freiheitsstrafe von einem bis zu zehn Jahren zu bestrafen.

2) Der Täter ist nach Abs. 1 nicht zu bestrafen, wenn die Tat nach einer anderen Bestimmung mit strengerer Strafe bedroht ist.»[74]

Der liechtensteinische § 278d FL-StGB orientiert sich primär am österreichischen § 278d Ö-StGB. Folglich ist auch in Liechtenstein das Bereitstellen oder Sammeln von Vermögenswerten, welche zur Finanzierung einer der in § 278d Abs. 1 FL-StGB aufgelisteten Katalogtaten bestimmt sind, strafbar. Hierfür kommen Vermögenswerte aller Art infrage. Ähnlich wie in Österreich, Deutschland und der Schweiz sind sowohl materielle, immaterielle, bewegliche oder unbewegliche Gegenstände für die Finanzierung von Terrorismus im Sinne von § 278d FL-StGB geeignet.[75]

Auf subjektiver Seite genügt bedingter Vorsatz im Sinne von § 5 Abs. 1 FL-StGB. Es wird somit verlangt, dass der Täter es zumindest für möglich hält, dass die bereitgestellten oder gesammelten Vermögenswerte zur Ausführung einer der in § 278d Abs. 1 FL-StGB genannten Katalogtaten verwendet werden. Da der Gesetzestext mit abgedruckt wird, wird vorliegend auf eine Auflistung der einzelnen Katalogtaten von § 278d Abs. 1 FL-StGB verzichtet. Hinsichtlich der weiteren Ausführungen zu § 278d FL-StGB wird auf jene zum nahezu wortgleichen § 278d des österreichischen Strafgesetzbuches verwiesen.

Für eine empirische Untersuchung können nicht vier verschiedene Definitionen der Terrorismusfinanzierung als Grundlage gelten. Es ist somit naheliegend, eine der vier oben erwähnten Definitionen auszuwählen. Da diese Definition jeweils auch den Interviewpartnern bekannt sein sollte, rechtfertigt es sich, eine

74 § 278d FL-StGB.

75 Stotter, 2006: 711.

möglichst leicht verständliche Version zu wählen. Während die Definitionen in Deutschland, Liechtenstein und Österreich allesamt detailliert sind und einzelne Delikte auflisten, welche tatbestandsmässig sein sollen, ist die schweizerische Definition eher schlank gehalten. Sie ist somit für die Zwecke der vorliegenden Studie besonders gut geeignet. Nachfolgend wird daher näher auf Art. $260^{\text{quinquies}}$ CH-StGB und das schweizerische Nebenstrafrecht eingegangen. Anhand von Art. $260^{\text{quinquies}}$ CH-StGB werden ausgewählte strafrechtliche Aspekte behandelt. Dies drängt sich auch deshalb auf, weil Art. $260^{\text{quinquies}}$ des Schweizerischen Strafgesetzbuches als Grundlage für § 89c des Deutschen Strafgesetzbuches diente.

2.1.1. Ausgewählte strafrechtliche Aspekte

Obwohl der Fokus der vorliegenden Arbeit nicht auf der strafrechtlichen Definition der Terrorismusfinanzierung liegt und somit für die empirische Untersuchung auf die bestehenden Definitionen zurückgegriffen werden kann, zeigt der Autor einige ausgewählte Schwachstellen der bestehenden Regelungen auf. Ziel dieser Ausführungen ist es nicht, eine Alternative zu den gängigen Kommentarwerken zu schaffen. Vielmehr sollen einige ausgewählte Aspekte selektiv betrachtet werden.

Insbesondere soll nachfolgend auf den Eventualvorsatz und die Fahrlässigkeit eingegangen werden. Dies ist aus praktischer Hinsicht relevant, da sich geschickte Terrorismusfinanzierer stets darauf berufen können, lediglich karitative Absichten gehabt zu haben. Wer das entsprechend plausibel darlegen kann, kommt unter Umständen straffrei davon. Folglich handelt es sich bei dem Tatbestand von Art. $260^{\text{quinquies}}$ CH-StGB um ein eher stumpfes Schwert im Kampf gegen die Finanzierung des Terrorismus.

Abhilfe kann in diesen Fällen unter Umständen die Abgrenzung zu anderen Straftatbeständen schaffen. Insbesondere kann man argumentieren, dass der Terrorismusfinanzierer wegen Gehilfenschaft zu schwereren Delikten, für welche unter Umständen auch Eventualvorsatz genügt, belangt werden könnte. In diesem Fall lässt sich die oben erwähnte Problematik des Ausschlusses von Eventualvorsatz und Fahrlässigkeit zumindest teilweise kompensieren.

Gleichzeitig sollte jedoch auch das Strafmass von Art. $260^{\text{quinquies}}$ CH-StGB nicht unerwähnt bleiben. Die Finanzierung des Terrorismus mit einer Freiheitsstrafe von bis zu fünf Jahren oder einer Geldstrafe zu sanktionieren wirkt nicht besonders abschreckend. Allerdings stellt sich die Frage, ob sich Terrorismusfinanzierer überhaupt durch Freiheitsstrafen abschrecken lassen. Schliesslich ist zumindest ein Teil der Terroristen bereit für seine Ziele zu sterben.

Abschliessend wird auch das Nebenstrafrecht, insbesondere das Bundesgesetz über die Bekämpfung der Geldwäscherei und der Terrorismusfinanzierung (Geldwäschereigesetz, GwG), kurz betrachtet. Darin wird auch fahrlässiges Handeln sanktioniert. Allerdings unterstehen dem Geldwäschereigesetz nur Händler und Finanzdienstleister.

2.1.1.1. Der Art. $260^{quinquies}$ CH-StGB

Für die Zwecke der vorliegenden Arbeit wird auf die Definition des Art. $260^{quinquies}$ CH-StGB zurückgegriffen, welcher wie folgt lautet:

> *„Wer in der Absicht, ein Gewaltverbrechen zu finanzieren, mit dem die Bevölkerung eingeschüchtert oder ein Staat oder eine internationale Organisation zu einem Tun oder Unterlassen genötigt werden soll, Vermögenswerte sammelt oder zur Verfügung stellt, wird mit Freiheitsstrafe bis zu fünf Jahren oder Geldstrafe bestraft."*[76]

Im Gegensatz zum deutschen § 89c DE-StGB verzichtet der schweizerische Art. $260^{quinquies}$ CH-StGB auf eine detaillierte Aufzählung möglicher terroristischer Aktivitäten.[77]

Bemerkenswert ist jedoch, dass gemäss Art. $260^{quinquies}$ Abs. 2 CH-StGB das In-Kauf-Nehmen der Terrorismusfinanzierung nach dieser Bestimmung nicht strafbar ist:

> *„Nimmt der Täter die Möglichkeit der Terrorismusfinanzierung lediglich in Kauf, so macht er sich nach dieser Bestimmung nicht strafbar."*[78]

Ferner sind jene Taten vom Straftatbestand der Finanzierung des Terrorismus ausgenommen, welche auf die Herstellung oder die Wiederherstellung demokratischer und rechtsstaatlicher Verhältnisse oder auf die Wahrung von Menschenrechten gerichtet sind. Dies öffnet potentiell Türen für missbräuchliches Verhalten:

> *„Die Tat gilt nicht als Finanzierung einer terroristischen Straftat, wenn sie auf die Herstellung oder Wiederherstellung demokratischer und rechtsstaatlicher Verhältnisse oder die Ausübung oder Wahrung von Menschenrechten gerichtet ist."*[79]

Zudem wird festgehalten, dass völkerrechtskonforme Konflikte vom Verbot der Finanzierung im Sinne von Art. $260^{quinquies}$ Abs. 1 CH-StGB ausgenommen sind.

---

76 Art. $260^{quinquies}$ Abs. 1 CH-StGB.

77 von Heintschel-Heinegg, 2016: § 89c DE-StGB Rz. 1 f.

78 Art. $260^{quinquies}$ Abs. 2 CH-StGB.

79 Art. $260^{quinquies}$ Abs. 3 CH-StGB.

> *„Absatz 1 findet keine Anwendung, wenn mit der Finanzierung Handlungen unterstützt werden sollen, die nicht im Widerspruch mit den in bewaffneten Konflikten anwendbaren Regeln des Völkerrechts stehen.“*[80]

Trotz der erwähnten Schwächen umfasst die in Art. 260[quinquies] CH-StGB verwendete Definition der Terrorismusfinanzierung alle wesentlichen Tatbestandselemente. Eine weitere Konkretisierung der Massnahmen zur Bekämpfung der Terrorismusfinanzierung wurde im Bundesgesetz über die Bekämpfung der Geldwäscherei und der Terrorismusfinanzierung vom 10. Oktober 1997 (GwG) vorgenommen.

Zudem sollte hervorgehoben werden, dass die Terrorismusfinanzierung von dem sogenannten „Finance Warfare“, also der finanziellen Kriegsführung, abzugrenzen ist.[81] Diese weiteren Definitionen oder Abgrenzungen sind jedoch für die Zwecke der vorliegenden Abhandlung nicht massgebend. Dies insbesondere deshalb, da für die Implikationen der Arbeit für das Strafprozessrecht primär die strafrechtliche Definition ausschlaggebend ist.

Der vorliegende Beitrag beschäftigt sich primär mit Anwendungsfällen des Art. 260[quinquies] CH-StGB und deren strafrechtlichen Implikationen. Folglich liegt der Fokus der Arbeit nicht auf einer dogmatischen Diskussion des Art. 260[quinquies] CH-StGB. Trotzdem ist es unerlässlich, den subjektiven und objektiven Tatbestand zusammenfassend darzustellen, um hervorzuheben, welches Verhalten tatbestandsmässig ist.

2.1.1.2. Der Tatbestand

Der objektive Tatbestand von Art. 260[quinquies] Abs. 1 CH-StGB umfasst das Sammeln oder Zurverfügungstellen von Vermögenswerten.[82] Tatobjekt sind also alle Arten von Vermögenswerten.[83] Nicht erforderlich ist hingegen, dass diese Vermögenswerte auch tatsächlich eine terroristische Tat ermöglicht haben.[84] Der Begriff Vermögenswerte wurde aus Art. 305bis CH-StGB, also der Geldwäscherei, entnommen. Somit beruht er letztendlich auf Art. 70 CH-StGB, nämlich der Einziehung.[85] Insbesondere soll die Norm helfen, Strafbarkeitslücken zu schliessen, welche auftreten, wenn der Tatbestand von Art. 260ter oder 260bis CH-StGB nicht erfüllt ist.[86] Es handelt sich um einen Auffangtatbestand.[87] Dabei stellt der

80 Art. 260[quinquies] Abs. 4 CH-StGB.
81 Navias, 2002: S. 5.
82 Stratenwerth & Wohlers, 2013: S. 508.
83 Trechsel & Pieth, 2018: S. 1316.
84 Vest & Schuhbarth, 2007: S. 98.
85 Fiolka, 2018: Art. 260[quinquies], Rz. 15.
86 Stratenwerth & Wohlers, 2013: S. 508.
87 Christen et al., 2018: S. 211.

Art. 260quinquies CH-StGB bis heute in der Schweiz die einzige StGB Norm dar, welche die Finanzierung des Terrorismus sanktioniert.[88]

Gemäss Art. 1 Abs. 1 ÜBFT gelten als finanzielle Mittel:

> *„Vermögenswerte jeder Art, materielle oder immaterielle, bewegliche oder unbewegliche, wie auch immer diese erworben wurden, sowie rechtserhebliche Schriftstücke oder Urkunden jedwelcher, einschliesslich elektronischer oder digitaler Form, die das Recht auf solche Vermögenswerte oder Rechte daran belegen, darunter, ohne darauf beschränkt zu sein, Bankkredite, Reiseschecks, Bankschecks, Zahlungsanweisungen, Aktien, Wertpapiere, Schuldverschreibungen, Wechsel und Akkreditive."*

Somit kommen sämtliche Vermögenswerte für die Terrorismusfinanzierung in Frage.[89] Insbesondere sind legale und illegale Einnahmequellen denkbar.[90] Dies stellt einen wesentlichen Unterschied zur Geldwäscherei im Sinne von Art. 305bis CH-StGB dar, welche sich auf aus einem Verbrechen stammende Vermögenswerte beschränkt.[91]

Tatbestandsmässig ist sowohl das Sammeln als auch das Zurverfügungstellen von Vermögenswerten.[92] Sammeln im engeren Sinne umfasst die Bereitschaft, Vermögenswerte in unbestimmter Höhe entgegenzunehmen. Durch das Zurverfügungstellen wird einem Dritten die Verfügungsmacht über Vermögenswerte gewährt.[93]

Der subjektive Tatbestand von Art. 260quinquies CH-StGB setzt gemäss der Formulierung von Abs. 2 Vorsatz voraus.[94] Gemeint ist hier direkter Vorsatz 1. Grades.[95] Insbesondere soll Eventualvorsatz ausgeschlossen werden, um sicherzustellen, dass die Mindestanforderungen an das Bestimmtheitsgebot durch die Vorverlagerung der Strafbarkeit nicht unterschritten werden.[96] Damit soll gewährleistet werden, dass die Finanzierung von Freiheitskämpfern nicht in den Anwendungsbereich von Art. 260quinquies CH-StGB fällt.[97]

---

88 Moreillon & Lubishtani, 2018: S. 512.
89 Fiolka, 2018: Art. 260quinquies, Rz. 15.
90 Stratenwerth & Wohlers, 2013: S. 508.
91 Vest & Schuhbarth, 2007: S. 99.
92 Trechsel & Pieth, 2018: S. 1317.
93 Fiolka, 2018: Art. 260quinquies CH-StGB, Rz. 18 f.
94 Stratenwerth & Wohlers, 2013: S. 508.
95 Trechsel & Pieth, 2018: S. 1317.
96 Fiolka, 2018: Art. 260quinquies CH-StGB, Rz. 20.
97 Stratenwerth & Wohlers, 2013: S. 509.

Zudem ist der Begriff des Gewaltverbrechens zu definieren. Dies geschieht in Anlehnung an Art. 2 Ziff. 1 lit. b ÜBFT. Der Begriff des Gewaltverbrechens findet sich auch in Art. 260ter CH-StGB und umschreibt Taten, welche mit einer Freiheitsstrafe von mehr als drei Jahren bedroht sind und physische Einwirkungen auf Menschen oder Sachen umfassen. Davon abgegrenzt werden rechtmässige Handlungen, also auch Gewaltverbrechen mit einem Rechtfertigungsgrund.[98]

Ferner muss der Begriff der Einschüchterung der Bevölkerung betrachtet werden. Selbiger ist ähnlich vage wie „Schreckung".[99] Es ist nicht erforderlich, dass die gesamte Bevölkerung eingeschüchtert wird. Dabei kommt es vor allem darauf an, ob die angestrebte Tat geeignet ist, das Sicherheitsgefühl der Bevölkerung massgeblich zu erschüttern. Für die Einschüchterung der Bevölkerung genügt Eventualabsicht.[100]

Im Hinblick auf den Begriff der Nötigung kann auf die Definition von Art. 181 CH-StGB zurückgegriffen werden. Als Opfer der Nötigung kommen nur ein Staat oder eine internationale Organisation in Frage.[101] Allerdings besteht im Hinblick auf das Gewaltverbrechen die Besonderheit, dass das Nötigungsmittel immer illegal ist. Folglich ist nicht massgebend, ob das Nötigungsziel legal oder illegal war.[102]

Abschliessend gilt es hervorzuheben, dass die Strafbarkeit bei legitimen Gewaltverbrechen ausgeschlossen ist.[103] Diese Bestimmung ist auf die eingangs erwähnte fehlende Einheitlichkeit der Definition des Terrorismus zurückzuführen.[104] Insbesondere sind dabei der Kontext der Wiederherstellung von demokratischen und rechtsstaatlichen Verhältnissen sowie die Ausübung und Wahrung von Menschenrechten zu beachten.[105] Dabei gelten die Massstäbe der EMRK sowie anderer einschlägiger völkerrechtlicher Übereinkommen.[106] Ferner ist die Strafbarkeit bei völkerrechtskonformen Straftaten ausgeschlossen.[107]

Zu guter Letzt sollte auch nicht in Vergessenheit geraten, dass es nach wie vor zahlreiche Gesetzeslücken gibt, welche die Terrorismusfinanzierung

---

98 Fiolka, 2018: Art. 260quinquies CH-StGB, Rz. 25 f.
99 Vest & Schuhbarth, 2007: S. 100.
100 Fiolka, 2018: Art. 260quinquies CH-StGB, Rz. 31 f.
101 Trechsel & Pieth, 2018: S. 1317.
102 Fiolka, 2018: Art. 260quinquies CH-StGB, Rz. 35 f.
103 Stratenwerth & Wohlers, 2013: S. 509.
104 Fiolka, 2018: Art. 260quinquies CH-StGB, Rz. 42 f.
105 Trechsel & Pieth, 2018: S. 1318.
106 Fiolka, 2018: Art. 260quinquies CH-StGB, Rz. 52 f.
107 Trechsel & Pieth, 2018: S. 1318.

begünstigen. So sind beispielsweise Barzahlungen über 100'000 CHF immer noch verhältnismässig leicht durchführbar.[108]

2.1.1.3. Der Eventualvorsatz und die Fahrlässigkeit

Zunächst muss hervorgehoben werden, dass Art. 260^{quinquies} CH-StGB vorsätzliches Handeln erfordert.[109] Dem Täter muss also bewusst gewesen sein, was er tut.[110] Wie oben bereits erläutert, sieht Art. 260^{quinquies} CH-StGB vor, dass Täter, welche die Möglichkeit der Terrorismusfinanzierung lediglich in Kauf nehmen, sich nicht nach dieser Bestimmung strafbar machen.[111] Dies stellt für die Strafverfolgungsbehörden insofern ein Problem dar, als den Tätern damit Vorsatz nachgewiesen werden muss. Ein geschickter Täter wird stets behaupten, ohne Wissen und Willen gehandelt zu haben, und sich darauf berufen, dass er unter keinen Umständen vorsätzlich Terroristen unterstützt hätte.

Hinzu kommt, dass bei der Verwendung der Mittel gemäss Art. 260^{quinquies} Abs. 2 CH-StGB bedingter Vorsatz nicht ausreichend ist.[112] Das Sammeln, Weiterleiten oder Zurverfügungstellen von finanziellen Mitteln ist nicht strafbar, wenn der Täter (auch fahrlässig) nicht erkennt, dass diese Gelder ganz oder teilweise in terroristische Kanäle fliessen.[113] Beispielsweise bei Spendenzahlungen ist schwer nachvollziehbar, ob der Financier wusste, dass er mit seiner Spende eine Terrororganisation in Syrien unterstützt, oder ob er unter Umständen tatsächlich gutgläubig war und an eine Hilfsorganisation für minderjährige Geflüchtete spenden wollte.

Durch Art. 260^{quinquies} Abs. 2 CH-StGB wird die Möglichkeit des Eventualvorsatzes explizit ausgeschlossen. Das bedeutet, dass Vorsatz, also Absicht bzw. sicheres Wissen oder Erfolg, erforderlich ist.[114] Die dem Ausschluss des Eventualvorsatzes zugrundeliegende ratio legis ist plausibel nachvollziehbar. Demnach stellt Art. 260^{quinquies} CH-StGB eine Vorverlagerung der Strafbarkeit dar. Folglich müssen besonders hohe subjektive Anforderungen gestellt werden, um das Bestimmtheitsgebot nicht zu verletzen. Somit muss die Begehung von Terroranschlägen das Ziel des Terrorismusfinanzierers darstellen.[115]

---

108 Jositsch & von Rotz, 2016: S. 592.
109 Stratenwerth & Wohlers, 2013: S. 509.
110 Killias et al., 2009: S. 29.
111 Art. 260^{quinquies} CH-StGB.
112 Stratenwerth & Wohlers, 2009: S. 499.
113 Donatsch et al., 2017: S. 216.
114 Trechsel & Vest, 2013: S. 1317.
115 Cassani, 2003: S. 297; Forster, 2003: S. 444.

Insbesondere muss der Täter sichere Kenntnis davon haben, dass es sich bei der von ihm unterstützten Person oder Vereinigung um einen oder mehrere Terroristen handelt, welche Gewaltverbrechen planen und ausführen.[116] Allerdings muss es sich bei dem finanzierten Gewaltverbrechen nicht zwingend um einen Terroranschlag handeln. Vielmehr muss das Ziel sein, mit diesem Gewaltverbrechen entweder die Bevölkerung zumindest teilweise einzuschüchtern oder einen Staat bzw. eine internationale Organisation zu nötigen, etwas zu tun oder zu unterlassen. Nach der derzeitigen Rechtslage muss die Tat geeignet sein, die Durchführung eines Gewaltverbrechens finanziell zu unterstützen.[117]

Der Gesetzgeber hat den Eventualvorsatz in Art. 260^{quinquies} CH-StGB explizit ausgeschlossen, um zu verhindern, dass karitativ motivierte Spenden den Tatbestand der Terrorismusfinanzierung erfüllen.[118] Dies wirft aus praktischer Sicht erhebliche Fragen auf. Beispielsweise stellt sich die Frage, wie mit Spenden an eine Organisation, welche sowohl Terrorismus finanziert als auch Schulen und Krankenhäuser betreibt, umgegangen werden soll. Auch ist nicht ersichtlich, inwiefern von einer vorsätzlichen Finanzierung des Terrorismus eine grössere Gefahr ausgehen könnte als von einem blossen Inkaufnehmen. Letztendlich werden in beiden Fällen Anschläge finanziert und Menschenleben gefährdet.[119]

Das Erfordernis des direkten Vorsatzes ist insofern positiv zu bewerten, als es nicht sinnvoll wäre, einen gutgläubigen Spender zu bestrafen. Gleichzeitig stellt sich jedoch die Frage, ob nicht auch von Spendern ein Minimum an Vorsicht zu erwarten ist. Man könnte also auch argumentieren, dass sich strafbar mache, wer vernünftigerweise nicht davon auszugehen habe, dass die von ihm zur Verfügung gestellten Vermögenswerte nicht für terroristische Aktivitäten verwendet werden sollen. Die Unbestimmtheit ist somit vielmehr auf die Formel des Eventualvorsatzes zurückzuführen.[120]

In der parlamentarischen Debatte bestand die Sorge, dass sich bereits strafbar mache, wer den Missbrauch seiner Gelder für terroristische Zwecke nicht ausschliessen könne.[121] Diese Sorge ist jedoch unbegründet, solange die Betroffenen dokumentiert haben, dass keine Anhaltspunkte für eine Finanzierung des Terrorismus bestand und sie alle zumutbaren Abklärungen getroffen haben, um sicherzustellen, dass ihre Gelder nicht für terroristische Zwecke missbraucht würden.

---

116 Weder, 2018: S. 480.
117 Donatsch et al., 2017: S. 217.
118 Weder, 2018: S. 481.
119 Fiolka, 2018: Art. 260^{quinquies}, Rz. 21.
120 Jositsch, 2005: S. 462.
121 Fiolka, 2018: Art. 260^{quinquies} CH-StGB, Rz. 21.

In diesem Zusammenhang stellt sich die Frage, welche Massnahmen zumutbar sind, um die Terrorismusfinanzierung auszuschliessen. Grundsätzlich ist hier auf die Verhältnismässigkeit der Massnahmen abzustellen. Der konkrete Aufwand könnte unter Berücksichtigung der Höhe der Transaktion, allfälliger Verdachtsmomente und der Kenntnisse der Betroffenen bestimmt werden.

So wäre bei einer Spende von 1 Mio. CHF an eine in Syrien tätige Wohltätigkeitsorganisation sicher ein höherer Sorgfaltsmassstab anwendbar als bei einer Zahlung von 500 CHF an eine karitative Einrichtung in der Schweiz. Zwar ist auch bei Letzterer nie ganz auszuschliessen, dass die Mittel der Finanzierung des Terrorismus zugutekommen könnten, aber der Spender hat, sofern keine Anhaltspunkte vorliegen, nicht davon auszugehen.

Unklar ist auch, wie mit dem direkten Vorsatz 2. Grades, also dem einfachen Vorsatz, umzugehen ist. Zwar sieht die Botschaft zu Art. 260^{quinquies} CH-StGB vor, dass selbiger nur dann anwendbar sein soll, wenn die Finanzierung des Terrorismus als eigentliches Ziel des Täters betrachtet werden kann.[122] Der Vorsatz müsste sich demnach auf die Finanzierung einer konkreten terroristischen Tat beziehen.[123] Allerdings stellt sich hier die Frage, ob es sich dabei um das Endziel des Täters handeln muss. Dies wäre wohl eher zu verneinen.[124]

Schliesslich kann die Abgrenzung des direkten Vorsatzes 2. Grades zum Eventualvorsatz dadurch erfolgen, dass der Täter beim Eventualvorsatz lediglich ein Risiko in Kauf nimmt, aber beim direkten Vorsatz 2. Grades von einer unvermeidlichen Nebenfolge der Tat auszugehen ist.[125] Denkbar wäre beispielsweise die Finanzierung des Lebensunterhalts des Terroristen.[126]

Es drängt sich also die Frage auf, wie damit umzugehen ist, wenn jemand den Lebensunterhalt eines Terroristen finanziert. Dies ist insbesondere dann problematisch, wenn der Terrorist bereits fest entschlossen ist, einen Anschlag zu begehen, und die Zuwendungen nutzt, um selbigen vorzubereiten.[127] Denkbare Unterstützungsleistungen wären zum Beispiel Gelder für Unterkunft und Nahrung, damit sich der Täter auf die Vorbereitung des Anschlags konzentrieren kann. Allerdings dürfte dies nahezu unmöglich zu beweisen sein. Ein Financier kann sich stets darauf berufen, lediglich einen Flüchtling unterstützt zu haben. Von den terroristischen Aktivitäten wusste der Financier angeblich nichts.

---

122 Botschaft, 2002: S. 5442.

123 Schubarth & Vest, 2013: Art. 260^{quinquies} CH-StGB, Rz. 14.

124 Botschaft, 2002: S. 5442.

125 Fiolka, 2018: Art. 260^{quinquies} CH-StGB, Rz. 22.

126 Schubarth & Vest, 2013: Art. 260^{quinquies} CH-StGB, Rz. 16.

127 Fiolka, 2018: Art. 260^{quinquies} CH-StGB, Rz. 22.

In diesem Zusammenhang sollte hervorgehoben werden, dass auch von vorsätzlichem Handeln gemäss Art. 260^{quinquies} CH-StGB auszugehen ist, wenn der Täter weiss, dass die Gruppe, welche er unterstützt, Gewaltverbrechen plant und ausführt.[128] Allerdings geht die Botschaft davon aus, dass Art. 260^{quinquies} CH-StGB nur dann zur Anwendung kommen sollte, wenn die Finanzierung von Terrorakten das eigentliche Ziel des Täters darstellt.[129]

An dieser Stelle sollte auch bedacht werden, dass sich Eventualvorsatz und bewusste Fahrlässigkeit auf der Wissensseite nicht unterscheiden.[130] Die Fahrlässigkeit im Sinne von Art. 12 Abs. 3 CH-StGB setzt voraus, dass der Täter die Folgen seines Verhaltens aus pflichtwidriger Unvorsichtigkeit entweder nicht bedenkt oder zumindest nicht darauf Rücksicht nimmt. Pflichtwidrig ist die Unvorsichtigkeit insbesondere dann, wenn der Täter nicht die nach den Umständen und nach seinen persönlichen Verhältnissen angemessene Vorsicht beachtet.[131]

Der in Art. 260^{quinquies} Abs. 2 CH-StGB erforderliche direkte Vorsatz 1. oder 2. Grades bezieht sich lediglich auf den Finanzierungswillen. Für die Zielsetzung des Gewaltverbrechens reicht Eventualabsicht aus. Allerdings ist die Hürde für eine erfolgreiche Strafverfolgung damit hoch genug angesetzt. In der überwiegenden Mehrheit der Fälle dürfte es nicht gelingen dem Täter Vorsatz bezüglich des Finanzierungswillens nachzuweisen. Dies gilt umso mehr, sobald der Täter anwaltlich vertreten ist.

Abschliessend stellt sich jedoch die Frage, inwiefern es gelingen kann, dem Täter Vorsatz 1. oder 2. Grades zu beweisen. Ein geschickter Täter wird sich stets darauf berufen, gutgläubig gehandelt zu haben. Als mögliche Rechtfertigung dienen vermeintlich karitative Einrichtungen oder Unterstützungsleistungen an Verwandte. In diesen Fällen obliegt es den zuständigen Strafverfolgungsbehörden, den Vorsatz des Täters zu beweisen.

Die Problematik des Nachweises des direkten Vorsatzes lässt sich zumindest in Fällen, in denen tatsächlich ein konkreter Terroranschlag finanziert wurde, teilweise lösen. Insbesondere kann der Financier für Gehilfenschaft zur Haupttat belangt werden, sofern er zumindest eventualvorsätzlich gehandelt hat.[132] Als Gehilfe gilt jeder, der bei der Straftat vorsätzlich Hilfe leistet. Die Art der

---

128 Stratenwerth & Wohlers, 2013: S. 509; Forster, 2003: S. 444.

129 Botschaft, 2002: S. 5442.

130 Niggli & Maeder, 2013: Art. 12, Rz. 58.

131 Art. 12 Abs. 3 StGB.

132 Donatsch et al., 2017: S. 218.

Gehilfenschaft spielt dabei keine Rolle. Insbesondere ist jeder untergeordnete Beitrag, welcher die Haupttat massgeblich erleichtert, erfasst.[133]

Allerdings stellt sich die Frage, inwiefern es gelingen kann, einen Kausalzusammenhang zwischen dem Terrorakt und der finanziellen Unterstützung herzustellen. Insbesondere im Rahmen der empirischen Untersuchung wird dargestellt, wie geschickte Täter die Nachvollziehbarkeit ihrer Transaktionen nahezu verunmöglichen können. Die Tatsache, dass Strafverfolgungsbehörden dem Financier vorsätzliches Handeln nachweisen müssen, erschwert die Beweisführung weiter.

2.1.1.4. Exkulpation nach Art. 260^quinquies Abs. 3 und 4 CH-StGB

Neben der Problematik des Erfordernisses des direkten Vorsatzes ergibt sich aus subjektiver Sicht eine weitere Herausforderung bei der Anwendung des Art. 260^quinquies CH-StGB. Insbesondere ist erforderlich, dass der Täter beabsichtigt, einen Gewaltakt zu finanzieren, welcher die Einschüchterung der Bevölkerung oder die Nötigung eines Staates oder einer internationalen Organisation zu bewirkt.[134]

Allerdings sieht Art. 260^quinquies Abs. 3 CH-StGB einen Exkulpationsgrund vor. Insbesondere gilt die Tat nicht als Terrorismusfinanzierung, „wenn sie auf die Herstellung oder Wiederherstellung demokratischer und rechtsstaatlicher Verhältnisse oder die Ausübung oder Wahrung von Menschenrechten gerichtet ist."[135] Dieser Ausschluss der Strafbarkeit bei vermeintlich legitimen Gewaltverbrechen war in der ursprünglichen Version des Art. 260^quinquies CH-StGB nicht vorgesehen.[136] Er wurde erst im Rahmen der vorberatenden parlamentarischen Kommission des Ständerats ergänzt.[137]

Demnach soll die Unterstützung von Freiheitskämpfern nicht in den Anwendungsbereich von Art. 260^quinquies CH-StGB fallen.[138] Damit soll die Finanzierung der (Wieder-)Herstellung demokratischer oder rechtsstaatlicher Verhältnisse nicht strafbar sein.[139] Personen, welche das humanitäre Kriegsvölkerrecht respektierende Bürgerkriegsparteien oder gegen Unterdrückung und Besatzung vorgehende Freiheitskämpfer finanziell unterstützen, machen sich also nicht strafbar, sofern sie zur Durchsetzung ihrer Anliegen angemessene Mittel des gewalttätigen Widerstands wählen.[140]

---

133 Killias et al., 2009: S. 94.

134 Thelesklaf et al., 2009: Art. 260^quinquies CH-StGB, Rz. 12.

135 Art. 260^quinquies Abs. 3 CH-StGB.

136 Fiolka, 2018: Art. 260^quinquies CH-StGB, Rz. 42.

137 Forster, 2003: S. 445.

138 Stratenwerth & Wohlers, 2013: S. 509.

139 Trechsel & Pieth, 2018: S. 1318.

140 BGE 131 II 235, E. 3.3.

Der Hintergrund dieser Ergänzung lässt sich durch die oben erwähnte uneinheitliche Definition des Terrorismus erklären.[141] Mangels einer klaren Definition von Terrorismus lässt sich letztendlich darüber streiten, ob ein Gewaltverbrecher als Terrorist oder als Freiheitskämpfer zu betrachten ist.[142]

Folglich sorgte sich das Parlament, dass durch den Art. 260^{quinquies} CH-StGB Personen, welche für Menschenrechte kämpfen oder diesen Kampf finanziell unterstützen, mit einer Strafverfolgung zu rechnen hätten.[143] Allerdings ist dieser Ausschluss der Strafbarkeit bei legitimen Gewaltverbrechen in der Lehre auf Kritik gestossen. Letztendlich verfolgen alle Terroristen politische Ziele. Wenn man Terrorismus also lediglich als eine Frage der Perspektive betrachtet, wird man Art. 260^{quinquies} CH-StGB in der Praxis kaum anwenden können.[144]

Das Problem besteht unter anderem darin, dass die Abgrenzung zwischen legitimen Freiheitskämpfern, Bürgerkriegsparteien und mutmasslichen Terroristen ausserordentlich schwierig ist.[145] Letztendlich entsteht hier ein nicht unerheblicher Ermessensspielraum. Dieser lässt sich auch im Rahmen von objektivierten Abwägungen nur bedingt schliessen.

Falls sich ein Täter auf diesen Rechtfertigungsgrund beruft, ist zu untersuchen und letztendlich auch zu beweisen, was er zum Tatzeitpunkt unter demokratischen und rechtsstaatlichen Verhältnissen verstand und wie seine Finanzierungshandlung zur Herstellung oder Wiederherstellung dieser Verhältnisse beitragen sollte.[146] Allerdings ist unklar, wie dies objektiv nachvollziehbar sein kann. Faktisch kann sich also ein intelligenter Täter stets darauf berufen, zum Tatzeitpunkt lediglich die Herstellung demokratischer und rechtsstaatlicher Verhältnisse angestrebt zu haben. Es dürfte schwierig oder gar unmöglich sein, ihm das Gegenteil zu beweisen.

Im Hinblick auf das schweizerische Schuldstrafrecht ist bei der Würdigung der Verhältnisse nicht auf eine politische Betrachtung, sondern auf die Vorstellungen des Täters abzustellen.[147]

Ein geschickter Täter wird sich unter Umständen darauf berufen, lediglich die Herstellung demokratischer und rechtsstaatlicher Verhältnisse beabsichtigt zu haben. Man denke hierbei beispielsweise an einem Täter, welchem bereits

---

141 Forster, 2003: S. 445.

142 Fiolka, 2018: Art. 260^{quinquies} CH-StGB, Rz. 42.

143 Botschaft, 2002: S. 5440.

144 Jositsch, 2005: S. 464; Fiolka, 2018: Art. 260^{quinquies} CH-StGB, Rz. 43.

145 BGE 130 II 337, E. 6.

146 Thelesklaf et al., 2009: Art. 260^{quinquies} CH-StGB, Rz. 14.

147 Thelesklaf et al., 2009: Art. 260^{quinquies} CH-StGB, Rz. 14.

nachgewiesen werden konnte, dass er vorsätzlich Vermögenswerte an eine Vereinigung in Syrien überwiesen hat. Dieser Täter könnte sich trotz der eindeutigen Beweislage darauf berufen, dass er eine Gruppierung zur Wiederherstellung demokratischer und rechtsstaatlicher Verhältnisse unterstützen wollte und allenfalls versehentlich an den Islamischen Staat gespendet habe.

Das Problem ist, dass der Täter in nahezu allen Fällen vermeintliche Rechtfertigungsgründe finden wird. Schliesslich ist nicht davon auszugehen, dass ein Täter, welcher Terrorismus finanzieren möchte, aufgrund seiner grossen Zufriedenheit mit den Zuständen am Zielort seiner terroristischen Aktivitäten zu derartigen Mitteln greift. Vielmehr wird sich in nahezu allen Fällen eine Problemsituation mit verschiedenen Perspektiven und entsprechend grossen Diskussionsspielräumen bieten. Im Regelfall kann man nur ex post beurteilen, ob bestimmte Aktivitäten erfolgreich waren oder nicht.[148]

Ferner darf nicht in Vergessenheit geraten, dass sich terroristische Aktivitäten in der Regel gegen Zufallsopfer richten. Diesen Personen wird häufig grosses Leid zugefügt. Unter Umständen entsteht Gefahr für Leib und Leben.[149] Es stellt sich also die Frage, ob es aus rechtsstaatlicher Sicht gutgeheissen werden kann, dass einige Menschen grosses Leid erfahren, sofern damit ein grösseres Ziel wie etwa die Herstellung demokratischer und rechtsstaatlicher Verhältnisse verfolgt wird.

Zudem wird im Rahmen von Terroranschlägen meist auch der Rest der Bevölkerung eingeschüchtert oder verunsichert.[150] Es ist unklar, ob Terroranschläge tatsächlich im Sinne der Bevölkerung erfolgen können. Befürworter argumentieren mit dem grossen Nutzen möglicher Veränderungen. Der Autor sieht dies äusserst skeptisch und vertritt die Auffassung, dass Terroranschläge unter keinen Umständen einen geeigneten Weg für Veränderungen darstellen können und somit auch ihre Finanzierung nicht befürwortet werden kann.

Letztendlich zwingt die bestehende Regelung Strafgerichte, die Unterscheidung zwischen „legitimen Gewaltverbrechen“ und Terrorismus vorzunehmen.[151] Die Finanzierung des Mordes an einem Staatsoberhaupt kann also nach Ermessen des Strafrichters entweder als Terrorismus oder als Freiheitskampf qualifiziert werden.[152] Letzteres würde zur Straflosigkeit nach Art. 260^{quinquies} CH-StGB führen.

---

148 Jositsch, 2005: S. 463 f.

149 Fiolka, 2018: Art. 260^{quinquies} CH-StGB, Rz. 43.

150 Fiolka, 2018: Art. 260^{quinquies} CH-StGB, Rz. 43.

151 Cassani, 2003: S. 301.

152 Schubarth & Vest, 2013: Art. 260^{quinquies} CH-StGB, Rz. 24.

Falls ein Täter Mittel gegen diktatorische oder systematisch die Menschenrechte verletzende Regimes einsetzt, gilt es zu differenzieren. Bei schweren Gewaltverbrechen, also beispielsweise dem oben erwähnten Mord, wäre der politische Charakter grundsätzlich eher zu verneinen. Allerdings sind Ausnahmen denkbar. Man ziehe hierbei einen Bürgerkrieg in Erwägung. Dabei kann der Tyrannenmord unter Umständen das einzig praktikable Mittel zur Erreichung bestimmter Ziele darstellen.[153]

Es versteht sich von selbst, dass hoffentlich keinem mit Vernunft begabten Juristen in den Sinn kommen könnte, die Terroranschläge des Islamischen Staats punktuell als legitimen Freiheitskampf zu qualifizieren. Allerdings besteht hierfür letztendlich keine Garantie.[154]

Zudem gilt es zu bedenken, dass sogenannte „legitime Gewaltverbrechen“ auch ohne Art. 260^{quinquies} CH-StGB gerechtfertigt werden könnten. Schliesslich gibt es in der Schweiz aussergesetzliche Rechtfertigungsgründe.[155] Beispielsweise kann ein verhältnismässiger Widerstand gegen illegale Handlungen als Notwehr, Notstand oder Wahrung berechtigter Interessen qualifiziert und somit gerechtfertigt werden.[156] Folglich wäre es auch ohne Art. 260^{quinquies} Abs. 3 CH-StGB nicht zwingend notwendig, derartige Täter als Terroristen und ihre Financiers als Terrorismusfinanzierer zu bezeichnen.[157]

Ausserdem sollte bedacht werden, dass das ÜBFT keine Ausnahmen im Sinne von Art. 260^{quinquies} Abs. 3 CH-StGB vorsieht. Folglich handelt es sich bei Art. 260^{quinquies} CH-StGB um eine ungenügende und unzureichende Umsetzung des ÜBFT. Diese Problematik lässt sich zumindest teilweise durch eine ausserordentlich restriktive Auslegung von Art. 260^{quinquies} CH-StGB lösen. Insbesondere gilt es dabei die Verhältnismässigkeit der Taten und der Ziele zu bedenken.[158]

Zudem stellt sich die Frage, nach welchen Kriterien demokratische und rechtsstaatliche Verhältnisse bewertet werden können. Es liegt nahe, bei der Beurteilung auf das schweizerische Verfassungsrecht abzustellen.[159] Allerdings stellt sich die Frage, ob diese Massstäbe auch in anderen Ländern angewandt

---

153 BGE 131 II 235, E. 3.3; BGE 130 II 337, E. 3.3; BGE 128 II 355, E. 4.2; BGE 109 Ib 64, E. 6a.

154 Forster, 2006: S. 332.

155 Forster, 2005: S. 217; Fiolka, 2018: Art. 260^{quinquies} CH-StGB, Rz. 44.

156 Fiolka, 2018: Art. 260^{quinquies} CH-StGB, Rz. 26.

157 Forster, 2005: S. 217; Fiolka, 2018: Art. 260^{quinquies} CH-StGB, Rz. 44.

158 Cassani, 2003: S. 302; Forster, 2003: S. 445; Forster, 2006: S. 336; Fiolka, 2018: Art. 260^{quinquies} CH-StGB, Rz. 45; Jositsch, 2005: S. 466 f.

159 Fiolka, 2018: Art. 260^{quinquies} CH-StGB, Rz. 49.

werden können. Schliesslich sind kulturelle und historische Unterschiede zu berücksichtigen. Es wäre geradezu vermessen, die schweizerischen Standards in Nordafrika anzuwenden. Gleichzeitig kann den Strafgerichten kaum zugemutet werden, eigene Standards und Vorgehensweisen für jedes zu beurteilende Land zu beachten. Dies wirft in der Praxis potentiell ein erhebliches Problem auf.

Die vom Gesetzgeber an die Strafgerichte delegierte Aufgabe, zu definieren, was eine „politisch legitime" Gewaltanwendung darstellt und was als „Terrorismus" betrachtet werden soll, ist zumindest als äusserst delikat zu bezeichnen.[160] Schliesslich gelten die Abgrenzung von Terroristen gegenüber anderen Verbrechern und die Definition von Widerstandskämpfern zu den schwierigsten Aufgaben des Strafrechts, welche besonders sorgfältige Abklärungen erfordern.[161] Unter anderem drängen sich Abklärungen zu allfälligen Bürgerkriegshintergründen auf.[162]

Ferner muss auch geklärt werden, was mit „Herstellung oder Wiederherstellung" demokratischer oder rechtsstaatlicher Verhältnisse gemeint ist. Schliesslich suggeriert dieser Ausdruck, dass zum Zeitpunkt des finanzierten Terrorakts keine demokratischen oder rechtsstaatlichen Verhältnisse bestehen dürfen.[163] Diese Frage ist banal zu beantworten, wenn es um die Beurteilung von Terrorakten in der Schweiz oder in Deutschland geht, da in diesen Ländern kein Zweifel an den rechtsstaatlichen und demokratischen Verhältnissen besteht. Allerdings hat das Bundesgericht explizit betont, dass bei Anhängern von Widerstandsorganisationen nicht ohne weiteres auf terroristische Schwerverbrechen geschlossen werden könne.[164]

Ferner ist hervorzuheben, dass die kumulative Aufzählung von demokratischen und rechtsstaatlichen Verhältnissen in Art. 260[quinquies] Abs. 3 CH-StGB darauf hindeutet, dass die Exkulpation nur dann anwendbar ist, wenn sowohl rechtsstaatliche als auch demokratische und nicht bloss demokratische Verhältnisse hergestellt werden sollen. Das ist insbesondere deshalb von Bedeutung, da andernfalls Terrorakte in rechtsstaatlichen, aber eben nichtdemokratischen Staaten in den Anwendungsbereich von Art. 260[quinquies] Abs. 3 CH-StGB fallen würden.[165] In diesen Fällen wäre insbesondere auf spezifische Anzeichen für den terroristischen Charakter der Tat abzustellen.[166]

---

160 BGE 130 II 337, E. 3.3.
161 BGE 130 II 337, E. 6.
162 BGE 133 IV 58, E. 5.
163 Fiolka, 2018: Art. 260[quinquies] CH-StGB, Rz. 50.
164 BGE 130 II 337, E. 7.1.
165 Fiolka, 2018: Art. 260[quinquies] CH-StGB, Rz. 51.
166 BGE 131 II 235, E. 3.5.

Zudem bietet auch die Praxis des Bundesgerichts zu den kriminellen Organisationen im Sinne von Art. 260ter CH-StGB wertvolle Anhaltspunkte. Demnach werden Organisationen, welche mit angemessenen, aber nicht verbrecherischen Mitteln „um die politische Macht in ihrem Heimatland ringen oder einen Freiheitskampf gegen diktatorische Regimes führen", nicht als kriminell betrachtet.[167]

Zudem muss auch auf die Ausübung oder Wahrung von Menschenrechten eingegangen werden. Das bedeutet, dass zunächst Menschenrechte zu definieren sind. Hierbei kommen sinnvollerweise die Massstäbe der EMRK und der schweizerischen Verfassung zur Anwendung. Allerdings darf hierbei nicht in Vergessenheit geraten, dass Terrorakte ebenfalls häufig Menschenrechte verletzen. Somit stellt sich die Frage, ob ein Terrorakt mit der Ausübung von Menschenrechten legitimiert werden kann.[168]

Die Legitimierung von Terrorakten ist aus Sicht des Autors grundsätzlich zu verneinen. Andernfalls müsste man annehmen, dass das Leben von einigen Zufallsopfern weniger Wert sei als die Menschenrechte der restlichen Bevölkerung. Dies ist kaum mit rechtsstaatlichen Prinzipien in Einklang zu bringen. Insbesondere sind schwere Gewaltverbrechen gegen Zivilpersonen, welche der systematischen Einschüchterung der Bevölkerung oder der Nötigung von Staaten und internationalen Organisationen dienen, stets durch ihren terroristischen Charakter gekennzeichnet.[169] Das Bundesgericht sieht jedoch Ausnahmen vor, falls das Delikt „das einzig verfügbare Mittel zur Erreichung eines zentralen humanitären Ziels darstellen würde."[170]

Ferner sollte auch nicht in Vergessenheit geraten, dass der oben erwähnte Schutz der in der schweizerischen Verfassung und in der EMRK begründeten Menschenrechte nicht auf alle Regionen dieser Welt anwendbar sein kann. Westeuropa hat einen ausserordentlich hohen Standard im Hinblick auf Menschenrechte. Folglich kann auch anderen Staaten nicht vorbehaltlos der schweizerische Standard für Menschenrechte zugrunde gelegt werden. Eine ausserordentlich restriktive Auslegung von Art. 260quinquies Abs. 3 CH-StGB ist somit unumgänglich.[171]

---

167 BGE 131 II 235, E. 2.12; BGE 130 II 337, E. 3.4; BGE 128 II 355, E. 4.3., BGE 125 II 569, E. 5c.

168 Fiolka, 2018: Art. 260quinquies CH-StGB, Rz. 52.

169 BGE 131 II 235, E. 3.5.

170 BGE 130 II 337, E. 3.3; BGE 128 II 355, E. 4.2; BGE 109 Ib, 64, E. 6a.

171 Fiolka, 2018: Art. 260quinquies CH-StGB, Rz. 53.

Demnach sind insbesondere die „Brigate Rosse“, die ETA und Al-Qaida terroristische verbrecherische Organisationen im Sinne von Art. 260ter Ziff. 1 CH-StGB.[172] Abschliessend kann somit festgehalten werden, dass die ersatzlose Streichung von Art. 260^{quinquies} Abs. 3 CH-StGB wünschenswert und sinnvoll wäre. Dies insbesondere im Hinblick auf das bedeutende Missbrauchspotential dieses Exkulpationsgrundes.

Anders verhält es sich bei Art. 260^{quinquies} Abs. 4 CH-StGB, welcher den Ausschluss der Strafbarkeit bei völkerrechtskonformen Gewaltverbrechen regelt. Demnach findet Art. 260^{quinquies} Abs. 1 CH-StGB „keine Anwendung, wenn mit der Finanzierung Handlungen unterstützt werden sollen, die nicht im Widerspruch mit den in bewaffneten Konflikten anwendbaren Regeln des Völkerrechts stehen.“[173] Damit wird Art. 260^{quinquies} CH-StGB mit dem Völkerrecht in Einklang gebracht. Insbesondere soll sichergestellt werden, dass vom Völkerrecht erlaubte Gewalttaten nicht in den Anwendungsbereich von Art. 260^{quinquies} CH-StGB fallen.

Art. 260^{quinquies} Abs. 4 CH-StGB stellt jedoch kein erhebliches Hindernis für die Strafverfolgung dar, da auf das Völkerrecht abgestellt werden kann. Legal ist beispielsweise die Finanzierung von Massnahmen, welche durch UN-Resolutionen veranlasst wurden.[174] Diese Resolutionen sind eindeutig und unmissverständlich und muten dem Strafgericht keinen übermässig grossen Ermessensspielraum zu. Auch dürfte es gewöhnlichen Terrorismusfinanzierern unter normalen Umständen nicht gelingen, sich auf derartige UN-Resolutionen oder andere völkerrechtliche Instrumente als Rechtfertigungsgrund zu berufen. Subsidiär könnte hier auch auf die Konformität mit dem humanitären Kriegsvölkerrecht abgestellt werden.

Zusammenfassend kann festgehalten werden, dass Art. 260^{quinquies} Abs. 4 CH-StGB deutlich weniger problematisch ist als Art. 260^{quinquies} Abs. 3 CH-StGB. Letzterer schafft jedoch hohe Hürden, welche insbesondere auch in Fällen internationaler Strafrechtshilfe problematisch sein können. Schliesslich ist die erforderliche beidseitige Strafbarkeit nicht gegeben, wenn gemäss schweizerischem Strafrecht ein Exkulpationsgrund vorliegt.

---

172 BGE 131 II 235, E. 2.12; BGE 128 II 355; E. 2.2, BGE 125 II 569, E. 5c.

173 Art. 260^{quinquies} Abs. 4 CH-StGB.

174 Fiolka, 2018: Art. 260^{quinquies} CH-StGB, Rz. 55.

2.1.1.5. *Abgrenzung*

Ferner stellt sich die Frage, wie mit Fällen umzugehen ist, in denen es nicht bei der blossen Finanzierung des Terrorismus bleibt, sondern der Täter durch seinen finanziellen Beitrag gezielt eine andere schwere Straftat, wie zum Beispiel die Einschüchterung der Bevölkerung im Sinne von Art. 258 CH-StGB, ermöglicht hat. Es ist festzuhalten, dass Art. 260^{quinquies} CH-StGB subsidiär gegenüber der (versuchten) Täterschaft und der Teilnahme an terroristischen Haupttaten ist.[175]

Dies löst zumindest teilweise das oben diskutierte Problem des Nachweises des Vorsatzes. Falls der subjektive Tatbestand von Art. 260^{quinquies} CH-StGB nicht erfüllt ist oder sich nicht nachweisen lässt, aber die Terrorismusfinanzierung erfolgreich war und tatsächlich ein konkreter Terrorakt finanziert wurde, kann der Financier wegen Gehilfenschaft zur Haupttat belangt werden, sofern er zumindest eventualvorsätzlich gehandelt hat.[176]

Man denke hierbei insbesondere an die Art. 221–230 CH-StGB, also gemeingefährliche Verbrechen und Vergehen, und allenfalls Tötungsdelikte im Sinne von Art. 111–117 CH-StGB und Körperverletzungsdelikte im Sinne von Art. 122–126 CH-StGB sowie Gefährdung des Lebens und der Gesundheit im Sinne von Art. 129 Ch-StGB. Subsidiär sei auch an die Art. 230bis–236 CH-StGB, namentlich Verbrechen und Vergehen gegen die öffentliche Gesundheit, und an Art. 237–239 CH-StGB, Verbrechen und Vergehen gegen den öffentlichen Verkehr, gedacht. Bei all diesen Straftatbeständen handelt es sich um exemplarische Artikel, deren Erfüllung durch Art. 260^{quinquies} CH-StGB ermöglicht werden könnte.

Man denke beispielsweise an die Finanzierung einer nach Art. 223 CH-StGB strafbaren Handlung, namentlich die Verursachung einer Explosion, oder eines Mordes im Sinne von Art. 112 CH-StGB. Die Anschläge in London im Frühjahr 2017 haben gezeigt, dass Täter unter Umständen lediglich ein Fahrzeug und einige handelsübliche Messer benötigen, um wahllos Menschen zu töten. Wer derartige Taten finanziert, könnte unter Umständen als Mittäter, mittelbarer Täter oder Nebentäter betrachtet werden. Zudem sollte auch die Gehilfenschaft beleuchtet werden.

Die überwiegende Mehrheit der Lehre befürwortet die Gehilfenschaft zu einem Gewaltverbrechen, falls die Finanzierung zur Umsetzung des Gewaltverbrechens beigetragen hat.[177] Ein Gehilfe beabsichtigt, die Haupttat zu fördern, und nimmt in Kauf, dass durch seine Hilfestellung die Straftat zumindest

175 Trechsel & Pieth, 2018: S. 1319.

176 Donatsch et al., 2017: S. 218.

177 Stratenwerth & Wohlers, 2013: S. 509.

erleichtert wird. Diesbezüglich handelt er vorsätzlich.[178] Allerdings genügt Eventualvorsatz.[179] Trotzdem nimmt der Gehilfe ein vorsätzliches Vorgehen des Haupttäters in Kauf.[180]

Der Tatbeitrag des Gehilfen muss zudem subsidiär sein. Das Gewaltverbrechen darf nicht wesentlich von seinem Tatbeitrag abhängen. Somit darf der Gehilfe nicht als Haupttäter erscheinen.[181] Andernfalls würde es sich um Mittäterschaft handeln. Der Gehilfe hat also keinen „animus auctoris".[182]

Insbesondere muss der Tatbeitrag zur Erfüllung des Tatbestandes der Gehilfenschaft die Tat lediglich fördern, aber keine Conditio sine qua non im Sinne der Äquivalenztheorie darstellen.[183] Allerdings muss die Unterstützung des Gehilfen tatsächlich zur Haupttat beitragen und deren praktische Erfolgschancen steigern.[184] In diesem Zusammenhang wird auch von „Förderungskausalität" gesprochen.[185]

Der Gehilfe leistet dem Haupttäter vorsätzlich Hilfe.[186] Förderungskausalität bedeutet, dass der Haupttäter aus dem Tatbeitrag des Gehilfen einen konkreten praktischen Nutzen ziehen muss.[187] Das bedeutet, dass der Tatbeitrag spätestens bis zum Abschluss der Haupttat geleistet werden muss.[188] Nicht erforderlich ist hingegen, dass der Haupttäter von diesem Nutzen weiss.[189] Auch muss der Haupttäter aus dem Beitrag des Gehilfen nicht unbedingt einen Nutzen ziehen.[190]

Besonders relevant bei der Terrorismusfinanzierung erscheint die Frage, inwiefern vermeintlich harmlose Alltagsgeschäfte oder berufstypische Dienstleistungen als Gehilfenschaft qualifiziert werden können, falls sie der Förderung einer Straftat dienen.[191] Das Bundesgericht hat diese Frage noch nicht abschliessend beantwortet.[192]

---

178 Forster, 2018: Art. 25, Rz. 3.

179 BGE 121 IV 109, E. 3a; Fiolka, 2018: Art. 260^quinquies CH-StGB, Rz. 67; Cassani, 2003: S. 303.

180 BGE 117 IV 186, E. 3.

181 BGE 120 IV 265, E. 2c.

182 Forster, 2018: Art. 25, Rz. 3.

183 BGE 121 IV 109, E. 3a.

184 BGE 129 IV 124, E. 3.2.

185 Forster, 2018: Art. 25, Rz. 8.

186 BG 1B_467/2016.

187 Forster, 2018: Art. 25, Rz. 10.

188 BGE 98 IV 83, E. 2c.

189 Forster, 2018: Art. 25, Rz. 12.

190 BGE 121 IV 109, E. 3a.

191 Forster, 2018: Art. 25, Rz. 30.

192 BGE 120 IV 265, E. 2c.

Am ehesten erscheint es sinnvoll, auf das Wissen und Wollen des Täters zurückzugreifen.[193] Dies insbesondere auch im Hinblick auf die Praxis des Bundesgerichts, welche dem Wissen des Teilnehmers einer Straftat ein hohes Gewicht zumisst.[194] Das heisst, dass für die Bejahung der Gehilfenschaft die deliktische Verwendung sowohl naheliegend als auch erkennbar sein muss.[195]

Versuchte Gehilfenschaft ist zudem nicht strafbar.[196] Dies erklärt unter anderem den Anwendungsbereich des Art. 260^{quinquies} CH-StGB. Es handelt sich bei Art. 260^{quinquies} CH-StGB letztendlich um einen Auffangtatbestand, welcher unter anderem dann anwendbar ist, wenn die Haupttat nicht erfolgreich war oder kein Zusammenhang zwischen der Finanzierungshandlung des Täters und einem konkreten Terrorakt nachgewiesen werden kann.

Ferner ist festzuhalten, dass Art. 260^{quinquies} CH-StGB auch gegenüber dem Versuch der Haupttat subsidiär ist.[197] Das ist insofern einleuchtend, als es naheliegend ist, einen Täter, welcher versucht hat, mehrere Menschen zu töten, primär für das versuchte Tötungsdelikt zu bestrafen.

Falls der Tatbeitrag des Terrorismusfinanzierers jedoch über die Gehilfenschaft hinausgeht, ist er unter Umständen als Mittäter zu qualifizieren. Das CH-StGB enthält keine Definition der Täterschaft. Täter ist grundsätzlich, wer objektiv sowohl das „Ob" als auch das „Wie" der allfälligen Tatausführung kontrolliert und somit über Tatherrschaft und einen entsprechenden Willen verfügt. Teilnehmer ist hingegen, wer das „Ob" und „Wie" nicht selbst kontrolliert, sondern vom Willen eines Dritten abhängig macht und damit zwar nicht über die Tatherrschaft verfügt, aber die Tat trotzdem veranlasst oder fördert.[198]

Im Rahmen der Mittäterschaft sind die deliktspezifischen Merkmale auf objektiver Seite zu prüfen, wobei bei der Tathandlung eine Zurechnung erfolgt, falls das entscheidende Merkmal nicht selbst verwirklicht wurde. Gemäss der ständigen Rechtsprechung des Bundesgerichts gilt als Mittäter „wer bei der Entschliessung, Planung oder Ausführung eines Deliktes vorsätzlich und in massgebender Weise mit anderen Tätern zusammenwirkt, so dass er als Hauptbeteiligter dasteht; dabei kommt es darauf an, ob der Tatbeitrag nach den Umständen des konkreten Falles und dem Tatplan für die Ausführung des Deliktes so wesentlich

193 Forster, 2018: Art. 25, Rz. 32.
194 BGE 121 IV 109, E. 3.
195 Forster, 2018: Art. 25, Rz. 38.
196 BGE 130 IV 131, E. 2.4.
197 Fiolka, 2018: Art. 260^{quinquies} CH-StGB, Rz. 67; Trechsel & Pieth, 2018: S. 1319.
198 Forster, 2018: Art. 24, Rz. 7.

ist, dass sie mit ihm steht oder fällt."[199] Es ist also erforderlich, dass der Tatbeitrag des Mittäters wesentlich für den Taterfolg ist.

Trotzdem muss der Mittäter nicht direkt an der Haupttat beteiligt gewesen sein. Zudem muss er keine Tatherrschaft gehabt haben, um belangt werden zu können. Eine Mit-Tatherrschaft an der Entschlussfassung, Planung oder Koordination kann genügen.[200]

Aus subjektiver Sicht setzt Mittäterschaft Vorsatz im Sinne von Art. 12 Abs. 2 CH-StGB und einen gemeinsamen Tatentschluss, also einen Tatherrschaftswillen bzw. animus auctoris, voraus. Der gemeinsame Entschluss kann auch konkludent erfolgen. Darüber hinaus genügt Eventualvorsatz.[201]

Ferner ist nicht erforderlich, dass der Mittäter von Anfang an mitwirkt. Er kann auch zu einem späteren Zeitpunkt, spätestens jedoch bis zur Vollendung des Delikts, hinzustossen. In diesen Fällen spricht man von sukzessiver Mittäterschaft.[202] Beispielsweise könnte auch eine psychische oder intellektuelle Einflussnahme genügen.[203] Denkbar ist also auch eine passive Rolle eines Mittäters während der Planungsphase und der konkreten Tatausführung.[204] Erforderlich ist jedoch zumindest eine motivierende Handlung.[205]

Uneinigkeit besteht darüber, ob zwischen Art. 260^{quinquies} CH-StGB und Art. 260ter CH-StGB echte Konkurrenz besteht. Ein Teil der Lehre bejaht dies.[206] Die Mehrheit argumentiert jedoch, dass Art. 260ter CH-StGB dem Art. 260^{quinquies} CH-StGB vorgeht, da Letzterer lediglich als Auffangtatbestand zu Ersterem konzipiert ist.[207]

Ausserdem muss hervorgehoben werden, dass die in Art. 260^{quinquies} Abs. 2–4 CH-StGB geregelten Ausschlussgründe nicht für Art. 260ter CH-StGB gelten und somit keine Wirkung entfalten. Falls ein Täter eventualvorsätzlich Personen finanziert, die sich ex post als Mitglieder einer terroristischen Organisation erweisen, so macht sich der Finanzierer nach Art. 260ter CH-StGB strafbar, sofern ihm nachgewiesen werden kann, dass er die Einbindung der von ihm

---

199 BGE 133 IV 76, E. 2.7; BGE 130 IV 58, E. 9.2.1.

200 BGE 133 IV 76, E. 2.7; BGE 130 IV 58, E. 9.2.1; Forster, 2018: Art. 24, Rz. 8.

201 BGE 126 IV 84, E. 2c.

202 Forster, 2018: Art. 24, Rz. 12.

203 BGE 128 IV 11, E. 2a.

204 Forster, 2018: Art. 24, Rz. 14.

205 BGE 127 IV 122, E. 2b.

206 Stratenwerth & Wohlers, 2013: S. 509.

207 Fiolka, 2018: Art. 260^{quinquies} CH-StGB, Rz. 69; Forster, 2003: S. 446 f.; Cassani, 2003: S. 304.

unterstützten Personen in die terroristische Organisation zumindest billigend in Kauf genommen hat.[208]

In der Praxis bedeutet das, dass im Falle einer erfolgreichen Terrorismusfinanzierung der Nachweis eines Eventualvorsatzes genügen könnte. Dies erklärt, warum Art. $260^{quinquies}$ CH-StGB häufig als Auffangtatbestand betrachtet wird. Allerdings gilt es auch zu bedenken, dass ein geschickter Täter die Erfüllung weiterer Tatbestände vermeiden könnte und somit nur Art. $260^{quinquies}$ CH-StGB anwendbar wäre. Damit würde das geringe Strafmass von maximal fünf Jahren Freiheitsstrafe zur Anwendung kommen.

Des Weiteren ist auf die echte Konkurrenz von Art. $260^{quinquies}$ CH-StGB und Art. 305bis CH-StGB hinzuweisen.[209] Selbige greift dann, wenn inkriminierte Vermögenswerte zur Finanzierung des Terrorismus verwendet werden. Von diesem Fall kann bereits bei der Finanzierung des Lebensunterhalts von Terroristen durch aus Verbrechen stammende Vermögenswerte ausgegangen werden.[210] Allerdings ist diese Konkurrenz aus praktischer Sicht zu relativieren. Intelligente Terrorismusfinanzierer dürften es vermeiden, inkriminierte Vermögenswerte zu benutzen. Schliesslich würden sie damit riskieren, aufgrund der Herkunft der Vermögenswerte bereits vor deren Verwendung, also der Finanzierung des Terrorismus, in den Fokus der Ermittler zu geraten.

Falls der Terrorismusfinanzierer reine Finanzierungshandlungen vorbereitet, geht Art. $260^{quinquies}$ CH-StGB vor. Andernfalls ist er subsidiär zu den strafbaren Vorbereitungshandlungen im Sinne von Art. 260bis CH-StGB, welche vorgehen, wenn es sich nicht um reine Finanzierungshandlungen handelt.[211] Dies betrifft insbesondere organisatorische Vorkehrungen zur Vorbereitung anderer Straftaten.[212]

Abschliessend sollte auch nicht unerwähnt bleiben, dass Art. $260^{quinquies}$ CH-StGB mit verschiedenen anderen Gesetzen wie etwa dem Embargogesetz (EmbG) oder dem Kriegsmaterialgesetz (KMG) zusammentreffen kann. Nach Art. 11 EmbG ist ausschliesslich das Gesetz, welches die schwerste Strafe vorsieht, anzuwenden. Dies betrifft insbesondere Konkurrenzen zwischen dem EmbG und dem KMG.[213]

208 Fiolka, 2018: Art. $260^{quinquies}$ CH-StGB, Rz. 69.

209 Trechsel & Pieth, 2018: S. 1319.

210 Fiolka, 2018: Art. $260^{quinquies}$ CH-StGB, Rz. 70; Cassani, 2003: S. 305; Trechsel & Vest, 2013: S. 1198.

211 Trechsel & Pieth, 2018: S. 1319.

212 Engler, 2013: Art. 260bis, Rz. 5.

213 Trechsel & Pieth, 2018: S. 1319.

Allerdings dürfte diese Regelung analog auch für allfällige Konkurrenzen zwischen Art. $260^{quinquies}$ CH-StGB und dem EmbG gelten. Folglich wird Art. $260^{quinquies}$ CH-StGB durch Art. 9 Abs. 2 EmbG (schwerer Fall) konsumiert, geht aber gleichzeitig Art. 9 Abs. 1 EmbG vor.[214] Demnach besteht keine echte Konkurrenz.[215]

Auch stellt sich die Frage, wie Konkurrenzen zwischen Art. $260^{quinquies}$ CH-StGB und dem KMG zu betrachten sind. Dies insbesondere auf den Finanzierungstatbestand des Art. 33 Abs. 1 lit. f KMG und die Förderungstatbeständen der Art. 34 Abs. 1 lit. c KMG und Art. 35 Abs. 1 lit. c KMG.[216] In diesen Fällen gehen die Tatbestände des KMG dem Art. $260^{quinquies}$ CH-StGB vor. Dies alleine schon deshalb, weil die KMG-Tatbestände auch bei fahrlässiger Begehung strafbar sind. Somit ist Art. $260^{quinquies}$ CH-StGB als subsidiär gegenüber dem KMG zu betrachten.[217]

2.1.1.6. Das Strafmass

Ferner ist zu hinterfragen, ob das in Art. $260^{quinquies}$ CH-StGB vorgesehene Strafmass angemessen ist. Ein Verstoss gegen Art. $260^{quinquies}$ CH-StGB wird mit Freiheitsstrafe bis zu fünf Jahren oder Geldstrafe bestraft.[218]

Allerdings ist unklar, ob sich Terrorismusfinanzierer durch ein höheres Strafmass abschrecken liessen. Schliesslich handelt es sich bei diesen Tätern unter Umständen um Personen, welche bereit sind, für ihr Ziel und gegebenenfalls auch während der Ausübung ihrer Straftat zu sterben. Man denke hier etwa an Selbstmordattentäter. Somit ist fraglich, ob eine höhere Strafandrohung ein geeignetes Mittel sein könnte, um diese Täter von ihrer Straftat abzubringen.

Gleichzeitig stellt sich die Frage, ob es sinnvoll ist, einen Täter, welcher unter Umständen nicht bereit ist zu sterben, aber trotzdem Terrorismus finanziert, mit einer Freiheitsstrafe von maximal fünf Jahren zu bestrafen. Ein derartiger Täter könnte dieses Risiko bewusst in Kauf nehmen, aber sich durch eine höhere Strafe unter Umständen abschrecken lassen.

Eine höhere Strafe ist in jedem Fall dann möglich, wenn der Täter erfolgreich einen Anschlag finanziert hat. Gegner einer Erhöhung der möglichen Bestrafung im Rahmen einer Reform des Art. $260^{quinquies}$ CH-StGB könnten somit argumentieren, dass die höhere Bestrafung in Fällen mit einer konkreten Gefährdung für

---

214 Art. 9 EmbG.

215 Fiolka, 2018: Art. $260^{quinquies}$ CH-StGB, Rz. 71.

216 Art. 33 f. KMG.

217 Fiolka, 2018: Art. $260^{quinquies}$ CH-StGB, Rz. 72.

218 Art. $260^{quinquies}$ CH-StGB.

Leib und Leben ohnehin gegeben sei. Auch in Fällen des Versuchs einer schwereren Straftat spielt Art. 260quinquies CH-StGB nur eine untergeordnete Rolle.

Gleichwohl stellt sich die Frage, wie mit Fällen umgegangen werden soll, in welchen zwar eine Finanzierung des Terrorismus bewiesen werden kann, aber der Kausalzusammenhang zu einem konkreten Anschlag nicht nachvollzogen werden kann. Diese Problematik ergibt sich unter anderem dann, wenn der Täter eine terroristische Vereinigung, wie den Islamischen Staat oder Al-Qaida, finanziert hat.

Hohe Freiheitsstrafen stellen in der Regel eine erhebliche Belastung für den Täter und die Allgemeinheit dar.[219] Somit stellt sich auch im Hinblick auf die mit einer Freiheitsstrafe für die Allgemeinheit verbundenen Kosten die Frage, ob selbige verhältnismässig und gewollt ist.[220] Während sich über die Notwendigkeit von Freiheitsstrafen durchaus streiten lässt, dürfte in Anbetracht der mit der Finanzierung des Terrorismus verbundenen erheblichen Gefährdung von Leib und Leben Konsens darüber bestehen, dass eine Freiheitsstrafe verhältnismässig ist. Dies insbesondere auch um zu verhindern, dass der Täter weiterhin Terrorismus finanziert. Die Freiheitsstrafe hat in diesem Zusammenhang sowohl retributive als auch präventive Zwecke.

Die retributive Massnahme stellt die Antwort auf die bereits begangene Tat der Terrorismusfinanzierung dar und bezieht sich auf die schuldhafte Tatbegehung.[221] Gleichzeitig soll jedoch auch verhindert werden, dass weitere Straftaten gleicher Art begangen werden, weshalb die Strafe stets auch präventive Merkmale aufweist. Dabei ist konzeptionell zwischen dem konkreten Täter, also der Spezialprävention, und der Allgemeinheit, also der Generalprävention, zu unterscheiden.[222]

Unter Generalprävention wird die Abschreckung der Allgemeinheit durch die Sanktionierung von Straftaten verstanden.[223] Dabei ist anzumerken, dass die Strafe nicht nur eine abschreckende Wirkung haben sollte, sondern auch sichergestellt sein muss, dass die Tat auch sanktioniert wird.[224] Wenn den Bürgern klar ist, dass eine Strafverfolgung nahezu ausgeschlossen ist, da es fast unmöglich ist, dem Täter vorsätzliches Handeln nachzuweisen, und selbst im Falle einer Verurteilung mit einer ausserordentlich milden Strafe zu rechnen ist, kann davon ausgegangen werden, dass sich die abschreckende Wirkung in Grenzen hält.

---

219 Henrichson & Delaney, 2012: S. 68 f.

220 Coninx, 2016: S. 157.

221 McCloskey, 1967: S. 91; Corlett, 2006: S. 26; Brown, 2002: S. 1411 f.; Sharp & Otto, 1910: S. 341 f.; Fletcher, 1999: S. 51 f.; Day, 1978: S. 498 f.

222 Coninx, 2016: S. 158.

223 Andenaes, 1952: S. 176; Andenaes, 1971: S. 18; Andenaes, 1975: S. 339.

224 Donatsch, 2017: S. 292.

Retributive Straftheorien werden in der Literatur häufig als „absolut“ bezeichnet, da ihnen vermeintlich die gesellschaftliche Nützlichkeit fehlt.[225] In diesem Zusammenhang wird ihnen oft das Strafelement der Rache gleichgesetzt. Dies ist jedoch wenig sinnvoll, da Rache keinen gesellschaftlichen Nutzen mit sich bringt.[226] Vielmehr sollte die tatproportionale Vergeltung, also ein gefühlloses und rationales Instrument, im Vordergrund stehen.[227]

Folglich sollten Strafen proportional zum Tatübel sein.[228] Dabei wird zwischen ordinaler und kardinaler Proportionalität differenziert.[229] Die kardinale Proportionalität sieht vor, dass sowohl die schärfste als auch die mildeste Strafe definiert werden sollen.[230] Die ordinale Proportionalität sieht zudem vor, dass die Proportionalität im Verhältnis der einzelnen Tatbestände abgestuft wird.[231] Im Hinblick auf die Terrorismusfinanzierung ist also zu berücksichtigen, wie andere Tatbestände bestraft werden.

Ferner stellt sich die Frage, ob Straftäter ausschliesslich zwecks Vergeltung bestraft werden dürfen oder sekundär auch präventive Zwecke verfolgt werden können.[232] Zur Bekämpfung der Terrorismusfinanzierung lassen sich mitunter auch präventive Strafen rechtfertigen. Schliesslich geht es um die Sicherheit der Allgemeinheit. Allerdings ist eine strikte Differenzierung zwischen retributiven und präventiven Strafen im Kontext der Finanzierung des Terrorismus nahezu überflüssig. Eine retributive, zum Übel der Straftat proportionale Strafe wird immer auch präventiv wirken.[233]

Expressive Straftheorien gründen ebenfalls auf der Idee, dass Strafen eine soziale Notwendigkeit darstellen, da sie zur gesellschaftlichen Verständigung beitragen.[234] Diese Theorien befürworten die Aufarbeitung zwischen den beteiligten Akteuren. Die Verbrechensprävention spielt dabei keine primäre Rolle.[235]

Die negative Generalprävention versucht die Bürger in ihrer Gesamtheit von einer Tat abzuhalten.[236] Dies geschieht meist durch abschreckende Strafen, wobei

225 Weiner et al., 1997: S. 431.
226 Boudreaux, 1989: S. 177 f.
227 Coninx, 2016: S. 157 f.
228 Hudson, 1994: S. 59 f.; Hoffman & Goldsmith, 2003: S. 638.
229 Van den Haag, 1986: S. 1254; von Hirsch, 1991: S. 549 f.
230 von Hirsch, 1992: S. 57.
231 Brantingham & Faust, 1976: S. 549 f.; Coninx, 2016: S. 160.
232 Coninx, 2016: S. 161.
233 Daly, 2000: S. 33 f.
234 DeFord, 2005: S. 843 f.
235 Coninx, 2016: S. 161.
236 Dölling et al., 2006: S. 193.

zwischen der Strafandrohung und der -verhängung differenziert werden kann.[237] Da Fälle der Terrorismusfinanzierung potentiell von Interesse für die Medien und eine breitere Öffentlichkeit sein dürften, kann davon ausgegangen werden, dass sowohl die Strafandrohung als auch die Verhängung der Strafe eine Rolle spielen.

Die Abschreckungstheorie nimmt an, dass Bürger das Strafmass kennen und ihr Verhalten nach der Strafandrohung richten.[238] Dabei handelt es sich um eine intuitive Annahme, welche empirisch schwer zu überprüfen ist. Beispielsweise könnte auch die Wahrscheinlichkeit erwischt zu werden eine gewisse Rolle spielen. Zudem besteht bei der negativen Generalprävention häufig das Risiko, dass es zu einer ungerechten, zu weitgehenden Bestrafung kommen könnte.[239]

Daher wird gerade in Deutschland häufig auf die positive Generalprävention zurückgegriffen.[240] Dabei wird davon ausgegangen, dass die Bestrafung des Einzelnen dazu führt, dass die Allgemeinheit über die gesetzlichen Normen und die mit ihrer Verletzung verbundenen Sanktionen informiert wird und das Vertrauen in die Strafnormen dadurch wächst.[241] Folglich soll auch mit sich rechtstreu verhaltenden Bürgern kommuniziert werden.[242]

Das Konzept der positiven Generalprävention erscheint für die Bekämpfung der Terrorismusfinanzierung besonders geeignet. Schliesslich ist es wichtig, die Bevölkerung über den Tatbestand der Terrorismusfinanzierung zu informieren. Dies insbesondere um sicherzustellen, dass fahrlässig begangene Delikte vermieden werden.

Allerdings ist gleichzeitig festzuhalten, dass die bestehende Regelung des Art. 260[quinquies] CH-StGB den oben dargestellten Ausführungen nicht gerecht wird. Eine Freiheitsstrafe von maximal fünf Jahren für die Finanzierung von Terrorismus erscheint weder retributiv noch präventiv besonders wirksam. Schliesslich werden durch die Finanzierung des Terrorismus in der Regel Menschenleben gefährdet. Solange sich jedoch kein konkreter Zusammenhang mit einer bestimmten Tat oder Organisation nachweisen lässt, sind ausser Art. 260[quinquies] CH-StGB unter Umständen keine weiteren Tatbestände erfüllt. Das heisst, dass der Täter mit einer Freiheitsstrafe von maximal fünf Jahren zu rechnen hätte. Das wirkt weder für den Täter selbst noch für die Allgemeinheit besonders abschreckend. Eine

---

237 Coninx, 2016: S. 163.
238 Dölling & Hermann, 2012: S. 427 f.
239 Coninx, 2016: S. 164.
240 Curti, 1999: S. 234 f.
241 Bock, 1991: S. 636 f.
242 Coninx, 2016: S. 164.

Kombination aus positiver und negativer Generalprävention scheint hier angebracht zu sein. Dies setzt jedoch ein höheres Strafmass und die Bestrafung von fahrlässig oder eventualvorsätzlich begangenen Taten voraus.

2.1.1.7. Das Geldwäschereigesetz

Abschliessend drängt es sich auf, auch Regelungen ausserhalb des Strafgesetzbuches kurz zu würdigen. In diesem Zusammenhang sticht das Bundesgesetz über die Bekämpfung der Geldwäscherei und der Terrorismusfinanzierung (GwG) hervor.[243] Es handelt sich dabei um ein Spezialgesetz, welches ausschliesslich für Finanzintermediäre und Personen, die gewerblich mit Gütern handeln und dabei Bargeld entgegennehmen, gilt.[244] Dabei ist zwischen Finanzintermediären im engeren und weiteren Sinn zu differenzieren. Finanzintermediäre im engeren Sinn werden von der schweizerischen Finanzmarktaufsichtsbehörde (FINMA) oder der Spielbankenkommission beaufsichtigt. Finanzintermediäre im weiteren Sinn werden nicht prudentiell von der FINMA beaufsichtigt, aber erbringen in funktioneller Sicht ebenfalls Dienstleistungen im Bereich der Finanzintermediation.[245]

Finanzintermediäre sind verpflichtet, den Verdacht auf einen Terrorismuskonnex zu melden.[246] Anwälte und Notare sind hingegen nur verpflichtet, einen Verdacht zu melden, sofern sie nicht im Rahmen ihrer berufsspezifischen Tätigkeit, also durch die Erbringung von akzessorischen Dienstleistungen, mit den Vermögenswerten in Berührung gekommen sind.[247]

Durch den in Art. 1 GwG verankerten Verweis auf Art. 260^{quinquies} CH-StGB wird verdeutlicht, dass das Geldwäschereigesetz auf die im Strafgesetzbuch verankerte Definition der Finanzierung des Terrorismus zurückgreift.[248] Dies verdeutlicht, wie eng verknüpft Art. 260^{quinquies} CH-StGB und das GwG sind.[249] Zudem wird die Mehrheit der Fälle von Finanzierung des Terrorismus bereits durch das Unterstützen einer kriminellen Organisation im Sinne von Art. 260ter Ziff. 1 Abs. 2 CH-StGB abgedeckt, welcher Art. 260^{quinquies} CH-StGB vorgeht.[250]

Interessant ist, dass zahlreiche Dienstleistungen, welche für die Terrorismusfinanzierung von Bedeutung sein könnten, nicht in den Anwendungsbereich des

---

243 Basse, 2017: Art. 1, Rz. 45.
244 Art. 2 Abs. 1 GwG.
245 Schären, 2017: Art. 2, Rz. 2.
246 Jositsch & von Rotz, 2016: S. 600.
247 Lutz, 2016: S. 487.
248 Wyss, 2009: Art. 1, Rz. 4a.
249 Basse, 2017: Art. 1, Rz. 50.
250 Basse, 2017: Art. 1, Rz. 57.

GwG fallen. Beispielsweise fällt die Organtätigkeit in allen operativen Gesellschaften nicht in den Anwendungsbereich des GwG.[251] Exemplarisch sei zudem an Werttransporte gedacht. Selbige sind grundsätzlich geeignet, Vermögenswerte von Terroristen zu transferieren. Sofern der Transporteur jedoch keine zusätzlichen Finanzdienstleistungen anbietet, ist das GwG nicht anwendbar.[252]

In Art. 3 ff. GwG sind zudem die Pflichten der Finanzdienstleister verankert. Gemäss dem Bundesgericht haben Finanzintermediäre eine Garantenstellung.[253] Damit sind Handlungspflichten verbunden.[254] Insbesondere ist die Vertragspartei zu identifizieren.[255] Dies umfasst unter anderem, dass die Vertragspartei ein beweiskräftiges Dokument vorzulegen hat, welches auf Echtheit zu prüfen ist. Dabei gelten mindestens der Standard einer allgemeinen Plausibilitätskontrolle und die Berücksichtigung allgemein zugänglicher Informationen. Unter Umständen ist eine Betrachtung des Ausweises unter UV-Licht sinnvoll. In der Vergangenheit war die Identifizierung mittels eines digitalen Zertifikats nicht zulässig.[256] Spätestens seit dem FINMA Rundschreiben 2016/7 ist jedoch eine Vielzahl digitaler Identifikationsmöglichkeiten gegeben. Unter anderem kommt auch eine Identifikation mittels Video in Frage, sofern eine gleichwertige Umsetzung der Sorgfaltspflichten gewährleistet ist.[257]

Zudem ist die wirtschaftlich berechtigte Person festzustellen.[258] Dies geschieht in der Praxis in der Regel durch Unterzeichnung eines entsprechenden Formulars. Zwar haben Finanzintermediäre Sorgfaltsregeln zu beachten und die wirtschaftlich berechtigte Person zu identifizieren.[259] Eine juristische Person kontrollierende Person gilt in der Regel als wirtschaftlich Berechtigter.[260] Finanzdienstleister und Händler dürfen jedoch grundsätzlich davon ausgehen, dass die Vertragspartei wirtschaftlich berechtigt ist. Nur wenn gegenteilige Indizien vorliegen, müssen weitere Abklärungen vorgenommen werden.[261] Das verdeutlicht, wie leicht es in den meisten Fällen fallen dürfte, Strohleute einzusetzen. Sofern

251 Lutz, 2016: S. 487.
252 Wyss, 2009: Art. 2, Rz. 16.
253 BGE 136 IV 188, E. 6.2.
254 Lutz & Kern, 2017: S. 99.
255 Art. 3 GwG.
256 Wyss, 2009: Art. 3, Rz. 8 f.
257 Dobrauz-Saldapenna & Derungs, 2017: Art. 3, Rz. 46.
258 Art. 4 GwG.
259 BG 1B_86/2016, E. 6.2.
260 Liebi & Lionel, 2017: Art. 4, Rz. 38.
261 Wyss, 2009: Art. 4, Rz. 3 f.

sich selbige unauffällig verhalten und schriftlich erklären, selbst wirtschaftlich berechtigt zu sein, erfolgen in vielen Fällen keine weiteren Abklärungen.

Lediglich falls im Verlauf der Geschäftsbeziehung Zweifel an der Identität der Vertragspartei oder deren wirtschaftlicher Berechtigung entstehen, müssen erneute Abklärungen stattfinden.[262] Der Massstab für Zweifel ist verhältnismässig tief anzusetzen.[263] Der Gesetzgeber erwartet, dass der Finanzdienstleister die Identität und die wirtschaftliche Berechtigung andauernd und korrekt dokumentiert. Sobald sich Anhaltspunkte für die Unrichtigkeit der Angaben ergeben, muss eine erneute Feststellung erfolgen.[264] Insbesondere bestehen vertiefte Abklärungspflichten im Hinblick auf ausländische „politisch exponierte" Personen und diesen nahestehende Personen.[265]

Ferner existieren weitere Abklärungspflichten in Bezug auf die Art und den Zweck der vom Vertragspartner gewünschten Geschäftsbeziehung im Sinne einer Risikoanalyse.[266] Sofern Transaktionen ungewöhnlich erscheinen oder Anhaltspunkte für eine Finanzierung des Terrorismus vorliegen, muss der Finanzintermediär ihren Zweck und die wirtschaftlichen Hintergründe abklären.[267] Als ungewöhnlich können Transaktionen bereits dann gelten, wenn ihre Rechtmässigkeit nicht ohne weiteres erkennbar ist.[268]

Hinzu kommen verschiedene Dokumentationspflichten.[269] Diese gehen über die als Ausfluss von Art. 3–6 GwG zu erhebenden Informationen hinaus und dienen der Überprüfbarkeit der Einhaltung der GwG Pflichten.[270] Insbesondere sind Belege erforderlich, welche ein zuverlässiges Urteil über die Einhaltung der Bestimmungen des GwG erlauben. Somit müssen nicht nur Geschäftsvorgänge, sondern auch erfolgte Meldungen, Ausbildungen und organisatorische Massnahmen dokumentiert werden.[271] Diese Belege sind so aufzubewahren, dass sich fachkundige Dritte eine Meinung bilden können.[272] Diese Aufbewahrungspflicht umfasst alle nötigen Dokumente.[273]

---

262 Art. 5 GwG.
263 Brunnhofer & Leimgruber, 2017: Art. 5, Rz. 3.
264 Wyss, 2009: Art. 5, Rz. 4 f.
265 BG 1B_86/2016, E. 6.2.
266 Basse, 2017: Art. 6, Rz. 1.
267 Art. 6 GwG.
268 BGE 143 II 162, E. 4.2.2.
269 Art. 7 GwG.
270 Müller, 2017: Art. 7, Rz. 1.
271 Wyss, 2009: Art. 7, Rz. 3.
272 BG 1B_86/2016, E. 6.2.
273 BG 1B_249/2015, E. 7.1.3.

Allerdings gibt es bei den Dokumentationspflichten zumindest Erleichterungen für Vermögenswerte von geringem Wert.[274] Sofern die Geschäftsbeziehung nur Vermögenswerte von geringem Wert umfasst und keine Verdachtsmomente für Geldwäscherei oder Terrorismusfinanzierung vorliegen, kann auf die Einhaltung der in Art. 3–7 GwG aufgeführten Sorgfaltspflichten verzichtet werden.[275]

Bei der Schwelle für Vermögenswerte von geringem Wert handelt es sich um eine sinnvolle Entlastung für Finanzintermediäre, welche verhindert, dass übermässige Kosten entstehen. Dies auch im Hinblick auf neue Geschäftsbereiche, wie beispielsweise Micropayments über das Internet.[276] Allerdings stellt dies ein erhebliches Risiko im Hinblick auf die Terrorismusfinanzierung durch Smurfing dar.[277] Schliesslich lässt sich nur im Rahmen einer Abklärung feststellen, ob Anhaltspunkte für Finanzierung des Terrorismus bestehen.

Der Art. 7a GwG stellt die Bekämpfung der Terrorismusfinanzierung vor eine Herausforderung. Einerseits könnte er von Terroristen genutzt werden, um sogenanntes Smurfing zu betreiben, also die Schwellenwerte für detailliertere Abklärungen gezielt zu unterwandern und damit eine Meldung der Transaktion an die Meldestelle für Geldwäscherei zu verhindern. Andererseits ermöglicht er Finanzintermediären, auch kleinere Transaktionen ohne übermässige Kosten durchzuführen. Wenn man Micropayments mit vertieften Compliance-Pflichten verbinden würde, könnte dies zu übermässig hohen Gebühren führen und eine Verlagerung dieser Transaktionen in nicht regulierte Kanäle, wie zum Beispiel Hawala Banking, verursachen.

Auch gilt es die organisatorischen Massnahmen der Finanzdienstleister zu bedenken. Gemäss Art. 8 GwG haben Finanzintermediäre die in ihrem Bereich zur Verhinderung der Geldwäscherei und der Terrorismusfinanzierung notwendigen Massnahmen zu ergreifen.[278] Dies umfasst unter anderem eine geeignete Ausbildung des Personals und tragfähige Kontrollen.[279] Diese Massnahmen sind zu dokumentieren und bei komplexen Verdachtsfällen an die zuständigen Behörden herauszugeben.[280]

Allerdings geht Art. 8 GwG über die Umsetzung von Art. 3–7 GwG hinaus. Vielmehr wird eine eigenständige Sorgfaltspflicht der Finanzintermediäre stipuliert. Zu

274 Jutzi, 2017: Art. 7a GwG, Rz. 2.
275 Art. 7a GwG.
276 Wyss, 2009: Art. 7a, Rz. 1.
277 Jutzi, 2017: Art. 7a, Rz. 9.
278 Jutzi, 2017: Art. 8, Rz. 5.
279 Art. 8 GwG.
280 BG 1B_249/2015, E. 7.1.5 f.

diesem Schluss kommt man insbesondere im Rahmen einer systematischen Auslegung, da Art. 8 GwG unter dem Abschnittstitel „Sorgfaltspflichten" aufgeführt wird.[281] Daher verfügen Banken über angemessene Compliance-Abteilungen und delegieren die Überprüfung komplexer Sachverhalte an externe Beratungsunternehmen.[282]

Im nächsten Schritt stellt sich die Frage, wie ein Finanzintermediär vorzugehen hat, falls er weiss oder den begründeten Verdacht hat, dass die in der Geschäftsbeziehung involvierten Vermögenswerte der Finanzierung des Terrorismus im Sinne von Art. 260^{quinquies} Abs. 1 CH-StGB dienen. Gemäss Art. 9 Abs. 1 lit. a Ziff. 4 GwG ist in solchen Fällen umgehend eine Meldung an die Meldestelle für Geldwäscherei zu erstatten.[283] Dabei handelt es sich nicht um eine Sorgfaltspflicht, sondern um eine zu ergreifende Massnahme, zu welcher der Finanzintermediär verpflichtet ist.[284] Die Meldepflicht gilt auch, falls die Verhandlungen zur Aufnahme einer Geschäftsbeziehung aufgrund eines Verdachts der Geldwäscherei oder der Terrorismusfinanzierung abgebrochen wurden.[285]

Die Meldung erfolgt schriftlich mittels eines Formulars.[286] In jedem Fall sind darin der Finanzintermediär, seine Vertragspartner, die wirtschaftliche Berechtigung, allfällige weitere involvierte Personen und Erkenntnisse der Hintergrundabklärung zu melden. Zudem sind auch Kopien der Kontoeröffnungsformulare, der Identifizierungsdokumente und der Kontoauszüge beizulegen. Die Beilage der Kontounterlagen ist jedoch nur möglich, sofern die Kontoeröffnung bereits erfolgt ist. Unter Umständen wäre auch eine Meldung nach einem Vorgespräch möglich und sinnvoll.[287]

In der Vergangenheit hatte der Finanzintermediär unverzüglich nach der Meldung die betroffenen, ihm anvertrauten Vermögenswerte zu sperren. Die Sperre war aufrechtzuerhalten, bis eine Verfügung der Strafverfolgungsbehörde eintraf, längstens jedoch für fünf Werktage ab der Meldung.[288] Durch die Vermögenssperre sollte verhindert werden, dass die Täter die Vermögenswerte abziehen.[289] Betroffen waren jedoch lediglich anvertraute Vermögenswerte. Kassageschäfte

281 Wyss, 2009: Art. 8, Rz. 2.
282 BG 1B_86/2016, E. 6.5.
283 Art. 9 GwG.
284 Thelesklaf et al., 2009: Art. 9, Rz. 3 f.
285 Schinkelshoek, 2015: S. 481 f.
286 Luchsinger, 2017: Art. 9, Rz. 90.
287 Thelesklaf et al., 2009: Art. 9, Rz. 3 f.
288 Art. 10 GwG.
289 BG 6B_907/2009, E. 9.4.2.

fielen nicht darunter. Sie erfolgte zudem nur nach der Verdachtsmeldung.[290] Seit dem 01. Januar 2016 muss der Finanzintermediär bei Meldungen nach Art. 9 Abs. 1 lit. A GwG die Vermögenssperre lediglich im Falle einer Weiterleitung an die Strafverfolgungsbehörden vornehmen.[291] Für Meldungen im Sinne von Art. 9 Abs. 1 lit. c GwG ist die Vermögenssperre hingegen unverzüglich nach einer Verdachtsmeldung vorzunehmen. Dies betrifft insbesondere Fälle, in welchen aufgrund von nach Art. 6 Abs. 2 GwG vorgenommenen Abklärungen Grund zur Annahme besteht, dass die beispielsweise gemäss Art. 22a GwG von der FINMA, der Eidgenössischen Spielbankenkommission oder einer Selbstregulierungsorganisation Daten betroffen sein könnten.[292] Gemäss Art. 22a GwG werden Daten, welche die FINMA oder die Eidgenössische Spielbankenkommission von einem anderen Staat erhalten hat und Personen betreffen, die gestützt auf die Resolution 1373 (2001) des UNO Sicherheitsrates wegen terroristischer Aktivitäten oder deren Unterstützung auf eine Liste gesetzt wurden, an Finanzdienstleister weitergeleitet.[293]

Die Zusammenarbeit zwischen Banken und Behörden im Hinblick auf die Vermögenssperre funktioniert in der Praxis gut.[294] Das GwG sieht keine Sanktion bei Verletzung der Vermögenssperre vor. Allerdings wird diese Schwachstelle durch das Strafgesetzbuch kompensiert, da man durch das Unterlassen des Sperrens der Vermögenswerte der Tatbestand der Geldwäscherei im Sinne von Art. 305bis CH-StGB oder gar der Finanzierung des Terrorismus im Sinne von Art. 260^{quinquies} CH-StGB erfüllt sein kann. Denkbar wäre zudem eine Ersatzforderung des Staates gestützt auf Art. 59 CH-StGB.[295]

Ferner ist in Art. 10a GwG eine Informationssperre vorgesehen. Selbige sah in ihrer ursprünglichen Form vor, dass während der Vermögenssperre weder Betroffene noch Dritte durch den Finanzintermediär informiert werden durften.[296] Seit 01. Januar 2016 gilt diese Informationssperre gar zeitlich unbegrenzt. Die Massnahme ist heimlich anzuordnen.[297] Das Bundesgericht hatte die Frage nach der gesetzlichen Grundlage für dieses Mitteilungsverbot offengelassen.[298]

290 Thelesklaf et al., 2009: Art. 10, Rz. 2 f.
291 Art. 9a GwG i.V.m. Art. 10 Abs. 1 GwG.
292 Art. 9 Abs. 1 lit. c GwG.
293 Derungs & Gmünder, 2017: Art. 22a, Rz. 1 ff.
294 Döbeli, 2015: S. 1241.
295 Thelesklaf et al., 2009: Art. 10, Rz. 9.
296 Art. 10a GwG.
297 Döbeli, 2015: S. 1238.
298 BGE 131 I 425, E. 2 f.

Seit dem 01. Januar 2016 besteht eine ausdrückliche gesetzliche Grundlage in Art. 10a GwG. Allerdings fehlt nach wie vor eine verfassungsmässige Grundlage für lang andauernde Informationssperren.[299]

Dies ist insofern problematisch, als die Vermögenssperre mit dem Informationsverbot kollidiert. Schliesslich kann dem Finanzintermediär nicht zugemutet werden, seinen Kunden anzulügen. Gleichzeitig stellt sich jedoch die Frage, wie zu reagieren ist, wenn der Kunde, welcher von der Vermögenssperre nichts weiss, über seine Vermögenswerte verfügen möchte.[300] Faktisch verlangt das Gesetz also vom Finanzintermediär, seinen Kunden anzulügen. Dies wird insbesondere dann problematisch, wenn der Finanzintermediär auch als Anwalt für seinen Klienten tätig ist. Schliesslich schuldet der Anwalt ein sorgfältiges Tätigwerden. Die Überlegung, dass ein Anwalt verpflichtet sein könnte, seinen Klienten vorsätzlich anzulügen, erscheint kaum mit den Berufspflichten nach BGFA vereinbar.

In diesen Fällen dürfte ihm die Vermögenssperre aus praktischer Sicht kaum zu verheimlichen sein. Trotzdem geht die Informationssperre der Vermögenssperre vor, damit der Kunde nicht gewarnt wird. Der Finanzintermediär hat jedoch in jedem Fall die Meldestelle für Geldwäscherei vor der Ausführung der Transaktion zu kontaktieren. Selbige kann die Strafverfolgungsbehörden informieren. Die Strafverfolgungsbehörden verfügen über die nötigen prozessualen Kompetenzen, um das Dilemma zwischen der Informations- und der Vermögenssperre zu lösen.[301]

Um den Finanzintermediär vor einer Strafe oder Haftung durch die Meldung zu schützen, enthält Art. 11 GwG einen Straf- und Haftungsausschluss für Meldungen, welche in gutem Glauben gemacht wurden.[302] Eine Haftung wäre nur bei unsorgfältiger Abklärung oder einer denunziatorischen Meldung denkbar.[303]

An dieser Stelle sei auch erwähnt, dass die Vermögenssperre als politisches Druckmittel missbraucht werden könnte.[304] Daher ist es von grundlegender Bedeutung, dass selbige stets kritisch hinterfragt wird. In keinem Fall sollte sie eingesetzt werden, um Kunden unter Druck zu setzen. Gleichzeitig muss gewährleistet sein, dass Finanzintermediäre keine straf- oder zivilrechtlichen

---

299 Kessler & Waygood-Weiner, 2017: Art. 10a, Rz. 36.

300 Thelesklaf et al., 2009: Art. 10a, Rz. 1.

301 Thelesklaf et al., 2009: Art. 10a, Rz. 1.

302 Art. 11 GwG.

303 Thelesklaf et al., 2009: Art. 11, Rz. 2.

304 Döbeli, 2015: S. 1237 f.

Folgen zu befürchten haben müssen, wenn sie in gutem Glauben ihre Meldepflicht erfüllt und eine Vermögenssperre umgesetzt haben.[305]

Auf die Aufsicht, die Amtshilfe und die Bearbeitung von Personendaten wird im Rahmen der vorliegenden Arbeit nur summarisch eingegangen, da sie für die Beurteilung von möglichen Vorgehensweisen von Terrorismusfinanzierern nur von untergeordneter Bedeutung sind. Positiv hervorzuheben ist in jedem Fall der in Art. 29 GwG verankerte Informationsaustausch unter Behörden.[306] Die Behörden können sich Informationen übermitteln und gegenseitig Auskünfte erteilen.[307]

Die Strafbehörden sind zudem gemäss Art. 29a GwG verpflichtet, der Meldestelle von sich aus alle hängigen Verfahren, Urteile und Einstellungsbeschlüsse zu melden, welche in einem Zusammenhang zum Anwendungsbereich des GwG stehen.[308] Gemäss Art. 32 GwG ist ferner die Zusammenarbeit mit ausländischen Financial Intelligence Units möglich.[309]

Wer die Meldepflicht vorsätzlich verletzt, wird gemäss Art. 37 Abs. 1 mit Busse bis zu 500'000 CHF bestraft. Interessanterweise wird in Art. 37 Abs. 2 GwG auch die fahrlässige Verletzung der Meldepflicht unter Strafe gestellt. Die Busse beträgt hierbei jedoch lediglich 150'000 CHF und fällt somit deutlich niedriger aus.[310] Dies gilt auch wenn eine Meldung verspätet erfolgt. Trotzdem ist bemerkenswert, dass das GwG sowohl vorsätzliche als auch fahrlässige Handlungen sanktioniert und somit deutlich über Art. 260^{quinquies} CH-StGB hinausgeht.[311]

Die fahrlässige Verletzung der Meldepflicht ist strafbar, wenn der Finanzintermediär einen meldepflichtigen Sachverhalt, welcher erkennbar einen deliktischen Hintergrund aufweist, nicht gemeldet hat. In der Praxis spielt hierbei insbesondere die Erkennbarkeit eine entscheidende Rolle. Eventualvorsatz liegt hingegen vor, wenn der Finanzintermediär bewusst in Kauf nimmt, dass ein deliktischer Sachverhalt vorliegt, aber weitere Abklärungen und Meldungen unterlässt.[312]

Zusammenfassend lässt sich also feststellen, dass das Geldwäschereigesetz den Finanzdienstleistern eine erhebliche Verantwortung für die Bekämpfung der Terrorismusfinanzierung überträgt.[313] Allerdings stellt sich die Frage, wie

---

305 Luchsinger, 2017: Art. 11, Rz. 6.
306 Art. 29 GwG.
307 Thelesklaf et al., 2009: Art. 29, Rz. 1.
308 Art. 29a GwG.
309 Art. 32 GwG.
310 Art. 37 GwG.
311 Hilf, 2017: Art. 37, Rz. 32.
312 Thelesklaf et al., 2009: Art. 37, Rz. 6 f.
313 Döbeli, 2015: S. 1237 f.

sinnvoll die in diesem Unterkapitel diskutierten Massnahmen sind. Diese Kritik richtet sich ausdrücklich nicht gegen die Finanzintermediäre, sondern gegen die gesetzgeberischen Massnahmen, welche in der Theorie hilfreich erscheinen, deren praktischer Nutzen aber sehr gering ist.

Letztendlich sind die oben dargestellten Meldeverfahren und Abklärungen nur dann hilfreich, wenn Finanzintermediäre in der Lage sind, verdächtige Sachverhalte zu erkennen. Dies dürfte jedoch im Hinblick auf die Terrorismusfinanzierung kaum der Fall sein. Während Geldwäscherei deutlich leichter zu erkennen ist, da die Vermögenswerte aus einem Verbrechen stammen, liegt die Finanzierung des Terrorismus unter Umständen in der Zukunft. Das heisst, dass der Finanzdienstleister in der Lage sein müsste, das deliktische Verhalten des Kunden zu antizipieren, um rechtzeitig eine Meldung erstatten zu können. Dies dürfte kaum möglich sein.

Zwar könnte man argumentieren, dass der Finanzdienstleister verdächtige Transaktionen melden und vor der Ausführung eine Vermögenssperre verhängen kann. Allerdings dürfte diese Meldung in der Regel wenig Erkenntnisse liefern, denn die Betroffenen können sich stets darauf berufen, eine legitime Überweisung beabsichtigt zu haben. Es dürfte schwerfallen, das Gegenteil zu beweisen.

Auch darf die Wirksamkeit der Abklärungen durch die Finanzdienstleister nicht überschätzt werden. Diese Nachforschungen sind nämlich obsolet, sobald Strohleute eingesetzt werden. Selbige legen ihre echten Ausweisdokumente vor und bestätigen, wirtschaftlich berechtigt zu sein. Zudem erklären sie die Herkunft der Vermögenswerte in plausibler Form.

Ferner ist zu bemängeln, dass das Geldwäschereigesetz nur für Finanzintermediäre und Händler gilt. Allerdings sind auch andere Branchen, wie beispielsweise Werttransporteure, für die Terrorismusfinanzierung geeignet. Der rein physische Transport und die rein physische Aufbewahrung von Vermögenswerten gelten jedoch nicht als Finanzintermediation im Sinne von Art. 2 Abs. 3 GwG.[314] Es wäre sinnvoll, den Anwendungsbereich des GwG auszuweiten.

Erschwerend hinzu kommt, dass das Geldwäschereigesetz auch bei Finanzintermediären nicht konsequent angewandt wird. Man denke hierbei exemplarisch an Hawala-Banker und Anbieter illegaler Finanzdienstleistungen. Selbige operieren im Untergrund und unterstehen keinerlei Aufsicht. Folglich klären sie weder die wirtschaftliche Berechtigung noch die Identität ihrer Geschäftspartner ab.

---

314 Art. 2 Abs. 2 lit. a Ziff. 1 GwV.

Problematisch ist die Beweislastverteilung des GwG. Grundsätzlich ist es Aufgabe des Staates, dem Beschuldigten den deliktischen Sachverhalt nachzuweisen. Der Beschuldigte darf nicht verpflichtet werden, sich selbst zu belasten. Wie oben dargestellt wurde, verpflichtet das GwG Finanzintermediäre geeignete Massnahmen zur Verhinderung von Geldwäscherei und Terrorismusfinanzierung zu treffen und verdächtige Sachverhalte zu melden.[315] Zudem müssen die Belege so erstellt werden, dass sich fachkundige Dritte eine Meinung bilden können.[316] Dies ist jedoch problematisch, sobald diese Meldungen auch gegen den Finanzintermediär selbst verwendet und an die Staatsanwaltschaft herausgegeben werden dürfen.[317]

Unter Umständen kann es in diesen Fällen dazu kommen, dass der Finanzintermediär Informationen liefern musste, welche ihn selbst belasten. Nach dem Grundsatz „nemo tenetur se ipsum accusare“ muss sich indes niemand im Strafverfahren selbst belasten.[318] Folglich sind Beschuldigte nicht zur Aussage verpflichtet.[319] Nach der ständigen Praxis des Bundesgerichts darf der Beschuldigte auch nicht mit Druckmitteln zur Aussage gezwungen werden oder sein Schweigen als Indiz für schuldhaftes Verhalten verwendet werden.[320]

Über einen Umweg, nämlich die Meldestelle für Geldwäscherei oder die FINMA, besteht somit für die Bank und ihre Mitarbeiter in bestimmten Konstellationen eine strafprozess- und verfassungsrechtlich unzulässige Pflicht zur Selbstbelastung.[321] Schliesslich muss der Finanzintermediär die Informationen liefern. Unter Umständen belastet er sich dadurch aber selbst. Allerdings wird das Verbot des Selbstbelastungszwangs hier teilweise ausgehebelt, da Art. 9 GwG ein verwaltungsrechtliches Instrument darstellt. Eine spätere Verwendung der auf diesem erlangten Informationen in einem Strafprozess kommt aus Sicht des Autors zumindest bei natürlichen Personen nicht in Frage. Bei juristischen Personen scheint dies hingegen zulässig zu sein.[322] Dies insbesondere dann, wenn eine verwaltungsgesetzliche Pflicht besteht, entsprechende Dokumente zu erstellen, aufzubewahren und auf Verlangen Behörden zur Verfügung zu stellen.[323]

Das Bundesgericht verwirft die obengenannte Argumentation und hält dagegen, dass Unternehmen keine Menschen seien und die Menschenrechte

---

315 BG 1B_85/2016, E. 4 f.
316 Art. 7 GwG.
317 Donatsch, 2017: S. 290.
318 Art. 6 Ziff. 1 EMRK.
319 BGE 138 IV 47.
320 BGE 131 IV 36, E. 3.1; BGE 130 I 126, E. 2.1.
321 Donatsch, 2017: S. 290.
322 BGE 142 IV 207, E. 8.3.3.
323 BGE 140 II 384, E. 3.3.4.

somit nicht vollumfänglich zur Anwendung kommen könnten. Diese Argumentation wäre vertretbar, wenn sich das Bundesgericht nicht gleichzeitig im Zusammenhang mit Art. 102 StGB darauf berufen würde, dass ein Unternehmen vorsätzlich, also mit Wissen und Willen, handeln können. Diesbezüglich stellt sich die Frage, ob ein Methodenpluralismus zur Anwendung kommt.[324]

Abschliessend sei dem Autor eine Bemerkung zum Schutz der legalen Finanzdienstleister, welche jährlich hohe Beträge in ihre Compliance-Massnahmen investieren, gestattet. Schliesslich hat auch das Bundesgericht festgestellt, dass die Compliance-Anforderungen in den letzten Jahren sowohl national als auch international gestiegen sind.[325] Wenn ein Mitarbeiter einer Bank seinen Compliance-Pflichten nicht nachkommt, und darauf verzichtet, einen Geldwäschereisachverhalt an die Meldestelle für Geldwäscherei zu melden, werden nach geltendem Recht sowohl der Mitarbeiter selbst als auch die Bank bestraft.[326] Dies insbesondere auch im Hinblick auf die Unternehmensstrafbarkeit im Sinne von Art. 102 CH-StGB.[327] An dieser Stelle wird deutlich, welche Problematiken mit dem „Outsourcing von Strafverfolgungsaufgaben" an Privatunternehmen verbunden sind.[328] Gleichzeitig gilt es jedoch zu bedenken, dass Art. 102 CH-StGB bisher vor allem in der Theorie ein Problem darstellt. Aus praktischer Sicht kann darauf verwiesen werden, dass es nur bei einem Bruchteil der Meldungen an die Meldestelle für Geldwäscherei (MROS) anschliessend zu einer Verurteilung wegen Geldwäscherei im Sinne von Art. 305bis CH-StGB oder wegen Finanzierung des Terrorismus im Sinne von Art. 260^{quinquies} CH-StGB kommt.

Der Autor empfiehlt, die Pflichten der Finanzdienstleister zu überdenken und die mehr als unklare Effektivität dieser Compliance-Bemühungen zu hinterfragen.[329] Im Rahmen der empirischen Untersuchung wird dargestellt, wie leicht intelligente Täter auch vermeintlich ausgeklügelte Compliance-Systeme umgehen können. Daher ist im Bereich der Bekämpfung der Terrorismusfinanzierung primär der Staat gefragt. Schliesslich zeigt die Bekämpfung der Terrorismusfinanzierung bisher nicht die gewünschte Wirkung und eine „Entrümpelung" des (Finanzmarkt-)Strafrechts könnte unter Umständen Abhilfe schaffen.[330] Allerdings muss man an dieser Stelle fairerweise auch hervorheben, dass man

---

324 Donatsch, 2017: S. 290 f.
325 BGE 143 II 162, E. 4.4.3.
326 Donatsch, 2017: S. 291.
327 BG 6B_124/2016, E. 4.
328 Donatsch, 2017: S. 291.
329 Alford, 1993: S. 437 f.
330 Jositsch & von Rotz, 2016: S. 608.

die bestehenden internationalen Standards nicht ausblenden kann. Die Schweiz muss sich den internationalen Regelungen anpassen.

2.1.1.8. Schlussfolgerungen

Der Art. $260^{quinquies}$ CH-StGB kann als „stumpfes Schwert“ im Kampf gegen den internationalen Terrorismus bezeichnet werden. Zunächst ist darauf hinzuweisen, dass der in Art. $260^{quinquies}$ Abs. 2 CH-StGB geregelte Ausschluss des Eventualvorsatzes eine Strafverfolgung intelligenter Täter geradezu verunmöglicht. Wie im Rahmen der Diskussion der empirischen Ergebnisse dargestellt werden wird, ist es auch ohne derartige Hindernisse auf der Seite des subjektiven Tatbestands kaum möglich, geschickte Terrorismusfinanzierer zu identifizieren und ihnen ihre Taten nachzuweisen. Der Ausschluss der Fahrlässigkeit und des Eventualvorsatzes erschwert die Strafverfolgung jedoch weiter.

Nun könnte man argumentieren, dass die Einschränkungen von Art. $260^{quinquies}$ Abs. 2 CH-StGB auf den Vorsatz des Täters in der Praxis keine allzu grosse Rolle spielen dürften, da bei einem Erfolgsdelikt ohnehin andere Straftatbestände, für welche Eventualvorsatz ausreicht, erfüllt werden. Das ist zwar grundsätzlich denkbar, dabei sollte man aber die Anforderungen an den Nachweis der Kausalität nicht unterschätzen. Dies gilt umso mehr für Einzeltäter, welche nicht notwendigerweise in den Anwendungsbereich von Art. 260ter CH-StGB fallen. Schliesslich müsste man in diesen Fällen einen konkreten Nachweis für den Kausalzusammenhang zwischen der Finanzierung und der Förderung eines bestimmten Terrorakts erbringen. Auch dies dürfte in vielen Fällen nicht gelingen.

Die ratio legis für die hohen Anforderungen des Art. $260^{quinquies}$ CH-StGB auf subjektiver Seite ist nachvollziehbar. Der Gesetzgeber wollte verhindern, dass legitime Spender eine Strafverfolgung wegen der Unterstützung von Hilfsorganisationen befürchten müssten. Dabei handelt es sich um eine berechtigte Sorge.

Gleichzeitig darf jedoch nicht in Vergessenheit geraten, dass mit der völligen Entlastung des Spenders von Compliance-Pflichten letztendlich „Narrenfreiheit“ für legitime Spender und Terrorismusfinanzierer geschaffen wird. Letztere werden sich stets darauf berufen, zu Ersteren zu gehören und keinerlei Absicht gehabt zu haben, Terrorismus zu finanzieren. Wer dies toleriert, gewährt Terrorismusfinanzierern letztendlich Straflosigkeit. Dies ist aus generalpräventiven Gründen untragbar.

In diesem Zusammenhang stellt die Exkulpation nach Art. $260^{quinquies}$ Abs. 3 und 4 CH-StGB eine weitere Problematik dar. Terrorismusfinanzierer könnten sich darauf berufen, lediglich die Absicht gehabt zu haben, die (Wieder-)

Herstellung rechtsstaatlicher und demokratischer Verhältnisse zu fördern. Unter diesen Umständen dürfte es schwierig werden, dem Täter die vorsätzliche Finanzierung von Terrorismus zu beweisen.

Auch fällt das Strafmass des Art. $260^{\text{quinquies}}$ CH-StGB eher gering aus. Eine Höchststrafe von fünf Jahren Gefängnis erscheint im Hinblick auf die Tragweite allfälliger Taten und deren negative Auswirkungen eher gering. Zwar könnte man argumentieren, dass bei erfolgreichen Taten ohnehin andere Straftatbestände erfüllt seien und somit mit einem höheren Strafmass gerechnet werden könne.

Allerdings kann Sinn und Zweck eines Artikels im Strafgesetzbuch nicht sein, dass man darauf vertrauen muss, dass andere Tatbestände erfüllt sind und dadurch die mit zu hohen Anforderungen auf subjektiver Seite und einem zu niedrigen Strafmass verbundenen Problematiken gelöst werden. Da die Anforderungen auf subjektiver Seite so hoch sind, wäre ein höheres Strafmass zu rechtfertigen. Schliesslich käme selbiges nur zur Anwendung, wenn der Täter erwiesenermassen vorsätzlich Terrorismus finanziert hätte.

Das Geldwäschereigesetz ist insofern positiv zu würdigen, als es die Vorsatzproblematik in gewissem Umfang kompensiert und zumindest an die in den Anwendungsbereich des GwG fallenden Personen höhere Anforderungen stellt. Gleichzeitig kann ein Ausweichen vom CH-StGB auf das GwG nicht Sinn und Zweck einer Norm im CH-StGB darstellen.

Zusammenfassend lässt sich konstatieren, dass Anpassungen am Art. $260^{\text{quinquies}}$ CH-StGB nötig wären, um selbigen zu einem wirksamen Instrument im Kampf gegen die Terrorismusfinanzierung zu machen. Gleichzeitig sollten jedoch auch keine überzogenen Erwartungshaltungen an diesen Artikel gestellt werden.

„Finanzierung des Terrorismus
1 Wer in der Absicht, ein Gewaltverbrechen zu finanzieren, mit dem die Bevölkerung eingeschüchtert oder ein Staat oder eine internationale Organisation zu einem Tun oder Unterlassen genötigt werden soll, Vermögenswerte sammelt oder zur Verfügung stellt, wird mit Freiheitsstrafe bis zu ***zehn*** *Jahren oder Geldstrafe bestraft.*
2 Nimmt der Täter die Möglichkeit der Terrorismusfinanzierung lediglich in Kauf, wird mit Freiheitsstrafe bis zu ***fünf*** *Jahren oder Geldstrafe bestraft.*
3 Die Tat gilt nicht als Finanzierung einer terroristischen Straftat, wenn sie auf die Herstellung oder Wiederherstellung demokratischer und rechtsstaatlicher Verhältnisse oder die Ausübung oder Wahrung von Menschenrechten gerichtet ist ***und von der zuständigen Behörde genehmigt wurde****.*
4 Absatz 1 findet keine Anwendung, wenn mit der Finanzierung Handlungen unterstützt werden sollen, die nicht im Widerspruch mit den in bewaffneten Konflikten anwendbaren Regeln des Völkerrechts stehen."

Dieser Artikel würde den Art. 260quinquies CH-StGB zweifelsohne zu einem wirksameren Instrument im Kampf gegen die Terrorismusfinanzierung machen. Insbesondere würde man durch die oben markierten Anpassungen die Problematik des Ausschlusses des Eventualvorsatzes zumindest teilweise lösen.

Eine Differenzierung zwischen direktem Vorsatz und Eventualvorsatz bzw. Fahrlässigkeit erscheint im Hinblick auf das Strafmass angemessen. Damit könnte man auch Täter, welche nicht nachweislich vorsätzlich gehandelt haben, belangen. Gleichzeitig würde das unterschiedliche Strafmass den Vorsatz bzw. die Fahrlässigkeit des Täters berücksichtigen.

Die Exkulpationsgründe stellen in der revidierten Form des Art. 260quinquies CH-StGB insofern kein Hindernis dar, als Abs. 3 eine Genehmigung durch die zuständigen Behörden vorsieht. Denkbar wäre hier beispielsweise die MROS für zuständig zu erklären. Der Gedanke hinter dem Genehmigungsverfahren ist, dass die wenigsten Terrorismusfinanzierer ihr geplantes Vorgehen den Behörden offenlegen werden.

Eine Anpassung des Strafmasses erscheint aufgrund der potentiell weitreichenden Folgen der Tat angemessen. Insbesondere soll aus general- und spezialpräventiven Gründen durch eine höhere Strafe bewirkt werden, dass Täter Abstand von der Finanzierung des Terrorismus nehmen. Zudem muss sichergestellt sein, dass auch das fahrlässige Handeln sanktioniert wird. Gleichzeitig erscheint in Fällen der Terrorismusfinanzierung auch eine retributive Strafe gerechtfertigt.

Die vorliegenden Vorschläge zur Anpassung des Art. 260quinquies CH-StGB erheben keinen Anspruch auf Richtigkeit, dienen aber als Denkanstoss. Letztendlich weist der Art. 260quinquies CH-StGB zahlreiche Schwachstellen auf, welche durch die oben dargestellten Änderungsvorschläge zumindest teilweise kompensiert werden könnten. Gleichzeitig muss darauf hingewiesen werden, dass die Terrorismusfinanzierung durch die Umsetzung der erwähnten Anpassungen nicht eliminiert, sondern nur etwas effektiver bekämpft werden könnte.

Da der Fokus der vorliegenden Arbeit jedoch nicht auf dem Strafrecht, sondern auf konkreten Vorgehensweisen von Terrorismusfinanzierern und den damit verbundenen strafprozessrechtlichen Implikationen liegt, wird darauf verzichtet, näher auf das Strafrecht einzugehen. Trotzdem war es notwendig, die oben erwähnten Schwachstellen des Strafrechts aufzuzeigen, um eine geeignete Grundlage für die Diskussion der empirischen Ergebnisse zu schaffen. Insbesondere wird die empirische Untersuchung zeigen, dass es auch im Falle einer Anpassung des Art. 260quinquies CH-StGB schwierig bleiben dürfte, intelligenten Tätern die Finanzierung des Terrorismus nachzuweisen. Dies auch im Hinblick darauf, dass die Strafverfolgung letztendlich eine nationale Angelegenheit ist und bleibt, aber die Täter zunehmend grenzüberschreitend vorgehen.

Daher stellen die aufgezeigten Vorgehensweisen der Täter auch eine Anregung für die Entlastung von Finanzdienstleistern dar. Schliesslich sind die gesetzlich vorgesehenen Compliance-Massnahmen nur sinnvoll, wenn sich dadurch tatsächlich die Finanzierung des Terrorismus bekämpfen lässt. Dies ist jedoch nicht der Fall. Daher ist es angebracht, den Sinn und Zweck dieser Massnahmen kritisch zu hinterfragen.

2.2. Literatur

Während die Bekämpfung der Geldwäscherei bereits seit Mitte der 1980er Jahre im Fokus der Ermittler steht, wurde jene der Terrorismusfinanzierung erst nach den Anschlägen vom 11. September 2001 intensiviert.[331] Die vor dem 11. September 2001 ergriffenen Massnahmen waren nicht ausreichend.[332] Dies kam letztendlich mit den Terroranschlägen vom 11. September 2001 zum Ausdruck.

Nach den Anschlägen vom 11. September 2001 haben daher Länder auf der ganzen Welt ihre Unterstützung für den „finanziellen Krieg" gegen Terrorismus bekräftigt und gesetzgeberische Massnahmen ergriffen.[333] Dies dient dem Ziel, Terroristen und Terrorismusfinanzierer für ihre Taten zu belangen.[334]

Neben den militärischen Reaktionen auf den 11. September 2001 standen die Massnahmen zur Bekämpfung der Terrorismusfinanzierung im Fokus vieler Staaten.[335] Dabei handelt es sich um globale Aufgaben, welche nicht von einer einzelnen Nation bewältigt werden können.[336] Dies auch im Hinblick darauf, dass speziell Länder mit politischer Nähe zu den USA Terroranschläge in ihren eigenen Gebieten zu befürchten hatten.[337]

Es gibt eine Vielzahl von möglichen Massnahmen, um Terrorismus zu bekämpfen. Selbige reichen von der Berechnung von Wahrscheinlichkeiten[338] über Schutzmassnahmen für die zivile Luftfahrt[339] bis hin zu konventioneller

331 Pieth, 2002: S. 115 f.
332 Weintraub, 2002: S. 53.
333 Davis, 2003: S. 269 f.
334 Betti, 2006: S. 1104.
335 Barrett, 2009: S. 9.
336 Norgen, 2004: S. 201.
337 Dreher & Gassebner, 2008: S. 29.
338 Pate-Cornell & Guikema, 2002: S. 5 f.; Cox, 2008: S. 1749; Norman, 2010: S. 978; Garrick et al., 2004: S. 129 f.; Parnell et al., 2010: S. 32 f.; Rios et al., 2009: S. 841 f.
339 Von Winterfeldt & O'Sullivan, 2006: S. 63.

Kriegsführung.[340] Auch die Einschränkung der Mobilität von Terroristen wird häufig als wirksames Instrument dargestellt.[341] Die Bekämpfung der Terrorismusfinanzierung scheint jedoch eine der sinnvollsten und effektivsten Vorgehensweisen zu sein.

Die dieser Vorgehensweise zugrundeliegende Logik ist plausibel nachvollziehbar. Terrorismus kostet Geld.[342] Terroristen benötigen Geld, um Terroranschläge verüben zu können.[343] Die Terroranschläge vom 11. September 2001 wären ohne die notwendigen finanziellen Mittel kaum möglich gewesen.[344] Daher stand Al-Qaida lange im Fokus der Bekämpfung der Terrorismusfinanzierung.[345] Al-Qaida gilt schliesslich häufig als Paradebeispiel moderner terroristischer Vereinigungen.[346]

Allerdings sollte dabei nicht in Vergessenheit geraten, dass sich die Kosten von Terroranschlägen in Grenzen halten. Während die Anschläge vom 11. September 2001 schätzungsweise 500'000 US-$ gekostet haben, sind die Kosten von alltäglichen Anschlägen, wie sie regelmässig von Selbstmordattentätern verübt werden, noch geringer.[347] Schliesslich werden für die Akquise von Handfeuerwaffen und Rohmaterialien für Bomben teilweise nur sehr kleine Beträge benötigt.[348]

Trotzdem ist davon auszugehen, dass ein zumindest partieller Erfolg bei der Bekämpfung der Terrorismusfinanzierung die Vorgehensweise von Terroristen erschweren könnte.[349] Somit kann vernünftigerweise angenommen werden, dass durch die Bekämpfung der Terrorismusfinanzierung Terroranschläge verhindert werden können.[350]

Auch darf nicht in Vergessenheit geraten, dass terroristische Vereinigungen nicht nur finanzielle Mittel für Anschläge benötigen, sondern in der Regel auch eine signifikante Infrastruktur, welche mit hohen Kosten verbunden ist,

---

340 Lobel, 1999: S. 537 f.; Wedgwood, 1999: S. 559 f.; Campbell, 1999: S. 1067; Travalio, 2000: S. 192 f.

341 Aydinly, 2006: S. 301 f.

342 Freeman, 2011: S. 461.

343 Gurule, 2010: S. 21 f.

344 Crimm, 2003: S. 1345.

345 Gurule, 2010: S. 52 f.

346 Zöller, 2009: S. 97.

347 Pieth, 2006: S. 1076.

348 Danziger, 2012: S. 227.

349 Weintraub, 2002: S. 59.

350 Dalyan, 2008: S. 138.

unterhalten.[351] Die Kosten für den Unterhalt der Infrastruktur sind meist höher als jene der konkreten Operationen, also der Terroranschläge.[352] Man denke hierbei exemplarisch an die Finanzierung von Söldnern.

Terroristen müssen zudem kontinuierlich neue Kräfte rekrutieren. Diese Bemühungen sind mit Werbungskosten verbunden.[353] Die Kosten für diese Bemühungen hängen überwiegend von der Grösse der Organisation und dem Umfang der jeweiligen Kampagne ab.[354]

Ausserdem sind Terroristen international tätig. Man denke dabei beispielsweise an die globale Präsenz von Al-Qaida oder dem Islamischen Staat.[355] Die Schwächung dieser Infrastruktur kann einen wesentlichen Beitrag zur Terrorismusbekämpfung leisten.[356] Finanzierungsprobleme haben terroristische Organisationen in der Vergangenheit erheblich geschwächt.[357]

Zudem wird häufig argumentiert, dass die Kosten der Bekämpfung der Terrorismusfinanzierung in keinem Verhältnis zu ihrem Nutzen stünden. Abgesehen davon, dass diese Argumentation dem menschlichen Leben offensichtlich keinen allzu grossen Wert zumisst, ist sie auch aus ökonomischer Sicht falsch. Die Kosten von Terroranschlägen sind signifikant.[358] Alleine die Kosten aus den Anschlägen vom 11. September 2001 übersteigen die von Osama Bin Laden geschätzten 500 Milliarden US-$, sofern man die Reaktion der USA im Irak und in Afghanistan nicht unberücksichtigt lässt.[359]

Zudem sollte man auch die möglichen negativen Effekte eines Terroranschlags auf die Wirtschaft eines Landes nicht ignorieren.[360] Die mit Terroranschlägen verbundene Unsicherheit führt unter anderem zu einem Rückgang an Investitionen.[361] Zwar ist der Nutzen der Terroristen in Form von politischen Zugeständnissen durch Regierungen in der Regel gering oder inexistent, aber

351 Simser, 2011: S. 334 f.; Ganor, 2008: S. 287 f.

352 Freeman, 2011: S. 462.

353 Jamwal, 2002: S. 181.

354 Bell, 2004: S. 105.

355 Gurule, 2010: S. 73 f.

356 Gardner, 2007: S. 326.

357 Shapiro & Siegel, 2007: S. 405 f.

358 Frey et al., 2007: S. 1 f.

359 Barrett, 2009: S. 8.

360 Brown et al., 2004: S. 861 f.; Kaufmann et al., 1997: S. 83 f.; Gläser & Shapiro, 2002: S. 205; Pizam & Smith, 2000: S. 123 f.; Nitsch & Schumacher, 2004: S. 423; Blomberg et al., 2004: S. 1007 f.; Koh, 2007: S. 129.

361 Abadie & Gardeazabal, 2008: S. 2; Enders & Sandler, 1996: S. 331; Enders et al., 1996: S. 331; Bandyopadhyay et al., 2014: S. 25 f.

es entsteht trotzdem Schaden.[362] Dies gilt insbesondere für die Finanzmärkte.[363] Man denke hierbei beispielsweise an die Aktien von Fluggesellschaften nach dem 11. September.[364]

Die Märkte scheinen sich jedoch in jüngerer Vergangenheit recht schnell zu erholen.[365] Unter Umständen kann man von einem gewissen Abhärtungseffekt der Terroranschläge der Vergangenheit sprechen. Die Ungewissheit wurde mit zunehmender Erfahrung der Marktteilnehmer im Umgang mit derartigen Szenarien deutlich reduziert. Allerdings geht auch der Konsum zurück, da das Verhalten der Verbraucher beeinflusst wird.[366]

Einen weiteren Nutzen der Bekämpfung der Terrorismusfinanzierung stellt der Erkenntnisgewinn dar. Im Rahmen der Ermittlung der Finanzierungswege der Terroristen stösst man häufig auf Netzwerke von Personen, welche terroristische Gruppen unterstützen. Aufzeichnungen der Terroristen selbst führen unter Umständen zu Rückschlüssen über die Mittelverwendung. Dadurch können Erkenntnisse über die organisatorischen Strukturen dieser Vereinigungen gewonnen werden. Die Vermögenstransfers der Terroristen hinterlassen zudem Spuren, welche noch Jahre später ausgewertet werden können.[367]

Unter Umständen kann es sogar hilfreich sein, bekannte Finanzierungswege über einen längeren Zeitraum zu beobachten, um Erkenntnisse über Hintermänner zu gewinnen.[368] Diese Analyse darf sich dabei nicht auf einige wenige Länder wie beispielsweise Afghanistan, den Irak und Syrien beschränken. Auch Südostasien spielt eine wichtige Rolle. Es handelt sich letztendlich um ein globales Problem.[369]

An dieser Stelle ist vernünftigerweise nachvollziehbar, warum die Bekämpfung der Terrorismusfinanzierung durchaus lohnenswert ist. Dies vor allem im Hinblick darauf, dass es Staaten auf der ganzen Welt gelungen ist, einen Grossteil dieser Kosten auf private Unternehmen, allen voran Finanzdienstleister, zu übertragen. Dies stellt jedoch ein Problem dar, da damit letztendlich eine öffentliche

362 Abrahms, 2012: S. 366 f.

363 Chesney et al., 2011: S. 253 f.; Eldor & Melnick, 2004: S. 368 f.; Gul et al., 2010: S. 98 f.; Brounen & Derwall, 2010: S. 585 f.

364 Drakos, 2004: S. 436.

365 Chen & Siems, 2004: S. 350.

366 Arin et al., 2008: S. 164 f.

367 Simser, 2011: S. 336.

368 Simser, 2011: S. 335.

369 Abuza, 2002: S. 428.

Aufgabe, nämlich die Bekämpfung der Terrorismusfinanzierung, zu einem signifikanten Teil in private Hände gelegt wurde.

Die nach dem 11. September 2001 ergriffenen gesetzgeberischen Massnahmen fokussierten in vielen Fällen die Geldwäschereibekämpfung.[370] Dieser Ansatz basierte unter anderem auf der Annahme, dass die Geldwäscherei auch zum Zweck der Terrorismusfinanzierung genutzt werde.[371] Diese Prämisse ist jedoch nicht zwingend richtig, da intelligente Täter nicht auf inkriminierte Vermögenswerte zurückgreifen, um Terrorismus zu finanzieren.

Daher ist eine Differenzierung zwischen der Geldwäscherei und der Terrorismusfinanzierung nicht nur sinnvoll, sondern notwendig. Schliesslich verfolgen Geldwäscher und Terroristen unterschiedliche Ziele und verwenden Mittel unterschiedlicher Herkunft.[372] Die grösste Gemeinsamkeit zwischen der Terrorismusfinanzierung und der Geldwäscherei ist in diesen Fällen, dass beide Tatbestände im Zusammenhang mit Geld stehen. Zudem wird in beiden Fällen das internationale Finanzsystem für kriminelle Zwecke missbraucht wird.[373] Allerdings wird im Fall der Terrorismusfinanzierung keine Integration der Vermögenswerte in den Wirtschaftskreislauf notwendig.[374] Somit wird in der Literatur gar von einer Zwangshochzeit der Bekämpfung von Geldwäscherei und Terrorismusfinanzierung gesprochen.[375] Dies äussert sich unter anderem darin, dass gesetzgeberische Massnahmen häufig auf die Bekämpfung der Geldwäscherei und der Terrorismusfinanzierung abzielen.[376]

Die Geldwäscher unterteilen sich in drei Stufen, namentlich Placement, Layering und Integration. Im Rahmen des Placements geht es zunächst um die reine Platzierung der inkriminierten Vermögenswerte. Im Rahmen des Layerings geht es um die Verschleierung der Herkunft der inkriminierten Vermögenswerte. Im Rahmen der Integration soll letztendlich eine vollständige Integration in den legalen Wirtschaftskreislauf stattfinden.[377]

Während die Vermögenswerte der Geldwäsche grundsätzlich inkriminiert sind und aus einer Vortat stammen müssen, können für die Terrorismusfinanzierung auch legale Vermögenswerte verwendet werden. Ferner ist es Sinn und

---

370 Kersten, 2002: S. 49.
371 Johnson, 2003: S. 10.
372 Roberge, 2007: S. 196 f.
373 Zöller, 2009: S. 612.
374 Tofangsaz, 2015: S. 112 f.
375 Sinha, 2013: S. 142.
376 Hetzer, 2008: S. 561.
377 Zöller, 2009: S. 607.

Zweck der Geldwäsche, inkriminierte Vermögenswerte in den legalen Finanz- und Wirtschaftskreislauf zu integrieren. Hingegen ist es bei der Terrorismusfinanzierung das primäre Ziel, Vermögenswerte für illegale Zwecke nutzen zu können. Es geht also somit primär um die Zuleitung nicht inkriminierter Vermögenswerte an terroristische Vereinigungen. Vereinfacht ausgedrückt könnte man sagen, dass bei der Terrorismusfinanzierung legale Vermögenswerte für illegale Zwecke verwendet werden. Hingegen werden bei der Geldwäsche inkriminierte Vermögenswerte in den legalen Wirtschaftskreislauf eingeschleust. Die beiden Phänomene sind somit spiegelbildlich.[378]

Zudem wurden vor allem private Unternehmen, insbesondere Finanzdienstleister, in die Pflicht genommen.[379] Allerdings wird dabei nicht immer auf ausreichende Kontrollen und die Übernahme von Verantwortung geachtet.[380] Schliesslich könnten geschickte Täter eine Bank gründen und damit lästige Rückfragen von Compliance-Abteilungen vermeiden. Auch sollte bedacht werden, dass viele Massnahmen lediglich zu einer Verlagerung der Terrorismusfinanzierung in andere Bereiche führen könnten.[381]

Ein wichtiger Ansatz im Rahmen der Bekämpfung der Terrorismusfinanzierung ist der Fokus auf präventive Massnahmen. Im Idealfall kann das Verhalten der Täter antizipiert und die Tat verhindert werden.[382] Dies gilt vor allem im Hinblick darauf, dass sich Terroristen häufig rational verhalten und die Grenzen ihrer Budgets kennen. Innerhalb dieser Grenzen findet oftmals eine Maximierung des Nutzens statt.[383] Rationales Verhalten lässt sich antizipieren.

Es gibt zahlreiche mikro- und makroökonomische Ansätze, um das Volumen der Terrorismusfinanzierung zu messen.[384] Auf diese Ansätze wird jedoch vorliegend nicht eingegangen. Dies liegt einerseits daran, dass von einer hohen Dunkelziffer auszugehen ist und valide Schätzungen nahezu unmöglich erscheinen. Es ist nicht möglich, das Volumen der Terrorismusfinanzierung auch nur in Teilbereichen, wie beispielsweise jenem der wohltätigen Organisationen, zu schätzen.[385] Schliesslich liegen keine verlässlichen Zahlen von internationalen

378 Zöller, 2009: S. 612.

379 Barrett, 2011: S. 720.

380 Passas, 2006a: S. 281 f.

381 Gurung et al., 2010: S. 184.

382 McCulloch & Pickering, 2009: S. 628.

383 Li & Schaub, 2004: S. 232.

384 Samantha Mailand Irwin et al., 2011: S. 88.

385 MacMull, 2004: S. 122.

Organisationen, sondern nur vage Schätzungen von Journalisten und Forschern vor.[386]

Andererseits sind Ausführungen zum Volumen der Terrorismusfinanzierung zur Beantwortung der Forschungsfragen dieser Studie nicht notwendig. Schliesslich genügt es davon auszugehen, dass die Terrorismusfinanzierung nach wie vor eine bedeutende Rolle für Terroristen spielt. Das Ziel dieser Arbeit ist es, die Vorgehensweisen intelligenter Täter zu antizipieren und die strafprozessualen Möglichkeiten der Ermittler zu stärken. Dabei muss bedacht werden, dass auch kostengünstige Anschläge sehr gefährlich sein können.[387]

Zusammenfassend lässt sich also feststellen, dass die Bekämpfung der Terrorismusfinanzierung, trotz der mit bestimmten Anschlägen verbundenen geringen Kosten, nach wie vor wichtig ist.[388] Zwar kann die Bekämpfung der Terrorismusfinanzierung nicht sämtliche Terroranschläge verhindern, aber sie kann Terroristen schwächen und Ermittlungsbehörden helfen, wertvolle Erkenntnisse zu gewinnen. Dies insbesondere auch im Hinblick auf die organisatorischen Strukturen der Täter.

Grundsätzlich gibt es zwei Ansatzpunkte, um Terrorismusfinanzierung zu bekämpfen. Einerseits müssen die Einnahmequellen identifiziert und eliminiert werden. Andererseits muss verhindert werden, dass Terroristen Vermögenswerte transferieren.[389] Dabei müssen nicht nur traditionelle Vorgehensweisen der Terrorismusfinanzierer, sondern auch innovative Methoden berücksichtigt werden.[390] Letztendlich gilt es jedoch auch zu bedenken, dass Terrorismusbekämpfung nur auf internationaler Ebene möglich ist.[391]

2.2.1. Einnahmequellen

Terrorismusfinanzierer verfügen über eine Vielzahl verschiedener Einnahmen.[392] Sie haben sowohl legale als auch illegale Einnahmequellen.[393] Daneben spielen Spenden eine wesentliche Rolle.[394] Geschickte Terrorismusfinanzierer

386 Stergiou, 2016: S. 189 f.
387 Balasubramaniyan, 2015: S. 482.
388 Acharya, 2009: S. 295.
389 Marrcon, 2008: S. 441.
390 Baldwin, 2005: S. 150.
391 Forster, 2003: S. 425.
392 Dalyan, 2008: S. 139.
393 Raphaeli, 2003: S. 59.
394 Croissant & Barlow, 2007: S. 151.

verwenden legal erworbene Vermögenswerte.[395] Die Einnahmen von Terrorismusfinanzierern lassen sich zudem nach fünf Kriterien – namentlich Quantität, Legitimität, Zuverlässigkeit, Kontrolle und Einfachheit – kategorisieren.[396] In der Literatur lassen sich drei wesentliche Kategorien von Finanzierungsquellen identifizieren: Spenden, Unterstützungsleistungen von Staaten und Vermögen aus der Begehung allgemein krimineller Straftaten. Ferner scheinen auch Erlöse aus legalen Geschäften eine gewisse Rolle zu spielen.[397]

Es gibt Staaten, welche aus politischen oder religiösen Gründen terroristische Vereinigungen unterstützen.[398] Einst haben staatliche Unterstützungen eine wesentliche Einnahmequelle für Terroristen dargestellt. Dies hat sich jedoch mit dem Ende des Kalten Krieges grundlegend verändert.[399] Infolge des durch die internationale Gemeinschaft ausgeübten Drucks sind diese Unterstützungsleistungen in den vergangenen 30 Jahren erheblich zurückgegangen.

Spätestens seit den Anschlägen vom 11. September 2001 spielt die staatliche Unterstützung für Terroristen nur noch eine sehr kleine bis gar keine Rolle mehr.[400] Das Nachlassen der staatlichen Unterstützung hat Terroristen gezwungen, ihre Strategie anzupassen.[401] Daher konzentrieren sich Terroristen heute primär auf nichtstaatliche Einnahmequellen.[402] Hauptsächlich scheint die Unterstützung durch Spenden von Anhängern relevant zu sein.[403]

Dabei können insbesondere Spenden von Privatpersonen eine signifikante Rolle spielen.[404] Dies geschieht häufig im Kontext von kulturellen Veranstaltungen, Mitgliedsbeiträgen in Vereinen oder Sammelaktionen.[405] Hierbei sei an den *Zakat* gedacht, welcher eine Form der Almosen im Islam darstellt und einen Ausgleich zwischen Armen und Reichen gewährleisten soll.[406] Der Islam definiert, wer Zakat erhalten sollte.[407] Der Zakat dient u.a. dem Ausgleich zwischen

395 Simser, 2011: S. 335.
396 Freeman, 2011: S. 463.
397 Zöller, 2009: S. 613.
398 Zöller, 2009: S. 614.
399 Makarenko, 2004: S. 130.
400 Winer, 2008: S. 114.
401 Hatchinson & O'Malley, 2007: S. 1095.
402 Dalyan, 2008: S. 139.
403 Tierney, 2017: S. 15; Flanigan, 2006: S. 641 f.; Engel, 2004: S. 251 f.; Roy, 2007: S. 162 f.; Hroub, 2006: S. 73.
404 Bierstecker et al., 2007: S. 40 f.
405 Dalyan, 2008: S. 140.
406 Raphaeli, 2003: S. 61 f.
407 Crimm, 2008: S. 580.

wohlhabenden und weniger wohlhabenden Gesellschaftsschichten. Dies dient nicht zuletzt auch dem Erhalt des sozialen Friedens.[408] Es ist in diesem Zusammenhang wichtig, dass die Terrorismusfinanzierung auch nach Schariarecht verboten wird.[409]

Muslimische Banken berücksichtigen den Zakat häufig bei ihren Transaktionen. Dies gilt insbesondere für Banken, welche unter dem Rechtssystem der Scharia operieren. Diesen ist es nicht gestattet, Zinsen zu gewähren. Der Zakat wird als Spende an wohltätige Organisationen weitergeleitet. Diese Transaktionen finden häufig ausserhalb der ordentlichen Geschäftsbücher statt und sind folglich nur schwer nachvollziehbar. Dies wird ferner dadurch erschwert, dass die entsprechenden Banken die Transaktionsbelege für den Zakat häufig vernichten.[410] Wohltätigkeitsorganisationen werden häufig dafür verwendet, Mittel an terroristische Vereinigungen weiterzuleiten. Wohlfahrtsorganisationen fungieren dabei primär als Schein- und Tarnadressen, welche helfen, Mittel für terroristische Zwecke einzusammeln, zu verwalten und weiterzuleiten.[411]

Zudem sollte zwischen Personen, welche gezielt für Terroristen spenden, und solchen, die eigentlich einen tatsächlich wohltätigen Zweck unterstützen wollten, unterschieden werden, um eine Benachteiligung ehrenwerter Organisationen zu vermeiden.[412] Dies im Speziellen, um eine Überreaktion zu vermeiden.[413]

Unter Umständen ist von einer Veruntreuung von Spendengeldern auszugehen. Daher ist es wichtig, dass sowohl Spender als auch Leitungsorgane von wohltätigen Organisationen die nötige Vorsicht walten lassen.[414] Eine Due Diligence bzw. Sorgfaltspflicht ist letztendlich auch vom Spender durchzuführen.[415] Schliesslich kann der Spender unter Umständen erkennen, ob eine Spendenorganisation legale oder illegale Zwecke verfolgt. Als Anhaltspunkte könnten beispielsweise Internetseiten und Auskünfte von amtlichen Stellen dienen. Auch Presseberichte können aufschlussreich sein.

Darüber hinaus muss festgehalten werden, dass die schwarzen Schafe unter den Spendenorganisation letztendlich signifikante Nachteile für ehrliche Spender und

408 Zöller, 2009: S. 613.
409 Tofangsaz, 2012: S. 396 f.
410 Zöller, 2009: S. 614.
411 Zöller, 2009: S. 614.
412 Abuza, 2003: S. 171; Levitt, 2002: S. 54; Freedman, 2010: S. 1113 f.; Kutty, 2001: S. 25 f.; Carter et al., 2008: S. 42; Roach, 2011: S. 45.
413 Benthall, 2007: S. 6.
414 Crimm, 2003: S. 1342.
415 Crimm, 2004: S. 203 f.

ehrenwerte wohltätige Organisationen ohne terroristische Verbindungen zu verantworten haben.[416] Ehrenwerte Spender, welche unter keinen Umständen Terrorismus finanzieren möchten, könnten sich im Zweifel gegen eine Spende entscheiden. Das heisst, dass die ehrlichen Spendenorganisationen durch das Verhalten einiger schwarzer Schafe benachteiligt werden.

Schliesslich ist auch davon auszugehen, dass es betrügerische Wohltätigkeitsorganisationen gibt.[417] Aufgrund der mit Spenden verbundenen Reputationsrisiken und der Möglichkeit einer Strafverfolgung sind Spender zunehmend vorsichtiger geworden.[418] Dadurch werden ehrliche Spendenorganisationen benachteiligt.[419]

Allerdings entwickeln terroristische Organisationen auch eigenständige Spendenstrukturen, welche weniger von wohlhabenden Privatpersonen abhängen und eher darauf abzielen, Kräfte für das Sammeln von Spenden im Ausland auszubilden.[420] Dadurch werden an vielen Orten kleine Spenden von ahnungslosen Spendern gesammelt. Ein geeigneter offizieller Zweck wäre beispielsweise die Unterstützung von Geflüchteten in Syrien. Anschliessend werden die Gelder dieser ahnungslosen Spender nach Syrien transferiert und für die Kämpfer des IS verwendet.

Allerdings gibt es auch Spender, welche das Risiko nicht scheuen. Beispielsweise spenden häufig Rekruten von terroristischen Organisationen, welche als Foreign Terrorist Fighters in Erscheinung treten. Diese Personen reisen aus dem Ausland in Kriegsgebiete und unterstützen die Truppen, welchen sie sich anschliessen, auch monetär. Die genauen Beträge sind nicht bekannt, aber in der Literatur wird von einem Durchschnittswert von 2'500 US-$ pro Foreign Terrorist Fighter ausgegangen.[421]

Des Weiteren scheinen sich Terroristen legaler Einnahmequellen zu bedienen. Dabei spielen Anlagen in Wertpapieren und Immobilien sowie der Verkauf von Publikationen eine wichtige Rolle.[422] Berichte reichen hier von Beteiligungen an der Holz- und Papierindustrie über Krankenhauseinrichtungen bis hin zu Fischfangflotten sowie dem Handel mit Honig.[423] Exemplarisch seien an dieser Stelle die Investments von Al-Qaida im Finanz- und Telekommunikationsimperium

---

416 Othman & Ameer, 2014: S. 96 f.
417 Raphaeli, 2003: S. 62 f.
418 Barrett, 2011: S. 723.
419 Piers, 2004: S. 339 f.
420 Basile, 2004: S. 169.
421 Simser, 2011: S. 335.
422 Dalyan, 2008: S. 140.
423 Zöller, 2009: S. 616.

von al-Barakaat erwähnt.[424] Ein anderes Beispiel für legale Einnahmequellen stellen die Investitionen der PKK in Medienunternehmen in Europa dar.[425] Die erwähnte Problematik, dass inkriminierte Vermögenswerte auch Ansatzpunkte für eine Strafverfolgung wegen Geldwäscherei bieten, ist auch der Aufmerksamkeit von Terroristen nicht entgangen. Sie versuchen somit zunehmend, ihre Einnahmequellen auf legale Geschäfte und Unternehmen zu verlagern.[426]

Terroristen verfügen über zahlreiche illegale Einnahmequellen.[427] In diesem Bereich scheint es aktuell einen Trend hin zu regionalen Einnahmen zu geben.[428] Terroristen „besteuern" einerseits die Tätigkeiten anderer Krimineller, wie beispielsweise Drogenbauern, und verüben auch selbst Straftaten.[429] Dabei scheinen Terrorismusfinanzierer auf eine Vielzahl krimineller Aktivitäten zurückzugreifen.[430] Hierzu zählen unter anderem Schmuggel, Betrug, Diebstahl, Drogenhandel, Entführungen, Raub, Erpressung und Geldwäscherei.[431]

Man denke hierbei exemplarisch an südamerikanische Paramilitärs bzw. Kuriergruppen sowie islamistische Gruppierungen auf dem Balkan. Diese haben in der Vergangenheit gerne auf Betäubungsmittelkriminalität zurückgegriffen, um sich zu finanzieren. Andere Gruppierungen, wie beispielsweise die baskische ETA, haben auf Entführungen zurückgegriffen und anschliessend Lösegeld verlangt.[432]

Al-Qaida hat zum Beispiel Ausländer in Westafrika entführt und Lösegeld erpresst. Boko Haram hat Autos gestohlen und Banken sowie Juweliergeschäfte überfallen.[433] Allerdings scheint der Betrug eine besonders zentrale Einnahmequelle für Terroristen darzustellen.[434] Zudem scheint auch die Fälschung von Waren eine gewisse Rolle zu spielen.[435] Die Produktpiraterie wird immer wichtiger für Terroristen.[436] Der Drogenhandel scheint jedoch die wichtigste illegale

---

424 Winer & Roule, 2002: S. 89.
425 Roth & Sever, 2007: S. 913.
426 Zöller, 2009: S. 615.
427 Zöller, 2009: S. 614.
428 Simser, 2011: S. 335.
429 Makarenko, 2004: S. 130.
430 Linn, 2005: S. 209.
431 Dalyan, 2008: S. 140.
432 Zöller, 2009: S. 615.
433 Barrett, 2011: S. 723.
434 Perri & Brody, 2011: S. 44 f.
435 Pollinger, 2008: S. 86.
436 Lowe, 2006: S. 257.

Einnahmequelle darzustellen.[437] Diesbezüglich bietet die Mittelbeschaffung von terroristischen Vereinigungen auch Ansatzpunkte für eine Strafverfolgung wegen Geldwäscherei.[438]

Insbesondere scheinen Terroristen enge Verbindungen zur organisierten Kriminalität zu haben.[439] Diese Verbindung besteht seit dem Ende des Kalten Krieges.[440] Allerdings ist davon auszugehen, dass diese Verbindung durch eine zunehmende Globalisierung der Kriminalität sowie vereinfachte Kommunikation in den letzten Jahren gewachsen ist.[441] Terroristen und Mitglieder der organisierten Kriminalität wählen häufig die gleichen Methoden.[442]

Es ist anzumerken, dass die organisatorischen und operativen Strukturen von terroristischen Vereinigungen und der organisierten Kriminalität gewisse Ähnlichkeiten aufweisen.[443] Beispielsweise werden durch die Ermittlungsbehörden beide zu einer gewissen Dezentralisierung ihrer Strukturen gezwungen.[444] Allerdings verfolgen Kriminelle und Terroristen häufig unterschiedliche Ziele.[445]

Ferner gibt es zahlreiche Einnahmequellen, welche an der Grenze zwischen der Legalität und der Illegalität liegen. Dies gilt etwa für sogenannte Hawala-Shops, also Parallelbankensysteme. Die Erträge dieser Hawala-Tätigkeiten werden teilweise für die Terrorismusfinanzierung verwendet.[446] Ob es sich bei Hawala-Tätigkeiten um legale oder illegale Tätigkeiten handelt, hängt letztendlich von der nationalen Gesetzgebung und deren Umgang mit Finanzdienstleistern ab.

Des Weiteren massen sich terroristische Organisationen zunehmend auch staatliche Rollen an, um sich zu finanzieren. Dies gilt nicht nur für den IS. Al-Shabaab hat beispielsweise Steuern von lokalen Geschäftsleuten erhoben, Zölle für die Überquerung von Strassen gefordert, Handel betrieben und einen Hafen unterhalten.[447]

---

437 Bantekas, 2003: S. 318.
438 Zöller, 2009: S. 615.
439 Ridley, 2008: S. 29 f.
440 Makarenko, 2004: S. 130.
441 Verdugo-Yepes, 2008: S. 3.
442 Shelley & Picarelli, 2005: S. 53
443 Sanderson, 2004: S. 49.
444 Dishman, 2005: S. 237.
445 Shelley & Picarelli, 2002: S. 305 f.; Schmid, 1996: S. 40 f.; Shelley & Melzer, 2008: S. 43 f.
446 Abuza, 2003: S. 171.
447 Barrett, 2011: S. 724.

Auch darf die Rolle des Internets für die Terrorismusfinanzierung nicht unterschätzt werden. Das Internet ist von herausragender Bedeutung für internationale Terroristen. Terroristische Vereinigungen verfügen häufig über Internetseiten, welche von Internetpräsenz in verschiedenen Sprachen bis hin zu Chat-Räumen reichen.[448]

Folglich dient das Internet internationalen terroristischen Vereinigungen einerseits zur Organisation von Anschlägen, aber andererseits auch zur Verbreitung von Propaganda sowie dem Teilen von Fachwissen und ideologischen Überzeugungen. Es handelt sich somit im weitesten Sinne um ein PR-Instrument, welches sowohl zu Werbe- als auch zu Strategiezwecken eingesetzt wird. Die Grenzen zwischen eigentlichen terroristisch motivierten Straftätern und ihren Anhängern sind dabei fliessend. Das Internet kann zudem als Sprungbrett zum realen, physischen Terrorismus betrachtet werden.[449] Das Internet kann somit auch zur Tatvorbereitung genutzt werden. Dabei kommen dem Internet als Kommunikationsmittel eine wesentliche Bedeutung zu. Denkbare Instrumente sind hier unter anderem E-Mails, Diskussionsforen, Chat sowie Newsgroups und auch sogenannte Messenger-Dienste. Dort können Informationen dezentral und in Echtzeit ausgetauscht werden.[450] Ferner kann das Internet auch als Informationsquelle genutzt werden.[451] Zudem ist das Internet für die Verbreitung von terrorismusbezogenen Inhalten geeignet. Neben einer umfangreichen Eigendarstellung kommt vor allem auch eine Rekrutierung neuer Mitglieder sowie das Sammeln von Geldern infrage.[452] Für die vorliegende Arbeit ist das Fundraising von besonderer Bedeutung. Dabei werden häufig auf Internetseiten Spendenaufrufe publiziert. Diese umfassen in der Regel die Kontoinformationen, damit allfällige Unterstützer die gewünschten Beträge überweisen können. Es gibt sogar Internetshops, in welchen Schriften, Propagandavideos oder auch Poster erworben und mit Kreditkarte bezahlt werden können. Teilweise wurden sogar Spendenaufrufe auf YouTube publiziert. Dabei wurden insbesondere arabischsprachige Videos online gestellt.[453] Häufig gehen die im Internet eingesammelten Erlöse nicht direkt an terroristische Vereinigungen, sondern zunächst an vermeintliche Hilfs- oder Wohltätigkeitsorganisationen. Der Zweck dieser Hilfs- oder Wohltätigkeitsorganisationen ist doch zumindest im terroristischen

448 Zöller, 2009: S. 347.
449 Zöller, 2009: S. 357.
450 Zöller, 2009: S. 358.
451 Zöller, 2009: S. 362.
452 Zöller, 2009: S. 373 f.
453 Zöller, 2009: S. 376.

Umfeld zu finden. Exemplarisch seien die finanzielle Unterstützung von Witwen und Waisen von Selbstmordattentätern gedacht. Auch können Lebensmittel oder Schulmaterial für Auszubildende besorgt werden. Es gibt sogar Auswahlmöglichkeiten bei grösseren terroristischen Vereinigungen. So können Unterstützer wählen, ob sie eher in militärische Operationen oder in soziale Anliegen investieren wollen.[454]

2.2.2. Vermögenstransfer

Neben signifikanten und kontinuierlichen Einnahmequellen benötigen Terroristen die Möglichkeit, Vermögenswerte grenzüberschreitend transferieren zu können.[455] Die zahlreichen Methoden der Geldwäscherei, welche von der Immobilienbranche bis hin zum Schmuckhandel reichen, lassen vermuten, dass auch Terrorismusfinanzierer auf zahlreiche verschiedene Methoden des Vermögenstransfers zurückgreifen können.[456] Trotzdem ist die Bekämpfung der Terrorismusfinanzierung nicht aussichtslos.[457]

Der Finanzsektor spielt eine wichtige Rolle im Bereich der Bekämpfung der Terrorismusfinanzierung.[458] Dies vor allem deshalb, weil Terroristen in der Vergangenheit auf das Bankensystem zurückgegriffen haben, um Vermögenswerte zu transferieren.[459] Grundsätzlich ist zwischen den zentralen Finanzdienstleistern, weiteren Finanzdienstleistern und Nicht-Finanzdienstleistern zu unterscheiden.[460] Zentrale Finanzdienstleister sind Banken. Weitere Finanzdienstleister umfassen unter anderem Vermögensverwalter, welche Selbstregulierungsorganisationen unterstehen. Nicht-Finanzdienstleister umfassen alle Einrichtungen, welche keiner der beiden anderen Kategorien zuzuordnen sind. Es ist festzustellen, dass Finanzdienstleister als Täter, Helfer oder Opfer in den Transfer von Vermögenswerten zum Zweck der Terrorismusfinanzierung involviert sein könnten.[461]

Finanzdienstleister sind grundsätzlich an der Bekämpfung der Terrorismusfinanzierung interessiert, um Reputationsrisiken und einen allfälligen

454 Zöller, 2009: S. 377.
455 Fitzgerald, 2004: S. 387 f.
456 Teichmann, 2017a: S. 130 ff.; Teichmann, 2017c: S. 194 ff.; Teichmann, 2016a: S. 8 ff.; Teichmann, 2016b: S. 154 ff.; Teichmann, 2016c: S. 163 ff.; Teichmann, 2016d: S. 120 ff.
457 Teichmann, 2017b: S. 95 ff.
458 Gurule, 2010: S. 151 f.
459 Dalyan, 2008: S. 140.
460 Schott, 2006: S. 24 f.
461 Barry Johnston & Nedelescu, 2006: S. 7.

Vertrauensverlust zu vermeiden.[462] Auch sollte bedacht werden, dass sich multinationale Unternehmen die mit der Verletzung von Regeln zur Bekämpfung der Terrorismusfinanzierung verbundenen Risiken nicht leisten können.[463]

Zudem sind Finanzdienstleister für die Unterstützung der Ermittlungsarbeit der Behörden geeignet, da sie Daten sammeln. Banken wissen zum Beispiel sehr genau, wo ihre Kunden Geld bezogen haben.[464] Verdächtige Transaktionen, beispielsweise an der türkischen Grenze zu Syrien, können Anhaltspunkte für weitere Ermittlungen liefern.

Grundsätzlich sollte darauf hingewiesen werden, dass sich Terrorismusfinanzierer unter Umständen eher im *Retail Banking* als im *Private Banking* bewegen.[465] Dies erscheint deshalb nachvollziehbar, da Terroristen für ihre Anschläge keine grossen Vermögenswerte benötigen. Somit genügt es nicht, die Compliance-Massnahmen der Finanzdienstleister auf Kunden mit signifikanten Vermögenswerten zu beschränken.

Aufgrund der zunehmenden Überwachung des formalen Bankensystems greifen Terroristen inzwischen auf andere Formen des Vermögenstransfers zurück. Hierbei spielt unter anderem Hawala-Banking eine entscheidende Rolle.[466] Es wird grundsätzlich zwischen nationalem und internationalem Hawala-Banking unterschieden.[467] Dabei ist anzumerken, dass Hawala-Banking häufig mit über das offizielle Bankensystem abgewickelten Transaktionen kombiniert wird.[468] Dadurch wird die Nachvollziehbarkeit der Transaktionen letztendlich weiter erschwert. Unter Umständen umfassen die Hawala-Dienstleistungen auch Kleinkredite.[469]

Hawala-Strukturen unterscheiden sich stark und verfügen nicht über ein einheitliches Erscheinungsbild. Sie sind insbesondere dort zu finden, wo das offizielle Bankensystem eher schwach ist.[470] Die Bandbreite reicht von kleinen Büros in Südostasien bis hin zu Hinterzimmern in Europa.[471] Diese Büros basieren

---

462 Beekarry, 2011: S. 152.
463 Zagaris, 2004: S. 153.
464 Barrett, 2011: S. 730.
465 Pieth, 2006: S. 1077.
466 Dalyan, 2008: S. 140.
467 Jamwal, 2002: S. 182.
468 De Goede, 2003: S. 517.
469 Bowers, 2008: S. 379 f.
470 Zagaris, 2007: S. 157 f.
471 Looney, 2003: S. 165.

häufig auf der Reputation der einzelnen Hawala-Banker.[472] Allerdings verfügen diese Banken in der Regel nicht über eine Banklizenz und unterstehen somit keiner Kontrolle.[473] Somit sind sie für kriminelle Aktivitäten gut geeignet.[474]

Trotzdem ist anzumerken, dass in den meisten Fällen Spuren hinterlassen werden, da auch im Hawala-Banking gewisse Vorgänge in der Regel dokumentiert werden.[475] Beispielsweise lassen sich Hawala-Banker anhand von sogenannten Settlement-Transaktionen erkennen.[476] Durch ihre zersplitterten Strukturen sind sie jedoch schwer anderweitig zu infiltrieren, weshalb den örtlichen Gegebenheiten angepasste Vorgehensweisen notwendig erscheinen.[477]

Indes darf der soziale Nutzen von Hawala-Systemen nicht unberücksichtigt bleiben.[478] Auch ist Hawala nicht die einzige Möglichkeit für Terrorismusfinanzierer Vermögenswerte zu transferieren. Trotzdem muss Hawala-Banking reguliert werden.[479] Allerdings sollte dabei auf die mangelnde Infrastruktur von Ländern wie Afghanistan und Somalia Rücksicht genommen werden, welche nicht über ein ausgeprägtes Bankensystem verfügen.[480] Gleichzeitig stellt sich auch die Frage, wie effektiv die Regulierung von Hawala-Banking sein kann.[481]

Auch sogenannte Cash-Kuriere, also der persönliche Transfer von Vermögenswerten, scheinen an Bedeutung für die Terrorismusfinanzierung zu gewinnen.[482] Diese wurden beispielsweise von Tschetschenen eingesetzt.[483] Allerdings sind auch Fälle von Lieferungen in den Jemen bekannt, welche dem Schmuggel von Devisen dienten.[484]

Zudem müssen die von Migranten häufig genutzten Money-Transfer-Dienstleister berücksichtigt werden. Die Nutzung selbiger variiert häufig aufgrund lokaler kultureller Gegebenheiten, stellt aber eine Herausforderung bei der

---

472 Schaeffer, 2008: S. 95 f.
473 Schneider, 2010: S. 477.
474 Passas, 2005a: S. 112; Wheatley, 2002: S. 347 f.
475 Passas, 2006b: S. 46.
476 Passas, 2005b: S. 172.
477 Pathak, 2003: S. 2061.
478 Viles, 2008: S. 25 f.
479 Passas, 2003: S. 58.
480 Razavy, 2005: S. 277 f.
481 Keene, 2007: S. 185.
482 Dalyan, 2008: S. 140.
483 Ridley, 2008: S. 29 f.
484 Cassella, 2004: S. 285.

Bekämpfung der Terrorismusfinanzierung dar.[485] Migranten möchten häufig Vermögenswerte in ihre Heimatländer transferieren.[486]

Ferner darf auch die Rolle des Internets für die Zwecke des Transfers von für die Terrorismusfinanzierung bestimmten Vermögenswerten nicht vernachlässigt werden. Man denke hierbei etwa an den elektronischen Zahlungsverkehr.[487] Letztendlich ist es Terroristen möglich, ihre Vermögenswerte über das Internet zu waschen und so die Herkunft der Mittel zu verschleiern.[488] Das Internet ist kostengünstig, anonym, sicher und nicht an einen bestimmten Ort gebunden.[489] Das sind letztendlich ideale Voraussetzungen für Terrorismusfinanzierer.

Auch elektronische Währungen stellen in diesem Zusammenhang eine Herausforderung dar. Elektronische Währungen gibt es zwar bereits seit den frühen 2000er Jahren. Allerdings waren Farmville Credits und Linden-Dollars im Gegensatz zu den im Jahr 2008 erfundenen Bitcoins im reellen Leben wenig hilfreich.[490] Bitcoins scheinen hingegen von Terrorismusfinanzierern genutzt zu werden, um Spenden zu sammeln.[491]

Bitcoins und andere elektronische Zahlungsmittel stellen eine Neuheit und eine signifikante Herausforderung im Bereich der Terrorismusfinanzierung dar.[492] Sie wurden nicht von Gesetzgebern und deren Rechtsberatern, sondern von Informatikern entwickelt. Ihre Transaktionen sind irreversibel. Ehrliches Verhalten und Nutzung in einem frühen Entwicklungs- bzw. Verbreitungsstadium werden belohnt. Die Konzentration von Macht wird durch Mechanismen im Algorithmus verhindert.[493] Entsprechend schwierig ist es, Bitcoin zu regulieren.[494] Dies gilt umso mehr im Hinblick darauf, dass in vielen Fällen kein Wert auf die Feststellung der Identität des wirtschaftlich Berechtigten gelegt wird.[495]

Zudem wurde die Nutzung von Kapitalgesellschaften für die Terrorismusfinanzierung in der Literatur betrachtet. Insbesondere wurde hervorgehoben, dass Kapitalgesellschaften gegründet werden könnten, um Vermögenswerte

---

485 Vlcek, 2008: S. 296.
486 Masciandro, 2004: S. 296 f.
487 Jacobson, 2010: S. 358.
488 Hunt, 2011: S. 145.
489 Hinnen, 2004: S. 1.
490 Rice, 2013: S. 1 f.
491 Irwin & Milad, 2016: S. 407.
492 Merlonghi, 2010: S. 202.
493 Böhme et al., 2015: S. 213 f.
494 Middlebrock & Hughes, 2013: S. 273.
495 Irwin et al., 2012: S. 6 f.

weiterzuleiten. Sobald diese Gesellschaften nicht mehr benötigt werden, können sie liquidiert werden. Diese Vorgehensweise ist insbesondere dann sinnvoll, wenn juristische Personen mit geringem Aufwand, niedrigen Kosten und unter Umständen gar ohne Offenlegung des wirtschaftlich Berechtigten gegründet werden können.[496] Dies gilt umso mehr im Zusammenhang mit sogenannten Steuerparadiesen.[497]

Zusammenfassend lässt sich also feststellen, dass Terrorismusfinanzierer auf eine Vielzahl verschiedener Methoden für den Transfer von Vermögenswerten zurückgreifen können. In der Literatur wird zwar hervorgehoben, welche Vorgehensweisen eine Rolle spielen könnten. Es wird jedoch nicht aufgezeigt, wie intelligente Täter konkret vorgehen müssten, um möglichst risikoarm Terrorismus zu finanzieren. Daher können die bestehenden Ausführungen zwar einen ersten Anhaltspunkt für Vorgehensweisen von Terrorismusfinanzierern liefern. Sie bieten jedoch keinen vertieften Einblick. Folglich wurde eine Forschungslücke identifiziert, welche im Rahmen dieser Studie geschlossen werden kann. Zunächst wird jedoch auf Organisationen zur Bekämpfung der Terrorismusfinanzierung eingegangen, um aufzuzeigen, welche organisatorischen Massnahmen bisher ergriffen wurden.

2.2.3. Organisationen zur Bekämpfung der Terrorismusfinanzierung

Im Hinblick auf die zunehmende Globalisierung genügt es indes nicht, Terrorismusfinanzierung auf nationaler Ebene zu bekämpfen.[498] Letztendlich wäre eine intensivere internationale Zusammenarbeit notwendig, um Terrorismusfinanzierung effektiver bekämpfen zu können.[499] Es ist nicht davon auszugehen, dass ein Staat alleine dieser Herausforderung gewachsen sein könnte.[500] Dies zeigt sich unter anderem beim Einfrieren von Vermögenswerten auf internationaler Ebene.[501] Folglich ist für eine effektive Bekämpfung der Terrorismusfinanzierung eine intensive internationale Zusammenarbeit notwendig.

Die zunehmende Internationalisierung der Bekämpfung der Terrorismusfinanzierung ist unter anderem auch auf die neuartigen Methoden des Vermögenstransfers zurückzuführen. Hawala-Banking und Bitcoin-Transaktionen

---

496 Häusermann, 2017: S. 207.
497 Weintraub, 2002: S. 55.
498 Beekarry, 2011: S. 149.
499 Gardella, 2003: S. 121.
500 McCulloch & Pickering, 2005: S. 486.
501 Gurule, 2010: S. 233 f.

ermöglichen es Tätern, binnen Minuten grosse Vermögenswerte zwischen Ländern zu transferieren. In diesem Zusammenhang stellt sich die Frage, ob Kryptowährungen compliant sein können.[502] Es ist naheliegend, dass einzelne Länder, deren Zuständigkeit an der nationalen Landesgrenze endet, dieser Herausforderung nur bedingt gewachsen sein können. In vielen Fällen ist eine internationale Zusammenarbeit unumgänglich. Gleichzeitig hilft die internationale Zusammenarbeit auch die nationalen Methoden zu verbessern und weiterzuentwickeln.

Die wohl wichtigste Rolle im Rahmen der internationalen Zusammenarbeit spielt die Financial Action Task Force (FATF) der OECD.[503] Selbige versucht seit ihrer Gründung im Jahr 1989 neue Standards im Bereich der Bekämpfung der Terrorismusfinanzierung zu setzen.[504] Nach den Terroranschlägen vom 11. September 2001 hat die FATF umgehend nach neuen Wegen gesucht, um die Terrorismusfinanzierung effektiver zu bekämpfen.[505]

Insbesondere der „Peer Review Process" der FATF, also die gegenseitige Kontrolle, spielt eine wichtige Rolle und hat zu einer kontinuierlichen Stärkung der Regulierung und ihrer Umsetzung beigetragen.[506] Dies unter anderem deshalb, weil es der FATF gelungen ist, ein globales Netzwerk an staatlichen und nichtstaatlichen Organen zu schaffen.[507] Die FATF hilft unter anderem, die Compliance-Massnahmen kontinuierlich weiterzuentwickeln, um auf die Evolution des Verhaltens von Kriminellen eingehen zu können.[508] Die FATF-Standards und -Empfehlungen wurden inzwischen weitgehend akzeptiert.[509]

Zwar handelt es sich bei den FATF-Standards eher um einen Verhaltenskodex als um gesetzgeberische Massnahmen.[510] Allerdings werden selbige weltweit umgesetzt. Jüngst hat beispielsweise die malaysische Regierung signifikante Anpassungen für eine effektivere Bekämpfung der Terrorismusfinanzierung vorgenommen.[511] Ähnlich erfolgreich waren auch die Massnahmen im Libanon.[512]

502 Molo & Drzalic, 2019: S. 56.
503 Gilmore, 2004: S. 89 f.
504 Levi et al., 2014: S. 10.
505 Pieth, 2006: S. 1074.
506 Beekarry, 2011: S. 143; Bossong, 2012: S. 519 f.; Scott, 1995: S. 1 f.; Stessens, 2001: S. 199 f.
507 Levi et al., 2014: S. 10.
508 Beekarry, 2011: S. 161.
509 Barrett, 2011: S. 727.
510 Heng & McDonagh, 2008: S. 572.
511 Hamin, 2017: S. 6 f.
512 Shahin, 2013: S. 109 f.

Gleichwohl bleibt die Umsetzung der FATF-Standards für kleinere Länder mit begrenzten Ressourcen eine Herausforderung.[513] Indien hat zum Beispiel noch einen weiten Weg vor sich.[514]

Bei der Bekämpfung der Terrorismusfinanzierung auf internationaler Ebene spielen auch die Vereinten Nationen eine tragende Rolle.[515] Die Resolutionen des UN-Sicherheitsrates, die UNO-Namensliste und die Bush-Listen zählen zu den wichtigsten Schritten im Rahmen der Bekämpfung der Terrorismusfinanzierung. Der UN-Sicherheitsrat hat im Anschluss an die Anschläge vom 11. September 2001 sowohl auf seinen bestehenden Massnahmen aufgebaut als auch signifikante Innovationen eingeführt.[516]

Neuartig ist vor allem die UN-Resolution 1373. Selbige verpflichtet Staaten, gewisse Schritte, wie das Einfrieren von Vermögenswerten, in die Wege zu leiten. Diese Liste richtet sich im Gegensatz zu ihrer Vorgängerin, der Resolution 1267, nicht gegen ein bestimmtes Regime, wie die Taliban oder Al-Qaida, sondern allgemein gegen Terroristen. Die Resolution 1373 ist also innovativ, weil sie wesentlich weiter geht als vorherige Resolutionen. Die Resolution 1269 verbietet zudem jede Form von Terrorismus.[517] Allerdings enthält die Resolution 1269 keinerlei Kontrollmechanismen.[518]

Es ist jedoch wichtig zu erwähnen, dass es sich dabei letztendlich um Richtlinien handelt und jeder Staat seine eigenen Listen entwickeln und anwenden kann. Die USA stellen ihre Erkenntnisse zudem anderen Staaten zur Verfügung.[519] Die vom UN-Sicherheitsrat publizierten Terroristenlisten werden darüber hinaus an die Finanzintermediäre weitergeleitet.[520] Das „Counter Terrorism Committee“ der Vereinten Nationen hat ferner eine zentrale Rolle bei der Planung weiterer Massnahmen inne.[521]

Auch der Internationale Währungsfonds (IWF) spielt inzwischen eine Rolle bei der Bekämpfung der Terrorismusfinanzierung.[522] Der IWF beobachtet unter anderem die Tätigkeit der FATF.[523] Des Weiteren ist auch die Weltbank

513 Sheyu, 2010: S. 139 f.
514 Viritha et al., 2015: S. 2 f.
515 Vlcek, 2006: S. 493.
516 Stromseth, 2003: S. 41.
517 Halberstam, 2002: S. 584.
518 Ward, 2003: S. 290.
519 FINMA, 2006: S. 1 f.
520 FINMA, 2017: S. 1 f.
521 Rosand, 2003: S. 341.
522 Holder, 2003: S. 385.
523 Levi et al., 2014: S. 10.

involviert.[524] Beispielsweise kooperieren die Weltbank und der IWF bei der Entwicklung von Massnahmen zur Unterstützung der FATF.[525]

Daneben gibt es zahlreiche regionale Organisationen zur Bekämpfung der Terrorismusfinanzierung. Exemplarisch werden die nachfolgenden Organisationen aufgeführt. Um Verwechslungen vorzubeugen, wird jeweils die englischsprachige Bezeichnung verwendet:

- Caribbean Financial Action Task Force
- Eurasian Group
- Eastern and Southern Africa Anti-Money Laundering Group
- Intergovernmental Action Group against Money Laundering
- Asia/Pacific Group on Money Laundering
- GAFISUD
- Middle East and North Africa Financial Action Task Force (MENAFATF)
- Select Committee of Experts on the Evaluation of Anti-Money Laundering Measures (MONEYVAL)

All diese Gruppen gehen auf regionale Besonderheiten ein, aber es ist letztendlich festzuhalten, dass die globalen Standards von der FATF gesetzt werden.[526] Zudem sind die regionalen Organisationen häufig auf technokratische Unterstützung angewiesen.[527]

Selbstverständlich hat auch die Europäische Union Massnahmen ergriffen. Sofort nach den Anschlägen vom 11. September 2001 hat die EU in einer aussergewöhnlich emotional formulierten Erklärung, der sogenannten „Joint declaration on terrorist attack in the US“, ihre Solidarität gegenüber den Vereinigten Staaten von Amerika zum Ausdruck gebracht.[528] Die weiteren Schritte der EU wurden massgeblich von den Vereinten Nationen beeinflusst. So basiert die EU Position 2001/154/CFSP, welche auf das Einfrieren von Vermögenswerten von Bin Laden und ihm nahestehenden Personen abzielt, auf der Resolution 1333 des UN-Sicherheitsrates.[529]

Abschliessend sei auch erwähnt, dass die Koordination der Massnahmen zur Bekämpfung der Terrorismusfinanzierung häufig bereits auf nationaler Ebene

524 Weintraub, 2002: S. 57.
525 Dalyan, 2008: S. 145.
526 Johnson, 2008: S. 10.
527 Aufhauser, 2003: S. 303.
528 Den Boer & Monar, 2002: S. 12.
529 Leonard & Kaunert, 2012: S. 117.

scheitert.[530] So bringt die Bekämpfung der Terrorismusfinanzierung oftmals eine Lockerung des Bankgeheimnisses mit sich.[531] Damit stellt sich auch die Frage, welches Interesse ein Land wie die Cayman-Inseln hat, das Bankgeheimnis zu lockern, um die Terrorismusfinanzierung zu bekämpfen.[532]

Offshore-Zentren haben häufig nicht die Ressourcen, um erfolgreich restriktive Compliance-Regeln zu implementieren.[533] Allerdings könnte die Bekämpfung der Terrorismusfinanzierung auch eine Möglichkeit bieten, um gerade Offshore-Zentren zu einer vertieften Zusammenarbeit mit dem Rest der Welt zu bewegen und Fehler der Vergangenheit zu korrigieren.[534]

Die Bekämpfung der Terrorismusfinanzierung ist eine komplexe Angelegenheit. Es kann nicht davon ausgegangen werden, dass ein einziger Ansatz zum Erfolg führen wird. Vielmehr ist eine Kombination verschiedener Ansätze nötig.[535] Es sind langfristige, über personelle Wechsel fortdauernde Massnahmen erforderlich.[536] Zudem muss die internationale Zusammenarbeit gestärkt werden.[537]

Insbesondere sollten die gesetzgeberischen Massnahmen zur Bekämpfung der Terrorismusfinanzierung international einheitlich gestaltet werden.[538] Auch muss der Interpretationsspielraum von Regeln möglichst restriktiv ausgestaltet werden, um Rechtssicherheit für Finanzdienstleister zu gewährleisten.[539] Folglich wird im nächsten Unterkapitel auf die Massnahmen zur Bekämpfung der Terrorismusfinanzierung eingegangen.

2.2.4. Massnahmen zur Bekämpfung der Terrorismusfinanzierung

Eine der grössten Herausforderungen für Ermittler ist die Nutzung islamischer Banken durch terroristische Vereinigungen. Zunächst befinden sich diese islamischen Banken häufig nicht im unmittelbaren Zugriffsbereich der Ermittlungsbehörden. Sie unterstehen meist einer ausländischen Finanzaufsicht und haben häufig keine Anknüpfungspunkte in den Sitzländern der Ermittlungsbehörden.

---

530 Clunan, 2006: S. 569.
531 Latimer, 2005: S. 62 f.
532 Waszak, 2004: S. 709.
533 Masciandaro & Portolano, 2003: S. 211.
534 Allen, 2003: S. 309.
535 Hardouin & Weichhardt, 2006: S. 303.
536 Bures, 2010: S. 432.
537 Levitt, 2003: S. 68.
538 Chuckwuemerie, 2006: S. 71 f.
539 Nakajima, 2006: S. 6.

Gleichzeitig nutzen diese Banken häufig das sogenannte Zakatsystem, um Mittel für terroristische Vereinigungen zu generieren. Auch stellen sie gerne sogenannte «Forwarder Accounts» zur Verfügung, um die Mitteleinspeisung zu ermöglichen. Diese Bankkonten werden in der Regel von auf den ersten Blick unverdächtigen Organisationen, wie beispielsweise, Wohltätigkeitsorganisationen, gehalten. Zudem werden sogenannte „Operational Accounts“ geführt, welche von besonders vertrauenswürdigen Personen der terroristischen Vereinigung verwaltet werden.[540]

Ferner werden Ermittlungen dadurch erschwert, dass Offshorebanken helfen, Vermögenswerte von Terroristen zu transferieren. Ermittlungsbehörden haben häufig keinen direkten Zugriff auf diese auf Offshorebanken. Ferner gelten viele Offshorebanken als sehr verschwiegen. Einerseits berufen sie sich auf das Bankgeheimnis, um ihr Geschäftsmodell voranzutreiben. Andererseits liegt der Beweggrund wohl teilweise auch darin, illegale Geschäfte nicht offenlegen zu müssen.[541]

Eine auf den ersten Blick banale Herausforderung für Ermittler, welche in der Praxis jedoch ebenfalls nicht zu ignorieren ist, sind unterschiedliche Schreibweisen von terroristischen Vereinigungen bzw. deren vermeintlicher Wohltätigkeitsorganisation. Insbesondere bei Übersetzungen kann es leicht zu mehr als 20 verschiedenen Schreibweisen für die gleiche Person oder die gleiche Organisation kommen. Dies erschwert datenbankgestützte Abgleiche erheblich.[542]

Eine weitere wesentliche Herausforderung für Ermittler stellt der Transfer von Vermögenswerten ausserhalb des Bankensystems dar. Man denke hierbei exemplarisch an Hawala-Banking. Dabei werden Vermögenswerte durch informelle globale Netzwerke bewegt. Hawala-Banker führen nur einen Bruchteil ihrer Transaktion über das formelle Bankensystem aus. In der Regel genügt ein Telefonanruf von einem Hawala-Banker an einen anderen Hawala-Banker, um eine Auszahlung an eine bestimmte Person in einem anderen Land zu veranlassen. Hawala-Banker führen untereinander Buch. Diese Aufzeichnungen sind jedoch meist rudimentärer Natur und für Ermittler nur sehr schlecht bis gar nicht nachvollziehbar. Transaktionen über das offizielle Bankensystem werden nur durchgeführt, um allfällige „Spitzen“ auszugleichen. Allerdings kann der Ausgleich auch auf anderem Wegen erfolgen. Man denke hierbei beispielsweise an die Übergabe von Edelsteinen.[543]

---

540 Zöller, 2009: 616.
541 Zöller, 2009: 616.
542 Zöller, 2009: S. 617.
543 Zöller, 2009: S. 617 f.

Zudem stellt auch der Schmuggel von Bargeld eine Herausforderung für Ermittler dar. Diese Transaktionen sind meist nicht nachvollziehbar. Es werden Boten genutzt, um Bargeld oder andere Vermögenswerte (Gold, Diamanten, etc.) über Grenzen zu transportieren.[544]

Eine weitere Herausforderung besteht darin, dass Ermittler häufig nicht über die für die Bekämpfung der Tourismusfinanzierung notwendige Expertise verfügen. Dies ist unter anderem dem Umstand geschuldet, dass es sich sowohl bei der Terrorismusbekämpfung als auch bei der Bekämpfung von Finanzkriminalität um zwei ausserordentlich komplexe Materien handelt. Um Terrorismusfinanzierung effektiv bekämpfen zu können, ist Spezialwissen sowohl hinsichtlich der terroristischen als auch hinsichtlich der finanziellen Strukturen erforderlich.[545]

Abschliessend darf auch nicht in Vergessenheit geraten, dass für Terroranschläge verhältnismässig geringe finanzielle Mittel erforderlich sind. Zwar benötigen terroristische Vereinigungen zum Erhalt ihrer Organisationsstruktur durchaus beträchtliche Mittel. Überweisungen und andere Transaktionen in Länder, um dort Anschläge zu finanzieren, sind im internationalen Zahlungsverkehr jedoch verhältnismässig schwierig zu identifizieren.[546]

Trotzdem sind Ermittlungen zur Bekämpfung der Terrorismusfinanzierung hilfreich. Insbesondere liefern derartige Ermittlungen interessante Informationen über die Strukturen terroristischer Vereinigungen. Anhand der Zahlungsströme lassen sich wertvolle Informationen gewinnen.[547]

Es gibt verschiedene Massnahmen zur Bekämpfung der Terrorismusfinanzierung. Grundsätzlich ist eine Unterteilung in fünf Gruppen sinnvoll:

- Einfrieren von für die Terrorismusfinanzierung bestimmten Vermögenswerten
- Umsetzung und Durchsetzung von regulatorischen Massnahmen zur Verhinderung des Missbrauchs des internationalen Finanzsystems zur Terrorismusfinanzierung
- Umsetzung internationaler Standards zur Bekämpfung der Terrorismusfinanzierung
- Strafrechtliche Schritte gegen Terrorismusfinanzierer und deren Helfer
- Zivilrechtliche Schritte durch Opfer von Terrorattacken[548]

544 Zöller, 2009: S. 618.
545 Zöller, 2009: S. 619.
546 Zöller, 2009: S. 618 f.
547 Zöller, 2009: S. 620.
548 Gurule, 2010: S. 6.

Gleichwohl sollten auch die Verbesserung nationaler gesetzgeberischer Massnahmen und die Förderung der internationalen Zusammenarbeit nicht vernachlässigt werden.[549] Ein Problem ist jedoch, dass Finanzdienstleister die Terrorismusfinanzierung unter Umständen primär bekämpfen, um Reputationsrisiken und Strafen zu vermeiden und nicht um tatsächlich terroristische Aktivitäten zu verhindern.[550] Schliesslich werden mangelnde Integrität und die Verletzung von Regeln durch Banken von den zuständigen Behörden hart sanktioniert.[551] Dies führt zu Reputationsrisiken.[552]

Es gibt Kriterien, welche es Banken erlauben, Terrorismusfinanzierer frühzeitig zu erkennen. Anzeichen sind beispielsweise Postfachadressen oder häufig wechselnde Adressen sowie das Eröffnen von Konten mit Bargeld in der Höhe von 3'000 bis 5'000 US-$ durch vermeintliche Studenten.[553]

Bei der Bekämpfung der Terrorismusfinanzierung muss letztendlich stets eine fundierte Abwägung zwischen rechtsstaatlichen Prinzipien und mehr Möglichkeiten für Ermittler stattfinden. Gleichzeitig sollte auch bedacht werden, dass die Aufgabe der Bekämpfung der Terrorismusfinanzierung nicht vollumfänglich privaten Unternehmen übertragen werden kann. Dabei handelt es sich letztendlich um eine hoheitliche Aufgabe des Staates.[554]

Das Einfrieren von Vermögenswerten gilt als ein wichtiges Instrument im Kampf gegen die Terrorismusfinanzierung.[555] Allerdings sollte bedacht werden, dass die eingefrorenen Vermögenswerte in der Vergangenheit häufig wieder freigegeben werden mussten.[556]

Folglich bestehen erhebliche Zweifel an der Effektivität der bestehenden Massnahmen zur Bekämpfung der Terrorismusfinanzierung.[557] Die Annahme, dass Finanzdienstleister in der Lage sein könnten, geheime Vorbereitungen für Selbstmordanschläge proaktiv zu ermitteln, ist eher unrealistisch.[558] Die 19 Attentäter vom 11. September 2001 hatten zwar Bankkonten eröffnet, aber ihre Transaktionen waren in keiner Weise illegal oder verdächtig.[559] Schliesslich handelt es

549 Ping, 2008: S. 321.
550 Barrett, 2011: S. 730.
551 Barry Johnston & Carrington, 2006: S. 48.
552 Hardouin, 2009: S. 202.
553 Brooks et al., 2005: S. 15.
554 Barrett, 2011: S. 730.
555 Gurule, 2010: S. 194 f.
556 Tupman, 2009: S. 190 f.
557 Levi et al., 2014: S. 9.
558 Pieth, 2006: S. 1077.
559 Barrett, 2011: S. 721.

sich bei den von Terroristen transferierten Vermögenswerten nur um einen sehr kleinen Teil des Gesamtvolumens des internationalen Finanzsystems.[560]

Letztendlich darf auch nicht in Vergessenheit geraten, dass kleinere Transaktionen zum Zweck der Terrorismusfinanzierung in einer Vielzahl alltäglicher Überweisungen untergehen können. Transaktionsanalysen berücksichtigen zwar Anomalien und führen zu Überprüfungen durch Compliance-Beauftragte. Indes kann vernünftigerweise nicht davon ausgegangen werden, dass jede Transaktion detailliert überprüft wird. Geschickten Tätern dürfte es gelingen, ihre Überweisungen plausibel zu rechtfertigen.

Zudem sei an dieser Stelle auch daran erinnert, dass Partnerschaften zwischen der öffentlichen Verwaltung und privaten Unternehmen primär die Effizienz, aber nicht notwendigerweise die Sicherheit fördern.[561] Eine Privatisierung von Aufgaben ist zwar im Rahmen der Terrorismusbekämpfung nicht ungewöhnlich. Man denke hier beispielsweise an die Aufgaben, welche an die amerikanische Sicherheitsfirma Blackwater übertragen wurden.[562] Allerdings entstehen dabei zwangsläufig auch Interessenkonflikte.

An dieser Stelle darf nicht in Vergessenheit geraten, dass Banken und der Staat in der Regel divergierende Interessen haben. Banken beabsichtigen häufig ihre Gewinne zu maximieren. Der Staat muss hingegen, neben vielen anderen Dingen, die öffentliche Sicherheit gewährleisten. Letzteres stellt aber letztendlich nur indirekt ein Interesse der Banken dar. Der Staat hat Anreize und Kontrollmechanismen geschaffen, um das Prinzipal-Agenten-Problem, welches an dieser Stelle besteht, zu entschärfen. Banken werden durch die Finanzaufsicht überwacht (Kontrolle) und haben mit drakonischen Strafen zu rechnen, wenn sie Regelverstösse begehen (negative Anreize).

Ferner sollte auch bedacht werden, dass durch die Compliance-Massnahmen der Banken Personen vom internationalen Finanzsystem ausgeschlossen werden könnten.[563] Schliesslich ist die Feststellung des wirtschaftlich Berechtigten aufwendig und teuer. Daher dürften sich Compliance-Abklärungen in vielen Fällen für die Finanzdienstleister zu einem Verlustgeschäft entwickeln. Dies gilt umso mehr in Regionen mit wirtschaftlich schwachen Kunden, wie beispielsweise weiten Teilen Afrikas.

---

560 Weintraub, 2002: S. 57.
561 Burres, 2013: S. 451.
562 Abrahamsen & Williams, 2009: S. 1 f.
563 De Koker, 2006: S. 27 f.

Ein weiteres Problem stellt die Übermittlung von Informationen von Behörden an private Unternehmen dar.[564] Behörden neigen dazu, Informationen über terroristische Aktivitäten geheim zu halten.[565] Dieser Austausch ist jedoch wichtig, da Banken sonst nicht wissen, wer im Fokus der Ermittler der Behörden steht und verdächtige Transaktionen tätigen könnte.[566] Gleichzeitig dürfen diese in der Regel geheimen Informationen nicht an unbefugte Dritte gelangen. Oft wird auch ein inoffizieller Informationsaustausch gepflegt.[567]

Das Problem des Informationsaustausches könnte sich unter anderem durch eine Beschränkung der Aufgaben der Finanzdienstleister lösen lassen. Statt den Finanzdienstleistern die Überprüfung von verdächtigen Transaktionen zu übertragen, könnte man diese Aufgabe den Financial Intelligence Units zuweisen und die Pflicht der Bank auf die Übermittlung von verdächtigen Daten beschränken.[568]

Allerdings kann sich die Bekämpfung der Terrorismusfinanzierung nicht nur auf Finanzdienstleister beschränken. Digitale Währungen stellen zunehmend eine Herausforderung für Ermittler dar.[569] Ähnlich verhält es sich mit Parallelbankensystemen.[570] Auch Cash-Kuriere sollten nicht vernachlässigt werden.[571]

Ferner ist es wichtig, den Non-Profit-Sektor kontinuierlich zu überwachen.[572] Letztendlich müssen wohltätige Organisationen stärker reguliert werden.[573] Dies kann zwar auch dazu führen, dass legitime wohltätige Organisationen weniger Spenden erhalten.[574] Trotzdem muss sichergestellt werden, dass Spendengelder nicht an terroristische Organisationen fliessen.[575] Dies insbesondere im Hinblick auf die steuerliche Abzugsfähigkeit von Spenden.

Es ist wichtig, dass auf internationaler Ebene eine Überwachung von wohltätigen Organisationen stattfindet. Katar hat beispielsweise bereits Fortschritte gemacht, aber das dortige System weist nach wie vor signifikante Schwächen auf.[576]

564 Barrett, 2011: S. 729.
565 Kunreuther et al., 2003: S. 6.
566 Forman, 2006: S. 112 f.
567 Favarel et al., 2011: S. 191.
568 Gordon, 2010: S. 565.
569 Hett, 2008: S. 2
570 Gardella, 2003: S. 134 f.
571 Barrett, 2011: S. 720.
572 Mitsilegas & Gilmore, 2007: S. 131.
573 Baron, 2004: S. 1 f.
574 Ruff, 2005: S. 447.
575 Herzfeld, 2003: S. 875 f.
576 Truby, 2016: S. 500 f.

Es liegt an der internationalen Gemeinschaft, Druck auf Länder mit schwächeren Compliance-Massnahmen auszuüben und gleichzeitig Unterstützung anzubieten. Dies vor allem im Hinblick darauf, dass in der Regel einige wenige schwache Glieder in der Compliance-Kette genügen, um das System sehr verwundbar zu machen.

Auch stellt sich die Frage, ob man die Verbreitung neuer Währungen, welche für die Terrorismusfinanzierung geeignet sein könnten, durch gesetzgeberische Massnahmen stoppen sollte.[577] Es ist bedeutsam, dass die regulatorischen Massnahmen zur Bekämpfung der Terrorismusfinanzierung kontinuierlich angepasst werden.[578] Dabei müssen auch Entwicklungen wie neue Währungen berücksichtigt werden.

Darüber hinaus ist es wichtig, jede natürliche oder juristische Person, welche direkt oder indirekt Terrorismus finanziert, zur Verantwortung zu ziehen. Dies gilt auch für Unternehmen, welche Werbung auf von Terroristen nahestehenden Netzwerken schalten.[579]

Ferner stellt sich die Frage, wie internationale Bemühungen vereinheitlicht und tatsächlich angewandt werden können.[580] Schliesslich obliegt die Gesetzgebungshoheit den einzelnen Staaten.[581] Sollten die Bemühungen jedoch nicht vereinheitlicht werden, entstehen hohe Kosten und der Nutzen könnte gering sein, da Umgehungsmöglichkeiten bestehen bleiben.[582]

Das Fortbestehen von Umgehungsmöglichkeiten und uneinheitlichen Verfahren hat in der Vergangenheit zu erheblichen Verzögerungen geführt.[583] Daher ist es wichtig, dass die Massnahmen zur Bekämpfung der Terrorismusfinanzierung auch tatsächlich umgesetzt und Umgehungsmöglichkeiten eliminiert werden.[584] Schliesslich ist es im Interesse aller Staaten, die Terrorismusfinanzierung zu bekämpfen, um ihre eigenen Interessen zu wahren.[585]

Es dürfen jedoch keine überzogenen Erwartungshaltungen an die Bekämpfung der Terrorismusfinanzierung gestellt werden. Letztendlich handelt es sich dabei nicht um ein Allheilmittel, sondern um ein Instrument, welches mit

577 Mitsilegas & Gilmore, 2007: S. 131.
578 Gardella, 2003: S. 134.
579 Barkin, 2003: S. 193.
580 Dalyan, 2008: S. 145.
581 Szasz, 2002: S. 53.
582 Johnson, 2008: S. 62.
583 Thony & Png, 2007: S. 164.
584 Malkawi & Malkawi, 2007: S. 180 f.
585 Elu & Price, 2012: S. 32.

anderen Vorgehensweisen, etwa klassischen Überwachungsmassnahmen, kombiniert werden sollte.[586]

Im Kampf gegen den Terrorismus ist eine Abrundung des Strafrechts durch strafprozessuale Massnahmen notwendig. Insbesondere müssen Möglichkeiten für heimliche strafprozessuale Massnahmen geschaffen werden. Teilweise wird sogar von einer Tendenz zur Entwicklung eines Sonderstrafverfahrensrechts zum Zwecke der Terrorismusbekämpfung gesprochen.[587]

Abschliessend sei auch darauf hingewiesen, dass im Rahmen der Bekämpfung der Terrorismusfinanzierung die Rechtsstaatlichkeit gewahrt bleiben muss.[588] Dies insbesondere deshalb, weil den Behörden im Hinblick auf die Gefahr eines Terroranschlags häufig spezielle Befugnisse gewährt werden.[589] Es stellt sich die Frage, was die Massnahmen zur Bekämpfung der Terrorismusfinanzierung für Demokratien und Menschenrechte bedeuten.[590]

In der Vergangenheit wurde insbesondere die Unschuldsvermutung nicht mehr gebührend berücksichtigt.[591] Allerdings dürfen auch die Auswirkungen der Massnahmen auf Banken und ihre Kunden nicht vernachlässigt werden. Hier kann es zu signifikanten Einschränkungen der möglichen Geschäftsbeziehungen kommen.[592]

2.3. Forschungslücke, Forschungsfragen und Forschungsziel

Im Rahmen der Literaturrecherche wurde eine signifikante Forschungslücke entdeckt. Namentlich wurde festgestellt, dass zwar die Massnahmen zur Bekämpfung der Terrorismusfinanzierung detailliert umschrieben wurden. Auch gibt es zahlreiche Artikel über die Organisationen, welche mit der Bekämpfung der Terrorismusfinanzierung betraut sind. Die Literatur über die Einnahmequellen sowie die Möglichkeiten des Vermögenstransfers von Terrorismusfinanzierern ist hingegen eher dürftig.

---

586 Sproat, 2010: S. 331.

587 Petzsche, 2013: S. 229.

588 Baldwin, 2004: S. 245; Sadat, 2004: S. 154 f.; Choi, 2010: S. 940 f.; Fiss, 2006: S. 235; Scheuermann, 2006: S. 61 f.; van Munster, 2004: S. 141 f.; Ruebner, 2002: S. 493 f.; Dragu & Polborn, 2014: S. 511 f.

589 Peers, 2003: S. 235.

590 McCulloch et al., 2004: S. 74; Fitzpatrick, 2003: S. 241 f.; Alonso & Reinares, 2005: S. 265 f.; Luban, 2002: S. 9 f.; Gearty, 2005: S. 18 f.; Dreher et al., 2010: S. 65 f.; Warbrick, 2004: S. 989 f.; Foot, 2007: S. 489 f.; Gross, 2001: S. 89 f.

591 McCulloch & Carlton, 2005: S. 398.

592 Goldby, 2010: S. 364.

Vor allem wurde in der Literatur bisher nicht ausreichend untersucht, wie Täter konkret vorgehen müssen, um möglichst risikoarm Terrorismus zu finanzieren, und welche Implikationen sich daraus für das Strafprozessrecht in Deutschland, Liechtenstein, Österreich und der Schweiz ergeben. Somit wurde im Rahmen der Literaturrecherche eine Forschungslücke identifiziert. Selbige soll im Rahmen dieser Arbeit geschlossen werden.

Folglich beschäftigt sich die vorliegende Abhandlung mit der Untersuchung der nachfolgenden Forschungsfragen:

- Welche Einnahmequellen können Terroristen nutzen?
- Wie transferieren Terroristen Vermögenswerte?
- Welche Instrumente stehen den Ermittlern in Deutschland, Liechtenstein, Österreich und der Schweiz zur Bekämpfung der Terrorismusfinanzierung zur Verfügung?
  - Welche Schwierigkeiten ergeben sich für Ermittler in Deutschland, Liechtenstein, Österreich und der Schweiz im Zusammenhang mit Onlinedurchsuchungen?
  - Welche Schwierigkeiten ergeben sich für Ermittler in Deutschland, Liechtenstein, Österreich und der Schweiz im Zusammenhang mit Verdeckten Ermittlern?
- Wie können die Instrumente der Ermittler in Deutschland, Liechtenstein, Österreich und der Schweiz verbessert werden?

Das Forschungsziel besteht darin, die Vorgehensweisen intelligenter Terrorismusfinanzierer zu antizipieren und Anregungen für den schweizerischen Gesetzgeber zu entwickeln, um eine effektivere Bekämpfung der Terrorismusfinanzierung zu fördern. Dabei sollen konkrete Vorgehensweisen von Tätern beleuchtet werden. Zudem soll betrachtet werden, welche strafprozessualen Schwierigkeiten für Ermittler bestehen und wie selbige beseitigt werden könnten.

3. Empirische Untersuchung

3.1. Forschungsmethodische Vorgehensweise

Die methodische Vorgehensweise ist in mehrere Schritte unterteilt. Damit wird der Tatsache Rechnung getragen, dass es schwierig ist, die konkreten Vorgehensweisen von Terrorismusfinanzierern zu antizipieren. Im Rahmen einer Vorstudie wurden somit Gespräche mit Anbietern illegaler Finanzdienstleistungen, also den vermeintlichen Helfern von Terrorismusfinanzierern geführt. Anschliessend wurden im Rahmen der Hauptstudie die Ergebnisse der Vorstudie in semistrukturierten Experteninterviews näher untersucht. Damit wurde die Grundlage für eine rechtsvergleichende Untersuchung geschaffen. Im Rahmen der Vor- und der Hauptstudie wurde hauptsächlich empirisch untersucht, über welche Einnahmequellen und Transfermöglichkeiten Terrorismusfinanzierer verfügen und welche Schwierigkeiten sich für die Ermittler daraus ergeben. Basierend auf diesen empirischen Ergebnissen wurde anschliessend funktionell rechtsvergleichend analysiert, inwiefern Gesetzesänderungen eine effektivere Bekämpfung der Terrorismusfinanzierung ermöglichen könnten.

Dieses Drei-Stufen-Modell ist insofern sinnvoll und notwendig, als es nicht zielführend wäre, sich auf eine funktionelle Rechtsvergleichung zu beschränken. Schliesslich können nur lösungsorientierte Vorschläge für Gesetzesänderungen gemacht werden, wenn eindringlich analysiert wurde, worin das Problem besteht und warum die bisherigen Lösungen gescheitert sind. Gleichzeitig ist es jedoch auch wenig zielführend, lediglich aufzuzeigen, wie intelligente Terrorismusfinanzierer vorgehen. Nachdem die Vorgehensweisen erläutert wurden, sollte der Autor zumindest Lösungsansätze für eine effektivere Bekämpfung der Terrorismusfinanzierung präsentieren.

Nachfolgend wird jede der drei Stufen des dieser Arbeit zugrundeliegenden Analysemodells eindringlich analysiert. Insbesondere wird aufgezeigt, wie der Autor konkret vorgegangen ist und welche Forschungsmethoden angewandt wurden. Gleichzeitig weist der Autor bereits an dieser Stelle darauf hin, dass die vorliegende Abhandlung kein Lehrbuch zur forschungsmethodischen Vorgehensweise darstellt und sich die Ausführungen somit auf das Wesentliche beschränken.

3.1.1. Vorstudie

Terrorismusfinanzierer und ihre Helfer, also illegale Finanzdienstleister, könnten vermutungsweise selbst am besten über ihre konkreten Vorgehensweisen berichten, da sie auf ihren persönlichen Erfahrungsschatz zurückgreifen könnten. Allerdings fürchten diese Personen strafrechtliche Konsequenzen und sind deshalb in der Regel nicht bereit, ihr umfangreiches Wissen mit Forschern zu teilen. Dies gilt speziell im Hinblick auf allfällige Tonbandaufnahmen, welche eine detailliertere Auswertung zulassen würden.

Daher ist es naheliegend, informelle Gespräche mit diesen Personen zu führen. Deshalb wurden im Rahmen der Vorstudie 15 informelle Gespräche mit Anbietern illegaler Finanzdienstleistungen geführt, um explorativ zu untersuchen, (a) welche Einnahmequellen Terroristen nutzen und (b) wie sie ihre Gelder transferieren können. Dazu wurden die in der nachfolgenden Tabelle dargestellten Personen interviewt:

Tabelle 1: Interviewpartner

Interviewpartner	Branche	Land	Interviewsprache
Interviewpartner 1	Justiz	Russland	Russisch
Interviewpartner 2	Finanzdienstleistungen	Italien	Italienisch
Interviewpartner 3	Beratung	Russland	Russisch
Interviewpartner 4	Justiz	Russland	Russisch
Interviewpartner 5	Finanzdienstleistungen	Schweiz	Deutsch
Interviewpartner 6	Diamantenhandel	Italien	Italienisch
Interviewpartner 7	Beratung	Kasachstan	Russisch
Interviewpartner 8	Beratung	Dubai	Englisch
Interviewpartner 9	Finanzdienstleistungen	Liechtenstein	Deutsch
Interviewpartner 10	Beratung	Deutschland	Deutsch
Interviewpartner 11	Justiz	Ukraine	Russisch
Interviewpartner 12	Finanzdienstleistungen	Österreich	Deutsch
Interviewpartner 13	Beratung	Russland	Russisch
Interviewpartner 14	Beratung	Russland	Russisch
Interviewpartner 15	Beratung	Monaco	Italienisch

Die Auswahl der Interviewpartner erfolgte nach ihrer fachlichen Expertise und ihren persönlichen Erfahrungen. Der Autor hat bewusst Interviewpartner aus verschiedenen Ländern ausserhalb des Untersuchungsfeldes dieser Studie, welche sich auf Deutschland, Liechtenstein, Österreich und die Schweiz konzentriert, gewählt, da Terrorismusfinanzierung in der Regel eine transnationale Straftat ist. Allerdings wurden nur Interviewpartner herangezogen, welche zumindest eines der in dieser Studie untersuchten Länder in ihre Vorgehensweise involvieren. Dies alleine schon deshalb, da es für die Bekämpfung der Terrorismusfinanzierung in Deutschland, Liechtenstein, Österreich und der Schweiz nur von bedingter Relevanz ist, wie Täter in Drittstaaten, etwa in Südamerika und Asien, vorgehen.

Allerdings ist es durchaus von Interesse für diese Studie, wie Terrorismusfinanzierer und ihre Hilfspersonen aus Kasachstan, Russland oder Dubai die in dieser Studie untersuchten Länder, also Deutschland, Liechtenstein, Österreich und die Schweiz, nutzen. Somit war es in höchstem Masse angezeigt, Gespräche mit diesen Personen zu führen.

Aus Gründen der Vertraulichkeit ist es nicht möglich, genauere Angaben zu den Interviewpartnern zu machen, da sich der Autor diesen Personen gegenüber zur Verschwiegenheit verpflichtet hat und es von begrenzter Weitsicht wäre, die Interviewpartner namentlich zu erwähnen. Gleichzeitig möchte der Autor auch in Zukunft wissenschaftlich tätig sein und ist deshalb darauf angewiesen, das Vertrauen seiner Interviewpartner aufrechtzuerhalten.

Die Gespräche wurden offen, also ohne Interviewleitfaden, geführt. Dies beruht auf der Tatsache, dass die Gespräche in informeller Umgebung stattgefunden haben. Die Antworten wurden anhand von Gedächtnisprotokollen aufgezeichnet. Diese Vorgehensweise ist forschungsmethodisch nicht optimal, da Gedächtnisprotokolle offensichtlich unvollständig und unter Umständen inhaltlich verzerrt sind. Sie sind also nicht mit detaillierten Transkriptionen von Tonbandaufzeichnungen zu vergleichen und bieten weit weniger Möglichkeiten für eine fundierte Analyse. Gleichzeitig stellen sie aus den oben ausgeführten Gründen die einzige Möglichkeit dar, Daten im nächsten Umfeld der Terrorismusfinanzierer zu erheben, welche anschliessend in Experteninterviews mit Ermittlern, Beratern und Compliance-Experten überprüft werden können.

Die informellen Experteninterviews wurden mit Personen geführt, von denen angenommen werden konnte, dass sie Erfahrung mit illegalen Finanzdienstleistungen oder Kenntnisse darüber haben. Gegenstand der Gespräche waren jedoch keine konkreten Taten, sondern lediglich Hypothesen über mögliche Vorgehensweisen von intelligenten Tätern. Der Autor hat im Rahmen der Gespräche nicht von konkreten Straftaten erfahren. Trotzdem wurde den Interviewpartnern Anonymität zugesichert. Die Interviewpartner wurden vor den Gesprächen über die Zwecke der Untersuchung aufgeklärt und ersucht, weder über konkrete Straftaten noch über Personalien zu sprechen. Dies insbesondere auch im Hinblick darauf, dass der Autor sonst unter Umständen für einen

Verdeckten Ermittler gehalten worden wäre. Falls der Autor im Rahmen seiner Recherche von Straftaten (z.B. einer konkreten Gefahr für Leib und Leben) erfahren hätte, wäre es aus seiner Sicht unerlässlich gewesen, die zuständigen Behörden zu informieren. Da die Gespräche im vorliegenden Fall jedoch ausschliesslich Forschungszwecken dienten und nicht im Rahmen von Ermittlungen stattfanden, wurde zu keinem Zeitpunkt über konkrete Straftaten gesprochen.

3.1.2. Hauptstudie

Qualitative Forschungsmethoden erscheinen auch für die Hauptstudie aufgrund der explorativen Natur der vorliegenden Studie als besonders geeignet.[593] Insbesondere handelt es sich um ein neues Feld, welches noch nicht fundiert untersucht worden ist. Somit war keine vorgängige Hypothesenbildung möglich. Die Erkenntnisse der Vorstudie waren zwar wertvoll und hilfreich für die Planung der Hauptstudie, aber letztendlich nicht detailliert genug, um sie als Grundlage für die Bildung von Hypothesen zu verwenden. Dies speziell im Hinblick darauf, dass eine Aufzeichnung der Interviews der Vorstudie aus den oben ausgeführten Gründen nicht möglich war und somit die Auswertung für den Leser dieser Studie nur bedingt nachvollziehbar sein kann. Aufgrund der explorativen Natur dieser Studie und der mangelnden Grundlage für eine solide Bildung von Hypothesen erschien eine quantitative Hauptstudie eher ungeeignet.[594]

Um die Ergebnisse der Vorstudie näher zu untersuchen und forschungsmethodische Schwachstellen auszugleichen, wurden insgesamt 15 explorative Experteninterviews geführt, welche aufgezeichnet werden konnten. Dabei wurde ein theorie- und regelgeleitetes Vorgehen gewählt, um auf vorhandenem theoretischem Wissen aufzubauen und es der Fachgemeinschaft zu erlauben, zu rekonstruieren, wie der Autor zu den Ergebnissen gekommen ist.[595] Das Ziel dieser explorativen Experteninterviews bestand in der Schaffung eines ersten Zugangs zu einem neuen Feld sowie in der Konkretisierung und sinnhaften Strukturierung bestimmter Prozesse zur Lösung eines wissenschaftlichen Problems.[596] Eine quantitative Untersuchung wäre für die Zwecke dieser Studie aufgrund ihrer mangelnden Offenheit und des in casu nötigen explorativen Ansatzes ungeeignet gewesen.[597]

---

593 Creswell, 2013: S. 183 f.; Crouch & McKenzie, 2006: S. 483 f.; Bowen, 2005: S. 208 f.
594 Tewksbury, 2009: S. 901 f.; Tewksbury et al., 2010: S. 391 f.; Buckler, 2008: S. 383 f.
595 Gläser & Laudel, 2010: S. 31.
596 Froschauer & Lueger, 2003: S. 17.
597 Kracauer, 1952: S. 631; Myers, 1997: S. 241 f.

Die Erkenntnisse der Hauptstudie können als Grundlage für die Bildung neuer Hypothesen dienen.[598] Die Zielsetzung bestand in der Entwicklung eines fundierten theoretischen Verständnisses der Terrorismusfinanzierung, welche als Grundlage für eine effektivere Verbrechensbekämpfung dienen könnte.[599] Dabei wurde das Prinzip der Offenheit berücksichtigt und vor allem grosser Wert darauf gelegt, sowohl während der Interviews als auch im Rahmen der anschliessenden Analyse offen für neue Informationen zu bleiben.[600]

Die Interviewpartner wurden aufgrund ihrer besonderen Expertise im Bereich der Terrorismusfinanzierung ausgewählt.[601] Wer als Experte geeignet ist, ergab sich letztendlich aus dem spezifischen Forschungsinteresse der vorliegenden Studie und der sozialen Repräsentativität des Experten.[602] Um tiefgründige Erkenntnisse zu gewinnen, war es notwendig, sorgfältig ausgewählte Experten zu befragen. Laien sind in der Regel nicht mit den Compliance-Mechanismen von Finanzdienstleistern oder den Vorgehensweisen von Terrorismusfinanzierern vertraut und hätten somit nur bedingt Auskunft zu diesen Themen erteilen können.[603]

Insbesondere war es notwendig, Experten zu befragen, die basierend auf ihrem Praxis- und Erfahrungswissen im Bereich der Terrorismusfinanzierung über die Fähigkeit verfügen, das Handlungsfeld sinnvoll zu strukturieren und konkrete Problemfelder anzusprechen.[604] Somit war es wichtig, Experten zu wählen, welche über die Erkenntnisse der bestehenden Literatur hinausgehen und auf bestehendes, systematisiertes Erfahrungswissen über die konkrete Vorgehensweise von Terrorismusfinanzierern zurückgreifen konnten.[605]

Deshalb war es von fundamentaler Bedeutung, im Vorfeld zu prüfen, welche Experten mit dem Thema Terrorismusfinanzierung vertraut sind. Schliesslich muss der Interviewpartner über die nötigen Informationen und Kenntnisse verfügen.[606] Dies erfolgte unter anderem mittels einer Analyse der Literatur sowie einer Internetrecherche.[607]

598 Bogner et al., 2015: S. 23.
599 Froschauer & Lueger, 2003: S. 19.
600 Gläser & Laudel, 2010: S. 30.
601 Creswell, 2013: S. 189 f.
602 Bogner et al., 2015: S. 11.
603 Gläser & Laudel, 2010: S. 117.
604 Bogner et al., 2014: S. 13.
605 Froschauer & Lueger, 2003: S. 53.
606 Gläser & Laudel, 2010: S. 117.
607 Bogner et al., 2014: S. 35.

Bei der Auswahl der Interviewpartner wurde auch berücksichtigt, welche Zugangsmöglichkeiten zu diesen Personen geschaffen werden konnten.[608] Einige Experten konnten zudem aus dem persönlichen Netzwerk des Autors, welches auf vorhergehenden wissenschaftlichen Untersuchungen beruht, rekrutiert werden. Dies hat die Überwindung von Zugangsbarrieren, wie beispielsweise Sekretäre/-innen, massgeblich erleichtert.[609] In allen Fällen erfolgte die Kontaktaufnahme in Schriftform und informierte über die Ziele der Untersuchung.[610] Zudem beinhaltete sie eine kurze Begründung, warum die zu befragende Person für die vorliegende Studie besonders geeignet sein könnte.[611]

Tabelle 2: Interviewpartner

Interviewpartner	Branche	Land	Interviewsprache
Interviewpartner 1	Money Transfer Services	Deutschland	Deutsch
Interviewpartner 2	Beratung	Schweiz	Deutsch
Interviewpartner 3	Bankwesen	Deutschland	Deutsch
Interviewpartner 4	Antiquitätenhandel	Deutschland	Deutsch
Interviewpartner 5	Staatsanwaltschaft	Schweiz	Deutsch
Interviewpartner 6	Finanzmarktaufsicht	Österreich	Deutsch
Interviewpartner 7	Beratung	Schweiz	Deutsch
Interviewpartner 8	Bankwesen	Deutschland	Deutsch
Interviewpartner 9	Ermittlungsbehörde	Deutschland	Deutsch
Interviewpartner 10	Ermittlungsbehörde	Österreich	Deutsch
Interviewpartner 11	Finanzmarktaufsicht	Schweiz	Deutsch
Interviewpartner 12	Bankwesen	Deutschland	Deutsch
Interviewpartner 13	Financial Intelligence Unit	Liechtenstein	Deutsch
Interviewpartner 14	Beratung	Schweiz	Deutsch
Interviewpartner 15	Finanzministerium	Österreich	Deutsch

Eine ausreichende Datenmenge ist wichtig für die Ergebnisse der Untersuchung.[612] Statistische Verfahren sind bei qualitativen Vorgehensweisen nur von sehr bedingtem Nutzen, weshalb bei der Auswahl der Zahl geeigneter Interviewpartner neben forschungspraktischen Gründen vor allem die theoretische

608 Froschauer & Lueger, 2003: S. 64.
609 Bogner et al., 2014: S. 37.
610 Gläser & Laudel, 2010: S. 162.
611 Froschauer & Lueger, 2003: S. 66.
612 Creswell, 2012: S. 52.

Sättigung berücksichtigt wurde.[613] Die Interviews wurden so lange geführt, bis sich die Aussagen wiederholt haben. Insbesondere wurden die nachfolgenden 15 Personen interviewt:

Wie aus der Tabelle ersichtlich ist, wurden Experten von Finanzdienstleistern, Beratungsunternehmen, Ermittlungs- und Aufsichtsbehörden befragt. Dies insbesondere deshalb, da so verschiedene Perspektiven berücksichtigt werden konnten. Da die Interviewpartner teilweise in sehr exponierten Positionen tätig sind, werden die Aussagen anonymisiert dargestellt.[614] Schliesslich darf den Interviewpartnern durch die Veröffentlichung der Ergebnisse kein Schaden entstehen.[615] Eine ethisch korrekte Vorgehensweise ist bei der Schilderung der Ergebnisse zwingend erforderlich.[616]

Darüber hinaus ist es wichtig, die richtigen Daten zu sammeln und während der Interviews abzufragen.[617] Im Rahmen der Interviews wurde primär Prozess- und Deutungswissen abgefragt, da technisches Wissen, also Daten und Fakten, aus anderen Quellen gewonnen werden können.[618] Hinzu kommt, dass Daten und Fakten über die Terrorismusfinanzierung nur einen begrenzten Wert haben, da der tatsächliche Umfang der Terrorismusfinanzierung nur schwer einzuschätzen sein dürfte.

Es ist von einer hohen Dunkelziffer auszugehen, weshalb die Fallzahlen der Ermittler keine tragende Rolle in dieser Studie spielen. Ziel der vorliegenden Untersuchung ist es letztendlich, Vorgehensweisen intelligenter Täter zu antizipieren, welche bisher noch keine grosse Beachtung gefunden haben. Schliesslich ist davon auszugehen, dass insbesondere illegale Finanzdienstleister, welche sich der Terrorismusfinanzierung widmen, durchaus intelligent und gebildet sein dürften.[619]

Die Aussagen der Interviewpartner werden häufig durch den Kontext des Gesprächs beeinflusst.[620] Zudem hängen die Äusserungen der Interviewpartner von der Wahrnehmung der fachlichen Kompetenz und der normativen Bewertung des Interviewers ab.[621] Es ist Aufgabe des Interviewers, das Gespräch zu

613 Gläser & Laudel, 2010: S. 100; Marshall, 1996: S. 522 f.; Rosenthal, 2005: S. 85 f.
614 Bogner et al., 2014: S. 89.
615 Gläser & Laudel, 2010: S. 50.
616 Creswell, 2012: S. 56.
617 Creswell, 2013: S. 189.
618 Bogner et al., 2014: S. 18.
619 Raghavan & Balasubramaniyan, 2012: S. 294 f.
620 Gläser & Laudel, 2010: S. 111 f.
621 Bogner et al., 2014: S. 51.

steuern und die Wiedergabe von Wissen zu fördern, ohne die Ergebnisse zu verfälschen.[622] Insbesondere hat sich der Interviewer als Ko-Experte etabliert, um den Austausch von Wissen und Informationen auf Augenhöhe zu fördern.[623]

Im Rahmen der Interviews mussten mehrere Themen behandelt werden, weshalb es nahelag, einen Leitfaden zu entwickeln.[624] Um eine ordnungsgemässe Durchführung der semistrukturierten Experteninterviews zu gewährleisten, wurde der in Appendix 2 dargestellte Leitfaden entwickelt. Dies dient einer optimalen Vorbereitung und Durchführung.[625] Durch die Wahl eines halbstandardisierten Leitfadens wurden zwar die Fragen ex ante festgelegt, aber dem Interviewpartner ausreichend Freiraum bei der Beantwortung selbiger gelassen.[626] Dies war insbesondere deshalb notwendig, da es sich um eine explorative Studie handelt und der Interviewer somit nicht ex ante wissen konnte, welche Bereiche aus Sicht der Experten besonders relevant sein könnten.

Die geführten Interviews lassen sich in drei grobe Phasen unterteilen. Namentlich sind der Gesprächseinstieg, die Erzähl- und Nachfragephase und der Gesprächsabschluss zu erwähnen. Während im Gesprächseinstieg die Schaffung eines Vertrauensverhältnisses im Vordergrund stand und die Erzähl- und Nachfragephase den Hauptteil des Interviews bildete, wurden im Gesprächsabschluss allfällige Lücken geschlossen.[627] Durch diese Unterteilung wurden ein optimaler Gesprächsfluss sowie eine möglichst umfassende Datenerhebung gewährleistet.

Da es sich vorliegend nicht um eine quantitative Untersuchung handelt, wurden die Fragen in den einzelnen Interviews der Situation angepasst. Dadurch wurde die Vergleichbarkeit jedoch nicht beeinträchtigt.[628] Auch wurden in der Schlussphase des Gesprächs besonders relevante Themen nochmals aufgegriffen.[629]

Die Fragen wurden teilweise auch an den jeweiligen Interviewpartner angepasst. Dies lässt sich mit dem Prinzip der Offenheit begründen.[630] Beispielsweise war es sinnvoll, mit einem Compliance-Beauftragten eines Money-Transfer-Dienstleisters gewisse Aspekte von Money-Transfer-Dienstleistern detaillierter

622 Gläser & Laudel, 2010: S. 112.
623 Bogner et al., 2014: S. 52.
624 Gläser & Laudel, 2010: S. 111.
625 Bogner et al., 2014: S. 27.
626 Gläser & Laudel, 2010: S. 41.
627 Froschauer & Lueger, 2003: S. 69 f.
628 Bogner et al., 2014: S. 28.
629 Froschauer & Lueger, 2003: S. 73.
630 Gläser & Laudel, 2010: S. 150.

zu betrachten, als dies mit anderen Interviewpartnern möglich oder sinnvoll gewesen wäre.

Ferner wurde auch die Chronologie der Fragen je nach Verlauf des Interviews angepasst.[631] Dies insbesondere deshalb, weil die Gespräche einen möglichst natürlichen Verlauf nehmen sollten. Es ist letztendlichen unerheblich, welche Themen zuerst diskutiert wurden.

Die Experteninterviews wurden mit ausdrücklicher Zustimmung der Interviewpartner mit einer Tonaufnahme aufgezeichnet und anschliessend vollständig transkribiert.[632] Dadurch sollten die mit Gedächtnisprotokollen verbundenen Informationsverluste vermieden werden.[633] Das Material zur Analyse liegt also in Form eines niedergeschriebenen Textes vor.[634] Glättungen wurden hier grundsätzlich vermieden, um eine möglichst authentische Darstellung der Aussagen der Interviewpartner zu gewährleisten.[635] Letztendlich hätte jede Glättung einen gewissen Ermessensspielraum beinhaltet, wodurch die Ergebnisse potentiell verfälscht worden wären.

Die Aufzeichnung von Gesprächen kann Interviewpartner verunsichern, sodass sie während Aufzeichnungen teilweise zurückhaltend sind und nicht ihr gesamtes Wissen preisgeben.[636] Nach Ende des offiziellen Interviews und dem damit verbundenen Abschalten des Aufnahmegeräts wurde den Interviewpartnern daher im Rahmen eines informellen Gesprächs die Möglichkeit gegeben, weitere Aussagen hinzuzufügen.[637] Die in diesen informellen Gesprächen gewonnenen Erkenntnisse wurden in Post-Interview-Memos festgehalten.[638] Zudem wurde auch der Interviewkontext dokumentiert.[639] Dies sollte eine möglichst umfassende Erkenntnisgewinnung gewährleisten.

Im nächsten Schritt mussten die in den Interviews gesammelten Informationen ausgewertet werden.[640] Dabei war es wichtig, die Aussagen der Interviewpartner nicht zu verfälschen.[641] Dies hängt massgeblich von den Fähigkeiten

631 Bogner et al., 2014: S. 29.
632 Creswell, 2013: S. 193 f.
633 Gläser & Laudel, 2010: S. 157.
634 Mayring, 2010: S. 53.
635 Bogner et al., 2014: S. 40 f.
636 Creswell, 2013: S. 193.
637 Bogner et al., 2014: S. 59.
638 Bogner et al., 2014: S. 61.
639 Froschauer & Lueger, 2003: S. 74.
640 Bogner et al., 2014: S. 72.
641 Creswell, 2013: S. 194 f.

des Autors ab.[642] Deshalb sollten den Texten systematisch Informationen entnommen werden. Ferner mussten Informationen, welche für die Zwecke dieser Studie nicht relevant sind, entfernt werden.[643] Der Inhalt der Interviews wurde daher systematisch, regel- und theoriegeleitet analysiert.[644] Die Auswertung der Interviews erfolgte basierend auf der qualitativen Inhaltsanalyse nach Mayring (2010).[645] Diese Analyse bietet die Möglichkeit, grosse Textmengen systematisch zu bearbeiten.[646] Kategorien stehen im Zentrum der qualitativen Inhaltsanalyse.[647] Es ist wichtig, die genaue Vorgehensweise ex ante zu definieren.[648]

Bei qualitativen Inhaltsanalysen kommt eine abgestufte Vorgehensweise zur Anwendung.[649] Zunächst werden die Analyseeinheiten festgelegt. Anschliessend erfolgt eine Paraphrasierung der inhaltstragenden Elemente des Textes. Danach wird das Abstraktionsniveau bestimmt und die Paraphrasen werden auf diesem Niveau generalisiert. Der nächste Schritt ist eine erste Reduktionsphase, in welcher bedeutungsgleiche Paraphrasen gestrichen werden. In der darauffolgenden Reduktionsphase werden die Aussagen auf dem gewünschten Reduktionsniveau gebündelt. Des Weiteren wird ein Kategoriensystem gebildet, welches im letzten Schritt anhand des Ausgangsmaterials überprüft wird.[650] Diese Vorgehensweise wurde durch die Analysesoftware MAXQDA erleichtert.[651]

Zunächst werden relevante Originalaussagen als Analyseeinheiten ausgewählt.[652] Anschliessend werden diese Aussagen in einem zweistufigen Verfahren paraphrasiert. In der ersten Stufe der Paraphrasierung werden grobe Fehler entfernt. In der zweiten Stufe der Paraphrasierung werden unnötige Informationen gestrichen und wird eine Umformulierung des Satzes vorgenommen. Im Rahmen der anschliessenden Generalisierung wird die Aussage auf ihren Kerngehalt reduziert. Die nachfolgenden Beispiele sollen die Vorgehensweise verdeutlichen:

642 Pope et al., 2000: S. 114 f.
643 Gläser & Laudel, 2010: S. 206.
644 Creswell, 2013: S. 194 f.; Graneheim & Lundman, 2003: S. 105 ff.
645 Mayring, 2010: S. 13 f.
646 Froschauer & Lueger, 2003: S. 111.
647 Mayring, 2010: S. 49.
648 Hsieh & Shannon, 2005: S. 1286.
649 Froschauer & Lueger, 2003: S. 99.
650 Mayring, 2010: S. 68.
651 Froschauer & Lueger, 2003: S. 92.
652 Elo & Kyngäs, 2008: S. 110.

Beispiel 1:

Originalaussage:

„Ich glaube, auch da ist vielleicht noch eine Schwäche der Terrorismusfinanzierungsbekämpfung, dass die Aufsichts- oder Ermittlungsbehörden eigentlich zu langsam sind."
Interviewpartner 8

Paraphrasierung 1:

„Ich glaube, eine Schwäche der Terrorismusfinanzierung ist, dass die Aufsichts- oder Ermittlungsbehörden zu langsam sind."

Paraphrasierung 2:

„Eine Schwäche der Terrorismusfinanzierungsbekämpfung ist, dass die Aufsichts- oder Ermittlungsbehörden zu langsam sind."

Generalisierung:

„Ermittlungsbehörden sind zu langsam."

Beispiel 2:

Originalaussage:

„Und die/ Eben diese Splittergruppen, diese Attentäter von Paris und Brüssel, wahrscheinlich jetzt auch in Istanbul, das ist nicht aufwendig, ein paar tausend Euro, die die nötig haben, um quasi da ihre Ressourcen zu kaufen, also Miete zu tragen, Lebensmittel zu kaufen. Die Waffen sind auch nicht wahnsinnig teuer. Da ist man mit ein paar tausend Euro dabei."
Interviewpartner 14

Paraphrasierung 1:

„Diese Splittergruppen, diese Attentäter von Paris und Brüssel, wahrscheinlich auch in Istanbul, das ist nicht aufwendig, ein paar tausend Euro, die die nötig haben, um Ressourcen zu kaufen, also Miete zu tragen, Lebensmittel zu kaufen. Die Waffen sind auch nicht wahnsinnig teuer. Da ist man mit ein paar tausend Euro dabei."

Paraphrasierung 2:

„Die Splittergruppen in Paris, Brüssel und Istanbul benötigen nur einige tausend Euro, um Lebensmittel zu kaufen und die Miete zu bezahlen. Waffen sind auch nicht besonders teuer. Da genügen einige tausend Euro."

Generalisierung:

„Anschläge sind nicht kostenintensiv."

Beispiel 3:

Originalaussage:

> *„Erst mal ist / hat man ja ein primäres Ziel. Der IS, der Islamische Staat, will sich finanzieren. Der überlegt sich ja nicht gerade, ‚was passiert'n, wenn irgendwo ein Ermittlungsverfahren läuft?' "*
> *Interviewpartner 9*

Paraphrasierung 1:

> *„Man hat ein primäres Ziel. Der Islamische Staat will sich finanzieren. Der IS überlegt sich nicht, was passiert, wenn irgendwo ein Ermittlungsverfahren läuft."*

Paraphrasierung 2:

> *„Das primäre Ziel des Islamischen Staates ist es, sich zu finanzieren. Dabei werden allfällige Ermittlungsverfahren nicht berücksichtigt."*

Generalisierung:

> *„Ermittlungsverfahren schrecken Täter nicht ab."*

Im nächsten Schritt erfolgten die Reduktion sowie die Entwicklung des Kategoriensystems. Das in der vorliegenden Arbeit entwickelte Kategoriensystem beruht ausdrücklich nicht auf der in den vorhergehenden Kapiteln dargestellten Literaturanalyse, sondern wurde anhand der Interviews induktiv entwickelt.[653] Namentlich wurden von den Interviewpartnern häufig erwähnte Themen zunächst im Text markiert.[654] Jede relevante Aussage der Interviewpartner wurde einer der nachfolgenden Kategorien zugeordnet. Aussagen, welche eher allgemeiner Natur waren und auf mehrere Einnahmequellen oder Transfermöglichkeiten anwendbar sind, wurden in der Kategorie „Allgemeine Aussagen" gebündelt. Danach wurden sowohl Einnahmequellen als auch Transfermöglichkeiten vertieft betrachtet. Abschliessend wurden Instrumente zur Bekämpfung der Terrorismusfinanzierung diskutiert:

653 Mayring, 2010: S. 83; Fereday & Muir-Cochrane, 2006: S. 80 f.
654 Vaismoradi et al., 2013: S. 404.

Allgemeine Aussagen

- *Vermögenstransfer*
- *Einnahmequellen*
- *Täter*
- *Ermittlungsbehörden*
- *Erforderliche Massnahmen*

Einnahmequellen

- *Legal*
  - *Immobilien*
  - *Börsengeschäfte*
  - *Handel*
- *Illegal*
  - *„Steuern"*
  - *Wirtschaftskriminalität*
  - *Organisierte Kriminalität*
  - *Kleinkriminalität*
- *Herausforderungen für Ermittler*

Transfermöglichkeiten

- *Bankensystem*
  - *Generelle Eignung*
  - *Konkrete Vorgehensweise*
  - *Entdeckungsrisiken*
- *Parallelbankensysteme*
  - *Generelle Eignung*
  - *Konkrete Vorgehensweise*
  - *Entdeckungsrisiken*
- *Persönlicher Transfer*
  - *Generelle Eignung*
  - *Konkrete Vorgehensweise*
  - *Entdeckungsrisiken*
- *Kryptowährungen*
  - *Generelle Eignung*
  - *Konkrete Vorgehensweise*
  - *Entdeckungsrisiken*

- *Money-Transfer-Systeme*
  - *Generelle Eignung*
  - *Konkrete Vorgehensweise*
  - *Entdeckungsrisiken*

Instrumente zur Terrorismusbekämpfung

- *Verdeckte Ermittler*
- *Onlinedurchsuchungen*
- *Amts- und Rechtshilfe*
- *Berufsgeheimnisse*

Insbesondere wurden zunächst allgemeine Aussagen zur Terrorismusfinanzierung berücksichtigt, um eine Grundlage für die weiteren Erkenntnisse zu schaffen und die der Bildung weiterer Kategorien zugrundeliegende Logik zu erläutern. Insbesondere helfen die Ausführungen zu den Tätern zu verstehen, warum banale Betrachtungsweisen nicht in Frage kommen. Anschliessend wurde dargestellt, wie sich Terroristen finanzieren und wie sie ihre Vermögenswerte transferieren. Zu guter Letzt wurden die von den Interviewpartnern genannten Verbesserungsvorschläge für eine effektivere Terrorismusbekämpfung aufgezeigt, um eine Grundlage für die rechtsvergleichende Untersuchung zu schaffen.

In Kapitel 3 werden zudem zahlreiche Zitate wiedergegeben, wodurch verdeutlicht wird, aus welchen Aussagen die Ergebnisse gewonnen wurden. Darüber hinaus helfen Zitate, weitere Informationen darzustellen und die Ergebnisse dadurch plastischer wirken zu lassen.[655]

Abschliessend muss die Güte der vorliegenden Untersuchung gewürdigt werden.[656] Um die Güte der empirischen Untersuchung beurteilen zu können, ist es hilfreich, mittels einer Betrachtung des Verlaufs der Untersuchung beurteilen zu können, ob und inwiefern eine fundierte Bearbeitung der Fragestellung gelungen ist.[657] Dabei sollte berücksichtigt werden, dass keine absolut zutreffende und exklusiv gültige Interpretation der Erkenntnisse möglich war.[658] Allerdings weisen die Ergebnisse der Studie trotzdem eine erhebliche Objektivität, Reliabilität

655 Gläser & Laudel, 2010: S. 274; Sandelowski, 1994: S. 479 f.
656 Creswell, 2013: S. 201.
657 Bogner et al., 2014: S. 93; Thomas & Magilvy, 2011: S. 151 f.
658 Froschauer & Lueger, 2003: S. 103.

und Validität auf.[659] Diese wurde insbesondere im Rahmen einer reflektierenden Analyse des Autors sowie einer Triangulation überprüft.[660]

Im nächsten Schritt müssen die Ergebnisse der Hauptstudie interpretiert werden.[661] Basierend auf der Interpretation der Ergebnisse soll im Rahmen einer funktionellen rechtsvergleichenden Untersuchung analysiert werden, inwiefern durch Anpassungen der Strafprozessordnung Terrorismusfinanzierung effektiver bekämpft werden könnte. Dabei werden sowohl die Einnahmequellen als auch die Transfermöglichkeiten der Terrorismusfinanzierer berücksichtigt und die von den Experten vorgeschlagenen Verbesserungsansätze im Detail analysiert.

3.1.3. Strafprozessuale Fragen

Ziel der vorliegenden Arbeit ist es, basierend auf den Ergebnissen der empirischen Untersuchung Empfehlungen für gesetzgeberische Massnahmen in der Schweiz zu geben. Dabei wird ein expliziter Vergleich mit anderen Ländern angestrebt.[662] Ein derartiger Vergleich bildet eine wesentliche Grundlage für allfällige Reformen.[663] Dies soll zu fundierten theoretischen und praktischen Fortschritten führen.[664] Dabei soll ein möglichst breiter Ansatz angewandt werden, indem nicht nur ein strikter Vergleich von Regeln durchgeführt wird, sondern auch die Anwendbarkeit dieser Regeln in der Praxis berücksichtigt werden kann.[665]

Im Gegensatz zu anderen Vorgehensweisen, wie beispielsweise rechtsvergleichenden Untersuchungen zu anthropologischen Zwecken, liegt der Schwerpunkt dieser Abhandlung auf der Entwicklung von Lösungen für ein in der Hauptstudie identifiziertes praktisches Problem.[666] Von übermässig theoretischen Ausschweifungen wird daher zugunsten der praktischen Relevanz der Arbeit abgesehen. Insbesondere liegt der Fokus auf der Lösung spezifischer Probleme.[667]

Grundsätzlich sind Seitenblicke auf andere Rechtssysteme bei der Entwicklung von Vorschlägen für gesetzgeberische Massnahmen hilfreich. Die mit der

659 Mayring, 2010: S. 51; Morse et al., 2002: S. 13 f.; Healy & Perry, 2000: S. 118 f.; Mays & Pope, 2000: S. 50 f.; Whittemore et al., 2001: S. 522 f.; Rolfe, 2006: S. 304 f.

660 Creswell & Miller, 2000: S. 127.

661 Gläser & Laudel, 2010: S. 268.

662 Reitz, 1998: S. 618.

663 Chodosch, 1998: S. 1027; Hill, 1989: S. 102.

664 Ewald, 1995: S. 2139.

665 Van Hoecke & Warrington, 1998: S. 495 f.

666 Sacco, 1991: S. 1 f.

667 Markesinis, 1990: S. 1 f.

Globalisierung verbundenen Überschneidungen verschiedener Rechtssysteme können zu einem signifikanten Fortschritt führen.[668] Dabei können sowohl etablierte Prinzipien als auch innovative Ansätze berücksichtigt werden.[669] Dies insbesondere auch im Hinblick auf den sozialen Wandel und damit verbundene gesellschaftliche Veränderungen.[670] Gleichzeitig sollte auch berücksichtigt werden, dass viele Länder gesellschaftliche Gemeinsamkeiten aufweisen und somit unter Umständen gleiche oder ähnliche Regeln anwenden könnten.[671] Seitenblicke auf andere Rechtssysteme können also helfen, neue Ansätze zu entwickeln. Allerdings besteht keine einheitliche Standardvorgehensweise für rechtsvergleichende Analysen.[672]

Zunächst muss die Fragestellung der Untersuchung festgelegt werden.[673] In casu soll untersucht werden, wie die Rechtsordnungen in Deutschland, Liechtenstein, Österreich und der Schweiz mit den Herausforderungen der Bekämpfung der Terrorismusfinanzierung umgehen. Der Vergleich könnte auf philosophischer, dogmatischer, historischer und soziologischer Ebene stattfinden.[674] Letztendlich könnten auch kulturelle Unterschiede die Ergebnisse der Rechtsvergleichung beeinflussen.[675] All diese Ansätze könnten zu neuen Perspektiven führen.[676] Im vorliegenden Fall liegt der Fokus jedoch auf der Untersuchung von strafprozessualen Hürden, welche im Rahmen der Hauptstudie identifiziert wurden.

Um der Praxisrelevanz der vorliegenden Arbeit gerecht zu werden, analysiert der Autor basierend auf den Ergebnissen der Hauptstudie ausgewählte Aspekte des Strafprozessrechts in Deutschland, Liechtenstein, Österreich und der Schweiz. Dabei wird die Gesetzeslage in der Schweiz als Ausgangspunkt genommen und detailliert betrachtet. Basierend auf den für die Schweiz entwickelten Ansätzen wird auch die Rechtslage in den anderen drei Ländern beleuchtet und es werden Vorschläge zur Verbesserung oder Ergänzung der bestehenden

668 Riles, 1999: S. 222; Choudry, 1998: S. 819 f.; Slaughter, 1999: S. 1103 f.; Gerber, 2000: S. 949 f.; Twining, 1999: S. 217 f.; Blackett, 1998: S. 57 f.

669 Fletcher, 1998: S. 684.

670 Kahn-Freund, 1974: S. 4.

671 Watson, 1978: S. 315; Ewald, 1995: S. 419 f.; Mattei, 1994: S. 4

672 Reimann, 2002: S. 673.

673 Zweigert & Kötz, 1996: S. 33

674 Frankenberg, 1985: S. 428.

675 Curran, 1998a: S. 44; Kennedy, 1997: S. 636; Watson, 1995: S. 470; Legrand, 1992: S. 262.

676 Curran, 1998b: S. 657.

Regelungen diskutiert. Dies insbesondere auch unter Berücksichtigung der für die Schweiz entwickelten Lösungsansätze.

Der Autor ist der Auffassung, dass dieser Ansatz am ehesten zu einem praxisrelevanten Ergebnis führt. Eine rein zusammenfassende und vergleichende Darstellung der Regelungen in verschiedenen Ländern wäre eher für eine Enzyklopädie als für eine Gesetzesreform geeignet. Somit erhebt die rechtsvergleichende Untersuchung keinen Anspruch auf Vollständigkeit. Vielmehr besteht das Ziel darin, ausgewählte Aspekte, welche in der Praxis besonders relevant sind, zu diskutieren und Vorschläge für gesetzgeberische Massnahmen zu entwickeln.

3.2. Empirische Ergebnisse

Nachfolgend werden die empirischen Resultate dargestellt. Insbesondere wird zuerst summarisch auf die Ergebnisse der Vorstudie eingegangen. Eine detaillierte Auswertung im Sinne einer qualitativen Inhaltsanalyse war aus den in den vorherigen Kapiteln erwähnten Gründen, vor allem wegen des schwierigen Zugangs zu den Interviewpartnern und der fehlenden Zustimmung zur Aufzeichnung sowie der daraus resultierenden Unmöglichkeit der Transkription, nicht möglich. Daher werden die Gedächtnisprotokolle des Autors zusammengefasst. Dies stellt jedoch keine wesentliche Limitation der vorliegenden Studie dar, da die Vorstudie lediglich als Ausgangspunkt für die Hauptstudie dienen sollte.

Anschliessend wird der Autor die Ergebnisse der Hauptstudie darlegen. Da es sich um eine Vielzahl an Aussagen handelt und eine ausformulierte Zusammenfassung entweder den vernünftigen Rahmen der vorliegenden Arbeit sprengen würde oder mit einer signifikanten und nicht unerheblichen Selektion der Aussagen durch den Autor verbunden wäre, werden die Befunde in tabellarischer Form dargestellt. Dadurch wird dem Leser die Lektüre letztendlich unzähliger Seiten erspart.

Gleichzeitig wird jedoch nicht darauf verzichtet, alle wesentlichen Aussagen darzustellen. Repetitive Aussagen werden zwar im vorliegenden Kapitel aus Platzgründen nicht mehrfach aufgeführt, wurden aber der Vollständigkeit halber in Appendix 1 angegeben. Auch auf eine Ausformulierung der in tabellarischer Form bereits dargestellten Erkenntnisse wurde verzichtet, da dadurch weder ein zusätzlicher Erkenntnisgewinn noch eine Steigerung der wissenschaftlichen Leistung des Autors möglich gewesen wäre. Letztendlich entsteht durch das stupide Hinzufügen von Text alleine kein Mehrwert für den Leser.

Allerdings wurden die Ergebnisse der Hauptstudie in einem Executive Summary zusammengefasst, um die Lektüre der Arbeit zu erleichtern und die zentralen Erkenntnisse hervorzuheben. Zwar handelt es sich dabei letztendlich um eine zusätzliche Tabelle, diese erweist sich einerseits als nützlich für den Leser, zeigt aber andererseits auch, dass der Autor in der Lage ist zu selektieren sowie zentrale Aussagen hervorzuheben und unterstreicht damit den Wert der wissenschaftlichen Leistung. Für die Diskussion der in diesem Kapitel tabellarisch zusammengefassten Erkenntnisse wird auf das nachfolgende Kapitel verwiesen.

3.2.1. Vorstudie

Die Vorstudie hat ergeben, dass Terrorismusfinanzierer sowohl legale als auch illegale Einnahmequellen nutzen. Bei Letzteren scheinen insbesondere die Wirtschaftskriminalität und die organisierte Kriminalität im Vordergrund zu stehen. Allerdings spielt offensichtlich auch die Kleinkriminalität eine gewisse Rolle. Nachfolgend werden die von den Interviewpartnern erwähnten Methoden in ihren Grundzügen dargestellt. Dabei gilt es zu bedenken, dass grundsätzlich jede Tätigkeit, welche Einnahmen generiert, geeignet ist, Terrorismus zu finanzieren.

Trotzdem ist es sinnvoll darzustellen, welche Tätigkeiten tatsächlich von Terrorismusfinanzierern genutzt werden und wie dabei konkret vorgegangen wird. Nur so können letztendlich Schwachstellen der Bekämpfung der Terrorismusfinanzierung identifiziert und anschliessend behoben werden. Ziel der Vorstudie war es, die Vorgehensweisen der Terrorismusfinanzierer in ihren Grundzügen aufzuzeigen, um den Untersuchungsgegenstand der Hauptstudie zu identifizieren und einzugrenzen. Der Autor weist daher ausdrücklich darauf hin, dass die nachfolgend beschriebenen Methoden im Rahmen der Auswertung der Ergebnisse der Hauptstudie detaillierter erläutert werden.

Um dem Leser einen ersten Überblick zu verschaffen und die Vergleichbarkeit der Ergebnisse der Vor- und der Hauptstudie zu erleichtern, wurden die Erkenntnisse der Vorstudie in den nachfolgenden beiden Tabellen zusammengefasst:

Einnahmequellen

Illegale Einnahmequellen	Legale Einnahmequellen
- Umsatzsteuerbetrug - Handel mit CO2-Emissionszertifikaten - Handel mit Rohstoffen - Handel mit Betäubungsmitteln - Handel mit Organen - Handel mit Menschen - Zuhälterei - Schutzgelderpressung - Erpresserischer Menschenraub - Onlinebetrug - Versicherungsbetrug	- Immobiliengeschäfte - Börsengeschäfte

Vermögenstransfer

Transfermethoden
- Überweisung in die Türkei - Hawala-Transfer (Parallelbankensysteme) - Persönlicher Transfer - Elektronische Währungen (Kryptowährungen)

Unter professionellen Terrorismusfinanzierern geniesst der *Umsatzsteuerbetrug*, welcher häufig auch als Karusselbetrug bezeichnet wird, nach wie vor grosse Beliebtheit. Dabei wird in der Grundform eine Gesellschaft A in einem Ursprungsland X gegründet, welche Waren oder Dienstleistungen an die Gesellschaft B im Land Y exportiert. Dieser Export ist innerhalb der Europäischen Union von der Umsatzsteuer befreit. Die Gesellschaft B im Land Y verkauft diese Waren der Gesellschaft C im Land Y, wobei eine Umsatzsteuer anfällt, welche jedoch in der Regel nicht sofort bezahlt wird. Die Gesellschaft C verkauft die Waren wiederum an die Gesellschaft A im Land X. Dieser Export ist umsatzsteuerfrei, weshalb sich die Gesellschaft C die Umsatzsteuer vom Fiskus zurückerstatten lässt. Idealerweise erfolgt die Rückerstattung an die Gesellschaft C, bevor die Gesellschaft B ihre Umsatzsteuerschuld bezahlt hat. Die Gesellschaft B verschwindet vom Markt, bevor die Umsatzsteuer von der zuständigen Steuerbehörde zwangsvollstreckt werden kann.

In der Vergangenheit wurden für den Umsatzsteuerbetrug bevorzugt leicht zu transportierende Waren wie beispielsweise Computerchips oder Handys genutzt. Aufgrund gesetzgeberischer Massnahmen, wie des Reverse-Charge-Verfahrens, sowie einer erhöhten Aufmerksamkeit der Steuerbehörden im Hinblick auf Import- und Exportgeschäfte mit bestimmten Waren sind Terrorismusfinanzierer jedoch auf andere Branchen ausgewichen. Insbesondere der Handel mit Markenkleidung, welche ebenfalls einen hohen Warenwert hat und leicht zu transportieren ist, spielt eine zunehmend wichtige Rolle. Der Handel mit Textilien ist zudem eine Branche, welche auch im Rahmen von legalen Geschäften häufig durch transnationale Transaktionen geprägt ist.

Derzeit ist ferner geplant, gezielt junge Leute, welche ohnehin in den Dschihad ziehen wollen, als Geschäftsführer der juristischen Personen einzusetzen, über welche der Karusselbetrug abgewickelt wird. Dies hat einerseits den Vorteil, dass diesen Personen ein unverdächtiges Umfeld beschafft wird, womit sie argumentieren können, in keiner Weise an einer Ausreise nach Syrien interessiert zu sein. Andererseits sind die in den Karusselbetrug involvierten Personen für die Ermittlungsbehörden nicht mehr greifbar, wodurch die Hintermänner geschützt werden. Zudem bestehen diese Personen in der Regel nicht auf Gewinnbeteiligungen.

Eine besondere Form des Karusselbetrugs stellt der *Handel mit CO2-Emissionszertifikaten* dar. Allerdings verliert diese Form der Terrorismusfinanzierung zunehmend an Bedeutung. Dabei wird analog zu der oben dargestellten Grundform des Karusselbetrugs vorgegangen. Statt Handys, Computerchips oder Textilien werden jedoch CO2-Emissionszertifikate gehandelt. Da selbige nicht physisch exportiert werden müssen, können sie innert kürzester Zeit über Gesellschaften in mehreren Ländern geschleust werden, womit die Nachvollziehbarkeit massiv eingeschränkt wird. Dabei handelt es sich jedoch um ein bereits seit Jahren bekanntes Problem, welches unter anderem durch das Reverse-Charge-Verfahren bekämpft wird. Trotzdem wird diese Methode der Terrorismusfinanzierung in der Praxis wohl weiterhin angewandt.

Ferner wird der *Rohstoffhandel* für die Terrorismusfinanzierung eingesetzt. Dies ist insbesondere dann der Fall, wenn es terroristischen Vereinigungen gelungen ist, Ölraffinerien zu erobern und diese zur Förderung und Verarbeitung von Öl zu nutzen. Allerdings nimmt diese Form der Terrorismusfinanzierung in den letzten Jahren ebenfalls ab, da von Terroristen eroberte Ölplattformen erfahrungsgemäss zu Zielen von Luftangriffen werden und sich der Export von Rohöl aufgrund logistischer Probleme schwierig gestaltet. Ferner geraten potentielle Käufer unter politischen Druck.

Terrorismusfinanzierer widmen sich zudem zunehmend der organisierten Kriminalität. Hierbei spielt der Handel mit Betäubungsmitteln eine wichtige Rolle. Dabei kann zwischen zwei möglichen Vorgehensweisen unterschieden werden, wobei häufig beide Vorgehensweisen vom gleichen Täter(kreis) miteinander kombiniert werden. Einerseits eignen sich von Terroristen kontrollierte Gebiete in bestimmten Ländern für den Anbau von Betäubungsmitteln, welche anschliessend nach Europa exportiert werden. Hierfür werden Schmugglerrouten verwendet. Beispielsweise werden Flugzeuge, Lastwagen und Schiffe, welche Hilfsgüter liefern und meist unbeladen abfahren würden, für den Transport von Betäubungsmitteln genutzt.

Sobald die Waren nach Europa exportiert wurden, werden sie von Hilfspersonen der Terrorismusfinanzierer in grossen Städten in kleinen Mengen an den Endverbraucher veräussert. Idealerweise bleibt dabei der gesamte vom Endverbraucher bezahlte Preis in den Händen der Terrorismusfinanzierer. Insbesondere werden derzeit gezielt Geflüchtete aus arabischen Ländern rekrutiert, um Betäubungsmittel in Europa zu verkaufen. Diese Personen sind aufgrund ihrer Religion, ihrer vermeintlichen Loyalität gegenüber Landsleuten sowie ihrer schwierigen wirtschaftlichen Situation und des Mangels an alternativen Erwerbstätigkeiten in den Augen der Terrorismusfinanzierer besonders geeignet. Den Geflüchteten wird zudem garantiert, dass man sich um ihre Familien kümmern werde, falls sie zu einer Haftstrafe verurteilt werden sollten.

Neben dem Handel mit Betäubungsmitteln spielt auch der Handel mit Organen eine gewisse Rolle für die Terrorismusfinanzierung. Dabei wird in Europa ansässigen Personen, welche ein Spenderorgan benötigen, über persönliche Netzwerke Hilfe angeboten. Anschliessend wird in von terroristischen Vereinigungen kontrollierten Gebieten gezielt nach potentiellen Spendern gesucht. Selbige werden entweder monetär überzeugt oder gewaltsam zu einer Spende herangezogen. Die Organentnahme findet üblicherweise in der Türkei oder den Balkanländern statt. Die Spender werden auf den üblichen Flüchtlingsrouten in das Land der Organentnahme gebracht. Anschliessend können die Organe entweder im Land der Entnahme transplantiert oder in ein anderes Land exportiert werden.

Auch der Menschenhandel, insbesondere mit Arbeitskräften und Geflüchteten, spielt eine wesentliche Rolle. Dabei werden Geflüchtete aus von Terroristen kontrollierten Gebieten nach Europa geschleust und dort zu äusserst niedrigen Löhnen als Arbeitskräfte ausgebeutet. Dadurch verdient der Terrorismusfinanzierer an der Flucht selbst und ausserdem an der Arbeit. Allerdings stehen dem wesentlichen Interesse der Terroristen am Erhalt der Bevölkerung der von ihnen kontrollierten Gebiete gegenüber, da dort Zölle und Abgaben eingenommen werden können.

Ebenfalls scheint die *Zuhälterei* eine gewisse Rolle zu spielen. Dieser Geschäftszweig befindet sich derzeit im Aufbau. Zwar widerspricht die Prostitution an sich den religiösen Überzeugungen der Terrorismusfinanzierer, indes scheint für die Finanzierung bestimmter terroristischer Aktivitäten auch diese Einnahmequelle gewünscht zu sein. Dabei werden primär Geflüchtete rekrutiert, welche Prostituierten Schutz gewähren und hierfür im Gegenzug einen Teil der Einnahmen erhalten. Falls der Schutz nicht in Anspruch genommen wird, kommt es in der Regel zur Anwendung von Gewalt.

Zudem widmen sich Terrorismusfinanzierer der *Schutzgelderpressung*. Auch hierfür werden gezielt Geflüchtete rekrutiert, welche anschliessend Geschäftsleuten ihren Schutz anbieten und hierfür eine monetäre Entschädigung verlangen. Sollte der Schutz nicht in Anspruch genommen werden, kommt es zunächst zu freundlichen Erinnerungen und anschliessend zu massiven Einschüchterungen. Geflüchtete sind als Täter besonders geeignet, da sie häufig wenig zu verlieren haben und somit sehr geringe Gewinnbeteiligungen akzeptieren. Dabei gehen die Terrorismusfinanzierer gezielt auf leicht zu manipulierende, schlecht integrierte Geflüchtete zu, welche sich idealerweise leicht radikalisieren lassen.

Ein weiterer Geschäftszweig der Terrorismusfinanzierer ist der *erpresserische Menschenraub*. Dabei werden einerseits Personen in den von Terroristen kontrollierten Gebieten entführt und gegen Bezahlung sehr hoher Lösegelder wieder freigelassen. Gleichzeitig werden jedoch auch Personen in Europa entführt und gegen verhältnismässig geringe Lösegelder wieder freigelassen, um zu verhindern, dass die Strafverfolgungsbehörden involviert werden. Entführungen in von Terroristen kontrollierten Gebieten scheinen jedoch die bedeutendere Einnahmequelle zu sein.

Auch die Kleinkriminalität trägt zur Terrorismusfinanzierung bei. Junge Geflüchtete werden gezielt rekrutiert, um Eigentumsdelikte in Europa zu begehen. Der *Diebstahl* von Turnschuhen in einem Berliner Kaufhaus, welche anschliessend auf dem Schwarzmarkt veräussert werden, ist letztendlich geeignet, den Terrorismus zu finanzieren. Geflüchtete, die nicht integriert sind und nicht über legale Einnahmequellen verfügen, sind in der Regel leicht für derartige Tätigkeiten zu gewinnen. Idealerweise lassen sie sich radikalisieren und handeln ohne Gewinnbeteiligung für den Zweck der Terrorismusfinanzierung. Alternativ werden kleine Gewinnbeteiligungen bezahlt.

Ferner scheint auch der *Betrug im Rahmen von Onlineauktionen* eine gewisse Rolle für die Terrorismusfinanzierung zu spielen. Dabei sind mehrere

Vorgehensweisen möglich. Einerseits können nicht vorhandene Waren versteigert werden. Anschliessend wird der Käufer aufgefordert, das Geld nicht über ein Treuhandsystem der Auktionsplattform, sondern direkt, vorzugsweise über Money-Transfer-Systeme, zu überweisen. Die Waren werden jedoch nicht geliefert. Alternativ werden die Konten von bestehenden Nutzern gehackt und Käufern von Waren im Namen des echten Verkäufers falsche Kontodaten übermittelt. In beiden Fällen wird den Terrorismusfinanzierern Geld überwiesen.

Terrorismusfinanzierer scheinen auch den *Versicherungsbetrug* für ihre Zwecke zu nutzen. Dabei werden üblicherweise Schäden bewusst herbeigeführt, um Barauszahlungen der Versicherer zu erhalten. Bevorzugt werden dazu Schäden an Fahrzeugen sowie der Diebstahl von Luxusgütern vorgetäuscht. Dabei wird konsequent darauf geachtet, keine übermässigen Schäden zu verursachen, um eine erhöhte Aufmerksamkeit der Versicherungen zu vermeiden.

Eine besondere Form des Versicherungsbetrugs stellt die *Gründung von Autovermietungen* dar. Diese Autovermietungen leasen Fahrzeuge von namhaften Herstellern und versichern selbige. Anschliessend werden diese Fahrzeuge an Strohleute vermietet und ins Ausland gebracht. Sobald die Fahrzeuge im Ausland sind, wird der vermeintliche Diebstahl den zuständigen Behörden sowie der Versicherung gemeldet.

Abschliessend sollte erwähnt werden, dass auch legale Geschäfte geeignet sind, Terrorismus zu finanzieren. Dies stellt mit Abstand die grösste Hürde für Ermittler dar und wird dementsprechend häufig von Terrorismusfinanzierern genutzt. Beispielsweise werden legale *Immobiliengeschäfte* abgewickelt. Die Erträge werden offiziell versteuert und anschliessend wird ein Teil davon für die Terrorismusfinanzierung verwendet. Da die der Terrorismusfinanzierung zugrundeliegende Einnahmequelle jedoch nicht inkriminiert ist, gelingt die Bekämpfung der Terrorismusfinanzierung nur, wenn nachgewiesen werden kann, wofür die Gelder verwendet wurden.

Ähnlich beliebt unter Terrorismusfinanzierern scheinen *Börsengeschäfte* zu sein. Analog zu den oben erwähnten Immobiliengeschäften ergibt sich auch hier die Problematik, dass Börsengeschäfte per se nicht illegal sind. Sofern der Terrorismusfinanzierer keine direkten Überweisungen an terroristische Vereinigungen tätigt, dürfte auch bei dieser Methode der Beweis der Terrorismusfinanzierung nur in Ausnahmefällen gelingen.

Es stellt sich also die Frage, wie Terrorismusfinanzierer ihr Geld transferieren. Grundsätzlich sollte hierbei zwischen legalen und illegalen Einnahmequellen sowie zwischen Bargeld und elektronischen Guthaben differenziert werden. Legale Vermögenswerte stellen die geringste Herausforderung für Terrorismusfinanzierer dar. Schliesslich können sie offiziell versteuerte Einnahmen aus

Immobilien- und Börsengeschäften legal ins Ausland überweisen. Dies lässt sich mit einer Streuung von Vermögenswerten im Ausland zur Risikodiversifizierung plausibel begründen. Beispielsweise ist eine *Überweisung in die Türkei* denkbar. Dort wird das Geld bar abgehoben und in der Nähe der Grenze zu Syrien an einen Terroristen übergeben. Dies dürfte im Regelfall kaum zu beweisen sein.

Komplizierter ist der Transfer von illegalen Mitteln. Sofern es sich dabei um Bargeld handelt, bietet sich ein *Hawala-Transfer* an. Dabei werden Geldbeträge unter Muslimen verrechnet. Hawala-Geschäfte gibt es auf der ganzen Welt und in der Regel unterliegen sie keinen oder nur äusserst geringen Identifikationspflichten. Das Bargeld wird etwa in einem Hawala-Geschäft in München abgegeben und binnen weniger Minuten kann es ein Terrorist in einem Hawala-Geschäft in der Türkei abholen. Das Hawala-System basiert dabei in erster Linie auf Vertrauen und persönlichen Netzwerken. So profitieren Kunden davon, dass Hawala-Banker das Geld nicht tatsächlich transferieren müssen, sondern einen wechselseitigen Ausgleich schaffen. Im vorliegenden Beispiel wird das Geld nicht aus München in die Türkei weitergeleitet. Vielmehr machen beide Hawala-Banker lediglich einen Vermerk in ihrer Buchführung, dass die Transaktion stattgefunden hat. Sobald ein anderer Kunde Geld aus der Türkei nach München transferieren möchte, wird die Transaktion ausgeglichen. Allfällige Überschüsse können periodisch – beispielsweise einmal pro Jahr – bereinigt werden.

Alternativ bietet sich auch der *persönliche Transfer* von Barmitteln an. Hierfür lässt sich offensichtlich der im Kontext der Flüchtlingskrise als Balkanroute bezeichnete Weg nutzen. Solange es möglich ist in eine Richtung zu reisen, dürfte es auch möglich sein, in die andere Richtung zu reisen. Terrorismusfinanzierer können also entweder selbst über die Balkanroute in die Türkei und anschliessend nach Syrien reisen oder einen Boten schicken.

Sollten die Terrorismusfinanzierer über inkriminierte Vermögenswerte in *elektronischen Währungen* verfügen, so bietet es sich an, den Transfer in diesen elektronischen Währungen abzuwickeln. Hierfür werden unter anderem Bitcoins genutzt. Allerdings kommt diese Methode laut den Interviewpartnern nur selten zur Anwendung. Der persönliche Transfer und Überweisungen mittels Banken oder Hawala-Geschäften werden offensichtlich bevorzugt.

Zusammenfassend lässt sich also feststellen, dass Terrorismusfinanzierer und deren Hilfspersonen über eine Vielzahl an möglichen Einnahmequellen und Methoden für den Transfer von Vermögenswerten verfügen. Da die informellen Experteninterviews jedoch nicht aufgezeichnet und somit auch nicht transkribiert wurden, war es notwendig, eine Hauptstudie mit formellen

Experteninterviews durchzuführen. Dies insbesondere um tiefgreifendere Erkenntnisse über die konkreten Vorgehensweisen von Terrorismusfinanzierern zu gewinnen, welche als Grundlage für Empfehlungen für gesetzgeberische Massnahmen dienen könnten.

3.2.2. Hauptstudie

Nachfolgend werden die Ergebnisse der Experteninterviews, welche transkribiert und im Rahmen einer qualitativen Inhaltsanalyse nach Mayring ausgewertet wurden, angeführt. Um eine möglichst übersichtliche Darstellung zu ermöglichen, wurden die Ergebnisse zunächst im Sinne eines Executive Summarys in einer Tabelle zusammengefasst. Als Grundlage hierfür dient das Kategoriensystem. Das Executive Summary soll dem Leser innert nützlicher Frist einen ersten Überblick verschaffen.

Um die grösstmögliche Transparenz der Ergebnisse zu gewährleisten, hat der Autor jede der in der zusammenfassenden Darstellung getroffenen Aussagen mit einem Belegzitat untermauert. Diese Belegzitate befinden sich in einer separaten Tabelle, welche in Kapitel 3.2.2.2 zu finden ist. Zudem enthält Appendix 1 eine Tabelle mit sämtlichen relevanten Aussagen der Interviewpartner, welche dem Leser ermöglicht, zu erkennen, wie umfangreich sich die einzelnen Experten geäussert haben. Grundsätzlich hätte man die Belegzitate auch in einem Fliesstext zusammenfassen können. Dadurch wäre jedoch die Lesbarkeit erschwert worden.

Zunächst wird auf allgemeine Aussagen der Interviewpartner zu Einnahmequellen, den Vermögenstransfer, Tätermerkmale, Stärken und Schwächen der Ermittlungsbehörden und erforderliche Massnahmen Stellung genommen. Anschliessend werden legale und illegale Einnahmequellen dargestellt.

Im nächsten Schritt werden fünf Methoden des Vermögenstransfers erläutert. Namentlich werden Banküberweisungen, Parallelbankingsysteme, Money-Transfer-Systeme, Kryptowährungen und der persönliche Transfer genauer betrachtet.

Abschliessend wird auf Instrumente der Terrorismusbekämpfung, insbesondere den Informationsaustausch zwischen Privaten und Behörden, Verdeckte Ermittler, Onlinedurchsuchungen, Amts- und Rechtshilfe, sowie den Umgang mit Berufsgeheimnissen eingegangen.

Das vorliegende Kapitel beschränkt sich auf eine zusammenfassende Darstellung der Aussagen der Interviewpartner. Die Diskussion der empirischen Ergebnisse ist dem nächsten Kapitel vorbehalten.

3.2.2.1. Executive Summary

Allgemeine Aussagen

Vermögens-transfer	**Einnahme-quellen**	**Täter**	**Ermittlungs-behörden**	**Erforderliche Massnahmen**
- Fortschreitende Technisierung und Trend zu Mobile Payment Services - Nicht regulierte Branchen - Jede Art des Vermögenstransfers für Terrorismusfinanzierung geeignet - Transfer der Gelder sowohl im Inland als auch ins Ausland - Normale Bankkonten meist unauffällig - Transaktionsanalysen bedingt hilfreich, da Mittelverwendung in der Zukunft liegt - IS hat aus Al-Qaida gelernt	- Gelder häufig nicht inkriminiert - Lücken in der Verwaltung - Bereits kleine Beträge ausreichend für Anschläge - Terroristische Vereinigungen finanzieren sich selbst - Vermischung von legalen und illegalen Einnahmequellen - Terrorismusfinanzierung kann auch durch Tatmittel, bspw. Gewehre, erfolgen - Einkünfte in eigenem Herrschaftsbereich	- Intelligent - Gut ausgebildet - Haben Zugriff auf Fachliteratur - Haben plausible Erklärungen für Verhalten - Lernen aus Methoden der Geldwäscherei - Ausgebildet, um Spuren zu vermeiden - Nur kleine Täter werden erwischt - Trend weg von grossen Organisationen hin zu Einzeltätern - Einzeltäter schwer zu identifizieren - Organisationen verhalten sich wie Staaten - Früher nur Vermögenserhalt, heute gezielte Erschliessung neuer Einnahmequellen - Bereits geschwächt durch Massnahmen zur Terrorismusbekämpfung	- Langsam - Missbrauchen Bekämpfung der Terrorismusfinanzierung zur Steuerfahndung - Konzentrieren sich auf Bekämpfung der Geldwäscherei - Sind nicht mit den Vorgehensweisen von Terrorismusfinanzierern vertraut - Internationale Koordination erforderlich - Bestehende Massnahmen auf Bekämpfung grosser Organisationen ausgerichtet - Wissen basiert auf Auswertung von 9/11 und Analyse von Al-Qaida - Personenlistings - Täterprofile	- Austausch zwischen Ermittlungsbehörden und Privaten sowie zwischen FIUs und Geheimdiensten fördern - Abschreckende Strafen - Analyse und daraus abgeleitete Massnahmen - Finanzierungsströme für Rückschlüsse über Umfeld nutzen - Austrocknung der Finanzströme - Kombination mehrerer Faktoren beachten - Verstärkte Unterstützung der Nachbarländer der Krisengebiete bei der Terrorismusbekämpfung - Sicherstellung von Geldern - Keine Überreaktion

Einnahmequellen

Legale Einnahmequellen	Illegale Einnahmequellen
- Kredite von Banken aufnehmen - Darlehen von Privatpersonen aufnehmen (Kontakt über Internetplattformen) - Führung eines Bauunternehmens - Handelsaktivitäten - Gehalt - Staatliche Unterstützung	- Zwangsabgaben („Steuern) - Plünderungen - Schutzgebühren - Enteignung - Handel mit Erdöl - Handel mit Kulturgütern - Umsatzsteuerbetrug über Firmenkonstrukte - Betrug - Produktfälschungen - Erschleichung von Bildungskrediten - Drogenhandel - Versicherungsbetrug - Entführungen - Menschenhandel - Missbrauch von Telefonanlagen - Erpressung - Diebstahl

Vermögenstransfer

	Generelle Eignung	Konkrete Vorgehensweise	Entdeckungs-risiken
Bankensystem	- Umfangreichere Kontrollen als in anderen Branchen - Täter häufig schwer von anderen Kunden zu unterscheiden - Banken sehen nur einen Bruchteil des Prozesses - Vermischung der Bekämpfung der Terrorismusfinanzierung mit Massnahmen zur Bekämpfung der Geldwäscherei - Auch	- Strohleute einsetzen - Legale Mittelherkunft gewährleisten - Hochrisikoländer meiden - Vermeintliche Geschäftspartner offenlegen - Plausible, nachvollziehbare Erklärungen für Transaktionen gewährleisten - Onlinebanken nutzen - Spezialisierte Finanzdienstleister für bestimmte Regionen nutzen	- Transaktionsanalysen - Bekannte Typologien zur Erkennung von Foreign Terrorist Fighters - Keine anonymen Transaktionen möglich - Überprüfung der Hintergründe der Kunden und Zahlungen - Personen mit arabischem Namen verdächtig

<table>
<tr><th></th><th>Generelle Eignung</th><th>Konkrete Vorgehensweise</th><th>Entdeckungs-risiken</th></tr>
<tr><td></td><td>Risikoländer wie die Türkei gelten nicht per se als verdächtig
- Krisenländer wie Syrien verfügen nicht über geeignete Infrastruktur
- Überweisungen schnell
- Kleinere Beträge fallen nicht auf</td><td>- Banken mit Niederlassungen im Ausland wählen und geringere Prüfungen innerhalb von Konzernstrukturen nutzen
- Türkische Banken mit Niederlassungen in Deutschland nutzen
- Rechnungen, Aufträge und Finanzierungsdokumente schaffen
- Dokumentation der Bank auf erstes Verlangen vorlegen
- Gut aufbereitete Unterlagen mit Stempel verwenden
- Dokumente in Fremdsprachen zur Verfügung stellen
- Unternehmen in der Türkei gründen</td><td>- Wirtschaftlich Berechtigte der Empfängerseite oft nicht bekannt
- Routinemässige Analyse der Presse
- Nachvollziehbarkeit der Dokumentation reduziert Entdeckungsrisiko signifikant
- Überweisung grösserer Beträge erhöht Entdeckungsrisiko
- Krimineller Zweck kann in der Regel nicht festgestellt werden
- Verdächtige Transaktionen gehen in legitimen Transaktionen unter
- Barbezug in Grenzgebiet zu Syrien höchst verdächtig</td></tr>
<tr><td></td><td></td><td>- Beratungen und Investitionen als Rechtfertigung für Kapitalbedarf
- GmbH mit Geschäftsbeziehungen in die Türkei gründen
- Bestattungsunternehmen nutzen
- Unternehmen mit Barzahlung nutzen
- Kulturvereine und Stiftungen als Deckmantel nutzen
- Überweisungen an seriöse NGOs
- Legale Strukturen für Lobbyismus und Werbung schaffen
- Geflüchtete als Tarnung nutzen
- Internetseite und Handelsregistereintrag beschaffen
- Versäumnisurteile anstreben
- Überweisungen an kranke Familienmitglieder nutzen</td><td>- Differenzierung zwischen Terrorismusfinanzierung und legitimen Barbezügen schwierig</td></tr>
</table>

	Generelle Eignung	Konkrete Vorgehensweise	Entdeckungs-risiken
		- Teppichkauf oder Brieftaschenverlust als Gründe für Barabhebungen in Istanbul - Tarnung als Tourist aus Katar für Überweisungen aus dem Ausland nach Deutschland - Barabhebungen und anschliessende Verteilung der Mittel - Mangelnde Kooperation der Behörden in Dubai und China nutzen - Barabhebungen	
		- Notarielle Beurkundungen nutzen - Vorurteile zur Schaffung von risikoarmen Profilen nutzen - Häufige Überweisungen tätigen, um Plausibilität zu erhöhen - Experten einbeziehen - Vermögenswerte aufteilen - Prepaid-Karten meiden - Reiseveranstalter nutzen - Firmenstruktur im Transportwesen nutzen	
Parallelbankensysteme	- Keine Aufsicht - Verschleierung des wirtschaftlich Berechtigten - Schwieriger Zugang - Seriös - Kostengünstig - Infrastruktur in Konfliktgebieten vorhanden - Kombination mit Banküberweisung möglich - Besonders geeignet für Lösegeldzahlungen	- Bargeldgeschäfte basierend auf Vertrauen und Mittelsmännern - Kontaktaufnahme durch Mitglieder bestimmter ethnischer Gruppen - Hilfsorganisationen als Tarnung - Kombination mit Handel und Verwendung fiktiver Rechnungen - Allgemeine Rechnungen für Dienstleistungen vermeiden - Schwer bestimmbare Werte für Maschinen in Rechnungen verwenden - Urkunden beschaffen - Clearing (Ausgleich von Spitzen) über Banken	- Clearing über Banken - Mangelnde Aufsicht - Keine GwG- oder KYC-Standards - Keine Identifikation des wirtschaftlich Berechtigten möglich

	Generelle Eignung	Konkrete Vorgehensweise	Entdeckungs-risiken
		- Physischer Transport von Bargeld - Länder ohne fortschrittliches Bankensystem involvieren - Unmöglichkeit von Transfer aus Krisengebiet über Bank als mögliche Rechtfertigung	
Kryptowährungen	- Parallelwährung umtauschbar in gängige Währungen - Keine Regulierung oder Aufsicht - Alternative zu klassischen Überweisungen - Mangelnde Transparenz - Anonymität - Geringes Lagerrisiko, da leicht zu verstecken - Keine gängige Währung im Einzelhandel - Beliebt im Darknet	- Rechenkapazitäten schaffen und zur Verfügung stellen - E-Wallet schaffen - Ständig wechselnde, preiswerte Notebooks - Öffentlich zugängliche WLAN-Netze nutzen - Akquise von Bitcoins mit Bargeld oder Sachwerten - Bitcoins Exchanger oder Tauschpartner finden - Anlage von Vermögenswerten in Bitcoin - Bezahlung von Erpressungsgeldern in Bitcoins - Bitcoins als Zahlungsmittel für Waffen im Darknet verwenden	- Behörden nicht auf dem aktuellen Stand - Elektronische Spuren - Zuordnung der Bitcoins zum wirtschaftlich Berechtigten schwierig
Money-Transfer-Systeme	- Schnell - Preiswert - Erschwerte Zurechenbarkeit zu bestimmter Person - Infrastruktur auf Empfängerseite ggf. eingeschränkt	- Geld in die Türkei schicken, bspw. an Familienangehörige - Digital Natives verwenden - Strohleute einsetzen - Unterschiedliche Personen unter gleichem Namen agieren lassen - Ggf. öffentliche Urkunden verwenden, um Zahlungszweck plausibel belegen zu können - Grenzstädte zu Syrien meiden	- Grenznähe zu Syrien erhöht Entdeckungsrisiko - Transaktionsanalysen - Echtzeitkriterien bedenken - Ex-post-Analysen bedenken - Bekannte Profile (männlich, zwischen 18 und 30 Jahren alt) meiden - Facebook-Recherche - Netzwerke zwischen Personen meiden - Gewisse Summen nicht überschreiten - Bewegungsprofile bedenken - Überprüfungsstandards bei Handyshops eher gering

	Generelle Eignung	Konkrete Vorgehensweise	Entdeckungs-risiken
Persönlicher Transfer	- Flüchtlingsrouten ideal für Geldtransfer geeignet - Bartransport von Mitteln für Einkäufe	- Flüchtlingsrouten nutzen - Handelsrouten (Landwege) nutzen - Erfahrene Schmuggler und Schleuser einbeziehen - Prepaid-Karten nutzen - Grenze zwischen Türkei und Syrien nutzen	- Reisen nach Syrien verdächtig - Vorbereitung der Reise nach Syrien erregt ggf. Aufmerksamkeit

Instrumente zur Terrorismusbekämpfung

Informations-austausch zwischen Privaten und Behörden	Verdeckte Ermittler	Onlinedurchsuchungen	Amts- und Rechtshilfe	Berufsgeheimnisse
- Austausch von Gefährderlisten zwischen Behörden und Finanzdienstleistern - Austausch von Typologien zwischen Behörden und Finanzdienstleistern - Mangelnde Kontrolle über ausgetauschte Informationen	- Ermittlungen ohne klassische Intelligence schwierig - Gezielter Einsatz notwendig - Insider Wissen erforderlich - Ohne Verdeckte Ermittler kaum Erfolgschancen - Verdeckte Ermittler mit Migrationshintergrund ideal, aber schwierig zu rekrutieren - V-Leute leichter zu rekrutieren - Kosten- und personalintensiv - Schwache gesetzliche Grundlage - Dezentrale Organisation des IS als Hindernis - Ideal für Schläferzellen in Europa, wie bspw. in Belgien - Lonely Wolf nicht erreichbar	- Effektiv und effizient - Datenschutzrechtliche Hürden - Einzelne Elemente als Indizien - Anfällig für Missbrauch	- Veraltetes System der Amtshilfe - Geld oft schneller als Amtshilfe - Sofortige Handlungsfähigkeit erforderlichen - Daten verknüpfen und grosse Datenvolumen gezielt nutzen - Weiterleitungen der Informationen an ausgewählte Staaten - Informelle Zusammenarbeit zwischen Financial Intelligence Units fördern	- Berufsgeheimnisse als Verschleierungstool - Standards über Beurkundungen jenen der Finanzdienstleister angleichen - Informationen nur zur Terrorismusbekämpfung verwenden - Transparenter Mensch als Idealfall

3.2.2.2. Belegzitate

In Appendix 3 wird jede der im Executive Summary genannten Aussagen mit einem Belegzitat, der dazugehörigen Generalisierung nach Mayring (2013) und dem jeweiligen Interviewpartner dargestellt. Damit soll sichergestellt werden, dass der Leser ohne grosse Bemühungen nachvollziehen kann, wie die einzelnen Elemente des Executive Summarys entstanden sind. Insbesondere soll gewährleistet werden, dass die Erkenntnisse des Executive Summarys vollumfänglich auf den Aussagen der Interviewpartner beruhen und nicht verfälscht wurden.

Um die Authentizität der Daten zu gewährleisten, wurden die Belegzitate wörtlich transkribiert und nicht geglättet. Das heisst, dass von den Interviewpartnern besonders betonte Stellen in Grossbuchstaben dargestellt werden. Zudem wurden auch sämtliche Füllwörter wie beispielsweise „ähm" und Grammatikfehler übernommen. Damit soll sichergestellt werden, dass der Leser unverfälschte Originalaussagen und deren Generalisierung betrachten kann. Die Interpretation der Originalaussagen ist dem nächsten Kapitel, welches der Diskussion der empirischen Ergebnisse gewidmet ist, vorbehalten.

Die Darstellung der empirischen Ergebnisse in tabellarischer Form soll dem Leser ermöglichen, sich innert nützlicher Frist einen Überblick über die Erkenntnisse dieser Studie zu verschaffen. Alternativ hätte man die Ergebnisse auch in ausformulierter Form veranschaulichen können. Dies hätte jedoch den Nachteil der mangelnden Übersichtlichkeit mit sich gebracht. Aufgrund des Umfangs der tabellarischen Darstellung wurde diese als Appendix 3 eingefügt.

Die formellen Experteninterviews waren äusserst ergiebig. Insbesondere ist es gelungen, die Erkenntnisse der Vorstudie nicht nur zu bestätigen, sondern zu vertiefen und mit Zitaten zu belegen. Das Kategoriensystem erlaubt es, die Aussagen übersichtlich darzustellen. Für die Diskussion der empirischen Ergebnisse wird auf das nachfolgende Kapitel verwiesen. Um einer anspruchsvollen Diskussion der empirischen Ergebnisse nicht vorzugreifen, wird vorliegend darauf verzichtet, die Erkenntnisse weiter zu kommentieren.

Im nachfolgenden Kapitel werden die einzelnen Methoden der Terrorismusfinanzierung diskutiert. Dabei sollen insbesondere die Vorgehensweisen der Täter und die sich daraus ergebenden Herausforderungen für Strafverfolgungsbehörden beleuchtet werden.

4. Diskussion der empirischen Ergebnisse

In der vorliegenden Diskussion der empirischen Ergebnisse wird insbesondere erläutert, wie intelligente Terrorismusfinanzierer vorgehen können und welche Schwierigkeiten sich daraus für die mit der Terrorismusbekämpfung betrauten Ermittlungsbehörden ergeben. Dabei wird auf grundlegende Aussagen zum Vermögenstransfer, zu den Einnahmequellen, allfälligen Täterprofilen, den Herausforderungen der Ermittlungsbehörden und erforderlichen Massnahmen eingegangen. Sofern sinnvoll und notwendig, wurden diese einzelnen Bereiche im vorhergehenden Kapitel bereits in separaten Tabellen aufgegriffen und werden auch im vorliegenden Kapitel weiter unten separat diskutiert. Um jedoch einen logischen Bruch zu vermeiden und dem Leser zu erläutern, weshalb gerade diese Bereiche nochmals separat hervorgehoben werden, ist es sinnvoll, zunächst grundlegende Erkenntnisse zu diskutieren und ein Fundament für die anschliessende Diskussion zu bilden. Daher beginnt dieses Kapitel mit einem Gesamtüberblick über die wesentlichsten Problemfelder und damit verbundene Herausforderungen. Anschliessend werden Kernbereiche vertiefter diskutiert.

Die Grundlage für die nachfolgende Diskussion bilden die Aussagen der Interviewpartner. Daher werden die Überlegungen in vielen Fällen mit einem Belegzitat untermauert. Bei diesen Belegzitaten handelt es sich um geglättete und teilweise gekürzte Aussagen der Interviewpartner, welche in ihrer ursprünglichen Form der Tabelle des vorstehenden Kapitels entnommen werden können. Die Glättung und Kürzung der Aussagen dienen der Erleichterung der Lesbarkeit. Da die Zitate im vorstehenden Kapitel jedoch in ihrer Originalform dargestellt werden, wird die Transparenz der Arbeit durch diese Vorgehensweise nicht massgeblich beeinträchtigt. Trotzdem wurde, wo sinnvoll und möglich, auf eine übermässige Glättung verzichtet, um die Authentizität der Aussagen zu erhalten. Die Darstellung der Aussagen führt zwar zu einer inhaltlichen Wiederholung, aber erlaubt es dem Leser, die Grundlage für die Diskussion ohne mühsames Nachschlagen in anderen Kapiteln oder im Anhang nachvollziehen zu können. Zudem werden nicht alle in der Diskussion aufgegriffenen Themen durch Originalzitate untermauert. Die Darstellung ist lediglich exemplarischer Natur und soll dem Leser helfen, die Ansichten der Interviewpartner besser zu verstehen.

Da der aktuelle Stand der Forschung über die konkreten Vorgehensweisen von Terrorismusfinanzierern wenig aufschlussreich ist, ist es an vielen Stellen nicht möglich, die Aussagen der Interviewpartner mit relevanten Fundstellen in der Literatur zu konfrontieren. Der Autor hat sich bewusst darauf beschränkt, ausschliesslich relevante Quellen zu zitieren.

Zudem wird ausdrücklich darauf hingewiesen, dass die nachfolgenden Ausführungen die Vorgehensweisen eines intelligenten Täters verdeutlichen sollen. Schliesslich müssen Methoden der Terrorismusfinanzierung antizipiert werden, damit man sie verhindern kann. Nur wenn Ermittler und Gesetzgeber die möglichen Vorgehensweisen intelligenter Täter kennen, können sie optimal darauf reagieren. Die vorliegende Arbeit soll Ermittlern und Gesetzgebern helfen, die Vorgehensweisen intelligenter Täter frühzeitig zu erkennen und effektiver bekämpfen zu können. Die Arbeit dient nicht als Anleitung zur Terrorismusfinanzierung.

4.1. Allgemeine Aussagen

4.1.1. Vermögenstransfer

Grundsätzlich ist festzustellen, dass jede Art des Vermögenstransfers für die Terrorismusfinanzierung geeignet ist. Obwohl normale Bankkonten meist unauffällig sind, da die Mittelverwendung in der Zukunft liegt und Transaktionsanalysen somit nur von bedingtem Nutzen sind, sind eine fortschreitende Technisierung und ein Trend zu nicht regulierten Branchen und Mobile Payment Services festzustellen. Der Transfer der Gelder kann sowohl im Inland als auch ins Ausland erfolgen, was eine Analyse zusätzlich erschwert. Hinzu kommt, dass neue terroristische Vereinigungen wie der IS von Al-Qaida gelernt haben.

Die Tatsache, dass jede Art des Vermögenstransfers für die Terrorismusfinanzierung geeignet ist, erschwert die Arbeit der Ermittler ungemein:

> *„Ich will mal ein Beispiel nennen, aber das ist bei mir hier so ein Lieblingsthema, worüber ich stundenlang schwadronieren könnte, dass gewisse Bereiche unfassbar hart reguliert sind und manche Bereiche aber, wo es aus meiner Sicht offensichtlich ist, dass da aus freien Stücken gar nichts passiert."*
> *Interviewpartner 8*

Entgegen landläufigen Meinungen ist es nicht ausreichend, sich auf Finanzdienstleister zu konzentrieren. Für die Terrorismusfinanzierung bestimmte Mittel können beispielsweise auch bar oder in Sachwerten transportiert werden. Somit müssen auch weniger stark regulierte Branchen im Visier der Ermittlungen stehen.

Hinzu kommen die fortschreitende Technisierung und der Trend zu Mobile Payment Services:

„Für mich ist die fortschreitende Technisierung des Ganzen auch ein, ich will nicht sagen, ein Risiko, aber auch ein Fakt, der die Arbeit schwieriger gemacht hat.“
Interviewpartner 8

Es ist möglich, binnen Sekunden Beträge zwischen Personen in verschiedenen Jurisdiktionen zu transferieren. Dabei handelt es sich häufig um Kleinstbeträge, welche beispielsweise von Personen mit Migrationshintergrund in ihre Herkunftsländer geschickt werden und dort der häufig durchaus legitimen Unterstützung von Familienmitgliedern dienen. Zwar ist vernünftigerweise davon auszugehen, dass es sich dabei mehrheitlich um legale Transaktionen handelt. Allerdings kann nicht geleugnet werden, dass diese Formen des Geldtransfers anfällig für Missbrauch sind. Schliesslich wird das Geld binnen Sekunden transferiert und es kann trotz durchaus ausgereifter Transaktionsanalysen, welche allfällige Ansammlungen von Risiken erkennen, nicht davon ausgegangen werden, dass jede Transaktion in angemessener Form überprüft wird.

Trotzdem scheinen Finanzdienstleister im Allgemeinen und Banken im Besonderen eine gewisse Rolle bei der Terrorismusfinanzierung zu spielen. Dies ist insbesondere deshalb naheliegend, weil die Konten von Terrorismusfinanzierern nur schwer von Konten anderer zu unterscheiden sind. Im Gegensatz zu Geldwäschern haben Terrorismusfinanzierer häufig keine Schwierigkeiten, die Mittelherkunft zu belegen. Oft stammen die für die Terrorismusfinanzierung bestimmten Vermögenswerte aus offiziell versteuerten Geschäften ehrenwerter Kaufleute. Da allfällige Straftaten somit ausschliesslich in der Zukunft liegen, ist es in vielen Fällen nahezu unmöglich selbige zu antizipieren und die Gelder zu beschlagnahmen. Schliesslich wurde noch kein Straftatbestand erfüllt.

Die Tatsache, dass das strafbare Verhalten in vielen Fällen in der Zukunft und nicht in der Vergangenheit liegt, erklärt auch, warum Transaktionsanalysen nur von bedingtem Nutzen sind. Zwar fallen verdächtige Mittelherkünfte auf. Mittelverwendungen lassen sich jedoch nur eingeschränkt kontrollieren.

Erschwerend hinzukommt, dass der Islamische Staat von Al-Qaida gelernt hat und dieser Lernprozess vermutungsweise nicht abgeschlossen ist. Zwar entwickeln sich auch die Ermittlungsbehörden weiter. Trotzdem wäre es fatal davon auszugehen, dass terroristische Vereinigungen keine Lageanalysen durchführen. Es ist aufgrund der Vergangenheit von durchaus stetig verbesserten Methoden des Vermögenstransfers auszugehen.

Ferner sollte bedacht werden, dass sowohl die Finanzierung von terroristischen Aktivitäten im Inland als auch jene im Ausland verhindert werden müssen. Daraus ergeben sich verschiedene Szenarien. Beispielsweise könnten Geschäftsleute in der Schweiz versuchen, den Islamischen Staat in Syrien zu unterstützen.

Andererseits könnte aber auch der Islamische Staat versuchen, Anschläge in Mitteleuropa zu finanzieren und dafür Vermögenswerte nach Deutschland zu transferieren. Auch ist es durchaus denkbar, dass terroristische Vereinigungen Vermögenswerte innerhalb Europas transferieren. Es ergibt sich somit eine Vielzahl möglicher Szenarien, welche im Rahmen einer umfassenden Analyse bedacht werden müssen.

4.1.2. Einnahmequellen

Eine der grössten Herausforderungen der Bekämpfung der Terrorismusfinanzierung ist die Tatsache, dass im Gegensatz zu Geldwäschern Terroristen nicht unbedingt mit inkriminierten Vermögenswerten umzugehen haben. Häufig sind die Gelder in der Tat nicht inkriminiert. In anderen Fällen kommt es zu einer Vermischung legaler und illegaler Einnahmequellen. Zudem sind bereits verhältnismässig kleine Beträge ausreichend für Anschläge, welche unter gewissen Umständen auch durch Tatmittel, wie die Lieferung von Schusswaffen, unterstützt werden können.

Geschickte Terroristen finanzieren sich selbst:

> *„Also eben als terroristische Organisation würde ich schauen: Kann ich mich selber finanzieren? Dann bin ich natürlich viel unabhängiger und kann eher Land und Quellen erschliessen, wo ich weiss, da gibt es immer Opfer, die wir da uns aussuchen können."*
> *Interviewpartner 14*

Es ist also davon auszugehen, dass Terroristen finanziell unabhängig sein und über eigene Einnahmequellen verfügen könnten.

Grundsätzlich muss bedacht werden, dass intelligente Terrorismusfinanzierer nicht mit inkriminierten Vermögenswerten arbeiten. Die wohl risikoärmste Form der Terrorismusfinanzierung umfasst den Einsatz auf legalem Weg erworbener Mittel. Damit wird letztendlich sichergestellt, dass Ermittlungsverfahren massgeblich erschwert werden. Schliesslich würde sich der Terrorismusfinanzierer mit der Verwendung von aus einem Verbrechen stammenden Vermögenswerten dem Risiko aussetzen, für Geldwäscherei im Sinne von Art. 305bis CH-StGB belangt zu werden:

> *„Bei der Geldwäsche sind wir ja praktisch schon paranoid und gucken: Wo könnte da irgendwas Grösseres reinkommen? Bei der Terrorismusfinanzierung haben wir schon Gelder, die als sauber deklariert wurden, die auch schon geprüft wurden – also das ist ja praktisch der Unterschied dazu, ein wirklich spannendes Thema, wie ich finde – dass die also erst mal gar nicht den Verdacht erregen."*
> *Interviewpartner 8*

Durch den ausschliesslichen Einsatz nicht inkriminierter Vermögenswerte wird dieses Risiko eliminiert. Da die Terrorismusfinanzierung in vielen Fällen noch in der Zukunft liegt und noch nicht stattgefunden hat, ist eine Beschlagnahmung der Vermögenswerte in vielen Fällen ausgeschlossen.

Alternativ könnten Täter legale und illegale Einnahmequellen miteinander kombinieren, um die Nachvollziehbarkeit der Mittelherkunft und der Mittelverwendung zu erschweren. Gelder, welche offiziell gar nicht existieren, werden in der Regel auch nicht vermisst. Sollten sie wider Erwarten doch auftauchen, bietet sich die offizielle Einnahmequelle zur Rechtfertigung ihrer Herkunft an. Beispielsweise kann ein Einzelhändler, welcher sowohl offizielle als auch inoffizielle Einnahmen hat, selbige in der gleichen Kasse verwahren. Da er die für die Terrorismusfinanzierung bestimmten Beträge vor den Steuerbehörden verschweigt, fällt zunächst niemandem auf, dass er Gelder für terroristische Zwecke abzweigt.

Ferner muss berücksichtigt werden, dass bereits kleine Beträge für die Finanzierung von Anschlägen genügen:

> *„Eben diese Splittergruppen, diese Attentäter von Paris und Brüssel, wahrscheinlich jetzt auch in Istanbul, das ist nicht aufwendig, ein paar tausend Euro, die die nötig haben, um quasi da ihre Ressourcen zu kaufen, also Miete zu tragen, Lebensmittel zu kaufen. Die Waffen sind auch nicht wahnsinnig teuer. Da ist man mit ein paar tausend Euro dabei."*
> *Interviewpartner 14*

Ein Selbstmordattentäter kann mit einem Budget von weniger als 10'000 US-$ bereits Schusswaffen und Sprengstoff in erheblicher Menge erwerben und zahlreiche Menschen töten.[677] Das bedeutet, dass sich Analysen nicht auf vermeintlich grosse Organisationen und Beträge beschränken dürfen.

Zudem darf nicht unerwähnt bleiben, dass Terrorismusfinanzierung letztendlich auch durch Tatmittel möglich ist. Zum Beispiel können Gewehre, Sprengstoff oder Bestandteile für Bomben zur Verfügung gestellt werden. Diese Vorgehensweise erscheint auf den ersten Blick weniger verbreitet zu sein, sollte aber trotzdem unter keinen Umständen unterschätzt werden.

Die möglichen Einnahmequellen von Terroristen sind breit gefächert. Sie umfassen sowohl offizielle als auch inoffizielle Einkünfte. Insbesondere ist davon auszugehen, dass sich terroristische Vereinigungen auch durch Einkünfte in ihrem eigenen Herrschaftsbereich finanzieren können. Dies ist insofern problematisch, als diese Gebiete oft nicht über rechtsstaatliche Mechanismen zur Bekämpfung der Terrorismusfinanzierung verfügen und die Täter dort in einem juristischen Vakuum ohne Regulierung operieren können.

---

677 Zeit, 2015: S. 1 f.

4.1.3. Täter

Die Täter sind vermeintlich intelligent, gut ausgebildet und verfügen über Zugriff auf Fachliteratur. Sie haben zudem aus den Methoden der Geldwäscherei gelernt. Folglich haben sie plausible Erklärungen für ihr Verhalten. Da viele Täter ausgebildet sind, Spuren zu vermeiden, werden meist nur kleine Täter erwischt.

Der Trend geht weg von grossen Organisationen und hin zu Einzeltätern, welche meist schwer zu identifizieren sind. Die Organisationen selbst verhalten sich teilweise wie Staaten. Während früher häufig nur der Erhalt bestehender Vermögenswerte im Vordergrund stand, beschäftigt man sich heute mit der gezielten Erschliessung neuer Einnahmequellen. Allerdings ist auch festzustellen, dass viele Organisationen durch die Massnahmen zur Terrorismusbekämpfung bereits massgeblich geschwächt wurden.

Es gilt zu bedenken, dass es sich bei der Finanzierung von Terrorismus letztendlich zwar um eine machbare, aber doch eher um eine komplexe Aufgabe handelt. Folglich sind, gemäss den befragten Experten, die Täter in der Regel intelligent. Die nachfolgenden Überlegungen sollten also nicht nur darauf abzielen, das Verhalten von fanatischen Tätern zu antizipieren, sondern insbesondere darauf ausgerichtet sein, rationale Vorgehensweisen zu analysieren.

Ferner muss auch bedacht werden, dass die Täter in vielen Fällen gut ausgebildet sind und gezielt nach Schwachstellen suchen:

> *„Ich meine, man darf sich ja nicht den Illusionen hingeben, dass das – gerade bei Terrorismus – dass das alles nur – in Anführungszeichen – irgendwelche Fanatiker sind, die Hochhäuser in die Luft jagen wollen und dann irgendwelche Menschen mit reinziehen. Die gibt es auch, aber da gibt es wahrscheinlich auch hochintelligente Menschen im Hintergrund, die mit einer vergleichbaren Ausbildung ja wirklich die Schwachstellen suchen.“*
> *Interviewpartner 8*

Es handelt sich also mitunter nicht nur um Personen mit Migrationshintergrund und ohne Studienabschluss, sondern unter Umständen auch um Juristen und Betriebswirte. Dies muss insbesondere bei der Bewertung der Plausibilität der von den Tätern vorgelegten Geschichten und Urkunden bedacht werden.

Zudem sollte nicht unberücksichtigt bleiben, dass die in dieser Arbeit zusammengefasste Fachliteratur nicht nur Wissenschaftlern und Ermittlern, sondern in der Regel auch Tätern zur Verfügung steht:

> *„Mensch, was empfiehlt denn so der Fachmann? (lacht) Ich meine, wie wäscht man am besten Geld? (holt Luft) Da ist so viel verfügbar mittlerweile im Internet.“*
> *Interviewpartner 1*

Es ist also davon auszugehen, dass sich intelligente und gebildete Täter vorgängig informieren. Entsprechend ausgereift dürften die gewählten Vorgehensweisen sein. Dies gilt insbesondere deshalb, weil sich viele Vorgehensweisen von Geldwäschern analog auch im Bereich der Terrorismusfinanzierung anwenden lassen.

Letztendlich lässt sich nicht abschliessend klären, welcher Anteil der Täter intelligent, gut ausgebildet und fachkundig informiert ist. Es ist davon auszugehen, dass es sowohl amateurhaft vorgehende Täter als auch in höchstem Masse professionelle Täter gibt. Vernünftigerweise ist anzunehmen, dass es mehr und weniger professionell vorgehende Täter gibt.

Zur Ausarbeitung von Präventionsmassnahmen und zur Weiterentwicklung strafprozessualer Möglichkeiten für eine effektivere Bekämpfung der Terrorismusfinanzierung sind aber primär professionell vorgehende Täter von Interesse, da grundsätzlich vom Worst-Case-Szenario ausgegangen werden sollte. Wenn der Gesetzgeber Ermittlern die Möglichkeit gibt, effektiv und effizient gegen intelligente Täter vorgehen zu können, liegt es nahe, dass es auch möglich sein sollte, weniger geschickten Terrorismusfinanzierern das Handwerk zu legen. Es ist also hilfreich, geschickte Täter als Massstab zu nehmen.

Gleichzeitig sollte man keine unrealistischen Erwartungshaltungen an die vorliegende Arbeit stellen. Die nachfolgende Diskussion der Vorgehensweisen intelligenter Terrorismusfinanzierer kann zweifelsohne helfen, das Verhalten der Täter besser zu antizipieren und entsprechend darauf zu reagieren. Gleichzeitig ist es jedoch wichtig zu erkennen, dass bestimmte Vorgehensweisen, welche kaum Mittel benötigen, nur schwer antizipiert werden können.

4.1.4. Ermittlungsbehörden

Die Ermittlungsbehörden sind verhältnismässig langsam und konzentrieren sich nach wie vor auf die Bekämpfung der Geldwäscherei. Folglich sind sie teilweise nicht mit den Vorgehensweisen von Terrorismusfinanzierern vertraut. Zudem werden sie bezichtigt, die Bekämpfung der Terrorismusfinanzierung für Ermittlungen in Steuerangelegenheiten zu nutzen. Ferner sind die bestehenden Massnahmen auf die Bekämpfung grosser Organisationen ausgerichtet, da das den Ermittlungen zugrundeliegende Wissen auf der Auswertung des 11. September 2001 sowie einer Analyse von Al-Qaida basiert. Allerdings gibt es neben Täterprofilen auch Personenlistings, welche mit der entsprechenden internationalen Koordination durchaus zu vielversprechenden Resultaten führen können.

Eine der grössten Schwächen von Ermittlungsbehörden ist, dass sie langsamer sind als Täter:

> *„Ich glaube, auch da ist vielleicht noch eine Schwäche der Terrorismusfinanzierungsbekämpfung, dass die Aufsichts- oder Ermittlungsbehörden eigentlich zu langsam sind."*
> *Interviewpartner 8*

Dies liegt nicht selten daran, dass sich ermittelnde Beamte, im Gegensatz zu Tätern, an Gesetze und Vorschriften halten müssen. Darüber hinaus gibt es häufig Zuständigkeitskonflikte, beispielsweise zwischen den deutschen Landeskriminalämtern und dem deutschen Verfassungsschutz, wodurch Prozesse potentiell weiter verlangsamt werden. Auch ist eine gewisse Personalknappheit nicht zu leugnen.

Die vorhandenen Ressourcen der ermittelnden Behörden werden zudem häufig für Geldwäschereiverfahren und nur subsidiär zur Bekämpfung der Terrorismusfinanzierung eingesetzt:

> *„Wenn es um den Review von Transaktionen äh geht, letztlich das Mindset, aber auch auf GwG, äh auf Geldwäscherei, auf Muster von Geldwäscherei, äh aber Terrorismusfinanzierung einfach in den Köpfen noch nicht existiert."*
> *Interviewpartner 7*

Dies liegt einerseits daran, dass die Geldwäscherei weiter verbreitet ist und ein grösseres Volumen erreicht als die Terrorismusfinanzierung. Auf der anderen Seite ist die Geldwäschereiproblematik jedoch auch bereits seit längerer Zeit bekannt, weshalb die Ermittler häufig vertrauter mit ihr sind.

Unter anderem steht die Befürchtung im Raum, dass Ermittlungsbehörden mit den Vorgehensweisen von Terrorismusfinanzierern nicht ausreichend vertraut sein könnten:

> „Die Muster der Terrorismusfinanzierung sind, glaube ich, bei den meisten Leuten gar nicht bekannt. Und deswegen ist es einfach auch schwierig, diese zu identifizieren."
> *Interviewpartner 7*

Diese Vermutung ist für spezialisierte Einheiten in den meisten Fällen nicht zutreffend, da Financial Intelligence Units in der Regel über Expertenwissen verfügen. Daher ist davon auszugehen, dass sich die Aussagen der Interviewpartner auf andere Ermittler, wie beispielsweise Betrugseinheiten, beziehen. Es ist fraglich, inwiefern ein Ermittler, welcher in einer grossen deutschen Stadt einen Versicherungsbetrug aufdeckt, an die mögliche Verwendung der aus diesem Verbrechen resultierenden inkriminierten Vermögenswerte zur Finanzierung von Terrorismus denkt. Die Schwierigkeit liegt hier insbesondere darin, dass bei der Terrorismusfinanzierung die Mittelverwendung in der Zukunft liegt und somit in vielen Fällen nicht offensichtlich ist. Sofern der Ermittler den eigentlichen Zweck des ihm vorliegenden Versicherungsbetrugs, nämlich die

Terrorismusfinanzierung, nicht erkennt, wird dieser Fall vermutlich nicht an spezialisierte Ermittler übergeben. Ähnliches gilt wohl für den Diebstahl von Turnschuhen, welche anschliessend verkauft werden. Es ist also eine Sensibilisierung der überwiegenden Mehrheit der Ermittler nötig, um zu gewährleisten, dass Terrorismusfinanzierung erkannt wird und anschliessend bekämpft werden kann.

Des Weiteren wurde im Rahmen der Experteninterviews geäussert, dass die Ermittlungen zur Bekämpfung der Terrorismusfinanzierung unter Umständen für Zwecke der Steuerfahndung missbraucht werden. Dies ist insofern plausibel, als vernünftigerweise davon auszugehen ist, dass privatwirtschaftliche Akteure, wie Banken, im Rahmen der Bekämpfung der Terrorismusfinanzierung aufgrund der damit verbundenen Reputationsrisiken kooperativer sind als bei Anfragen zur Steuerehrlichkeit ihrer Kunden. Zwar wird auch eine Beihilfe zu mangelnder Steuerehrlichkeit von der Öffentlichkeit nicht unbedingt positiv aufgenommen. Der allfällige Reputationsschaden aus Fiskaldelikten steht jedoch in keinem Verhältnis zu den mit der Finanzierung terroristischer Aktivitäten verbundenen Konsequenzen für den Ruf einer Bank. Es ist daher wichtig, die für die Bekämpfung der Terrorismusfinanzierung zur Verfügung stehenden Instrumente nicht für die Steuerfahndung zu missbrauchen, um die Kooperationsbereitschaft privatwirtschaftlicher Akteure nicht zu gefährden.[678]

Eine weitere Schwachstelle der Ermittlungsbehörden ist die im Rahmen der Bekämpfung der Terrorismusfinanzierung erforderliche Zusammenarbeit auf internationaler Ebene:

> *„Die zweite Schwierigkeit, die mir dazu einfallen würde, ist, dass das national und auch international einfach einer sehr hohen Koordinierung der Behörden bedarf. Da durchwegs sehr unterschiedliche Behörden mit der Bekämpfung betraut sind."*
> *Interviewpartner 10*

Terrorismusfinanzierung ist in der Regel keine nationale Problematik. Die Täter bewegen sich grenzüberschreitend. Dies dient einerseits der Vereitelung von Ermittlungen. Andererseits handelt es sich bei der grenzüberschreitenden Tätigkeit häufig um eine schlichte Notwendigkeit der Täter. Beispielsweise werden für die Terrorismusfinanzierung bestimmte Einnahmen in einem Land generiert und in einem anderen Land zur Finanzierung eines Anschlags benötigt. Eine verstärkte internationale Koordination ist somit unerlässlich. Auf der Ebene der Financial Intelligence Units, wo der Informationsaustausch im Vordergrund steht, ist selbige aber zweifelsohne leichter umsetzbar als in einem

678 Ferrara & Salmina, 2016: S. 88.

Strafverfahren, welches in der Regel grössere formelle Hürden mit sich bringt und in der Praxis oft mit langwierigen Amts- und Rechtshilfebegehren verbunden ist. Hinzu kommt, dass bestimmte Länder, welche von Terroristen genutzt werden, gar nicht mehr über die nötige Infrastruktur verfügen, um eine funktionierende internationale Zusammenarbeit zu gewährleisten. Man denke hier etwa an Syrien.

Ferner sind viele Vorgehensweisen der Ermittler auf die Bekämpfung grosser Organisationen ausgerichtet:

> *„Das Ganze ist ursprünglich ausgerichtet gewesen unter der Prämisse, dass Terrorismusfinanzierung eigentlich eine Finanzierung von Terrororganisationen als grosse Organisation oder als grosses Netzwerk und vor allem als einheitliches Netzwerk und somit etwas, das fassbar ist, und im grossen Stil finanziert werden kann, das war, glaube ich, grundsätzlich der Hintergedanke."*
> *Interviewpartner 6*

Dies mag auf den ersten Blick sinnvoll sein, da grosse Organisationen potentiell grosse Anschläge planen. Allerdings ist davon auszugehen, dass die oben erwähnten intelligenten und gut ausgebildeten Täter die Lage ebenfalls analysiert haben und unter Umständen zunehmend auf kleinere Strukturen zurückgreifen. Es ist also wichtig, dass Ermittlungsbehörden sowohl grosse als auch kleine Strukturen im Blick behalten.

Zudem gilt es zu berücksichtigen, dass das Wissen der Ermittlungsbehörden zu einem grossen Teil auf der Auswertung der Terroranschläge vom 11. September 2001 und den Erkenntnissen über Al-Qaida basiert. Es ist jedoch von zentraler Bedeutung, Wissen kontinuierlich weiterzuentwickeln. Schliesslich kann und darf nicht davon ausgegangen werden, dass die Täter mit veralteten Informationen arbeiten.

Viele Massnahmen zur Bekämpfung der Terrorismusfinanzierung basieren ausserdem auf Personenlisten. Selbige stellen zwar ein wichtiges Instrument zur Gewinnung erster Erkenntnisse dar, sollten aber trotzdem nicht überbewertet werden. Letztendlich sind derartige Listen nahezu immer unvollständig. Zudem kommt es häufig zu Verwechslungen. Es ist also von zentraler Bedeutung, den Personenlisten den richtigen Stellenwert zukommen zu lassen.

Auch Täterprofile spielen für die Ermittlungsbehörden eine zunehmend bedeutendere Rolle. Selbige werden, oft in reduzierter Form, auch privatwirtschaftlichen Akteuren, wie beispielsweise Banken, zur Verfügung gestellt, um bestimmte Personen frühzeitig zu identifizieren. Hierbei ergibt sich jedoch regelmässig ein Dilemma. Einerseits ist es sinnvoll, möglichst detaillierte Profile der Geheimdienste und Polizeibehörden mit privatwirtschaftlichen Akteuren zu teilen, um zu ermöglichen, dass potentielle Täter frühzeitig erkannt werden. Gleichzeitig ist jedoch davon auszugehen, dass eine Teilung von Erkenntnissen mit einer Vielzahl privatwirtschaftlicher Akteure zu einer gewissen Indiskretion führen kann. Wenn jeder Compliance-Beauftragte von Banken Zugang zu diesen Informationen hat, ist es eine Frage der Zeit, dass diese Erkenntnisse an Täter gelangen. Sobald auf der Täterseite bekannt wird, welche Akteure als verdächtig gelten, kann es zu einer gezielten Umgehung dieser Profile kommen.

4.1.5. Erforderliche Massnahmen

Für eine effektivere Bekämpfung der Terrorismusfinanzierung ist ein Austausch zwischen Ermittlungsbehörden und Privaten sowie zwischen Financial Intelligence Units und Geheimdiensten erforderlich. Ferner werden detaillierte Analysen, daraus abgeleitete Massnahmen und abschreckende Strafen benötigt. Insbesondere sollte bedacht werden, dass die Austrocknung der Finanzströme und die Sicherstellung der Gelder nur einen Bereich der möglichen Massnahmen darstellen. Gleichzeitig ermöglichen die Finanzierungsströme auch Rückschlüsse über das Umfeld der Terroristen. In diesem Zusammenhang kann insbesondere auch eine verstärkte Unterstützung der Nachbarländer der Krisengebiete einen wertvollen Beitrag leisten. Abschliessend sollte erwähnt werden, dass trotz der Ernsthaftigkeit und Bedrohlichkeit der Terrorismusfinanzierung von Überreaktionen Abstand genommen werden muss.

Der Austausch zwischen Ermittlungsbehörden und privatwirtschaftlichen Akteuren muss zweifelsohne gefördert werden. Dies gilt insbesondere für die Kooperation zwischen Ermittlungsbehörden und Banken. Letztere können ohne die Hilfe der Ersteren häufig nur in begrenztem Umfang hilfreiche Täterprofile erstellen, um potentielle Terrorismusfinanzierer frühzeitig zu erkennen. Gleichzeitig sind die Verdachtsmeldungen der Banken für Ermittler von grundlegender Bedeutung.

Ein effizienter, unkomplizierter Informationsaustausch ohne bürokratische Hürden ist oft von entscheidender Bedeutung für den Ermittlungserfolg. Ein möglichst umfassender Ansatz ist hier wichtig, da es sich bei den Terrorismusfinanzierern nicht mehr nur um einzelne Personen, sondern um eine Vielzahl an Individuen handelt:

> *„Also, und das sieht schon anders aus als das, was wir noch vor zehn Jahren hatten, wo wir immer typischerweise versucht haben, diesen finanziellen Unterstützer, diesen Scheich halt zu finden, der Al-Qaida unterstützt, da sind wir heute schon breiter aufgestellt." Interviewpartner 13*

Es ist also entscheidend, dass Behörden möglichst breit aufgestellt sind.

Darüber hinaus muss jedoch auch die Zusammenarbeit zwischen Financial Intelligence Units und Geheimdiensten gestärkt werden.

> *„Ich glaube, generell haben wir, also wir haben zum einen eine wichtige Rolle der Nachrichtendienste und zum anderen haben wir eine wichtige Rolle der Finanzermittler und die beiden haben sich bis jetzt noch nicht einmal in den gleichen Raum gesetzt, ja?"*
> *Interviewpartner 13*

Falls Informationen von einer Behörde nicht zu anderen Behörden weitergeleitet werden, kann dies im schlimmsten Fall dazu führen, dass Rückschlüsse, welche sich aus der Kombination verschiedener Daten ergeben könnten, nicht zustande kommen. Des Weiteren ist jedoch auch ein verantwortungsvoller Umgang mit mehrheitlich geheimen Informationen unerlässlich. Eine mögliche Lösung besteht darin, Informationen nur bestimmten Personen innerhalb einer Behörde zugänglich zu machen, um zu verhindern, dass Geheimnisse nach aussen dringen und die Quelle des Verrats nicht nachvollzogen werden kann.

Zudem sind im Sinne einer verstärkten Generalprävention abschreckende Strafen notwendig. Allerdings stellt sich dabei die Frage, inwiefern sich Terrorismusfinanzierer von derartigen Strafen beeinflussen lassen. Ein intelligenter und gebildeter Wirtschaftsstraftäter berücksichtigt vernünftigerweise das ihm drohende Strafmass bei der Ausübung seiner Tat. Ein Extremist, welcher bereit ist im Namen seiner Religion einen Selbstmordanschlag zu verüben, dürfte sich in den wenigsten Fällen von einer drohenden Haftstrafe für einen Verstoss gegen Art. 260^{quinquies} CH-StGB beeindrucken lassen. Allerdings ist durchaus davon auszugehen, dass nicht jeder Terrorismusfinanzierer ausreichend radikalisiert ist, um allfälligen Haftstrafen gelassen entgegenzublicken. Somit haben abschreckende Strafen durchaus ein gewisses Potential, einen Beitrag zu einer effektiveren Bekämpfung der Terrorismusfinanzierung zu leisten.

Die Analyse der Finanzierungsströme lässt zudem Rückschlüsse über das Umfeld allfälliger Attentäter zu. Es ist also von grundlegender Bedeutung, nachvollziehen zu können, wie Anschläge finanziert wurden und wer daran beteiligt war. Im Idealfall lassen sich dadurch erweiterte Terrorzellen aufspüren und weitere Anschläge verhindern.

Um sicherzustellen, dass die Analyse der Finanzierungsströme nicht an bestimmten Landesgrenzen endet, ist es von grundlegender Bedeutung, Krisengebiete und deren Nachbarländer bei der Terrorismusbekämpfung zu unterstützen:

> *„Was wir machen können, ist dafür sorgen, dass das Geld nicht weiter fliesst, aber der IS, ist halt schon, weil es vor allem über den Schmuggel herausgeht, sind eigentlich die Nachbarländer gefragt."*
> *Interviewpartner 13*

Nur so kann letztendlich sichergestellt werden, dass sich Terrorismusfinanzierer nicht hinter bestimmten Landesgrenzen verstecken können. Eine mögliche Unterstützung reicht von Ausbildungsprogrammen über Daten- und Informationsaustausch bis hin zu gemeinsamen Analysen.

Ferner ist es wichtig, dass für die Finanzierung von Terrorismus bestimmte Gelder rechtzeitig sichergestellt und eingezogen werden können. Dies ist insbesondere bei internationalen Verhältnissen regelmässig eine Herausforderung. Jedoch muss auch gewährleistet werden, dass die eingezogenen Gelder nicht auf anderem Wege missbraucht werden und im schlimmsten Fall über Umwege doch der Terrorismusfinanzierung dienen.

Abschliessend sollte indes auch erwähnt werden, dass eine Überreaktion wenig hilfreich sein dürfte. Es ist schlichtweg nicht möglich, mit vernünftigen Massnahmen und einem betriebswirtschaftlich vertretbaren Einsatz von Mitteln jeden Kunden einer Bank und jede Transaktion im Detail zu durchleuchten. Geschickten Tätern wird es auch in Zukunft gelingen, Terrorismus zu finanzieren. Allerdings kann die Wahrscheinlichkeit, diese Täter rechtzeitig zu identifizieren, massgeblich erhöht werden. Dazu möchte die vorliegende Arbeit einen Beitrag leisten.

4.2. Einnahmequellen

Die nachfolgende Darstellung der potentiellen Einnahmequellen von Terrorismusfinanzierern ist exemplarisch und zielt darauf ab, die im Unterkapitel 4.1.2. gemachten Aussagen zu vertiefen. Insbesondere soll anhand von konkreten Beispielen der Interviewpartner dargestellt werden, wie geschickte Terrorismusfinanzierer vorgehen könnte. Dies soll helfen zu illustrieren, wie umfangreich die Möglichkeiten der Terroristen sind und wie schwierig es sein dürfte, sämtliche Einnahmequellen zu eliminieren. Das primäre Ziel des Unterkapitels 4.2. ist somit zu belegen, dass die Täter eine Vielzahl an Möglichkeiten haben, Terrorismus zu finanzieren.

Um die Beispiele der Interviewpartner zu analysieren, ist es sinnvoll, sie kritisch zu würdigen und darzulegen, wie Täter vorgehen könnten. Jedoch können nicht sämtliche Formen von legalen und illegalen Einnahmequellen von Terroristen in detaillierter Form dargestellt werden. Dies würde den vernünftigen Umfang der vorliegenden Arbeit sprengen. Allerdings wäre eine blosse Auflistung von möglichen Einnahmequellen ebenfalls zu kurzgefasst. Der Autor widmet somit jeder Methode zumindest einen Absatz, in welchem er die wichtigsten Elemente dieser Vorgehensweisen und die damit verbundenen Risiken sowie die notwendigen Ressourcen darstellt. Diese Analyse erhebt keinesfalls den Anspruch der Vollständigkeit, sondern dient lediglich dem Zweck, zu plausibilisieren, wie ein Terrorismusfinanzierer vorgehen könnte. Gleichwohl helfen diese Darstellungen Ermittlern das Verhalten von Terroristen zu antizipieren.

Eine Differenzierung in legale und illegale Einnahmequellen drängt sich im vorliegenden Fall geradezu auf. Die Auswahl der diskutierten Methoden oblag den Interviewpartnern. Es wird ausdrücklich darauf hingewiesen, dass auch andere Methoden möglich wären. Allerdings ist es nicht notwendig, sämtliche potentiellen Einnahmequellen darzustellen, um zu belegen, dass Terrorismus weiterhin problemlos finanziert werden kann, und zu unterstreichen, dass der Fokus der Bekämpfung der Terrorismusfinanzierung im Bereich des Transfers von Vermögenswerten liegen sollte, wenn man nicht sämtliche Einnahmequellen unter Generalverdacht stellen möchte. Trotzdem kann die Darstellung der Breite der möglichen Methoden helfen, Ermittler in verschiedenen Bereichen zu sensibilisieren und somit gewisse Hürden für Terrorismusfinanzierer einzubauen.

4.2.1. Legale Einnahmequellen

Die Palette legaler Einnahmequellen ist breit gefächert und kann nachfolgend nur exemplarisch betrachtet werden. Die von den Experten erwähnten legalen Einnahmequellen gelten als besonders geeignet. Dies schliesst jedoch andere Einnahmequellen in keinem Fall aus. Nachfolgend werden lediglich einige der legalen Einnahmequellen dargestellt, welche von den Experten besonders hervorgehoben wurden. Die von den Experten betonten Methoden sind sehr verbreitet und in vielen Fällen naheliegend, da sie mit verhältnismässig geringem Einsatz realisiert werden können und in den allermeisten Fällen keine allzu grosse fachliche Expertise erfordern. Es bleibt jedoch zu betonen, dass eine Vielzahl anderer Möglichkeiten, legale Einkünfte zu generieren, besteht und die nachfolgend beschriebenen Vorgehensweisen lediglich dem Zweck dienen, für den Leser zu verdeutlichen, wie Täter vorgehen könnten.

Beliebt scheinen Kredite von Banken und Darlehen von Privatpersonen zu sein. Für Letztere werden unter anderem spezialisierte Internetplattformen verwendet. Allerdings bietet sich auch die Führung eines Bauunternehmens oder einer Handelsgesellschaft an. Zudem können auch Gehaltszahlungen und staatliche Unterstützungsleistungen für die Terrorismusfinanzierung verwendet werden.

Kredite von Banken eignen sich vor allem für Täter, welche eine einmalige Tat finanzieren möchten. Dies gilt insbesondere für Täter, welche die Tat selbst ausführen möchten und unter Umständen mit ihrem eigenen Ableben im Rahmen der Ausführung rechnen. Unter diesen Umständen erübrigt sich eine Rückzahlung durch den Täter selbst.

Sofern der Täter die Tat nicht selbst ausführen möchte, scheinen Darlehen von Privatpersonen geeigneter zu sein:

> *„Das heisst, Sie sagen: Ich habe hier den und den Kreditbedarf, den und den Preis bin ich bereit zu zahlen, und die Plattform stellt eigentlich nur noch den Kontakt her zwischen den Kreditsuchenden und anderen Leuten, die sagen: Okay, ich gebe Geld dafür."*
> *Interviewpartner 8*

Schliesslich haben Privatpersonen in der Regel weniger Möglichkeiten gegen säumige Schuldner vorzugehen. Dies insbesondere im Hinblick darauf, dass durchschnittliche Privatpersonen, welche ein privates Darlehen vergeben haben, in der Regel keine eigene Inkassoabteilung unterhalten und auch mit Schuldbetreibungsverfahren nur bedingt vertraut sind. Sollte der Täter also den zu finanzierenden Anschlag nicht selbst ausüben, hat er im Nachgang des Attentats weniger zivilrechtliche Schritte zu befürchten. Unter Umständen kann er das Darlehen sogar zurückbezahlen, um Aufmerksamkeit zu vermeiden.

Sofern der Täter keine grösseren Beträge benötigt, ist unter Umständen das normale Erwerbseinkommen für die Finanzierung eines Terroranschlags ausreichend. Dies gilt im Hinblick darauf, dass in vielen Fällen schon Beträge unter 10'000 US-$ für die Finanzierung eines Attentats ausreichen.[679] Man denke hierbei beispielsweise an die Anschläge vom 22. März 2017 in London. Ein Mietwagen und ein Messer dürften in vielen Fällen bereits genügen, um erhebliche Aufmerksamkeit zu erregen. Hierfür werden letztendlich keine signifikanten Beträge benötigt.

Ähnliches scheint für die Mittelgenerierung durch staatliche Unterstützung, beispielsweise in der Form von Sozialleistungen, zu gelten:

> *„Also, das können legitime Einkommensquellen sein, das kann ein Gehalt sein, das kann Arbeitslosenunterstützung, staatliche Unterstützung, das kann alles Mögliche sein."*
> *Interviewpartner 6*

Diese Form der Finanzierung stösst bei der Bevölkerung auf besonders grosse Aufmerksamkeit, da letztendlich Steuergelder in die Terrorismusfinanzierung fliessen. Täter haben die Möglichkeit, in ihrem jeweiligen Zielland Unterstützungsleistungen, etwa in Form von Sozialhilfe, zu beantragen. Anschliessend widmen sie sich in aller Ruhe und auf Staatskosten der Vorbereitung eines Anschlags.

---

679 Zeit, 2015: S. 1 f.

Gleichzeitig können die Dimensionen eines mit kleinen Beträgen realisierbaren Anschlags nicht annähernd mit den Auswirkungen der Anschläge vom 11. September 2001 verglichen werden. Sollte der Täter also doch signifikantere Beträge benötigen, könnte er sich zum Beispiel einer Handelstätigkeit widmen oder eine Bauunternehmung führen:

> *„Sie haben ganz normale Einnahmen. Der, der Bin Laden war Erbe eines grossen Baukonzerns in Saudi-Arabien und war Millionär und hat damit, ziemlich einfach wahrscheinlich, die Anschläge in 9/11 finanziert, indem er aus legalen Bauunternehmen / aus den Gewinnen eines Bauunternehmens oder eines Konzerns hat er seinen/ die Leute, die die Anschläge gemacht haben, im nötigen Masse finanziert."*
> *Interviewpartner 9*

Diese Tätigkeiten, welche häufig mit grossen Geldsummen assoziiert werden, scheinen zur Generierung von Einkünften für die Terrorismusfinanzierung besonders geeignet zu sein.

Dies gilt vor allem im Hinblick darauf, dass Handelsaktivitäten es zulassen, einen Teil der Einnahmen nicht offiziell zu deklarieren. Wenn der Käufer keine Quittung benötigt, kann der Händler darauf verzichten, den Vorgang zu verbuchen. Dadurch generiert er letztendlich Mittel, welche er für die Terrorismusfinanzierung verwenden kann, ohne Lücken in der Buchhaltung erklären zu müssen.

Ähnliches gilt für Bauunternehmungen. Zahlreiche Kunden sind durchaus offen für den Vorschlag, gegen einen kleinen Rabatt auf die Rechnungssumme auf eine Rechnung zu verzichten und die geleistete Arbeit zumindest teilweise bar zu bezahlen. Üblicherweise spart sich der Kunde die Mehrwertsteuer und der Unternehmer allfällige Einkommen- oder Gewinnsteuern. Dies führt regelmässig zu einer regelrechten Parallelbuchhaltung.

Die vorgehenden Ausführungen zeigen, dass Terrorismusfinanzierer auf eine Vielzahl an Einnahmequellen zurückgreifen können. Legale Einnahmequellen, wie sie in diesem Abschnitt dargestellt wurden, haben den grossen Vorteil, dass sie kein Aufsehen erregen. Im schlimmsten Fall hätten sich Terrorismusfinanzierer wegen Steuerdelikten zu verantworten. Dabei dürfte jedoch in den allerwenigsten Fällen der Verdacht der Terrorismusfinanzierung auftreten.

Die Ausführungen der Interviewpartner sind im Einklang mit den Erkenntnissen der Literaturanalyse. Man denke hierbei etwa an die Investments von Al-Qaida im Finanz- und Telekommunikationsimperium von al-Barakaat.[680] Auch fallen die Investitionen der PKK in Medienunternehmen in Europa unter diese

680 Winer & Roule, 2002: S. 89.

Kategorie.[681] Zudem ist davon auszugehen, dass Anlagen in Wertpapieren und Immobilien sowie der Verkauf von Publikationen eine wichtige Rolle spielen.[682] Allerdings gehen die Erkenntnisse der Interviewpartner deutlich weiter als jene der Literaturanalyse, da ein breiteres Spektrum aufgezeigt wurde.

Die Tatsache, dass die Interviewpartner keinen Bezug auf staatliche Unterstützung genommen haben, zeigt, dass sich in diesem Bereich mit dem Ende des Kalten Krieges tatsächlich viel verändert hat.[683] Terroristen konzentrieren sich vermutlich primär auf nichtstaatliche Einnahmequellen.[684] Allerdings wurden Spenden zwar in der Literatur ausgiebig diskutiert, aber von den Experten nicht in den Fokus gerückt.[685]

4.2.2. Illegale Einnahmequellen

Die illegalen Einnahmequellen von Terroristen lassen sich grundsätzlich in zwei Subkategorien unterteilen. Einerseits verfügt insbesondere der Islamische Staat über Einnahmequellen in von ihm besetzten Gebieten, welche nachfolgend auch als Hoheitsgebiet bezeichnet werden. Hierzu zählen vor allem die Erhebung von Zwangsabgaben, also Steuern und Zöllen, sowie Schutzgebühren. Allerdings scheinen auch Plünderungen und Enteignungen eine wesentliche Rolle zu spielen. Ausserdem sollte auch der Handel mit Öl und Kulturgütern in diesem Zusammenhang erwähnt werden. Es ist europäischen Ermittlungsbehörden mangels Zuständigkeit und hoheitlicher Befugnisse nicht möglich, die Taten auf dem Hoheitsgebiet des Islamischen Staates zu bekämpfen. Somit kann lediglich der Transfer dieser Gelder nach Europa verhindert werden.

Auf der anderen Seite verfügen Terroristen auch über Einnahmequellen ausserhalb der von ihnen kontrollierten Gebiete. Diese Einnahmen werden teilweise auch in Europa generiert. Hierzu zählen unter anderem Betrug, speziell Versicherungs- und Umsatzsteuerbetrug, Produktfälschungen, das Erschleichen von Bildungskrediten, der Drogenhandel sowie der Missbrauch von Telekommunikationsanlagen, Erpressung und Diebstahl. Der Menschenhandel liegt zudem an der Schnittstelle zwischen Europa und dem Hoheitsgebiet bestimmter terroristischer Vereinigungen wie des IS.

681 Roth & Sever, 2007: S. 913.
682 Dalyan, 2008: S. 140.
683 Makarenko, 2004: S. 130.
684 Dalyan, 2008: S. 139.
685 Biersteckeret al., 2007: S. 40 f.

Bei den illegalen Einnahmequellen scheinen Zwangsabgaben, welche häufig als Steuern oder Zölle bezeichnet werden, hauptsächlich im Hoheitsgebiet des Islamischen Staates eine wichtige Rolle zu spielen:

> *„Also das ist schon, ich sage mal, dieser Anspruch, Islamischer Staat, die sich als Staat sehen, die eine gewisse Infrastruktur haben, also die 'ne gewisse Besteuerung erfordert."*
> *Interviewpartner 7*

Diese Abgaben werden direkt in den betroffenen Gebieten erhoben und ähneln in ihren Grundzügen westlichen Steuersystemen, wobei durchaus signifikante Abweichungen festgestellt werden können. So werden Einkommensteuern und Zölle für den Import oder Export von Waren erhoben. Die Steuersätze variieren je nach Religion.

Ferner werden Schutzgebühren erhoben. Die Vorgehensweise ähnelt hier jener der organisierten Kriminalität in Süd- oder Osteuropa. Die Täter schaffen Gefahren für ihre Opfer und bieten anschliessend Schutz gegen Entgelt an. Diese Vorgehensweise findet insbesondere in den von terroristischen Vereinigungen kontrollierten Gebieten Anwendung. Sie stellt jedoch auch eine mögliche Einnahmequelle in Europa dar.

Auch Enteignungen scheinen eine wesentliche Quelle für neue Vermögenswerte für Terroristen zu sein. Davon sind vor allem Grundeigentümer und Ladenbesitzer betroffen. Letzteren werden die Waren in ihren Geschäften weggenommen. Da diese Vermögenswerte nicht nach Europa transferiert werden, spielen sie für die vorliegende Arbeit lediglich eine untergeordnete Rolle.

Zudem scheint sich der Islamische Staat auch über Plünderungen zu finanzieren. Insbesondere werden Museen und Orte, an welchen Grabungen stattfinden, geplündert. Auch Skulpturen und Einzelteile von Tempeln werden teilweise mitgenommen. Museen eignen sich deshalb besonders gut, da die Ware dort bereits katalogisiert und aufbereitet liegt, während Grabungen aufwendig sind und eine gewisse Expertise in der Nachbehandlung des Fundes erfordern.

In diesem Zusammenhang sollte der Handel mit Kulturgütern hervorgehoben werden, da er eine Schnittstelle zwischen der im Hoheitsgebiet des IS und der in Europa stattfindenden Terrorismusfinanzierung darstellt. Häufig werden traditionelle Handelsrouten für den Schmuggel von in Syrien durch Plünderungen erworbenen beweglichen Sachen verwendet. Diese Handelsrouten könnten durchaus mit Unterstützung der Nachbarländer des IS bekämpft werden. Zudem muss sichergestellt werden, dass aus Plünderungen stammende Gegenstände in Europa nicht verkauft werden können. Dies könnte bis zu einem gewissen Grad durch eine obligatorische Vorlage von Ursprungsdokumenten gewährleistet werden.

Der Handel mit Öl spielt ebenfalls eine entscheidende Rolle:

> *„Und/ und ich meine, ohne dass ich da jetzt aus der Erfahrung spräche, aber meine Vermutung ist einfach relativ gross, was wir gesehen haben, zum Beispiel als das ganze Iran-Oil-for-Food-Programm lief. Das sind ja diese Handelsrouten. Ich meine, das ist ja belegt mittlerweile, dass in der Zeit der 90er und 2000er, als dieses Oil-for-Food-Programm lief, dass der Schwarzhandel mit dem Öl zum Teil auch über die Türkei lief."*
> *Interviewpartner 7*

Der IS verfügt über signifikante Ölvorkommen in seinem Hoheitsgebiet und teilweise auch über die Infrastruktur, dieses Öl zu fördern und zu transportieren. Allerdings ist unklar, wie viel Öl der IS tatsächlich verkauft. Dies liegt einerseits daran, dass die für die Ölförderung benötigte Infrastruktur unter dem andauernden Krieg und damit verbundenen Luftangriffen gelitten hat. Andererseits ist auch der internationale Druck auf die Nachbarländer des Hoheitsgebiets des IS gewachsen, wodurch ein allfälliger Transport von Erdöl erschwert wird. Trotzdem ist nach wie vor davon auszugehen, dass der IS zumindest einen Teil seiner Einnahmen aus dem Handel mit Erdöl generiert. In der vorliegenden Arbeit wird jedoch darauf verzichtet, genaue Zahlen zu nennen, da selbige mit grosser Wahrscheinlichkeit unzuverlässig wären.

Terroristen müssen sich jedoch nicht auf illegale Einnahmequellen in von ihnen kontrollierten Gebieten beschränken. Hierfür kommt unter anderem der Umsatzsteuerbetrug über Firmenkonstrukte in Frage. Dabei werden im Rahmen eines Karusselbetrugs Umsatzsteuern zurückgefordert, welche nie bezahlt worden waren. Diese Methode hat den grossen Vorteil für Terrorismusfinanzierer, dass dabei in den seltensten Fällen an die Finanzierung von Anschlägen als mögliches Tatmotiv gedacht wird. Der Nachteil besteht jedoch darin, dass die Ermittlungsbehörden inzwischen Kenntnis von dieser Vorgehensweise haben und selbige somit nur noch in sehr komplexer Form und unter Einsatz entsprechender Expertise umsetzbar sein dürften. Es stellt sich die Frage, ob diese Methode also ein tragfähiges Modell für Terrorismusfinanzierer sein könnte. Aufgrund der damit verbundenen Risiken ist dies eher zu verneinen.

Darüber hinaus scheint auch der Betrug eine gewisse Rolle für die Generierung von Einnahmequellen zur Terrorismusfinanzierung zu spielen:

> *„Also wenn man jetzt Betrügerei auch als Wirtschaftskriminalität anschaut, dann ja, ist jede Form der Kriminalität, die Geld produziert, um solche Terroristen zu finanzieren, ein Thema."*
> *Interviewpartner 14*

Die Wirtschaftskriminalität setzt jedoch in vielen Fällen eine grössere Expertise voraus, welche für die anderen in diesem Kapitel beschriebenen Methoden nicht zwingend notwendig ist. Insbesondere sind aufgrund der Komplexität des Tatbestands in den meisten Fällen umfangreichere Ermittlungen notwendig, welche beispielsweise das Lügengebäude des Täters ins Visier nehmen. Das führt dazu, dass sich die Ermittler in der Praxis mehr mit dem Täter und seinen Angaben beschäftigen, als dies bei weniger personen- und eher produktbezogenen Straftaten der Fall ist. Dies ist im Hinblick darauf, dass der Täter in jedem Fall verhindern möchte, in den Verdacht der Terrorismusfinanzierung zu geraten, schlichtweg unvorteilhaft. Trotzdem sollten Ermittler auch im Rahmen von Betrugsverfahren stets an die Terrorismusfinanzierung als mögliche Mittelverwendung denken.

Eine Unterform des Betrugs, nämlich der Versicherungsbetrug, könnte am ehesten für die Terrorismusfinanzierung in Frage kommen. Dies insbesondere deshalb, weil der Versicherungsbetrug in vielen Fällen mit relativ einfachen Mitteln und ohne fundierte Fachkenntnisse umsetzbar ist. Man denke hierbei an einen fingierten Autounfall zwischen zwei Parteien, welche sich abgesprochen haben. Im Gegensatz zu vielen anderen Betrugsszenarien sind für einen vorgetäuschten Autounfall keine besonderen Fachkenntnisse zum Aufbau eines komplexen Lügengebäudes erforderlich. Es genügt letztendlich, sich mit einem zweiten Fahrer abzusprechen und bei niedrigerer Geschwindigkeit einen Blechschaden zu verursachen. Allerdings handelt es sich dabei zwar um eine banal umzusetzende Form der Generierung von Einnahmen, aber letztendlich auch um ein nicht beliebig häufig wiederholbares Modell. Es ist also bestenfalls zur Finanzierung kleiner bis mittlerer Anschläge geeignet.

Anders ist dies bei Warenfälschungen. Selbige stellen unter Umständen sehr langfristige und nahezu beliebig oft wiederholbare Einnahmequellen dar:

> *„Und ich weiss, dass mit Produktfälschungen einige terroristische Vereinigungen sich finanziert haben in der Vergangenheit."*
> *Interviewpartner 14*

Produktfälschungen erfreuen sich laut Aussage der Interviewpartner einer gewissen Beliebtheit unter Terrorismusfinanzierern, vor allem weil es sich bei der Warenfälschung in vielen Fällen um Straftaten handelt, welche innerhalb kurzer Zeit zu signifikanten Barmitteln führen. Zwar werden gerade durch Amateure in diesem Bereich nicht unbedingt Millionengewinne erzielt, aber die Finanzierung eines kleineren bis mittleren Anschlags sollte ohne Probleme möglich sein.

Auch die Erschleichung von Bildungskrediten spielt eine nicht insignifikante Rolle, weil selbige zwar in der Regel eine Immatrikulationsbestätigung voraussetzen, aber diese nicht überprüft wird. Da es sich um relativ kleine und kostengünstige Kredite handelt, entspricht es nicht der Praxis, jede von den

Antragstellern vorgelegte Urkunde auf ihre Echtheit hin zu überprüfen. Das bedeutet, dass Terrorismusfinanzierer ohne grössere Hürden an Barmittel gelangen können, indem sie eine Immatrikulationsbestätigung fälschen und damit einen Kleinkredit zu Ausbildungszwecken beantragen.

Letztendlich ist der Handel mit Betäubungsmitteln nach wie vor eine wichtige Einnahmequelle für Terroristen, denn bestimmte von Terroristen entweder kontrollierte oder zumindest bevölkerte Gebiete sind durchaus für den Anbau von Betäubungsmitteln geeignet:

> *„Andere terroristische Organisationen, die das nicht haben oder die sind ganz klar im Drogenhandel tätig, ganz klar, (…) und das funktioniert nach wie vor noch und die Frage ist: Kann man diesem Herr werden und in Ländern wie Pakistan, denke ich, ist das komplett unmöglich."*
> *Interviewpartner 14*

Das bedeutet, dass Terrorismusfinanzierer in diesen Anbaugebieten, welche oft nicht von rechtsstaatlichen Prinzipien geprägt sind, verhältnismässig frei und ungestört agieren können. Umso wichtiger ist es, die Exportwege für diese Drogen zu versperren und einen Verkauf in Europa zu verhindern. Jedoch wird im Rahmen von Verfahren wegen Verstössen gegen das Betäubungsmittelgesetz in den seltensten Fällen die Terrorismusfinanzierung als mögliches Tatmotiv betrachtet. Schliesslich ist nicht davon auszugehen, dass sich allfällige Täter im Rahmen von Einvernahmen von sich aus zu diesem Thema äussern. Vernünftigerweise werden sie als Beweggründe entweder Gier oder die Unterstützung von bedürftigen Familienmitgliedern angeben. Es ist also von zentraler Bedeutung, dass Ermittler im Rahmen von derartigen Verfahren nicht nur Verstösse gegen das Betäubungsmittelgesetz und unter Umständen eine allfällige Geldwäscherei im Zusammenhang mit aus einem Verbrechen stammenden Vermögenswerten analysieren, sondern auch allfällige andere Beweggründe, wie die Terrorismusfinanzierung, nicht unbeachtet lassen.

Eine Einnahmequelle, welche bisher verhältnismässig wenig Beachtung gefunden hat, sind Entführungen in Europa. Es ist allgemein bekannt, dass terroristische Vereinigungen immer wieder Personen in ihren Hoheitsgebieten entführen, um Lösegeld zu erpressen:

> *„Ja die klassischen Entführungen. Also egal wo, ob das jetzt der IS ist oder in Pakistan der Fall ist oder in, nach wie vor, in Lateinamerika der Fall ist oder in Afrika der Fall ist, wo halt eine westliche Geisel. Wirklich, das ist eine Investition."*
> *Interviewpartner 14*

Einige Staaten stehen im Verdacht für die Freilassung ihrer Bürger zu bezahlen, andere lassen sich nicht erpressen. Fest steht, dass sich durch Entführungen im

Rahmen einer einmaligen Tat eine relativ grosse Geldsumme einnehmen lässt. Daher wäre es an sich naheliegend, wenn sich Terroristen auch durch Entführungen in Europa eine attraktive Einnahmequelle verschaffen würden. Um das Risiko einer Festnahme bei der Geldübergabe zu reduzieren, könnten sie sich entweder auf die Erpressung von einer kleineren Summe Lösegeld oder auf die Bezahlung in einem von ihnen kontrollierten Gebiet konzentrieren. Es ist fraglich, ob wohlhabende Privatpersonen bei einer Lösegeldforderung von 300'000 CHF die Polizei involvieren würden. In vielen Fällen dürfte es im Interesse der Angehörigen sein, auf die Forderung der Entführer, keine Polizei hinzuzuziehen, einzugehen. Bei einer Übergabe des Lösegelds in einem vom IS kontrollierten Gebiet wären jedoch auch grössere Summen Lösegeld durchaus möglich.

Allerdings sind auch andere Formen der Erpressung denkbar. Sollten wichtige Informationen, wie Betriebs- oder Geschäftsgeheimnisse westlicher Unternehmen, in die Hände von Terroristen geraten, könnten Letztere versuchen, die Unternehmen zu erpressen. Dies ist vor allem deshalb problematisch, weil sich Terroristen für die Ausführung ihrer Tat in von ihnen kontrollierte Gebiete zurückziehen. Dadurch wird eine Strafverfolgung massgeblich erschwert.

Eine weitere potentielle Einnahmequelle an der Schnittstelle zwischen der westlichen Welt und den vom IS kontrollierten Gebieten ist der Menschenhandel. Durch die Einnahme von Gebieten gelingt es dem IS immer wieder, Menschen anderer Religionen in seine Gewalt zu bringen. Selbige lassen sich unter Umständen gewinnbringend veräussern.

Ferner kommt laut Aussage der Interviewpartner auch der betrügerische Missbrauch von Datenverarbeitungsanlagen für die Terrorismusfinanzierung in Frage. Insbesondere scheint sich die Manipulation von Telefonanlagen zur Anwahl kostenpflichtiger Telefonnummern hierfür zu eignen:

> *„Da hat man Telefonnummern gehackt. Und zwar nicht benutzte Telefonnummern, also wenn man jetzt eine grosse Unternehmung nimmt. Die haben ja so eine interne Telefonanlage mit ganz vielen internen Nummern. Und wenn man jetzt weiss, dass auf dieser Nummer, dass da gerade niemand arbeitet an diesem Pool, diese Nummer also nicht vergeben ist intern, und man es dann schafft, auf so eine Nummer sich einzuhacken, dann kann man über diese Nummer Anrufe generieren."*
> *Interviewpartner 5*

Die auf diese Art und Weise gemachten Anrufe auf kostenpflichtige Nummern verursachen hohe Gebühren, welche teilweise den Tätern zufliessen. Diese Vorgehensweise hat den Vorteil, dass sie in elektronischer Form und somit aus dem Ausland umsetzbar ist. Allerdings ist festzuhalten, dass hierfür in der Regel eine gewisse Expertise im IT-Bereich erforderlich sein dürfte und unklar ist, inwiefern Terroristen über das nötige Wissen verfügen.

Abschliessend sollte jedoch auch eine ganz banale Form der Finanzierung von Terrorismus nicht unbeachtet bleiben – nämlich der Diebstahl. Dabei handelt es sich letztendlich um eine Form der Terrorismusfinanzierung, welche in vielen Fällen ohne besondere Fachkenntnisse umsetzbar und verhältnismässig unauffällig sein dürfte.

Zusammenfassend kann also festgehalten werden, dass Terroristen über eine Vielzahl an möglichen Einnahmequellen verfügen. Es ist schlichtweg nicht möglich, jede dieser Einnahmequellen zu eliminieren. Trotzdem ist es sinnvoll, Ermittler in verschiedenen Bereichen für die Gefahr der Terrorismusfinanzierung zu sensibilisieren, um frühzeitig zu erkennen, dass Terroristen involviert sind. Es wird jedoch auch verdeutlicht, dass die Bekämpfung der Terrorismusfinanzierung eine ausserordentlich komplexe Angelegenheit ist, welche nicht wie andere Formen der Kriminalität durch punktuelle Interventionen bekämpft werden kann.

Die Erkenntnisse der empirischen Untersuchung gehen weit über jene der Literaturanalyse hinaus. Zwar wurde auch im Rahmen der Literaturanalyse Bezug auf regionale Einnahmequellen genommen[686] und dabei insbesondere auf die Besteuerung von Tätigkeiten anderer Krimineller und den Drogenanbau eingegangen.[687] Allerdings konnten die Interviewpartner hierzu viel detailliertere Angaben machen und ist es den Experten gelungen, konkrete Vorgehensweisen aufzuzeigen, welche in dieser Form in der Literatur noch nicht ausreichend berücksichtigt worden waren.

Zwar geht auch die Literatur davon aus, dass Terroristen auf eine Vielzahl illegaler Einnahmequellen zurückgreifen.[688] Dazu zählen zum Beispiel Schmuggel, Betrug, Diebstahl, Drogenhandel, Entführungen, Raub, Erpressung und Geldwäscherei.[689] Allerdings ist das Spektrum der von den Interviewpartnern aufgezeigten Vorgehensweisen deutlich breiter. Somit kann in jedem Fall von einem signifikanten Erkenntnisgewinn durch die empirische Untersuchung gesprochen werden.

Trotzdem sollte auch erwähnt werden, dass im Rahmen der Literaturanalyse Einnahmequellen identifiziert wurden, welche von den Interviewpartnern gar

686 Simser, 2011: S. 335.
687 Makarenko, 2004: S. 130.
688 Linn, 2005: S. 209.
689 Dalyan, 2008: S. 140.

nicht oder nur in einem anderen Kontext erwähnt wurden. Dies gilt beispielsweise für das Hawala-Banking. Die Literaturanalyse suggeriert, dass die Erträge dieser Hawala-Tätigkeiten teilweise für die Terrorismusfinanzierung verwendet werden.[690] Die Interviewpartner betrachten Hawala-Banking hingegen nicht nur als Einnahmequelle, sondern auch als eine Form des Vermögenstransfers.

4.3. Vermögenstransfer

Im vorstehenden Kapitel wurde aufgezeigt, welche Vielfalt an Einnahmequellen Terrorismusfinanzierern zur Verfügung steht. Viele dieser Einnahmequellen haben jedoch die Gemeinsamkeit, dass früher oder später Vermögenswerte transferiert werden müssen. Dies kann einerseits zwischen rein finanzierenden Parteien und den ausführenden Terroristen und andererseits auch zwischen verschiedenen Ländern geschehen.

Indes muss explizit darauf hingewiesen werden, dass der Vermögenstransfer zwar ein ausserordentlich wichtiger Ansatzpunkt für Ermittlungen ist, aber andere Vorgehensweisen ebenfalls berücksichtigt werden sollten. Schliesslich ist es Tätern, welche sich auf kleine Anschläge konzentrieren, unter Umständen möglich, selbige zu finanzieren, ohne Vermögenswerte transferieren zu müssen.

Nachfolgend werden neben Banken- und Parallelbankensystemen auch Kryptowährungen wie Bitcoin und sogenannte Money Transfer Systems diskutiert. Ferner wird auch der persönliche Transfer von Vermögenswerten thematisiert. Dabei fällt die Analyse des Bankensystems aufgrund seiner besonderen Komplexität und der von Compliance-Abteilungen geschaffenen Hürden für Terrorismusfinanzierer naturgemäss etwas umfangreicher aus als jene der anderen Branchen und Vorgehensweisen.

4.3.1. Bankensystem

4.3.1.1. Bankensystem – generelle Eignung

Grundsätzlich kann festgehalten werden, dass das Bankensystem von umfangreicheren Kontrollen als andere Branchen gekennzeichnet ist. Trotzdem sind Terrorismusfinanzierer in vielen Fällen schwer von anderen Kunden zu unterscheiden, vorwiegend weil Banken nur einen Bruchteil des Prozesses sehen und sich in vielen Fällen auf die Angaben des Kunden stützen müssen. Zudem werden die Massnahmen zur Bekämpfung der Terrorismusfinanzierung in vielen

690 Abuza, 2003: S. 171.

Fällen mit jenen zur Geldwäschereiprävention vermischt, wodurch der Fokus verschwimmt. Dies ist äusserst problematisch, da Überweisungen einen schnellen Geldtransfer gewährleisten und kleinere Beträge häufig nicht auffallen. Da auch Risikoländer wie die Türkei nicht per se als verdächtig gelten und somit Überweisungen in das Grenzgebiet von Syrien nach wie vor möglich sind, kann durchaus von einer gewissen Eignung des Bankensystems für den Transfer von für die Terrorismusfinanzierung bestimmten Vermögenswerten ausgegangen werden.

Banken verfügen in der Regel über besonders strenge Kontrollmechanismen. Im Gegensatz zu vielen anderen Branchen unterhält der Finanzsektor umfangreiche Compliance-Abteilungen, welche Kontrollmechanismen etablieren und einzelne Vorgänge überprüfen, um regelkonformes Handeln sicherzustellen. Daher könnte man sie auf den ersten Blick als eher ungeeignet für den Transfer von für die Terrorismusfinanzierung bestimmten Vermögenswerten betrachten:

> *„Also nochmal, nicht dass die Banken alle sauber sind, bitte nicht so verstehen, aber ich glaube, die Wahrscheinlichkeit, dass man über die Banken noch was darstellen kann, ist deutlich schwieriger oder unwahrscheinlicher, als wenn Sie in andere Bereiche gehen."*
> *Interviewpartner 8*

Dabei handelt es sich jedoch um einen Trugschluss. Im Rahmen einer genaueren Analyse lässt sich feststellen, dass die bestehenden Kontrollmechanismen verhältnismässig leicht umgangen werden können.

Dies liegt grösstenteils daran, dass Terrorismusfinanzierer in vielen Fällen nur schwer von anderen Bankkunden zu unterscheiden sind:

> *„Und es ist unfassbar schwer nach meinem Verständnis, die wenigen Bösen – und ich glaube, es sind wirklich wenige – von der überragenden grossen guten Masse zu unterscheiden."*
> *Interviewpartner 8*

Dies gilt hauptsächlich für intelligente Täter, welchen die gängigen Profile von Gefährdern bekannt sind. Es ist also davon auszugehen, dass intelligente Terrorismusfinanzierer, sofern sie in die von den Ermittlungsbehörden entwickelten und mit den Banken geteilten Schemata fallen, nicht selbst in Erscheinung treten. Trotzdem sind diese Täterprofile letztendlich sinnvoll, da es immer wieder Täter gibt, welche nicht über das notwendige Fachwissen verfügen und somit unvorsichtig agieren. Dabei dürfte es sich jedoch im Regelfall eher um weniger wichtige Mitglieder der terroristischen Vereinigungen handeln. Grundsätzlich kann festgehalten werden, dass Terrorismusfinanzierer nur schwer von anderen Bankkunden zu unterscheiden sind und Banken somit nach wie vor für den

Transfer von für die Terrorismusfinanzierung bestimmten Vermögenswerten geeignet sein dürften.

Da viele Banken die Bekämpfung der Terrorismusfinanzierung mit der Geldwäschereiprävention vermischen, sind Compliance-Massnahmen häufig nur bedingt zielführend:

> *„Einerseits Identifizierung des wirtschaftlichen Berechtigten und dann das Monitoring der Transaktionen und das Matching gegen Listen, Sanktionslisten, EU-Listen, Geldwäscherei, Checklisten, et cetera. Das heisst, ich glaube, es besteht keine grosse Sensibilität, was eigentlich der Unterschied genau ist zwischen Terrorismusfinanzierung oder Geldwäscherei."*
> *Interviewpartner 7*

Letztendlich handelt es sich bei der Terrorismusfinanzierung und der Geldwäscherei um zwei grundlegend verschiedene Straftaten. Zwar haben Gesetzgeber auf der ganzen Welt beide Tatbestände in den gleichen Gesetzen wie beispielsweise dem schweizerischen Bundesgesetz über die Bekämpfung der Geldwäscherei und der Terrorismusfinanzierung vom 10. Oktober 1997 zusammengefasst. Dies ändert aber nichts an der Tatsache, dass Geldwäscherei grundsätzlich mit inkriminierten, also aus einem Verbrechen stammenden, Vermögenswerten beginnt und im Regelfall auf eine Erschwerung der Nachvollziehbarkeit der Herkunft oder auf eine Vereitelung der Einziehung ausgerichtet ist, welche häufig durch eine Integration in den legalen Wirtschaftskreislauf erreicht wird. Bei der Terrorismusfinanzierung ist der Ausgangspunkt häufig ein anderer, da die Vermögenswerte nicht notwendigerweise inkriminiert sein müssen. Zudem zielt die Tathandlung nicht auf eine Integration in den legalen Wirtschaftskreislauf, sondern auf das Gegenteil, nämlich eine Loslösung von legalen Strukturen, ab. Da die Handlung der Terrorismusfinanzierer in der Zukunft liegt und die Transaktion in vielen Fällen nicht auf einer gesetzeswidrigen Handlung in der Vergangenheit basiert, sind die Massnahmen zur Bekämpfung der Geldwäscherei im Bereich der Terrorismusfinanzierung in vielen Fällen nutzlos. Dies ist ein weiterer Grund, warum Banken nach wie vor für die Terrorismusfinanzierung geeignet sind.

Ferner ist es immer noch möglich, Gelder in Risikoländer wie die Türkei zu überweisen. Diese Transaktionen gelten nicht automatisch als verdächtig:

> *„Nur weil die jetzt an der Grenze liegen da zu den Krisengebieten und es einen gewissen Influx gibt im ganzen Land, heisst das ja nicht, dass per se jede Geschäftstätigkeit in der Türkei rechtswidrig ist oder letztendlich Geldwäscherei oder Terrorismusfinanzierungsverdacht automatisch gegeben ist."*
> *Interviewpartner 7*

Das bedeutet, dass Banken Terroristen die Möglichkeit geben, kostengünstig und sicher Gelder von Mitteleuropa an die Grenze zu Syrien zu transferieren. Daher sind Banken deutlich besser für die Terrorismusfinanzierung geeignet als andere Mechanismen, wie der persönliche Transfer, welcher mit höheren Kosten und Risiken verbunden ist.

Ein Problem ist jedoch, dass Krisenländer, wie Syrien, nicht mehr über die geeignete Infrastruktur verfügen, um Überweisungen aus Mitteleuropa entgegenzunehmen. Das bedeutet, dass Terrorismusfinanzierer auf Nachbarländer ausweichen müssen. Dies stellt indes im Hinblick auf die vorgehend erwähnten Banken in der Türkei kein signifikantes Problem für die Täter dar und schränkt die generelle Eignung der Banken für den Transfer von für die Terrorismusfinanzierung bestimmten Vermögenswerten nicht ein.

Dies gilt umso mehr, da Terrorismusfinanzierer häufig kleinere Beträge überweisen:

> *„Aber ansonsten ist es äusserst schwierig, das zu erkennen, weil es, wie gesagt, oft kleinere Beträge sind, die weder beim Ein- noch beim Ausgang grossartig auffallen."*
> *Interviewpartner 3*

Es ist schlichtweg wirtschaftlich nicht tragbar jede kleine Transaktion im Detail zu überprüfen. Zwar lassen sich anhand von Transaktionsanalysen gewisse Tendenzen und Anomalitäten erkennen und punktuell analysieren. Es ist jedoch nicht davon auszugehen, dass jede für die Terrorismusfinanzierung bestimmte Transaktion durch Transaktionsanalysen enttarnt wird.

Zudem müssen Überweisungen in der Regel schnell ausgeführt werden. Das heisst, dass in der Regel eine verhältnismässig kurze Zeit für die Überprüfung einzelner Transaktionen bleibt. Zwar ist es durchaus möglich, Transaktionen zu blockieren, um sie genauer zu überprüfen und allenfalls an die zuständigen Meldestellen zu melden. Dies kann aber nicht bei der Mehrheit der Transaktionen der Fall sein.

Zusammenfassend lässt sich feststellen, dass Banken trotz gewisser Compliance-Massnahmen nach wie vor für den Vermögenstransfer im Rahmen der Terrorismusfinanzierung geeignet sind. Dies gilt umso mehr für intelligente und gut ausgebildete Täter, welche sich vorgängig über die Präventionsmassnahmen der Banken informieren und entsprechend überlegt handeln. Aufgrund der geringen Kosten und der Möglichkeit, grosse Summen verhältnismässig risikolos zu transferieren, dürften Banken nach wie vor eines der Instrumente der Wahl der Terrorismusfinanzierer darstellen. Es versteht sich von selbst, dass eine weitere Differenzierung zwischen Banken notwendig ist, da nicht alle Finanzdienstleister in gleichem Umfang für den Transfer von Vermögenswerten in bestimmte

Gebiete oder aus bestimmten Gebieten geeignet sind. Banken mit vielen türkischen Kunden, welche regelmässig legitime Überweisungen in ihre Heimat tätigen, dürften tendenziell geeigneter für den Transfer von Geldern in die Türkei sein als ein Finanzinstitut, welches wenig bis gar keine Geschäftsbeziehungen in die Türkei pflegt. Allerdings ist vernünftigerweise davon auszugehen, dass dies von intelligenten Tätern ebenfalls berücksichtigt wird.

4.3.1.2. Bankensystem – konkrete Vorgehensweise

Nachdem hinreichend dargestellt wurde, dass Banken grundsätzlich für die Terrorismusfinanzierung geeignet sein dürften, stellt sich die Frage, wie intelligente Terrorismusfinanzierer konkret vorgehen. Das heisst, dass im vorliegenden Unterkapitel die Perspektive von möglichst geschickt agierenden Tätern eingenommen wird. Sollte es gelingen, deren Verhalten zu antizipieren, dürfte es ebenfalls möglich sein, weniger durchdacht handelnde Täter zu eruieren. Eine Beschränkung der Analyse auf banale Vorgehensweisen wenig geschickter Täter wäre jedoch nicht ausreichend, da vernünftigerweise davon auszugehen ist, dass auch intelligente Menschen Terrorismus finanzieren.

Zunächst ist davon auszugehen, dass intelligente Täter entweder Onlinebanken oder auf bestimmte Regionen spezialisierte Finanzdienstleister nutzen. Auch Banken mit Niederlassungen im Ausland scheinen geeignet zu sein, da dies dazu führt, dass Überweisungen konzernintern abgewickelt werden können und somit unter Umständen mit geringeren Standards bei der Prüfung gerechnet werden kann. Beispielsweise kommen hierfür türkische Banken mit Niederlassungen in Deutschland in Frage. Allerdings meiden diese Täter Hochrisikoländer wie etwa den Irak.

Ausserdem sollte hervorgehoben werden, dass überlegt handelnde Täter Strohleute einsetzen und eine legale Mittelherkunft gewährleisten. Dabei werden gezielt Vorurteile zur Schaffung von vermeintlich risikoarmen Profilen genutzt. Zudem legen sie angebliche Geschäftspartner sowie plausible, nachvollziehbare Erklärungen für ihre Transaktionen umgehend offen und untermauern diese mit Urkunden wie Rechnungen und Auftragsbestätigungen:

In diesem Zusammenhang werden Dokumente in Fremdsprachen zur Verfügung gestellt und in der Regel Stempel verwendet. Professionelle Täter gründen unter Umständen sogar eigene Unternehmen in der Türkei, welche als Tarnung für die Terrorismusfinanzierung dienen. Mögliche Erklärungen für Transaktionen sind sodann Beratungen und Investitionen. Wer regelmässig Überweisungen in die Türkei tätigt, gründet nicht nur dort ein Unternehmen, sondern etwa auch in Deutschland oder der Schweiz. Handelsregistereinträge und aussagekräftige

Internetseiten gelten in diesem Zusammenhang als besonders hilfreich. Dabei wird der Zweck der Tarngesellschaft so gewählt, dass sich allfällige Transaktionen plausibilisieren lassen. Zum Beispiel eignen sich hierfür Bestattungsunternehmen, Reiseveranstalter oder Logistikanbieter. Alternativ kommen auch Kulturvereine, NGOs oder Stiftungen als Deckmantel in Frage. Zudem könnte man legale Strukturen für Lobbyismus und Werbung schaffen. Ausserdem kann man Versäumnisurteile anstreben oder Verträge notariell beglaubigen lassen, um Zahlungen zu rechtfertigen und allfällige Begründungen mit Urkunden zu untermauern.

In jedem Fall liegt es nahe, grössere Beträge aufzuteilen, um weniger Aufmerksamkeit zu erregen. Darüber hinaus könnte ein geschickter Täter unter Verwendung der entsprechenden Struktur häufig Transaktionen tätigen. Letztendlich könnten sich Täter vor der Ausführung der Transaktion auch mit Experten beraten, um eine möglichst risikoarme Vorgehensweise zu wählen.

Wer hingegen lediglich kleine Beträge transferieren möchte, kann unter anderem auf Geflüchtete zurückgreifen, welche vorgeben, Überweisungen an kranke Familienmitglieder zu tätigen. Alternativ könnte man auch einen Teppichkauf oder den Verlust einer Brieftasche im Zentrum von Istanbul vortäuschen. Möchte man hingegen Gelder nicht nach Syrien, sondern in ein mitteleuropäisches Land transferieren, so könnte man sich als arabischer Tourist in München ausgeben. Anschliessend hebt man den überwiesenen Betrag bar ab und verteilt ihn an allfällige Mittäter. Auf die Verwendung von Prepaid-Karten ist hingegen zu verzichten, da selbige bereits im Fokus der Ermittler stehen.

Vernünftigerweise ist anzunehmen, dass Täter Onlinebanken in ihre Transaktionen integrieren. Dies alleine schon deshalb, weil Bankbeziehungen in diesem Fall nicht auf dem persönlichen Kontakt zwischen dem Kunden und den Mitarbeitern der Bank beruhen. Für Personen, welche etwas zu verbergen haben, kann dies vorteilhaft sein, da sie ihre Angaben in Schriftform und somit wohlüberlegt machen können. Zudem ist es schwieriger, schriftliche Lügen zu enttarnen, da die Stimme, Gestik und Mimik des Kunden nicht in die Analyse seiner Aussagen einbezogen werden können.

Des Weiteren eignen sich auch auf bestimmte Regionen oder Kulturkreise spezialisierte Finanzdienstleister für die Terrorismusfinanzierung:

> *„Sie haben ja auch, sage ich mal, Spezialdienstleister, ich will es jetzt nicht Ethno-Banking nennen, das hört sich so komisch an, aber die sich genau auf gewisse Volksgruppen spezialisiert haben."*
> *Interviewpartner 8*

So sind für Überweisungen aus Deutschland in die Türkei türkische Banken mit Niederlassungen in Deutschland besonders geeignet, weil diese Banken eine Vielzahl an Überweisungen von Deutschland in die Türkei bearbeiten und eine Transaktion mit Türkeibezug somit nicht weiter auffällt.

Alternativ könnte man selbstverständlich auch deutsche oder internationale Banken in der Türkei wählen:

> *„Ich gehe also in Deutschland mit meinem Geld zur HSBC, sage: Hier auf mein Konto, den und den Betrag, und jetzt überweist das doch auf mein Konto bei der HSBC in, keine Ahnung, nehmen wir die Türkei oder nehmen wir den Iran oder wo die auch immer vertreten sind."*
> *Interviewpartner 8*

Dies hat für Terrorismusfinanzierer den Vorteil, dass konzerninterne Überweisungen in der Regel weniger detailliert überprüft werden:

> *„Ich prüfe bei uns innerhalb der Konzernstruktur ja auch nicht, ob das in Ordnung ist."*
> *Interviewpartner 8*

Schliesslich geht man implizit davon aus, dass die konzerninterne Compliance funktioniert und die Parteien bereits überprüft wurden.

Trotzdem meiden Terrorismusfinanzierer vernünftigerweise Transaktionen mit allzu riskanten Ländern wie dem Irak. Derartige Transaktionen haben den Nachteil, dass sie automatisch detaillierter geprüft werden, da der Irak als hochriskant für Terrorismusfinanzierung gilt. Es ist somit davon auszugehen, dass primär für legitime Transaktionen, welche tatsächlich geschäftsmässig begründet sind und ausschliesslich über den Irak abgewickelt werden können, ein derartiges Risiko, Erklärungen abgeben zu müssen, eingegangen wird. Terrorismusfinanzierer suchen sich in der Regel weniger verdächtige Länder aus.

Die Tatsache, dass in dieser Arbeit immer wieder Bezug auf die Türkei genommen wird, sollte nicht zu Missverständnissen führen. Der Türkeibezug beruht auf den Aussagen der Interviewpartner. Selbige haben die Türkei immer wieder als für die Terrorismusfinanzierung besonders geeignet hervorgehoben. Dies ist letztendlich einerseits auf die geografische Nähe zu Syrien und andererseits auf regulatorische Schwächen zurückzuführen.

Um allfällige Abklärungen ohne Meldung der Banken an die zuständigen Behörden zu überstehen, verwenden geschickte Terrorismusfinanzierer in der Regel keine inkriminierten Vermögenswerte. Bei der Verwendung von aus einem Verbrechen stammenden Geldern besteht letztendlich ein doppeltes Entdeckungsrisiko. Die Bank könnte einerseits den Verdacht der Geldwäscherei und andererseits auch die Möglichkeit der Terrorismusfinanzierung an die Behörden melden. Es macht also aus der Perspektive der Terrorismusfinanzierer keinen

Sinn, inkriminierte Vermögenswerte über das Bankensystem zu transferieren. Wenn aus einem Verbrechen stammende Gelder transferiert werden müssen, bietet es sich an, eine der anderen in dieser Arbeit vorgestellten Methoden, wie den persönlichen Transfer, zu verwenden.

Zudem ist es nicht notwendig, dass Terrorismusfinanzierer in eigenem Namen handeln. Üblicherweise suchen sie sich Strohleute, um die Transaktionen in fremdem Namen tätigen zu können. Hierfür wählen sie möglichst unverdächtige Personen, die Überweisungen in das Zielland der Terrorismusfinanzierer problemlos plausibel erklären können:

> *„Das ist ja üblich. Also das ist nicht nur im Bereich des Terrorismus, sondern ganz andere ähm kriminelle Aktivitäten, wie Menschenhandel, Menschenschmuggel, oder Drogenhandel, dann werden in der Regel Personen vorgeschoben. Das ist so ein Verhalten, das durchaus bekannt ist, und das finden Sie in der Szene genauso."*
> *Interviewpartner 1*

So bietet es sich etwa an, auf türkische Familienväter mit leiblichen Eltern in Istanbul zurückzugreifen. Eine Überweisung von 2'000 CHF lässt sich hier in der Regel mit einem Zuschuss zur Altersvorsorge oder einer Arztrechnung plausibel begründen.

Bei der Auswahl von Strohleuten berücksichtigen geschickte Terrorismusfinanzierer gängige Vorurteile. Der Autor distanziert sich ausdrücklich von diesen Vorurteilen, weist aber darauf hin, dass unsere Gesellschaft nach wie vor von gewissen Stereotypen geprägt ist. Dies nutzen intelligente Täter, um möglichst unverdächtig zu wirken:

> *„Ein Intelligenter macht sich diese Vorurteile zu eigen und guckt eigentlich: Wie komme ich zu einem Profil in der Überwachung, was risikoarm ist?"*
> *Interviewpartner 8*

Personen, die üblicherweise schnell in Verdacht geraten könnten, werden gemieden. Es werden gezielt Personen eingesetzt, die man in der Regel nicht für Terroristen halten würde. In Frage kommen hier junge Mütter oder Seniorinnen.

Sollten grössere Überweisungen notwendig werden, müssen die Begründungen der Strohleute deutlich fundierter und ausgereifter sein. Hier liegt der Schlüssel zum Erfolg für Terrorismusfinanzierer letztendlich darin, detaillierte Erklärungen für die Transaktionen liefern zu können. Diese Erklärungen müssen plausibel sein, um zumindest oberflächlichen Überprüfungen standzuhalten.

Zudem ist es wichtig für Terrorismusfinanzierer, die Erklärungen für ihre Transaktionen umgehend offenlegen zu können. Sie erteilen bereitwillig Auskunft über ihre Geschäftspartner:

> *„Dass man wirklich weiss, mit welchem Kunden habe ich zu tun und vor allen Dingen, was sind die Geschäftspartner meines Kunden.“*
> *Interviewpartner 8*

Das heisst, dass allfällige Geschichten bereits im Voraus konstruiert und auf erstes Verlangen offengelegt werden:

> *„Ich weiss nicht, ob ich von vorneherein so kommen würde. Aber wenn die Frage kommt, dann würde ich das gleich liefern und sagen: ‚Ja, selbstverständlich. Wir verstehen, dass Sie Compliance-Pflichten haben, dass Sie Aufklärungspflichten haben und wir wissen das. Ist nicht das erste Mal, dass wir gefragt werden. Bitte schön, hier sind die Unterlagen.‘“*
> *Interviewpartner 14*

Sollte der Terrorismusfinanzierer bei Rückfragen der Bank zunächst in Verlegenheit geraten und mühsam nach Ausreden suchen, verpasst er damit letztendlich die Gelegenheit, den Anfangsverdacht der Bank sofort zu entkräften. Das bedeutet, dass die Bank weitere Abklärungen vornehmen könnte.

Um den oben erwähnten Anfangsverdacht zu entkräften, legt der Täter im Idealfall Urkunden vor. Dies nicht nur deshalb, weil Urkunden eine gewisse Glaubwürdigkeit vermitteln und Geschichten untermauern, sondern auch, um der Bank die Möglichkeit zu geben, ihre Abklärungen ohne grosse Anstrengungen sauber zu dokumentieren. Zwar gibt es vermutungsweise durchaus Banken, welchen an der Verhinderung der Terrorismusfinanzierung gelegen ist, aber im Vordergrund steht für die meisten Finanzdienstleister der Schutz vor Sanktionen. Daher ist eine saubere Dokumentation der Compliance-Massnahmen für die Bank in vielen Fällen wichtiger als die tatsächliche Bekämpfung der Terrorismusfinanzierung. Sofern die Bank nämlich beweisen kann, dass sie sämtliche zumutbaren organisatorischen Massnahmen zur Verhinderung der Tat ergriffen hat, muss sie letztendlich nicht mit erheblichen Sanktionen rechnen. Ein intelligenter Terrorismusfinanzierer berücksichtigt die Perspektive der Bank und ebnet den Weg der Compliance-Beauftragten durch die Vorlage von glaubwürdigen Urkunden, welche die Bank in ihre Akten aufnehmen kann.

Terrorismusfinanzierer greifen hierfür unter anderem auf Rechnungen und Zahlungsbestätigungen zurück. Allerdings stellt sich grundsätzlich die Frage des Volumens der Transaktion. Für die Überweisung von kleineren Beträgen genügen in der Regel einfache Rechnungen. So könnte ein in Deutschland lebender Türke fiktive Arztrechnungen von Familienangehörigen in Istanbul vorlegen, um seine Überweisungen in die Türkei zu begründen. Es ist durchaus plausibel, dass ein Türke Familienangehörige unterstützen möchte und deshalb Geld in die Türkei überweist. Auch ein syrischer Täter könnte vorgeben kranke Verwandte in seiner Heimat unterstützen zu wollen:

„Da hat jemand seinem, seinem Bruder 1.000, 2.000 Euro geschickt und der hat hier vor Gericht dann eben das Problem, oder nicht er, sondern die Justiz hatte das Problem, nachzuweisen, dass das IS-Finanzierung war, wenn der gesagt hat, ‚mein Bruder war krank, ich musste ihm 'ne Arzt/ der musste 'ne Arztrechnung bezahlen. Das ist 'ne reine familiäre Sache, ich musste dem/ der ist in Syrien, ich weiss gar nicht, wa/ vom IS weiss ich nix', sagte er dann, ‚ich hab' dem 1.000 oder 2.000 Euro geschickt oder Dollar, weil er mir sagte, er braucht das Geld. Der ist krank.'"
Interviewpartner 9

Selbst wenn sich ex post herausstellen sollte, dass das überwiesene Geld zur Finanzierung von Terrorismus verwendet wurde, ist noch nicht bewiesen, dass der Täter das wusste. Er kann sich darauf berufen, lediglich in der Absicht gehandelt zu haben, einen kranken Verwandten zu unterstützen.

Die oben erwähnte Arztrechnung aus der Türkei hat den grossen Vorteil, dass es sich um fremdsprachige Urkunden handelt:

„Also das fängt schon damit an, dass Sie die Sprache im Zweifel nicht sprechen, oder wenn es ganz hart kommt, noch nicht mal die Schrift entziffern können."
Interviewpartner 8

Falls der Auftraggeber der Überweisung keine auf die Türkei spezialisierte Bank bemüht, dürfte eine detailliertere Überprüfung der Angelegenheit bereits an den mangelnden Kenntnissen der türkischen Sprache der Compliance-Beauftragten scheitern. Dies kann insbesondere dann hilfreich sein, wenn es sich nicht um echte Urkunden handelt. Allerdings spricht im Fall der Arztrechnungen auch nichts dagegen, echte Urkunden zu verwenden. Selbige sollten leicht zu beschaffen sein. Beispielsweise könnte man sämtliche Verwandte in der Türkei um die Aushändigung ihrer letzten zehn Arztrechnungen bitten. Daher ist es auch möglich, Banken mit türkischsprachigen Compliance-Beauftragten zu täuschen. Allerdings beschränkt sich die Anwendbarkeit dieser Vorgehensweise selbstverständlich auf kleinere Beträge. Es ist schlichtweg nicht plausibel, dass ein Türke sechsstellige Eurobeträge pro Jahr darauf verwendet, die Arztrechnungen der erweiterten Verwandtschaft in der Türkei zu begleichen. Wo die Obergrenze im Einzelfall liegt, kann letztendlich nicht ohne Berücksichtigung der Einkommens- und Vermögensverhältnisse des Auftraggebers bestimmt werden. Daher wird vorliegend auf eine Bezifferung verzichtet.

Eine weitere Möglichkeit, kleinere Beträge zu transferieren, ist das Vorlegen von Auftragsbestätigungen. Selbige lassen sich ebenfalls mit einem verhältnismässig geringen Aufwand beschaffen. Zum Beispiel kann den Urkunden durch die Verwendung von Stempeln eine erhöhte Glaubwürdigkeit verliehen werden. Dabei handelt es sich jedoch um einen erheblichen Trugschluss, da Stempel letztendlich sehr leicht zu fälschen sind. Diese lassen sich in der Regel bequem über das Internet beziehen. Sofern es sich nicht um besonders geschützte Stempel wie jene von Notaren und Ärzten handelt, werden häufig keine Rückfragen gestellt.

Eine weitere plausible Erklärung für die Überweisung kleinerer Beträge in die Türkei stellt die Unterstützung von Familienangehörigen von Geflüchteten dar:

> *„Und was ich mir vorstellen kann, ist natürlich, wenn Sie gerade im Bereich Transaktionen in die Türkei ansprechen, dass Sie natürlich im Rahmen der Flüchtlingsbewegung, dass wir natürlich viele Leute haben, die aus den Krisengebieten, wo es terroristische Aktivitäten gibt, ich sage mal, in westliche oder in nahe westliche Länder immigriert sind, da jetzt 'ne legale Identität oder ein legales Leben aufgebaut haben, sind registriert, haben ein Geschäft, et cetera. Und da können Sie die History, wo kommen die Leute her, was für Beziehungen haben die, das können Sie nur schwer nachvollziehen"*
> *Interviewpartner 7*

Geflüchteten dürfte es mühelos gelingen, ihre persönlichen Beziehungen in bestimmte Gebiete zu rechtfertigen. Es ist nicht unüblich, dass Familien auf der Flucht voneinander getrennt werden. Das Bedürfnis Familienangehörige zu unterstützen ist zudem nachvollziehbar.

Sollten keine Geflüchtete als Strohleute zur Verfügung stehen, könnte ein Terrorismusfinanzierer auch selbst in die Türkei reisen. Dort gibt er vor, seine Brieftasche verloren zu haben oder einen teuren Teppich kaufen zu wollen:

> *„Also ich bringe eben das Beispiel, dass irgendjemand einen grossen Geldbetrag in Istanbul hat und hat einen arabisch klingenden Namen, aber mit französischer Staatsangehörigkeit. Vielleicht ist es ein braver Familienvater, der einen Teppich kaufen will, oder dem die Brieftasche gestohlen wurde und dringend Cash braucht, um sein Hotel zu bezahlen."*
> *Interviewpartner 13*

Anschliessend bezieht der Täter Geld von seinem deutschen oder französischen Konto an einem Bankautomaten in Istanbul und übergibt diese Barmittel einer terroristischen Organisation. Auch diese Begründungen sind letztendlich plausibel nachvollziehbar und es dürfte den Ermittlungsbehörden kaum gelingen, das Gegenteil zu beweisen.

Während eine Barabhebung in Istanbul in der Regel unverdächtig sein sollte, ist eine ähnliche Transaktion an der Grenze zu Syrien kaum noch plausibel zu begründen. Dies dürfte allerdings auch unter Terrorismusfinanzierern bekannt sein. Es gab einige Täter, welche auf der letzten Etappe ihrer Reise nach Syrien Barmittel am Geldautomaten in der Türkei kurz vor der syrischen Grenze bezogen haben. Dies hat verständlicherweise zu einem begründeten Anfangsverdacht und weiteren Abklärungen geführt. Barabhebungen in Touristenstädten wie Istanbul oder Antalya, welche jährlich von Hunderttausenden unschuldigen Mitteleuropäern zu Urlaubszwecken besucht werden, sind hingegen nicht nur unverdächtig, sondern auch aus praktischen Gründen nicht näher überprüfbar. Schliesslich müsste man andernfalls jeden Türkeiurlauber genauer unter die Lupe nehmen. Dies dürfte schlichtweg unmöglich sein. Daher ist diese Tarnung für kleinere Beträge nach wie vor hervorragend geeignet.

Bei grösseren Beträgen könnte es hingegen hilfreich sein, echte öffentliche Urkunden zu verwenden. Viele zivilrechtliche Verträge bedürfen nicht der öffentlichen Beurkundung. Dies bedeutet im Umkehrschluss jedoch nicht, dass die öffentliche Beurkundung nicht möglich sei. Um beispielsweise einem Darlehensvertrag eine erhöhte Glaubwürdigkeit zu verleihen, bietet es sich an, selbigen durch einen Notar im In- oder Ausland öffentlich beurkunden zu lassen:

> *„Sie haben natürlich, ich sage mal, aufgrund der sprachlichen Unterschiedlichkeiten und der Ferne trotzdem nicht die Chance, das alles irgendwie in berechtigte Zweifel zu ziehen. Gerade wenn Sie dieses Beispiel mit der notariellen Beurkundung, et cetera bringen dann, ne."*
> *Interviewpartner 7*

Dies erleichtert der Bank letztendlich die Compliance-Überprüfung, da sie sich einerseits auf eine öffentliche Urkunde stützen darf und andererseits mit relativ geringem Aufwand eine Überprüfung vornehmen kann. Schliesslich kann die Bank Kontakt mit dem beurkundenden Notar aufnehmen und sich erkundigen, ob die Urkunde echt ist. Eine materielle Überprüfung des Inhalts der Urkunde ist für den Notar jedoch nicht zwingend und häufig auch nicht möglich.

Zwar gibt es Notare, die entsprechende Vorsicht walten lassen und die Parteien sowie die objektiv wesentlichen Vertragspunkte vor der Beurkundung genauer betrachten, indes stellt sich die Frage, ob der Notar ein Interesse an der materiellen Überprüfung des Darlehensvertrags hat. Letztendlich ist ihm selbige gar nicht abschliessend möglich und er dürfte sich, auch im Hinblick auf die Gebühren für die Beurkundung, auf den Ausschluss offensichtlich unrichtiger Angaben beschränken.

Sofern Terrorismusfinanzierer die Idee mit der öffentlichen Urkunde aufgreifen oder häufig Rechnungen und Auftragsbestätigungen benötigen, ist es naheliegend, die auf den Urkunden vermerkten Parteien direkt oder indirekt zu kontrollieren. Dafür bietet es sich an, juristische Personen zu gründen, welche Transaktionen untereinander tätigen. Besonders geeignet scheinen hierfür unter anderem Beratungs- und Investmentunternehmen zu sein.

Beratungsunternehmen haben den grossen Vorteil, dass ihre Dienstleistungen kaum objektivierbar sind. Zwar ist es inzwischen nur noch schwer möglich, erbrachte Dienstleistungen frei zu erfinden und ohne tatsächliche Tätigkeit in Rechnung zu stellen, da gelegentlich Nachweise über die geleistete Arbeit verlangt werden. Allerdings ist es in der Regel nicht möglich, der geleisteten Arbeit einen bestimmten Wert zuzuschreiben. Hier besteht meistens ein gewisser Ermessensspielraum. Dies ist einerseits auf unterschiedliche Stundensätze, aber andererseits auch auf einen schwer messbaren Zeitaufwand und eine dementsprechend intransparente Preisbildung zurückzuführen.

Ähnliches gilt für Investmentunternehmen wie Venture-Capital- und Private-Equity-Gesellschaften. Der Wert einer Beteiligung an einem anderen Unternehmen liegt letztendlich im Auge des Betrachters. Zwar gibt es durchaus eine Vielzahl an Bewertungsmethoden, aber selbige sind grundsätzlich anfällig für Manipulationen. Beispielsweise erlaubt es eine Discounted-Cash-Flow-Analyse zwar den Wert eines Unternehmens im Rahmen einer durchaus nachvollziehbaren Analyse zu bestimmen, aber letztendlich lässt sich das Ergebnis durch eine Anpassung des Zinssatzes problemlos beeinflussen. Das bedeutet, dass sich Zahlungen für den Kauf oder Verkauf von Aktien rechtfertigen lassen.

So könnte ein Terrorismusfinanzierer Aktien eines mittelständischen Unternehmens von der zu finanzierenden Partei erwerben. Den Aktienkaufvertrag lassen die Parteien öffentlich beurkunden. Zudem wird ein Wirtschaftsprüfer mit der Bestimmung des Werts des Unternehmens beauftragt. Anschliessend werden der öffentlich beurkundete Aktienkaufvertrag, das Wertgutachten und Handelsregisterauszüge der Bank vorgelegt, um die Ausführung der Transaktion zu ermöglichen. An dieser Stelle stützt sich die Bank auf Unterlagen mit erhöhter Glaubwürdigkeit. Viele Banken werden sich mit dieser Vorgehensweise zufriedengeben.

Falls es doch zu einer detaillierteren Überprüfung der Angelegenheit kommen sollte, ist es wichtig für die Terrorismusfinanzierer, dass die beteiligten Unternehmen nicht nur existieren, sondern leicht im Internet zu finden sind. Ein überzeugender Internetauftritt hilft letztendlich die Glaubwürdigkeit des Vorgangs zu erhöhen und die Überprüfung zu dokumentieren. Schliesslich kann der zuständige Compliance-Beauftragte die Inhalte der Website abspeichern und in die Akte aufnehmen. Dies soll dem Compliance-Beauftragten ermöglichen, die Transaktion zu genehmigen, ohne fahrlässig handeln zu müssen.

Wer nicht bereits über Unternehmen verfügt, aber trotzdem in grossem Stil und vor allem regelmässig Terrorismus finanzieren möchte, hat die Möglichkeit entsprechende Gesellschaften zu gründen. Dies ist letztendlich sowohl in Mitteleuropa als auch in der Türkei mit einem verhältnismässig geringen Aufwand möglich. Dabei wird der Zweck der Tarngesellschaft so gewählt, dass sich allfällige Transaktionen plausibilisieren lassen. Im Gegensatz zu Beratungsgesellschaften und Investmentunternehmen, welche helfen einmalige grössere Transaktionen zu erklären, sind Bestattungsunternehmen, Reiseveranstalter oder Logistikgesellschaften für regelmässige Transaktionen geeignet.

Der Vorteil derartiger Gesellschaften in Mitteleuropa und der Türkei besteht vor allem darin, dass es zwar in der Regel zu Beginn der Geschäftsbeziehung mit der Bank zu einer detaillierteren Abklärung kommt, aber anschliessend häufig auf eine genauere Überprüfung einzelner Transaktionen verzichtet wird. Eine gute Geschichte plausibilisiert neben Überweisungen ins Ausland auch gleich die persönliche Anwesenheit der Terrorismusfinanzierer in bestimmten Regionen:

„Also so ein Klassiker, sage ich mal, der auch damals durch die Presse gegangen ist, machen Sie ein Bestattungsunternehmen auf. Hört sich im ersten Moment ein bisschen komisch an, aber wenn Sie sagen: Na ja, wir haben halt viele Leute, die in ihrer Heimat beerdigt werden wollen, dann haben Sie auf jeden Fall schon mal jemanden, der Ihnen plausibel erklären kann, warum die regelmässig unten vor Ort im Nahen Osten ist.“
Interviewpartner 8

Sofern eine Bank eine Geschäftsbeziehung zu einem international tätigen Bestattungsunternehmen eingeht, wird die Compliance-Abteilung sicher überprüfen, ob die Gesellschaft tatsächlich internationale Bestattungen ausführt. Allerdings findet diese Überprüfung zumeist zu Beginn der Geschäftsbeziehung statt. Sobald der Compliance-Beauftragte die ersten Bestattungen von in Deutschland oder der Schweiz wohnhaften Türken, welche in der Türkei beigesetzt wurden, im Detail überprüft hat, wird man sich kaum die Mühe machen, jede einzelne Transaktion in ähnlich fundierter Form zu kontrollieren. Eine allfällige Überprüfung weiterer Transaktion wird sich primär auf anomale Überweisungen konzentrieren und unter Umständen eine Verprobung üblicher Transaktionen umfassen. Idealerweise betreibt ein geschickter Terrorismusfinanzierer also tatsächlich ein Bestattungsunternehmen, welches internationale Beisetzungen organisiert. Anschliessend lässt er für die Terrorismusfinanzierung bestimmte Transaktionen in einer Fülle legitimer Überweisungen untergehen.

Ferner könnte der Terrorismusfinanzierer auch ein Logistikunternehmen betreiben:

„Oh, ich fang jetzt plötzlich an, an die Türkei zu überweisen oder nach Russland oder, keine Ahnung, irgendwohin, das ist auffällig. Komme ich aber hin und sage: So, ich hab hier ein internationales Unternehmen, ich mach Transport, hab eine schöne Homepage dazu, wo ich auch sehen kann: Ach guck mal, der macht Transporte in den Nahen Osten. Wegen mir sagt er auch, spezialisiert für, keine Ahnung, Krankentransport oder Ähnliches. Dann läuft das wunderbar.“
Interviewpartner 8

Wichtig ist letztendlich immer die Plausibilität der Geschichte. Es ist durchaus denkbar, dass ein international tätiger Logistikunternehmer Überweisungen ins Ausland tätigt, welche legitim sind.

Ähnliches gilt für Touristikunternehmen. Wer regelmässig Türkeiurlaube in Deutschland verkauft, muss in der Regel Hotelrechnungen in der Türkei bezahlen. Das bedeutet, dass diese Unternehmen eine Vielzahl an legitimen Überweisungen von Deutschland in die Türkei tätigen, welche als Tarnung für der Terrorismusfinanzierung dienende Transaktionen genutzt werden könnten. Ähnliches gilt für Logistikunternehmen, welche regelmässig Güter zwischen der Türkei und Mitteleuropa transportieren.

Alternativ kommen auch Kulturvereine, NGOs oder Stiftungen als Deckmantel in Frage:

> *„Das können Stiftungen sein, das können Kulturvereine sein, das können irgendwelche Unterstützergruppen sein, die sich nach aussen hin irgend 'nen Anstrich geben, wie gesagt, diese ganzen Kulturvereine, die Sie hier haben, die ganzen NGOs, irgendwelchen Non-Governmental Organizations, die sich 'nen Anstrich geben als gemeinnützig, wohltätig. Aber dahinter verbirgt sich letztendlich 'ne/ ich sage mal, eine Organisation, die einer politischen Organisation, einer terroristischen Organisation nahesteht."*
> *Interviewpartner 7*

Allerdings haben gemeinnützige Organisationen häufig einen faden Beigeschmack, welche Terrorismusfinanzierer vernünftigerweise meiden. Grundsätzlich wird eine Überweisung eines türkischen Kulturvereins kritischer betrachtet als eine ähnliche Transaktion eines Reiseveranstalters. Dies alleine schon deshalb, weil gemeinnützige Organisationen immer wieder in den Verdacht geraten sind, dem Terrorismus zu dienen. Intelligente Terrorismusfinanzierer sind sich dieser Vorurteile, welche selbstverständlich in vielen Fällen ungerechtfertigt sind, durchaus bewusst.

Sollte ein Täter trotzdem auf eine NGO zurückgreifen wollen, plausibilisiert er die dahinterstehende Geschichte:

> *„Muss natürlich immer der Empfängername, wenn man den googeln kann und das ist 'ne NGO, die man nachvollziehen kann, dann is das in Ordnung für uns. Wenn es, sage ich mal, an den Roten Halbmond geht, is es für mich auch in Ordnung. Wenn's aber hingegen irgendwo was ist, was ich wirklich nicht nachvollziehen könnte, dann würde wir eher Verdacht haben."*
> *Interviewpartner 3*

Ein geschickter Täter sorgt also für eine möglichst makellose Internetpräsenz. Unter Umständen organisiert er auch einen entsprechenden Eintrag in ein Register.

Auch Strukturen für Werbung und Lobbyismus sind nur bedingt hilfreich für Terrorismusfinanzierer. Zwar lassen sich mit diesen Strukturen durchaus Zahlungsströme rechtfertigen, aber die schwere Nachvollziehbarkeit der tatsächlichen Tätigkeit und deren Wert ist in vielen Fällen ein Hindernis. Insbesondere könnten gerade bei Zahlungen an Lobbyisten auch Korruptionsermittlungen ausgelöst werden. Daher werden diese Strukturen von geschickten Terrorismusfinanzierern inzwischen gemieden.

Eine sehr geschickte Methode der Terrorismusfinanzierung stellt hingegen das Einholen von Versäumnisurteilen dar. Dabei lässt sich die zahlende Partei von der empfangenden Partei vor einem Gericht in der Schweiz einklagen. Naheliegenderweise wird hierfür das summarische Verfahren im Sinne von Art. 248 ff. ZPO gewählt, aber es wäre durchaus auch ein ordentliches Verfahren im Sinne von Art. 219 ff. ZPO möglich. Der Trick der Terrorismusfinanzierer besteht darin, dass die klagende Partei ihre Forderung sehr detailliert und mit Urkunden begründet. Beispielsweise könnte die nicht erfolgte Rückzahlung eines Darlehens im Sinne von Art. 312 ff. OR geltend gemacht werden. Die beklagte Partei bestreitet die Forderung zwar pauschal, also mittels der Formel „gesamthaft und in allen Einzelheiten", aber unterlässt es, auch nur im Ansatz zu begründen, warum die Forderung ungerechtfertigt sei. Vielmehr beschäftigt sie sich mit appellatorischer Kritik, welche in keinem Fall geeignet sein dürfte, Zweifel an den Ausführungen der klagenden Partei zu erwecken.

Sollte es zu einer Verhandlung vor Gericht kommen, wehrt sich die beklagte Partei zwar auf emotionale, aber mit Sicherheit sachlich nicht begründete Art und Weise. Die klagende Partei begründet ihre Forderung jeweils detailliert, glaubhaft und unter Verweis auf die anwendbaren Gesetze. Unter Berücksichtigung der Verhandlungs- und Dispositionsmaxime bleibt dem Richter letztendlich nichts anderes übrig, als die Klage gutzuheissen. Selbstverständlich verzichtet die beklagte Partei auf eine schriftliche Begründung des Urteils, um wenigstens die Gerichtskosten im Rahmen zu halten.

Anschliessend kontaktiert die beklagte Partei ihre Bank und gibt die Überweisung des im Gerichtsurteil zugesprochenen Betrages an die Gegenseite in Auftrag. Sollten Rückfragen der Compliance-Abteilung auftreten, legt die beklagte Partei umgehend eine Kopie des Urteils, in welchem sie zu dieser Zahlung verpflichtet wurde, vor. Mangels Begründung des Urteils kann die Bank nicht nachvollziehen, wie es zur Gutheissung des Anspruchs gekommen ist, und geht in der Regel davon aus, dass das Gericht den Sachverhalt überprüft hat. Dabei handelt es sich jedoch um einen Trugschluss.

Da es sich bei derartigen Gerichtsverfahren um eine eher komplexe Methode der Terrorismusfinanzierung handelt, ist es naheliegend, Experten beizuziehen:

„Ich glaube, auf der Gegenseite sind mittlerweile Leute da, die die Strukturen kennen und diese Strukturen ausnutzen können.“
Interviewpartner 8

Allerdings ist es in keinem Fall notwendig, dass der Terrorismusfinanzierer den Experten über seine eigentlichen Beweggründe informiert. Es genügt einen Rechtsanwalt zu mandatieren, eine Forderung aus einem Darlehensverhältnis im Sinne von Art. 312 ff. OR geltend zu machen. Der Rechtsanwalt muss nicht zwingend vom Zweck der Terrorismusfinanzierung wissen. Die beklagte Partei benötigt hingegen keine besondere Expertise. Sie argumentiert banal und unsachlich und stellt damit sicher, dass die Klage gutgeheissen wird.

Abgesehen von der Versäumnisklage sind die meisten Vorgehensweisen eher für kleinere Beträge geeignet. Es bietet sich also an, grössere Beträge aufzuteilen, um weniger Aufmerksamkeit zu erregen:

„Wenn Sie dann auch noch irgendwie ein Splitting machen und bleiben unter irgendwelchen kritischen Schwellenwerten, da haben Sie als Bank keine Chance.“
Interviewpartner 7

Die genaue Höhe der Beträge ist jedoch immer vom konkreten Einzelfall abhängig.

Der Fokus dieses Unterkapitels liegt primär auf dem Transfer von Vermögenswerten von Mitteleuropa in von Terroristen kontrollierte Gebiete. Allerdings ist natürlich auch der umgekehrte Weg möglich. Beispielsweise könnte sich ein Terrorismusfinanzierer aus Syrien als arabischer Tourist in München ausgeben. Er lässt sich Gelder auf ein Konto in Dubai überweisen. Anschliessend hebt er den überwiesenen Betrag bar ab und verteilt ihn an allfällige Mittäter.

Auf die Verwendung von Prepaid-Karten ist in diesem Zusammenhang jedoch zu verzichten, da selbige seit den Attentaten in Paris im Jahr 2016 im Fokus der Ermittler stehen. Daher sieht ein intelligenter Terrorismusfinanzierer davon ab, regelmässig Transaktionen mit Prepaid-Karten zu tätigen. Letztendlich würde er dadurch unnötige Aufmerksamkeit auf sich ziehen.

In diesem Unterkapitel wurde eine Vielzahl an Möglichkeiten dargestellt, Vermögenswerte zum Zweck der Terrorismusfinanzierung über das Bankensystem zu transferieren. Die Breite der Methoden beruht nicht nur auf der unterschiedlichen Expertise der Interviewpartner, sondern vor allem auch auf den Bedürfnissen von Terrorismusfinanzierern. Insbesondere ist zwischen kleinen und grossen sowie zwischen einmaligen und regelmässigen Transaktionen zu unterscheiden.

Dieses Unterkapitel hat gezeigt, dass das Bankensystem trotz aller Compliance-Bemühungen nach wie vor für die Terrorismusfinanzierung geeignet ist.

Konkrete Vorgehensweisen von intelligenten Tätern wurden erläutert, um diese Behauptung zu untermauern. Gleichzeitig muss jedoch hervorgehoben werden, dass nur ein Bruchteil der möglichen Vorgehensweisen im Rahmen dieser Arbeit behandelt werden kann.

Unter anderem wäre es möglich, die verschiedenen Methoden miteinander zu kombinieren oder zu ergänzen. Dabei ist es nicht möglich, alle aufgegriffenen Vorgehensweisen bis ins letzte Detail zu diskutieren. Letztendlich könnte man der Mehrheit der Methoden jeweils eine eigene Arbeit widmen. Der Sinn dieses Unterkapitels besteht jedoch primär darin, dem Leser einen Überblick über mehrere Methoden zu geben und wesentliche Punkte aufzugreifen. Es wird nicht der Anspruch der Vollständigkeit erhoben.

Es ist indes nicht der Sinn und Zweck dieser Arbeit, eine Anleitung zur Terrorismusfinanzierung zu verfassen. Vielmehr sollen Lücken im System aufgezeigt werden, damit selbige durch geeignete Massnahmen geschlossen werden können. Allerdings muss dabei berücksichtigt werden, dass es nicht genügen dürfte, lediglich die Compliance-Massnahmen der Banken zu verschärfen oder zu intensivieren. Ein globaler Ansatz, welcher auch strafprozessuale Instrumente berücksichtigt und andere Berufsgruppen, wie Richter und Notare, sensibilisiert, ist entscheidend für den Erfolg im Kampf gegen die Terrorismusfinanzierung.

4.3.1.3. Bankensystem – Entdeckungsrisiken

Auch die mit den einzelnen Methoden verbundenen Entdeckungsrisiken sollten nicht unbeachtet bleiben. Zunächst sind die Transaktionsanalysen der Banken zu erwähnen. Allerdings wird zunehmend auch auf bekannte Typologien von sogenannten Foreign Terrorist Fighters zurückgegriffen. Personen mit arabischen Namen gelten beispielsweise als besonders verdächtig.

Anonyme Transaktionen sind in der Regel nicht mehr möglich. Es findet unter Umständen eine Überprüfung der Hintergründe der Zahlungen der Kunden durch die Bank statt. Dies ist allerdings nur ein bedingtes Risiko, da die wirtschaftlich berechtigten Personen auf der Empfängerseite für die Bank häufig ein Rätsel bleiben. Eine gut nachvollziehbare Dokumentation reduziert das Risiko der Entdeckung zudem signifikant. Folglich kann ein krimineller Zweck, welcher noch dazu in der Zukunft liegt, in der Regel nicht festgestellt werden. Verdächtige Transaktionen gehen häufig in legitimen Transaktionen unter. Lediglich die Überweisung grösserer Beträge erhöht in der Regel das Entdeckungsrisiko.

Trotzdem ist davon auszugehen, dass Terrorismusfinanzierer nicht nachlässig handeln. Eine routinemässige Analyse der Presse dürfte sowohl durch die Bank als auch durch die Täter erfolgen. Zwar ist die Differenzierung zwischen

Terrorismusfinanzierung und legitimen Barbezügen in der Regel schwierig, aber dank der Presse dürfte inzwischen allgemein bekannt sein, dass Barbezüge im Grenzgebiet zu Syrien als höchst verdächtig gelten.

Die mit den einzelnen Methoden verbundenen Entdeckungsrisiken sollten nicht vernachlässigt werden. Insbesondere gilt es, die Transaktionsanalysen der Banken hervorzuheben. Selbige zielen darauf, anomale Transaktionen zu erkennen und unter Umständen zu blockieren. Dabei wird häufig auf das Kundenprofil und die bisherigen Transaktionen der einzelnen Geschäftsbeziehung abgestellt. Zwar handelt es sich hier um ein durchaus signifikantes Risiko für Terrorismusfinanzierer. Selbiges lässt sich jedoch verhältnismässig leicht umgehen, indem stets sichergestellt wird, dass die durchzuführenden Transaktionen mit dem Profil der Kundenbeziehung kompatibel sind. Zum Beispiel ist eine Überweisung eines etablierten Reiseveranstalters, der seit Jahren Überweisungen in die Türkei tätigt, weniger verdächtig als die Überweisung eines 20 Jahre jungen deutschen Staatsbürgers, der erstmals in die Türkei überweist. Letzterer wird mit hoher Wahrscheinlichkeit Rückfragen zu beantworten haben. Bei Ersterem wird man hingegen von einer gewöhnlichen Überweisung im Rahmen des Geschäftszwecks ausgehen und in der Regel keine separate Überprüfung der einzelnen Transaktion vornehmen.

Zudem greifen Banken regelmässig auf die ihnen von Behörden zur Verfügung gestellten Profile der Foreign Terrorist Fighters zurück. Selbige werden von den Finanzdienstleistern häufig intern und in Kooperation mit Behörden weiterentwickelt:

> *„Üblicherweise, so ist es auch bei uns im Hause, entwickeln wir Typologien, wir haben beispielsweise hier/ DAS, glaube ich, auch eines der führenden Institute, die jetzt insbesondere in den USA dann Zusammenarbeit mit den Behörden, aber auch hier in Europa, und hier auch konkret in Deutschland, Typologien entwickelt haben, zum Beispiel Foreign Terrorist Fighters, um deren Verhalten im finanziellen Bereich zu erkennen."*
> *Interviewpartner 1*

Diese Profile können in der vorliegenden Arbeit nicht dargestellt werden, da es sich um vertrauliche Dokumente handelt, welche ausschliesslich für den internen Gebrauch von Compliance-Abteilungen von Banken bestimmt sind und nicht publiziert werden dürfen. Allerdings ist davon auszugehen, dass intelligente Täter entweder aufgrund von Kontakten zu Bankern oder durch eine Analyse der Presse zumindest in rudimentärer Form Kenntnis von gewissen Suchprofilen erlangt haben. So dürfte allgemein bekannt sein, dass junge Männer, welche keiner Erwerbstätigkeit nachgehen und ihr Sparbuch auflösen, um eine längere Reise anzutreten, tendenziell verdächtiger sind als deutsche Frauen mittleren Alters, welche nicht mehr als 10 Prozent ihres Girokontoguthabens beziehen und vorgeben, sich eine neue Handtasche kaufen zu wollen. Die Profile der Foreign Terrorist Fighters stellen also lediglich für unüberlegt handelnde Täter eine Herausforderung dar und können durch den gezielten Einsatz von vermeintlich unverdächtigen Strohleuten umgangen werden.

Gleiches gilt für Personen mit arabischem Nachnamen: Diese gelten grundsätzlich als besonders verdächtig, weil viele Bankmitarbeiter gewisse Vorurteile mit sich herumtragen. Diese Vorurteile sind zwar in der Mehrheit der Fälle unbegründet, aber könnten trotzdem Anlass zu detaillierteren Rückfragen und einer fundierteren Prüfung der Angelegenheit geben:

> *„Das waren dann auffallend viele Personen involviert in diese Geldflüsse, alle mit arabischen Namen."*
> *Interviewpartner 5*

Intelligente Täter sind sich dieser Vorurteile bewusst und meiden es, sofern sie etwas zu verbergen haben, Bankbeziehungen in eigenem Namen einzugehen.

Hinzu kommt, dass anonyme Transaktionen in der Regel nicht mehr möglich sind:

> *„Die Wahrscheinlichkeit, dass uns da jemand unterrutscht, der komplett anonym ist und irgendwie durch Zufall reinkommt, das ist eigentlich nicht darstellbar oder ist nicht möglich."*
> *Interviewpartner 8*

Finanzdienstleister auf der ganzen Welt bemühen sich die wirtschaftlich Berechtigten zu identifizieren, um Transaktionen möglichst lückenlos nachvollziehen zu können. Dies ist zwar ein gewisses Risiko für Terrorismusfinanzierer, aber auch hier kann der gezielte Einsatz von Strohleuten Abhilfe schaffen.

Allerdings kann es durchaus sein, dass auch Strohleute eine Überprüfung der Hintergründe der Transaktion über sich ergehen lassen müssen:

> *„Wir kennen unseren Kunden wirklich und wir kennen auch den Hintergrund des Kunden."*
> *Interviewpartner 8*

Schliesslich genügt es in der überwiegenden Mehrheit der Fälle, eine plausible Erklärung zu liefern. Wer diese Erklärung bei grösseren Transaktionen zudem mit geeigneten Urkunden untermauern kann, hat in der Regel keine Weiterverfolgung der Angelegenheit durch die Bank zu befürchten.

Es ist daher unerlässlich für Terrorismusfinanzierer, allfällige Transaktionen gut zu dokumentieren:

> *„Wenn jemand wirklich so präzise vorgeht, wirklich, sage ich mal, von den Unterlagen her eine Nachvollziehbarkeit stattfindet, glaube ich, ehrlich gesagt, dann bekommen Sie den im Zweifel gar nicht."*
> *Interviewpartner 8*

Eine gute Dokumentation ist in der Regel nachvollziehbar und plausibel. Die Dokumentation sollte zudem glaubwürdig wirken und zumindest eine oberflächliche Überprüfung ohne besondere Vorkommnisse überstehen. Das heisst, dass geschickte Terrorismusfinanzierer betriebswirtschaftlich sinnvolle Geschichten erzählen, welche nicht offensichtlich an einem logischen Bruch leiden und zudem auf erstes Verlangen mit Urkunden untermauert werden. Dadurch wird das Entdeckungsrisiko massgeblich reduziert.

An dieser Stelle stellt sich regelmässig die Frage nach der Echtheit der Urkunden. Es ist deutlich risikoärmer, mit echten Urkunden zu arbeiten. Selbst wenn es sich dabei um eine echte Beurkundung falscher Tatsachen handeln sollte, würde dies in der Regel frühestens in einem Ermittlungsverfahren bekannt werden. Banken überprüfen viele Urkunden, welche auf den ersten Blick echt aussehen, nicht. Sollten sie sich allerdings bemühen, die Echtheit der Urkunde zu überprüfen, dürften sie sich in der überwiegenden Mehrheit der Fälle auf die Zusicherung der Echtheit einer Urkundsperson verlassen.

Daher liegt es für intelligente Täter nahe, bei grösseren Transaktionen echte öffentliche Urkunden aus dem Ausland zu verwenden. Sollte die Bank die Transaktion überprüfen, bestätigt die öffentliche Urkundsperson die Echtheit der zugrundeliegenden Urkunde. Die Bank dürfte sich normalerweise auf diese Zusicherung verlassen. Schliesslich kann sie dokumentieren, die Transaktion überprüft und sogar mit der Urkundsperson Kontakt aufgenommen zu haben. Damit hat die Bank letztendlich ihre Compliance-Pflichten erfüllt. Die Tatsache, dass die Urkundsperson in vielen Fällen nicht zu einer materiellen Überprüfung der Angelegenheit verpflichtet ist, wird dabei nicht berücksichtigt.

Das Entdeckungsrisiko lässt sich weiter reduzieren, indem sichergestellt wird, dass verdächtige Transaktionen in legitimen Transaktionen untergehen. Beispielsweise können nicht alle Transaktionen, welche die Türkei betreffen, besonders hinterfragt werden:

> *„Nun ja, besonders zu hinterfragen, das wäre so, wie wenn man fragen würde, alle Fahrzeuge, die in die Himmelsrichtung Türkei unterwegs sind oder vielleicht sogar direkt in die Türkei fahren, müssten einer speziellen Kontrolle unterliegen. Also die Frage ist, inwiefern ist das überhaupt noch praktikabel? Es sind 99,9 Prozent Überweisungen wahrscheinlich völlig legitim, und in dieser Masse an Finanzströmen wird der eine oder andere Euro sein, der möglicherweise vom Sympathisanten an, weiss ich nicht, Familienangehörige oder*

sonst irgendjemanden oder Personen, die eben in dem Kampfgebiet tätig sind oder dorthin zumindest immer wieder pendeln, an die überwiesen.
Interviewpartner 6

Ein geschickter Terrorismusfinanzierer tätigt keine Transaktion, welche jedem Compliance-Beauftragten sofort ins Auge sticht. Dies wäre nur unter besonderen Umständen mit einer herausragenden Dokumentation möglich. Ein Beispiel hierfür wäre ein Gerichtsurteil, welches den Auftraggeber zur Zahlung einer bestimmten Summe an den Empfänger verpflichtet. In der überwiegenden Mehrheit der Fälle ist es jedoch einfacher zu überlegen, welche Transaktionen nicht auffallen, und grössere Beträge auf mehrere kleinere Überweisungen zu verteilen.

Grössere Überweisungen erhöhen in der Regel das Entdeckungsrisiko, da sie auffallen und eine detailliertere Abklärung betriebswirtschaftlich eher zu rechtfertigen ist. Eine Zahlung von 500 CHF von der Schweiz in die Türkei kann in der Regel nicht mehrere Stunden eines Compliance-Beauftragten in Anspruch nehmen, da dieser Aufwand aus der Perspektive der Bank, welche nach Gewinn strebt, kaum zu rechtfertigen wäre. Hingegen kann eine Überweisung von 5'000'000 CHF durchaus auch eine mehrtägige Recherche eines Compliance-Beauftragten rechtfertigen. Wie vorstehend bereits erwähnt, sind derartig grosse Überweisungen aus der Perspektive eines Terrorismusfinanzierers somit nur sinnvoll, wenn er über eine vorzügliche Dokumentation verfügt, welche jeden Zweifel auf den ersten Blick aus dem Weg räumt. Andernfalls wird das Entdeckungsrisiko durch die Überweisung zu grosser Beträge signifikant erhöht.

Aus der Perspektive der Terrorismusfinanzierer ist es zudem erfreulich, dass die wirtschaftlich berechtigten Personen auf der Empfängerseite für die Bank häufig ein Rätsel bleiben. Das heisst, dass die Bank in vielen Fällen keine Möglichkeit hat, die wirtschaftlich berechtigte Person auf der Empfängerseite zu überprüfen. Sie ist gezwungen, sich auf die Compliance der Bank auf der Empfängerseite zu verlassen, und meist auch nicht befugt, sich mit Compliance-Beauftragten anderer Banken über Transaktionen im Detail auszutauschen. Dies wäre letztendlich eine Verletzung des Bankgeheimnisses.

Eine weitere Herausforderung bei der Bekämpfung der Terrorismusfinanzierung besteht darin, dass der Tatbestand meist erst in der Zukunft erfüllt wird. Das Entdeckungsrisiko von noch nicht ausgeführten Tathandlungen ist folglich äusserst gering. Schliesslich dürfte es in den meisten Fällen schwerfallen zu beweisen, dass ein Täter beabsichtigt, Terrorismus zu finanzieren. Sobald er die Tat ausgeführt hat, ist es unter Umständen bereits zu spät. Dies gilt umso mehr, wenn er sein eigenes Ableben im Rahmen des finanzierten Anschlags in Kauf genommen hat. Lediglich Täter, welche sich auf die Terrorismusfinanzierung beschränken, und nicht selbst Terroranschläge ausführen, hätten noch mit einer Strafverfolgung zu rechnen.

Zusammenfassend zeigt sich, dass Terrorismusfinanzierer insbesondere dann in das Visier von Compliance-Beauftragten und Ermittlern geraten und dadurch das Entdeckungsrisiko signifikant erhöhen, wenn sie unvorsichtig oder unüberlegt handeln. Allerdings ist nicht davon auszugehen, dass Terrorismusfinanzierer grundsätzlich nachlässig handeln. Wie vorstehend dargestellt wurde, lässt sich das Entdeckungsrisiko durch wohlüberlegtes Handeln auf ein Minimum reduzieren. Dies dürfte in vielen Fällen auch den Tätern bekannt sein.

Insbesondere ist davon auszugehen, dass Banken regelmässig die Presse analysieren:

> *„Die Presse zu analysieren, da kommen Sie heute nicht mehr drum herum. Wenn Sie feststellen, da ist irgendjemand dabei, der nicht seriös ist, dann sollten Sie tunlichst anfangen, mal nachzudenken in Ihrer Bank, warum man vielleicht diesen Geschäftspartner nicht mehr in Zukunft haben möchte."*
> *Interviewpartner 8*

Indes ist anzunehmen, dass sich auch die Täter mit einer regelmässigen Analyse der Presse beschäftigen. Dies setzt dank den gängigen Suchmaschinen nicht mal eine besondere Kontinuität voraus. Es genügt, sich vor der Planung einer Transaktion über das Internet über die jüngsten Entwicklungen im Compliance-Bereich und die Unbescholtenheit der zu involvierenden Partien zu informieren. Dabei kann geprüft werden, wie Täter vorgegangen sind, welche erwischt wurden und wer als verdächtig gilt. Auch dadurch wird das Entdeckungsrisiko nochmal erheblich reduziert.

Beispielsweise ist inzwischen allgemein bekannt, dass Barbezüge im Grenzgebiet zu Syrien als höchst verdächtig gelten, aber Barabhebungen von Terrorismusfinanzierern in anderen Ländern, wie Deutschland oder der Schweiz, kaum von legitimen Transaktionen zu unterscheiden sind. Vernünftigerweise ist davon auszugehen, dass Terroristen daher Barbezüge im Grenzgebiet zu Syrien meiden.

Im Sinne einer Gesamtwürdigung kann festgehalten werden, dass das Entdeckungsrisiko der Terrorismusfinanzierung über das Bankensystem grundsätzlich bereits gering ist. Durch ein in vernünftigem Masse durchdachtes Vorgehen kann das Risiko zudem erheblich reduziert und in vielen Fällen nahezu ausgeschlossen werden. An dieser Stelle wäre es unter Umständen naheliegend, schärfere Compliance-Regeln für Banken zu fordern. Dies ist jedoch wenig sinnvoll, da auch durch eine Ausweitung der Compliance-Massnahmen kein erhebliches Entdeckungsrisiko für Terrorismusfinanzierer geschaffen werden könnte.

4.3.1.4. Bankensystem – Gesamtwürdigung

In der Literaturanalyse wurde festgehalten, dass Finanzdienstleister grundsätzlich an der Bekämpfung der Terrorismusfinanzierung arbeiten, um Reputationsrisiken zu vermeiden und das Vertrauen der Öffentlichkeit nicht zu verlieren.[691] Zudem sei an die mit Regelverletzungen verbundenen Strafen gedacht.[692] Es überrascht daher kaum, dass im Rahmen der Experteninterviews hervorgehoben wurde, dass Banken die Transaktionen ihrer Kunden überwachen und wissen, wer wo Geld bezogen hat.[693]

Darüber hinaus haben die Experteninterviews jedoch auch zum Vorschein gebracht, dass es nahezu unmöglich ist, einen geschickten Terrorismusfinanzierer, der sich wie alle anderen Kunden verhält, zu identifizieren. Dies vor allem aufgrund dessen, dass intelligente Täter häufig nicht auf inkriminierte Vermögenswerte zurückgreifen und die Mittelherkunft somit unverdächtig ist. Das heisst, dass als einziger Anhaltspunkt die Mittelverwendung bleibt. Selbige liegt jedoch in der Zukunft. Sofern es dem Kunden gelingt, eine plausible Geschichte zu erzählen und selbige bei Bedarf mit Urkunden zu untermauern, ist nicht davon auszugehen, dass Transaktionsanalysen der Banken zum Erfolg führen könnten.

Der Autor möchte an dieser Stelle explizit darauf hinweisen, dass dies keine Kritik an Banken darstellen soll. Vielmehr liegt es am Gesetzgeber, die Möglichkeiten der Finanzdienstleister realistisch einzuschätzen und durch andere Massnahmen zu ergänzen. Das lange praktizierte „Outsourcing von Strafverfolgungsaufgaben" an private Unternehmen hat nicht zum gewünschten Erfolg geführt.[694]

4.3.2. Parallelbankensysteme

4.3.2.1. Parallelbankensysteme – generelle Eignung

Neben dem regulierten Bankensystem scheinen auch sogenannte Parallelbankensysteme eine gewisse Rolle für die Terrorismusfinanzierung zu spielen. Da selbige in der Regel nicht durch staatliche Behörden beaufsichtigt werden, verfügen sie in den meisten Fällen auch nicht über hinreichende Compliance-Massnahmen. Die Verschleierung des wirtschaftlich Berechtigten wird dadurch unter

---

691 Beekarry, 2011: S. 152.
692 Zagaris, 2004: S. 153.
693 Barrett, 2011: S. 730.
694 Donatsch, 2017: S. 291.

Umständen massgeblich erleichtert. Zudem können Parallelbankensysteme häufig mit Transaktionen über regulierte Banken kombiniert werden.

Dabei scheinen insbesondere sog. Hawala-Systeme eine entscheidende Rolle zu spielen. Hawala-Systeme basieren auf Vertrauen und Netzwerken. Hawala-Banker gehen meist einer anderen Tätigkeit nach und bieten nebenberuflich Geldtransferdienstleistungen an. Die Gelder werden nicht tatsächlich transferiert, sondern lediglich gutgeschrieben. Das bedeutet, dass ein Hawala-Banker in Zürich Geld von einem Kunden entgegennehmen kann. Wenn dieses Geld für einen Empfänger in Syrien bestimmt ist, informiert der Hawala-Banker seinen Kontaktmann in Syrien, dass er soeben einen bestimmten Betrag erhalten habe. Abzüglich einer Kommission kann der Betrag anschliessend beim Hawala-Banker in Syrien abgeholt werden. Beide Hawala-Banker machen einen Vermerk in ihren Akten, dass eine Transaktion stattgefunden hat und der Banker in Syrien ein Guthaben gegenüber dem Banker in der Schweiz habe. Sofern im Rahmen einer darauffolgenden Transaktion ein Kunde Gelder aus Syrien in die Schweiz transferieren möchte, funktioniert das System umgekehrt und das Guthaben wird – zumindest teilweise – ausgeglichen. Allfällige Überschüsse können periodisch – beispielsweise alljährlich – ausgeglichen werden. Derartige Parallelbankensysteme sind in vielen Ländern legal.

Zwar ist der Zugang zu diesen Parallelbankensystemen in der Regel von signifikanten Hürden gekennzeichnet. Wem die Überwindung dieser Hürden jedoch gelingt, der profitiert nicht selten von einem seriösen und kostengünstigen Service. Insbesondere verfügen diese Parallelbankensysteme oftmals auch über eine Infrastruktur in Gebieten, aus welchen sich regulierte Banken bereits zurückgezogen haben. Dies macht Parallelbankensysteme unter anderem zu besonders geeigneten Alternativen für Lösegeldzahlungen.

Die Tatsache, dass Parallelbankensysteme in der Regel nicht über ausgereifte Compliance-Massnahmen verfügen, macht sie für die Terrorismusfinanzierung besonders attraktiv:

> *„Das ist natürlich schon ein Gebiet, wo keine Aufsicht besteht und der überhaupt nicht transparent ist, und das bietet natürlich ganz viele Möglichkeiten auch Vermögenswerte von A nach B zu verschieben."*
> *Interviewpartner 14*

Terrorismusfinanzierer müssen sich unter diesen Umständen keine Gedanken über die Verschleierung ihrer Transaktionen machen. Auch ungewöhnliche Überweisungen fallen mangels Transaktionsanalysen nicht auf. Zudem melden Parallelbankensysteme verdächtige Vorgänge in der Regel nicht an die zuständigen

Behörden, da sie sich damit letztendlich selbst belasten würden. Schliesslich haben Parallelbanker keine Bewilligung zur Ausübung dieser Tätigkeit.

Eine Kombination von Parallelbankensystemen mit Transaktionen über regulierte Banken kann zu einem Unterbruch der Nachvollziehbarkeit führen. Dies gilt vorwiegend dann, wenn der Täter primär das regulierte Bankensystem nutzt und zur Verschleierung zusätzlich, also ergänzend, auf Parallelbankensysteme zurückgreift. Allerdings sollte an dieser Stelle hervorgehoben werden, dass durch die Ein- und Ausschleusung von Werten letztendlich Aufsehen bei den regulierten Finanzdienstleistern erregt werden könnte.

Gleichwohl kann nicht jedermann ohne weiteres auf Parallelbankensysteme zurückgreifen. Häufig handelt es sich hierbei um geschlossene Systeme, welche nur einem bestimmten Personenkreis zur Verfügung stehen:

> „Also Sie müssten schon aus dieser Volksgruppe sein, damit Sie das Urvertrauen von Hawala da bekommen."
> *Interviewpartner 15*

Die Zugehörigkeit zu einem gewissen Kulturkreis kann den Zugang zwar massgeblich erleichtern, aber letztendlich sind persönliche Kontakte notwendig. Terrorismusfinanzierer dürften diese Kontakte jedoch häufig haben.

Ein grosser Vorteil von Parallelbankensystemen ist zudem, dass sie äusserst kostengünstig sind. Dies liegt unter anderem an den eingangs erwähnten fehlenden Compliance-Massnahmen. Ferner arbeiten Parallelbanker häufig nicht hauptberuflich als Finanzdienstleister, sondern betrachten die Erbringung dieser Dienstleistungen als Nebentätigkeit, weshalb sie geringere Margen in Kauf nehmen können.

Da die Dienstleistungen der Parallelbankensysteme in vielen Fällen auf Vertrauen beruhen und die Reputation des Einzelnen und seiner Familie in den üblicherweise involvierten Kulturkreisen meist einen hohen Stellenwert geniesst, sind die Anbieter überwiegend seriös:

> *„Die Leute sind sehr seriös, weil sie sehr viel riskieren, wenn es nicht klappt."*
> *Interviewpartner 11*

Das gesellschaftliche Ansehen eines Dienstleisters gilt als Garant für seine Professionalität und Zuverlässigkeit.

Ein weiterer Vorteil der Parallelbankensysteme besteht darin, dass sie auch in entlegenen Regionen dieser Welt funktionieren:

> *„Das war natürlich ein grosses Thema bei Al-Qaida, wusste man auch, weil es dort eben vor allem darum ging, Geld ins Konfliktgebiet zu bringen und da war Hawala fast die einzige Möglichkeit."*
> *Interviewpartner 13*

Häufig finden sich Parallelbanker in Gebieten, aus denen sich regulierte Banken bereits seit längerer Zeit zurückgezogen haben. Dies kann für Terrorismusfinanzierer den Vorteil haben, dass sie beispielsweise Gelder in vom IS kontrollierte Gebiete Syriens transferieren können.

Letztendlich lassen sich Parallelbankensysteme aber auch hervorragend für Lösegeldzahlungen nutzen. Insbesondere könnten Terrorismusfinanzierer, welche eine Person entführt haben, die Zahlung des Lösegelds über Parallelbankensysteme fordern. Damit lässt sich das Lösegeld binnen relativ kurzer Zeit über mehrere Länder transferieren, wodurch die Nachvollziehbarkeit massgeblich erschwert wird.

Zusammenfassend lässt sich also feststellen, dass Parallelbankensysteme hervorragend für die Terrorismusfinanzierung geeignet sind, vor allem wegen der mangelnden Regulierung dieser Systeme und der daraus resultierenden Anonymität. Allerdings ist auch die Präsenz der Parallelbankensysteme in entlegenen Regionen ein entscheidender Vorteil für die Terrorismusfinanzierung. Schliesslich ermöglichen es Parallelbankensysteme, Vermögenswerte aus Europa in von Terroristen kontrollierte Gebiete zu transferieren. Man denke hierbei exemplarisch an einen Transfer von Unterstützern in Mitteleuropa an Kämpfer des IS in Syrien. Derartige Vermögenstransfers sind über reguläre Bankensysteme nicht möglich. Daher ist davon auszugehen, dass Parallelbankensysteme diese Lücke füllen.

4.3.2.2. Parallelbankensysteme – konkrete Vorgehensweise

Nachdem festgehalten wurde, dass sich Parallelbankensysteme durchaus für die Finanzierung von Terrorismus eignen, soll nachfolgend die konkrete Vorgehensweise intelligenter Täter dargestellt werden. Grundsätzlich eignen sich für diese Vorgehensweise Bargeldgeschäfte basierend auf Vertrauen und Mittelsmännern, wie man sie aus dem Hawala-Banking kennt. Hierfür kann eine Kontaktaufnahme durch Mitglieder bestimmter ethnischer Gruppen durchaus sinnvoll sein.

Für den Transfer grösserer Summen in entlegene Regionen eignen sich zudem Hilfsorganisationen als Tarnung. Alternativ ist auch die Verwendung fiktiver Rechnungen denkbar. Dafür kommen etwa Handelsgeschäfte mit schwer bestimmbaren Werten oder Dienstleistungen in Frage. Unter Umständen müssen Urkunden beschafft werden, um diese Transaktionen zu untermauern, dies insbesondere dann, wenn ein Clearing, also ein Ausgleich von Spitzen, über Banken erfolgen soll.

In den meisten Fällen dürfte jedoch auch ein physischer Transport von Bargeld genügen. Dabei involvieren Täter gezielt Länder ohne fortschrittliches Bankensystem. Die Unmöglichkeit der Überweisung von Mitteln über eine Bank dient in diesen Fällen gar als Rechtfertigung für den Rückgriff auf Parallelbankensysteme.

Zunächst muss der Terrorismusfinanzierer geeignete Parallelbanker finden. Sofern er selbige nicht bereits kennt, liegt es nahe, über Mittelsmänner und Vertrauenspersonen nach entsprechenden Kontakten zu suchen:

> *„Dieses Hawala-System zum Beispiel, weil's einfach auf Mittelsmännern und Vertrauen beruht, ne, wo letztendlich am Ende des Tages mal irgendwann ein Clearing stattfindet, aber es ist alles bargeldbasiert, und Sie haben einfach Ihre Mittelsmänner irgendwo sitzen, wo Sie natürlich als jemand, der ein westliches Bankensystem gewohnt ist, natürlich überhaupt keinen Zugriff haben, weil's einfach ein komplett paralleles Bankensystem ist, ne."*
> *Interviewpartner 7*

Dabei muss der Täter jedoch vorsichtig vorgehen, um keine Aufmerksamkeit zu erregen, speziell wenn er sich in Mitteleuropa befindet. Letztendlich haben nämlich auch Parallelbanker kein besonderes Interesse daran, Geschäfte mit Terrorismusfinanzierern zu machen. Schliesslich wollen nicht regulierte Finanzdienstleister nicht in den Fokus der Behörden geraten. Es liegt also nahe, sich diskret nach Wegen zu erkundigen, wie man Geld von Deutschland nach Syrien transferieren könne, und dabei auf bedürftige Familienmitglieder oder Freunde zu verweisen.

Wer bestimmten Kulturkreisen angehört, dürfte es in diesem Zusammenhang deutlich leichter haben:

> *„Aber es gibt sagen wir mal Personengruppen aus bestimmten Regionen und die wollen Geld in die Heimatländer überweisen und wenn man weiss, man hat eine Community, sage ich mal von Asiaten oder Philippinen oder das können auch Brasilianer sein und man hat einen Zugang zu diesen Gruppen, dann kann man ja mal fragen. ‚Wo kann ich Geld günstig überweisen?' Und da wird sofort gesagt: ‚Geh zu dem!' oder ‚Geh zu dieser Frau!'"*
> *Interviewpartner 14*

Grundsätzlich kann sich der Täter darauf berufen, Geld an Familienangehörige in bestimmten Ländern zu überweisen.

Als Rechtfertigung für die Wahl eines Parallelbankensystems kann der Täter die mangelnde Infrastruktur anderer Banken in bestimmten Regionen anführen:

> *„Für einige gibt es auch rein praktikable Gründe, warum die Person, auch wenn sie in Wien ist und theoretisch hier schon ein Konto hat, noch immer auf Hawala zurückgreifen muss, einfach, weil man die Schwierigkeiten im Land B, also in dem Fall in Syrien, hat und nichts anderes machen kann, weil man sonst das Geld nicht über die Grenze bekommt.*

Das wäre die eine Richtung. Natürlich in die andere Richtung ist das Ganze natürlich auch zugänglicher, keine Frage."
Interviewpartner 6

Der Transfer von Vermögenswerten kann also auch von Syrien nach Deutschland erfolgen.

Zudem sind diese Schwächen des Bankensystems in bestimmten Regionen bereits bekannt. Sie können somit als Rechtfertigung für gewisse Vorgehensweisen gewählt werden:

„Man muss auch sagen, wir kennen das von Erfahrungsberichten, von Leuten, die aus den Krisengebieten aus Syrien gekommen sind und hier Asyl gesucht haben. Die haben oftmals auch nicht mehr die Möglichkeit, sich auf dem geregelten Finanzweg, theoretisch, wenn sie zu Hause ein Vermögen haben oder ein Bankguthaben haben oder sonst irgendwie Guthaben auf Banken oder sonstigen Konten haben, sie können mittlerweile nicht mehr darauf zurückgreifen. Einfach, weil es Sperren gibt, wird seitens der Organisationen, die ein gewisses Gebiet derzeit besetzen oder es ist halt immer noch die syrische Regierung, die sind dann mitunter darauf angewiesen, auf solche Netzwerke wie ein Hawala-Netzwerk zurückzugreifen."
Interviewpartner 6

Letztendlich ist es unerheblich, ob die Infrastruktur tatsächlich nicht vorhanden ist. Wichtig ist, dass diese Geschichte dem Terrorismusfinanzierer die Möglichkeit gibt, zu plausibilisieren, warum er auf ein Parallelbankensystem zurückgegriffen hat.

Wer regelmässig grosse Beträge zu transferieren hat, wird mit der oben dargestellten Vorgehensweise, sich auf bedürftige Familienmitglieder oder Freunde zu berufen, früher oder später an die Grenzen der Glaubwürdigkeit stossen. In diesen Fällen bietet es sich an, eine Hilfsorganisation als Tarnung zu gründen. Diese Hilfsorganisationen sind im Rahmen ihres Alltagsgeschäfts tatsächlich gelegentlich gezwungen, auf Parallelbankensysteme zurückzugreifen:

„Ich weiss es eigentlich inoffiziell von, ich sag mal, Hilfsorganisationen, die das Problem haben. Stellen Sie sich vor, Sie sind 'ne Hilfsorganisation und es gab 'ne Katastrophe irgendwo in 'nem Gebiet, wo es einfach keine westliche Bank gibt, die Dollar annimmt oder so."
Interviewpartner 7

Ein geschickter Terrorismusfinanzierer kann eine vermeintliche Hilfsorganisation als Tarnung nutzen. Diese Hilfsorganisation sammelt „Spenden" für bedürftige Personen in Syrien. Da das syrische Bankensystem nicht mehr in allen Teilen des Landes gut funktioniert, werden diese Beträge in besonders bedürftige Regionen überwiesen. Dabei greift der Terrorismusfinanzierer auf

Parallelbankensysteme zurück. Diese Vorgehensweise ist letztendlich plausibel, glaubwürdig und auch in der Literatur bekannt.[695] Man denke hier beispielsweise an Zakat.[696] So gibt es sowohl Personen, welche gezielt für Terrorismus spenden, und andere, welche tatsächlich einen wohltätigen Zweck unterstützen wollten.[697]

Alternativ könnte der Terrorismusfinanzierer auch auf fiktive Rechnungen für Waren oder Dienstleistungen zurückgreifen:

> *„Wenn man das kombiniert oder das quasi mit Handel vermischt wird oder dass eine Warenlieferung gemacht oder nicht gemacht wird oder eine Rechnung gestellt wird, aber nicht geliefert wird und dann hat man natürlich wieder die Möglichkeit, Vermögenswerte von A nach B zu verschieben."*
> *Interviewpartner 14*

Allerdings stellt sich hier jeweils die Frage, welchen Weg das Geld nehmen muss. Letztendlich ist es nicht plausibel, dass ein in Deutschland lebender Syrer grosse Rechnungen in Syrien mittels Hawala-Banking bezahlt. Betriebswirtschaftlich wäre es viel sinnvoller, das Geld auf ein Konto bei einer regulierten Bank in der Türkei zu überweisen, da die Gegenpartei in Syrien durch die Verwendung von Parallelbankensystemen in Syrien den Totalverlust riskiert.

Die Verwendung von fiktiven Rechnungen für Dienstleistungen oder Maschinen kann jedoch beim Ausgleich von Spitzen zum Einsatz kommen. Letztendlich kann ein Parallelbanker seiner Hausbank gegenüber nicht erklären, dass er sich nebenberuflich als Finanzdienstleister betätigt, ohne einer Aufsicht unterstellt zu sein, und nun einen Teil seiner Geschäfte über sein reguläres Bankkonto ausgleichen möchte. Dies würde mit grösster Wahrscheinlichkeit zu einer Meldung an die zuständigen Behörden führen. Daher ist in solchen Fällen der Einsatz von fiktiven Rechnungen oder Verträgen durchaus denkbar. Dies gilt umso mehr für Parallelbanker, welche ihre inoffiziellen Finanzdienstleistungen in Kombination mit einer offiziellen Handelstätigkeit erbringen.

Zum Beispiel könnte ein Parallelbanker mit Sitz in Deutschland, welcher ein Guthaben gegenüber einem anderen Mitglied des Parallelbankensystems mit Sitz in Syrien hat, vorgeben, eine Baumaschine nach Syrien geliefert zu haben:

> *„Was ist der Wert eines Produktes oder wie können die bestimmen, ob diese Maschine wirklich so viel 100.000 Euro kostet oder nicht?"*
> *Interviewpartner 14*

---

695 Bierstecker et al., 2007: S. 40 f.

696 Dalyan, 2008: S. 140; Raphaeli, 2003: S. 61 f.

697 Abuza, 2003: S. 171; Levitt, 2002: S. 54; Freedman, 2010: S. 1113 f.; Kutty, 2001: S. 25 f.; Carter et al., 2008: S. 42; Roach, 2011: S. 45.

Im Idealfall liefert der Parallelbanker tatsächlich eine ältere Baumaschine nach Syrien. Für die besagte Baumaschine stellt er jedoch einen überhöhten Wert in Rechnung. Die Zahlung erfolgt also einerseits, um den tatsächlichen Kaufpreis der Baumaschine zu tilgen, und andererseits, um bestehende Überschüsse aus der Erbringung von Finanzdienstleistungen auszugleichen.

Das Problem des oben dargestellten Ausgleichs von Spitzen mittels des Handels mit Maschinen besteht einerseits in der Komplexität dieser Vorgehensweise und andererseits auch in den damit verbundenen Kosten. Letztendlich muss ein entsprechendes Grundgeschäft, also in casu der Verkauf einer Baumaschine, geschaffen und anschliessend kostendeckend abgewickelt werden. Im Hinblick auf die damit verbundenen Transportkosten dürfte dies in aller Regel mit einer verhältnismässig hohen Marge verbunden sein.

Alternativ könnte der Terrorismusfinanzierer auch lediglich die Rechnungen für die Baumaschine fälschen und selbige der Bank vorlegen. Dies ist jedoch mit dem nicht unerheblichen Risiko der weitergehenden Prüfung der Bank verbunden. Letztendlich kann es durchaus vorkommen, dass die Bank Zolldokumente in Kopie vorgelegt haben möchte. Dies würde letztendlich dazu führen, dass der Terrorismusfinanzierer auch diese Unterlagen fälschen müsste. Derartige Fälschungen sind aus der Sicht der Täter problematisch, da sie verhältnismässig leicht zu enttarnen sind. Letztendlich genügt eine einfache Anfrage bei den zuständigen Zollbehörden, ob die Echtheit der Unterlagen bestätigt werden könne.

Aufgrund dieser Herausforderungen beim Ausgleich von Überschüssen über Banken ist es naheliegend, dass Parallelbanker eher auf Barmittel zurückgreifen, um Spitzen auszugleichen. Dabei entstehen zwar gewisse Transportrisiken und es besteht die Gefahr, Falschgeld zu erhalten, aber es werden keine Datenspuren hinterlassen. Alternativ erfolgt der Ausgleich über eine Verrechnung innerhalb eines Netzwerks von Parallelbankern.

Diese Verrechnung unter in einem Netzwerk verbundenen Parallelbankern scheint insbesondere im Bereich des Hawala-Bankings weit verbreitet zu sein. Dies ist nachvollziehbar, da damit die vorgehend erwähnten Schwierigkeiten im Bereich des Transports von Barmitteln und der Fälschung von Urkunden vermieden werden. Gleichzeitig setzt die Verrechnung unter mehreren Parallelbankern auch eine gewisse Datensammlung und letztendlich eine gewisse Buchhaltung voraus. Diese könnte, sofern sie von Ermittlern entdeckt wird, als ausreichender Anfangsverdacht für die Eröffnung eines Strafverfahrens gegen weitere Parallelbanker dienen.

Aufgrund dieser durchaus nicht zu vernachlässigenden Risiken, welche im nächsten Unterkapitel noch detaillierter diskutiert werden, müssen sich Terrorismusfinanzierer, welche Transaktionen über Parallelbankensysteme durchführen, auf allfällige Rückfragen vorbereiten. Die wohl schlüssigste Argumentation zur Rechtfertigung der Verwendung von Parallelbankensystemen ist die mangelnde Präsenz anderer Banken in bestimmten Regionen.

4.3.2.3. Parallelbankensysteme – Entdeckungsrisiken

Wie vorgängig bereits erwähnt, stellt das Clearing über Banken eines der grössten Risiken der Parallelbankensysteme dar. Hingegen profitieren Terrorismusfinanzierer im Bereich der Parallelbankensysteme sonst häufig von mangelnder Aufsicht und Regulierung. Letztendlich verfügen Parallelbankensysteme oftmals nicht über Compliance-Beauftragte, weshalb eine Identifikation des wirtschaftlich Berechtigten in der Regel nicht erfolgt.

Das Clearing ist deshalb problematisch, weil dabei häufig regulierte Banken involviert werden:

> *„Gerade bei der Verrechnung von Spitzen können Sie das in bestimmten Banken wahrscheinlich erkennen, über bestimmte Methoden."*
> *Interviewpartner 1*

Banken verfügen in der Regel über Compliance-Abteilungen, welche die wirtschaftlichen Hintergründe der Zahlungen hinterfragen werden. Die involvierten Akteure können jedoch nicht angeben, dass es sich dabei um den Ausgleich von Überschüssen eines Parallelbankensystems ohne jede Regulierung handelt. Dies würde mit ziemlicher Sicherheit zu einer Meldung an die zuständigen Behörden führen. Das heisst, dass andere Beweggründe für diese Transaktionen angegeben werden, welche frei erfunden sein dürften und somit ein gewisses Entdeckungsrisiko mit sich bringen.

Das mit dem Clearing verbundene Entdeckungsrisiko lässt sich am ehesten durch den physischen Ausgleich von Überschüssen mindern. Letztendlich ist es nicht zwingend notwendig, Überschüsse über das Bankensystem auszugleichen. Insbesondere bietet es sich an, einen Kurier zu beauftragen und allfällige Spitzen bar auszugleichen.

Da Parallelbankensysteme häufig nicht reguliert sind und faktisch auch nicht beaufsichtigt werden, halten sich die weiteren Risiken dieser Methode in Grenzen. Dies gilt vor allem deshalb, weil es in der Praxis kaum möglich ist, Parallelbanker zuverlässig zu kontrollieren. Das bedeutet, dass zwar in bestimmten Fällen theoretisch Geldwäschereigesetze anwendbar wären, aber selbige in der Praxis nicht durchgesetzt werden:

> *„Die sind zwar, wenn man es ganz drastisch sieht, dann ist in Deutschland zumindestens unterliegen sie auch dem Geldwäschebekämpfungsgesetz, und müssten eigentlich auch, wenn sie Verdachtsfälle haben, die melden. Werden Sie nur nicht sehen. Das macht kein*

Mensch in dieser Branche, weil sie halt nicht so überwacht werden wie jetzt die Kreditinstitute durch eine Aufsichtsbehörde. Es gibt halt die Gewerbeaufsichtsämter, aber die gucken da nicht in solche Bereiche rein."
Interviewpartner 1

Insbesondere verfügen diese Systeme nicht über Compliance-Beauftragte, welche die Identität des wirtschaftlich Berechtigten überprüfen können. Die Geschäftsbeziehung basiert meist ausschliesslich auf Vertrauen. Dies führt dazu, dass sich der Terrorismusfinanzierer in aller Regel nicht die Mühe machen muss, eine plausible Geschichte zu erfinden, um seine Transaktion zu rechtfertigen. Auch muss er häufig kein Ausweisdokument vorlegen und kann somit seine wahre Identität verschleiern.

Allerdings besteht bei Parallelbankensystemen ein gewisses Verlustrisiko. Da die Transaktionen primär auf Vertrauen basieren, ist es häufig nicht möglich, allfällige Ansprüche einzuklagen. Es stellt sich somit die Frage, was passiert, wenn das Geld nicht beim Empfänger ankommt.

Auch ist davon auszugehen, dass Parallelbankensysteme durchaus im Fokus der Behörden stehen. Letztendlich eignen sich diese Systeme hervorragend für den Transfer von illegalen Vermögenswerten. Es ist somit anzunehmen, dass Behörden versuchen, durch Verdeckte Ermittler und technische Überwachungsmöglichkeiten Einblick in den Kundenkreis der Parallelbanker zu gewinnen.

Abschliessend lässt sich jedoch feststellen, dass die mit Parallelbankensystemen verbundenen Risiken verhältnismässig gering sind, denn da der Täter die Transaktion nicht selbst durchführen muss, sondern Strohleute einsetzen kann, handelt es sich hierbei um eine sehr sichere Methode. Lediglich das Verlustrisiko sollte nicht vernachlässigt werden. Zudem könnten Parallelbankensysteme auch aufgrund der voranschreitenden Forschung zunehmend in den Fokus der Öffentlichkeit geraten.

4.3.2.4. Parallelbankensysteme – Gesamtwürdigung

Wie in der Literaturanalyse bereits erwähnt, greifen Terrorismusfinanzierer auf alternative Mittel, wie zum Beispiel Hawala-Banking, zurück, um Vermögenswerte zu transferieren.[698] Derartige Hawala-Mechanismen sind hauptsächlich dort besonders beliebt, wo das reguläre Bankensystem an seine Grenzen stösst.[699] In diesen Fällen werden Transaktionen häufig über die Reputation der einzelnen

698 Dalyan, 2008: S. 140.
699 Zagaris, 2007: S. 157 f.

Hawala-Banker abgewickelt.[700] Allerdings unterstehen diese Hawala-Banker keiner Kontrolle.[701] Somit sind derartige Parallelbankensysteme für kriminelle Aktivitäten hervorragend geeignet.[702] Folglich überrascht es nicht, dass auch die Interviewpartner die Auffassung vertreten, dass Hawala-Banking eine entscheidende Rolle bei der Abwicklung von Vermögenstransfers zum Zweck der Terrorismusfinanzierung spielen könnte. Zwar darf nicht in Vergessenheit geraten, dass auch im Hawala-Banking Spuren hinterlassen werden.[703] Beispielsweise lassen sich Hawala-Banker anhand von sogenannten Settlement-Transaktionen erkennen.[704] Die von den Interviewpartnern aufgezeigten Vorgehensweisen verdeutlichen jedoch, dass sich diese Entdeckungsrisiken mit verhältnismässig geringem Aufwand reduzieren lassen. Zusammenfassend kann also festgestellt werden, dass die Aussagen der Interviewpartner im Einklang mit der Literaturanalyse sind, da Letztere ebenfalls zum Schluss geführt hat, dass Hawala-Banking eine wesentliche Rolle für die Terrorismusfinanzierung spielen kann. Die Ausführungen der Interviewpartner sind jedoch deutlich detaillierter im Hinblick auf die konkreten Vorgehensweisen eines intelligenten Täters. In der Literatur wurde bisher nicht in diesem Ausmass dargestellt, wie intelligente Täter konkret vorgehen müssten, um Vermögenswerte über Hawala-Banking zu transferieren. Es kann somit von einem signifikanten Erkenntnisgewinn gesprochen werden. Parallelbankensysteme sind sehr gut für den Transfer von für die Terrorismusfinanzierung bestimmten Vermögenswerten geeignet. Dies ergibt sich sowohl aus der Analyse der bestehenden Literatur als auch aus der empirischen Untersuchung.

4.3.3. Kryptowährungen

4.3.3.1. Kryptowährungen – generelle Eignung

Eine weitere Möglichkeit, Vermögenswerte zu transferieren, stellen Kryptowährungen dar. Dabei handelt es sich letztendlich um nicht regulierte Parallelwährungen, welche in gängige Währungen umgetauscht werden können. Sie stellen somit eine Alternative zu klassischen Überweisungen dar. Aufgrund ihrer mangelnden Transparenz gewährleisten sie jedoch ein hohes Mass an Anonymität.

---

700 Schaeffer, 2008: S. 95 f.

701 Schneider, 2010: S. 477.

702 Passas, 2005a: S. 112; Wheatley, 2002: S. 347 f.

703 Passas, 2006b: S. 46.

704 Passas, 2005b: S. 172.

Zudem überzeugen sie durch ein geringes Lagerrisiko, da sie leicht zu verstecken sind. Allerdings muss bedacht werden, dass diese Währungen zwar im Darknet beliebt, aber als Zahlungsmittel im Einzelhandel weitgehend ungeeignet sind.

Kryptowährungen unterstehen keiner Aufsicht. Das bedeutet, dass sie grundsätzlich geeigneter für die Terrorismusfinanzierung sein könnten als von Regierungen ausgegebene Währungen. Schliesslich obliegt der Transfer der Kryptowährungen in der Regel Onlineplattformen oder Tauschbörsen, und Berührungspunkte mit Finanzdienstleistern, welche zu Abklärungen führen könnten, lassen sich vermeiden:

> *„Es müsste eigentlich möglich sein, ohne dass jemals ein Finanzinstitut damit in Berührung kommt."*
> *Interviewpartner 7*

Es ist meist nicht nötig, regulierte Finanzdienstleister zu involvieren, weshalb Compliance-Massnahmen mit sehr geringem Aufwand umgangen werden können.

Ferner stellen Kryptowährungen eine valide Alternative zu Überweisungen dar:

> *„Ja, warum soll ich denn irgendwie, sage ich mal, ganz böse, sage ich mal, eine Überweisung machen, wenn ich einfach über so ein Verschlüsselungssystem, also über künstliche Währung, eigentlich alles darstellen kann, was ich möchte?"*
> *Interviewpartner 8*

Schliesslich lassen sich Kryptowährungen mit sehr geringem Aufwand transferieren. Dies führt zu niedrigen Kosten und geringen Transportrisiken.

Allerdings sind Kryptowährungen aufgrund ihrer mangelnden Regulierung häufig mit einer hohen Volatilität verbunden. Das heisst, dass man zwar von niedrigen Transportrisiken, aber durchaus auch von einem signifikanten Verlustrisiko infolge von Kursschwankungen ausgehen darf. Dies beeinträchtigt die Eignung dieser Methode für den Transfer von Vermögenswerten zum Zweck der Terrorismusfinanzierung.

Kryptowährungen sind zudem in der Regel von einer hohen Anonymität gekennzeichnet:

> *„Aber man hat keine Ahnung, wer sich hinter einer Bitcoin-Adresse verbirgt. Das ist komplett anonym, verschlüsselt, man hat keine Ahnung, wer dahintersteckt."*
> *Interviewpartner 14*

Daher sind Kryptowährungen für Einkäufe im Darknet geeignet.

Im Darknet lassen sich beispielsweise Waffen und Sprengstoff erwerben und mit Kryptowährungen bezahlen:

„Bitcoin und Co. haben schon eine gewisse Beliebtheit in kriminellen Kreisen. Es würde mich wundern, wenn hier nicht nur normale Rauschgiftdelikte oder sonstige, wesentlich härtere Delikte begangen werden, sondern auch eben so was wie Terrorismusfinanzierung."
Interviewpartner 6

Kryptowährungen sind in diesen Kreisen durchaus gängige Zahlungsmittel.

Allerdings sind Kryptowährungen zwar hervorragend für Einkäufe im Darknet geeignet, aber eher unnütz in den meisten anderen Formen des Handels:

„Nur, es ist halt schwierig, weil, ich kann nicht mit Bitcoin beim Aldi oder an der Tankstelle einkaufen."
Interviewpartner 15

Beispielsweise dürfte es schwierig werden, ein Auto anzumieten und die Miete mit einer Kryptowährung zu bezahlen, ohne Aufsehen zu erregen. Geschickte Terrorismusfinanzierer agieren möglichst unauffällig und meiden ungewöhnliche Handlungen. Der Anwendungsbereich von Kryptowährungen dürfte sich somit auf das Darknet und den Transfer von inkriminierten Vermögenswerten beschränken. Eine Einschleusung von Geldern in den legalen Wirtschaftskreislauf über Kryptowährungen gilt als eher unwahrscheinlich.

Zwar ist es durchaus möglich, Kryptowährungen wieder in von Regierungen ausgegebene Währungen zu tauschen. Dieser Tausch muss jedoch in vielen Fällen unter Verwendung eines regulären Bankkontos vollzogen werden. Dadurch geht letztendlich der vermeintlich grösste Vorteil der Kryptowährungen, nämlich die Anonymität, verloren. Zwar könnten Terrorismusfinanzierer auch auf spezialisierte Wechselstuben oder Strohleute zurückgreifen, aber es stellt sich die Frage, ob dadurch nicht unnötiges Aufsehen erregt wird. Letztendlich könnte man an dieser Stelle von Anfang an ein auf einen Strohmann lautendes Bankkonto verwenden und müsste nicht auf Kryptowährungen zurückgreifen.

Kryptowährungen eignen sich also primär für Anwendungsbereiche, in welchen Banküberweisungen nur von begrenztem Nutzen sind. Dies gilt tendenziell immer dann, wenn Compliance-Massnahmen gemieden werden sollen und die Anonymität gewahrt bleiben muss.

4.3.3.2. Kryptowährungen – konkrete Vorgehensweise

Kryptowährungen sind ein komplexes Thema. Die möglichen Vorgehensweisen variieren stark und es würde den Rahmen dieser Arbeit sprengen, jede denkbare Variante detailliert zu erläutern. Daher konzentriert sich die Diskussion der Aussagen der Interviewpartner auf die für die Terrorismusfinanzierung besonders geeigneten Herangehensweisen und es wird bewusst auf grundlegende Erläuterungen über Kryptowährungen verzichtet.

Zunächst müssen die nötigen technischen Voraussetzungen, wie Rechenkapazitäten und ein Wallet, also eine Geldbörse für die entsprechende Kryptowährung, geschaffen werden. Zudem arbeiten geschickte Terrorismusfinanzierer in der Regel mit ständig wechselnden, preiswerten Notebooks und öffentlich zugänglichen WLAN-Netzwerken. Die Akquise von Kryptowährungen erfolgt idealerweise mit Bargeld oder Sachwerten unter Verwendung von sogenannten lokalen Verzeichnissen, welche es ermöglichen, Tauschpartner zu finden.

Anschliessend können Kryptowährungen als Anlagemöglichkeit oder als Zahlungsmittel im Darknet, etwa zum Erwerb von Waffen oder Sprengstoff, eingesetzt werden. Auch eine Verwendung als Zahlungsmethode für Lösegelder wäre denkbar. Dies ist vor allem auf die mit dieser Methode verbundene Anonymität zurückzuführen.

In einem ersten Schritt muss sich der Terrorismusfinanzierer auf möglichst diskrete Art und Weise Zugang zur nötigen Hardware verschaffen. Er benötigt Rechenkapazitäten, welche er am besten über ständig wechselnde Notebooks beschafft. Zudem achtet er geschickterweise darauf, diese Notebooks nicht für andere Zwecke, wie den Austausch von Nachrichten mit anderen Terroristen, zu nutzen:

> *„Dann kaufen Sie sich einen billigen Computer, ein billiges Notebook und dann ist man mit ein paar Hundert Franken dabei und das ist ja nichts. Und dann wechselt man das Ding wieder und schmeisst das weg."*
> *Interviewpartner 14*

Ferner erwirbt ein intelligenter Täter diese Notebooks gegen Barzahlung, damit selbige nicht mit seinen Kreditkartendaten in Verbindung gebracht werden können.

Um anschliessend mit diesen Notebooks Transaktionen durchführen zu können, verwendet der Terrorismusfinanzierer ausschliesslich öffentlich zugängliche und ständig wechselnde WLAN-Netzwerke:

> *„Ja, wie gesagt, die öffentlichen Netze, das ist schon so. Wo keine Handynummer notwendig ist, um sich einzuloggen. Es gibt nach wie vor Personen, die ihr Netzwerk nicht schützen und so weiter und so fort."*
> *Interviewpartner 14*

Dabei achtet ein intelligenter Täter darauf, niemals ein Netzwerk an seinem Wohn- oder Arbeitsort zu verwenden. Vielmehr konzentriert er sich auf Netzwerke in Restaurants und Cafés. Zudem besucht er keinen dieser Orte mehr als einmal. Dadurch wird eine Identifizierung des Nutzers erheblich erschwert.

Der Terrorismusfinanzierer verhält sich wie jeder andere Nutzer von Kryptowährungen, um nicht aufzufallen. Er unterhält ein sogenanntes Wallet, also eine elektronische Geldbörse, sowie die dazugehörige Software auf seinen Geräten:

> *„Man braucht auch ein elektronisches Portemonnaie, ein E-Wallet dazu und nur noch die Adresse oder nur noch die physikalische, elektronische Adresse."*
> *Interviewpartner 14*

Das E-Wallet dient der Verwahrung der Kryptowährungen. Geschickterweise verfügen Terrorismusfinanzierer über mehrere E-Wallets, um das Risiko zu streuen.

Zudem verzichtet ein intelligenter Täter darauf, die Kryptowährung mittels Überweisung an einen Händler oder eine Börse zu erwerben. Vielmehr greift ein geschickter Terrorismusfinanzierer auf Tauschangebote zwischen Privatpersonen zurück, welche er sogenannten lokalen Verzeichnissen entnimmt:

> *„Sie gehen zu Privaten, wo Sie Kryptowährungen kaufen können und das andere Geld quasi oder Vermögenswerte auf Gegenleistung einzahlen können."*
> *Interviewpartner 14*

Sinnvollerweise greift er dabei auf lokale Verzeichnisse in anderen Städten zurück und verschleiert seine wahre Identität. Er erwirbt Kryptowährungen entweder gegen Barzahlung in anderen Währungen oder durch Tauschgeschäfte mit Sachwerten.

Alternativ könnte der Terrorismusfinanzierer auch auf spezialisierte Wechselstuben zurückgreifen. Selbige sind häufig an Internetcafés oder ähnliche Anbieter angegliedert. Allerdings besteht hier die Gefahr, dass die Wechselstube ein Ausweisdokument verlangt. Deshalb liegt es nahe, Strohleute einzusetzen, welche sich problemlos ausweisen können.

Onlineplattformen sind hingegen für die Zwecke der Terrorismusfinanzierung eher ungeeignet, vor allem, weil sie leichter zu überwachen sind. Aus der Perspektive der Ermittler ist es naheliegend, den Fokus der Überwachung im Bereich der Kryptowährungen auf Onlineplattformen zu legen. Zwar ist es durchaus denkbar, dass jemand in Kryptowährungen investiert, da er auf ein signifikantes Kurswachstum hofft und diese nicht von Regierungen ausgegebenen Währungen als interessante Anlagemöglichkeit betrachtet. Auch soll es durchaus seriöse Käufer und Verkäufer im Internet geben, welche bevorzugt mit Kryptowährungen bezahlen. Grundsätzlich stellt sich aber die Frage, warum jemand auf Kryptowährungen und nicht auf von Regierungen ausgegebene Währungen und kostengünstige, einfach zu bedienende Onlinebezahldienste zurückgreift. Aus der Sicht von ehrlichen und seriösen Verkäufern macht es kaum Sinn, die

Bezahlmöglichkeiten auf Kryptowährungen zu beschränken. Schliesslich wird dadurch der Kundenkreis signifikant limitiert, da die Mehrheit der potentiellen Käufer in der Regel keine Erfahrung mit Kryptowährungen hat. Aus der Sicht des Käufers gehen verschiedene Vorzüge anderer Bezahlmöglichkeiten, wie beispielsweise die Rückforderung von bereits bezahlten Beträgen im Fall von betrügerischen Handlungen, verloren. Es stellt sich also aus der Sicht der Ermittler die Frage, warum unbescholtene Bürger auf Kryptowährungen zurückgreifen sollten. Eine mögliche Erklärung für die Bevorzugung von Kryptowährungen ist die mangelnde Rückverfolgbarkeit, welche als Bestandteil der Anonymität des Systems betrachtet werden kann. Dies macht insbesondere dann Sinn, wenn die Parteien etwas zu verbergen haben. Beispielsweise liegt es nahe, Betäubungsmittel, Waffen und Sprengstoff nicht mit der Kreditkarte zu bezahlen. In diesen Fällen sind Kryptowährungen ein geeignetes Tool. Diese Erkenntnis ist jedoch auch den Ermittlern bekannt. Daher gehen vernünftige Täter davon aus, dass Schnittstellen zwischen Kryptowährungen und anderen Devisen überwacht werden. Onlineplattformen sind letztendlich besonders leicht zu überwachen, da dies in elektronischer Form und somit kosteneffizient möglich ist. Alle Teilnehmer eines lokalen Verzeichnisses zu observieren wäre deutlich aufwendiger. Somit sind Onlineplattformen für den *Erwerb* von Kryptowährungen eher ungeeignet.

Die Situation ändert sich jedoch grundlegend, sobald Kryptowährungen als Zahlungsmittel eingesetzt werden. Das heisst, dass Onlineplattformen zwar eher ungeeignet sind, um Kryptowährungen zu kaufen, aber keineswegs verachtet werden dürfen, sobald es darum geht, die erworbenen Devisen wieder auszugeben. Der Täter kann die erworbene Kryptowährung nutzen, um im Darknet Waffen und Sprengstoff zu kaufen. Dabei stellt sich die Frage, wie Kryptowährungen vom Käufer zum Verkäufer transferiert werden. In diesem Fall wäre ein persönliches Treffen letztendlich viel zu riskant. Sinnvollerweise wird in solchen Fällen auf einen Onlinetransfer von Kryptowährungen zurückgegriffen, da Ermittler durchaus auch das Darknet überwachen und ein persönliches Treffen von Käufer und Verkäufer für eine Festnahme nutzen könnten.

Ähnlich verhält es sich bei der Zahlung von Lösegeldern im Rahmen von Entführungen. Hier stellt die Lösegeldübergabe seit jeher das grösste Risiko für die Entführer dar. In diesem speziellen Fall dürfte es aus der Sicht der Terrorismusfinanzierer durchaus sinnvoll sein, die Überweisung des Lösegelds mittels Kryptowährungen zu fordern, vor allem wenn die zahlende und die empfangende Partei in verschiedenen Ländern sitzen.

Es gilt zu bedenken, dass Kryptowährungen indes auch zur diskreten Vermögensanlage in Frage kommen:

„Immobilie verkauft und ich lege das jetzt in Bitcoin an. Ich hätte es auch in Edelmetall anlegen können, in Aktien anlegen, dann hätte es die Bank noch einigermassen unter Kontrolle, weil das in einem Wertschrift- oder Edelmetalldepot dann eingebucht wird, aber bei den Bitcoins wäre das nicht der Fall."
Interviewpartner 14

Der Vorteil von derartigen Anlagen besteht primär in ihrer Anonymität. Allerdings sind derartige Investments in der Regel mit einer sehr hohen Volatilität verbunden.

4.3.3.3. Kryptowährungen – Entdeckungsrisiken

Die mit dieser Methode verbundenen Entdeckungsrisiken sind verhältnismässig gering, was überwiegend darauf zurückzuführen ist, dass die Behörden häufig nicht auf dem aktuellen Stand sind. Zudem ist die Zuordnung der Kryptowährung zum wirtschaftlich Berechtigten in der Regel schwierig. Allerdings sollte trotzdem nicht in Vergessenheit geraten, dass der Terrorismusfinanzierer bei der Verwendung dieser Methode elektronische Spuren hinterlässt.

Das Hinterlassen elektronischer Spuren ist insofern problematisch, als ungewiss ist, inwiefern selbige in Zukunft ausgewertet werden können:

„Aber doch, es gibt immer ein Risiko, dass man da Spuren hinterlässt, ja. Aber das ist beim Bargeld genau das Gleiche. Sie können nicht grosse Bargeldsummen irgendwie unsichtbar in den Markt integrieren. Irgendwo fällt das immer auf."
Interviewpartner 14

Heute gelten Kryptowährungen als weitgehend anonym. Ein Täter, welcher beabsichtigt, einen Anschlag zu finanzieren, welcher zu seinem eigenen Ableben führen wird, profitiert mit hoher Wahrscheinlichkeit von dieser Anonymität. Allerdings stellt sich die Frage, ob ein Täter, der den Anschlag zwar finanzieren, aber in keinem Fall selbst ausführen möchte, nicht mit erheblichen Entdeckungsrisiken zu rechnen hat. Dies dürfte zumindest mittel- bis langfristig der Fall sein. Schliesslich ist davon auszugehen, dass Technologien, welche heute als sicher gelten, in einigen Jahren überholt sein werden. Die Spuren hingegen bleiben erhalten.

Eine Möglichkeit, mit der oben erwähnten technologischen Weiterentwicklung umzugehen, ist die eingangs erwähnte Verwendung von Strohleuten und ständig wechselnden Computern sowie öffentlichen WLAN-Netzwerken:

„Zuordnung des Bitcoins oder der Währung zu einem wirtschaftlich Berechtigten ist äusserst schwierig."
Interviewpartner 11

Derzeit ist die Zuordnung zum wirtschaftlich Berechtigten also schwierig. Trotzdem verbleibt ein gewisses Restrisiko beim Täter, da unklar ist, welche Möglichkeiten der Rückverfolgung durch die technische Weiterentwicklung entstehen werden.

Derzeit sind die Behörden allerdings häufig nicht auf dem neuesten Stand:

> *„Also ich persönlich würde viel eher in die Richtung gehen von diesen neuen Technologien. Da sind die Behörden wirklich noch hinterher."*
> *Interviewpartner 14*

Allerdings ist nicht davon auszugehen, dass Behörden den neuen Technologien freien Lauf lassen werden.

Zusammenfassend lässt sich also festhalten, dass Kryptowährungen trotz ihrer vermeintlichen Anonymität mit signifikanten Entdeckungsrisiken verbunden sind, vor allem weil sich vernünftigerweise die Frage stellt, warum eine Person auf Kryptowährungen zurückgreift. Zwar sind bei weitem nicht alle Nutzer von Kryptowährungen kriminell, aber es herrscht die weit verbreitete Meinung, dass Kryptowährungen bevorzugt für illegale Geschäfte eingesetzt werden. Schliesslich sind diese Währungen in der Regel für die Zahlung von Mietzinsen für Wohnräume oder Einkäufen im Supermarkt eher ungeeignet. Die Verwendung dieser Währungen hat von Anfang an einen faden Beigeschmack, da der Einsatz dieser Paralleldevisen letztendlich nur schwer plausibel gerechtfertigt werden kann.

Geschickte Terrorismusfinanzierer meiden dieses Risiko. Sie verhalten sich vernünftigerweise unauffällig, um nicht die Aufmerksamkeit der Ermittlungsbehörden zu erregen. Zudem handeln sie stets so, dass sie ihr Verhalten plausibel erklären können. Während Kryptowährungen auf den ersten Blick durchaus geeignet für die Terrorismusfinanzierung erscheinen, konnte im Rahmen der vorliegenden Analyse festgestellt werden, dass die mit dieser Methode verbundenen Entdeckungsrisiken überwiegen und Paralleldevisen somit nur in Ausnahmefällen für Terroristen in Fragen kommen dürften.

4.3.3.4. Kryptowährungen – Gesamtwürdigung

Bereits im Rahmen der Literaturanalyse wurde deutlich, dass Bitcoins und andere elektronische Zahlungsmittel eine Herausforderung im Bereich der Terrorismusfinanzierung darstellen.[705] Diese Zahlungsmittel setzen keine Feststellung des wirtschaftlich Berechtigten voraus.[706] Bei Frühformen der Kryptowährungen

705 Merlonghi, 2010: S. 202.
706 Irwin et al., 2012: S. 6 f.

war dies kein Problem, da selbige im Alltag geradezu unbrauchbar waren.[707] Bitcoins sind hingegen geeignet, um Spenden zu transferieren.[708] Somit überrascht es nicht, dass auch die Interviewpartner Kryptowährungen für ein geeignetes Instrument für Terrorismusfinanzierer halten. Den Interviewpartnern ist es gelungen aufzuzeigen, wie intelligente Terrorismusfinanzierer konkret vorgehen müssten, um möglichst risikoarm Vermögenswerte mit der Hilfe von Kryptowährungen zu transferieren. Somit kann auch in diesem Fall von einem signifikanten Erkenntnisgewinn gesprochen werden. Kryptowährungen sind hervorragend für den Transfer von für die Terrorismusfinanzierung bestimmten Vermögenswerten geeignet.

4.3.4. Money Transfer Systems

4.3.4.1. Money Transfer Systems – generelle Eignung

Die sogenannten Money Transfer Systems sind schnell und preiswert. Sie zeichnen sich zudem durch eine erschwerte Zurechenbarkeit zu einer bestimmten Person aus. Allerdings ist die Infrastruktur auf der Empfängerseite unter Umständen eingeschränkt. Sie sind insbesondere unter Personen mit Migrationshintergrund, welche nach wie vor über Verwandtschaft im Ausland verfügen, ausserordentlich beliebt. Das führt dazu, dass Täter schwer zu enttarnen sind. Schliesslich gibt es eine Vielzahl legaler Nutzungszwecke der besagten Money Transfer Dienstleister. Beispielsweise ist es vollkommen legitim, Gelder über einen der bekannten Money Transfer Dienstleister, welche man an allen grösseren Bahnhöfen antrifft, an Verwandte im Ausland zu schicken. Insbesondere im Rahmen der Flüchtlingsbewegung sind viele Menschen nach Deutschland, Liechtenstein, Österreich und in die Schweiz gekommen, welche nach wie vor über Verwandte im Ausland verfügen. Diesen Personen ist es ein Anliegen, ihre zurückgebliebenen Verwandten finanziell zu unterstützen.

Money Transfer Systems erlauben es ihren Nutzern, binnen weniger Minuten Geld in ein anderes Land zu transferieren. Dies ist in vielen Fällen ohne aufwendige Registrierungsprozesse notwendig. Das heisst, dass Terrorismusfinanzierer mit Hilfe dieser Dienstleister effizient und flexibel agieren können. Zwar sind die Transaktionsgebühren etwas höher als für Banküberweisungen oder den Transfer von Kryptowährungen, indes werden für Money Transfer Systems meist keine ähnlich komplexe Geschichte wie bei Banken als Rechtfertigung und

707 Rice, 2013: S. 1 f.
708 Irwin & Milad, 2016: S. 407.

keine vergleichbar teure Hardware wie für den Transfer von Kryptowährungen benötigt.

Da dem Transfer in vielen Fällen kein Registrierungsprozess vorgelagert ist, bieten die Ausweisdokumente der beteiligten Personen meist die einzigen Anhaltspunkte für allfällige Transaktionsanalysen:

> *„Das ist insofern schon geeignet, weil wiederum, es gibt kein legitimiertes, fixes Konto dahinter, das heisst, es gibt keine ständige Infrastruktur, die auf eine Person zugerechnet werden kann."*
> *Interviewpartner 6*

Durch die Verwendung von Strohleuten, welche entweder gezielt oder zufällig gewählt sein können, wird die Zurechenbarkeit einer Transaktion zu einer bestimmten Person massgeblich und nachhaltig erschwert. Die Anonymität des Terrorismusfinanzierers kann somit mit einem verhältnismässig geringen Aufwand gewährleistet bleiben.

Die grösste Schwäche dieser Methode ist die unter Umständen nicht vorhandene Infrastruktur auf der Empfängerseite:

> *„Da wird man überweisungstechnisch vielleicht wirklich noch auf Money Transfers zurückgreifen, wobei auch hier, denke ich, mittlerweile die Infrastruktur einfach auf der Empfängerseite in einem Land wie Syrien wohl kaum vorhanden sein wird."*
> *Interviewpartner 6*

Beispielsweise sind weite Teile Syriens inzwischen nicht mehr von Money Transfer Systems erschlossen. Es kann deshalb notwendig sein, Money Transfer Systems mit einer anderen Methode, wie dem Einsatz von Parallelbanken, zu kombinieren oder zu ersetzen.

4.3.4.2. Money Transfer Systems – konkrete Vorgehensweise

Money Transfer Systems werden häufig verwendet, um Geld an Familienangehörige zu verschicken. Genau diesen legitimen Zweck nutzen Terrorismusfinanzierer, um ihre Transaktionen zu tarnen. Eine weitere Verschleierung wird entweder durch den Einsatz von Digital Natives oder von Strohleuten erreicht. Beispielsweise können geschickte Terrorismusfinanzierer unterschiedliche Personen agieren lassen. Der Transfer grösserer Beträge wird in der Regel mit öffentlichen Urkunden untermauert, um den Zahlungszweck plausibel belegen zu können. Zudem werden Grenzstädte zu Syrien gemieden.

Zunächst ist festzuhalten, dass ein intelligenter Terrorismusfinanzierer nicht in seinem eigenen Namen Geld transferieren wird. Vernünftigerweise setzt er hierfür Strohleute ein:

„Da sind wir beim Thema Strohmann. Das ist völlig üblich, dass da Dritte vorgeschoben werden. Das ist wie in allen kriminellen Bereichen, also beim Drogenhandel auch, beim Geldwaschen."
Interviewpartner 1

Hierfür kommen sowohl herkömmliche Strohleute als auch Digital Natives in Frage.

Digital Natives haben den Vorteil, dass sie sich für die Onlinedienstleistungen der Money-Transfer-Anbieter einsetzen lassen:

„Das sind junge Männer, die digital aufgewachsen sind und vertraut sind. Ich meine, bin Laden wusste wahrscheinlich nicht, was E-Banking ist, die wissen, was hier E-Wallets sind, ja?"
Interviewpartner 13

Diese Onlinedienste sind jedoch besonders anfällig für Geldwäscherei und es ist davon auszugehen, dass ihre Verwendung eher Verdacht erregen könnte als eine vermeintlich naive Hausfrau in einem physischen Geschäft, welche einen kleinen Betrag an ihre Eltern überweisen möchte.

Ein geschickter Terrorismusfinanzierer analysiert zunächst, wie unbescholtene Personen Money-Transfer-Dienstleister nutzen, und kopiert anschliessend deren Vorgehensweise. Money-Transfer-Dienstleister werden bevorzugt von Personen mit Migrationshintergrund genutzt, welche Vermögenswerte in ihre Heimat transferieren möchten. Häufig steht dabei die Unterstützung von Familienmitgliedern im Vordergrund. Ein intelligenter Terrorismusfinanzierer sucht sich also Personen aus dem Land, in welches er Vermögenswerte transferieren möchte, und bittet selbige, eine Überweisung an nahe Verwandte zu tätigen. Anschliessend nehmen die Kontaktleute des Terrorismusfinanzierers das transferierte Geld von den Verwandten des Strohmannes in Empfang.

Die eingesetzten Strohleute werden kontinuierlich ausgewechselt. Damit wird verhindert, dass Money-Transfer-Anbieter bestimmte Strohleute des Terrorismusfinanzierers ins Visier nehmen können. Durch den ständigen Wechsel zeichnen sich im Rahmen der Transaktionsanalysen schlichtweg keine Tendenzen ab.

Allerdings ist es auch denkbar, dass unterschiedliche Personen unter gleichem Namen Geld transferieren:

„Dass es auch solche Überweisungen gegeben hat, von unterschiedlichen Personen, jedoch unter dem gleichen Namen, das ist auch sehr wohl bekannt."
Interviewpartner 6

Dabei wird in der Regel ein Profil geschaffen, welches unverdächtig wirkt und für sämtliche Transaktionen genutzt werden kann. Dies führt jedoch zu einer

Akkumulation von Risiken, weshalb diese Vorgehensweise nur bedingt als sinnvoll bezeichnet werden kann.

Beim Einsatz von Strohleuten sollte jedoch bedacht werden, dass es durchaus auch Familienangehörige gibt, welche Gelder für Bedürfnisse des täglichen Lebens an Terroristen überweisen. Es kann also nicht davon ausgegangen, dass jede Transaktion innerhalb einer Familie unverdächtig ist:

> *„Ja, das sehen wir/ ich meine, das sehen Sie auch, wir haben auch Beispiele hier, wo Sie gerade sagten, ein Vater, der sich auch in dieser Altersgruppe bewegte, der seinem Sohn Geld geschickt hat, der sich in Syrien befand und auch im Kampf mitgewirkt hat. Da habe ich gesagt, der Sohn wollte sich einfach mal eine Cola kaufen, hatte kein Geld dafür. Und dem fehlten bestimmte westliche Annehmlichkeiten. Aufgrund dieser Situation, Geld wurde über uns transferiert, wir haben das der Polizei gemeldet, die Polizei hat uns hinterher noch mal informiert, dass es wirklich so platt war, dass der Junge da bestimmte Bedürfnisse hatte und in der Tat auch Cola trinken wollte und dafür Geld brauchte.“*
> *Interviewpartner 1*

Intelligente Terrorismusfinanzierer verzichten nicht nur auf unnötige Transaktionen zur Finanzierung westlicher Annehmlichkeiten, sondern berücksichtigen auch, dass Transaktionen unter Familienangehörigen keineswegs in jedem Fall als unverdächtig eingestuft werden.

Grössere Beträge werden von intelligenten Tätern zudem aufgeteilt. Dieses Splitting dient der gezielten Unterwanderung von Grenzwerten, welche zu detaillierteren Abklärungen führen. Money-Transfer-Dienstleister führen täglich tausende Transaktionen durch. Es ist schlichtweg nicht zumutbar, jede dieser Transaktionen im Detail zu analysieren. Daher versuchen geschickte Terrorismusfinanzierer nicht durch ausserordentlich hohe Beträge aufzufallen.

Sollten doch grössere Beträge transferiert werden, muss dies in jedem Fall mit Urkunden plausibilisiert werden. Intelligente Täter bereiten somit öffentliche Urkunden vor, welche ihnen helfen, ihre Transaktionen zu erklären:

> *„Aber natürlich wird ein Mitarbeiter auch, wenn da ein offizieller Stempel drauf ist, einer Behörde, dem mehr Glauben schenken, als wenn das so ein Wischiwaschipapier ist. Und dann wird man auch oft nicht weiter nachfassen.“*
> *Interviewpartner 1*

Allerdings beschränken sich die Möglichkeiten der Täter nicht auf Urkunden von Behörden. Es wäre durchaus denkbar, etwas von einem Rechtsanwalt oder Notar beurkunden zu lassen. Beispielsweise legen Täter eine öffentlich beurkundete Solidarbürgschaft vor und geben an, dass der Schuldner leider zahlungsunfähig sei und sie als Bürgen die Schuld tilgen möchten.

Grenzstädte zu Syrien oder gar Destinationen in Syrien, sofern selbige noch angeboten werden, sind in jedem Fall zu meiden. Dies würde letztendlich sofort zu detaillierteren Abklärungen führen. Eine Überweisung nach Istanbul oder Antalya ist hingegen unverdächtig. Schliesslich ist es plausibel, dass eine in Deutschland lebende Türkin Geld an Familienangehörige in der Türkei überweisen möchte.

4.3.4.3. Money Transfer Systems – Entdeckungsrisiken

Terrorismusfinanzierer müssen bei dieser Methode sowohl Transaktionsanalysen als auch Echtzeitkriterien bedenken. Die Grenznähe zu Syrien erhöht das Entdeckungsrisiko zum Beispiel massgeblich. Auch dürfen Ex-post-Analysen nicht unterschätzt werden. Ferner verfügen Money-Transfer-Dienstleister meist über bestimmte Täterprofile, welche eine vertiefte Abklärung auslösen. Ergänzend werden häufig Facebook-Recherchen durchgeführt. Grössere Beträge bewirken darüber hinaus weitere Kontrollen. Auch werden Bewegungsprofile erstellt und Netzwerke zwischen Personen analysiert. Gleichzeitig ist der Überprüfungsstandard bei Handyshops, welche die Money-Transfer-Dienstleistungen als Ergänzung ihres Angebots betrachten, in der Regel eher gering.

Bestimmte Verhaltensweisen, wie Reisen nach Syrien und deren Vorbereitung, erhöhen das Entdeckungsrisiko:

> *„Wenn sie also jetzt beispielsweise nach Syrien reisen wollen, dann sehen wir, dass die ein bestimmtes Verhalten haben, wie sie sich bewegen, wo sie Geld in Empfang nehmen oder auch Geld schicken.“*
> *Interviewpartner 1*

Dabei entstehen neben Bewegungsprofilen, auf welche weiter unten noch näher eingegangen wird, auch andere Muster. Diese betreffen unter anderem die Höhe und die Frequenz der bezogenen Beträge sowie die Gegenpartei der jeweiligen Transaktion.

Money-Transfer-Dienstleister verwenden Echtzeitkriterien, um Transaktionen ihrer Kunden zu beurteilen. Da das zu transferierende Geld meist innert weniger Minuten bereits von der Gegenpartei wieder bezogen werden kann, muss die Analyse schnell erfolgen. Dabei werden auch nach dem Zufallsprinzip ausgewählte Transaktionen untersucht. Es ist also unerlässlich, auch bei Kleinbeträgen plausible und schlüssige Erklärungen bereitzuhalten.

Ex-post-Analysen sind deutlich fundierter als Echtzeitkriterien. Hierbei werden Zahlungsströme über einen längeren Zeitraum analysiert und die ihnen zugrundeliegenden Geschichten detaillierter betrachtet. Terrorismusfinanzierer können sich also nicht darauf verlassen, dass nach Abschluss der Transaktion kein Verdacht mehr aufkommen sollte. Es ist durchaus möglich, dass in Einzelfällen auch bereits vollendete Transaktionen noch an Behörden gemeldet werden. Daher ist es wichtig, dass die von den Terrorismusfinanzierern aufgestellten Behauptungen auch langfristig plausibel sind.

Ähnlich wie Banken verfügen auch Money-Transfer-Dienstleister über Täterprofile, welche helfen sollen, besonders verdächtige Personen zu identifizieren:

> *„Wenn ich das mal ganz allgemein formuliere, dann wissen wir, dass es häufig sich um junge Männer handelt, die zwischen 18 und 30 Jahre alt beispielsweise sind. Wir sehen auch eine Zunahme an Frauen, die das unterstützen, und auch aktiv werden. Aber da hätten wir schon mal etwas, sozusagen, es sind oft junge Männer, die eine bestimmte Historie haben. Möglicherweise also Nicht-Deutsche, die aber einen deutschen Ausweis haben, aber woanders geboren sind und sich in einer bestimmten Art und Weise verhalten."*
> *Interviewpartner 1*

Folglich vermeiden es geschickte Terrorismusfinanzierer im Namen besonders verdächtig wirkender Personen Transaktionen durchzuführen. Die Profile, welche als sehr verdächtig gelten, werden meist von Behörden erstellt und mit zahlreichen Finanzdienstleistern geteilt. Es ist also nicht unmöglich, in Erfahrung zu bringen, welche Personen derzeit als verdächtig wahrgenommen werden.

Es ist wenig überraschend, dass auch Money-Transfer-Dienstleister das Internet zu Recherchezwecken nutzen. Insbesondere Facebook gerät dabei immer wieder in den Fokus der Compliance-Beauftragten. Ungeschickte Täter zeigen ihre Sympathie für extremistische Ansichten in sozialen Netzwerken:

> *„Wir sehen Sympathisanten auch mit bestimmten Charakteristika, die dann beispielsweise auch mal in einer Art Pressearbeit aktiv sind. Mit Pressearbeit meine ich jetzt eher so auch Facebook oder andere soziale Netzwerke, also Internetplattformen, dann nutzen, wo Sie auch mit bestimmten Methoden das erkennen können oder auch recherchieren können."*
> *Interviewpartner 1*

Geschickte Täter hingegen wissen, dass Compliance-Beauftragte unter anderem im Internet nach Informationen suchen, und untermauern ihre Geschichte. Wer etwa erklärt, er müsse dringend Geld in die Türkei schicken, um kranke Verwandte zu unterstützen, postet ein Foto von vermeintlichen Verwandten im Krankenhaus zusammen mit einem kleinen Text auf Facebook. In diesem Post berichtet er, wie sehr er auf eine baldige Genesung seiner geliebten Verwandten hofft, und verspricht finanzielle Unterstützung. Sollte ein Compliance-Beauftragter des Money-Transfer-Dienstleisters nach Informationen über den verdächtigen Kunden suchen, findet er eine Geschichte, welche die Ausführungen des Täters gegenüber den Mitarbeitern des Dienstleisters untermauert.

Ein nicht zu vernachlässigendes Risiko stellen zudem die Bewegungsprofile der Money-Transfer-Dienstleister dar, welche es erlauben, den Weg von Personen, die in eigenem Namen regelmässig Gelder empfangen, nachzuvollziehen:

> *„Die befinden sich sozusagen auf dem Weg nach Syrien, und sie gehen vielleicht nach einem halben Jahr wieder zurück. Also so etwas, also jetzt aus welchen Gründen auch immer, kommen zurück nach Deutschland. Das sind Verhaltensweisen, die wir sehen. Und da gibt es auch bestimmte Kriterien, die wir jetzt entwickelt haben, die finden Sie sicherlich auch woanders, bei anderen Häusern, die dann zu einer Auffälligkeit führen, und die dann konkret durch Mitarbeiter bei uns bearbeitet wird, der sich diesen Vorfall anschaut und recherchiert und dann weitere Möglichkeiten nutzt."*
> *Interviewpartner 1*

Es ist naheliegend, dass eine Person, welche die Dienstleistungen zunächst in Frankfurt und anschliessend in Istanbul und an der türkischen Grenze zu Syrien nutzt, in den Fokus der Compliance-Beauftragten rückt.

Ein intelligenter Täter verwendet also mehrere Identitäten und verzichtet darauf, Gelder an der Grenze zu Syrien zu beziehen:

> *„Wenn Sie dann sich in die Nähe der syrischen Grenze bewegen, dann wissen wir, dass da auch viele dieser Personen sich aufhalten, die ein bestimmtes Profil haben und eine bestimmte Art des Verhaltens, was Finanztransfers anbetrifft, und auch, wenn sie dann nach Syrien gehen, oder wo immer die sich auch hinbewegen, äh da haben Sie bestimmte Charakteristika, die man auch dann über Analysen erkennen kann."*
> *Interviewpartner 1*

Die Spur eines intelligenten Terrorismusfinanzierers endet also spätestens in Istanbul.

Netzwerke zwischen Personen stehen ebenfalls im Fokus der Analyse der Money-Transfer-Dienstleister. Dabei gilt es die allseits bekannte „Spinne im Netz" zu identifizieren. Dabei handelt es sich um eine zentrale Person, welche von verschiedenen Kunden des Money-Transfer-Dienstleisters Geld überwiesen bekommt:

> *„Sie sehen auch bestimmte Netzwerke, wie dann Transaktionen zwischen bestimmten (…) Personen aus verschiedenen europäischen Ländern (…). Und sie sind dann wie so eine Art Spinne in einem Netzwerk auch erkennbar."*
> *Interviewpartner 1*

Intelligente Terrorismusfinanzierer wissen, dass es sich bei der Schaffung derartiger zentraler Personen um eine unnötige Akkumulation von Risiken handelt. Sollte die zentrale Person auffliegen, würden automatisch alle Kontaktpersonen, welche ihr Geld überwiesen haben, in Verdacht geraten. Daher verzichten intelligente Täter auf derartige „Spinnen im Netz".

Grössere Beträge lösen Kontrollen und einen Abbruch der Transaktion aus:

> *„Und Sie überschreiten einen bestimmten Betrag, dann lassen wir die Auszahlung nicht mehr zu, sondern schicken das Geld zurück, und reagieren dann weiter."*
> *Interviewpartner 1*

Dies ist jedoch allgemein bekannt und dürfte auch für Terrorismusfinanzierer keine Überraschung darstellen. Weniger bekannt sind die tatsächlichen Schwellenwerte für vertiefte Abklärungen, da selbige kontinuierlich angepasst werden. Allerdings dürfte jedem vernünftigen Täter klar sein, dass eine Überweisung von 20'000 CHF über einen Money-Transfer-Dienstleister höchst ungewöhnlich ist und aufgrund der damit verbundenen Gebühren kaum plausibel zu rechtfertigen sein dürfte. Eine Überweisung über 150 CHF liegt hingegen im üblichen Rahmen und erregt deutlich weniger Verdacht. Das heisst, dass ein geschickter Täter grössere Beträge aufteilt und im Namen verschiedener Personen überweist.

Für die Überweisung selbst greifen geschickte Täter auf Filialen der Money-Transfer-Dienstleister zurück, welche sich nicht auf Finanzdienstleistungen spezialisiert haben, sondern über eine andere primäre Einnahmequelle verfügen. Vernünftigerweise ist davon auszugehen, dass beispielsweise Verkäufer in Handygeschäften, welche ergänzend Money-Transfer-Dienstleistungen anbieten, nicht über weitreichende Expertise im Compliance-Bereich verfügen, wodurch die Plausibilisierung der Transaktion massgeblich erleichtert wird:

> *„(…) dass der Überprüfungsstandard und der Sorgfaltsstandard nicht der ist, der die meisten Länder gerne sehen würden, insbesondere, wenn solche Transaktionen angestossen werden bei Handyshops oder sonstigen Handelstreibenden, die als Agenten auftreten für diese grossen Unternehmen. Das wissen wir auch."*
> *Interviewpartner 6*

Zwar ist davon auszugehen, dass in vielen Fällen jeder Mitarbeiter oder Repräsentant von Money-Transfer-Dienstleistern über gewisse Grundkenntnisse im Bereich Compliance verfügt, aber es ist schlichtweg nicht zu erwarten, dass Verkäufer von Mobiltelefonen über ähnlich vertiefte Kenntnisse verfügen wie hauptberuflich im Bereich der Finanzdienstleistungen tätige Personen.

Zusammenfassend lässt sich feststellen, dass Money-Transfer-Dienstleister grundsätzlich sehr gut für die Terrorismusfinanzierung geeignet sind. Insbesondere lassen sich durch den Einsatz von Strohleuten und die Aufteilung grösserer Beträge sowie die Vermeidung einer Akkumulation von Risiken bei einzelnen Personen Gelder innerhalb kurzer Zeit über grosse Distanzen transferieren. Sofern der Terrorismusfinanzierer nicht persönlich in Erscheinung tritt, ist das mit dieser Methode verbundene Risiko ausserordentlich gering.

4.3.4.4. Money Transfer Systems – Gesamtwürdigung

Die Literaturanalyse hat ergeben, dass die Nutzung von Money Transfer Systems zwar infolge kultureller Unterschiede variiert, aber in nahezu jeder Erscheinungsform eine grosse Herausforderung bei der Bekämpfung der Terrorismusfinanzierung darstellt.[709] Dies insbesondere deshalb, weil es schwierig ist, unbescholtene Migranten, welche legitimerweise Vermögenswerte in ihre Heimatländer transferieren möchten, von Terrorismusfinanzierern zu unterscheiden.[710] Die Interviewpartner haben die Erkenntnisse der Literaturanalyse nicht nur bestätigt, sondern ergänzt. Dabei haben sie aufgezeigt, wie Täter konkret vorgehen müssten, um mit der Hilfe von Money-Transfer-Dienstleistern Vermögenswerte zum Zweck der Terrorismusfinanzierung zu transferieren. Aufgrund der oben dargestellten Ausführungen zur konkreten Vorgehensweise und der verhältnismässig leicht zu umgehenden Compliance-Mechanismen kann trotz aller Bemühungen der Money-Transfer-Dienstleister davon ausgegangen werden, dass dies eine geeignete Methode für den Transfer von Vermögenswerten ist. Diese Feststellung ist jedoch nicht als Vorwurf gegenüber Money-Transfer-Dienstleistern, sondern eher als Anregung für den Gesetzgeber zu betrachten.

4.3.5. Persönlicher Transfer

4.3.5.1. Persönlicher Transfer – generelle Eignung

Die banalste Methode des Transfers ist vermutlich der persönliche Transport von Vermögenswerten. Flüchtlingsrouten eignen sich vermeintlich hervorragend für den Geldtransfer. Sie könnten genutzt werden, um Barmittel für Einkäufe oder Sold vor Ort zu verwenden.

Da Flüchtlingsrouten zumindest in der Vergangenheit wenig überwacht wurden und es möglich war, ohne Grenzkontrollen von der Türkei nach Deutschland zu reisen, ist vernünftigerweise davon auszugehen, dass dieser Weg auch von Deutschland in die Türkei offensteht und eine gewisse Bedeutung für die Terrorismusfinanzierung hat:

> *„Ich glaube, dass das wahrscheinlich einer der Hauptkanäle ist, das ist meine persönliche Meinung.“*
> *Interviewpartner 6*

---

709 Vlcek, 2008: S. 296.

710 Masciandro, 2004: S. 296 f.

Terrorismusfinanzierer könnten diese Wege nutzen, um entweder selbst Barmittel zu transportieren oder Boten einzusetzen. Sobald die Barmittel in der Türkei oder in Syrien angekommen sind, können sie verwendet werden, um Einkäufe zu tätigen.

Da Flüchtlingsrouten in der Regel schlecht überwacht sind, dürften sie sich auch für den Transport von Barmitteln eignen:

> *„Wenn Sie da Menschen rüberkriegen, dann kriegen Sie natürlich auch Bar- oder Vermögenswerte da rüber.“*
> *Interviewpartner 7*

Schliesslich ist Bargeld in der Regel leichter zu verstecken als ein lebender Mensch.

Sobald die Barmittel an ihrem Bestimmungsort eingetroffen sind, können Einkäufe damit getätigt werden, ohne Datenspuren zu hinterlassen:

> *„Ja also ich denke zuletzt geht das in bar. Also die brauchen ja das Geld (…), um Einkäufe tätigen zu können.“*
> *Interviewpartner 14*

Somit ist auch denkbar, dass diese Methode mit anderen Vorgehensweisen kombiniert und lediglich im letzten Schritt auf den persönlichen Transfer zurückgegriffen wird.

Der persönliche Transfer hat den grossen Vorteil, dass keine Finanzdienstleister involviert werden und somit Compliance-Massnahmen geschickt umgangen werden können. Gleichzeitig ist diese Methode jedoch mit erheblichen Verlustrisiken, zahlreichen Mitwissern und verhältnismässig hohen Kosten verbunden. Schliesslich können Boten, welche zweifelsohne wissen, was sie transportieren, mit dem Geld verschwinden. Zudem sind hohe Reisekosten in Kauf zu nehmen.

4.3.5.2. Persönlicher Transfer – konkrete Vorgehensweise

Geschickte Terrorismusfinanzierer nutzen Flüchtlings- und Handelsrouten. Sie beziehen bei Bedarf erfahrene Schmuggler und Schleuser in den Prozess ein. Beispielsweise nutzen sie die Grenze zwischen der Türkei und Syrien. Die Verwendung von Prepaid-Karten ist zwar möglich, aber hochriskant, da selbige bereits im Fokus der Ermittler stehen.

Wie vorgehend bereits angedeutet, greift der Terrorismusfinanzierer auf bestehende Flüchtlings- und Handelsrouten zurück:

> *„Man hat da relativ oft vor Augen so etwas wie in Syrien, wo es eine relativ unbehelligte Grenze zur Türkei gegeben hat, wo man auch weiss, dass sehr viele Personen und Güter diese Grenze überqueren und relativ frei.“*
> *Interviewpartner 6*

Diese Routen sind meist erprobt und in der Regel nicht besonders überwacht. Aufgrund der Vielzahl der dort verkehrenden Personen dürfte es möglich sein, Aufmerksamkeit für das einzelne Individuum zu vermeiden.

Wer nicht selbst über die nötige Kenntnis von geeigneten Routen verfügt, zieht erfahrene Experten hinzu. Hierfür kommen Schmuggler und Schleuser in Frage:

> *„Da gibt es Logistiker, Schleuser, wie auch immer Sie die nennen wollen."*
> *Interviewpartner 7*

Wenn es diesen Personen möglich ist, Geflüchtete zu transportieren, dürfte es ebenso möglich sein, Terrorismusfinanzierer an ihr Ziel zu begleiten. Dabei geben sich die Terrorismusfinanzierer jedoch nicht zu erkennen. Vielmehr geben sie sich als Geflüchtete auf dem Rückweg oder als Journalisten aus.

Die zu transferierenden Vermögenswerte führen Terrorismusfinanzierer in der Regel bar mit sich. Alternativ könnte man auch über die Nutzung von Prepaid-Karten nachdenken:

> *„Und gerade jetzt, wenn wir über Barwerte reden oder gerade Prepaid-Karten. Ich meine, das ist ja wahrscheinlich noch leichter dann als irgendwelche Menschen rüberzuschmuggeln, wo Sie Papiere brauchen et cetera."*
> *Interviewpartner 7*

Prepaid-Karten reduzieren zwar das Verlustrisiko, aber stehen letztendlich auch im Fokus der Ermittler. Ihre Verwendung würde unerwünschte Datenspuren hinterlassen.

4.3.5.3. Persönlicher Transfer – Entdeckungsrisiken

Die mit dieser Methode verbundenen Risiken sind verhältnismässig gering. Allerdings darf nicht vergessen werden, dass Reisen nach Syrien oder in andere von Terroristen kontrollierte Gebiete in höchstem Masse verdächtig sind. Bereits die Vorbereitung einer solchen Reise könnte Aufmerksamkeit erregen.

Da Reisen nach Syrien als verdächtig gelten, muss sich der Täter eine geeignete Tarnung zulegen:

> *„Aber wenn der nach Syrien reisen würde, hätten wir schon jede Menge Verdachtsmomente, um den zu melden."*
> *Interviewpartner 3*

Beispielsweise könnte er sich als Journalist oder als Flüchtlingshelfer ausgeben. Dies ist jedoch nur dann hilfreich, wenn er auch tatsächlich als solcher tätig ist. Andernfalls ist die Tarnung nicht nachhaltig.

Zudem muss der Terrorismusfinanzierer mit Zollkontrollen rechnen. Sollte er grössere Mengen Bargeld transportieren, könnte dies Zollverfahren auslösen. Allerdings ist unklar, ob dabei der Verdacht der Terrorismusfinanzierung auftreten würde.

Zusammenfassend kann diese Methode als risikoarm bezeichnet werden. Sofern der Täter seine Reise nach Syrien plausibel erklären kann und mit dem Bargeld nicht in eine Zollkontrolle gerät, ist es in höchstem Masse unwahrscheinlich, dass er in den Verdacht der Terrorismusfinanzierung gerät.

4.3.5.4. Persönlicher Transfer – Gesamtwürdigung

Auch in der Literatur ist der persönliche Transfer bekannt. „Cash-Kuriere", also der persönliche Transfer von Vermögenswerten, gewinnen angeblich an Bedeutung für die Terrorismusfinanzierung.[711] Unter anderem ist der Einsatz von Cash-Kurieren durch Tschetschenen bekannt.[712] Ferner gab es ähnlich gelagerte Fälle im Jemen.[713] Trotzdem haben die von den Interviewpartnern aufgezeigten Vorgehensweisen verdeutlicht, dass diese Methode mit sehr hohen Kosten verbunden sein dürfte. Zwar ist das Entdeckungsrisiko gering, aber die Cash-Kuriere könnten die Vermögenswerte verlieren, ausgeraubt werden oder vorsätzlich veruntreuen. Somit kann zusammenfassend festgestellt werden, dass diese Vorgehensweise tendenziell eher weniger für den Transfer von für die Terrorismusfinanzierung bestimmten Vermögenswerten geeignet sein dürfte. Die Erkenntnisse der empirischen Untersuchung ergänzen jene der Literaturanalyse dahingehend, dass auf die mit dieser Methode verbundenen Hürden aufmerksam gemacht wird. In Anbetracht der Vorzüge der anderen in diesem Kapitel dargestellten Vorgehensweisen ist davon auszugehen, dass der persönliche Transfer eine eher untergeordnete Rolle spielen dürfte.

4.4. Instrumente zur Terrorismusbekämpfung

Die vorgehenden Ausführungen haben gezeigt, wie leicht es ist, Mittel für die Terrorismusfinanzierung zu generieren und anschliessend zu transferieren. Da schlichtweg jede Einnahmequelle für die Terrorismusfinanzierung geeignet ist, kann nicht vernünftigerweise argumentiert werden, dass man einfach

711 Dalyan, 2008: S. 140.
712 Ridley, 2008: S. 29 f.
713 Cassella, 2004: S. 285.

die Möglichkeiten zur Generierung von finanziellen Mitteln eliminieren müsse. Dies wäre zwar wünschenswert, aber kaum durchsetzbar.

Hingegen ist es durchaus möglich, Ermittler in allen Bereichen für die Terrorismusfinanzierung zu sensibilisieren. Dies kann dazu beitragen, dass Täter, welche vermeintlich „nur" Steuern hinterzogen oder Unternehmen betrogen haben, ins Visier der Terrorfahnder geraten. Es ist also wichtig, alle strafbaren Handlungen, welche zur Generierung von Mitteln geeignet sind, auch im Hinblick auf die Terrorismusfinanzierung zu betrachten. Selbstverständlich erwartet der Autor nicht, dass jede Ermittlung durch ein umfangreiches Verfahren zur Abklärung des potentiellen Bezugs zur Terrorismusfinanzierung erweitert wird, aber es kann durchaus sinnvoll sein, zumindest oberflächliche Kontrollen über die geplante Mittelverwendung durchzuführen.

Da die Mittelverwendung jedoch meist in der Zukunft liegt und durchaus auch legale Einnahmequellen für die Terrorismusfinanzierung geeignet sind, liegt der Schlüssel zum Erfolg bei der Bekämpfung der Terrorismusfinanzierung im Vermögenstransfer. Sobald Vermögenswerte transferiert werden müssen, sind in der Regel mehrere Personen involviert. Hier können beispielsweise Verdeckte Ermittler ansetzen.

Im Rahmen der Experteninterviews wurde unter anderem gefragt, welche Verbesserungen sich Ermittler wünschen, um die Terrorismusfinanzierung noch effektiver bekämpfen zu können. Dabei haben sich fünf Schwerpunkte herausgebildet. Die Experten wünschen sich einen intensiveren Informationsaustausch zwischen Privaten und Behörden, eine effizientere Amts- und Rechtshilfe sowie mehr Möglichkeiten für Verdeckte Ermittlungen und Onlinedurchsuchungen. Zudem wurde angeregt, Berufsgeheimnisse zu hinterfragen und bestimmten Personengruppen, welche dem Berufsgeheimnis unterstehen, zumindest Compliance-Pflichten aufzuerlegen.

Nachfolgende Ausführungen diskutieren die Ansätze der Ermittler. Da die Bekämpfung der Terrorismusfinanzierung letztendlich eine interdisziplinäre Herausforderung darstellt, werden alle von den Ermittlern aufgegriffenen Vorschläge betrachtet. Die vorliegende Arbeit behandelt jedoch in erster Linie strafrechtliche und strafprozessuale Fragen. Deshalb liegt der Fokus der rechtsvergleichenden Analyse im nächsten Kapitel auf den strafprozessualen Verbesserungsmöglichkeiten.

Es soll vorliegend nicht zu einer Überschneidung von faktischen und rechtlichen Problemen kommen. Vielmehr besteht das Ziel dieses Unterkapitels darin, ausgewählte Schwachstellen aus der Perspektive der Praktiker zu beleuchten. Die dogmatische Aufarbeitung erfolgt im nachfolgenden Kapitel.

4.4.1. Informationsaustausch zwischen Privaten und Behörden

Einen wichtigen Bestandteil der Förderung des Informationsaustausches zwischen Privaten und Behörden stellen die Gefährderlisten dar, welche Finanzdienstleistern zur Verfügung gestellt werden. Allerdings ist die mangelnde Kontrolle über ausgetauschte Informationen nach wie vor eine Herausforderung.

Gefährderlisten enthalten Namen von verdächtigen Personen:

> *„Das wäre natürlich für Finanzdienstleister und auch für Banken interessant, wenn man diese Liste bekommen könnte, und könnte dann auch gezielter recherchieren und auch dann im Austausch die Informationen natürlich dann den Behörden zur Verfügung stellen. Und das sind natürlich Personen auch, die mögen noch nicht im Stadium eines Terroristen sein, und vielleicht irgendwo im Vorstadium irgendwo im weitesten Sinne damit zusammenhängt, vielleicht auch nicht, vielleicht auch unschuldig reingeraten sind."*
> *Interviewpartner 1*

Ein umfassender Austausch an Informationen über sogenannte Gefährder könnte also helfen, verdächtige Personen schneller zu erkennen und die Anzahl falscher Verdächtigungen zu reduzieren. Sobald eine derartige Person versucht eine Transaktion zu tätigen, können involvierte Finanzdienstleister den Vorfall an die Behörden melden. Diese Listen sind zweifelsohne wichtig, aber meist unvollständig. Die Tatsache, dass eine Person nicht auf einer derartigen Liste steht, bedeutet also noch nicht, dass die Transaktion unbedenklich ist. Zudem werden diese Listen teilweise national geführt und stimmen nicht immer überein.[714] Allerdings werden die Listen des UNO-Sicherheitsrates in der Regel an die Finanzintermediäre weitergeleitet.[715]

Da diese Listen unvollständig sind, wird zudem auch mit sogenannten Täterprofilen gearbeitet. Selbige werden von den Behörden erstellt und mit den Finanzdienstleistern geteilt:

> *„Wir arbeiten da auch beispielsweise konkret mit den Behörden zusammen, also ich jetzt auch als Person zum Beispiel mit dem Bundeskriminalamt oder mit dem Verfassungsschutz, wo man dann drüber nachdenkt, und das auch relativ offenlegt: Wie verhält sich denn einer, ein Sympathisant, der IS unterstützt, oder wie verhält sich ein Foreign Terrorist Fighter?"*
> *Interviewpartner 1*

---

714 https://www.finma.ch/FinmaArchiv/bpv/d/themen/00711/index.html?lang=de (06.04.2017).

715 <https://www.finma.ch/de/dokumentation/internationale-sanktionen-und-terrorismusbekaempfung/finanzsanktionen-gegen-terrorismus/#Order=4> (06.04.2017).

Diese Täterprofile, welche in Zusammenarbeit zwischen Compliance-Beauftragten von privaten Unternehmen und Mitarbeitern von Behörden entwickelt werden, sollen Finanzdienstleistern helfen verdächtige Personen frühzeitig zu erkennen und weitere Abklärungen zu veranlassen. Dabei werden neben bestimmten Merkmalen auch verdächtige Verhaltensweisen umschrieben.

Der oben ausgeführte Informationsaustausch birgt jedoch die Gefahr, dass vertrauliche Informationen der Behörden in die Hände von Terrorismusfinanzierern gelangen:

> *„Natürlich haben Sie immer das Problem, auch wenn Sie solche Listen an private Institute geben, dass die dann nicht mehr so richtig unter Kontrolle sind und dann vielleicht in Hände geraten, wo sie nicht hin sollen."*
> *Interviewpartner 1*

Letztendlich müssen diese Informationen mit einer Vielzahl an Personen geteilt werden. Dabei besteht die Gefahr, dass Kontaktleute der Terrorismusfinanzierer Kenntnis von den vertraulichen Angaben erhalten.

Ein Datenleck könnte dazu führen, dass Terrorismusfinanzierer die Täterprofile kennen und somit wissen, welche Personen von Finanzdienstleistern als besonders gefährlich eingestuft werden. Im Umkehrschluss lässt sich anhand dieser Profile jedoch auch ablesen, wie eine vermeintlich unverdächtige Person auftreten sollte. Täter könnten dieses Wissen nutzen, um entsprechend unverdächtig aufzutreten und die Compliance-Massnahmen der Finanzdienstleister zu unterwandern.

Dieses Dilemma lässt sich nur bedingt lösen. Ein möglicher Ansatz ist, dass Informationen der Behörden nur noch bedingt mit Privaten geteilt werden. Dies ist aus rechtsstaatlichen Gründen in gewissen Fällen ohnehin unumgänglich:

> *„Auf der anderen Seite aus Sicht der Behörden ist bei der ganzen Office-Arbeit, bei der Prävention unbedingt ein sehr hohes Mass an Abgeschottenheit erforderlich. Also das heisst, diese Informationen kann man aus rechtsstaatlichen Gründen gar nicht weitergeben."*
> *Interviewpartner 12*

Zudem könnten privaten Unternehmen strenge Geheimhaltungsvorschriften auferlegt werden. Die Geheimhaltungsvorschriften existieren jedoch bereits und eine Einschränkung des Zugangs zu wichtigen Informationen würde es den Finanzdienstleistern erschweren, Täter rechtzeitig zu erkennen. Dies kann nicht im Sinne des Gesetzgebers sein. Letztendlich werden daher auch die Listen des UNO-Sicherheitsrates an Finanzdienstleister weitergegeben.[716]

716 FINMA, 2017: S. 1 f.

Da in der vorliegenden Arbeit jedoch strafprozessuale Themen im Vordergrund stehen, wird nicht näher auf den Informationsaustausch zwischen Behörden und Privaten eingegangen. Der Autor vertritt die Auffassung, dass dieser Austausch wichtig ist und weiter intensiviert werden sollte. Eine Einschränkung des Informationsaustauschs, um Täterprofile geheim zu halten, hält der Autor nicht für sinnvoll.

4.4.2. Verdeckte Ermittler

Verdeckte Ermittler gelten als besonders vielversprechend im Bereich der Bekämpfung der Terrorismusfinanzierung. Dies liegt unter anderem daran, dass Ermittlungen ohne „klassische Intelligence" oft schwierig sind. Häufig ist Insiderwissen erforderlich. Der gezielte Einsatz von Verdeckten Ermittlern gilt daher als notwendig. Insbesondere werden Verdeckte Ermittler mit Migrationshintergrund gesucht. Allerdings sind selbige schwierig zu rekrutieren. V-Leute, also Informanten, gelten als leichter zu rekrutieren. In jedem Fall sind Verdeckte Ermittler kosten- und personalintensiv.

Da die Terrorismusfinanzierung meist in der Zukunft liegt und es für die Verhinderung von Terroranschlägen wichtig ist, selbige zu antizipieren, sind Ermittlungen ohne klassische Intelligence schwierig.

> *„Ich glaube, ohne diese Art von Informationen werden Sie sonst nie da ankommen. Wenn Sie wirklich mühselig die Prozesskette nachgehen müssen mit Amtshilfe, da kommen Sie nie ans Ziel."*
> *Interviewpartner 7*

Es genügt schlichtweg nicht, Terroranschläge abzuwarten und anschliessend zu versuchen, mittels Amtshilfe die Finanzierung dieser Akte ex post nachzuvollziehen.

Davon ausgehend, dass Terrorismusfinanzierer zumindest teilweise intelligent und gebildet sind, liegt es nahe, eine gute Tarnung zu vermuten. Somit ist Insiderwissen erforderlich. Selbiges kann durch Verdeckte Ermittler, welche ins Milieu eindringen und sich als Terroristen ausgeben, erlangt werden.

> *„Ja, das ist wahrscheinlich eine der wesentlichsten oder der intelligentesten Formen der Bekämpfung, weil man hier vielleicht wirklich auf die einzelnen Zellen eingehen kann."*
> *Interviewpartner 6*

Um ins Milieu eindringen zu können, ist die Zugehörigkeit zu bestimmten Personengruppen von Vorteil. Dabei ist es wichtig, auf die Gegebenheiten und Charakteristika der einzelnen Terrorzellen einzugehen:

Im Hinblick auf islamistischen Terrorismus könnte es also hilfreich sein, Verdeckte Ermittler mit Migrationshintergrund zu rekrutieren. Dies ist jedoch in der Praxis schwierig, da diese Personen meist eine gewisse Loyalität gegenüber ihren Landsleuten wahren möchten:

> *„Es ist eine grössere Hürde Kollegen zu gewinnen, die in dem Bereich – ich hatte kein Glück bis dahin – Verdeckte Ermittler sein wollen. Die haben da so 'n bisschen 'ne gewisse, 'ne ethnische Loyalität. Problem der ethnischen Loyalität sogar gehabt, dass die sagen, ‚nee, das will ich nicht. Das mag ich nicht.' Also, die Gewinnung Verdeckter Ermittler, das stellen Sie sich nicht zu einfach vor."*
> *Interviewpartner 9*

Die Gewinnung von geeigneten Verdeckten Ermittlern mit Migrationshintergrund ist schwierig und zeitaufwendig.

Eine weitere Hürde der Verdeckten Ermittlung ist es, Personen ins Milieu einzuschleusen. Dies erfordert Zeit und Geld, weshalb derartige Einsätze als kosten- und personalintensiv gelten:

> *„Ist auch sehr aufwendig, sehr kostenintensiv, personalintensiv. Langjährige Ermittlungen sind das."*
> *Interviewpartner 5*

Umso wichtiger ist es, die rechtlichen Rahmenbedingungen und organisatorischen Abläufe zu optimieren, um ausreichend Ressourcen für die tatsächliche Ermittlungsarbeit zu schaffen.

Einfacher scheint es zu sein, V-Leute zu rekrutieren. Selbige sind bereits im Milieu und müssen somit nicht aufwendig etabliert werden:

> *„V-Leute, gut, das geht jetzt eher, dass man Leute aus der Szene direkt hat, die dann für die Polizei arbeiten. Ist ja auch im Rechtsextremismus und im Linksextremismus durchaus üblich."*
> *Interviewpartner 9*

Zudem haben diese Personen häufig bereits Kenntnis von für Ermittler relevanten Tatsachen. Der Nachteil ist jedoch, dass sich der Einsatz von V-Leuten nur bedingt planen lässt.

Die dezentrale Organisation des IS macht die Arbeit Verdeckter Ermittler schwieriger:

> *„Für den IS selber relativ schwierig, weil diese Organisation ist sehr geschickt aufgebaut, die haben da eigentlich nicht ein Hauptquartier, wo man einen einschleusen kann und dann alles erfährt, eine sehr dezentrale Organisation."*
> *Interviewpartner 13*

Allerdings stellt dies bei der Bekämpfung der Terrorismusfinanzierung nur in begrenztem Umfang ein Problem dar. Es ist vernünftigerweise davon auszugehen, dass nur Zellen, welche miteinander verbunden sind, auch Vermögenswerte transferieren. Bei diesen Transfers können Verdeckte Ermittler ansetzen.

Insbesondere Schläferzellen sind durch Verdeckte Ermittler identifizierbar:

> *„Also ich glaube, die belgische Zelle und so weiter, das sind lohnenswerte Ziele für Verdeckte Ermittler."*
> *Interviewpartner 13*

Diese Zellen verwenden oft einen längeren Zeitraum auf die Planung und Finanzierung eines Anschlags. Dabei handelt es sich meist um kleine Personengruppen. Eine Einschleusung eines Verdeckten Ermittlers in diese Strukturen ist zwar schwierig, aber durchaus möglich.

„Lonely Wolves" sind jedoch in der Tat auch durch Verdeckte Ermittler kaum zu erreichen:

> *„Den Lonely Wolf, der da irgendwo zuhause sich Gewaltvideos anschaut und sich irgendwie radikalisiert und dann einen Lastwagen mietet, den werden sie, so viele Verdeckte Ermittler gibt es gar nicht, also, wenn sie da jedem einen oder drei oder fünf hinterherhängen und da haben wir die Ressourcen nicht."*
> *Interviewpartner 13*

Allerdings ist die mangelnde Erreichbarkeit von „Lonely Wolves" nicht nur auf eine begrenzte Anzahl an Verdeckten Ermittlern zurückzuführen, sondern auch in einer Isolation des Täters begründet. Ein Täter, welcher sich über das Internet radikalisiert und mit niemandem über seine Pläne spricht, ist kaum zu enttarnen. Wenn er seinen Anschlag selbst finanziert und hierfür keine signifikanten Mittel benötigt, wird er vermutlich auch durch Verdeckte Ermittler nicht von seiner Tat abgehalten werden. Schliesslich ist der Täter in diesem Fall auch nicht darauf angewiesen, seine Mittel zu transferieren. Es ist somit kaum möglich, ihn zu enttarnen. Dies hilft hervorzuheben, dass Verdeckte Ermittler zwar ein wertvolles Instrument, aber kein Allheilmittel darstellen. Daher ist es wichtig auch andere Instrumente, wie beispielsweise Onlinedurchsuchungen, einzusetzen.

Die wohl grösste Schwäche der Verdeckten Ermittlung sind die grossen bürokratischen und gesetzlichen Hürden. Häufig vergeht viel Zeit, bis ein Verdeckter Ermittler seine Tätigkeit aufnehmen kann. Daher ist es wichtig, die ohnehin knappen Ressourcen möglichst gezielt einzusetzen:

> *„Ich glaube, man muss die beschränkten Mittel, die man ohnehin schon hat bei den Verdeckten Ermittlern, das ist ja hoch riskant für die Betroffenen auch, muss man dort ansetzen, wo es am meisten Sinn macht, und das ist wahrscheinlich beim Aufspüren und*

> *Infiltrieren von erkannten Zellen, die eine hohe Wahrscheinlichkeit haben, dass einer davon dann tatsächlich einen Anschlag vornimmt."*
> *Interviewpartner 13*

Es sollte also hervorgehoben werden, dass ein möglichst fokussierter Einsatz Verdeckter Ermittler wichtig ist. Gleichzeitig ist es jedoch auch notwendig, präventiv Verdeckte Ermittler in verschiedene verdächtige Gruppen einzuschleusen, um mögliche Anschlagspläne rechtzeitig zu erkennen. Die Verdachtsmomente sind zu Beginn der Ermittlungen im Bereich der Terrorismusfinanzierung meist noch nicht besonders fundiert.

Zudem wird im nachfolgenden Kapitel untersucht, wie die Voraussetzungen zur Genehmigung einer Verdeckten Ermittlung angepasst werden könnten, um eine effizientere Bekämpfung der Terrorismusfinanzierung zu fördern. Damit sollen mehr und erfolgreichere Einsätze von Verdeckten Ermittlern ermöglicht werden. In der Vergangenheit wurde von Experten immer wieder die schwache gesetzliche Grundlage für Verdeckte Ermittlungen bemängelt:

> *„Ja, also bei uns fängt es ja schon mit der gesetzlichen Grundlage an, dass wir das eigentlich gar nicht dürfen beziehungsweise uns so enge Grenzen gesetzt sind."*
> *Interviewpartner 5*

Es muss also im Rahmen der rechtsvergleichenden Analyse geklärt werden, inwiefern gesetzgeberische Massnahmen zu einem effektiveren Einsatz der Verdeckten Ermittlung zum Zweck der Bekämpfung der Terrorismusfinanzierung beitragen könnten.

4.4.3. Onlinedurchsuchungen

Onlinedurchsuchungen sind ein effektives und effizientes Instrument. Sie sind insbesondere dann sinnvoll, wenn Verdeckte Ermittler an ihre Grenzen stossen. Schliesslich müssen sich auch sogenannte „Lonely Wolves" informieren und dies geschieht meist über das Internet. Allerdings bestehen erhebliche datenschutzrechtliche Hürden. Auch ist unklar, wie viele Indizien zur Begründung eines derartigen Vorgangs letztendlich ausreichend sein könnten. Darüber hinaus sind Onlinedurchsuchungen äusserst anfällig für Missbrauch.

Onlinedurchsuchungen sind vor allem dann hilfreich, wenn Verdeckte Ermittlungen an ihre Grenzen stossen. Einsame Täter, welche sich nicht mit anderen Personen über ihre Anschlagspläne unterhalten, sind auch über Verdeckte Ermittler nicht zu erreichen. Allerdings radikalisieren sich diese Personen unter Umständen über das Internet. Zudem beziehen sie häufig Informationen über mögliche Vorgehensweisen über das Internet:

„Ich denke mal, dadurch, dass es immer wieder zu solchen Attacken kommt und man weiss, dass diese Personen im Internet radikalisiert wurden oder durch gewisses Material im Internet, und dennoch nicht auf diese Personen draufgekommen ist, zeigt umso mehr, wie schwierig das einfach ist. Das sind einfach Regelungsbereiche oder das sind einfach Bereiche des Lebens, die einfach den Alltag betreffen, so wie jeder den kennt bei uns. Und das sind dann nur kleine Elemente, die möglicherweise ein Indiz geben können."
Interviewpartner 6

Gleichzeitig muss bedacht werden, dass es sich bei Onlinedurchsuchungen um wichtige Indizien, aber letztendlich doch nur um einzelne Elemente eines Gesamtbildes handelt. Daher sind häufig ergänzende Offlineermittlungen notwendig. Trotzdem sollte das Potential von Onlinedurchsuchungen nicht unterschätzt werden.

Im Rahmen von Onlinedurchsuchungen können Ermittler in die Computer der Täter eindringen, ohne dass Letztere Kenntnis davon erlangen. So ist es möglich, die Aktivitäten des Täters zu überwachen und selbigen im Glauben zu lassen, dass er unbeobachtet sei. Diese Vorgehensweise ist häufig effektiver und kostengünstiger als klassische Ansätze wie zum Beispiel die Observation.

Zudem sind Onlinedurchsuchungen leichter zu dokumentieren als die Erkenntnisse von Verdeckten Ermittlern. Während Verdeckte Ermittler ihre Aussagen notieren und anschliessend unter Umständen als Zeugen aussagen müssen, sind Aufzeichnungen auf Datenträgern, sofern sie dem Täter eindeutig zugeordnet werden können, wesentlich leichter verwertbar, da sie in Schriftform vorliegen.

Onlinedurchsuchungen sind überdies ausserordentlich schnell und kostengünstig, da ein Ermittler mehrere Täter beobachten kann. Insbesondere ist es möglich, Täter aus einer grösseren Distanz zu beobachten. Während für Observationen ganze Teams ausrücken müssen, genügt für eine Onlinedurchsuchung in der Regel ein IT-Experte, welcher sein Büro zu diesem Zweck nicht verlassen muss. Das spart wertvolle Zeit.

Die Schnelligkeit dieser Methode beruht auch darauf, dass häufig weniger formale Grenzen eingehalten werden müssen:

„Wie gesagt, auch hier natürlich wertvoll, weil schnell und eben nicht an irgendwelche Grenzen, formalen Grenzen haltmachend."
Interviewpartner 13

Während bei einer Hausdurchsuchung oder einer Beschlagnahme die Anwesenheit der betroffenen Person erforderlich oder zumindest erwünscht ist, können Onlinedurchsuchungen in der Regel in Abwesenheit des Verdächtigen durchgeführt werden. Das heisst, dass aus ermittlungstaktischer Sicht wichtige Zeit gewonnen werden kann. Dies gilt vor allem im Hinblick auf den mit grenzüberschreitenden Vermögenstransfers verbundenen Zeitdruck.

Zusammenfassend kann also festgestellt werden, dass es sich bei Onlinedurchsuchungen um ein äusserst vielversprechendes Ermittlungsinstrument handelt. Selbiges nicht einzusetzen würde zu einer geringeren Sicherheit führen:

> *„Also wahrscheinlich ist das Rezept darin, ja, diese Möglichkeiten müssen genutzt werden, das schulden wir den Leuten, wenn sie Sicherheit haben wollen, oder wir müssen so ehrlich sein und zu den Leuten hingehen und sagen: ‚Das könnte man tun, das machen wir nicht, damit ist aber die Sicherheit nicht eine hundertprozentige'."*
> *Interviewpartner 13*

Man könnte also argumentieren, dass es möglich und sinnvoll sei Onlinedurchsuchungen zu nutzen. Sollte man sich gegen den Einsatz dieses Instruments entscheiden, müsste man dies zumindest klar dokumentieren.

Zudem stellt sich auch die Frage, wer im Rahmen einer internationalen und global zusammenarbeitenden Terrorismusbekämpfung derartige Instrumente einsetzen darf. Die Experten haben in diesem Zusammenhang Bedenken geäussert:

> *„Also ich sage einmal, wenn eine deutsche Bundesanwaltschaft so etwas macht, dann habe ich kein Problem damit, wenn der russische Inlandsgeheimdienst das macht, dann (lachen) ist wahrscheinlich nicht so toll."*
> *Interviewpartner 13*

Der Autor hat hier keine Bedenken, solange die Erkenntnisse nur zur Bekämpfung der Terrorismusfinanzierung verwendet werden.

In der Tat besteht auch ein erhebliches Missbrauchspotential von Onlinedurchsuchungen:

> *„(...) weil wir öffnen natürlich da schon Möglichkeiten, die auch missbrauchsanfällig sind."*
> *Interviewpartner 13*

Beispielsweise könnten entsprechend befugte Beamten diese Instrumente für private Zwecke missbrauchen. Des Weiteren besteht auch die Gefahr, dass Onlinedurchsuchungen bei verschiedenen weniger schwerwiegenden Delikten zum Einsatz kommen und der Anwendungsbereich nicht auf die Bekämpfung des Terrorismus beschränkt wird.

Zudem sollten auch der Daten- und Persönlichkeitsschutz der betroffenen Personen nicht ignoriert werden.

> *„Wäre wahrscheinlich ein probates Mittel. Deckt sich wahrscheinlich nicht immer ganz mit dem Datenschutz und dem Persönlichkeitsschutz, aber wenn Sie rein auf die Effizienz und*

> *Effektivität abzielen, ist das wahrscheinlich ein Element, was wahrscheinlich probat wäre, weitere Informationen zu etablieren."*
> *Interviewpartner 7*

Es ist offensichtlich, dass Onlinedurchsuchungen mit verschiedenen datenschutzrechtlichen Normen in Konflikt geraten könnten. Daher sind klare und unmissverständliche gesetzliche Regelungen erforderlich. Für eine Würdigung der rechtlichen Grundlagen wird auf das nachfolgende Kapitel verwiesen.

4.4.4. Amts- und Rechtshilfe

Im nachfolgenden Kapitel wird auf die rechtlichen Aspekte der Amts- und Rechtshilfe im Zusammenhang mit der internationalen Bekämpfung der Terrorismusfinanzierung eingegangen. Vorweg sollen jedoch einige praktische Aspekte aus der Perspektive der Ermittler beleuchtet werden, um ein besseres Verständnis für den Bedarf nach gesetzgeberischen Massnahmen und Anpassungen des bestehenden Systems zu entwickeln.

Das bestehende System der Amtshilfe gilt als veraltet. Geld ist heutzutage oft schneller als die Amtshilfe. Um Terrorismusfinanzierung bekämpfen zu können, wäre in vielen Fällen eine sofortige Handlungsfähigkeit erforderlich. Zudem wäre es notwendig, Daten zu verknüpfen und grosse Datenvolumen gezielt zu nutzen. Eine Weiterleitung der Informationen an ausgewählte Staaten wäre in diesem Zusammenhang hilfreich. Dies könnte im Rahmen einer weiteren Förderung der Zusammenarbeit der Financial Intelligence Units ermöglicht werden.

Die wohl grösste Herausforderung für Ermittler ist, dass ihre Zuständigkeit an der jeweiligen Landesgrenze endet und Täter sich binnen Sekunden in andere Jurisdiktionen bewegen können:

> *„Und bevor Sie dann mal irgendwo 'nen Amtshilfegesuch oder 'ne Arrestierung erwirkt haben, ich meine, da ist das Geld schon wieder über alle Ländergrenzen hinweg."*
> *Interviewpartner 5*

Das Geld ist also häufig schneller als die Amtshilfe. Dies kann in der Praxis vor allem deshalb problematisch sein, weil es Tätern erlaubt, sich Zwangsmassnahmen zu entziehen und ihre Vermögenswerte in ein anderes Land zu transferieren.

Letztendlich basiert die Zusammenarbeit zwischen verschiedenen Ländern immer noch auf einem veralteten System:

> *„Wir haben es, ich meine, generell in der Zusammenarbeit zwischen Staaten, ich sage einmal, auf dem justiziellen Bereich, also Amts- und der Rechtshilfe, da haben wir ein Konzept aus dem 19. Jahrhundert, ne, zum Teil muss man es noch über die Botschaften schicken, übersetzen, beglaubigen."*
> *Interviewpartner 13*

Dieses veraltete System verlangsamt Ermittlungen. Dies betrifft insbesondere Länder, welche über ein weniger fortschrittliches Rechtssystem verfügen.

Ein geschickter Täter weiss, dass Amts- und Rechtshilfeverfahren in bestimmten Ländern entweder sehr lange dauern oder gar aussichtslos sind:

> *„Die (Amtshilfe) hinkt wahrscheinlich immer ein halbes Jahr hinterher, oder?"*
> *Interviewpartner 5*

Auch weniger geschickte Täter gewinnen diese Erkenntnis durch einen einfachen Blick in den Amts- und Rechtshilfeführer der Polizei, welcher freundlicherweise im Internet zur Verfügung gestellt wird. Der Transfer von Geldern ins Ausland bleibt damit meist problemlos möglich.

Um Terrorismusfinanzierern das Handwerk zu legen, wäre es notwendig, sofort reagieren zu können:

> *„Im Moment sehr schwierig und dann natürlich wieder eine Welt, die noch schnelllebiger ist als alles andere und dann muss man sofort handeln können und so."*
> *Interviewpartner 5*

Eine sofortige Handlungsfähigkeit bedingt aber in vielen Fällen ausreichenden Zugang zu Informationen, welche helfen, einen Verdacht zu begründen. Schliesslich kann Ermittlern nicht gestattet werden, willkürlich Transaktionen zu stoppen. Geschickte Terrorismusfinanzierer gestalten ihre Transaktionen jedoch so, dass der Zugang zu ausreichenden Informationen erheblich erschwert wird. Dies gelingt insbesondere dann, wenn mehrere Jurisdiktionen involviert werden, welche nur selten oder gar keine Auskunft erteilen.

Letztendlich wäre es hilfreich, Daten zentral zu sammeln und zu verwalten:

> *„Und ich glaube, dass das die grosse Herausforderung, aber auch Chance ist, wie können wir Daten miteinander verhängen?"*
> *Interviewpartner 13*

Dabei besteht die Herausforderung darin, die Daten zentral zu verknüpfen und Ermittlern einen schnellen Zugriff auf die wesentlichen Informationen zu ermöglichen. So könnten beispielsweise Daten zwischen der Schweiz und Deutschland ausgetauscht und von den Ermittlern in beiden Ländern abgerufen werden.

Ein möglicher Ansatz hierfür wäre eine verstärkte Kooperation der Financial Intelligence Units, wodurch ein grenzüberschreitender Zugang zu Daten in Echtzeit gewährleistet werden könnte. Es bestehen bereits erste Entwicklungen in diese Richtung:

> *„Wir haben auch parallel dazu heute schon Möglichkeiten auch der informellen Zusammenarbeit, ich sage einmal, zwischen FIU, das ist eines der Beispiele, auch zwischen Polizeibehörden, die jetzt nicht auf diese justizförmliche Anforderung angewiesen sind."*
> *Interviewpartner 13*

Eine informelle Zusammenarbeit sollte jedoch nicht auf den guten persönlichen Beziehungen der Mitarbeiter der Financial Intelligence Units, sondern auf einer gesetzlichen Grundlage beruhen, welche diese Zusammenarbeit regelt und fördert.

Unter anderem stellt sich die Frage, ob Daten mit allen anderen Ländern oder nur mit ausgewählten Staaten geteilt werden dürfen:

> *„Aber es ist ja schon so, dass wir hier auch mit Staaten zusammenarbeiten müssen, die eben nicht die gleichen Anforderungen haben, und das ist schon ein grosses Problem. Also schmeissen wir alle rechtsstaatlichen Grundsätze über Bord?“*
> *Interviewpartner 13*

Zum Beispiel ist ein Beweisverwertungsverbot für bestimmte Erkenntnisse in der Schweiz durchaus möglich und sinnvoll. Allerdings stellt sich die Frage, ob dieses Verbot auch in anderen, weniger fortschrittlichen Ländern konsequent eingehalten wird. Bei der angesprochenen Problematik der Weiterleitung von Daten an andere Länder handelt es sich jedoch primär um ein datenschutzrechtliches Problem, weshalb diese Frage in der vorliegenden Arbeit nicht weiter behandelt wird.

4.4.5. Berufsgeheimnisse

Berufsgeheimnisse dienen den Tätern im schlimmsten Fall als Verschleierungstool. Compliance-Standards über Beurkundungen sollten an jene der Finanzdienstleister angeglichen werden. Informationen sollten zur Terrorismusbekämpfung verwendet werden können. Der transparente Mensch gilt dabei als Idealfall.

Die Aufweichung von Berufsgeheimnissen ist gefährlich. Grundsätzlich besteht hierbei ein erhebliches Missbrauchspotential. So könnten etwa Ermittlungen im Bereich der Bekämpfung der Terrorismusfinanzierung zur Gewinnung von Erkenntnissen über vermeintliche Steuerhinterzieher missbraucht werden. Dies liegt nahe, da Banken im Bereich der Terrorismusfinanzierung in der Regel äusserst bereitwillig kooperieren und im Bereich der Steuerhinterziehung häufig auf das Bankgeheimnis verweisen. Dieses Verhalten ist insofern plausibel, als der Tatbestand der Terrorismusfinanzierung nicht nur ein höheres Rechtsgut als jenes der Steuerdelikte schützt, sondern auch mit grösseren Reputationsrisiken für Finanzdienstleister verbunden ist. Zwar ist es auch nicht erstrebenswert, in der Presse für die Beihilfe zur Steuerhinterziehung gerügt zu werden, aber der Gedanke, von der Presse beschuldigt zu werden, dass ein Anschlag aufgrund mangelnder Kooperations- und Auskunftsbereitschaft einer Bank nicht verhindert werden konnte und deshalb Menschen verstorben sind, dürfte für die meisten Banker schlichtweg unerträglich sein. Folglich kooperieren Finanzdienstleister im Bereich der Bekämpfung der Terrorismusfinanzierung äusserst bereitwillig mit den Behörden. Im Rahmen der Vorstudie wurde gar hervorgehoben, dass die Kooperationsbereitschaft der Finanzdienstleister schlichtweg vorbildlich sei und über das zu erwartende Mass hinausgehe.

Damit diese Kooperationsbereitschaft der Finanzdienstleister nicht eines Tages zurückgeht, ist es wichtig zu gewährleisten, dass die zur Verfügung gestellten Informationen ausschliesslich zum Zweck der Bekämpfung der Terrorismusfinanzierung verwendet werden:

> *„Also unter dem Titel Terrorismusfinanzierung habe ich heute das, was ich brauche, ich bekomme alle Informationen, die ich brauche. Natürlich muss ich sie dann auch so verwenden, ich darf sie ja nicht für Drittzwecke verwenden."*
> *Interviewpartner 13*

Dies ist letztendlich auch im Interesse der Kunden. Die wenigsten Bankkunden dürften sich darüber beschweren, dass ihre persönlichen Daten zum Zweck der Bekämpfung der Terrorismusfinanzierung mit Behörden geteilt wurden. Sollten sich Kunden darüber beschweren, gibt dies Anlass, darüber nachzudenken, warum der Kunde damit nicht einverstanden sein könnte. Sollten Informationen jedoch für eine breite Vielzahl an Zwecken, wie die Bekämpfung der Geldwäscherei und der Steuerhinterziehung, weitergegeben werden, wird es schwierig für Kunden zu sehen, wo die Grenze des Bankgeheimnisses liegt. Mit jeder Weitergabe wächst letztendlich die Gefahr, dass die Daten in falsche Hände geraten könnten.

Daher ist es wichtig, das Bankgeheimnis nur selektiv zu lockern. Insbesondere muss es Banken möglich sein, bereits beim ersten Verdachtsmoment Daten an die Behörden zu übermitteln. Bei den Behörden hingegen muss gewährleistet werden, dass diese Daten nicht zu anderen Zwecken missbraucht werden.

Allerdings unterstehen nicht nur Banken dem Berufsgeheimnis. Auch Rechtsanwälte und Notare haben die ihnen anvertrauten Tatsachen geheim zu halten. Sofern sie nicht nebenbei als Finanzdienstleister tätig sind, unterstehen Rechtsanwälte und Notare zudem auch nicht dem Geldwäschereigesetz. Gleichzeitig unterhalten diese Personen in der Regel keine umfangreichen Compliance-Abteilungen, wie es etwa von Banken erwartet wird. Die von Rechtsanwälten und Notaren unterzeichneten (öffentlichen) Urkunden erwecken jedoch in der Regel ein erhöhtes Vertrauen. Daraus folgt ein gewisses Vakuum im Bereich der Kontrolle.

Geschickte Täter nutzen Berufsgeheimnisträger wie Rechtsanwälte und Notare, um an Urkunden mit erhöhter Glaubwürdigkeit zu kommen, welche den Compliance-Prozess bei Finanzdienstleistern ebnet. Die Experten bemängeln, dass Rechtsanwälte und Notare Vorgänge nicht immer genau genug prüfen:

> *„Also ich glaube, das Problem ist, es gibt innerhalb der Berufsstände gewisse schwarze Schafe, die sich auch zum Beispiel das Anwaltsgeheimnis et cetera zu eigen machen, um gewisse Sachen zu verschleiern."*
> *Interviewpartner 7*

Daher ist es wichtig, Berufsgeheimnisträger ebenfalls zu bestimmten Compliance-Massnahmen zu verpflichten.

Ferner muss sichergestellt werden, dass Rechtsanwälte und Notare verdächtige Vorgehensweisen an Behörden melden:

> *„Im Prinzip muss das auch auf anderen Ebenen auch angepasst sein. Sei es bei Rechtsanwälten, sei es bei Notaren, sei es, wie gesagt, bei Behörden. Also überall dort, wo ich die Möglichkeit habe, sage ich mal, eine Dokumentation oder Ähnliches zu besorgen, müssen im Prinzip die gleichen Standards herrschen."*
> *Interviewpartner 8*

Diese Möglichkeit besteht derzeit speziell für Rechtsanwälte und Notare, welche als Finanzdienstleister tätig sind. Allerdings sollten derartige Meldungen auch in allen Fällen, welche keine Finanzdienstleistungen betreffen, verpflichtend sein.

Die Traumvorstellung für Ermittler wäre sicherlich der gläserne Mensch:

> *„Na gut, für die Zwecke der Ermittlung und Bekämpfung von Terrorismus oder sonstiger Kriminalität, der Idealfall, wenn wir den vollkommen gläsernen und transparenten Menschen hätten."*
> *Interviewpartner 6*

Dabei ergeben sich selbstverständlich datenschutzrechtliche Herausforderungen. Es stellt sich die Frage, unter welchen Umständen das Berufsgeheimnis gewahrt werden muss und wann eine Meldung an die Behörden erfolgen sollte. Auch muss man sich fragen, ob eine derartige Lockerung des Berufsgeheimnisses tatsächlich im Interesse der Bevölkerung wäre.

Der Autor befürwortet eine selektive Meldung an ausgewählte Behörden im Fall eines begründeten Verdachts der Terrorismusfinanzierung. Die daraus gewonnenen Erkenntnisse sollten jedoch ausschliesslich für die Bekämpfung der Terrorismusfinanzierung verwendet werden dürfen. Die vorliegende Arbeit behandelt indes primär ausgewählte strafprozessuale Massnahmen. Es wird daher im Sinne eines Schwerpunkts der Ausführungen darauf verzichtet, weiter auf die mit Berufsgeheimnissen verbundenen Herausforderungen einzugehen.

4.5. Vorstudie vs. Hauptstudie

Ein Vergleich der Ergebnisse der Vorstudie mit jenen der Hauptstudie zeigt, dass es sowohl Unterschiede als auch Gemeinsamkeiten gibt. Grundsätzlich wurden viele Ergebnisse der Vorstudie in den Experteninterviews der Hauptstudie bestätigt. So kamen beide Studien zum Ergebnis, dass für den Vermögenstransfer reguläre Banküberweisungen, aber auch Parallelbankensysteme wie unter anderem das Hawala-Banking, Kryptowährungen und der persönliche Transfer eine Rolle spielen könnten. Money-Transfer-Systeme wurden in der Vorstudie hingegen nur am Rande im Rahmen von Onlinebetrug erwähnt und nicht explizit mit der Terrorismusfinanzierung in Verbindung gebracht. Zusammenfassend lässt sich jedoch feststellen, dass im Bereich des Vermögenstransfers die Erkenntnisse der Vorstudie in der Hauptstudie bestätigt und vertieft werden konnten.

Im legalen Bereich haben die Gesprächspartner der Vorstudie vor allem auf Immobilien- und Börsengeschäfte verwiesen. Dies deckt sich weitestgehend mit der Literaturanalyse.[717] Die Experteninterviews der Hauptstudie haben zudem auch Bezug auf Handels- und Bauaktivitäten, staatliche Unterstützung und Darlehen von Banken und Privatpersonen genommen. Grundsätzlich lässt sich also im Bereich der legalen Einnahmequellen ebenfalls feststellen, dass die Hauptstudie die Ergebnisse der Vorstudie bestätigt und vertieft hat.

Anders verhält es sich bei den illegalen Einnahmequellen der Terrorismusfinanzierer. Hier wurden einige von den Interviewpartnern der Vorstudie erwähnten Methoden im Rahmen der Hauptstudie nicht bestätigt. So wurden von den Gesprächspartnern der Hauptstudie keine Angaben zu Zuhälterei oder Organhandel gemacht. Dies könnte daran liegen, dass diese Themen unter Umständen nur eine marginale Rolle spielen oder zwar den Tätern bereits bekannt sind, aber noch nicht die Aufmerksamkeit der Ermittler und Compliance-Beauftragten erregt haben.

Grundsätzlich lässt sich jedoch feststellen, dass die Ergebnisse der Vorstudie in der Hauptstudie weitestgehend bestätigt wurden. Somit konnten im Rahmen der Ausführungen in diesem Kapitel sowohl die Perspektive der Täter und deren Helfer als auch jene der Ermittler berücksichtigt werden.

4.6. Gesamtwürdigung

Die vorgehenden Ausführungen haben hervorgehoben, dass Terrorismusfinanzierer den Ermittlern und Compliance-Experten häufig einen Schritt voraus

717 Dalyan, 2008: S. 140.

sind. Dies liegt daran, dass die strafbare Handlung oftmals in der Zukunft liegt und somit schwer zu antizipieren ist. Während Geldwäscher in aller Regel bereits inkriminierte Vermögenswerte bei Banken hinterlegen möchten, verfügen Terrorismusfinanzierer häufig über legale und offiziell deklarierte Einnahmequellen. Das heisst, dass zum Zeitpunkt der ersten Transaktion oft noch kein Tatbestand erfüllt ist.

Auch verfügen Terrorismusfinanzierer, im Gegensatz zu Geldwäschern, über eine nahezu unbegrenzte Anzahl an möglichen Einnahmequellen. Einige dieser Einnahmequellen wurden zu Beginn dieses Kapitels exemplarisch dargestellt. Dabei handelt es sich um besonders wahrscheinliche Szenarien, aber keineswegs um einen abschliessenden Überblick, da letztendlich jede Form der legalen oder illegalen Einnahmequelle für die Terrorismusfinanzierung in Frage kommt. Geldwäscher hingegen beziehen ihre Vermögenswerte ausschliesslich aus Verbrechen, da sie den Tatbestand von Art. 305bis CH-StGB, welcher ausdrücklich Bezug auf aus einem Verbrechen stammende Vermögenswerte nimmt, andernfalls gar nicht erfüllen würden.

Abschliessend sollte auch auf das Argument, dass die Bekämpfung der Terrorismusfinanzierung ohnehin nutzlos und obsolet sei, da Terroristen auch mit kleinen Anschlägen grossen Schaden anrichten könnten, eingegangen werden. Zwar ist es richtig, dass in vielen Fällen auch kleine Beträge zur Planung und Ausführung eines Terroranschlags genügen. Allerdings deckt dies nur einen Teil des Problems ab. Terrorismusfinanzierer unterstützen nicht nur die Planung und Ausführung grosser Anschläge, sondern auch die Aus- und Weiterbildung von Extremisten in dafür eigens geschaffenen Strukturen im Ausland. Sie unterstützen zudem grosse terroristische Organisationen, wie den Islamischen Staat, welche grosse Gebiete einnehmen und dort Rückzugsmöglichkeiten für Terroristen schaffen. Es kann also nicht im Interesse der westlichen Länder sein, Terrorismusfinanzierer nicht mehr zu verfolgen.

Durch die Ausführungen in diesem Kapitel wurde betont, wie schwierig es ist, Terrorismusfinanzierer rechtzeitig zu erkennen. Daher ist es dem Autor ein Anliegen hervorzuheben, dass Finanzdienstleister bereits einen entscheidenden Beitrag zur Bekämpfung der Terrorismusfinanzierung leisten und für allfällige Schwachstellen im System nicht zur Verantwortung gezogen werden können.

Die einzige Anregung, welche der Autor an Finanzdienstleister richtet, ist eine gesamtheitlichere Betrachtung des Compliance-Prozesses. Derzeit konzentrieren sich Compliance-Beauftragte häufig auf formale Aspekte und vernachlässigen das Gesamtbild. Dies liegt oft daran, dass sich interne Schulungen auf Gesetze und Prozesse konzentrieren, aber nur selten das Verhalten intelligenter Täter darstellen. Es wäre durchaus sinnvoll, Compliance-Beauftragte, welche verdächtige Verhaltensweisen erkennen sollen, dafür zu sensibilisieren, wie geschickte Terrorismusfinanzierer vorgehen könnten. Nur wer das Verhalten der Täter versteht, kann es letztendlich auch bekämpfen. Die Hauptverantwortung für die Bekämpfung der Terrorismusfinanzierung kann jedoch nicht an Private übertragen werden, sondern verbleibt bei den zuständigen Behörden und dem Gesetzgeber.

Eine weitere Übertragung von Aufgaben an Private wäre nicht nur aufgrund der damit verbundenen Kosten kaum zumutbar. Es ist für Banken schlichtweg nur schwer zu erkennen, was Täter beabsichtigen, weil Finanzdienstleister in der Regel nicht auf hoheitliche Befugnisse und Zwangsmassnahmen zurückgreifen können, sondern auf die von ihren Kunden gemachten Angaben angewiesen sind. Gelingt es dem Kunden die Bank auf geschickte Art und Weise zu täuschen, werden die Compliance-Massnahmen der Banken ausgehebelt. Daher wäre eine Erweiterung der Compliance-Massnahmen der Finanzdienstleister nicht ausreichend. Selbst wenn Finanzdienstleister jede einzelne Transaktion im Detail überprüfen würden, was unter keinen Umständen wirtschaftlich tragbar wäre, würden diese Analysen immer noch auf den Angaben der Kunden beruhen. Es ist offensichtlich, dass der Compliance-Prozess auch dann noch anfällig für Fehleinschätzungen wäre. Daher ist es zwingend erforderlich, dass die Finanzdienstleister nicht alleine für die Bekämpfung der Terrorismusfinanzierung einstehen müssen, sondern mit den Behörden zusammenarbeiten können.

Es stellt sich also die Frage, was der Gesetzgeber und die zuständigen Behörden tun können, um Terror effektiver zu bekämpfen. Dazu gilt es im Rahmen dieser Arbeit die Möglichkeiten der Strafverfolgungsbehörden aus strafprozessualer Sicht genauer zu betrachten. Folglich werden im nachfolgenden Kapitel ausgewählte Instrumente der Behörden zur Bekämpfung der Terrorismusfinanzierung diskutiert.

5. Strafprozessuale Implikationen der empirischen Untersuchung

Im Rahmen der empirischen Untersuchung wurde von den Experten die Relevanz von fünf Bereichen für eine effektivere Bekämpfung der Terrorismusfinanzierung hervorgehoben. Namentlich wären Verbesserungen in den nachfolgenden Gebieten erforderlich:

1. Informationsaustausch zwischen Behörden und Privaten
2. Verdeckte Ermittler
3. Onlinedurchsuchungen
4. Amts- und Rechtshilfe
5. Berufsgeheimnisse

Der Fokus der vorliegenden Arbeit liegt insbesondere auf Onlinedurchsuchungen und einer Erweiterung der Befugnisse Verdeckter Ermittler. Es wird eine rechtsvergleichende Übersicht über diese Zwangsmassnahmen gegeben. Zudem werden ausgewählte strafprozessuale Schwachstellen dargelegt und Lösungsvorschläge entwickelt. Hingegen wird nur am Rande auf den Informationsaustausch zwischen Behörden und Privaten, Amts- und Rechtshilfe sowie die mit Berufsgeheimnissen verbundenen Schwierigkeiten eingegangen.

Insbesondere muss bedacht werden, dass ein etabliertes Amts- und Rechtshilfesystem nicht in einem einzigen Werk überarbeitet werden kann. Auch wäre es von bedingtem praktischem Nutzen, lediglich die Amts- und Rechtshilfe im deutschsprachigen Raum zu analysieren. Letztendlich handelt es sich dabei um eine globale Herausforderung.

Der Informationsaustausch zwischen Behörden und Privaten muss zweifelsohne verbessert werden. Dabei handelt es sich jedoch nicht primär um ein strafprozessrechtliches Problem, sondern vielmehr um eine organisatorische Herausforderung. Diese Prozessoptimierung sollte somit in einer betriebswirtschaftlichen Arbeit näher betrachtet werden.

Berufsgeheimnisse finden zwar durchaus Beachtung im Strafprozessrecht, aber letztendlich müssten Anpassungen primär im Strafrecht verankert werden. Vor allem müsste der Missbrauch von Berufsgeheimnissen stärker sanktioniert werden. Das vorliegende Kapitel beschäftigt sich jedoch primär mit strafprozessrechtlichen Implikationen.

Verdeckte Ermittlungen und Onlinedurchsuchungen sind hingegen Kernthemen des Strafprozessrechts. Diese beiden Instrumente ergänzen sich hervorragend. Sobald die Verdeckte Ermittlung an ihre Grenzen stösst, kann die Onlinedurchsuchung eine wertvolle Ergänzung darstellen. Beispielsweise müssen Verdeckte Ermittler in vielen Fällen erst eingeschleust und etabliert werden. Onlinedurchsuchungen sind hingegen umgehend einsetzbar.

Allerdings sind Onlinedurchsuchungen bisher nicht möglich. Das heisst, es müssen neben der praktischen Notwendigkeit von Onlinedurchsuchungen, welche sich aus den Ausführungen zu den Vorgehensweisen der Terrorismusfinanzierer ergibt, auch geeignete gesetzliche Grundlagen diskutiert werden.

Gleichzeitig ergänzen Verdeckte Ermittlungen den Einsatz von Onlinedurchsuchungen. Es ist nicht davon auszugehen, dass Täter alle relevanten Informationen auf ihrem Computer speichern. Verdeckte Ermittler können auf den Erkenntnissen von Onlinedurchsuchungen aufbauen und zusätzliche Informationen sammeln.

Allerdings sind die Hürden für den Einsatz Verdeckter Ermittler sehr hoch. Zudem sind die Möglichkeiten der Verdeckten Ermittler häufig zu sehr eingeschränkt. Während der Undercover Agent in den USA auch Straftaten begehen darf, sind Verdeckten Ermittlern in den vorliegend untersuchten Ländern höchstens Probekäufe gestattet. Verdeckte Ermittler sind im deutschsprachigen Raum daher verhältnismässig leicht zu enttarnen.

Verdeckte Ermittler und Online Durchsuchungen könnten zudem helfen, die Problematik des Nachweises des vorsätzlichen Handelns der Täter zu überwinden. Wer wiederholt im Internet nach Methoden der Terrorismusfinanzierung gesucht oder in Gesprächen mit Verdeckten Ermittlern auf Methoden des Transfers von Vermögenswerten an den Islamischen Staat verwiesen hat, wird sich zu einem späteren Zeitpunkt kaum erfolgreich darauf berufen können, versehentlich Gelder an eine terroristische Organisation überwiesen zu haben. Da bedingter Vorsatz gemäss Art. 260^{quinquies} Abs. 2 CH-StGB nicht ausreichend ist, wären derartige Beweise von Vorteil.[718]

Gleichzeitig könnten Onlinedurchsuchungen und Verdeckte Ermittlungen auch helfen, der in Art. 260 Abs. 3 und 4 CH-StGB verankerten Exkulpationsproblematik vorzubeugen. Die Erkenntnisse der Verdeckten Ermittlung und der Onlinedurchsuchungen würden Aufschluss über die Beweggründe des Täters geben.

Ziel des vorliegenden Kapitels ist es nicht, ein Kommentarwerk zu schaffen. Auch kann es nicht Sinn und Zweck des vorliegenden Werkes sein, den Gesetzestext vollumfänglich zusammenzufassen. Vielmehr soll die bestehende

718 Stratenwerth & Wohlers, 2013: S. 499.

Rechtslage für die Zwecke dieser Arbeit summarisch dargestellt werden, um die Grundlage für Vorschläge für gesetzgeberische Massnahmen zu schaffen. Die vorliegende Abhandlung erhebt somit keinen Anspruch auf Vollständigkeit, sondern beschränkt sich bewusst auf die für die strafprozessrechtlichen Implikationen der empirischen Untersuchung wesentlichen Aspekte. Daher werden zunächst die gesetzlichen Rahmenbedingungen erläutert und anschliessend konkrete Vorschläge für gesetzgeberische Massnahmen, welche eine effektivere Bekämpfung der Terrorismusfinanzierung ermöglichen könnten, entwickelt.

5.1. Onlinedurchsuchungen

Die Überwachung des Fernmeldeverkehrs ist in den meisten Ländern unter bestimmten Voraussetzungen zulässig. Onlinedurchsuchungen, also das systematische, Verdeckte Durchsuchen von Festplatten ohne das Wissen des Betroffenen, sind hingegen ein weitaus schwerwiegenderer Eingriff.[719] Dieser ist jedoch zum Zweck der Bekämpfung der Terrorismusfinanzierung notwendig und wird unter anderem unter dem „NSA Terrorist Surveillance Program“ praktiziert.[720] Dabei ergeben sich neben technischen Herausforderungen auch zahlreiche juristische Fragen.[721] Insbesondere stellt sich die Frage der strafprozessualen Zulässigkeit.[722]

Mangels gesetzlicher Grundlage sind Onlinedurchsuchungen in vielen Ländern unzulässig.[723] Dies unter anderem im Hinblick auf die Privatsphäre der Betroffenen und den Datenschutz im Allgemeinen.[724] Schliesslich erhält der Staat im Rahmen derartiger Massnahmen Zugang zur digitalen Identität der Betroffenen.[725] Es stellt sich also die Frage, ob es sich um eine zulässige Ermittlungshandlung oder um staatliches Hacken handelt.[726] Folglich sind verfassungsrechtliche Überlegungen zu berücksichtigen.[727] Dies auch im Hinblick auf die

719 Rux, 2007: S. 285; Kemper, 2007: S. 105.

720 Wong, 2006: S. 517 f.; Kerr, 2008: S. 225.

721 Pohl, 2007: S. 684 f.

722 Jahn & Kudlich, 2007: S. 57.

723 Hornung, 2007: S. 575.

724 Böckenförde, 2008: S. 925; Bizer, 2007: S. 340; Pfitzmann, 2008: S. 443.

725 Brunst, 2011: S. 618.

726 Hofmann, 2005: S. 121.

727 Schantz, 2007: S. 310 f.; Hömig, 2009: S. 207; Baum & Schantz, 2008: S. 137; Yoo, 2006: S. 565 f.; Balkin & Levinson, 2006: S. 489 f.; Balkin, 2008: S. 1 f.; Maclin, 2007: S. 1259 f.; Thistle, 2008: S. 1197 f.

Vertraulichkeit und Integrität informationstechnischer Systeme sowie die Privatsphäre der Betroffenen.[728]

Insbesondere sei bei Onlinedurchsuchungen an Täter gedacht, welche die den Behörden zur Überwachung der elektronischen Kommunikation zur Verfügung stehenden Mittel kennen. Diese Personen dürften sich kaum über Internettelefonie mit Gleichgesinnten austauschen. Vielmehr dürfte es ihnen gelingen, Vermögenswerte zum Zweck der Terrorismusfinanzierung zu transferieren, ohne in überwachbarer Form zu kommunizieren. Allerdings ist nachgewiesen, dass Terroristen häufig verdächtige Informationen, wie etwa Anleitungen zum Bau von Bomben, auf ihren Computern speichern.[729]

So sind Terrorismusfinanzierer, welche mittels Kryptowährungen Vermögenswerte transferieren, aber darauf verzichten, mit anderen Personen über ihre Tätigkeiten zu kommunizieren, nur schwer durch eine Telefonüberwachung zu überführen. Ein geschickter Terrorismusfinanzierer nutzt zudem ständig wechselnde öffentliche WLAN-Netzwerke, um mittels eines Tor-Browsers ins Darknet einzusteigen. In diesen Fällen dürfte es kaum möglich sein, ohne Onlinedurchsuchungen ans Ziel zu gelangen.

Auch Hawala-Banker, welche mit Kurieren zusammenarbeiten und ihre Geschäfte persönlich abwickeln, dürften nur schwer durch konventionelle Telefonüberwachungen zu überführen sein. Allerdings ist davon auszugehen, dass derartige Hawala-Banker eine Buchführung haben, um den Überblick über ihre Transaktionen zu behalten. Zwar ist es durchaus möglich, dass einzelne Hawala-Banker ihre Buchführung nicht in elektronischer Form führen, indes ist vernünftigerweise anzunehmen, dass zahlreiche Hawala-Banker ihre Buchhaltung in elektronischer Form erstellen.

Weniger offensichtlich, aber trotzdem nicht zu vernachlässigen ist der Nutzen von Onlinedurchsuchungen im Zusammenhang mit dem persönlichen Transfer von Vermögenswerten. Dies gilt vor allem dann, wenn es sich um introvertierte Täter handelt, welche ihre Pläne nicht mit Dritten besprechen. Auch diese Täter müssen ihre Transferrouten in aller Regel planen und vorbereiten. Dies geschieht heutzutage über das Internet. Es ist also davon auszugehen, dass derartige Täter unter Umständen Reisepläne auf ihren Geräten speichern, welche mittels einer Onlinedurchsuchung entdeckt werden könnten.

Selbst Täter, welche ihre Vermögenswerte über das Bankensystem transferieren, sind durch Onlinedurchsuchungen zu enttarnen. In der Regel

---

728 Petri, 2008: S. 443; Denkowski, 2008: S. 5 f.; Posner, 2008: S. 245 f.; Hoffmann-Riem, 2008: S. 1009 f.; Hornung, 2008: S. 299.

729 Ziercke, 2008: S. 62.

müssen Transaktionen über das Bankensystem plausibel begründet werden. Dies geschieht in vielen Fällen, indem der Terrorismusfinanzierer Urkunden erstellt und bei der Bank einreicht. Anhand von Onlinedurchsuchungen könnten derartige Urkunden entdeckt werden.

Auch Transaktionen, welche über Money-Transfer-Dienstleister abgewickelt werden, können mittels Onlinedurchsuchungen schneller enttarnt werden. Beispielsweise können durch Onlinedurchsuchungen auch Browserverläufe betrachtet werden. Dies kann Anhaltspunkte für online getätigte Transaktionen über Money-Transfer-Dienstleister bieten oder Anhaltspunkte darüber liefern, welche Filialen der Täter persönlich aufgesucht hat oder noch aufsuchen wird.

Zusammenfassend lässt sich also feststellen, dass Onlinedurchsuchungen geeignet sind, die in der empirischen Untersuchung dargestellten Methoden des Vermögenstransfers zum Zweck der Terrorismusfinanzierung zu bekämpfen. Allerdings sind sie auch anfällig für Missbrauch. Daher ist eine fundierte Abwägung zwischen dem Schutz verschiedener Rechtsgüter erforderlich.

Nachfolgend wird in Form von Länderberichten die Zulässigkeit von Onlinedurchsuchungen in der Schweiz, Liechtenstein, Österreich und Deutschland diskutiert. Diese Analyse dient als Grundlage für die anschliessende Empfehlung für gesetzgeberische Massnahmen in der Schweiz. Insbesondere sollen sämtliche Hürden in den erwähnten Ländern betrachtet werden, um eine möglichst fundierte Empfehlung zu entwickeln. Dabei werden auch gescheiterte Versuche, Onlinedurchsuchungen zu ermöglichen, einbezogen.

5.1.1. Schweiz

5.1.1.1. Schweiz – Ausgangssituation

Grundsätzlich ist festzuhalten, dass geheime Überwachungsmassnahmen einen schwerwiegenden und tiefen Eingriff in die Privatsphäre der Betroffenen darstellen. Da es sich bei der Geheim- und Privatsphäre um fundamentale Freiheitsrechte in der Schweiz handelt, ist eine gesetzliche Grundlage unabdingbar.[730] Dies insbesondere um die rechtsstaatlichen Prinzipien der Schweiz nicht zu unterwandern.[731] Daher werden die Freiheitsrechte teilweise durch das Strafrecht, speziell durch die Art. 179bis–179^{quater} CH-StGB geschützt.[732] Geregelt werden unter anderem das Abhören und Aufzeichnen von nicht öffentlichen Gesprächen.[733]

730 Jaggi, 2001: S. 1 f.

731 Eugster & Katzenstein, 2014: Art. 280 CH-StPO, Rz. 1.

732 Von Ins & Wyder, 2018: Art. 179^{quater} CH-StGB, Rz. 2.

733 Hansjakob, 2014: S. 1635.

Bei der physischen Sicherstellung von Geräten können zudem auch gespeicherte Nachrichten editiert werden. In diesen Fällen liegen keine Überwachung im Sinne von Art. 269 CH-StPO und keine rückwirkende Datenerhebung im Sinne von Art. 273 CH-StPO vor. Der Rechtsschutz wird gewahrt, indem die Betroffenen die Siegelung verlangen können. Falls die Staatsanwaltschaft die elektronischen Aufzeichnungen durchsuchen möchte, muss sie ein Entsiegelungsgesuch beim zuständigen Zwangsmassnahmengericht stellen. Weniger klar ist hingegen die Regelung betreffend das aktive Abfangen von E-Mails und SMS. Aktives Abfangen ist immer dann notwendig, wenn keine physischen Geräte sichergestellt wurden. In diesen Fällen ist zwingend eine vorgängige richterliche Bewilligung notwendig.[734] Onlinedurchsuchungen gehen über das Abfangen von Nachrichten hinaus. Somit ist zweifelsohne eine vorgängige Bewilligung erforderlich.

Umso privater ein Raum ist, desto schwerer wiegt der Eingriff in die Privat- oder Intimsphäre der Betroffenen.[735] Onlinedurchsuchungen stellen einen äusserst schwerwiegenden Eingriff dar, vor allem im Hinblick darauf, dass Betroffene oft ihre intimsten Geheimnisse, welche sie nicht einmal mit ihren engsten Vertrauten teilen, auf ihrem Computer speichern. Entsprechend hoch muss die Hürde für Onlinedurchsuchungen gesetzt werden.

Zwar nimmt der Gesetzgeber im Hinblick auf die Beobachtung und Aufzeichnung von Ereignissen in Privaträumen keine explizite Differenzierung vor. Es besteht jedoch Konsens darüber, dass nicht alle privaten Räumlichkeiten den gleichen Schutz geniessen. Eine bildliche Überwachung in privaten Schlaf- und Badezimmern ist im unter Berücksichtigung der Verhältnismässigkeit und Subsidiarität der Massnahmen in vielen Fällen nicht gerechtfertigt. Eine Überwachung von einem Arbeitszimmer ist hingegen eher zu rechtfertigen. In der Praxis stellt sich häufig die Frage, welche Bereiche schützenswert sind. Beispielsweise zählt auch der Bereich unmittelbar vor der Haustüre als durch Art. 179^{quater} CH-StGB geschützt.[736] Während bei konventionellen Überwachungsmassnahmen zwischen verschiedenen Bereichen differenziert werden kann, ist eine derartige Abgrenzung im Rahmen von Onlinedurchsuchungen nur schwer möglich.[737] Öffentlich sind primär Vorgänge, welche von Dritten ohne besondere Anstrengung zur Kenntnis genommen werden können.[738]

734 Forster, 2015: S. 624.
735 Eugster & Katzenstein, 2014: Art. 280 CH-StPO, Rz. 29.
736 BGE 118 IV, E. 4.
737 Eugster & Katzenstein, 2014: Art. 280 CH-StPO, Rz. 34.
738 Riklin, 2014: S. 476.

Wenn ein Ermittlungsbeamter bei einer Onlinedurchsuchung Bildmaterial auf einem Gerät findet, muss er selbiges letztendlich sichten, um feststellen zu können, ob es ausserordentlich intime Aufnahmen enthält. Eine Abstellung auf die Dateibezeichnung oder den Ordner, in welchem die Aufnahmen abgelegt wurden, wäre letztendlich zu oberflächlich und zweifelsohne anfällig für Manipulationen. An dieser Stelle wäre es für Täter ausreichend, alle verdächtigen Inhalte als „Private Erotikaufnahmen" auf ihrem Gerät zu sichern, um sich vor Onlinedurchsuchungen zu schützen. Dies kann nicht im Sinne des Gesetzgebers sein.

Der Einsatz von technischen Überwachungsgeräten dient in Strafverfahren in der Regel der Beweismittelbeschaffung und somit der Aufklärung von Straftaten. Davon zu unterscheiden ist der Einsatz von Überwachungsgeräten zur Gefahrenabwehr, welche in den entsprechend anwendbaren Polizeigesetzen geregelt ist.[739]

Zudem stellt sich die Frage, ob die Geräte des Täters als Überwachungsgeräte eingesetzt werden dürfen.[740] In der Vergangenheit wurden primär Ton- und Bildaufnahmegeräte und Peilsender, aber auch Mobiltelefone als Abhörgeräte eingesetzt.[741] Diese dienten der akustischen und optischen Überwachung sowie der Standortidentifikation.[742]

Die Überwachung von Onlinetelefonie, also beispielsweise über WhatsApp, Telegram oder Viber, sind spätestens mit der Einführung des neuen Art. 269ter CH-StPO, welcher am 01. Januar 2018 in Kraft tritt, in der Schweiz zweifelsohne zulässig.

„Einsatz von besonderen Informatikprogrammen zur Überwachung des Fernmeldeverkehrs

1. *Die Staatsanwaltschaft kann das Einschleusen von besonderen Informatikprogrammen in ein Datenverarbeitungssystem anordnen, um den Inhalt der Kommunikation und die Randdaten des Fernmeldeverkehrs in unverschlüsselter Form abzufangen und auszuleiten, wenn:*
   a. *die Bedingungen von Artikel 269 Absätze 1 und 3 erfüllt sind;*
   b. *es sich um die Verfolgung einer in Artikel 286 Absatz 2 genannten Straftat handelt;*
   c. *die bisherigen Massnahmen zur Überwachung des Fernmeldeverkehrs nach Artikel 269 erfolglos geblieben sind oder die Überwachung mit diesen Massnahmen aussichtslos wäre oder unverhältnismässig erschwert würde."*

739 Eugster & Katzenstein, 2014: Art. 280 CH-StPO, Rz. 7a.
740 Riklin, 2014: S. 475.
741 BGE 133 IV 249, E. 3.3.
742 Hansjakob, 2014: S. 1635.

Damit soll sichergestellt werden, dass sich Täter nicht durch die Nutzung von Verschlüsselungstechnologien der Telefonüberwachung entziehen können. Dies ergibt sich insbesondere aus Art. 269ter Abs. 1 lit. c. CH-StPO. Die in diesem Zusammenhang verwendete Terminologie beruht auf der Gesetzgebung im Post- und Fernmeldewesen.[743]

Allerdings war die Überwachung von Internettelefonie auch bisher zulässig. Schliesslich handelt es sich bei Internettelefonie zweifelsohne um Fernmeldeverkehr im Sinne von Art. 269 Abs. 1 CH-StPO.[744] Dieser kann, sofern konkrete und schwerwiegende Anhaltspunkte vorliegen und die übrigen Voraussetzungen erfüllt sind, überwacht werden.[745] Insbesondere muss die zu überwachende Person als Täter in Frage kommen.[746]

Da Internettelefonie unter das Fernmeldegeheimnis von Art. 43 des Fernmeldegesetzes (FMG) fällt und Art. 269 CH-StPO eine hinreichende Rechtsgrundlage für die Aufhebung desselbigen bietet, konnte Internettelefonie auch in der Vergangenheit überwacht werden.[747] Die Erweiterung des Katalogs hat zudem dazu geführt, dass Telefonüberwachungen in der Praxis kaum mehr eingeschränkt sein dürften.[748] Grundsätzlich kann man zwischen konventionellen inhaltlichen Überwachungen, inhaltlichen Überwachungen via Direktschaltung, blossen Randdatenerhebungen und systematischen Rasterfahndungen unterscheiden.[749] Die Massnahmen konzentrierten sich je zur Hälfte auf inhaltliche Überwachungen und auf Randdatenerhebungen.[750]

Allerdings ergab sich dabei regelmässig ein Problem. Internettelefonie nutzt Verschlüsselungen, weshalb sie nicht ohne Weiteres abgehört werden kann. Häufig ist aus technischen Gründen das Aufspielen einer speziellen Software, sogenannter GovWare, nötig, um Telefonate überwachen zu können.[751] Das heisst, dass die für eine erfolgreiche Überwachung von Internettelefonie benötigten Massnahmen deutlich über jene einer konventionellen Telefonüberwachung hinausgehen. Letztere führt nicht zu einer Veränderung am Gerät der betroffenen Person. Die Daten werden lediglich vom Provider an die Behörden

743 Sidler, 2002: S. 116 f.
744 Jean-Richard-dit-Bressel, 2014: Art. 269 CH-StGB, Rz. 16.
745 Riklin, 2014: S. 462.
746 Biedermann, 2002: S. 83.
747 Hansjakob, 2011: S. 4.
748 Hansjakob, 2008: S. 109 f.
749 Riklin, 2014: S. 458.
750 Hansjakob, 2005: S. 54 f.
751 Jaggi, 2015: S. 276.

weitergeleitet. Die Behörden manipulieren das Gerät der betroffenen Person nicht.[752] Es stellt sich jedoch die Frage, ob diese Vorgehensweise noch von Art. 280 CH-StPO gedeckt ist.[753]

Bei der Überwachung der Internettelefonie müssen die Behörden das Gerät der betroffenen Person in der Regel manipulieren. Dies setzt ein Eindringen in ein fremdes Datenverarbeitungssystem im Sinne von Art. 143bis CH-StGB voraus.[754] Das heisst, dass die Behörden deutlich über den durch Art. 269 CH-StPO gerechtfertigten Eingriff, der sonst unter Art. 179bis CH-StGB fallen würde, nämlich die Verletzung des Fernmeldegeheimnisses, hinausgehen.[755] Den Tatbestand von Art. 179bis CH-StGB erfüllt nämlich bereits, wer ein Abhörgerät in Betrieb nimmt, um mit diesem ein fremdes, nichtöffentliches Gespräch abzuhören.[756]

An dieser Stelle könnte man in Erwägung ziehen, Art. 280 lit. a CH-StPO, welcher den Einsatz von technischen Überwachungsgeräten zum Zweck der Abhörung oder Aufzeichnung des nicht öffentlich gesprochenen Wortes regelt, als gesetzliche Grundlage für den Einsatz von GovWare zu betrachten.[757] Dies wäre aus mehreren Gründen naheliegend. Zunächst hat der Gesetzgeber die enge Beziehung zwischen der Überwachung des Fernmeldeverkehrs und dem Einsatz technischer Überwachungsgeräte bereits insofern zum Ausdruck gebracht, als für die Art. 280–281 CH-StPO die Regelungen der Überwachung des Fernmeldeverkehrs von Art. 269–279 CH-StPO gelten, sofern keine speziellen Bestimmungen anwendbar sind.[758] Als Folge dieses Verweises wird ein dringender Tatverdacht vorausgesetzt.[759] Zudem sind die Art. 280 und 281 CH-StPO als eine der ersten formellen und materiellen bundesrechtlichen Grundlagen für staatliche Eingriffe in die Privat- und Geheimsphäre zu betrachten.[760] Sie regeln sowohl die akustische als auch die visuelle Bespitzelung.[761]

Zwar zählt Art. 280 CH-StPO die für Überwachungsmassnahmen in Frage kommenden Geräte nicht auf.[762] Dort wird lediglich auf die möglichen Zwecke

752 Hansjakob, 2011: S. 4.
753 Eggimann, 2013: S. 115.
754 Weissenberger, 2018: Art. 143bis, Rz. 3.
755 Hansjakob, 2011: S. 4; Von Ins & Wyder, 2018: Art. 179bis, Rz. 10.
756 BGE 133 IV 249, E. 3.4–3.6.
757 Riklin, 2014: S. 475 f.
758 Eugster & Katzenstein, 2014: Art. 280 CH-StPO, Rz. 4
759 Riklin, 2014: S. 477.
760 Eugster & Katzenstein, 2014: Art. 280 CH-StPO, Rz. 3.
761 Riklin, 2014: S. 476.
762 Eugster & Katzenstein, 2014: Art. 280 CH-StPO, Rz. 22.

einer Überwachung Bezug genommen.[763] Allerdings ist auch hier darauf zu verweisen, dass Art. 280 lit. a CH-StPO den Einsatz von Geräten der Strafverfolgungsbehörden und nicht die Manipulation von Geräten der zu überwachenden Person betrifft.[764] In der Schweiz gibt es derzeit keine hinreichende gesetzliche Grundlage für den Einsatz von GovWare.[765] Selbige wird erst mit dem Inkrafttreten des neuen BÜPF vorliegen.[766]

Trotzdem lohnt sich ein Blick auf die Voraussetzungen von Art. 281 CH-StPO. Insbesondere darf der Einsatz von Überwachungsmassnahmen nur gegenüber Beschuldigten angeordnet werden.[767] Zudem dürfen Räumlichkeiten von Dritten lediglich überwacht werden, sofern es Anhaltspunkte dafür gibt, dass sich die beschuldigte Person in diesen aufhält.[768] Ferner wird der Einsatz technischer Überwachungsmassnahmen gegenüber Personen, die sich im Freiheitsentzug befinden oder auf ein Berufsgeheimnis berufen könnten, generell ausgeschlossen. Somit wird hervorgehoben, dass der Anwendungsbereich technischer Überwachungsmassnahmen strenger definiert wird als jener der Überwachung des Post- und Fernmeldeverkehrs.[769] Im Hinblick auf Onlinedurchsuchungen bedeutet dies, dass die strengen Voraussetzungen von Art. 281 CH-StPO übernommen werden sollten. Folglich ist neben einem dringenden Tatverdacht auch das Vorliegen der übrigen Voraussetzungen von Art. 269 Abs. 1 und 2 CH-StPO erforderlich.[770] Des Weiteren bedarf es der Genehmigung durch das Zwangsmassnahmengericht und (mit Ausnahmen) der nachträglichen Information der Betroffenen.[771]

Es ist ausdrücklich festzuhalten, dass erst mit Art. 269ter CH-StPO eine ausreichende gesetzliche Grundlage für den Einsatz von als E-Mail getarnten Spionageprogrammen geschaffen wurde. Diese Spionageprogramme bieten den Ermittlungsbehörden Zugang zu zahlreichen Informationen, welche weit über die verbale Kommunikation hinausgehen. Ein derartiger Eingriff in den Geheimbereich des Betroffenen bedarf einer separaten gesetzlichen Grundlage und kann nicht unter Art. 280 CH-StPO subsumiert werden.[772]

---

763 Hansjakob, 2014: S. 1635.
764 Riklin, 2014: S. 475 f.
765 Hansjakob, 2011: S. 5.
766 Jaggi, 2011: S. 3.
767 Hansjakob, 2014: S. 1640.
768 Schmid & Jositsch, 2017: Art. 281, Rz. 2.
769 Eugster & Katzenstein, 2014: Art. 281, Rz. 1.
770 Schmid & Jositsch, 2017: Art. 281, Rz. 4.
771 Riklin, 2014: S. 477.
772 Eugster & Katzenstein, 2014: Art. 280 CH-StPO, Rz. 16.

Folglich kam es im Rahmen der Vorbereitungen für den Vorentwurf zur Änderung des Bundesgesetzes vom 6. Oktober 2000 betreffend die Überwachung des Post- und Fernmeldeverkehrs (BÜPF) zum Entwurf des Art. 270bis CH-StPO, welcher wie folgt lauten sollte und eine ausreichende gesetzliche Grundlage für das Abfangen von Daten geboten hätte[773]:

> *„1. Sind bei einer Überwachung des Fernmeldeverkehrs die bisherigen Massnahmen erfolglos geblieben oder wären andere Überwachungsmassnahmen aussichtslos oder würden die Überwachung unverhältnismässig erschweren, so kann die Staatsanwaltschaft auch ohne Wissen der überwachten Person das Einführen von Informatikprogrammen in ein Datensystem anordnen, um die Daten abzufangen und zu lesen. Die Staatsanwaltschaft gibt in der Anordnung der Überwachung an, auf welche Art von Daten sie zugreifen will.*
> *2. Die Anordnung bedarf der Genehmigung durch das Zwangsmassnahmengericht.“*[774]

Das Verlangen nach einem neuen BÜPF ging eher von den Strafverfolgungsbehörden als vom Parlament aus.[775] Das Referendum hat sich unter anderem damit beschäftigt, in welchem Ausmass die Privatsphäre zum Zweck der Bekämpfung von Verbrechen eingeschränkt werden darf.[776] Der Art. 270bis CH-StPO wurde jedoch im Rahmen der BÜPF-Änderung nicht durchgesetzt. Die Überwachung der Internettelefonie an sich war zwar auch bisher gemäss Art. 269 CH-StPO zulässig. Allerdings stellte war das aus technischen Gründen notwendige Aufspielen von Software auf den Geräten des Betroffenen bisher nicht durch eine ausreichende gesetzliche Grundlage gerechtfertigt. Somit kann festgehalten werden, dass die Überwachung der Internettelefonie erst durch den neuen Art. 269ter CH-StPO eine hinreichende gesetzliche Grundlage erhält.[777]

Onlinedurchsuchungen gehen jedoch über eine klassische Überwachung des Fernmeldeverkehrs hinaus. Dabei sollen Daten auf einem Computer ohne Wissen des Betroffenen über das Internet durchsucht werden. Das heisst, dass Daten, welche unter Umständen gar nicht übermittelt werden, von Ermittlern gesichtet werden können.

Gemäss Art. 246 CH-StPO ist die Durchsuchung von Datenträgern in der Schweiz grundsätzlich erlaubt.[778] Allerdings setzt Art. 247 CH-StPO das Wissen des Betroffenen voraus.[779] Allerdings setzt Art. 248 CH-StPO das Wissen

773 Eggimann, 2013: S. 115.
774 Bundesamt für Justiz, 2011: S. 56.
775 Hansjakob, 2016: S. 429.
776 Hasler, 2016: S. 183.
777 Hansjakob, 2011: S. 5.
778 Hansjakob, 2014: S. 1397 f.
779 Riklin, 2014: S. 428.

des Betroffenen voraus, da es möglich sein muss, die Siegelung zu verlangen.[780] Dies ist aus mehrerlei Hinsicht problematisch. Einerseits bemerkt der Betroffene unter Umständen die Durchsuchung seiner Daten über einen längeren Zeitraum nicht. Gleichzeitig dringen Ermittler damit jedoch in den höchstpersönlichen Bereich der Betroffenen ein. Das heisst, dass zwingend eine ausreichende gesetzliche Grundlage für einen derartig schwerwiegenden Eingriff benötigt wird. Der neue Art. 269ter CH-StPO stellt keine ausreichende gesetzliche Grundlage für das Durchsuchen von Datenträgern über das Internet dar.

Im Entwurf für das Bundesgesetz über Massnahmen zur Wahrung der inneren Sicherheit (BWIS) gab es Bestrebungen zur Schaffung einer ausdrücklichen gesetzlichen Grundlage für Onlinedurchsuchungen. Dort hiess es in Artikel 18m:

> *„Geheimes Durchsuchen eines Datenverarbeitungssystems*
> *Lassen konkrete und aktuelle Tatsachen oder Vorkommnisse vermuten, dass ein mutmasslicher Gefährder oder eine mutmassliche Gefährderin ein ihm oder ihr zur Verfügung stehendes und gegen Zugriff besonders gesichertes Datenverarbeitungssystem benutzt, kann dieses vom Bundesamt durchsucht werden. Die Durchsuchung kann ohne Wissen des mutmasslichen Gefährders oder der mutmasslichen Gefährderin erfolgen.“*[781]

Auch dieser Vorstoss ist gescheitert. Der Artikel 18m findet sich nicht in der am 16. Juli 2012 in Kraft getretenen Version des BWIS. Das bedeutet, dass derzeit in der Schweiz keine explizite gesetzliche Grundlage für Onlinedurchsuchungen existiert. Eine solche gesetzliche Grundlage wäre jedoch erforderlich. Schliesslich handelt es sich bei Onlinedurchsuchungen um eine schwerwiegende Einschränkung von Grundrechten, welche gemäss Art. 36 Abs. 1 BV einer gesetzlichen Grundlage bedarf.

5.1.1.2. Schweiz – Anregungen für gesetzgeberische Massnahmen

5.1.1.2.1. Verfassungsrechtliche Aspekte

Onlinedurchsuchungen stellen einen schwerwiegenden Eingriff in die Grundrechte der Betroffenen dar. Sie bedürfen somit einer gesetzlichen Grundlage. Daher werden nachfolgend zunächst verfassungsrechtliche Überlegungen berücksichtigt. Im Anschluss werden verschiedene strafprozessuale Normen als Anregung herangezogen. Abschliessend wird ein konkreter Vorschlag für eine gesetzliche Grundlage für Onlinedurchsuchungen erarbeitet.

---

780 Hansjakob, 2011: S. 5.

781 Bundesrat, 2007: S. 11.

Zunächst sollte der in Art. 9 der Bundesverfassung (BV) verankerte Schutz vor Willkür und die Wahrung von Treu und Glauben berücksichtigt werden. Schliesslich hat jede Person Anspruch darauf, von den staatlichen Organen ohne Willkür und nach Treu und Glauben behandelt zu werden.[782] Onlinedurchsuchungen ohne gesetzliche Grundlage könnten zu willkürlichen Entscheidungen der ermittelnden Beamten führen. Es muss klar geregelt sein, unter welchen Voraussetzungen derartige Onlinedurchsuchungen zulässig sind.

Ferner darf auch der Schutz der Privatsphäre nicht ausser Acht gelassen werden. Gemäss Art. 13 BV hat jedermann Anspruch auch Achtung des Privat- und Familienlebens sowie des Fernmeldeverkehrs.[783] Der Schutz der Privatsphäre kann jedoch gestützt auf Art. 36 BV eingeschränkt werden. Beispielsweise sind Observationen von Versicherungsnehmern durch die Unfallversicherung zulässig.[784]

Onlinedurchsuchungen stellen einen besonders schweren Eingriff in das Privat- und Familienleben dar. Man denke hierbei exemplarisch an private Fotos auf einer Festplatte. Unter Umständen ist der Inhalt so privat, dass ihn der Betroffene nicht mal mit seinen engsten Vertrauten teilen möchte. Das heisst, der Inhalt wäre im Rahmen einer Überwachung des Fernmeldeverkehrs nicht in die Hände der Ermittler gelangt. Da eine erfolgreiche Onlinedurchsuchung jedoch voraussetzt, dass die Ermittler alle Inhalte der Festplatte sichten können, um relevante Dateien von weniger relevanten zu unterscheiden, würden die Ermittler mit hoher Wahrscheinlichkeit Kenntnis vom Inhalt dieser privaten Fotos erlangen. Es stellt sich die Frage, unter welchen Umständen ein derartig gravierender Eingriff in die Privatsphäre gerechtfertigt sein könnte.

Zudem könnten Onlinedurchsuchungen ohne gesetzliche Grundlage auch im Widerspruch zu Art. 26 BV stehen, welcher das Eigentum gewährleistet, da derartige Durchsuchungen in der Regel die Installation von Spionagesoftware auf dem Gerät des Betroffenen voraussetzen.[785] Das bedeutet, dass das Gerät des Betroffenen manipuliert wird. Derartige Manipulationen wirken sich zweifelsohne wertmindernd aus, weil nach der allgemeinen Lebenserfahrung davon auszugehen ist, dass ein allfälliger Käufer des Geräts einen niedrigeren Preis bezahlt, sofern er von der Spionagesoftware Kenntnis erlangt. Im Rahmen von Onlinedurchsuchungen nimmt der Staat also substanzverändernde Eingriffe an einem in der Regel im Eigentum eines Privaten stehenden Gerät bzw. einer Datenverarbeitungsanlage vor.

782 Art. 9 BV.
783 Art. 13 BV.
784 BGE 135 I 169, E. 4.4.
785 Art. 26 BV.

Ausserdem darf auch die in Art. 32 Abs. 1 BV verankerte Unschuldsvermutung nicht ausser Acht gelassen werden.[786] Dies stellt im Hinblick auf Onlinedurchsuchungen in der Tat eine Herausforderung dar. Sofern ausreichend Beweise vorliegen, ist eine Onlinedurchsuchung in vielen Fällen nicht notwendig, da die Datenträger im Rahmen einer Hausdurchsuchung beschlagnahmt, versiegelt und anschliessend durchsucht werden können.

Onlinedurchsuchungen sind insbesondere dann von grossem Nutzen, wenn noch nicht ausreichend Beweise vorliegen. Gerade in diesen Fällen gilt jedoch die Unschuldsvermutung. Lediglich in Fällen, in welchen zwar ausreichend Beweise vorliegen, aber aus ermittlungstaktischen Gründen ohne Wissen des Betroffenen weiter ermittelt wird, ist die Onlinedurchsuchung mit Art. 32 Abs. 1 BV zu vereinbaren.

Wie bereits erwähnt, bedürfen Einschränkungen von Grundrechten gemäss Art. 36 Abs. 1 BV einer gesetzlichen Grundlage. Bei Onlinedurchsuchungen würde es sich um einen schwerwiegenden Eingriff handeln, welcher im Gesetz vorgesehen sein müsste. Derartige Eingriffe müssten zudem verhältnismässig und durch ein öffentliches Interesse oder den Schutz von Grundrechten zu rechtfertigen sein.[787] Dies wäre im Fall von Onlinedurchsuchungen zum Zweck der Bekämpfung der Terrorismusfinanzierung jedoch zweifelsohne der Fall. Die Bekämpfung der Terrorismusfinanzierung ist ein öffentliches Interesse. Zudem dient sie, zumindest indirekt, dem Schutz von Leib und Leben.

5.1.1.2.2. Die Verwertbarkeit von Erkenntnissen

Wie oben bereits erwähnt, ist im Kontext von gesetzgeberischen Massnahmen zur Ermöglichung von Onlinedurchsuchungen ein Seitenblick auf Art. 280–281 CH-StPO sinnvoll. Gemäss Art. 281 CH-StPO ist der Einsatz technischer Überwachungsgeräte grundsätzlich auf die Beschuldigten zu beschränken.[788] Im Kontext von Überwachungen mit technischen Geräten ergibt sich dabei in der Praxis regelmässig die Frage, wie mit von Beschuldigten mitbenutzten Gegenständen umgegangen werden soll.[789]

Man denke beispielsweise an das Fahrzeug eines Dritten, welches von der beschuldigten Person mitbenutzt wird.[790] Diese Problematik besteht auch im Kontext von Onlinedurchsuchungen. Hier sei etwa an einen Computer, welcher

786 Art. 32 BV.

787 Art. 36 BV.

788 Riklin, 2014: S. 477.

789 Eugster & Katzenstein, 2014: Art. 281, Rz. 3; Schmid & Jositsch, 2017: Art. 281, Rz. 2.

790 Hansjakob, 2014: S. 1641.

von mehreren Familienmitgliedern genutzt wird, erinnert. Falls Dritte ungewollt miterfasst werden, sind die Informationen über sie nicht verwertbar.[791]

Zudem ist festzuhalten, dass es sich bei Datenverarbeitungssystemen in aller Regel um einen nichtöffentlichen Raum handelt. Der Nutzer speichert dort Daten, ohne Gefahr zu laufen, dass diese von Dritten wahrgenommen werden. Was als „nichtöffentlich anzusehen ist, hängt von dem durch die fragliche Strafnorm geschützten Rechtsgut sowie davon ab, warum darin die Öffentlichkeit als strafbegründendes beziehungsweise strafausschliessendes Merkmal vorausgesetzt wird."[792] Diese Differenzierung des Bundesgerichts zielt zwar eher auf die in Art. 179bis CH-StGB geschützten Rechtsgüter ab, aber sie liefert auch wertvolle Erkenntnisse für Onlinedurchsuchungen. Im Gegensatz zu Onlineforen, wo der Nutzer davon auszugehen hat, dass seine Kommunikation von Dritten wahrgenommen wird, handelt es sich bei privaten Datenverarbeitungssystemen, welche in der Praxis meist durch Passwörter und Firewalls geschützt sind, um einen nichtöffentlichen Raum.

In vielen Fällen dürfte es sinnvoll sein, die Onlinedurchsuchung trotzdem durchzuführen. Allerdings ist dabei die Unverwertbarkeit von Informationen gegenüber Dritten zu beachten. Somit sollte die Verwertbarkeit von Information nur zulässig sein, wenn auch in diesem Fall eine Onlinedurchsuchung zulässig gewesen wäre. Man denke hier an die Regelung von Art. 278 CH-StPO.

Ferner stellt sich die Frage, wie vorzugehen ist, wenn ein Beschuldigter den Computer von Drittpersonen nutzt. Auch hier hilft ein Blick auf die Regelung von Art. 281 Abs. 2 CH-StGB, wonach die Überwachung von Räumlichkeiten und Fahrzeugen von Dritten ausnahmsweise genehmigt werden kann, wenn aufgrund bestimmter Tatsachen davon ausgegangen werden kann, dass diese auch vom Beschuldigten genutzt werden.[793] Indes kann hier nicht nur von einer abstrakten Möglichkeit der Benutzung ausgegangen werden, sondern es muss aufgrund bestimmter Tatsachen angenommen werden können, dass die beschuldigte Person die Räumlichkeiten oder Fahrzeuge nutzt.[794] Dies muss bei der Bewilligung berücksichtigt werden.[795]

Eine analoge Regelung ist auch bei Onlinedurchsuchungen denkbar. Insbesondere sollte im Rahmen von Onlinedurchsuchungen nachgewiesen werden,

791 Riklin, 2014: S. 477.
792 BGE 130 IV 111.
793 Schmid & Jositsch, 2017: Art. 281, Rz. 2.
794 Eugster & Katzenstein, 2014: Art. 281, Rz. 5.
795 Hansjakob, 2014: S. 1641.

dass die beschuldigte Person das zu durchsuchende Gerät mindestens einmal benutzt hat. Gleichwohl sollte darauf verzichtet werden, vorauszusetzen, dass das Gerät durch die beschuldigte Person regelmässig benutzt wird. Ein geschickter Täter könnte sich nämlich durch die Nutzung von häufig wechselnden Geräten der Onlinedurchsuchung entziehen.

Aus praktischer Sicht stellt sich auch die Frage, wie Ermittler feststellen können, wem ein Computer gehört. Schliesslich richtet sich die Massnahme nur gegen die beschuldigte Person und nicht gegen Dritte.[796] Bei SIM-Karten greift man in der Regel auf die beim Verkauf registrierten Daten des Kunden zurück. Bei Fahrzeugen liegt es nahe sich am Fahrzeugausweis zu orientieren.[797] Bei Computern gestaltet sich die Feststellung des Nutzers oder Eigentümers vor einer allfälligen Onlinedurchsuchung schwierig. Beim Verkauf ist es nicht üblich, den Namen des Käufers zu dokumentieren. Auch im Anschluss besteht keinerlei Registrierungspflicht. Hier kann der neue Art. 269ter CH-StPO Abhilfe schaffen. Durch das Abfangen und Ausleiten von Informationen wird in der Regel ersichtlich, wer den Computer nutzt. Sollte es sich dabei um den Beschuldigten handeln, könnte eine Onlinedurchsuchung angeordnet werden. Ein zweistufiges Verfahren, in welchem zunächst der Art. 269ter CH-StPO Anwendung findet, wäre sinnvoll.

Gemäss Art. 281 Abs. 3 lit. a CH-StPO sind technische Überwachungsmassnahmen gegenüber Personen, welche sich im Freiheitsentzug befinden, unzulässig,[798] weil dies mit dem Grundrecht auf persönliche Freiheit unvereinbar sein könnte.[799] Dies wäre auch bei der Einführung einer gesetzlichen Grundlage für Onlinedurchsuchungen zu berücksichtigen. Allerdings stellt sich die Problematik hier nur bedingt, da Insassen von Gefängnissen in der Regel nicht über freien Zugang zum Internet verfügen.

Zudem schliesst Art. 281 Abs. 3 lit. b CH-StPO den Einsatz von technischen Überwachungsmassnahmen gegenüber bestimmten Berufsgruppen aus.[800] Eine Überwachung von Geheimnisträgern ist nur dann ausnahmsweise zulässig, wenn diese selbst als Beschuldigte überwacht werden.[801] Dies stellt eine deutliche Verschärfung gegenüber den Art. 270 und 271 CH-StPO dar, da die Überwachung

796 Riklin, 2014: S. 477.
797 Eugster & Katzenstein, 2014: Art. 281, Rz. 6.
798 Riklin, 2014: S. 478.
799 Eugster & Katzenstein, 2014: Art. 281, Rz. 10.
800 Riklin, 2014: S. 478.
801 Hansjakob, 2014: S. 1642.

des Post- und Fernmeldeverkehrs dieser Personen durchaus zulässig ist.[802] Um zu verhindern, dass die Datenverarbeitungsanlagen von Berufsgeheimnisträgern genutzt werden, um sich vor Onlinedurchsuchungen zu schützen, könnte man in Versuchung geraten, von einer derartigen Ausnahme abzusehen. Jedoch muss man dabei bedenken, dass dies das Vertrauensverhältnis zwischen Rechtsanwälten und ihren Mandanten massgeblich beeinträchtigen könnte, da es kaum möglich sein dürfte, vor der Onlinedurchsuchung zwischen Dateien des Geheimnisträgers und jenen seiner Mandanten zu differenzieren.

Sollte man dennoch für eine Onlinedurchsuchung von Datenverarbeitungsanlagen von Berufsgeheimnisträgern plädieren, wäre zumindest über den Ausschluss der Verwertbarkeit von Zufallsfunden gegenüber anderen als der beschuldigten Person nachzudenken. Als Zufallsfunde definiert das Bundesgericht Funde, welche „aus verdachtsgesteuerten Untersuchungshandlungen stammen, aber mit diesem Verdacht nichts zu tun haben."[803]

Für die Verwendung von Zufallsfunden bei Onlinedurchsuchungen liefert Art. 278 CH-StPO wertvolle Anregungen. Grundsätzlich ist zwischen Zufallsfunden, welche die beschuldigte Person betreffen, und solchen, welche andere Personen betreffen, zu differenzieren.[804] Art. 278 CH-StPO sieht in Abs. 1 vor, dass Erkenntnisse über andere, in der Überwachungsanordnung nicht aufgeführte Straftaten gegen Beschuldigte verwendet werden dürfen, wenn die Überwachung auch zur Verfolgung dieser Taten angeordnet werden dürfte.[805] Diese Regelung könnte auch für Onlinedurchsuchungen übernommen werden.

Hier gilt es hervorzuheben, dass Zufallsfunde nur dann verwertbar sein sollten, wenn für die zufällig entdeckte Straftat die Anordnung einer Onlinedurchsuchung zulässig gewesen wäre.[806] Dies insbesondere um sicherzustellen, dass Ermittlungsbeamte Onlinedurchsuchungen nicht zur Aufklärung weniger schwerwiegender Straftaten missbrauchen könnten. Andernfalls wäre es unter Umständen möglich, die Voraussetzungen für eine Onlinedurchsuchung vorzutäuschen. Somit muss in allen Fällen die Überwachung von der Staatsanwaltschaft angeordnet und vom Zwangsmassnahmengericht genehmigt werden.[807] Es bleibt anzumerken, dass dies sinnvollerweise auch für Hinweise auf Straftaten

802 Eugster & Katzenstein, 2014: Art. 281, Rz. 14 f.
803 BGE 132 IV 70, E. 6.4.
804 Riklin, 2014: S. 477.
805 Art. 278 Abs. 1 StPO.
806 Jean-Richard-dit-Bressel, 2014: Art. 278 CH-StGB, Rz. 1.
807 Riklin, 2014: S. 473.

gelten sollte.[808] Akten über nicht verwertbare Zufallsfunde müssen aufbewahrt werden, um sicherzustellen, dass überprüft werden kann, ob nicht verwertbare Ergebnisse in die Untersuchung aufgenommen wurden.[809] Massgeblich ist zudem nicht, was der Staatsanwaltschaft tatsächlich bekannt war, sondern lediglich was in der Untersuchungsanordnung tatsächlich aufgeführt wurde.[810]

Gemäss Art. 278 Abs. 2 CH-StPO dürfen auch Erkenntnisse über Straftaten von Personen, die in der Überwachungsordnung nicht als Beschuldigte aufgeführt wurden, verwendet werden, sofern die Anordnung einer Überwachungsmassnahme auch für diese Straftaten zulässig gewesen wäre.[811] Hier wäre es naheliegend eine Ausnahme für Onlinedurchsuchungen zu machen. Es sei daran erinnert, dass es Berufsgeheimnisträgern möglich sein muss, Daten auf ihren Computern zu speichern, ohne befürchten zu müssen, dass sich Ermittlungsbeamte durch Spionageprogramme Zugang zu diesen Informationen beschaffen. Man denke hierbei beispielsweise an Rechtsanwälte, welche im Rahmen einer Strafverteidigung Informationen über ihre Mandanten auf einem Computer abspeichern.

Als Zufallsfund sollten bei Onlinedurchsuchungen auch Erkenntnisse betrachtet werden, welche durch die zufällige Mitbenutzung eines Geräts entstehen, aber eine andere als die beschuldigte Person betreffen.[812] Diese gelten im Rahmen der bestehenden Massnahmen, ähnlich wie Hintergrundgespräche, nicht als Zufallsfunde.[813] Diese Abweichung von der bestehenden Regelung ist jedoch durch den besonders schweren Eingriff in die Privatsphäre von Onlinedurchsuchungen zu rechtfertigen.

Die Regelung von Art. 278 Abs. 3 CH-StPO über die Genehmigung von Zufallsfunden durch das Zwangsmassnahmengericht wäre auch für zufällig aus Onlinedurchsuchungen gewonnene Erkenntnisse sinnvoll. Dies gilt insbesondere für die sofortige Einleitung des Genehmigungsverfahrens. Allerdings muss in diesem Zusammenhang berücksichtigt werden, dass Zufallsfunde nicht immer umgehend erkannt werden. Somit ist von einer weiten Auslegung des Erfordernisses der umgehenden Genehmigung auszugehen. Eine Frist von 24 Stunden nach Anordnung von Massnahmen zur weiteren Abklärung des

808 Jean-Richard-dit-Bressel, 2014: Art. 278 CH-StGB, Rz. 13.
809 Hansjakob, 2014: S. 1620.
810 Jean-Richard-dit-Bressel, 2014: Art. 278 CH-StGB, Rz. 14.
811 Art. 278 Abs. 2 StPO.
812 Riklin, 2014: S. 473.
813 Jean-Richard-dit-Bressel, 2014: Art. 278 CH-StGB, Rz. 17.

Zufallsfundes sollte jedoch in keinem Fall überschritten werden.[814] Hierfür ist das gleiche Prozedere wie in Art. 276 Abs. 1 CH-StPO anwendbar.[815]

Um jedoch zu verhindern, dass schwere Straftaten aufgrund einer nicht rechtzeitigen Genehmigung durch das Zwangsmassnahmengericht nicht geahndet werden können, sollte es sich bei der Anwendung von Art. 278 CH-StPO für Onlinedurchsuchungen lediglich um eine Gültigkeitsvorschrift im Sinne von Art. 141 Abs. 2 CH-StPO handeln, womit eine Verwertung zur Aufklärung schwerer Straftaten gewährleistet werden könnte.[816] Andernfalls würde ein absolutes Verwertungsverbot bestehen.[817]

Zudem sollte es auch bei Zufallsfunden aus Onlinedurchsuchungen möglich sein, die Genehmigung erneut zu beantragen, falls sich die Verhältnisse geändert haben,[818] weil im Rahmen von komplexen Verfahren durch weitere Abklärungen häufig zusätzliche Erkenntnisse gewonnen werden. Eine Beschränkung auf eine einzige Genehmigung könnte in der Praxis dazu führen, dass Ermittler vor dem ersten und einzigen Genehmigungsverfahren weitere Abklärungen abwarten und sich die Genehmigung dadurch massgeblich verzögert.

Wichtig ist zudem, dass sich das Verwertungsverbot von Zufallsfunden auf Administrativverfahren erstreckt. Schliesslich dürfen Beweise, die keine Katalogtaten zum Gegenstand haben, nicht verwertet werden.[819] Dies gilt umso mehr, wenn Folgebeweise ohne den Zufallsfund nicht erlangt worden wären. In diesen Fällen müssten auch Folgebeweise unverwertbar bleiben.[820]

Ferner müssen Berufsgeheimnisse gemäss Art. 271 CH-StPO geschützt bleiben.[821] Man denke hier beispielsweise an eine Onlinedurchsuchung, welche anlässlich des Verdachts der Terrorismusfinanzierung genehmigt wurde und zu Erkenntnissen über Steuerdelikte führt. Sollte man in diesen Fällen eine Genehmigung von Zufallsfunden bejahen, würde man die Akzeptanz von Onlinedurchsuchungen in der Gesellschaft aufgrund des damit verbundenen Missbrauchspotentials massgeblich gefährden. Schliesslich kann nicht riskiert werden, dass der Verdacht der Terrorismusfinanzierung vorgeschoben wird, um neue Erkenntnisse in Steuerangelegenheiten zu erlangen.

---

814 Jean-Richard-dit-Bressel, 2014: Art. 278 CH-StGB, Rz. 27.

815 Riklin, 2014: S. 474.

816 Jean-Richard-dit-Bressel, 2014: Art. 278 CH-StGB, Rz. 30.

817 Riklin, 2014: S. 474.

818 Jean-Richard-dit-Bressel, 2014: Art. 278 CH-StGB, Rz. 32.

819 Riklin, 2014: S. 474.

820 Jean-Richard-dit-Bressel, 2014: Art. 278 CH-StGB, Rz. 36.

821 Riklin, 2014: S. 474.

Des Weiteren sollte auch eine potentielle nachträgliche Unverwertbarkeit von rechtmässig erhobenen Zufallsfunden bedacht werden.[822] In diesen Fällen gilt ein absolutes Verwertungsverbot. Dies gilt auch für die Fernwirkungen.[823]

Von einer Unterteilung der Beweise in Primär-, Sekundär- und Tertiärschicht ist für die Verwertbarkeit von Zufallsfunden aus Onlinedurchsuchungen ebenfalls abzusehen. Bei dieser Differenzierung wird zwischen Primärbeweisen, welche direkt aus der Überwachungsmassnahme stammen, Sekundärbeweisen, welche aus der Untersuchung der Primärbeweise resultieren, und Tertiärbeweisen, die basierend auf den Sekundärbeweisen gewonnen werden konnten, unterschieden. Dabei gelten Primärbeweise in der Regel als unverwertbar und Tertiärbeweise als verwertbar.[824] Diese Herangehensweise suggeriert jedoch, dass Folgebeweise verwertbar sein könnten. Dies wurde oben ausgeschlossen, da es sich bei Onlinedurchsuchungen um einen besonders schwerwiegenden Eingriff in die Privat- und Geheimnissphäre des Betroffenen handelt und in jedem Fall verhindert werden sollte, dass diese Untersuchungsmassnahmen missbraucht werden.

Es versteht sich von selbst, dass das in Art. 277 CH-StPO verankerte Verbot der Verwertung von Ergebnissen aus nicht genehmigten Überwachungen auch für Onlinedurchsuchungen gelten müsste.[825] Insbesondere ist ein absolutes Verwertungsverbot für Erkenntnisse aus Onlinedurchsuchungen erforderlich, für welche nicht oder nicht rechtzeitig ein Genehmigungsgesuch gutgeheissen wurde. Die Vernichtung der Erkenntnisse hat in diesen Fällen sofort zu erfolgen.[826] Dies speziell im Hinblick auf die mit Onlinedurchsuchungen verbundenen Erkenntnisse und die Wahrnehmung der ermittelnden Personen sowie der Öffentlichkeit. Sollte der Eindruck entstehen, dass Formfehler betreffend Onlinedurchsuchungen „geheilt" werden können, könnte dies zu einem Verlust des Vertrauens in diese Massnahmen führen.

Darüber hinaus sollte auch die Fernwirkung des in Art. 277 CH-StPO etablierten Verwertungsverbots für Onlinedurchsuchungen Anwendung finden. In diesen Fällen gilt ein absolutes Verwertungsverbot.[827] Das heisst, dass im Rahmen einer nicht genehmigten Onlinedurchsuchung gewonnene Erkenntnisse weder für weitere Ermittlungen noch zu Beweiszwecken verwendet werden dürfen.[828] Es findet keine Interessenabwägung

822 Jean-Richard-dit-Bressel, 2014: Art. 278 CH-StGB, Rz. 37.
823 Riklin, 2014: S. 474.
824 Jean-Richard-dit-Bressel, 2014: Art. 278 CH-StGB, Rz. 40.
825 Art. 277 StPO.
826 Jean-Richard-dit-Bressel, 2014: Art. 277 CH-StGB, Rz. 3
827 Riklin, 2014: S. 472.
828 Jean-Richard-dit-Bressel, 2014: Art. 277 CH-StGB, Rz. 4

statt.[829] Die Frage, inwieweit ein derartiges Beweisverwertungsverbot disponierbar sein könnte, um Beschuldigte zu entlasten, stellt sich bei Onlinedurchsuchungen nicht,[830] alleine schon deshalb, weil nicht genehmigte Erkenntnisse sofort vernichtet werden müssen. Somit erübrigt sich die Diskussion, ob zum massgeblichen Zeitpunkt ein dringender Tatverdacht bestanden habe.[831]

Grundsätzlich findet zwar eine Interessenabwägung zwischen dem öffentlichen Interesse an der Wahrheitsfindung und am Interesse des Betroffenen, dass der Beweis nicht verwertet wird, statt.[832] Es muss bedacht werden, dass mit Onlinedurchsuchungen letztendlich in den „seelischen Eigenraum" der betroffenen Person vorgedrungen wird.[833] Letzteres gilt insbesondere dann, wenn die betroffene Person private Aufzeichnungen, wie beispielsweise ein Tagebuch oder Intimaufnahmen von der eigenen Person, auf ihrem Gerät gespeichert hat. Zudem besteht neben dem privaten Interesse an der Unverwertbarkeit auch ein öffentliches Interesse daran, Ermittlungsbeamte nicht zu ermutigen, auf rechtswidrige Art und Weise Beweise zu erlangen.[834]

Zwar ist die Verwertbarkeit von rechtswidrig erlangten Beweismitteln gemäss der ständigen Rechtsprechung des Bundesgerichts aus verfassungsrechtlicher Sicht nicht in jedem Fall, aber zumindest dem Grundsatz nach ausgeschlossen.[835] In der Vergangenheit wurde die Unverwertbarkeit rechtswidrig erlangter Beweise bejaht, wenn das Beweismittel an sich unzulässig war.[836] Allerdings ist der Beweis nicht verwertbar, wenn zur Erlangung desselbigen Rechtsgüter verletzt wurden, die Vorrang vor der Durchsetzung des Strafrechts haben.[837]

Ferner stellt sich die Frage, inwiefern Art. 276 CH-StPO für Onlinedurchsuchungen Anwendung finden könnte. Demnach müssten die aus genehmigten Überwachungen gewonnenen Erkenntnisse, welche für das Strafverfahren nicht notwendig erscheinen, von den Verfahrensakten gesondert aufbewahrt und sofort nach Beendigung des Verfahrens vernichtet werden.[838] Diese Norm bezweckt unter anderem den Schutz von Drittpersonen und Berufsgeheimnissen.[839]

---

829 Riklin, 2014: S. 472.
830 Jean-Richard-dit-Bressel, 2014: Art. 277 CH-StGB, Rz. 5.
831 Godenzi, 2012: S. 1246.
832 BGE 130 I 126, E. 3.2.
833 BGE 109 Ia 273, E. 7.
834 BGE 131 I 272 4.1.2.
835 BGE 130 I 126, E. 3.2.
836 BGE 96 I 437, E. 3b.
837 BGE 131 I 272, E. 4.1.2.
838 Art. 276 StPO.
839 Jean-Richard-dit-Bressel, 2014: Art. 276 CH-StGB, Rz. 7.

Diese Aussonderungspflicht sollte im Rahmen von Onlinedurchsuchungen im Hinblick auf die Schwere des Eingriffs in die Privat- und Geheimnissphäre der Betroffenen eng ausgelegt werden. Allerdings ist nach wie vor von einer Aussonderung und nicht von einer Vernichtung zu sprechen. Schliesslich kann es nicht im Sinne des Gesetzgebers sein, dass Informationen, welche auf den ersten Blick unverdächtig erscheinen, aber vielleicht relevant sein könnten, vor Abschluss der Untersuchung vernichtet werden.

Ausserdem stellt sich die Frage, unter welchen Umständen die Voraussetzungen für eine Onlinedurchsuchung erfüllt sein könnten. Hier kann nicht einfach auf Art. 269 StPO zurückgegriffen werden, da eine Onlinedurchsuchung einen deutlich schwerwiegenderen Eingriff darstellt als eine konventionelle Überwachung des Post- und Fernmeldeverkehrs. Trotzdem kann Art. 269 CH-StPO einige wertvolle Anregungen bieten. Insbesondere können Art. 269 Abs. 1 lit. b und c CH-StPO übernommen werden. Demnach muss die Schwere der Straftat die Massnahme rechtfertigen.

Zudem müssen die bisherigen Untersuchungshandlungen erfolglos oder aussichtslos erscheinen oder unverhältnismässig erschwert werden.[840] Auch ist es sinnvoll, einen Katalog zu verfassen. Selbiger wäre jedoch deutlich kürzer zu fassen als jener von Art. 269 CH-StPO. Der Autor schlägt vor, Onlinedurchsuchungen nur zum Zweck der Bekämpfung der Terrorismusfinanzierung im Sinne von Art. 260^{quinquies} CH-StPO zu ermöglichen.

Die Beschränkung von Onlinedurchsuchungen auf einen einzigen Tatbestand mag auf den ersten Blick eine zu massive und gar radikale Einschränkung darstellen. Auf der anderen Seite handelt es sich dabei um einen pragmatischen Vorschlag. Es ist kaum vorstellbar, dass ein Gesetz zur Ermöglichung von Onlinedurchsuchungen für einen breiten Katalog an möglichen Anwendungsfällen das Gesetzgebungsverfahren in der Schweiz durchlaufen und in Kraft treten könnte. Dies erkennt man unter anderem daran, dass bereits der wesentlich weniger weitreichende Art. 270bis CH-StPO gescheitert ist.

Ein Gesetz, welches auf die Bekämpfung der Terrorismusfinanzierung beschränkt ist, könnte jedoch auf deutlich weniger Widerstand stossen, da Terrorismus und seine Finanzierung eine sehr geringe Akzeptanz in der Bevölkerung geniessen und nur wenige Personen von derartigen Onlinedurchsuchungen betroffen sein dürften. Dies gilt zwar grundsätzlich auch für andere Verbrechen, aber Terrorismusfinanzierung hat aufgrund der potentiell resultierenden Gefahr für Leib und Leben von vielen Menschen einen besonderen Stellenwert.

---

840 Art. 269 Abs. 1 StPO.

Es versteht sich von selbst, dass die Onlinedurchsuchung, sofern es sich um eine anhaltende Massnahme handelt, sofort beendet wird, wenn die Voraussetzungen nicht mehr erfüllt sind oder die Genehmigung bzw. deren Verlängerung nicht erteilt wird. Somit ist eine sinngemässe Anwendung von Art. 275 CH-StPO naheliegend.[841] Sofern die Massnahme nicht abgebrochen wird, sollte für die nach Ablauf der Frist gewonnenen Erkenntnisse ein absolutes Verwertungsverbot im Sinne von Art. 277 CH-StPO gelten.[842] Sinnvoll ist es daher, die Beendigung nicht per sofort, sondern auf ein bestimmtes Datum und eine bestimmte Uhrzeit zu verfügen.[843]

Allerdings sollte hervorgehoben werden, dass keine Pflicht zum Abbruch der Massnahme bestehen sollte, falls die Onlinedurchsuchung Erkenntnisse über eine andauernde Straftat liefert.[844] Sollte man im Rahmen einer Onlinedurchsuchung feststellen, dass ein Täter Terrorismus finanziert, kann es von zentraler Bedeutung sein, diese Tätigkeiten weiter zu beobachten.

5.1.1.2.3. Voraussetzungen für Online Durchsuchungen

Für die Genehmigung und das Genehmigungsverfahren könnten Art. 272–274 CH-StPO sinngemäss angewendet werden. Gemäss Art. 272 Abs. 1 CH-StPO wäre eine Genehmigung des Zwangsmassnahmengerichts für Onlinedurchsuchungen notwendig. Bei häufig wechselnden Computern könnte ausnahmsweise gestützt auf Art. 272 Abs. 2 CH-StPO eine Rahmenbewilligung erteilt werden.[845]

Dieses Genehmigungsverfahren soll insbesondere einen Ausgleich für die Tatsache schaffen, dass den Betroffenen vor der Überwachung kein rechtliches Gehör gewährt werden kann.[846] Diese Regelung erscheint auch für Onlinedurchsuchungen sinnvoll. Schliesslich kann es nicht im Ermessen des ermittelnden Beamten liegen, ob eine Onlinedurchsuchung durchgeführt wird oder nicht. Ein Genehmigungsverfahren ist zwingend erforderlich.

Gemäss Art. 274 Abs. 1 CH-StPO reicht die Staatsanwaltschaft dem Zwangsmassnahmengericht innert 24 Stunden seit der Anordnung der Überwachung die Anordnung und deren Begründung ein. Gemäss Art. 274 Abs. 2 CH-StPO hat das Zwangsmassnahmengericht innert fünf Tagen zu entscheiden.[847] Bei

---

841 Art. 275 Abs. 1 StPO.

842 Jean-Richard-dit-Bressel, 2014: Art. 275 CH-StGB, Rz. 3.

843 Hansjakob, 2014: S. 1603.

844 Jean-Richard-dit-Bressel, 2014: Art. 275 CH-StGB, Rz. 4.

845 Art. 272 StPO.

846 Jean-Richard-dit-Bressel, 2014: Art. 272 CH-StGB, Rz. 4.

847 Art. 274 StPO.

Onlinedurchsuchungen könnte man aufgrund der Schwere des Eingriffs in die Privat- und Geheimnissphäre der Betroffenen in Versuchung geraten, eine vorgängige Genehmigungspflicht zu fordern. Dies wäre jedoch aus praktischer Sicht wenig zielführend.

Danach müssen die Anordnungen sowie deren Begründungen fundiert formuliert werden. Anschliessend muss das Zwangsmassnahmengericht die Möglichkeit haben, die eingereichten Unterlagen gewissenhaft zu entscheiden und einen kurz begründeten Entscheid zu formulieren. Selbst wenn man die Frist für das Zwangsmassnahmengericht von fünf Tagen auf 48 Stunden reduzieren würde, ist davon auszugehen, dass Onlinedurchsuchungen dadurch massgeblich verzögert werden könnten. Alternativ müsste man unter Umständen vorschnelle Entscheide fällen. Beide Varianten scheinen nicht im Sinne des Gesetzgebers zu sein.

Gleichzeitig muss man jedoch bedenken, dass Terrorismusfinanzierer mit ihren Transaktionen einen erheblichen Schaden verursachen können. Unter anderem werden Terroranschläge finanziert, welche eine Gefahr für die öffentliche Sicherheit darstellen. Es besteht also massiver Zeitdruck. Schliesslich könnte es sein, dass eine Tat zwar bereits finanziert, aber noch nicht ausgeführt wurde.

Ferner besteht aufgrund der internationalen Verhältnisse der Transaktionen von Terrorismusfinanzierern häufig sowohl Flucht- als auch Verdunkelungsgefahr. Zügige Ermittlungen sind somit von grundlegender Bedeutung. Daher erscheint es naheliegend, die bestehende Regelung auch für Onlinedurchsuchungen zu übernehmen.

Zudem hat eine Mitteilung im Sinne von Art. 279 CH-StPO zu erfolgen.[848] Gemäss Art. 279 Abs. 1 CH-StPO hat die Staatsanwaltschaft die überwachten Personen zwar mit Abschluss des Vorverfahrens über den Grund, die Art und die Dauer der Überwachung zu informieren, allerdings kann diese Mitteilung gemäss Art. 279 Abs. 2 CH-StPO mit Zustimmung des Zwangsmassnahmengerichts aufgeschoben oder gar unterlassen werden, sofern öffentliche oder private Interessen für einen Aufschub oder eine Unterlassung sprechen.[849]

Der Zweck der Mitteilungspflicht besteht primär darin, staatliche Eingriffe in die Privatsphäre nicht dauerhaft geheim zu halten und den Betroffenen rechtliches Gehör zu gewähren.[850] Dies ist insbesondere bei Onlinedurchsuchungen wichtig, da es sich um einen besonders schweren Eingriff in die Privat- und

---

848 Riklin, 2014: S. 475.
849 Art. 279 StPO.
850 Jean-Richard-dit-Bressel, 2014: Art. 279 CH-StGB, Rz. 5.

Geheimnissphäre der Betroffenen handelt. Der Gedanke, dass der Staat über längere Zeit Onlinedurchsuchungen durchführt, ohne die Betroffenen darüber zu informieren, dürfte für einen Grossteil der Bevölkerung nicht akzeptabel sein.

Somit ist es wichtig, die Problematik der Geheimhaltung zu entschärfen. Gleichzeitig kann es jedoch aus ermittlungstaktischen Gründen sinnvoll sein, die Mitteilung aufzuschieben oder gar zu unterlassen. Ein zeitlich befristeter Aufschub ist denkbar, um andere Untersuchungen nicht zu gefährden.[851] Eine Unterlassung ist möglich, wenn die Mitteilung eine Person in Lebensgefahr bringen oder die öffentliche Sicherheit gefährden könnte.[852] Bei Onlinedurchsuchungen im Rahmen von Ermittlungen gegen Terrorismusfinanzierer dürfte vor allem die Gefährdung der öffentlichen Sicherheit eine Unterlassung rechtfertigen.

Im Hinblick auf die Berufsgeheimnisse könnte auch für Onlinedurchsuchungen Art. 271 CH-StPO sinngemäss angewendet werden. Insbesondere darf eine Onlinedurchsuchung bei einem Berufsgeheimnisträger nur angeordnet werden, wenn er selbst dringend tatverdächtig ist. Zudem dürfen die Strafverfolgungsbehörden keine Kenntnis über Berufsgeheimnisse erlangen.[853]

5.1.1.2.4. Art. 298e CH-StPO – Eine potentielle Lösung?

Abschliessend stellt sich die Frage, wie ein derartiger Artikel formuliert werden sollte und an welcher Stelle der CH-StPO er systematisch einzuordnen wäre. Der Autor plädiert für eine Einordnung unter den Geheimen Überwachungsmassnahmen, und zwar am Ende des 8. Kapitels des 5. Titels der CH-StPO. Dies soll zum Ausdruck bringen, dass Onlinedurchsuchungen als der letzte Schritt nach Ausschöpfung oder bei Aussichtslosigkeit aller anderen Massnahmen genehmigt werden könnten. Demnach wäre eine Anordnung als Artikel 298e CH-StPO denkbar.

Für den Wortlaut könnte man auf die Entwürfe des Art. 18m BWIS und des Art. 270bis CH-StPO sowie die bestehenden Normen 269–281 CH-StPO zurückgreifen und selbige ergänzen:

851 Hansjakob, 2014: S. 1628.

852 Jean-Richard-dit-Bressel, 2014: Art. 279 CH-StGB, Rz. 8.

853 Art. 271 StPO.

„Art. 298e

Geheime Durchsuchung eines Datenverarbeitungssystems

1. *Lassen konkrete und aktuelle Tatsachen oder Vorkommnisse vermuten, dass ein mutmasslicher Täter oder eine mutmassliche Täterin ein ihm oder ihr zur Verfügung stehendes Datenverarbeitungssystem benutzt, kann dieses von der Staatsanwaltschaft durchsucht werden, wenn:*
a. *der dringende Verdacht besteht, eine in Absatz 2 genannte Straftat sei begangen worden;*
b. *die Schwere der Tat die Überwachung rechtfertigt; und*
c. *die bisherigen Untersuchungshandlungen erfolglos geblieben sind oder die Ermittlungen sonst aussichtslos wären oder unverhältnismässig erschwert würden.*
Die Durchsuchung kann ohne Wissen des mutmasslichen Täters oder der mutmasslichen Täterin erfolgen.

2. *Eine Durchsuchung eines Datenverarbeitungssystems kann zur Verfolgung der in den folgenden Artikeln aufgeführten Straftaten angeordnet werden:*
a. *260^{quinquies} StGB*

3. *Die Anordnung bedarf der Genehmigung durch das Zwangsmassnahmengericht.*

4. *Zufallsfunde sind nur dann verwertbar, wenn sie eine in Abs. 2 genannte Straftat betreffen.*

5. *Im Übrigen richtet sich der Einsatz von Durchsuchungen eines Datenverarbeitungssystems nach den Artikeln 280–281*“[854]

Beim Entwurf von Art. 298e CH-StPO wurden die in diesem Unterkapitel diskutierten Aspekte berücksichtigt. Insbesondere wurde in Art. 298e Abs. 2 CH-StPO bewusst die Grundlage für eine Aufzählung weiterer Straftaten zurückgegriffen. Der Autor hat in der vorliegenden Arbeit die Notwendigkeit des Einsatzes von Onlinedurchsuchungen zum Zweck der Bekämpfung der Terrorismusfinanzierung dargestellt. Gleichzeitig kann jedoch nicht ausgeschlossen werden, dass Onlinedurchsuchungen auch zur Verfolgung anderer Straftaten geeignet sein könnten.

Mittels der hier vorgestellten gesetzlichen Grundlage könnten Onlinedurchsuchungen für ausgewählte Straftaten genehmigt werden. Dadurch könnte die Bekämpfung der Terrorismusfinanzierung deutlich effektiver werden, vor allem im Hinblick auf die im Rahmen der Diskussion der empirischen Untersuchung dargestellten Methoden.

Allerdings darf auch nicht in Vergessenheit geraten, dass ein erhebliches Missbrauchspotential für Onlinedurchsuchungen besteht. Einerseits könnten

---

854 Bundesamt für Justiz, 2011: S. 56; Bundesrat, 2007: S. 11; Art. 269 ff. CH-StPO.

Onlinedurchsuchungen von den Ermittlungsbehörden selbst zu anderen als den vorgesehenen Zwecken eingesetzt werden. Andererseits könnten die für Onlinedurchsuchungen benötigten technischen Hilfsmittel in die falschen Hände geraten.

Dies gilt jedoch für nahezu jedes technische Hilfsmittel der Ermittler. Abhörgeräte und Peilsender könnten schliesslich auch von unbefugten Dritten missbraucht werden. Trotzdem sollten entsprechende Vorsichtsmassnahmen getroffen werden. Ein unbefugter Missbrauch von Onlinedurchsuchungen, sei es durch Ermittlungsbehörden oder durch Dritte, könnte für Aufsehen und Unmut in der Bevölkerung sorgen.

Zudem stellt sich auch die Frage der politischen Akzeptanz für einen allfälligen Art. 298e CH-StPO. Selbige ist als eher gering einzustufen, hauptsächlich wegen der gescheiterten Versuche der Vergangenheit, eine gesetzliche Grundlage für Onlinedurchsuchungen zu schaffen.

Folglich wäre es wichtig, im Rahmen des Gesetzgebungsverfahrens hervorzuheben, dass Onlinedurchsuchungen nur einen sehr kleinen Teil der Bevölkerung betreffen würden. Es ist bedeutsam zu betonen, dass damit Ermittlungsbehörden nicht die Befugnis erteilt wird, beliebige Computer zu durchsuchen. Ferner muss hervorgehoben werden, dass die Anforderungen für eine Onlinedurchsuchung sehr hoch sind und derartige Massnahmen dem Schutz der Bevölkerung vor Terroranschlägen dienen.

5.1.2. Liechtenstein

Die Anordnung der Überwachung der elektronischen Kommunikation ist in § 103 der Strafprozessordnung des Fürstentums Liechtenstein (FL-StPO) geregelt. Dort heisst es:

> *„1) Die Anordnung der Überwachung der elektronischen Kommunikation einschliesslich der Aufzeichnung ihres Inhaltes ist nur zulässig, wenn zu erwarten ist, dass dadurch die Aufklärung einer vorsätzlich begangenen, mit mehr als einjähriger Freiheitsstrafe bedrohten strafbaren Handlung gefördert werden kann und wenn*
>
> 1. *der Inhaber der Kommunikationsanlage selbst dringend verdächtig ist, die Tat begangen zu haben, oder*
> 2. *Gründe für die Annahme vorliegen, dass sich eine der Tat dringend verdächtige Person beim Inhaber der Anlage aufhalte oder sich mit ihm unter Benützung der Anlage in Verbindung setzen werde, es sei denn, dass der Inhaber eine der im § 107 Abs. 1 Ziff. 2 genannten Personen ist, oder*
> 3. *der Inhaber der Anlage der Überwachung ausdrücklich zustimmt.“*[855]

---

855 § 103 FL-StPO.

Allerdings stellt der § 103 FL-StPO keine ausreichende gesetzliche Grundlage für Onlinedurchsuchungen dar. Selbiger regelt nämlich nur die Überwachung der elektronischen Kommunikation und deren Aufzeichnung. Schliesslich nimmt § 103 FL-StPO ausdrücklich Bezug auf die *„Überwachung der elektronischen Kommunikation einschliesslich der Aufzeichnung ihres Inhaltes“*, wodurch keineswegs das Durchsuchen von Datenträgern abgedeckt ist. Es stellt sich somit auch hier die Frage, wie vorzugehen ist, wenn ein Täter nicht kommuniziert, sondern lediglich Daten auf seinem Gerät speichert.[856]

In Liechtenstein sind Haus- und Personendurchsuchungen in § 91a ff. FL-StPO geregelt. Selbige stellen jedoch keine ausreichende gesetzliche Grundlage für Onlinedurchsuchungen dar. Im Speziellen sieht § 93 Abs. 1 FL-StPO eine vorgängige Vernehmung des Betroffenen vor. Auf diese Vernehmung kann zwar gemäss § 93 Abs. 2 FL-StPO verzichtet werden, wenn Gefahr im Verzug besteht oder eine besonders berüchtigte betroffene Person handelt.[857] Onlinedurchsuchungen sind jedoch grundsätzlich geheim und schliessen eine vorgängige Vernehmung und Ankündigung der Durchsuchung aus. Andernfalls könnte man schliesslich im Rahmen einer Hausdurchsuchung den entsprechenden Datenträger beschlagnahmen und durchsuchen. Eine Durchsuchung über das Internet würde sich mit dem Wissen des Betroffenen erübrigen.

Sollte man sich also auf den Standpunkt stellen, dass eine Onlinedurchsuchung gestützt auf § 93 Abs. 2 FL-StPO auch ohne vorgängige Anhörung des Betroffenen grundsätzlich möglich sei, müsste man sich zumindest auf Fälle, in welchen Gefahr im Verzug besteht oder der Betroffene besonders berüchtigt ist, beschränken.

Ein weiteres Hindernis für Onlinedurchsuchungen ergibt sich aus § 95 Abs. 3 FL-StPO. Demnach hat der Betroffene das Recht, bei der Durchsuchung anwesend zu sein und eine Person seines Vertrauens hinzuzuziehen. Auch hiervon darf nur bei Gefahr im Verzug abgesehen werden.[858] Nach § 95 Abs. 3 FL-StPO ist dem Betroffenen zudem eine Abschrift des Protokolls zu übergeben.[859] Auch dies scheint mit der geheimen Onlinedurchsuchung unvereinbar zu sein, da Onlinedurchsuchungen unter Umständen wiederholt und über einen längeren Zeitraum durchgeführt werden könnten.

---

856 Stotter, 2012: S. 365 f.
857 Stotter, 2012: S. 273 f.
858 § 95 Abs. 3 FL-StPO.
859 Stotter, 2012: S. 276 f.

Ferner muss berücksichtigt werden, dass auch in Liechtenstein die Versiegelung von beschlagnahmten und zu durchsuchenden Papieren vorgesehen ist. Dem Betroffenen muss gemäss § 98 Abs. 2 FL-StPO die Möglichkeit gegeben werden, bei der Entsiegelung anwesend zu sein. Dies ergibt sich zweifelsohne aus dem Gesetzestext:

> *„2) Papiere, welche in gerichtliche Verwahrung genommen wurden und welche nicht sofort verzeichnet werden können, sind in einen mit dem Gerichtssiegel zu verschliessenden Umschlag zu bringen. Auch dem bei der Durchsuchung etwa anwesenden Betroffenen ist die Beidrückung eines Siegels zu gestatten. Wird eine Entsiegelung vorgenommen, so ist der Betroffene aufzufordern, derselben beizuwohnen.“*[860]

Dies setzt voraus, dass der Betroffene Kenntnis von der Durchsuchung der Papiere und der Entsiegelung hat.[861] Eine Onlinedurchsuchung wäre jedoch geheim und würde ohne Kenntnis des Betroffenen stattfinden. Dies scheint nicht mit § 98 Abs. 2 FL-StPO in Einklang zu bringen zu sein.

Mangels gesetzlicher Grundlage und aufgrund der verhältnismässig geringen Fallzahlen im Fürstentum Liechtenstein gibt es keine direkte Rechtsprechung über die Zulässigkeit von Onlinedurchsuchungen. Der Staatsgerichtshof hat sich jedoch als Verfassungsgericht in StGH 2014/051 indirekt mit Onlinedurchsuchungen auseinandergesetzt. In einer Beschwerde gegen den Beschluss des Obergerichts vom 11. März 2014, 14RS.2009.150–185, in welchem die Verletzung verfassungsmässig und durch die EMRK gewährleisteter Rechte gerügt wurde, ging es unter anderem um die Frage, ob auf ein Rechtshilfeersuchen aus Deutschland, welches sich auf im Rahmen einer unzulässigen Onlinedurchsuchung erlangte Beweise stützt, eingetreten werden kann.

In StGH 2014/051 ging es unter anderem darum, dass deutsche Beamten im Rahmen einer Überwachung unzulässigerweise mittels einer Spionagesoftware alle 30 Sekunden Bildschirmfotos von der Bildschirmoberfläche des Computers des Betroffenen gemacht hatten und das Rechtshilfeverfahren somit auf einem in Liechtenstein gerichtlich strafbaren Verhalten beruhen könnte. Dies könnte dem liechtensteinischen ordre public widersprechen. Der Staatsgerichtshof hat die Beschwerde abgewiesen, da es der Beschwerdeführerin unter anderem nicht gelungen war, darzulegen, dass die ersuchende Behörde die wesentlichen Informationen über diese Spionagesoftware erlangt hat, weshalb die Beschwerde abgewiesen wurde.[862]

---

860 § 98 Abs. 2 FL-StPO.

861 Stotter, 2012: S. 351 f.

862 StGH 2014/051, Erw. 2.3.

Zudem gilt es zu bedenken, dass die Onlinedurchsuchung einen Eingriff in die Geheim- und Privatsphäre im Sinne von Art. 32 Abs. 1 der liechtensteinischen Landesverfassung (LV) darstellen könnte.[863] Art. 31 Abs. 1 LV gewährleistet nämlich die Freiheit der Person, das Hausrecht und das Brief- und Schriftengeheimnis. Es versteht sich von selbst, dass hiervon auch Datenträger erfasst sind.

Gemäss Art. 31 Abs. 2 LV ist für eine Hausdurchsuchung oder eine Durchsuchung von Personen, Briefen oder Schriften oder eine Beschlagnahme derselben eine gesetzlich Grundlage erforderlich. Eingriffe sind nur dann zulässig, wenn sie den Kriterien der ständigen Rechtsprechung des Staatsgerichtshofs genügen. Neben dem Vorliegen der gesetzlichen Grundlage muss der Eingriff im öffentlichen Interesse erfolgen und darf nicht unverhältnismässig sein oder den Kerngehalt des Grundrechts verletzen.[864]

Ferner könnten Onlinedurchsuchungen auch Art. 34 Abs. 1 LV verletzen. Selbiger gewährleistet die Unverletzlichkeit des Privateigentums. Onlinedurchsuchungen setzen jedoch die Installation von Spionagesoftware voraus. Diese Installation ist mit einem erheblichen Eingriff in ein im Eigentum des Betroffenen stehendes Datenverarbeitungssystem verbunden. Es ist davon auszugehen, dass Spionagesoftware das Eigentum des Betroffenen in seiner Substanz verändert und sich letztendlich wertmindernd auswirkt. Auch hierfür wäre eine gesetzliche Grundlage erforderlich.

In Liechtenstein ist derzeit keine gesetzliche Grundlage für Onlinedurchsuchungen geplant. Zudem gibt es in Liechtenstein keine Berichte über den Einsatz von Onlinedurchsuchungen. Es ist also davon auszugehen, dass Onlinedurchsuchungen in Liechtenstein derzeit nicht stattfinden (dürfen).

Das Fürstentum Liechtenstein kann somit auch keine Anhaltspunkte für die Weiterentwicklung des Strafprozessrechts zur Ermöglichung von Onlinedurchsuchungen in der Schweiz bieten, insbesondere da in Liechtenstein weder eine geeignete gesetzliche Grundlage noch eine einschlägige Rechtsprechung zum Thema Onlinedurchsuchung existiert.

Grundsätzlich wäre die Einführung eines neuen Artikels zur Onlinedurchsuchung auch in Liechtenstein denkbar. Selbiger könnte sich an dem für die schweizerische StPO vorgeschlagenen Art. 298e orientieren und als § 103a in der FL-StPO verankert werden.

Problematisch ist in diesem Zusammenhang die Tatsache, dass die FL-StPO keine Regelung über Zufallsfunde enthält. Gemäss § 104 Abs. 2 FL-StPO muss dem von dem Inhaber einer Kommunikationslage verschiedenen Verdächtigen

863 StGH 2008/37+88, Erw. 5.4; StGH 2007/51, Erw. 3.1.

864 StGH 2010/117, Erw. 31; StGH 2000/65.

lediglich das rechtliche Gehör gewährt werden, indem er Gelegenheit zur Einsichtnahme in die aus der Überwachung resultierenden Aufzeichnungen erhält, falls diese zu einem Strafverfahren gegen ihn führen könnten.[865] Dieses Hindernis könnte jedoch in einem neuen § 103a FL-StPO berücksichtigt und somit überwunden werden.

Zusammenfassend lässt sich also festhalten, dass Onlinedurchsuchungen derzeit auch in Liechtenstein nicht möglich sind. Allerdings könnte man eine geeignete gesetzliche Grundlage schaffen, um Onlinedurchsuchungen in Zukunft zu ermöglichen. Der im Rahmen dieser Arbeit für die schweizerische StPO entwickelte Art. 298e könnte dabei als Ausgangspunkt dienen und mit geringfügigen Anpassungen übernommen werden.

5.1.3. Österreich

In Österreich war ebenfalls eine Ergänzung der Strafprozessordnung (Ö-StPO) geplant. Der Ministerialentwurf sah folgenden Artikel vor:

„§ 136a.

Überwachung von Nachrichten, die im Wege eines Computersystems übermittelt werden

(1) Die Überwachung von Nachrichten, die im Wege eines Computersystems übermittelt werden, ist unter den Bedingungen des § 136 Abs. 1 Z 3 und Abs. 4 zulässig, wenn der Eingriff in das Computersystem notwendig ist, um die Überwachung und Aufzeichnung von Nachrichten in unverschlüsselter Form zu ermäglichen.
(2) Soweit dies zur Durchführung der Ermittlungsmassnahme unumgänglich ist, ist es zulässig, in eine bestimmte Wohnung oder in andere durch das Hausrecht geschützte Räume einzudringen, Behältnisse zu durchsuchen und spezifische Sicherheitsvorkehrungen zu überwinden, um auf das Computersystem zuzugreifen.
(3) Eine Überwachung von Nachrichten, die im Wege eines Computersystems übermittelt werden, ist überdies nur dann zulässig, wenn gewährleistet werden kann, dass das Überwachungsprogramm
1. ausschliesslich jene Daten erfasst, die im Wege des Computersystems übermittelt und empfangen werden, sowie jene Daten, die Rückschlüsse auf die Namen oder die sonstigen Identifizierungsmerkmale der Inhaber oder Verfügungsbefugten der an der Nachrichtenübermittlung beteiligten Computersysteme erlauben,
2. nach Beendigung der Ermittlungsmassnahme funktionsunfähig ist oder ohne dauerhafte Schädigung oder Beeinträchtigung des Computersystems und der in ihm gespeicherten Daten entfernt werden kann, und
3. keine Schädigung oder dauerhafte Beeinträchtigung dritter Computersysteme, die nicht der Überwachung unterliegen, bewirkt.“[866]

865 Jean-Richard-dit-Bressel, 2014: Art. 278 CH-StGB, Rz. 43.
866 Parlamentsdirektion, 2016: S. 2.

Es bleibt jedoch anzumerken, dass dieser Entwurf deutlich weniger weit ging, als für eine Onlinedurchsuchung letztendlich nötig wäre. Schliesslich sah der Entwurf ausschliesslich die Überwachung von Nachrichten, aber nicht das Durchsuchen des Geräts vor.

Zudem stellt sich die Frage, ob § 136a Abs. 3 Ziff. 1 Ö-StPO technisch umsetzbar wäre. Das (unbemerkte) Abfangen von Informationen setzte eine gewisse Tiefe des Eingriffs in eine Datenverarbeitungsanlage voraus. Es wäre zwar durchaus wünschenswert, dabei nur die in § 136a Abs. 3 Ziff. 1 Ö-StPO abzufangen, dies dürfte jedoch aus technischer Sicht ausserordentlich schwierig werden.

Des Weiteren gilt es auch zu prüfen, ob Onlinedurchsuchungen in Österreich aus verfassungsrechtlicher Sicht zulässig wären. Das österreichische Verfassungsrecht ist unübersichtlich, da neben dem Bundesverfassungsgesetz (B-VG) auch zahlreiche andere Gesetze und Staatsverträge Verfassungsrang geniessen. In der vorliegenden Arbeit wird neben dem B-VG primär auf das Staatsgrundgesetz (StGG) Bezug genommen.

In Art. 5 StGG ist die Unverletzlichkeit des Eigentums festgehalten.[867] Dies ist insbesondere im Hinblick auf die mit Onlinedurchsuchungen verbundenen, substanzverändernden Eingriffe der Ermittlungsbehörden auf die Geräte der Betroffenen problematisch.

Ferner wird in Art. 10 StGG festgehalten, dass das Briefgeheimnis nicht verletzt werden darf.[868] Dies ist jedoch im gleichen Atemzug zu relativieren. Gemäss § 135 Abs. 1 Ö-StPO ist die Beschlagnahme von Briefen zulässig, sofern sie zur Aufklärung einer mit mehr als einem Jahr Freiheitsstrafe bedrohten, vorsätzlich begangenen Straftat erforderlich ist und die betroffene Person bereits in Haft oder zur Fahndung ausgeschrieben ist.[869]

In Art. 10a StGG wird überdies hervorgehoben, dass das Fernmeldegeheimnis nicht verletzt werden darf.[870] Die Überwachung von Nachrichten ist jedoch gestützt auf § 135 Abs. 3 Ziff. 3 Ö-StPO zulässig, wenn dies für die Aufklärung einer mit einer Freiheitsstrafe von mehr als einem Jahr bedrohten Straftat notwendig erscheint.[871] Ebenfalls zulässig sind derartige Überwachungen zur Aufklärung oder Verhinderung von durch kriminelle oder terroristische

867 Art. 5 StGG.
868 Art. 10 StGG.
869 §135 Ö-StPO.
870 Art. 10a StGG.
871 Fabrizy, 2011: S. 336 f.

Vereinigungen begangenen Straftaten.[872] Dies vor allem dann, wenn die Ermittlung andernfalls wesentlich erschwert wäre.[873]

In § 136 Ö-StPO sind ferner die Voraussetzungen für weitere optische und akustische Überwachungsmassnahmen geregelt.[874] So ist gemäss § 136 Abs. 1 Ziff. 3 Ö-StPO die optische und akustische Überwachung von Personen zur Aufklärung von mit einer Freiheitsstrafe von mehr als zehn Jahren bedrohten Verbrechen oder zur Aufklärung oder Verhinderung von Verbrechen einer kriminellen Organisation oder einer terroristischen Vereinigung zulässig, sofern sich die Überwachung gegen den Beschuldigten selbst oder gegen Personen richtet, welche Kontakt zum Beschuldigten haben.[875] Dabei gilt es stets, den Verhältnismässigkeitsgrundsatz zu berücksichtigen.[876]

Die ursprünglich vorgesehene systematische Einordnung des Entwurfes von § 136a Ö-StPO wäre somit sinnvoll. Da Onlinedurchsuchungen jedoch deutlich über die Überwachung von Nachrichten, die im Wege eines Computersystems übermittelt werden, hinausgehen, wäre es sinnvoll einen § 136b zu schaffen. Auch hier könnte der für die schweizerische StPO entwickelte Entwurf von Art. 298e CH-StPO als Anhaltspunkt dienen.

Grundsätzlich könnten für § 136b Ö-StPO die für die § 135 und § 136 Ö-StPO gelten.

Hervorzuheben ist dabei, dass man Onlinedurchsuchungen in Österreich grundsätzlich auch zur Verhinderung von Verbrechen einer terroristischen Organisation einsetzen könnte. Im Gegensatz zur Schweiz sind präventive Ermittlungen in Österreich ebenfalls im Strafprozessrecht geregelt. Das heisst, dass der Anwendungsbereich eines allfälligen § 136b Ö-StPO deutlich umfangreicher als in der Schweiz wäre.

5.1.4. Deutschland

Deutschland hat Onlinedurchsuchungen sehr umfassend geregelt. Andere Länder könnten sich von der deutschen Gesetzgebung inspirieren lassen. Folglich erfolgt vorliegend eine detailliertere Darstellung der Rechtslage in Deutschland.

872 § 135 Ö-StPO.

873 Reindl-Krauskopf, 2011: § 135, Rz. 41.

874 Bachner-Foregger, 2018: S. 185 f.

875 § 136 Ö-StPO.

876 Fabrizy, 2011: S. 342.

5.1.4.1. Abgrenzungen und Definitionen

In Deutschland ist ebenfalls eine Differenzierung zwischen verschiedenen Formen von Onlinedurchsuchungen notwendig. Insbesondere muss zwischen solchen zum Zweck der Strafverfolgung und präventiven Massnahmen unterschieden werden. Onlinedurchsuchungen sind in Deutschland nur unter strengen Voraussetzungen möglich. Es handelt sich zudem um eine Massnahme, welche nur subsidiär zur Anwendung gelangt.[877]

Es versteht sich von selbst, dass die Überwachung des Fernmeldeverkehrs grundsätzlich subsidiär ist. Folglich ist sie nur dann möglich, wenn die Ermittlung des Sachverhalts oder des Aufenthaltsortes der beschuldigten Person auf andere Weise geradezu aussichtslos oder zumindest in wesentlichen Punkten erschwert wäre. Dies muss umso mehr auch für Onlinedurchsuchungen gelten.[878] Folglich sind die Voraussetzungen für Onlinedurchsuchungen eng an jene des grossen Lauschangriffs angelehnt.[879]

Unter Onlinedurchsuchungen ist das heimliche Ausspähen von Computern und anderen informationstechnischen Systemen zu verstehen. Dieses ist nur unter sehr strengen Voraussetzungen zulässig. Schwerste Straftaten, welche beispielsweise den Bestand des Staates gefährden, könnten jedoch unter Umständen eine derartige Massnahme rechtfertigen.[880] Bei der Onlinedurchsuchung geht es in erster Linie um den Zugriff auf private Computerdaten. Dieser Zugriff wird entweder durch Hacken oder durch den Versand eines sogenannten „Trojaners" ermöglicht. Derartige Trojaner übersenden die Daten auf dem Computer nach aussen. Der Vorteil einer derartigen Onlinedurchsuchung besteht insbesondere darin, dass dies ohne das Wissen des Betroffenen geschieht.[881]

In Deutschland sind Onlinedurchsuchungen neu im § 100b DE-StPO sowie in § 49 BKAG geregelt. Im Hinblick auf das BNDG muss betont werden, dass jene nachrichtendienstliche Mittel unzulässig sind, welche durch das Gesetz explizit ausgeschlossen wurden. Hierzu zählen insbesondere Massnahmen, für welche eine besondere gesetzliche Ermächtigung erforderlich ist, die jedoch weder im Bundesverfassungsschutzgesetz noch im BND-Gesetz aufgeführt sind. Hierzu zählen insbesondere auch Onlinedurchsuchungen.[882] Der Fokus der

877 Kugelmann, 2014: § 20k BKAG, Rz. 7.
878 Kühne, 2015: Rz. 521.1.
879 Singelnstein & Derin, 2017: S. 2647.
880 Kramer, 2014: S. 214.
881 Kühne, 2015: Rz. 527.4.
882 Gusi, 2019: § 5 Rz. 14.

vorliegenden Arbeit liegt auf strafprozessrechtlichen Fragestellungen. Gleichwohl wird summarisch auch auf das BKAG eingegangen.

5.1.4.2. BKAG

Als Grundlage für präventive Massnahmen dient insbesondere das Gesetz über das Bundeskriminalamt und die Zusammenarbeit des Bundes und der Länder in kriminalpolizeilichen Angelegenheiten (Bundeskriminalamtgesetz – BKAG). Ausserdem sind die Polizeigesetze der einzelnen Bundesländer anwendbar. Auf selbige wird jedoch vorliegend nicht näher eingegangen. Gemäss § 4a BKAG kann das Bundeskriminalamt die Abwehr von Gefahren des internationalen Terrorismus wahrnehmen, sofern eine länderübergreifende Gefahr vorliegt oder die Zuständigkeit einer Landesbehörde nicht erkennbar ist oder die Landesbehörde um Unterstützung ersucht.[883]

5.1.4.2.1. § 20k aBKAG

In § 20k BKAG, der umstrittensten Vorschrift des gesamten BKAG, war der Verdeckte Eingriff in informationstechnische Systeme geregelt. Diese Vorschrift unterstand der Kompetenznorm von Art. 73 Abs. 1 Nr. 9a des Grundgesetzes (GG) und konnte somit nur zur Abwehr von Gefahren des internationalen Terrorismus genutzt werden.[884] In § 20k BKAG hiess es:

> *„Das Bundeskriminalamt darf ohne Wissen des Betroffenen mit technischen Mitteln in vom Betroffenen genutzte informationstechnische Systeme eingreifen und aus ihnen Daten erheben, wenn bestimmte Tatsachen die Annahme rechtfertigen, dass eine Gefahr vorliegt für*
>
> 1. *Leib, Leben oder Freiheit einer Person oder*
> 2. *solche Güter der Allgemeinheit, deren Bedrohung die Grundlagen oder den Bestand des Staates oder die Grundlagen der Existenz der Menschen berührt.*
>
> *Eine Massnahme nach Satz 1 ist auch zulässig, wenn sich noch nicht mit hinreichender Wahrscheinlichkeit feststellen lässt, dass ohne Durchführung der Massnahme in näherer Zukunft ein Schaden eintritt, sofern bestimmte Tatsachen auf eine im Einzelfall durch bestimmte Personen drohende Gefahr für eines der in Satz 1 genannten Rechtsgüter hinweisen. 3Die Massnahme darf nur durchgeführt werden, wenn sie für die Aufgabenerfüllung nach § 4a erforderlich ist und diese ansonsten aussichtslos oder wesentlich erschwert wäre.*

883 § 4a BKAG.

884 Kugelmann, 2014: § 20k BKAG, Rz. 2.

(2) Es ist technisch sicherzustellen, dass

1. *an dem informationstechnischen System nur Veränderungen vorgenommen werden, die für die Datenerhebung unerlässlich sind, und*
2. *die vorgenommenen Veränderungen bei Beendigung der Massnahme soweit technisch möglich automatisiert rückgängig gemacht werden.*

Das eingesetzte Mittel ist nach dem Stand der Technik gegen unbefugte Nutzung zu schützen. 3Kopierte Daten sind nach dem Stand der Technik gegen Veränderung, unbefugte Löschung und unbefugte Kenntnisnahme zu schützen.

(3) Bei jedem Einsatz des technischen Mittels sind zu protokollieren

1. *die Bezeichnung des technischen Mittels und der Zeitpunkt seines Einsatzes,*
2. *die Angaben zur Identifizierung des informationstechnischen Systems und die daran vorgenommenen nicht nur flüchtigen Veränderungen,*
3. *die Angaben, die die Feststellung der erhobenen Daten ermöglichen, und*
4. *die Organisationseinheit, die die Massnahme durchführt.*

Die Protokolldaten dürfen nur verwendet werden, um dem Betroffenen oder einer dazu befugten öffentlichen Stelle die Prüfung zu ermöglichen, ob die Massnahme nach Absatz 1 rechtmässig durchgeführt worden ist. 3Sie sind bis zum Ablauf des auf die Speicherung folgenden Kalenderjahres aufzubewahren und sodann automatisiert zu löschen, es sei denn, dass sie für den in Satz 2 genannten Zweck noch erforderlich sind.

(4) Die Massnahme darf sich nur gegen eine Person richten, die entsprechend § 17 oder § 18 des Bundespolizeigesetzes verantwortlich ist. 2Die Massnahme darf auch durchgeführt werden, wenn andere Personen unvermeidbar betroffen werden.

(5) Die Massnahme nach Absatz 1 darf nur auf Antrag des Präsidenten des Bundeskriminalamtes oder seines Vertreters durch das Gericht angeordnet werden.

(6) Die Anordnung ergeht schriftlich. 2In ihr sind anzugeben

1. *die Person, gegen die sich die Massnahme richtet, soweit möglich, mit Name und Anschrift,*
2. *eine möglichst genaue Bezeichnung des informationstechnischen Systems, in das zur Datenerhebung eingegriffen werden soll,*
3. *Art, Umfang und Dauer der Massnahme unter Benennung des Endzeitpunktes sowie*
4. *die wesentlichen Gründe.*

Die Anordnung ist auf höchstens drei Monate zu befristen. 4Eine Verlängerung um jeweils nicht mehr als drei weitere Monate ist zulässig, soweit die Anordnungsvoraussetzungen unter Berücksichtigung der gewonnenen Erkenntnisse fortbestehen. 5Liegen die Voraussetzungen der Anordnung nicht mehr vor, sind die auf Grund der Anordnung ergriffenen Massnahmen unverzüglich zu beenden.

(7) Liegen tatsächliche Anhaltspunkte für die Annahme vor, dass durch die Massnahme allein Erkenntnisse aus dem Kernbereich privater Lebensgestaltung erlangt würden, ist die

Massnahme unzulässig. 2Soweit möglich, ist technisch sicherzustellen, dass Daten, die den Kernbereich privater Lebensgestaltung betreffen, nicht erhoben werden. 3Erhobene Daten sind unter der Sachleitung des anordnenden Gerichts nach Absatz 5 unverzüglich vom Datenschutzbeauftragten des Bundeskriminalamtes und zwei weiteren Bediensteten des Bundeskriminalamtes, von denen einer die Befähigung zum Richteramt hat, auf kernbereichsrelevante Inhalte durchzusehen. Der Datenschutzbeauftragte ist bei Ausübung dieser Tätigkeit weisungsfrei und darf deswegen nicht benachteiligt werden (§ 4f Abs. 3 des Bundesdatenschutzgesetzes). Daten, die den Kernbereich privater Lebensgestaltung betreffen, dürfen nicht verwertet werden und sind unverzüglich zu löschen. Die Tatsachen der Erfassung der Daten und der Löschung sind zu dokumentieren. Die Dokumentation darf ausschliesslich für Zwecke der Datenschutzkontrolle verwendet werden. 8Sie ist zu löschen, wenn sie für diese Zwecke nicht mehr erforderlich ist, spätestens jedoch am Ende des Kalenderjahres, das dem Jahr der Dokumentation folgt.“[885]

Somit waren Onlinedurchsuchungen in Deutschland zu präventiven Zwecken unter strengen Voraussetzungen möglich.[886]

Gemäss Art. 20k Abs. 2 BKAG waren die technischen Veränderungen an der betroffenen Datenverarbeitungsanlage auf ein Minimum zu beschränken und nach Beendigung der Massnahme soweit technisch möglich rückgängig zu machen. Zudem war sicherzustellen, dass die eingesetzten technischen Mittel, namentlich die Software, und die aus der Onlinedurchsuchung gewonnenen Erkenntnisse gegen unbefugten Zugriff gesichert werden.[887]

Ferner waren derartige Onlinedurchsuchungen zu protokollieren. Die Anordnung der Massnahme erfolgte durch den Präsidenten des Bundeskriminalamts, seinen Vertreter oder ein Gericht in Schriftform. Sie durfte sich ausserdem nur gegen eine Person richten, die gemäss § 17 oder § 18 des Bundespolizeigesetzes verantwortlich war, also eine Gefahr verursachte. Allerdings musste bedacht werden, dass meist auch Kommunikationspartner dieser Person betroffen waren.[888] Daher durfte die Massnahme auch durchgeführt werden, wenn es unvermeidbar war, dass andere Personen betroffen waren.[889]

Allerdings bot § 20k Abs. 7 BKAG eine erhebliche Schwachstelle. Namentlich waren technische Massnahmen zu ergreifen, um sicherzustellen, dass Daten, welche den Kernbereich der privaten Lebensgestaltung betreffen, nicht erhoben werden.[890] Dies insbesondere im Hinblick auf Art. 1 Abs. 1 GG, welcher den

---

885 § 20k Abs. 1 BKAG.

886 Kugelmann, 2014: § 20k BKAG, Rz. 2.

887 § 20k Abs. 2 BKAG.

888 Kugelmann, 2014: § 20k BKAG, Rz. 15.

889 § 20k Abs. 3–6 BKAG.

890 § 20 k Abs. 7 BKAG.

Kernbereich privater Lebensgestaltung als Teil der Menschenwürde schützt.[891] Das bedeutet, dass ein intelligenter Täter lediglich alle kritischen Dateien auf seinem Computer so tarnen musste, dass sie als Kernbereich der privaten Lebensgestaltung betrachtet werden mussten. Ein geschickter Täter nennt Anleitungen zur Terrorismusfinanzierung „Privates Tagebuch". Allfällige Bilddateien bezeichnet er als „Private Nacktaufnahmen". Diese Dateien durften demnach nicht gesichtet werden.

Somit kann festgehalten werden, dass in Deutschland bereits eine gesetzliche Grundlage für präventive Onlinedurchsuchungen bestand. Allerdings war der praktische Nutzen dieser gesetzlichen Grundlage aufgrund von § 20k Abs. 7 BKAG zu relativieren. Um Terrorismusfinanzierung effektiv bekämpfen zu können, hätte man § 20k Abs. 7 BKAG abändern müssen. So müsste man alle Daten erheben und anschliessend durch zum Richteramt befähigte Mitarbeiter des Bundeskriminalamts sichten lassen. Material aus dem Kernbereich privater Lebensgestaltung wäre in diesem Zusammenhang zu löschen gewesen. Allerdings wäre eine Änderung von Art. 1 Abs. 1 GG erforderlich, um eine Anpassung von § 20k Abs. 7 BKAG zu ermöglichen. Daher stand eine derartige Anpassung nicht im Raum.

5.1.4.2.2. § 49 BKAG

Verdeckte Eingriffe in informationstechnische Systeme sind im neuen BKAG gestützt auf § 49 zulässig. Um eine effektive Gefahrenabwehr zu gewährleisten, muss es insbesondere im Kontext des internationalen Terrorismus und der zunehmenden Nutzung kryptografischer Verfahren durch Terroristen möglich sein, auf informationstechnische Systeme zuzugreifen. Dies auch dann, wenn die besagten informationstechnischen Systeme nicht für eine Telekommunikation mit Dritten verwendet werden.[892] § 49 BKA-Gesetz ist als Lex specialis zu § 45 BKA- Gesetz zu betrachten.[893] § 49 BKAG lautet wie folgt:

> *(1) Das Bundeskriminalamt darf ohne Wissen der betroffenen Person mit technischen Mitteln in von der betroffenen Person genutzte informationstechnische Systeme eingreifen und aus ihnen Daten erheben, wenn bestimmte Tatsachen die Annahme rechtfertigen, dass eine Gefahr vorliegt für*
>
> *1.*
>
> *Leib, Leben oder Freiheit einer Person oder*

891 Kugelmann, 2014: § 20k BKAG, Rz. 17.
892 Schenke, 2019: § 49 BKAG, Rz. 1.
893 Schenke, 2019: § 49 BKAG, Rz. 3.

2.

solche Güter der Allgemeinheit, deren Bedrohung die Grundlagen oder den Bestand des Bundes oder eines Landes oder die Grundlagen der Existenz der Menschen berührt.

Eine Massnahme nach Satz 1 ist auch zulässig, wenn

1.

bestimmte Tatsachen die Annahme rechtfertigen, dass innerhalb eines übersehbaren Zeitraums auf eine zumindest ihrer Art nach konkretisierte Weise eine Schädigung der in Satz 1 genannten Rechtsgüter eintritt oder

2.

das individuelle Verhalten einer Person die konkrete Wahrscheinlichkeit begründet, dass sie innerhalb eines übersehbaren Zeitraums die in Satz 1 genannten Rechtsgüter schädigen wird.

Die Massnahme darf nur durchgeführt werden, wenn sie für die Aufgabenerfüllung nach § 5 erforderlich ist und diese ansonsten aussichtslos oder wesentlich erschwert wäre.

(2) Es ist technisch sicherzustellen, dass

1.

an dem informationstechnischen System nur Veränderungen vorgenommen werden, die für die Datenerhebung unerlässlich sind, und

2.

die vorgenommenen Veränderungen bei Beendigung der Massnahme soweit technisch möglich automatisiert rückgängig gemacht werden.

Das eingesetzte Mittel ist nach dem Stand der Technik gegen unbefugte Nutzung zu schützen. Kopierte Daten sind nach dem Stand der Technik gegen Veränderung, unbefugte Löschung und unbefugte Kenntnisnahme zu schützen.

(3) Die Massnahme darf sich nur gegen eine Person richten, die entsprechend § 17 oder § 18 des Bundespolizeigesetzes verantwortlich ist. Die Massnahme darf auch durchgeführt werden, wenn andere Personen unvermeidbar betroffen werden.

(4) Die Massnahme nach Absatz 1 darf nur auf Antrag der Präsidentin oder des Präsidenten des Bundeskriminalamtes oder ihrer oder seiner Vertretung durch das Gericht angeordnet werden.

(5) Im Antrag sind anzugeben:

1.

die Person, gegen die sich die Massnahme richtet, soweit möglich, mit Name und Anschrift,

2.

eine möglichst genaue Bezeichnung des informationstechnischen Systems, in das zur Datenerhebung eingegriffen werden soll,

3.

Art, Umfang und Dauer der Massnahme,

4.

der Sachverhalt sowie

5.

eine Begründung.

(6) Die Anordnung ergeht schriftlich. In ihr sind anzugeben:

1.

die Person, gegen die sich die Massnahme richtet, soweit möglich, mit Name und Anschrift,

2.

eine möglichst genaue Bezeichnung des informationstechnischen Systems, in das zur Datenerhebung eingegriffen werden soll,

3.

Art, Umfang und Dauer der Massnahme unter Benennung des Endzeitpunktes sowie

4.

die wesentlichen Gründe.

Die Anordnung ist auf höchstens drei Monate zu befristen. Eine Verlängerung um jeweils nicht mehr als drei weitere Monate ist zulässig, soweit die Anordnungsvoraussetzungen unter Berücksichtigung der gewonnenen Erkenntnisse fortbestehen. Liegen die Voraussetzungen der Anordnung nicht mehr vor, sind die aufgrund der Anordnung ergriffenen Massnahmen unverzüglich zu beenden.

(7) Liegen tatsächliche Anhaltspunkte für die Annahme vor, dass durch die Massnahme allein Erkenntnisse aus dem Kernbereich privater Lebensgestaltung erlangt würden, ist die Massnahme unzulässig. Soweit möglich, ist technisch sicherzustellen, dass Daten, die den Kernbereich privater Lebensgestaltung betreffen, nicht erhoben werden. Erkenntnisse, die durch Massnahmen nach Absatz 1 erlangt worden sind, sind dem anordnenden Gericht unverzüglich vorzulegen. Das Gericht entscheidet unverzüglich über die Verwertbarkeit oder Löschung. Daten, die den Kernbereich privater Lebensgestaltung betreffen, dürfen nicht verwertet werden und sind unverzüglich zu löschen. Die Tatsachen der Erfassung der Daten und der Löschung sind zu dokumentieren. Die Dokumentation darf ausschliesslich für Zwecke der Datenschutzkontrolle verwendet werden. Sie ist sechs Monate nach der Benachrichtigung nach § 74 oder sechs Monate nach Erteilung der gerichtlichen Zustimmung über das endgültige Absehen von der Benachrichtigung zu löschen. Ist die Datenschutzkontrolle nach § 69 Absatz 1 noch nicht beendet, ist die Dokumentation bis zu ihrem Abschluss aufzubewahren.

(8) Bei Gefahr im Verzug kann die Präsidentin oder der Präsident des Bundeskriminalamtes oder ihre oder seine Vertretung im Benehmen mit der oder dem Datenschutzbeauftragten des Bundeskriminalamtes über die Verwertung der Erkenntnisse entscheiden. Bei der Sichtung der erhobenen Daten kann sie oder er sich der technischen Unterstützung von zwei weiteren Bediensteten des Bundeskriminalamtes bedienen, von denen einer die Befähigung zum Richteramt haben muss. Die Bediensteten des Bundeskriminalamtes sind zur Verschwiegenheit über die ihnen bekannt werdenden Erkenntnisse, die nicht verwertet

werden dürfen, verpflichtet. Die gerichtliche Entscheidung nach Absatz 7 ist unverzüglich nachzuholen."[894]

Für einen Verdeckten Eingriff in informationstechnische Systeme im Sinne von § 49 BKAG ist eine Gefahr für ein überragend wichtiges Rechtsgut erforderlich. Diese Gefahr muss aus bestimmten Tatsachen abgeleitet sein.[895] Zudem müssen bestimmte Tatsachen auf die Gefahr hindeuten.[896] Ähnlich wie in der DE-StPO ist auch in § 49 BKAG die Subsidiarität erforderlich.[897] Ferner ist stets der Grundsatz der Verhältnismässigkeit zu wahren.[898] Die Eingriffstiefe ist somit auf das notwendige Mass zu beschränken. Insbesondere sind möglichst wenige Veränderungen an den informationstechnischen Systemen vorzunehmen. Diese sollten nach Beendigung der Überwachung rückgängig gemacht werden.[899]

Antragsbefugt für Verdeckte Eingriffe in informationstechnische Systeme sind Behördenleiter, also der Präsident des BKA sowie sein Vertreter.[900] Es besteht zudem ein Richtervorbehalt. Auf diesen darf auch im Fall von Gefahr im Verzug nicht verzichtet werden.[901] Die Massnahme ist auf drei Monate befristet und kann um maximal drei Monate verlängert werden, wobei eine Verhältnismässigkeitsprüfung im Einzelfall vorzunehmen ist.[902] Im Antrag sind neben der betroffenen Person auch die Verwendung des betroffenen informationstechnischen Systems sowie Art, Umfang und Dauer des Verdeckten Eingriffs sowie die wesentlichen Gründe dafür anzugeben.[903]

Wichtig ist, dass Daten höchstpersönlichen Inhalts einen besonderen Schutz geniessen. Folglich sollten diese im Rahmen von Verdeckten Eingriffen in informationstechnische Systeme nicht erhoben werden.[904] Die Massnahme wäre zudem unzulässig, wenn davon ausgegangen werden müsste, dass ausschliesslich Erkenntnisse aus dem sogenannten Kernbereich privater Lebensgestaltung erlangt werden würden. Diesfalls wird von einer sogenannten positiven Kernbereichsprognose gesprochen.[905]

894 § 49 BKAG.
895 Schenke, 2019: § 49 BKAG, Rz. 6.
896 Schenke, 2019: § 49 BKAG, Rz. 8.
897 Schenke, 2019: § 49 BKAG, Rz. 10.
898 Schenke, 2019: § 49 BKAG, Rz. 17.
899 Schenke, 2019: § 49 BKAG, Rz. 18.
900 Schenke, 2019: § 49 BKAG, Rz. 26.
901 Schenke, 2019: § 49 BKAG, Rz. 27.
902 Schenke, 2019: § 49 BKAG, Rz. 32; BVerfG 141, 220 Rn. 216.
903 Schenke, 2019: § 49 BKAG, Rz. 31.
904 Schenke, 2019: § 49 BKAG, Rz. 33.
905 Schenke, 2019: § 49 BKAG, Rz. 34.

Gemäss der Auffassung des Bundesverfassungsgerichts sind Möglichkeiten für informationstechnische Sicherungen vorzunehmen, um sicherzustellen, dass keine Daten hinsichtlich des Kernbereichs privater Lebensgestaltung erhoben werden.[906] Dies ist jedoch schwierig.[907] Theoretisch mag es zwar möglich erscheinen, beispielsweise durch Suchkriterien zu vermeiden, bestimmte Daten zu erheben. So könnte man unter anderem suggerieren, dass ein Ordner mit der Dateibezeichnung private Urlaubsfotos nicht erhoben werden sollte. Auf der Täterseite könnte dies jedoch dazu führen, dass Pläne über Straftaten mit Dateibezeichnungen, welche einen Bezug zum Kernbereich privater Lebensgestaltung suggerieren, benannt werden. Allerdings dürfen die kernbereichsrelevanten Daten nicht verwertet werden. Sie müssen unverzüglich gelöscht werden.[908]

5.1.4.3. Strafprozessrechtliche Aspekte

Im Rahmen seines Beschlusses vom 24.01.2012 hat das deutsche Bundesverfassungsgericht ausgeführt, dass eigenständige fachgesetzliche Rechtsgrundlagen bestimmen, unter welchen Umständen auf Kommunikationsvorgänge Zugriff genommen werden darf. Für Onlinedurchsuchungen ist diesbezüglich auf die §§ 100a, 100b DE-StPO zu verweisen.[909]

5.1.4.3.1. Abgrenzungen und Definitionen

In Deutschland existierte bis zum 24. August 2017 keine ausreichende gesetzliche Grundlage für Onlinedurchsuchungen in der Strafprozessordnung (DE-StPO). Dies wurde unter anderem darauf gestützt, dass § 102 DE-StPO nicht als allgemeine Durchsuchungsermächtigung betrachtet werden könne. Auch § 100a DE-StPO kam nicht als gesetzliche Grundlage infrage, da keine Überwachung der Kommunikation zwischen einem Verdächtigen und einem Dritten zur Diskussion stand.[910] Online Durchsuchungen können nicht als Durchsuchungen im Sinne von den §§ 102 ff. DE-StPO definiert werden, da diese ein räumlich körperliches Substrat voraussetzen.[911] Zwar war auch in Deutschland

906 BVerfGE 109, 279.
907 Schenke, 2019: § 49 BKAG, Rz. 35.
908 Schenke, 2019: § 49 BKAG, Rz. 37.
909 Graulich, 2019: § 10 Rz. 17.
910 Graf, 2018: § 100b DE-StPO, Rz. 1.
911 Kramer, 2014: S. 230.

die Telekommunikationsüberwachung möglich.[912] Dies ist in § 100a DE-StPO geregelt, dessen erster Absatz wie folgt lautet:

> *„(1) Auch ohne Wissen der Betroffenen darf die Telekommunikation überwacht und aufgezeichnet werden, wenn*
> *1. bestimmte Tatsachen den Verdacht begründen, dass jemand als Täter oder Teilnehmer eine in Absatz 2 bezeichnete schwere Straftat begangen, in Fällen, in denen der Versuch strafbar ist, zu begehen versucht, oder durch eine Straftat vorbereitet hat,*
> *2. die Tat auch im Einzelfall schwer wiegt und*
> *3. die Erforschung des Sachverhalts oder die Ermittlung des Aufenthaltsortes des Beschuldigten auf andere Weise wesentlich erschwert oder aussichtslos wäre.“*[913]

Ähnlich wie in der Schweiz deckt die Telekommunikationsüberwachung im Sinne von § 100a DE-StPO jedoch nur die Überwachung des Fernmeldeverkehrs und nicht das geheime Durchsuchen von Datenträgern ab.[914]

Zwar könnte man argumentieren, dass der § 100h Abs. 1 Ziff. 2 DE-StPO, welcher den Einsatz von für Observationszwecke bestimmten technischen Mitteln vorsieht, anwendbar sei. Dies ist jedoch im Rahmen einer genaueren Betrachtung zu verneinen. Schliesslich handelt es sich bei Onlinedurchsuchungen nicht um Observationen, sondern vielmehr um Durchsuchungen und § 100h Abs. 1 Ziff. 2 DE-StPO betrifft lediglich Observationen.[915] Es gilt zu bedenken, dass Eingriffe in Grundrechte nur nach Art. 19 I. GG aufgrund von konkreten und ausdrücklichen gesetzlichen Grundlagen erfolgen dürfen. Eine interpretatorische Ableitung aus anderen Gesetzen ist hingegen nicht möglich.[916] Es gilt hervorzuheben, dass § 100h I. Nr. 2 DE-StPO zwar den Einsatz von technischen Observationsmitteln vorsieht, die weder von § 100c DE-StPO noch von § 100h. I. Nr. 1 DE-StPO umfasst sind, vorsieht. Diese Definition gilt jedoch nicht für Onlinedurchsuchungen. In der Strafprozessordnung findet sich keine hinreichende gesetzliche Grundlage für Onlinedurchsuchungen.[917]

Sinn und Zweck einer Onlinedurchsuchung ist nicht primär die ständige Beobachtung des Betroffenen, sondern das Durchsuchen seiner Dateien ohne sein Wissen. Ermittler sammeln in diesem Kontext nicht nur Informationen

912 Bruns, 2019: § 100a DE-StPO, Rz. 1 f.; Günther, 2016: § 100a DE-StPO, Rz. 1 f.; Pfeiffer, 2005: § 100a DE-StPO, Rz. 2.
913 §100a Abs. 1 DE-StPO.
914 Graf, 2017: § 100a, Rz. 1 f.
915 Hegmann, 2017: § 100h DE-StPO, Rz. 1 f.; Bruns, 2019: § 100h DE-StPO, Rz. 1.; Günther, 2016: § 100h DE-StPO, Rz. 1; Pfeiffer, 2005: § 100h DE-StPO, Rz. 1.
916 Kühne, 2015: Rz. 531.
917 Kühne, 2015: Rz. 528.1.

über das aktuelle Handeln des Betroffenen, sondern erlangen unter Umständen Kenntnis über seine intimsten Geheimnisse, welche er auf seiner Festplatte gespeichert hat. Im digitalen Zeitalter dienen Datenverarbeitungssysteme häufig als Erinnerungsstütze. Diese Erinnerungsstützen des Betroffenen werden im Rahmen von Onlinedurchsuchungen für Ermittlungsbeamte sichtbar.

Trotzdem liefert die Strafprozessordnung wertvolle Anregungen für die Ausgestaltung von Onlinedurchsuchungen. Dies insbesondere im Hinblick auf die Erhaltung des Kernbereichs der verfassungsrechtlich garantierten privaten Lebensgestaltung. Exemplarisch sei hier an § 100c V. DE-StPO gedacht. Demnach müssen Abhör- und Aufzeichnungsmassnahmen unverzüglich unterbrochen werden, sobald sich Anhaltspunkte ergeben, dass ein Eingriff in den Kernbereich privater Lebensgestaltung vorliegen könnte.[918] Dabei gilt es zu bedenken, dass bereits gemachte Aufzeichnungen unverzüglich zu löschen sind und in jedem Fall unverwertbar wären. Falls die Überwachungsmassnahmen fortgesetzt werden sollen, weil beispielsweise im Raum steht, dass die weitergehenden Gespräche ausserhalb des Kernbereichs verfassungsrechtlich garantierter privater Lebensgestaltung liegen könnten, so muss im Zweifelsfall die Entscheidung des anordnungsbefugten Gerichts eingeholt werden. Insbesondere kann die Staatsanwaltschaft diese Entscheidung nicht selbst treffen.[919]

Grosse Lauschangriffe können nur von der Staatsschutzkammer des Landgerichtsbezirks angeordnet werden.[920] Ferner sind derartige Überwachungsmassnahmen auch zeitlich zu beschränken. Die Anordnung darf in der Regel für höchstens einen Monat erfolgen (§ 100d Abs. 1 DE-StPO). Verlängerungen um jeweils die gleiche Periode sind bis zu fünfmal möglich. Anschliessend wird eine Entscheidung des Oberlandesgerichts benötigt.[921]

Observationen sind auch gegen Personen zulässig, welche im Verdacht stehen, mit Tatverdächtigen in Verbindung zu stehen. Dies insbesondere im Hinblick auf die Ermittlung des Aufenthaltsorts des mutmasslichen Täters.[922]

Massnahmen geheimer Kommunikationskontrolle können zum Gegenstand einer Überprüfung ihrer Rechtmässigkeit sowie der Art und Weise ihres Vollzugs werden. Dies kann in der Regel innerhalb zwei Wochen nach der Benachrichtigung über die Massnahme beantragt werden.[923] Ferner ist selbstverständlich

918 BVerfGE 109, 279.
919 Kühne, 2015: Rz. 530.1.
920 Kühne, 2015: Rz. 532.
921 Kühne, 2015: Rz. 530.1.
922 § 163 f I 3 DE-StPO; Kühne, 2015: Rz. 533.3.
923 Kühne, 2015: Rz. 557.2.

auch bei Onlinedurchsuchungen der nachträgliche Rechtsschutz zu gewährleisten. Zuständig sollte auch hier das Gericht sein, welches die Massnahme angeordnet hat.[924]

Mit Inkrafttreten des Art. 3 des Gesetzes zur effektiveren und praxistauglicheren Ausgestaltung des Strafverfahrens wurde am 24. August 2017 eine geeignete gesetzliche Grundlage für Onlinedurchsuchungen – namentlich der neue Art. 100b DE-StPO – geschaffen. In § 100b DE-StPO ist geregelt, unter welchen Voraussetzungen ein informationstechnisches System eines Beschuldigten oder seines Nachrichtenmittlers bzw. informationstechnische Systeme, welche vom Beschuldigten genutzt werden, infiltriert werden dürfen.[925] Dieser lautet wie folgt:

> « *§ 100b DE-StPO*
> *Onlinedurchsuchung*
>
> *(1) Auch ohne Wissen des Betroffenen darf mit technischen Mitteln in ein von dem Betroffenen genutztes informationstechnisches System eingegriffen und dürfen Daten daraus erhoben werden (Onlinedurchsuchung), wenn*
> 1. *bestimmte Tatsachen den Verdacht begründen, dass jemand als Täter oder Teilnehmer eine in Absatz 2 bezeichnete besonders schwere Straftat begangen oder in Fällen, in denen der Versuch strafbar ist, zu begehen versucht hat,*
> 2. *die Tat auch im Einzelfall besonders schwer wiegt und*
> 3. *die Erforschung des Sachverhalts oder die Ermittlung des Aufenthaltsortes des Beschuldigten auf andere Weise wesentlich erschwert oder aussichtslos wäre.*
>
> *(2) Besonders schwere Straftaten im Sinne des Absatzes 1 Nummer 1 sind:*
> 1. *aus dem Strafgesetzbuch:*
>   a) *Straftaten des Hochverrats und der Gefährdung des demokratischen Rechtsstaates sowie des Landesverrats und der Gefährdung der äusseren Sicherheit nach den §§ 81, 82, 89a, 89c Absatz 1 bis 4, nach den §§ 94, 95 Absatz 3 und § 96 Absatz 1, jeweils auch in Verbindung mit § 97b, sowie nach den §§ 97a, 98 Absatz 1 Satz 2, § 99 Absatz 2 und den §§ 100, 100a Absatz 4,*
>   b) *Bildung krimineller Vereinigungen nach § 129 Absatz 1 in Verbindung mit Absatz 5 Satz 3 und Bildung terroristischer Vereinigungen nach § 129a Absatz 1, 2, 4, 5 Satz 1 erste Alternative, jeweils auch in Verbindung mit § 129b Absatz 1,*
>   c) *Geld- und Wertzeichenfälschung nach den §§ 146 und 151, jeweils auch in Verbindung mit § 152, sowie nach § 152a Absatz 3 und § 152b Absatz 1 bis 4,*
>   d) *Straftaten gegen die sexuelle Selbstbestimmung in den Fällen des § 176a Absatz 2 Nummer 2 oder Absatz 3 und, unter den in § 177 Absatz 6 Satz 2 Nummer 2 genannten Voraussetzungen, des § 177,*

924 Kühne, 2015: Rz. 557.3.

925 Eschelbach, 2020: § 100b DE-StPO, Rz. 1.

e) *Verbreitung, Erwerb und Besitz kinderpornografischer Schriften in den Fällen des § 184b Absatz 2,*
f) *Mord und Totschlag nach den §§ 211, 212,*
g) *Straftaten gegen die persönliche Freiheit in den Fällen der §§ 234, 234a Absatz 1, 2, der §§ 239a, 239b und Menschenhandel nach § 232 Absatz 3, Zwangsprostitution und Zwangsarbeit nach § 232a Absatz 3, 4 oder 5 zweiter Halbsatz, § 232b Absatz 3 oder 4 in Verbindung mit § 232a Absatz 4 oder 5 zweiter Halbsatz und Ausbeutung unter Ausnutzung einer Freiheitsberaubung nach § 233a Absatz 3 oder 4 zweiter Halbsatz,*
h) *Bandendiebstahl nach § 244 Absatz 1 Nummer 2 und schwerer Bandendiebstahl nach § 244a,*
i) *schwerer Raub und Raub mit Todesfolge nach § 250 Absatz 1 oder Absatz 2, § 251,*
j) *räuberische Erpressung nach § 255 und besonders schwerer Fall einer Erpressung nach § 253 unter den in § 253 Absatz 4 Satz 2 genannten Voraussetzungen,*
k) *gewerbsmässige Hehlerei, Bandenhehlerei und gewerbsmässige Bandenhehlerei nach den §§ 260, 260a,*
l) *besonders schwerer Fall der Geldwäsche, Verschleierung unrechtmässig erlangter Vermögenswerte nach § 261 unter den in § 261 Absatz 4 Satz 2 genannten Voraussetzungen; beruht die Strafbarkeit darauf, dass die Straflosigkeit nach § 261 Absatz 9 Satz 2 gemäss § 261 Absatz 9 Satz 3 ausgeschlossen ist, jedoch nur dann, wenn der Gegenstand aus einer der in den Nummern 1 bis 7 genannten besonders schweren Straftaten herrührt,*
m) *besonders schwerer Fall der Bestechlichkeit und Bestechung nach § 335 Absatz 1 unter den in § 335 Absatz 2 Nummer 1 bis 3 genannten Voraussetzungen,*

2. *aus dem Asylgesetz:*
   a) *Verleitung zur missbräuchlichen Asylantragstellung nach § 84 Absatz 3,*
   b) *gewerbs- und bandenmässige Verleitung zur missbräuchlichen Asylantragstellung nach § 84a Absatz 1,*
3. *aus dem Aufenthaltsgesetz:*
   a) *Einschleusen von Ausländern nach § 96 Absatz 2,*
   b) *Einschleusen mit Todesfolge oder gewerbs- und bandenmässiges Einschleusen nach § 97,*
4. *aus dem Betäubungsmittelgesetz:*
   a) *besonders schwerer Fall einer Straftat nach § 29 Absatz 1 Satz 1 Nummer 1, 5, 6, 10, 11 oder 13, Absatz 3 unter der in § 29 Absatz 3 Satz 2 Nummer 1 genannten Voraussetzung,*
   b) *eine Straftat nach den §§ 29a, 30 Absatz 1 Nummer 1, 2, 4, § 30a,*
5. *aus dem Gesetz über die Kontrolle von Kriegswaffen:*
   a) *eine Straftat nach § 19 Absatz 2 oder § 20 Absatz 1, jeweils auch in Verbindung mit § 21,*
   b) *besonders schwerer Fall einer Straftat nach § 22a Absatz 1 in Verbindung mit Absatz 2,*

6. *aus dem Völkerstrafgesetzbuch:*
   a) *Völkermord nach § 6,*
   b) *Verbrechen gegen die Menschlichkeit nach § 7,*
   c) *Kriegsverbrechen nach den §§ 8 bis 12,*
   d) *Verbrechen der Aggression nach § 13,*
7. *aus dem Waffengesetz:*
   a) *besonders schwerer Fall einer Straftat nach § 51 Absatz 1 in Verbindung mit Absatz 2,*
   b) *besonders schwerer Fall einer Straftat nach § 52 Absatz 1 Nummer 1 in Verbindung mit Absatz 5.*

(3) Die Massnahme darf sich nur gegen den Beschuldigten richten. Ein Eingriff in informationstechnische Systeme anderer Personen ist nur zulässig, wenn auf Grund bestimmter Tatsachen anzunehmen ist, dass
1. *der in der Anordnung nach § 100e Absatz 3 bezeichnete Beschuldigte informationstechnische Systeme der anderen Person benutzt, und*
2. *die Durchführung des Eingriffs in informationstechnische Systeme des Beschuldigten allein nicht zur Erforschung des Sachverhalts oder zur Ermittlung des Aufenthaltsortes eines Mitbeschuldigten führen wird.*

1. *Die Massnahme darf auch durchgeführt werden, wenn andere Personen unvermeidbar betroffen werden.*

(4) § 100a Absatz 5 und 6 gilt mit Ausnahme von Absatz 5 Satz 1 Nummer 1 entsprechend.»[926]

Mit § 100b DE-StPO wurde eine explizite gesetzliche Regelung für Onlinedurchsuchungen geschaffen. Auch vorher wurden Onlinedurchsuchungen in der Praxis bereits angewandt. Dabei handelte es sich jedoch um einen Graubereich. Das Verfahren zur Onlinedurchsuchung ist in § 100e DE-StPO geregelt[927].

Onlinedurchsuchungen werden in der Regel ohne Wissen des Betroffenen durchgeführt. Ausgelesen werden in erster Linie aufklärungsrelevante Informationen, welche auf dem Gerät gespeichert sind.[928] Folglich unterliegt der gesamte Datenbestand der Durchsicht bzw. Überwachung. Es können in einem grossen Umfang Daten des Betroffenen erhoben werden.[929] Betroffen sind somit insbesondere die Grundrechte auf Integrität und Vertraulichkeit informationstechnischer

926 § 100b DE-StPO.
927 Eschelbach, 2020: § 100b DE-StPO, Rz. 7.
928 Eschelbach, 2020: § 100b DE-StPO, Rz. 1.
929 Eschelbach, 2020: § 100b DE-StPO Rz. 2.

Systeme.[930] Allerdings ist auch das Recht auf informationelle Selbstbestimmung betroffen.[931]

Die Überwachung erfolgt heimlich und kann sich über einen längeren Zeitraum erstrecken. Sie kann auch das Nutzungsverhalten der betroffenen Person umfassen. Die Massnahme ist somit am ehesten mit einer akustischen Wohnraumüberwachung vergleichbar. Folglich orientieren sich die Voraussetzungen für diesen Eingriff an jenen für den grossen Lauschangriff im Sinne von § 100c DE-StPO. Nach der hier vertretenen Auffassung sind Onlinedurchsuchungen jedoch deutlich eingriffsintensiver als ein grosser Lauschangriff.[932] Dies insbesondere im Hinblick darauf, dass der grosse Lauschangriff lediglich aktuelle Informationen erheben kann. Eine Onlinedurchsuchung kann hingegen auch Informationen aus der Vergangenheit für die Ermittlungsbehörden zugänglich machen.

Ferner muss bedacht werden, dass im Rahmen der Onlinedurchsuchungen auch Mikrofone oder Kameras aktiviert werden könnten.[933] Der Vorteil von Onlinedurchsuchungen besteht unter anderem darin, dass ein umfassendes Persönlichkeitsbild der Betroffenen erstellt werden kann. Allerdings besteht gleichzeitig auch das Risiko einer Totalüberwachung.[934]

5.1.4.3.2. Voraussetzungen für Onlinedurchsuchungen

Die Anordnungsvoraussetzungen für Onlinedurchsuchungen decken sich weitestgehend mit jenen der TKÜ.[935] Erforderlich für eine Onlinedurchsuchung sind bestimmte Tatsachen, welche den Verdacht auf eine besonders schwere Straftat begründen.[936] Grundsätzlich wird ein konkreter Verdacht einer Katalogtat vorausgesetzt (§ 100b Abs. 1 Nr. 1, Abs. 2 DE-StPO).[937] Es müssen also bestimmte Tatsachen den Verdacht begründen, dass der Beschuldigte eine Katalogtat begangen oder versucht hat. Dabei spielt es keine Rolle, ob die Tat verwendet oder lediglich versucht wurde. Vorstufen zum Versuch genügen hingegen nicht. Eine Tatbegehung durch Unterlassen kommt hingegen infrage.[938] Es ist

930 Beukelmann, 2017: S. 440.
931 Eschelbach, 2020: § 100b DE-StPO, Rz. 3.
932 Eschelbach, 2020: § 100b DE-StPO, Rz. 3.
933 Eschelbach, 2020: § 100b DE-StPO, Rz. 4.
934 Eschelbach, 2020: § 100b DE-StPO, Rz. 5.
935 Krey/Heinrich, 2019: S. 243.
936 Graf, 2018: § 100b DE-StPO Rz. 12.
937 Graf, 2018: § 100b DE-StPO Rz. 12.
938 Eschelbach, 2020: § 100b DE-StPO, Rz. 8.

keine täterschaftliche Begehung erforderlich. Vielmehr genügt auch der Verdacht einer Teilnahme bzw. eine versuchte Begehung.[939]

Es wird kein erhöhter Wahrscheinlichkeitsgrad gefordert. Vielmehr genügt das Vorliegen konkreter Tatsachen, welche darauf hindeuten, dass eine Katalogtat vorliegen könnte. Dies erscheint im Hinblick auf die Schwere des Grundrechtseingriffs fragwürdig.[940] Grundsätzlich ist ein einfacher Tatverdacht ausreichend. Ein lediglich unerheblicher Verdacht wäre jedoch ungenügend. Vielmehr müssen Umstände vorliegen, welche in erheblichem Masse darauf hindeuten, dass eine schwere Straftat im Sinne des § 100b Abs. 2 DE-StPO vorliege. Erforderlich ist somit ein bestimmtes Mass an Konkretisierung. Es wird eine hinreichende Tatsachenbasis verlangt. Trotzdem besteht selbstverständlich ein erheblicher Beurteilungsspielraum für den entscheidenden Richter oder Staatsanwalt.[941] Der Katalog ist abschliessend.[942] Der Anlasstatenkatalog von § 100b Abs. 2 DE-StPO beschränkt sich auf besonders schwere Straftaten. Insbesondere ist von einer Mindeststrafe von einem Jahr und einer Mindesthöchststrafe von zehn Jahren auszugehen.[943]

Zudem muss die Tat im Einzelfall besonders schwer wiegen.[944] Es ist somit ein Höchstmass der Tatschwere zu fordern.[945] Folglich sollten sowohl das Tatunrecht als auch die Schuld besonders schwer wiegen. Die besondere Schwere muss im Sinne einer Abwägung aller bereits bekannten Umstände erfolgen.[946] Bei der Gesamtwürdigung sollte die Bedeutung des verletzten Rechtsguts, die Schwere des Verstosses im Einzelfall sowie das mutmassliche Schuldgewicht der beschuldigten Person Berücksichtigung finden.[947] Dabei sind auch die Auswirkungen der Tat auf das Opfer zu berücksichtigen.[948]

Ferner ist stets die Verhältnismässigkeit der Massnahme zu prüfen.[949] Ferner wird eine wesentliche Erschwerung oder gar Aussichtslosigkeit der Sachverhaltserforschung bzw. der Aufenthaltsermittlung vorausgesetzt (§ 100b Abs. 1 Nr. 3

939 Graf, 2018: § 100b DE-StPO Rz. 13.
940 Eschelbach, 2020: § DE-StPO, 100b Rz. 9.
941 Graf, 2018: § 100b DE-StPO Rz. 12.
942 Eschelbach, 2020: § 100b DE-StPO, Rz. 10.
943 Graf, 2018: § 100b DE-StPO, Rz. 18.
944 Graf, 2018: § 100b DE-StPO, Rz. 14.
945 Eschelbach, 2020: § 100b DE-StPO, Rz. 12.
946 BVerfGE 107, 322.
947 Eschelbach, 2020: § 100b DE-StPO, Rz. 13.
948 Graf, 2018: § 100b DE-StPO, Rz. 15.
949 Graf, 2018: § 100b DE-StPO, Rz. 20.

DE-StPO). Dies verdeutlicht die Subsidiarität der Massnahme.[950] Es muss daher der Subsidiaritätsgrundsatz beachtet werden.[951]

5.1.4.3.3. Betroffene Personen

Die Massnahme soll sich grundsätzlich gegen den Beschuldigten richten.[952] Von Onlinedurchsuchungen betroffen können einerseits Beschuldigte und andererseits Inhaber eines informationstechnischen Systems, welches durch die beschuldigte Person genutzt wird, sein. Zudem gibt es auch unvermeidbar mitbetroffene andere Personen. Beschuldigte sind dabei nach dem formellen beschuldigten Begriff zu definieren.[953]

Hinsichtlich der Inhaber eines informationstechnischen Systems, welches von der beschuldigten Person genutzt wird, sind konkrete Anhaltspunkte erforderlich, welche eine derartige Nutzung tatsächlich suggerieren. Ein potentieller Zugriff auf das Gerät genügt nicht. Vielmehr sind konkrete Anhaltspunkte erforderlich.[954] Ferner gibt es unvermeidbar mitbetroffene Personen, deren Daten sich auf den Geräten befinden, welche Gegenstand der Onlinedurchsuchung sind.[955]

Sofern der Beschuldigte jedoch informationstechnische Systeme von Dritten benutzt bzw. die Überwachung seiner eigenen Systeme nicht zu der Forschung des Sachverhalts oder der Ermittlung des Aufenthaltsortes des Beschuldigten führen wird, ist auch die Überwachung anderer Personen mittels einer Onlinedurchsuchung zulässig.[956]

5.1.4.3.4. Umsetzung

Im Rahmen von Onlinedurchsuchungen werden informationstechnische Systeme durchsucht. Dies geschieht heimlich, damit die Betroffenen nicht gewarnt werden.[957] Onlinedurchsuchungen erfordern zudem meist Manipulationen an den Geräten der Betroffenen. Man denke hierbei beispielsweise an die Vorkehrungen, welche viele Betroffene treffen (Firewalls, etc.).[958]

---

950 Eschelbach, 2020: § 100b DE-StPO, Rz. 15.
951 Graf, 2018: § 100b DE-StPO, Rz. 16; BVerfGE 109, 342.
952 Graf, 2018: § 100b DE-StPO, Rz. 21; Krey/Heinrich, 2019: S. 243.
953 Eschelbach, 2020: § 100b DE StPO, Rz. 17.
954 Eschelbach, 2020: § 100b DE-StPO, Rz. 18.
955 Graf, 2018: § 100b DE-StPO, Rz. 22.
956 Graf, 2018: § 100b DE-StPO, Rz. 22.
957 Graf, 2018: § 100b DE-StPO Rz. 9.
958 Graf, 2018: § 100b DE-StPO Rz. 25.

Die Überwindung der Firewall kann auf verschiedene Arten und Weisen umgesetzt werden. Einerseits können Lücken im bestehenden Betriebssystem genutzt werden. Andererseits ist es möglich, spezielle Software auf den Geräten zu installieren. Dabei soll jedoch stets der Verhältnismässigkeitsgrundsatz gewahrt werden. Das bedeutet, dass der technische Eingriff auf die Geräte der Betroffenen auf das notwendige Minimum zu beschränken ist.[959]

Insbesondere sollen nur Veränderungen vorgenommen werden, die für die Datenerhebung absolut unerlässlich sind. Die vorgenommenen Veränderungen sollen zudem – soweit technisch umsetzbar – nach Beendigung der Massnahme rückgängig gemacht werden. Im Idealfall sollen die Geräte somit in den Ursprungszustand zurückversetzt werden.[960]

Andernfalls könnte es zu Schadensersatzansprüchen der Betroffenen kommen. Insbesondere bestünde das Risiko, dass die von der ausführenden Behörde vorgenommenen Veränderungen an den Geräten der Betroffenen zu Sicherheitslücken führen, welche auch von Dritten für deren eigene Zwecke genutzt werden können.[961]

Ferner stellt sich die Frage, wie mit der möglichen Veränderung von Daten sowie der Beseitigung von allfälligen Folgeschäden umzugehen ist.[962] Der Gesetzgeber verweist diesbezüglich weitestgehend auf § 100a Abs. 5 S. 1 Nr. 1 DE-StPO und somit die Grundsätze der herkömmlichen Telekommunikationsüberwachung.[963]

Der Kernbereichsschutz spielt somit erst auf der Ebene der Verwertung eine wesentliche Rolle.[964] Im Hinblick auf den Kernbereichsschutz ist zu beachten, dass die Massnahme gemäss § 100d Abs. 1 DE-StPO unzulässig ist, wenn dadurch ausschliesslich Erkenntnisse aus dem Kernbereich privater Lebensgestaltung gewonnen werden.[965]

Hinsichtlich der technischen Anforderungen an die Software hat der Gesetzgeber den Ermittlungsbehörden sowie dem anordneten Gericht einen weiten Ermessensspielraum überlassen.[966] Es erfolgt in der Regel ein Fernzugriff über

959 Graf, 2018: § 100b DE-StPO Rz. 27.
960 Graf, 2018: § 100b DE-StPO Rz. 28.
961 Graf, 2018: § 100b DE-StPO Rz. 29.
962 Eschelbach, 2020: § 100b DE-StPO, Rz. 22.
963 Eschelbach, 2020: § 100b DE-StPO, Rz. 22.
964 Eschelbach, 2020: § 100b DE-StPO, Rz. 23.
965 Krey/Heinrich, 2019: S. 244.
966 Eschelbach, 2020: § 100b DE-StPO, Rz. 24.

eine Datenleitung.[967] Dies führt zu mehreren Herausforderungen: Einerseits kann es eine mögliche Gefahr für die Sicherheit von IT-Systemen darstellen.[968] Andererseits ist es auch denkbar, dass Verdächtige sich der Überwachung durch die Verwendung von sogenannten Torbrowsern oder vergleichbaren Programmen bzw. über Zugänge über das Darknet der Überwachung entziehen.[969]

Bei der Schaffung der gesetzlichen Grundlage hat der Gesetzgeber darauf verzichtet, sich auf bestimmte Gerätetypen festzulegen. Vielmehr wird allgemein von „informationstechnischen Systemen" gesprochen. Dies ist insofern sinnvoll, als die Möglichkeit der Onlinedurchsuchung somit weitestgehend unabhängig von der technologischen Entwicklung und zukünftigen Trends geschaffen wurde.[970]

Abschliessend gilt es hervorzuheben, dass die Schadsoftware bei der Beendigung der Massnahme beseitigt werden muss.[971] Ferner sollte auch gewährleistet sein, dass Dritte keinen Zugriff auf die Überwachungssoftware haben. Somit handelt es sich in aller Regel um staatseigene Software.[972]

Es stellt sich die Frage, wie Ermittlungsbehörden die Computersysteme der Betroffenen infiltrieren können. Dies kann einerseits über einen sogenannten Trojaner geschehen. Andererseits könnten Ermittlungsbeamte auch direkt auf das informationstechnische System der Betroffenen zugreifen. Folglich enthält § 100b DE-StPO auch eine Ermächtigung zum Betreten der Wohnung des Betroffenen unter Verwendung einer Legende.[973] Diesbezüglich sind jedoch verfassungsrechtliche Bedenken im Hinblick auf Art. 1 Abs. 1 und Art. 13 Abs. 1 GG anzubringen. Schliesslich kann nicht davon ausgegangen werden, dass der Wohnungsinhaber ohne Weiteres auf seine Grundrechte verzichtet.[974]

Ferner sind alle vorgenommenen Schritte hinreichend zu dokumentieren. Im Minimum muss die Dokumentation alle vorangegangenen Schritte, den Zeitpunkt des Einsatzes sowie die Verwendung der technischen Mittel und die erhobenen Daten umfassen.[975] Hinsichtlich der eingesetzten technischen Mittel muss im Minimum deren Funktionsumfang sowie die eingesetzte

967 Graf, 2018: § 100b DE-StPO, Rz. 10.
968 Eschelbach, 2020: § 100b DE-StPO, Rz. 25.
969 Eschelbach, 2020: § 100b DE-StPO, Rz. 25.
970 Graf, 2018: § 100b DE-StPO, Rz. 7.
971 Eschelbach, 2020: § 100b DE-StPO, Rz. 26.
972 Eschelbach, 2020: § 100b DE-StPO, Rz. 26.
973 Eschelbach, 2020: § 100b DE-StPO, Rz. 27.
974 Eschelbach, 2020: § 100b DE-StPO, Rz. 27.
975 Graf, 2018: § 100b DE-StPO, Rz. 31.

Überwachungssoftware dokumentiert werden.[976] Auch müssen die Veränderungen am Betriebssystem dokumentiert werden.[977]

5.1.4.3.5. Beweisverwertungsverbote

Verwertungsverbote und Beschränkungen richten sich nach den allgemeinen Grundsätzen.[978] Dabei gilt es zu beachten, dass lediglich grundlegende Mängel zur Unverwertbarkeit der durch die Onlinedurchsuchung erlangten Erkenntnisse führen können. Dies wäre beispielsweise der Fall, wenn keine Anordnung der zuständigen Strafkammer des Landgerichts vorliegen würde.[979] Hingegen führen einfache formale Fehler, wie beispielsweise Verstösse gegen das Schriftformerfordernis, nicht zur Unverwertbarkeit.[980]

Neben formellen Mängeln sind selbstverständlich auch sachliche Mängel der Anordnung denkbar. Beim Fehlen einer Katalogtat ist grundsätzlich von Unverwertbarkeit auszugehen.[981] Ein Verwertungsverbot im Hinblick auf einen Mangel des Verdachtsgrades kommt nur infrage, sofern der Ermittlungsrichter seinen Beurteilungsspielraum erheblich überschritten hat.[982] Dies dürfte in der Praxis nur eine bedingte Rolle spielen. Schliesslich ist der Spielraum des Ermittlungsrichters grosszügig ausgestaltet worden. Begründungsfehler führen in der Regel nicht zur Unverwertbarkeit der durch die Onlinedurchsuchung gewonnenen Erkenntnisse.[983] Hingegen kann ein Verstoss gegen den Subsidiaritätsgrundsatz zu Unverwertbarkeit führen.[984] Ferner liegt ein Beweisverwertungsverbot für alle Erkenntnisse aus dem Kernbereich privater Lebensgestaltung vor.[985]

Sofern keine gesetzlich angeordneten Erhebungs- und Verwertungsverbote vorliegen, ist Grundvoraussetzung für die Unverwertbarkeit, dass der Betroffene rechtzeitig widerspricht.[986] Bei den Beurteilungsgrundlagen ist stets auch auf Art. 6 Abs. 1 S. 1 EMRK abzustellen.[987]

---

976 Graf, 2018: § 100b DE-StPO, Rz. 33.
977 Graf, 2018: § 100b DE-StPO, Rz. 34.
978 Graf, 2018: § 100b DE-StPO Rz. 44.
979 Graf, 2018: § 100b DE-StPO Rz. 45.
980 Graf, 2018: § 100b DE-StPO Rz. 46.
981 Graf, 2018: § 100b DE-StPO Rz. 47.
982 Graf, 2018: § 100b DE-StPO Rz. 48.
983 Graf, 2018: § 100b DE-StPO Rz. 49.
984 Graf, 2018: § 100b DE-StPO Rz. 50.
985 BVerfGE StV 2012, 256.
986 Graf, 2018: § 100b DE-StPO Rz. 52; BVerfGE NJW 2012, 907, 911.
987 Graf, 2018: § 100b DE-StPO Rz. 53.

Grundsätzlich verwertbar sind hingegen auf dem Computer während der Überwachung eingegangene Nachrichten (E-Mails, Chats, etc.).[988] Hingegen sind Erkenntnisse, welche nur mittelbar im Rahmen der Onlinedurchsuchung gewonnen werden, in der Praxis häufig unverwertbar. Man denke hierbei beispielsweise an ein Mikrofon, welches Audioinformationen sammelt. Diese sind zwar während der Onlinedurchsuchung verfügbar, aber werden nicht zwingend auf dem Gerät gespeichert. Selbst wenn die Voraussetzungen der §§ 100c, d DE-StPO vorliegen sollten, dürfte in der Praxis häufig ein Hindernis daran bestehen, dass eine Massnahme nach § 100c DE-StPO nicht angeordnet war.[989]

Hinsichtlich Zufallsfunden ist festzuhalten, dass diese im Sinne von § 477 Abs. 2 DE-StPO lediglich für die Aufklärung weiterer Katalogtaten verwendet werden dürfen.[990] Diese Einschränkung gilt jedoch nicht für Erkenntnisse im gleichen Strafverfahren.[991]

5.1.4.3.5. Verfassungsrechtliche Aspekte

Onlinedurchsuchungen greifen unter anderem in den Schutzbereich auf Integrität und Vertraulichkeit informationstechnischer Systeme ein.[992] Diese werden als Teil des Rechts auf informationelle Selbstbestimmung im Sinne von Art. 2 Abs. 1 GG i. V. m. Art. 1 Abs. 1 GG betrachtet.[993] Folglich ist eine Abwägung zwischen den erwähnten verfassungsmässig garantierten Grundrechten und der Notwendigkeit von Onlinedurchsuchungen zur Strafverfolgung vorzunehmen.

Das sogenannte IT-Grundrecht gehört zum allgemeinen Persönlichkeitsrecht und schützt vor Eingriffen, welche nicht gestützt auf Art. 10 GG oder Art. 13 GG ohnehin verboten sind. Insbesondere soll die Vertraulichkeit der verarbeiteten bzw. gespeicherten Daten gewährleistet werden.[994] Dies bedeutet, dass zunächst der Begriff des informationstechnischen Systems im Sinne des IT Grundrechts definiert werden muss. Dies setzt eine gewisse Komplexität des Systems voraus. Insbesondere muss es im Rahmen der Onlinedurchsuchung möglich sein, Einblicke in wesentliche Teile des Lebens der Betroffenen zu erhalten. Ferner wird vorausgesetzt, dass der Betroffene das informationstechnische System als sein

988 Graf, 2018: § 100b DE-StPO Rz. 54.
989 Graf, 2018: § 100b DE-StPO Rz. 55.
990 Graf, 2018: § 100b DE-StPO Rz. 56.
991 Graf, 2018: § 100b DE-StPO Rz. 57.
992 Schenke, 2019: § 49 BKAG, Rz. 4.
993 Graf, 2018: § 100b DE-StPO, Rz. 1.
994 Gercke, 2019: § 100b DE-StPO, Rz. 2.

Eigenes nutzt und darauf entsprechend vertrauliche Daten zu finden sein werden.[995]

Aus verfassungsrechtlicher Sicht sollten an die Onlinedurchsuchung zu repressiven Zwecken schärfere Anforderungen als an jene zur Gefahrenabwehr nach dem Polizeirecht gestellt werden.[996] Grundsätzlich lässt sich festhalten, dass das Abhören und Mitschneiden von Telefongesprächen sowie die Überwachung anderer Formen der Kommunikation einen schwerwiegenden Eingriff in die Grundrechte – namentlich Art. 1 I. Art. 2 I. Art. 10 und Art. 13 GG – darstellt. Die Privatsphäre des Einzelnen wird signifikant beeinträchtigt. Gleichzeitig ist offensichtlich, dass die Kommunikation über moderne Medien – insbesondere das Internet – ein ideales Hilfsmittel zur Deliktsvorbereitung darstellt. Auch liefern Überwachungen der Telekommunikation häufig exzellente Ermittlungsergebnisse. Es wäre somit kaum vertretbar, vollständig auf die Überwachung der Telekommunikation zu verzichten.[997]

In diesem Zusammenhang sei an Art. 1 Abs. 1 GG erinnert. Selbiger bezeichnet die Würde des Menschen als unantastbar. Die Würde des Menschen ist schützenswert.[998] Dabei handelt es sich letztendlich um die Schlüsselnorm des deutschen Grundgesetzes.[999] Es stellt sich somit die Frage, ob eine Onlinedurchsuchung mit Art. 1 Abs. 1 GG vereinbar ist. Insbesondere umfasst das allgemeine Persönlichkeitsrecht gemäss Art. 2 Abs. 1 i.V.m. Art. 1 Abs. 1 GG das Grundrecht auf Gewährleistung der Vertraulichkeit und der Integrität von informationstechnischen Systemen.[1000]

Gemäss Art. 10 Abs. 1 GG ist das Fernmeldegeheimnis unverletzlich. Einschränkungen bedürfen gemäss Art. 10 Abs. 2 GG einer besonderen gesetzlichen Grundlage.[1001] Sofern „die Beschränkung dem Schutze der freiheitlichen demokratischen Grundordnung oder des Bestandes oder der Sicherung des Bundes oder eines Landes dient, so kann das Gesetz bestimmen, dass sie dem Betroffenen nicht mitgeteilt wird und dass an die Stelle des Rechtsweges die Nachprüfung durch von der Volksvertretung bestellte Organe und Hilfsorgane tritt.“[1002] Dies ist hauptsächlich im Bereich der Bekämpfung der Terrorismusfinanzierung

995 Gercke, 2019: § 100b DE-StPO, Rz. 3.
996 Eschelbach, 2020: § 100b DE-StPO, Rz. 6.
997 Kühne, 2015: Rz. 520.
998 Art. 1 Abs. 1 GG.
999 Hillgruber, 2016: Art. 1, Rz. 1 f.
1000 1 BvR 370/07, Rz. 166.
1001 Baldus, 2016: Art. 10, Rz. 7 f.
1002 Art. 10 Abs. 2 GG.

relevant. Schliesslich handelt es sich bei Terrorismus zweifelsohne um eine Bedrohung für die freiheitlich demokratische Grundordnung. Allerdings ist Art. 10 Abs. 1 GG nur insofern massgebend, als es sich um staatliche Massnahmen handelt, durch welche laufende Kommunikation überwacht wird.[1003]

In extremen Fällen könnte man gar von einer ernstzunehmenden Gefahr für den Bestand oder die Sicherung des Bundes sprechen. Man denke hierbei beispielsweise an den Islamischen Staat, welcher sich selbst eben nicht als Verein, sondern als „Staat" betrachtet und wiederholt Angriffe auf Deutschland angekündigt hat. Zwar betrifft Art. 10 GG primär das Fernmeldegeheimnis und genügt somit noch nicht als ausreichende Grundlage für Onlinedurchsuchungen. Allerdings stellt Art. 10 GG gleichzeitig einen ersten Anknüpfungspunkt für weitergehende Massnahmen dar.

Aufschlussreicher ist jedoch Art. 13 GG. In Art. 13 Abs. 1 GG wird nämlich die Unverletzlichkeit der Wohnung festgehalten. Zudem wird in Art. 13 Abs. 2 GG vermerkt, dass Durchsuchungen nur durch den Richter oder, bei Gefahr im Verzug, durch andere gesetzlich vorgesehene Organe angeordnet werden dürfen. Aufschlussreich für Onlinedurchsuchungen ist jedoch Art. 13 Abs. 3–5 GG. In Art. 13 Abs. 3 wird geregelt, dass zur Verfolgung besonders schwerer Straftaten technische Hilfsmittel zur akustischen Überwachung von Wohnungen, in welchen sich der Verdächtige vermutlich aufhält, eingesetzt werden, sofern die Klärung des Sachverhalts andernfalls unverhältnismässig erschwert oder gar verunmöglicht wäre.[1004] In Art. 13 Abs. 4–5 sind zudem die Voraussetzungen für eine derartige Massnahme geregelt. Es ist offensichtlich, dass die technische Überwachung nur innerhalb streng definierter Grenzen stattfinden darf.[1005]

Insbesondere muss gemäss Art. 13 Abs. 4 GG der Spruchkörper, welcher eine Massnahme im Sinne von Art. 13 Abs. 3 GG anordnet, mit drei Richtern besetzt sein. Lediglich bei Gefahr im Verzug darf die Anordnung gemäss Art. 13 Abs. 5 GG getroffen werden. Zudem darf auch Art. 14 GG nicht unberücksichtigt bleiben. Art. 14 GG gewährleistet das Eigentum. Im Rahmen einer Onlinedurchsuchung würde man zweifelsohne in das Eigentum des Betroffenen eingreifen, insbesondere im Rahmen der Analyse der Spionagesoftware auf dem Gerät des Verdächtigen.

Das Bundesverfassungsgericht hat am 27. Februar 2008 entschieden, dass Onlinedurchsuchungen nur dann zulässig sind, wenn tatsächliche Anhaltspunkte für eine konkrete Gefährdung von überragend wichtigen Rechtsgütern bestehen. Dabei gelten Leib, Leben, Freiheit der Person und Güter der

1003 1 BvR 370/07, Rz. 184.
1004 Art. 13 Abs. 3 GG.
1005 Fink, 2016: Art. 13, Rz. 6 f.

Allgemeinheit, welche den Bestand des Staates und die Existenz der Menschen berühren, als überragend wichtig.[1006]

Allerdings wurde im Urteil des Bundesverfassungsgerichts vom 27. Februar 2008 auch hervorgehoben, dass Onlinedurchsuchungen nicht in Frage kommen, wenn keine existentielle Bedrohungslage besteht. Dabei wurde betont, dass sich der Staat auf andere Ermittlungsbefugnisse zu beschränken habe.[1007] In diesem Zusammenhang wurde speziell das Grundrecht auf Gewährleistung der Vertraulichkeit und Integrität informationstechnischer Systeme hervorgehoben.[1008]

Besonders schwer liegt ein derartiger Eingriff im Rahmen von längerfristigen Überwachungen.[1009] Folglich sind derartig schwerwiegende Grundrechtseingriffe nur dann gerechtfertigt, wenn Anhaltspunkte für eine konkrete Gefahr für ein überragend wichtiges Rechtsgut vorliegen.[1010] Es stellt sich in diesem Zusammenhang die Frage, ob der sehr weitreichende Straftatenkatalog des § 100b DE-StPO verfassungsrechtlich zu rechtfertigen ist.[1011] Wie vom Bundesverfassungsgericht vorgegeben sind vom Straftatenkatalog nur Taten mit einer Höchststrafe von mehr als fünf Jahren erfasst.[1012]

5.1.4.4. Fazit

Zur Abwehr von Gefahren stützt sich die Onlinedurchsuchung insbesondere auf § 49 des BKA-Gesetzes. Zum sachlichen Anwendungsbereich von § 100b DE-StPO lässt sich ausführen, dass es Strafverfolgungsbehörden gestattet ist, auf informationstechnische Systeme der Betroffenen einzugreifen und Daten daraus zu erheben. Dies ist zweifelsohne auch über einen längeren Zeitraum zulässig. Hingegen dürfte es nicht zulässig sein, Kamera oder Mikrofunktionen auf den Geräten der Betroffenen zu aktivieren. Einerseits dürfte § 100b DE-StPO hierfür nicht als ausreichende gesetzliche Grundlage betrachtet werden. Andererseits stellt sich auch die Frage, ob das Aktivieren der Kamera oder Mikrofunktion nicht einen unzulässigen Spähangriff auf die Wohnung der Betroffenen und somit einen Verstoss gegen Art. 13 Abs. 3 GG darstellen könnte.[1013]

1006 1 BvR 370/07, Rz. 247.
1007 1 BvR 370/07, Rz. 248.
1008 Polenz, 2018: Rz. 29 f.
1009 Gercke, 2019: § 100b DE-StPO, Rz. 5.
1010 Gercke, 2019: § 100b DE-StPO, Rz. 6.
1011 Gercke, 2019: § 100b DE-StPO, Rz. 7.
1012 BVerfGE 109, 348.
1013 Gercke, 2019: § 100b DE-StPO, Rz. 11.

Der § 100b DE-StPO könnte als Muster für gesetzgeberische Massnahmen in anderen Ländern dienen. Insbesondere könnten sich die Schweiz, Österreich und Liechtenstein von der deutschen Gesetzgebung inspirieren lassen und von den in Deutschland gemachten Erfahrungen profitieren.

5.2. Verdeckte Ermittlung

Die Verdeckte Ermittlung kann einen wesentlichen Beitrag zur Bekämpfung der Terrorismusfinanzierung leisten.[1014] Sie erlaubt es Ermittlern, an Erkenntnisse zu gelangen, welche auf anderen Wegen mit hoher Wahrscheinlichkeit verborgen geblieben wären, vor allem wenn die Polizei nicht auf Verdachtsmeldungen von Bürgern hoffen kann und somit selbst fiktive Identitäten annehmen muss, um in ein bestimmtes Milieu eindringen zu können.[1015] Dabei kommen sowohl Polizeibeamte als auch andere Ermittler zum Einsatz.[1016] Bereits heute stellt die Verdeckte Ermittlung ein wesentliches Element der Ermittlungsarbeit dar. Seit den 1970er Jahren wurden weltweit gesetzliche Grundlagen für Verdeckte Ermittlungen geschaffen.[1017]

Allerdings stossen Verdeckte Ermittler häufig an ihre Grenzen. Im Gegensatz zu „echten" Kriminellen müssen sich Verdeckte Ermittler an eine Vielzahl von Regeln halten. Dies kann insofern problematisch sein, als Verdeckte Ermittler damit verhältnismässig leicht zu enttarnen sind. Zwar sind in manchen Ländern Probekäufe gestattet, um die wirtschaftliche Leistungsfähigkeit zu beweisen. Andere Straftaten sind jedoch nicht erlaubt. Ein geschickter Täter kann einen Verdeckten Ermittler also enttarnen, indem er ihn zu einer anderen gemeinsamen Straftat anstiftet. Falls der Verdeckte Ermittler nach Ausreden suchen sollte, warum er die Tat nicht begehen möchte, könnte der Täter Verdacht schöpfen.

Folglich könnte man argumentieren, dass unter bestimmten Umständen eine Ausweitung der Befugnisse der Verdeckten Ermittler sinnvoll sein könnte. Beispielsweise wäre es schade, wenn vielversprechende Ermittlungen gegen Terrorismusfinanzierer ergebnislos bleiben würden, weil es den Tätern gelungen ist, den Verdeckten Ermittler zu enttarnen. Gerade im Kontext der Bekämpfung der Terrorismusfinanzierung ist es wichtig, Vertrauen aufzubauen und „Keuschheitsproben" zu überstehen.[1018] Es stellt sich also die Frage, ob es zulässig sein

---

1014 Webster et al., 2006: S. 225 f.
1015 Miller, 1987: S. 34.
1016 Marx, 1987: S. 172.
1017 Marx, 1980: S. 399 f.; Marx, 1982: S. 165 f.
1018 Spalek & O'Rawe, 2014: S. 150 f.

kann, gegen das Gesetz zu verstossen, um Kriminalität zu bekämpfen.[1019] Während es in den USA möglich ist, dass Verdeckte Ermittler Straftaten begehen, ist dies in den vorliegend untersuchten Ländern in Europa, abgesehen von im Gesetz geregelten Ausnahmefällen, verboten.[1020]

In diesem Zusammenhang darf auch nicht in Vergessenheit geraten, dass es schwierig ist, Verdeckte Ermittler zu rekrutieren und in bestimmte Strukturen einzuschleusen. Umso wichtiger ist es, die Arbeit dieser Ermittler nicht zu gefährden und ihre Tarnung zu optimieren, dies insbesondere auch wegen des hohen persönlichen Einsatzes der Ermittler, welche letztendlich Leib und Leben riskieren.

Gleichzeitig stellt sich jedoch die Frage, ob es sinnvoll ist, Verdeckten Ermittlern das Privileg zu gewähren, im Namen des Staates Straftaten begehen zu dürfen. Schliesslich besteht hier ein erhebliches Missbrauchspotential.[1021] Verdeckte Ermittler könnten Straftaten begehen und sich bei deren Entdeckung jeweils darauf berufen, dass diese Taten zwingend notwendig waren, um die Tarnung nicht zu gefährden. Im schlimmsten Fall könnten Verdeckte Ermittler ihre Tätigkeit bei der Polizei als Tarnung nutzen. Dabei entstehen letztendlich erhebliche Risiken.[1022] Somit sind strikte Regeln erforderlich.[1023] Schliesslich ist davon auszugehen, dass auch Verdeckte Ermittler korrupt sein könnten.[1024] Somit wird häufig diskutiert, ob es sich bei Verdeckten Ermittlungen lediglich um kreative Polizeiarbeit oder um eine Gefährdung der Grundrechte handelt.[1025]

Im vorliegenden Unterkapitel wird zunächst die Rechtslage zur Verdeckten Ermittlung betrachtet. Im Unterschied zu den Ausführungen zu Onlinedurchsuchungen wird jedoch davon Abstand genommen, eine vollständig neue Regelung einzuführen. Vielmehr geht es um eine punktuelle Erweiterung der Befugnisse der Verdeckten Ermittler. Somit werden nur die für diesen Teilaspekt wesentlichen Bestimmungen im Detail diskutiert. Um jedoch eine Grundlage für die Diskussion zu schaffen, werden die Rechtsgrundlagen für die Verdeckte Ermittlung in der Schweiz gesamthaft betrachtet. Anschliessend werden konkrete Vorschläge für gesetzgeberische Massnahmen erarbeitet und erläutert.

1019 Joh, 2009: S. 155 f.

1020 Ross, 2007: S. 493; Ross, 2008: S. 239 f.; Roberts, 2000: S. 263 f.

1021 Wachtel, 1992: S. 137 f.

1022 Brodeur, 1992: S. 105 f.

1023 Hamilton & Smykla, 1994: S. 135 f.; Dix, 1974: S. 203 f.

1024 Girodo, 1991: S. 361.

1025 Marx, 1977: S. 34 f.; Hirsch, 2000: S. 1282; Lundy, 1968: S. 634.

5.2.1. Schweiz

5.2.1.1. Schweiz – Ausgangssituation

In der Schweiz wird zwischen Verdeckter Ermittlung und Verdeckter Fahndung unterschieden. Verdeckte Ermittler knüpfen durch täuschendes Verhalten Kontakt zu Personen im kriminellen Milieu und bauen ein Vertrauensverhältnis auf, um besonders schwerwiegende Straftaten aufzuklären.[1026] Die für eine Verdeckte Ermittlung erforderlichen Voraussetzungen werden in Art. 285a ff. CH-StPO geregelt.

Die Verdeckte Ermittlung ist letztendlich eine Zwangsmassnahme, welche einer gesetzlichen Grundlage bedarf. Sie stellt einen erheblichen Eingriff in die Privatsphäre sowie in die persönliche Freiheit der betroffenen Person dar. Die Verdeckte Ermittlung ist in Art. 285a–298 CH-StPO geregelt.[1027] Verdeckte Ermittlungen sind in der Schweiz sehr selten.[1028] Genaue Statistiken gibt es aus ermittlungstaktischen Gründen nicht. Zudem gilt es stets die von Art. 140 CH-StPO gesetzten Grenzen zu beachten, wonach Täuschungen in jedem Fall als unzulässige Beweiserhebungsmethode zu betrachten sind.[1029]

Die Verdeckte Ermittlung ist von der Verdeckten Fahndung zu unterscheiden, welche seit dem 01.05.2013 in den Art. 298a–d CH-StPO geregelt ist.[1030] Im Rahmen von Verdeckten Fahndungen werden kürzere Einsätze durch Polizeibeamte durchgeführt, ohne dass deren wahre Identität und Funktion erkennbar sind.[1031] Für die Abgrenzung der Verdeckten Ermittlung von der Verdeckten Fahndung gibt es verschiedene Kriterien.

Die Abgrenzung der Verdeckten Ermittlung von der Verdeckten Fahndung erfolgt einerseits mit dem Erfordernis der Legendenausstattung.[1032] Die Legende hilft dem Verdeckten Ermittler, die Zielpersonen über seine wahren Absichten zu täuschen.[1033] Diese falsche Identität kann mit Urkunden abgesichert werden und soll die Kontaktaufnahme zur Zielperson erleichtern. Dabei steht unter anderem der Aufbau eines Vertrauensverhältnisses im Vordergrund.[1034] Somit

---

1026 Hansjakob, 2014: S. 1682.
1027 Knodel, 2014: Art. 285a, Rz. 1
1028 Hansjakob, 2014: S. 1683.
1029 Leuzinger, 2014: S. 168.
1030 Knodel, 2014: Art. 285a, Rz. 3.
1031 Hansjakob, 2014: S. 1680.
1032 Knodel, 2014: Art. 285a, Rz. 5
1033 Hansjakob, 2014: S. 1682.
1034 Riklin, 2014: S. 486.

dient auch die Absicherung der Legenden durch Urkunden als Abgrenzungsmerkmal gegenüber der Verdeckten Fahndung.[1035]

Der Aufbau dieses Vertrauensverhältnisses ist meist zeitintensiv und bringt in vielen Fällen eine gewisse Dauer der Verdeckten Ermittlung mit sich.[1036] Auch dies kann als Abgrenzungskriterium dienen. Bei Verdeckten Fahndungen handelt es sich meist um kürzere Einsätze; bei Verdeckten Ermittlungen ist häufig eine langfristige Vorgehensweise notwendig.

Die Abgrenzung basiert ferner auch auf der Person des Verdeckten Ermittlers. Während für Verdeckte Fahnder nur Polizeiangehörige in Frage kommen, können als Verdeckte Ermittler auch vorübergehend für polizeiliche Aufgaben angestellte Personen agieren.[1037]

Verdeckte Ermittlung wird in Art. 285a CH-StPO wie folgt definiert:

> *„Verdeckte Ermittlung liegt vor, wenn Angehörige der Polizei oder Personen, die vorübergehend für polizeiliche Aufgaben angestellt sind, unter Verwendung einer durch Urkunden abgesicherten falschen Identität (Legende) durch täuschendes Verhalten zu Personen Kontakte knüpfen mit dem Ziel, ein Vertrauensverhältnis aufzubauen und in ein kriminelles Umfeld einzudringen, um besonders schwere Straftaten aufzuklären.“*[1038]

Die Definition der Verdeckten Ermittlung hebt neben der Tatsache, dass sowohl Polizeiangehörige als auch Personen, denen lediglich vorübergehend polizeiliche Aufgaben zukommen, eingesetzt werden können, vor allem die Ausstattung des Verdeckten Ermittlers mit einer Legende hervor.

Insbesondere der Aufbau eines Vertrauensverhältnisses stellt jedoch eine Herausforderung für Verdeckte Ermittler dar. In diesem Zusammenhang muss häufig über Straftaten gesprochen werden. Der Verdeckte Ermittler muss sich unter Umständen sogar zum Schein an Straftaten beteiligen.[1039] Die Verdeckte Ermittlung ist somit nahezu zwangsläufig mit einer gewissen Täuschungsintensität verbunden.

Im Unterschied zu Zielpersonen von Verdeckten Fahndungen, welche mit beliebigen Personen kriminelle Geschäfte abschliessen, neigen Zielpersonen der Verdeckten Ermittlung dazu, ihr delinquentes Verhalten nur mit Personen zu teilen, welche gewisse Zugangsbarrieren überwunden haben.[1040] Dies ist insofern

---

1035 Hansjakob, 2014: S. 1682.

1036 Knodel, 2014: Art. 285a, Rz. 11.

1037 Knodel, 2014: Art. 285a, Rz. 6.

1038 Art. 285a CH-StPO.

1039 Hansjakob, 2014: S. 1683.

1040 Knodel, 2014: Art. 285a CH-StPO, Rz. 12.

plausibel nachvollziehbar, als bei leicht zugänglichen Personen eine Verdeckte Fahndung ausreichend wäre und somit von einer Verdeckten Ermittlung abgesehen werden könnte.

Geschickte Zielpersonen stellen neue Personen in ihrem Umfeld zunächst auf die Probe. Dabei bitten sie die neuen Personen, Straftaten zu begehen. Da es Verdeckten Ermittlern nicht gestattet ist, Straftaten auszuführen, ist es Tätern möglich, die Vertrauenswürdigkeit ihrer neuen Kontakte zu testen. Beispielsweise könnten geschickte Täter neue Personen bitten, kleinere Straftaten für sie zu begehen. Wer sich in solchen Fällen konsequent weigert, muss nicht zwangsläufig ein Verdeckter Ermittler sein. Trotzdem könnten Täter dies als Indiz für mangelnde Vertrauenswürdigkeit betrachten. Bevor auf diesen Aspekt näher eingegangen werden kann, müssen zunächst die gesetzlichen Grundlagen für Verdeckte Ermittlungen dargelegt werden.

Die Voraussetzungen für die Verdeckte Ermittlung orientieren sich an den Formulierungen des Art. 269 CH-StPO. Insbesondere ist gemäss Art. 269 Abs. 1–3 CH-StPO für den Einsatz einer Verdeckten Ermittlung der Verdacht auf eine gravierende Straftat erforderlich. Die in Frage kommenden Straftaten sind im Deliktskatalog abschliessend aufgeführt.[1041] Die Finanzierung des Terrorismus im Sinne von Art. 260^{quinquies} CH-StPO ist eine Katalogtat.

Die Anordnung der Verdeckten Ermittlung setzt zwar eine Katalogtat voraus, womit verhältnismässig hohe Anforderungen gestellt werden.[1042] Gemäss Art. 286 StPO ist jedoch lediglich ein einfacher Tatverdacht erforderlich. Das heisst, dass zwar ein Verdacht gegen die Zielperson bestehen muss, aber die Schwelle tiefer als bei Art. 269 CH-StPO liegt. Zudem ist eine Verdeckte Ermittlung auch ohne personenbezogenen Verdacht denkbar.[1043]

Die Tatsache, dass lediglich ein hinreichender und kein dringender Tatverdacht erforderlich ist, ergibt sich bereits daraus, dass die Verdeckte Ermittlung als strafprozessuale Zwangsmassnahme zu betrachten ist. Selbige setzt gemäss Art. 197 Abs. 1 lit. b CH-StPO stets einen hinreichenden Tatverdacht voraus. Andernfalls wäre ihre Anordnung unverhältnismässig und somit unzulässig.[1044] Gemäss Art. 286 CH-StPO ist jedoch kein dringender Verdacht erforderlich.[1045]

Dies ist vor allem deshalb beachtenswert, da die Verdeckte Ermittlung einen schwereren Eingriff als die Überwachung des Post- und Fernmeldeverkehrs, für

---

1041 Riklin, 2014: S. 487.

1042 Hansjakob, 2014: S. 1687.

1043 Riklin, 2014: S. 488.

1044 Knodel, 2014: Art. 486, Rz. 14.

1045 Hansjakob, 2014: S. 1687.

welche ein dringender Tatverdacht gefordert wird, darstellt. Dies wird jedoch zumindest teilweise dadurch kompensiert, dass der Deliktskatalog der Verdeckten Ermittlung weniger umfassend ist als jener der Überwachung des Post- und Fernmeldeverkehrs.[1046]

Auch darf aus praktischen Gründen nicht in Vergessenheit geraten, dass der Verdeckte Ermittler unter Umständen mit Personen in Kontakt treten wird, gegen welche kein Verdacht besteht.[1047] Dies ist im Rahmen der Schaffung des Vertrauensverhältnisses nahezu unvermeidbar. Somit wird auch die Privat- und Geheimnissphäre dieser Personen berührt.

Darüber hinaus ist aufgrund der Schwere des Eingriffs der Verdeckten Ermittlung nicht leichtfertig von einem hinreichenden Tatverdacht auszugehen. In diesem Zusammenhang muss insbesondere angemerkt werden, dass die Verdeckte Ermittlung nicht ausschliesslich zur Prävention eingesetzt werden darf. Allerdings ist dieses Argument im gleichen Atemzug zu relativieren. Verdeckte Ermittlungen haben letztendlich immer präventive Effekte. Schliesslich ist es kaum vorstellbar, dass ein Verdeckter Ermittler sehenden Auges zulassen würde, dass ein Täter eine schwere Straftat begeht und erst anschliessend verhaftet wird.[1048]

Dies ist insbesondere für die Bekämpfung der Terrorismusfinanzierung relevant. Die Verdeckte Ermittlung erfüllt hier letztendlich eine Doppelfunktion. Einerseits hilft sie, Beweise gegen Terrorismusfinanzierer zu sammeln; andererseits kann ihre Anwesenheit im kriminellen Umfeld dafür sorgen, dass Ermittlungsbehörden frühzeitig von zu finanzierenden Attentaten erfahren und selbige verhindern können. Dabei handelt es sich letztendlich um einen positiven Nebeneffekt der Verdeckten Ermittlung.

Es bleibt jedoch hervorzuheben, dass eine präventive Kontaktaufnahme mit der Zielperson aus rechtsstaatlicher Sicht abzulehnen ist,[1049] weil Art. 1 CH-StPO die Verfolgung und Beurteilung von Straftaten umfasst, aber nicht den Einsatz von Zwangsmassnahmen zur Gefahrenabwehr rechtfertigt. Daher sind in diesen Fällen die kantonalen Polizeigesetze anwendbar.[1050]

1046 Knodel, 2014: Art. 286, Rz. 15.

1047 Hansjakob, 2014: S. 1688.

1048 Knodel, 2014: Art. 286, Rz. 16.

1049 Hansjakob, 2014: S. 1687.

1050 Knodel, 2014: Art. 286, Rz. 17a.

Gemäss Art. 286 Abs. 1 lit. b CH-StPO ist zusätzlich eine gewisse Schwere der Straftat erforderlich. Das heisst, es muss sich um eine Katalogtat handeln, welche im konkreten Einzelfall als schwerwiegend beurteilt werden kann. Dies insbesondere im Hinblick auf die Verhältnismässigkeit. Somit genügt es nicht, dass lediglich eine Katalogtat vorliegt. Letztendlich sind die Rechtsgutverletzung sowie die Intensität des Vorsatzes des Täters massgebend.[1051]

In Art. 286 Abs. 1 lit. c CH-StPO werden ferner die Verhältnismässigkeit und die Subsidiarität angesprochen. Das bedeutet, dass die bisherigen Ermittlungen ergebnislos geblieben oder aussichtslos bzw. unverhältnismässig erschwert sein müssten.[1052] Andernfalls ist die Anordnung einer Verdeckten Ermittlung nicht zulässig.[1053] Das heisst, dass vor dem Einsatz der Verdeckten Ermittlung geprüft werden muss, ob das gleiche Ziel nicht mit milderen Mitteln erreicht werden könnte.[1054] Dies ist etwa dann der Fall, wenn Überwachungsmassnahmen nicht zum gewünschten Ergebnis führen, weil sich die Zielpersonen sehr vorsichtig verhalten.[1055]

Bei der Terrorismusfinanzierung dürfte die Verhältnismässigkeit in der Regel gegeben sein. Schliesslich geht es darum, die Finanzierung von terroristischen Aktivitäten, welche eine Gefahr für Leib und Leben zahlreicher Menschen darstellt, zu verhindern. Der Schutz dieser Leben dürfte in den meisten Fällen schwerer wiegen als die Privat- und Geheimnissphäre der Beschuldigten.

Auch die Subsidiarität dürfte in den meisten Fällen der Bekämpfung der Terrorismusfinanzierung kein Problem darstellen. In der empirischen Untersuchung wurde aufgezeigt, wie geschickt Täter vorgehen (können). Es ist kaum realistisch anzunehmen, dass sich diese Personen mit banalen Telefonüberwachungen erwischen lassen.

In Art. 287 CH-StPO werden die Anforderungen an die eingesetzten Personen erläutert. Insbesondere bedarf der Einsatz von Personen, welche nicht über eine polizeiliche Ausbildung verfügen, gemäss Art. 289 Abs. 4 lit. c CH-StPO der Genehmigung durch das Zwangsmassnahmengericht.[1056] In jedem Fall ist also ein Arbeitsverhältnis erforderlich.[1057] Alternativ könnte man zwar auch einfache

1051 Knodel, 2014: Art. 286, Rz. 19 f.

1052 Hansjakob, 2014: S. 1688.

1053 Riklin, 2014: S. 488.

1054 Knodel, 2014: Art. 286, Rz. 22.

1055 Hansjakob, 2014: S. 1688.

1056 Riklin, 2014: S. 488.

1057 Knodel, 2014: Art. 287, Rz. 1.

Aufträge in Erwägung ziehen.[1058] Dies würde jedoch aufgrund der jederzeitigen Kündbarkeit zu einer grossen Gefahr eines Seitenwechsels führen.

Dieses Arbeitsverhältnis hat den Vorteil, dass der Verdeckte Ermittler einerseits an die Polizei gebunden wird und andererseits einen festen Lohn erhält.[1059] Dies führt dazu, dass Verdeckte Ermittler wirtschaftlich unabhängig und somit schwerer von Kriminellen zu beeinflussen sind. Als Führungspersonen kommen daher ausschliesslich Angehörige eines Polizeikorps in Frage.[1060]

Gemäss Art. 288 CH-StPO werden Verdeckte Ermittler mit einer Legende ausgestattet. Insbesondere werden in Art. 288 Abs. 1 und 2 CH-StPO die Voraussetzungen für die Fälschung von Urkunden und Zusicherungen ausgeführt.[1061] In vielen Fällen findet zunächst eine Vorlegendierung statt.[1062]

Ferner gilt es hervorzuheben, dass für die Zusicherung der Anonymität des Verdeckten Ermittlers konkrete Anhaltspunkte für die Gefährdung der geistigen oder körperlichen Integrität vorliegen müssen, da sichergestellt werden muss, dass die Anonymität erforderlich ist und nicht aus einer Ablehnung des Polizeikorps gegenüber einer Überprüfung der Ermittlungsarbeit resultiert.[1063]

Der Gesetzgeber hat darauf verzichtet, Delikte aufzuzählen, welche zulässig sind, damit keine „Keuschheitsproben" ausserhalb dieses Deliktskatalogs von Verdeckten Ermittlern verlangt werden können. Daher ist ein Strafverfahren zu führen, wenn ein Verdeckter Ermittler eine Straftat begeht.[1064]

Besonders relevant für die Zwecke der vorliegenden Arbeit ist jedoch Art. 288 Abs. 3 CH-StPO, welcher die Frage regelt, unter welcher Identität sich Verdeckte Ermittler für allfällige Straftaten zu verantworten haben.[1065] Schliesslich ist es dem Verdeckten Ermittler grundsätzlich untersagt, Straftaten zu begehen oder daran teilzunehmen. Der Verdeckte Ermittler soll sich zwar milieukonform verhalten, aber selbst geringfügige Straftaten sind ihm nicht gestattet.[1066]

Falls die Grenzen von Art. 293 CH-StPO überschritten werden, entscheidet das Zwangsmassnahmengericht, unter welcher Identität sich der Verdeckte Ermittler zu verantworten hat.[1067] Zudem hält Art. 317bis CH-StGB fest, dass

1058 Hansjakob, 2014: S. 1691.
1059 Knodel, 2014: Art. 288, Rz. 2.
1060 Hansjakob, 2014: S. 1692.
1061 Art. 288 StPO.
1062 Hansjakob, 2014: S. 1695.
1063 Knodel, 2014: Art. 288, Rz. 5 f.
1064 Hansjakob, 2014: S. 1696.
1065 Riklin, 2014: S. 489.
1066 Hansjakob, 2014: S. 1696.
1067 Knodel, 2014: Art. 288, Rz. 24 f.

sich der Verdeckte Ermittler nicht nach den Artikeln 251, 252, 255 und 317 CH-StGB zu verantworten hat.[1068]

Diese auf den ersten Blick banal erscheinende Frage hat durchaus weitreichende Konsequenzen. Man denke hierbei beispielsweise an die Festsetzung des Tagessatzes oder den Strafregistereintrag.[1069] Allerdings darf auch die Preisgabe der Identität des Verdeckten Ermittlers im Strafverfahren nicht unterschätzt werden. Damit wird letztendlich riskiert, dass ein Verdeckter Ermittler, welcher zur Klärung einer Straftat deliktisch gehandelt hat, in Gefahr gerät.

Daher ist es Verdeckten Ermittlern in der Praxis nicht möglich, deliktisch zu handeln, ohne schwerwiegende Konsequenzen befürchten zu müssen. Es muss jedoch berücksichtigt werden, dass diese Verfahren in der Regel mit einem Strafbefehl abgeschlossen werden können. Deshalb spielt das Prinzip der Öffentlichkeit faktisch keine grosse Rolle.[1070]

Das Genehmigungsverfahren für die Verdeckte Ermittlung ist in Art. 289 CH-StPO geregelt und ist mit jenem der Überwachung des Post- und Fernmeldeverkehrs, welches sich nach Art. 274 CH-StPO richtet, vergleichbar. Die Verdeckte Ermittlung wird von der Staatsanwaltschaft angewendet und vom Zwangsmassnahmengericht genehmigt. Die Genehmigung ist innert 24 Stunden zu beantragen.

Bei der 24-Stunden-Frist handelt es sich jedoch lediglich um eine Ordnungsvorschrift.[1071] Das Zwangsmassnahmengericht entscheidet innert fünf Tagen. Die Beschwerdeinstanz dient als Rechtsmittelinstanz.[1072] Die Genehmigung ist von zentraler Bedeutung für die Verwertbarkeit der Beweise. Im Fall der Nichtgenehmigung sind die Beweise nicht verwertbar.[1073]

In der Anordnung wird unter anderem auf die Dauer des Einsatzes, die einzusetzenden Ermittler und die Zusicherung der Anonymität eingegangen.[1074] Zudem hat die Begründung neben einer Zusammenfassung des Sachverhalts auch eine Erläuterung des hinreichenden Tatverdachts sowie des Zwecks der Massnahmen und der Notwendigkeit der Anonymität zu enthalten.[1075] Die Anordnung erfolgt schriftlich.[1076]

1068 Art. 317bis StGB.
1069 Knodel, 2014: Art. 288, Rz. 26 f.
1070 Hansjakob, 2014: S. 1697.
1071 Knodel, 2014: Art. 289, Rz. 3.
1072 Riklin, 2014: S. 490 f.
1073 BGE 134 IV 266, E. 5.3.
1074 Hansjakob, 2014: S. 1700.
1075 Riklin, 2014: S. 491.
1076 Knodel, 2014: Art. 289, Rz. 4.

Aus praktischer Sicht ist hauptsächlich Art. 290 CH-StPO von grosser Bedeutung. Selbiger regelt die Instruktion des Verdeckten Ermittlers und der Führungsperson durch die Staatsanwaltschaft vor dem Einsatz. Diese aus rechtsstaatlicher Sicht sinnvolle Instruktion bezieht sich auf die Rechtslage bei Verdeckten Ermittlungen.[1077] Verlangt wird ein direkter Kontakt zwischen diesen Personen. Die Instruktion für die konkrete Situation geschieht hingegen durch die Führungsperson.[1078] Sie hat vor Beginn des Einsatzes zu erfolgen.[1079] In jedem Fall sollte die Instruktion durch die Staatsanwaltschaft schriftlich abgegeben und von der Führungsperson und dem Verdeckten Ermittler unterzeichnet werden.[1080]

Die Rolle der Führungsperson wird in Art. 291 CH-StPO geregelt. Die Führungsperson ist deshalb so wichtig, weil sie dem Verdeckten Ermittler während des Einsatzes Weisungen erteilt und der einzige Ansprechpartner ist. Sie instruiert den verdeckten Ermittler, leitet und betreut den Einsatz, führt Risikoanalysen durch und dokumentiert gewonnene Erkenntnisse in den Akten.[1081]

Die Rolle der Führungsperson ist auch deshalb so wichtig, weil der Dienstweg während des Einsatzes stets über die Führungsperson läuft und in der Regel kein direkter Kontakt zur Staatsanwaltschaft vorgesehen ist.[1082] Die Führungsperson ist gegenüber dem Verdeckten Ermittler weisungsbefugt. Folglich muss die Führungsperson kompetent und mit dem Einsatzgebiet des Verdeckten Ermittlers vertraut sein.[1083]

Folglich wird von Führungspersonen erwartet, dass sie über gewisse Fähigkeiten und Eigenschaften verfügen. Führungspersonen sollten eine international standardisierte Ausbildung haben, um grenzüberschreitende Einsätze zu vereinfachen.[1084] Daher handelt es sich bei Führungspersonen meist um speziell für diese Aufgabe geschulte Polizeikräfte.[1085] Selbige müssen sowohl über die nötige fachliche Kompetenz als auch über eine ausgeprägte Form der Integrität verfügen. Sie müssen ferner in der Lage sein, Risiken und Ziele zu beurteilen.[1086]

1077 Hansjakob, 2008: S. 113.
1078 Riklin, 2014: S. 492.
1079 Hansjakob, 2014: S. 1708.
1080 Knodel, 2014: Art. 290, Rz. 3.
1081 Hansjakob, 2014: S. 1712.
1082 Riklin, 2014: S. 492.
1083 Knodel, 2014: Art. 291, Rz. 1.
1084 Hansjakob, 2014: S. 1711.
1085 Knodel, 2014: Art. 291, Rz. 2.
1086 Hansjakob, 2014: S. 1712.

Zudem ist es sinnvoll, jeweils lediglich eine Führungsperson zu bestimmen, um Kommunikationsprobleme zu vermeiden. Ferner müssen Kompetenzen klar abgegrenzt sein.[1087] Andernfalls könnte es zu Missverständnissen mit potentiell gravierenden Folgen kommen. Man denke hier beispielsweise an Auskünfte zu Kompetenzen und Befugnissen im Einzelfall. Selbige hat nämlich die Führungsperson zu erteilen.[1088]

Die Aufgaben der Führungsperson sind ausserordentlich vielseitig. Einerseits instruiert sie den Verdeckten Ermittler über seinen konkreten Auftrag und seine Befugnisse; andererseits betreut sie ihn auch während des Einsatzes. Des Weiteren dokumentiert sie die Erkenntnisse des Verdeckten Ermittlers.[1089] Ferner leitet sie die Erkenntnisse des Verdeckten Ermittlers an die Staatsanwaltschaft weiter.[1090]

Sollte man die Befugnisse der Verdeckten Ermittler erweitern, ist der Kommunikationsweg der beteiligten Personen von grosser Bedeutung. In diesem Zusammenhang muss auch Art. 292 CH-StPO, welcher vorsieht, dass Verdeckte Ermittler der Führungsperson kontinuierlich und vollständig berichten, beachtet werden.[1091] Die Verdeckten Ermittler haben ihre Aufgaben loyal zu erfüllen. Sie sind gegenüber der Führungsperson weisungsgebunden.[1092]

Im Mittelpunkt der vorliegenden Arbeit steht Art. 293 CH-StPO, welcher das Mass der zulässigen Einwirkung regelt. Da selbiger von grundlegender Bedeutung für die nachfolgenden Ausführungen ist, wird er wörtlich dargestellt:

> *„1. Verdeckte Ermittlerinnen und Ermittler dürfen keine allgemeine Tatbereitschaft wecken und die Tatbereitschaft nicht auf schwerere Straftaten lenken. Sie haben sich auf die Konkretisierung eines vorhandenen Tatentschlusses zu beschränken.*
> *2. Ihre Tätigkeit darf für den Entschluss zu einer konkreten Straftat nur von untergeordneter Bedeutung sein.*
> *3. Wenn erforderlich dürfen sie zur Anbahnung des Hauptgeschäftes Probekäufe tätigen oder ihre wirtschaftliche Leistungsfähigkeit dokumentieren.*
> *4. Überschreitet eine Verdeckte Ermittlerin oder ein Verdeckter Ermittler das Mass der zulässigen Einwirkung, so ist dies bei der Zumessung der Strafe für die beeinflusste Person gebührend zu berücksichtigen, oder es ist von einer Strafe abzusehen.“*[1093]

1087 Knodel, 2014: Art. 291, Rz. 3.
1088 Hansjakob, 2014: S. 1712.
1089 Knodel, 2014: Art. 291, Rz. 6 f.
1090 Hansjakob, 2014: S. 1713.
1091 Art. 292 StPO.
1092 Knodel, 2014: Art. 292, Rz. 1 f.
1093 Art. 293 StPO.

Insbesondere sollen Verdeckte Ermittler Beobachtungen melden. Allerdings ist es ihnen untersagt, selbst Straftaten zu begehen oder zu Straftaten anzustiften. Es besteht also ein Verbot der Tatprovokation.[1094] Von diesem Verbot ausgenommen sind Art. 293 Abs. 3 und 4 CH-StPO, wonach Taten, welche als Probekäufe betrachtet werden können oder der Dokumentation der wirtschaftlichen Leistungsfähigkeit dienen, gestattet sind. Andere Taten sind jedoch verboten.[1095] Dieses Verbot ist von grundlegender Bedeutung für die Einhaltung von rechtsstaatlichen Grundsätzen.[1096]

Sinnvollerweise ist es Verdeckten Ermittlern nicht gestattet, eine allgemeine Tatbereitschaft zu wecken oder selbige auf schwere Straftaten zu lenken.[1097] Verdeckte Ermittler haben sich auf die Konkretisierung von bereits vorhandenen Tatentschlüssen zu beschränken. Im Speziellen darf ein Verdeckter Ermittler nicht als Agent Provocateur agieren und den Täter zu Straftaten provozieren. Dies wäre letztendlich unverhältnismässig und ein Verstoss gegen den Grundsatz eines fairen Verfahrens.[1098] Erlaubt ist lediglich eine Konkretisierung eines Tatentschlusses.[1099]

Indes muss es Verdeckten Ermittlern gestattet sein, sich rollenadäquat zu verhalten.[1100] Aus der Tatsache, dass Verdeckte Ermittler keine Straftaten begehen dürfen, ergeben sich mehrere Fragen. Einerseits gelingt es geschickten Tätern unter Umständen, Verdeckte Ermittler anhand der ihnen gesetzlich vorgeschriebenen Verhaltensweisen zu identifizieren. Andererseits stellt sich aber auch die Frage nach der Verwertbarkeit der dank der Straftat erlangten Beweise und der strafrechtlichen Verantwortlichkeit des Verdeckten Ermittlers.[1101] Dabei sind stets allfällige Rechtfertigungsgründe zu berücksichtigen.[1102]

Ein gewagter Rechtfertigungsgrund wäre ein rechtfertigender Notstand im Sinne von Art. 17 CH-StGB. Selbiger lautet wie folgt:

1094 Knodel, 2014: Art. 293, Rz. 1.
1095 Riklin, 2014: S. 493.
1096 Knodel, 2014: Art. 293, Rz. 1.
1097 Hansjakob, 2014: S. 1720.
1098 Knodel, 2014: Art. 293, Rz. 2 f.
1099 Hansjakob, 2014: S. 1722.
1100 Knodel, 2014: Art. 293, Rz. 5.
1101 Riklin, 2014: S. 494.
1102 Knodel, 2014: Art. 293, Rz. 15.

> *„Wer eine mit Strafe bedrohte Tat begeht, um ein eigenes oder das Rechtsgut einer anderen Person aus einer unmittelbaren, nicht anders abwendbaren Gefahr zu retten, handelt rechtmässig, wenn er dadurch höherwertige Interessen wahrt."*[1103]

Grundsätzlich könnte es also als zulässig betrachtet werden, kleinere Straftaten zu begehen, um Terroranschläge zu verhindern. Allerdings dürfte sich hierbei in der Praxis regelmässig die Frage der Unmittelbarkeit stellen. In vielen Fällen sind Straftaten notwendig, um in ein Milieu einzudringen. Sobald der Verdeckte Ermittler im Milieu etabliert ist, gelingt es ihm unter Umständen Straftaten zu verhindern. Dies ist jedoch aus mehrerlei Hinsicht problematisch.

Einerseits ist zum Zeitpunkt des Begehens der kleineren Straftat in vielen Fällen lediglich eine abstrakte Gefahr gegeben. Das heisst, der Verdeckte Ermittler kann zum Zeitpunkt des Erfüllens kleinerer Tatbestände gar nicht wissen, welche Taten er konkret verhindern möchte.

Andererseits ist die präventive Ermittlung, also der Einsatz von Verdeckten Ermittlern zur Verhinderung von Straftaten, unzulässig. Derartige Entdeckungen können höchstens als Nebenprodukt anderer Ermittlungen betrachtet werden. Eine Rechtfertigung von Straftaten gestützt auf Art. 17 CH-StGB dürfte somit wenig zielführend sein.

Mehr Rechtssicherheit offeriert Art. 294 CH-StPO. Für die Verdeckte Ermittlung im Rahmen der Verfolgung von Delikten gegen das Betäubungsmittelgesetz gibt es in Art. 294 StPO bereits eine Befreiung von der Strafbarkeit. Die Art. 19–22 des Betäubungsmittelgesetzes vom 3. Oktober 1951 (BetmG) finden in diesen Fällen keine Anwendung für Verdeckte Ermittler, sofern die Verdeckte Ermittlung genehmigt wurde.[1104]

Die Voraussetzung hierfür ist neben einer genehmigten Verdeckten Ermittlung zur Verfolgung der Betäubungsmittelkriminalität vor allem auch, dass die Instruktionen der Staatsanwaltschaft und der Führungsperson eingehalten werden. Im Fall von instruktionswidrig begangenen Straftaten fällt der Rechtfertigungsgrund von Art. 294 CH-StPO dahin.[1105] Zudem können sich Verdeckte Ermittler nur auf Art. 294 CH-StPO berufen, sofern sie im Rahmen ihres Einsatzes tätig sind.[1106]

Schliesslich soll Art. 294 nicht ermöglichen, dass Verdeckte Ermittler straffrei Betäubungsmittelgeschäfte auf eigene Rechnung durchführen können. Wenn

---

1103 Art. 17 StGB.
1104 Riklin, 2014: S. 494.
1105 Knodel, 2014: Art. 294, Rz. 3 f.
1106 Hansjakob, 2014: S. 1726.

man Verdeckten Ermittlern pauschal den Handel mit Betäubungsmitteln erlauben würde, könnten sich lukrative Nebentätigkeiten entwickeln. Die Regelung betreffend die Betäubungsmitteldelikte ist jedoch für die Bekämpfung der Terrorismusfinanzierung wenig hilfreich.

Eine ähnliche Regelung findet sich auch in Art. 295 CH-StPO. Namentlich ist dort vorgesehen, dass die Nationalbank Verdeckten Ermittlern auf Antrag der Staatsanwaltschaft grössere Summen Vorzeigegeld zur Verfügung stellt.[1107] Bei Verlust haftet der Kanton oder der Bund. In keinem Fall kann verlorenes Vorzeigegeld zu den Verfahrenskosten gerechnet werden.[1108] Folglich ist es wichtig, dass entsprechende Schutzmassnahmen getroffen werden, um den Verlust des Geldes zu verhindern.

Art. 295 CH-StPO dürfte jedoch im Bereich der Bekämpfung der Terrorismusfinanzierung bisher kaum Anwendung finden. Vernünftigerweise ist davon auszugehen, dass Art. 295 CH-StPO derzeit primär im Bereich der Betäubungsmitteldelikte und allenfalls im Zusammenhang mit der Geldwäscherei angewandt wird. Unter Umständen wäre dieser Artikel jedoch auch im Bereich der Bekämpfung der Terrorismusfinanzierung hilfreich. Dabei ist jedoch mit besonderer Vorsicht vorzugehen. Der Verlust des Geldes könnte letztendlich zur Finanzierung von Terroranschlägen beitragen.

Auf die Art. 296–298 CH-StPO wird vorliegend nur summarisch eingegangen, da sie für die anschliessende Argumentation zur Erweiterung der Befugnisse Verdeckter Ermittler nur von eingeschränkter Bedeutung sind. In Art. 296 ist der Umgang mit Zufallsfunden geregelt, welche nur verwendet werden dürfen, wenn zur Ermittlung der entdeckten Straftat eine Verdeckte Ermittlung angeordnet werden dürfte.[1109] Hier gelten ähnliche Regelungen wie in Art. 278 CH-StPO.[1110]

In Art. 297 CH-StPO wird die Beendigung des Einsatzes geregelt. Diese hat namentlich dann zu erfolgen, wenn die Voraussetzungen nicht mehr erfüllt sind, die Genehmigung oder deren Verlängerung nicht erfolgt oder der Verdeckte Ermittler bzw. seine Führungsperson Anweisungen oder Pflichten missachtet.[1111] Auch in diesem Fall gilt praktisch die Regelung des Post- und Fernmeldeverkehrs, welche in Art. 275 CH-StPO zu finden ist.[1112]

1107 Riklin, 2014: S. 495.

1108 Knodel, 2014: Art. 295, Rz. 8 f.

1109 Art. 296 StPO.

1110 Riklin, 2014: S. 495.

1111 Art. 297 StPO.

1112 Riklin, 2014: S. 496.

Gemäss Art. 298 CH-StPO ist die beschuldigte Person spätestens mit Abschluss des Verfahrens über die Verdeckte Ermittlung zu informieren. Das Zwangsmassnahmengericht kann jedoch den Aufschub oder die Unterlassung dieser Mitteilung genehmigen.[1113] Auch hier gilt praktisch das Verfahren von Art. 279 CH-StPO.[1114]

Zu Abgrenzungszwecken wird auch auf die Verdeckte Fahndung eingegangen. Verdeckte Fahndung wird in Art. 298a CH-StPO definiert:

> *„1. Verdeckte Fahndung liegt vor, wenn Angehörige der Polizei im Rahmen kurzer Einsätze in einer Art und Weise, dass ihre wahre Identität und Funktion nicht erkennbar ist, Verbrechen und Vergehen aufzuklären versuchen und dabei insbesondere Scheingeschäfte abschliessen oder den Willen zum Abschluss vortäuschen.*
> *2. Verdeckte Fahnderinnen und Fahnder werden nicht mit einer Legende im Sinne von Artikel 285a ausgestattet. Ihre wahre Identität und Funktion wird in den Verfahrensakten und bei Einvernahmen offengelegt.“*[1115]

Während der Autor die Erweiterung der Befugnisse für Verdeckte Ermittler befürwortet, hält er die bestehenden Befugnisse der Verdeckten Fahnder für ausreichend. Dies insbesondere im Hinblick darauf, dass bei Bedarf nach weiterreichenden Befugnissen eine Verdeckte Ermittlung angeordnet werden kann. Eine Erweiterung der Befugnisse der Verdeckten Fahnder ist folglich nicht notwendig. Daher wird vorliegend darauf verzichtet, näher auf die Bestimmungen zur Verdeckten Fahndung einzugehen.

5.2.1.2. Schweiz – Anregungen für gesetzgeberische Massnahmen

5.2.1.2.1. Erweiterte Befugnisse – Eine Notwendigkeit?

Verdeckten Ermittlern ist es aus rechtsstaatlichen Gründen nicht gestattet, Straftaten zu begehen. Ausgenommen von diesem in Art. 293 CH-StPO verankerten Verbot sind lediglich die in den Art. 293–295 CH-StPO geregelten Fälle. Beispielsweise sind Probekäufe erlaubt. Einem zur Bekämpfung der Terrorismusfinanzierung eingesetzten Verdeckten Ermittler wäre es jedoch nicht erlaubt, einen einfachen Diebstahl oder Betrug zu begehen.

Nun stellt sich die Frage, ob es überhaupt notwendig ist, dass Verdeckte Ermittler andere als die bereits vorgesehenen Straftaten begehen. Schliesslich könnte man argumentieren, dass ein geschickter Verdeckter Ermittler in der Lage ist, sich auch in einem kriminellen Milieu gesetzeskonform zu verhalten. Zudem

1113 Art. 298 StPO.
1114 Riklin, 2014: S. 497.
1115 Art. 298a StPO.

könnte eine Aufzählung von zulässigen Straftaten dazu führen, dass Kriminelle sogenannte „Keuschheitsprüfungen" ausserhalb der zulässigen Ausnahmen einführen und das Problem damit nicht gelöst, sondern lediglich verlagert wird.

Bei der Beantwortung dieser Fragen sind mehrere Aspekte zu berücksichtigen. Einerseits muss man bedenken, dass der Einsatz Verdeckter Ermittler nur dann erfolgreich sein kann, wenn es Tätern nicht gelingt, ihre neuen Kontakte zu enttarnen. Andererseits muss man auch bedenken, dass es ohnehin schon schwierig ist, Verdeckte Ermittler zu rekrutieren.

Verdeckte Ermittlungen machen nur Sinn, wenn es den Zielpersonen nicht möglich ist, die Ermittler zu enttarnen. Ein geschickter Täter könnte jedoch stutzig werden, wenn jemand vermeintlich bereit ist, schwere Verbrechen zu begehen, also beispielsweise Terrorismus zu finanzieren, aber vor kleineren Straftaten zurückschreckt.

Zwar kann der Verdeckte Ermittler argumentieren, er verhalte sich bewusst unauffällig und gehe keine Risiken ein, welche seine grösseren kriminellen Projekte gefährden könnten. Es ist jedoch vernünftigerweise davon auszugehen, dass sich primär weniger durchdacht handelnde Täter von einer derartigen Argumentation beeindrucken lassen.

Die Argumentation, dass auf kleinere Straftaten verzichtet wird, um grössere Projekte nicht zu gefährden, dürfte insbesondere im Bereich der Betäubungsmitteldelikte Sinn machen. Schliesslich ist es sinnvoll, sich möglichst unauffällig zu verhalten, um nicht in das Visier von Ermittlern zu geraten.

Im Rahmen der für die Zwecke der vorliegenden Arbeit durchgeführten empirischen Untersuchung wurde jedoch festgestellt, dass davon auszugehen ist, dass viele Terrorismusfinanzierer durchaus gebildet und intelligent sind. Diesen Tätern dürfte klar sein, dass Verdeckte Ermittler versuchen, die Terrorismusfinanzierung zu bekämpfen. Somit ist davon auszugehen, dass intelligente und gebildete Täter ihr Umfeld prüfen, um Verdeckte Ermittler zu enttarnen.

Personen, welche zwar im kriminellen Milieu unterwegs sind, aber sich vor Straftaten scheuen, sind eher ungewöhnlich. Dies könnte den Zielpersonen auffallen. Zwar ist nicht automatisch jede Person, welche sich im kriminellen Milieu bewegt und keine kleineren Straftaten begeht, automatisch ein Verdeckter Ermittler, aber derartiges Verhalten könnte von Zielpersonen als Indiz gewertet werden, insbesondere im Hinblick auf intelligente und gut ausgebildete Täter.

Ferner muss bedacht werden, dass Verdeckte Ermittler, welche mit Strafverfahren für deliktisches Verhalten während des Einsatzes zu rechnen haben, andere Tätigkeitsgebiete, innerhalb oder ausserhalb des Polizeikorps, bevorzugen könnten. Schliesslich kann es aus ermittlungstaktischen Gründen oder zum Selbstschutz im Rahmen einer Keuschheitsprobe notwendig sein, dass der

Verdeckte Ermittler kleinere Straftaten begeht. Sofern er jedoch davon auszugehen hat, sich für diese Straftaten verantworten zu müssen, könnte er schlichtweg auf den Einsatz als Verdeckter Ermittler verzichten.

Schliesslich macht es aus Sicht des Verdeckten Ermittlers wenig Sinn, sich diesen Risiken auszusetzen. Da es ohnehin bereits schwierig ist, Verdeckte Ermittler zu rekrutieren, wäre dies problematisch, vor allem auch da Verdeckte Ermittler keine exorbitant hohen Vergütungen erhalten. Intrinsisch motivierte Ermittler könnten aufgrund der strafrechtlichen Risiken auf ihre Tätigkeit verzichten.

5.2.1.2.2. Das Genehmigungsverfahren

Indes kann man Verdeckten Ermittlern auch keinen Freischein für Straftaten ausstellen. Dies würde signifikantes Missbrauchspotential bieten. Viele verdeckte Ermittlungen, speziell im Rauschgiftmilieu, dürften auch weiterhin ohne Straftaten auskommen. In diesen Fällen wäre es wenig sinnvoll, Verdeckten Ermittlern zu gestatten, deliktisch zu handeln.

Eine vorgängige Genehmigung von Straftaten durch Führungspersonen erscheint ebenfalls wenig praktikabel. Schliesslich kann es sein, dass Verdeckte Ermittler spontan von Zielpersonen zu Straftaten aufgefordert werden. Eine Genehmigung durch die Führungsperson scheint in derartigen Situationen nicht realistisch zu sein.

Der Autor spricht sich ausdrücklich gegen einen Deliktskatalog aus. Dieser könnte in der Tat von Kriminellen zur Kenntnis und als Anlass für Keuschheitsproben genommen werden. Zudem wäre es schwierig, die Verhältnismässigkeit zu gewährleisten, wenn pauschal bestimmte Straftaten erlaubt wären.

Sinnvoller wäre es, die zulässigen Straftaten in der schriftlichen Anordnung der Verdeckten Ermittlung aufzuführen. Selbige sind für die Täter nicht einsehbar und geben dem Verdeckten Ermittler gleichzeitig Rechtssicherheit. In diesen Anordnungen könnte man auf den Einzelfall abgestimmte und somit in jedem Fall verhältnismässige Ausnahmen genehmigen.

5.2.1.2.3. Anpassung von Art. 289 CH-StPO – Eine mögliche Lösung?

Folglich wäre eine Anpassung von Art. 289 CH-StPO sinnvoll. Selbiger könnte neu wie folgt lauten:

> *„1. Der Einsatz einer Verdeckten Ermittlerin oder eines Verdeckten Ermittlers bedarf der Genehmigung durch das Zwangsmassnahmengericht.*
> *2. Die Staatsanwaltschaft reicht dem Zwangsmassnahmengericht innert 24 Stunden seit der Anordnung der Verdeckten Ermittlung folgende Unterlagen ein:*
> *a die Anordnung;*
> *b. die Begründung und die für die Genehmigung wesentlichen Verfahrensakten.*

3. Das Zwangsmassnahmengericht entscheidet mit kurzer Begründung innert 5 Tagen seit der Anordnung der Verdeckten Ermittlung. Es kann die Genehmigung vorläufig oder mit Auflagen erteilen oder eine Ergänzung der Akten oder weitere Abklärungen verlangen.
4. Die Genehmigung äussert sich ausdrücklich darüber:
a. ob es erlaubt ist, Urkunden zum Aufbau oder zur Aufrechterhaltung einer Legende herzustellen oder zu verändern;
b. ob es erlaubt ist, die Anonymität zuzusichern;
c. ob es erlaubt ist, Personen einzusetzen, die über keine polizeiliche Ausbildung verfügen.
d. nach welchen Artikeln Verdeckte Ermittlerinnen und Ermittler nicht strafbar sind, soweit sie im Rahmen der genehmigten Verdeckten Ermittlung handeln und die Interessen Dritter sowie die Prinzipien der Verhältnismässigkeit und der Subsidiarität wahren.
5. Die Genehmigung wird für höchstens 12 Monate erteilt. Sie kann einmal oder mehrmals um jeweils 6 Monate verlängert werden. Ist eine Verlängerung notwendig, so stellt die Staatsanwaltschaft vor Ablauf der bewilligten Dauer einen begründeten Verlängerungsantrag.
6. Wird die Genehmigung nicht erteilt oder wurde keine Genehmigung eingeholt, so beendet die Staatsanwaltschaft den Einsatz unverzüglich. Sämtliche Aufzeichnungen sind sofort zu vernichten. Durch die Verdeckte Ermittlung gewonnene Erkenntnisse dürfen nicht verwertet werden.“[1116]

Durch den neuen Art. 289 Abs. 4 lit. d CH-StPO würde man verhindern, dass Zielpersonen vorab Kenntnis von den dem Verdeckten Ermittler erlaubten Straftaten erlangen könnten. Das heisst, dass auf einem Deliktskatalog aufbauende Keuschheitsproben verhindert werden könnten. Dies stellt einen signifikanten Vorteil dar. Daneben würde man jedoch auch dem Verdeckten Ermittler Rechtssicherheit geben.

Zudem könnte man die nach Art. 289 Abs. 4 lit. d CH-StPO erlaubten Taten auf den konkreten Einzelfall abstimmen. In vielen Fällen dürfte keine Genehmigung von Straftaten notwendig sein. In anderen Fällen könnten auf den individuellen Sachverhalt abgestimmte Straftaten genehmigt werden. Damit könnte es den Verdeckten Ermittlern gelingen, sich unauffällig im Umfeld der Täter zu etablieren, ohne Verdacht zu erregen. Dies insbesondere im Hinblick darauf, dass die Täter nicht wissen könnten, welche Straftaten genehmigt wurden.

Beispielsweise könnte es sinnvoll sein, einem zur Bekämpfung der Terrorismusfinanzierung eingesetzten Verdeckten Ermittler zu gestatten, kleinere Diebstähle zu begehen. Im Rahmen der empirischen Untersuchung wurde festgehalten, dass Terrorismusfinanzierer über eine Vielzahl verschiedener Einnahmequellen verfügen. Sollte ein Verdacht bestehen, dass eine bestimmte Bande

1116 Art. 289 StPO.

Turnschuhe oder Autos stiehlt, um Mittel für die Terrorismusfinanzierung zu generieren, könnte man Verdeckte Ermittler gezielt darauf ansetzen. Allerdings ist es zu diesem Zweck wenig hilfreich, dass Verdeckte Ermittler straffrei Betäubungsmitteldelikte begehen dürfen. Nötig wäre letztendlich, dass man Verdeckte Ermittler autorisiert, straffrei den Tatbestand des Diebstahls zu erfüllen.

An dieser Stelle stellt sich die Frage, ob es dem Staat erlaubt sein kann, Dritte zu schädigen. Dies wäre im Fall des Diebstahls zweifelsohne gegeben. Schliesslich würde der Staat die in Art. 26 BV garantierte Eigentumsgarantie verletzen. Gemäss Art. 26 Abs. 1 BV ist das Eigentum gewährleistet. Allerdings werden nach Art. 26 Abs. 2 BV Eigentumsbeschränkungen und Enteignungen voll entschädigt.

Somit könnte man Vermögensschäden, welche durch Verdeckte Ermittler verursacht werden, nach Beendigung des Einsatzes voll entschädigen. Dadurch würde der Kerngehalt von Art. 26 BV gewahrt bleiben. Eine Entschädigung vor Ende des Einsatzes wäre aus ermittlungstaktischen Gründen abzulehnen.

Selbstverständlich muss man Taten, welche Interessen Dritter verletzen, wie beispielsweise Tötungen im Sinne von Art. 111 ff. CH-StGB oder Vergewaltigungen im Sinne von Art. 190 CH-StGB, ausschliessen. Ein Deliktskatalog der genehmigungsfähigen Taten würde jedoch wiederum zu Keuschheitsproben ausserhalb dieses Deliktskatalogs führen.

Daher ist es sinnvoller, pauschal auf die Interessen Dritter abzustellen. Es kann durchaus mit den Interessen Dritter vereinbar sein, dass Vermögenswerte durch einen Verdeckten Ermittler entwendet werden, sofern eine Entschädigung in voller Höhe bezahlt wird.

Zudem ist auf die Prinzipien der Verhältnismässigkeit und der Subsidiarität abzustellen. Es kann durchaus verhältnismässig sein, ein Auto zu stehlen, um dadurch in den Kreis von Terrorismusfinanzierern einzudringen, vor allem wenn keine anderen geeigneten Mittel zur Verfügung stehen und der Eigentümer des Autos eine Entschädigung in voller Höhe enthält.

Hingegen wäre es zweifelsohne unverhältnismässig, im Rahmen einer Keuschheitsprobe eine Frau zu vergewaltigen, um Beweise gegen Drogenhändler zu sammeln – insbesondere auch im Hinblick darauf, dass Vergewaltigungen nicht entschädigt werden können. Zwar wären Genugtuungen denkbar, aber eine volle Kompensation ist letztendlich nur für Eigentumsdelikte möglich.

Auch die Subsidiarität darf in diesem Zusammenhang nicht vernachlässigt werden. Es ist dem Autor ein Anliegen hervorzuheben, dass selbstverständlich nicht flächendeckende Verdeckte Ermittlungen mit genehmigten Straftaten angestrebt werden. Die Verdeckte Ermittlung kommt gemäss Art. 286 Abs. 1 lit. c CH-StPO ohnehin nur zum Einsatz, wenn die bisherigen Ermittlungen ergebnislos geblieben sind oder aussichtslos bzw. unverhältnismässig erschwert wären.[1117] Andernfalls ist die Anordnung einer Verdeckten Ermittlung nicht zulässig.[1118] Folglich muss vor dem Einsatz einer Verdeckten Ermittlung geprüft werden, ob das gleiche Ziel nicht mit milderen Mitteln erreicht werden könnte.[1119] Zudem muss beachtet werden, dass auch die Genehmigung der Straftaten im Rahmen der verdeckten Ermittlung nur erfolgen sollte, wenn die bisherigen Verdeckten Ermittlungen ergebnislos geblieben sind oder aussichtslos wären bzw. unverhältnismässig erschwert werden würden. Das heisst, man kann von einer doppelten Subsidiaritäts- und Verhältnismässigkeitskontrolle sprechen.

Die politische Akzeptanz eines derartigen Entwurfes für einen neuen Art. 289 Abs. 4 lit. d CH-StPO ist ex ante schwer zu beurteilen. Es ist jedoch davon auszugehen, dass es durchaus kritische Stimmen geben wird. Insbesondere könnten Gegner hervorheben, dass es sich um das Ende des Rechtsstaates handle, wenn Verdeckten Ermittlern Straftaten erlaubt werden. Dieser Argumentation ist jedoch nicht zu folgen.

Gleichwohl gilt es zu bedenken, dass bei der Genehmigung von Straftaten die Prinzipien der Verhältnismässigkeit und der Subsidiarität gewahrt werden müssen. Das heisst, dass nur Straftaten genehmigt werden können, welche zur Wahrung höherer Interessen beitragen. Ein Diebstahl könnte genehmigt werden, um Terroranschläge aufzuklären.

Man denke in diesem Zusammenhang auch an die in Art. 15 ff. CH-StGB geregelte Notwehr und Nothilfe sowie den Notstand. Letztendlich hat die Bevölkerung akzeptiert, dass Polizisten Täter erschiessen, wenn eine akute Gefahr für das Leben Dritter besteht. Sollte es durch kleinere Diebstähle durch Verdeckte Ermittler möglich sein, Terrornetzwerke zu infiltrieren und im besten Fall Anschläge zu verhindern, dürfte, vor allem auch aufgrund der vollen Entschädigung von Vermögensschäden, eine hohe Akzeptanz unter der Bevölkerung zu erwarten sein.

Indes muss man bedenken, dass ein derartiges gesetzgeberisches Verfahren von kontroversen Argumenten geprägt sein könnte. Gegner eines vorliegend dargestellten Art. 289 Abs. 4 lit. d CH-StPO könnten geltend machen, dass dadurch kriminelle Handlungen durch den Staat legalisiert werden würden. Somit sind die Erfolgschancen eines derartigen gesetzgeberischen Vorhabens ungewiss.

1117 Hansjakob, 2014: S. 1688.

1118 Riklin, 2014: S. 488.

1119 Knodel, 2014: Art. 286, Rz. 22.

5.2.2. Liechtenstein

In Liechtenstein findet keine Differenzierung zwischen Verdeckten Ermittlungen und Verdeckten Fahndungen statt. Verdeckte Ermittlungen sind gestützt auf § 104b FL-StPO zulässig. Demnach ist die Landespolizei gemäss § 104b Abs. 1 FL-StPO berechtigt, Polizisten oder andere Personen einzusetzen, die im Rahmen eines Einsatzes ihre amtliche Stellung oder ihren Auftrag nicht offenlegen und somit verdeckt ermitteln. Der Einsatz ist zulässig, wenn dadurch die Aufklärung einer Straftat gefördert werden kann.[1120] Dies ist insofern bemerkenswert, als die Schwelle für Verdeckte Ermittlungen damit in Liechtenstein tief angesetzt wird. Es ist gemäss dem Gesetzestext keine besondere Schwere der Tat erforderlich. Diese Grosszügigkeit wird jedoch in § 104b Abs. 2 FL-StPO relativiert.[1121]

Gemäss § 104b Abs. 2 FL-StPO sind über einen längeren Zeitraum, systematisch durchgeführte Ermittlungen nämlich nur dann zulässig, wenn sie der Aufklärung einer vorsätzlich begangenen und mit mehr als einem Jahr Freiheitsstrafe bedrohten Straftat oder der Verhinderung einer von einer kriminellen oder terroristischen Vereinigung geplanten Straftat dient und die Ermittlungen andernfalls massgeblich erschwert wären. Somit sind gemäss der FL-StPO auch präventive Ermittlungen zur Verhinderung einer Straftat zulässig. Die Befugnisse der FL-StPO gehen somit über jene der schweizerischen StPO hinaus. Zudem ist es gestützt auf Art. 104b Abs. 2 FL-StPO möglich, Urkunden zu fälschen und im Rechtsverkehr zu verwenden, um die Identität des Verdeckten Ermittlers plausibel abzusichern.[1122]

Die Anordnung von Verdeckten Ermittlungen erfolgt gemäss Art. 104b Abs. 3 FL-StPO auf Antrag der Staatsanwaltschaft. Angeordnet wird die Verdeckte Ermittlung durch den Untersuchungsrichter. Gemäss § 104b Abs. 3 FL-StPO endet die Verdeckte Ermittlung, wenn ihr Zweck erreicht ist oder aller Wahrscheinlichkeit nach nicht mehr erreicht werden kann.[1123]

In § 104b Abs. 5 FL-StPO ist darüber hinaus die Verständigung von Parteien oder sonstigen Verfahrensbeteiligten geregelt.[1124] Selbige erfolgt nach Beendigung der Ermittlung. Allerdings kann sie aufgeschoben werden, falls andernfalls der

---

1120 § 104b Abs. 1 FL-StPO.
1121 Stotter, 2012: S. 378 f.
1122 § 104b Abs. 2 FL-StPO.
1123 § 104b Abs. 3–4 FL-StPO.
1124 Stotter, 2012: S. 378 f.

Zweck der Untersuchung in diesem oder in einem anderen Verfahren kompromittiert wäre.[1125]

Ferner können in Liechtenstein gestützt auf § 104c FL-StPO Scheingeschäfte durchgeführt werden. Gemäss § 104c Abs. 1 FL-StPO kann die Staatsanwaltschaft beim Landgericht einen Beschluss beantragen, welcher die Landespolizei berechtigt, Scheingeschäfte durchzuführen, um entweder ein Verbrechen aufzuklären oder die Sicherstellung von aus einem Verbrechen stammenden oder mit dem Verfall bzw. der Einziehung bedrohten Vermögenswerten oder Gegenständen zu ermöglichen, falls dies andernfalls wesentlich erschwert wäre.[1126] In den aufgeführten Fällen ist es auch gestattet, Scheingeschäfte durch Dritte zu erleichtern.[1127]

Auch in Liechtenstein sind Scheingeschäfte zulässig.[1128] Scheingeschäfte sind in § 104c Abs. 2 FL-StPO definiert:

> *„2) Ein Scheingeschäft im Sinne dieses Gesetzes ist der Versuch oder die scheinbare Ausführung von Straftaten, soweit diese im Erwerben, Ansichbringen, Besitzen, Ein-, Aus- oder Durchführen von Gegenständen oder Vermögenswerten bestehen, die entfremdet wurden, aus einem Verbrechen herrühren oder der Begehung eines solchen gewidmet sind oder deren Besitz absolut verboten ist."*[1129]

Die Durchführung von Scheingeschäften ist gemäss § 104c Abs. 3 FL-StPO von der Staatsanwaltschaft zu beantragen und vom Untersuchungsrichter anzuordnen. Der Untersuchungsrichter beauftragt zudem die Landespolizei mit der Durchführung des Scheingeschäfts.[1130]

Allerdings muss bei Scheingeschäften stets die Offenlegungspflicht berücksichtigt werden.[1131] Die Durchführung eines Scheingeschäfts ist gemäss § 104c Abs. 4 FL-StPO den Betroffenen offenzulegen, sobald der Zweck der Untersuchung und andere Verfahren durch eine derartige Offenlegung nicht mehr gefährdet werden.[1132]

Die Möglichkeiten zur Begehung von Straftaten sind in Liechtenstein deutlich umfassender als in der Schweiz. Allerdings sind auch diese Möglichkeiten für die Zwecke der Bekämpfung der Terrorismusfinanzierung zu eng gefasst. Zwar wäre unter der bestehenden Regelung das Ansichbringen eines bereits gestohlenen

---

1125 § 104b Abs. 5 FL-StPO.
1126 Stotter, 2012: S. 382 f.
1127 § 104c Abs. 1 FL-StPO.
1128 Stotter, 2012: S. 382 f.
1129 § 104c Abs. 2 FL-StPO.
1130 § 104c Abs. 3 FL-StPO.
1131 Stotter, 2012: S. 382 f.
1132 § 104c Abs. 4 FL-StPO.

Autos zulässig. Der Diebstahl von Turnschuhen im Wert von 30 CHF wäre hingegen verboten. Ein intelligenter Täter ist in der Lage, die Strafprozessordnung zu lesen und Verdeckte Ermittler entsprechend auf die Probe zu stellen.

Daher wäre auch in Liechtenstein eine Anpassung des Strafprozessrechts zur Erweiterung der Befugnisse von Verdeckten Ermittlern sinnvoll. Insbesondere könnte man sich dabei am im Rahmen der vorliegenden Studie erarbeiteten Entwurf für den neuen Art. 289 Abs. 4 lit. d StPO orientieren. Dabei wäre eine Anpassung von § 104c FL-StPO denkbar.

Im Speziellen könnte man § 104c Abs. 3 FL-StPO ergänzen. Der Untersuchungsrichter könnte in der Anordnung erwähnen, welche Straftaten der Verdeckte Ermittler begehen darf, ohne eine Strafverfolgung befürchten zu müssen. Diese Anordnung wäre nur dem Untersuchungsrichter, der Staatsanwaltschaft und der Landespolizei bekannt.

5.2.3. Österreich

Die Verdeckte Ermittlung ist in Österreich in § 131 Ö-StPO geregelt. Gemäss § 131 Abs. 1 Ö-StPO ist sie zulässig, sofern sie der Aufklärung einer Straftat dient. Es ist zwischen einfachen Verdeckten Ermittlungen, welche von der Kriminalpolizei von sich aus durchführen kann, und systematischen Verdeckten Ermittlungen zu differenzieren.[1133] Systematisch, über einen längeren Zeitraum durchgeführte Verdeckte Ermittlungen sind jedoch nur dann zulässig, wenn sie zur Aufklärung von einer vorsätzlichen begangenen Straftat, welche mit einer Freiheitsstrafe von mehr als einem Jahr bedroht ist, oder der Verhinderung einer von einer kriminellen oder terroristischen Vereinigung geplanten Straftat dient und die Ermittlungen andernfalls massgeblich erschwert wären.[1134] Sofern eine entsprechende Straftat lediglich erwartet wird, können Ermittlungen auch ohne Anordnung der Staatsanwaltschaft nach § 54 Abs. 3 und 4a SPG durchgeführt werden.[1135]

Der Wortlaut von § 131 Abs. 1 u. 2 Ö-StPO erinnert an § 104b Abs. 1 und 2 FL-StPO und geht ebenfalls deutlich über die Kompetenzen der schweizerischen StPO hinaus, da präventive Massnahmen zur Verhinderung von Straftaten möglich sind, welche in der Schweiz in den Polizeigesetzen geregelt sind.

Gemäss § 131 Abs. 2 Ö-StPO ist es zudem möglich, falsche Urkunden für die Zwecke der Verdeckten Ermittlung herzustellen und im Rechtsverkehr zu

1133 Fabrizy, 2011: S. 326.
1134 § 131 Abs. 1 und 2 Ö-StPO.
1135 Zerbes, 2011: § 131, Rz. 7.

gebrauchen, um die Identität des Verdeckten Ermittlers abzusichern.[1136] Dies allerdings nur dann, wenn die Tarnung für die Ermittlungen unerlässlich ist.[1137] Auch hier ist eine gewisse Ähnlichkeit zu Liechtenstein und der Schweiz zu erkennen.

In jedem Fall ist der Verdeckte Ermittler von einer Führungsperson der Kriminalpolizei zu führen und somit auch zu kontrollieren.[1138] Der Verdeckte Ermittler ist an die Anweisungen der Vertrauensperson gebunden.[1139] Sämtliche Erkenntnisse sowie die Umstände des Einsatzes sind zudem zu protokollieren.[1140] Vom Hausrecht geschützte Räumlichkeiten, insbesondere Wohnungen, sind nur mit dem ausdrücklichen Einverständnis des Inhabers zu betreten, wobei die Zutrittsberechtigung nicht durch Täuschung herbeigeführt werden darf.[1141] Somit ist es dem Verdeckten Ermittler nicht gestattet, sich durch Vortäuschung falscher Befugnisse Zutritt zu einer Wohnung zu verschaffen.[1142] Verdeckte Hausdurchsuchungen sind ebenfalls verboten.[1143]

Allerdings sind auch in Österreich Scheingeschäfte zur Aufklärung von Verbrechen zulässig. So sieht § 132 Ö-StPO Scheingeschäfte zu folgenden Zwecken vor:

> „*Die Durchführung eines Scheingeschäfts ist zulässig, wenn die Aufklärung eines Verbrechens (§ 17 Abs. 1 StGB) oder die Sicherstellung von Gegenständen oder Vermögenswerten, die aus einem Verbrechen herrühren oder von der Konfiskation (§ 19a StGB), vom Verfall (§ 20 StGB), vom erweiterten Verfall (§ 20b Abs. 1 StGB) oder von der Einziehung (§ 26 StGB) bedroht sind, andernfalls wesentlich erschwert wäre. Unter diesen Voraussetzungen ist es auch zulässig, zur Ausführung eines Scheingeschäfts durch Dritte beizutragen (§ 12 dritter Fall StGB).*“[1144]

Das bedeutet, dass es Verdeckten Ermittlern durchaus erlaubt ist, bestimmte Straftaten zu begehen, ohne eine Strafverfolgung befürchten zu müssen, wenn die Aufklärung durch offene Methoden wesentlich erschwert wäre.[1145] Allerdings beschränkt sich diese Befugnis auf die im Gesetz ausdrücklich aufgeführten

1136 § 131 Abs. 2 Ö-StPO.
1137 Zerbes, 2011: § 131, Rz. 8.
1138 Fabrizy, 2011: S. 325.
1139 Zerbes, 2011: § 131, Rz. 12.
1140 § 131 Abs. 3 Ö-StPO.
1141 § 131 Abs. 4 Ö-StPO.
1142 Fabrizy, 2011: S. 326.
1143 Zerbes, 2011: § 131, Rz. 13.
1144 § 132 Ö-StPO.
1145 Zerbes, 2011: § 132, Rz. 1.

Ausnahmen, welche sich aus dem oben dargestellten § 132 Ö-StPO ergeben.[1146] Andere Straftaten sind untersagt, auch wenn sie zur Aufrechterhaltung der Legende erforderlich wären.[1147]

Gemäss § 133 Ö-StPO dürfen eine Verdeckte Ermittlung nach § 131 Abs. 1 Ö-StPO sowie ein Scheingeschäft im Sinne von § 132 Ö-StPO zur Sicherstellung von Suchtmitteln oder Falschgeld von der Kriminalpolizei von sich aus, also ohne vorgängige Genehmigung durch die Staatsanwaltschaft, durchgeführt werden.[1148] Systematische, über einen längeren Zeitraum durchgeführte Verdeckte Ermittlungen im Sinne von § 131 Abs. 2 Ö-StPO sind hingegen von der Staatsanwaltschaft anzuordnen.[1149]

Grundsätzlich wäre es möglich, den im Rahmen dieser Arbeit entwickelten Vorschlag für den neuen Art. 289 Abs. 4 lit. d der schweizerischen StPO aufzugreifen und eine analoge Regelung für die österreichische StPO zu implementieren. Selbige könnte man in § 132 Ö-StPO mittels eines zweiten Absatzes integrieren. Allerdings wäre in diesem Fall darauf zu achten, dass eine Genehmigung durch ein Gericht und nicht eine blosse Anordnung durch die Staatsanwaltschaft erfolgen sollte.

5.2.4. Deutschland

Ähnlich wie bei den Onlinedurchsuchungen verfügt Deutschland auch im Bereich der Verdeckten Ermittlung über eine sehr fundierte Gesetzgebung, welche wertvolle Anregungen für andere Länder enthält und somit einer vertieften Abhandlung bedarf.

5.2.4.1. Abgrenzungen, Definitionen und Voraussetzungen

Die Verdeckte Ermittlung ist in Deutschland in § 110a DE-StPO geregelt und unterliegt aufgrund der potentiellen Gefährdung des Rechtsverkehrs strengen Voraussetzungen.[1150] Der Einsatz Verdeckter Ermittler ist nur bei Straftaten von erheblicher Bedeutung zulässig.[1151] Es gilt zu bedenken, dass die Notwendigkeit allein keinen ausreichenden rechtsstaatlichen Rechtfertigungsgrund darstellt.[1152]

1146 Zerbes, 2011: § 131, Rz. 11.
1147 Fabrizy, 2011: S. 325.
1148 Fabrizy, 2011: S. 326.
1149 § 133 Ö-StPO.
1150 Hegmann, 2017: § 110a DE-StPO, Rz. 2.
1151 Kramer, 2014: S. 255.
1152 Bernsmann, 1998: S. 220.

Vielmehr wird eine ausdrückliche gesetzliche Grundlage verlangt.[1153] Dabei werden zureichende Anhaltspunkte, also konkrete, sinnlich wahrnehmbare Tatsachen, für das Vorliegen einer Katalogtat vorausgesetzt.[1154] Zudem gilt es, die Subsidiarität des Einsatzes Verdeckter Ermittler zu berücksichtigen.[1155] Voraussetzung für den Einsatz Verdeckter Ermittler ist, dass die Aufklärung auf andere Weise erheblich erschwert oder gar aussichtslos wäre.[1156] Die Bedeutung der Subsidiaritätsklausel dürfte sich in der Praxis jedoch sehr in Grenzen halten. Schliesslich ist ohnehin der Grundsatz der Verhältnismässigkeit zu wahren.[1157]
In § 110a DE-StPO heisst es:

> *„(1) Verdeckte Ermittler dürfen zur Aufklärung von Straftaten eingesetzt werden, wenn zureichende tatsächliche Anhaltspunkte dafür vorliegen, dass eine Straftat von erheblicher Bedeutung*
>
> 1. *auf dem Gebiet des unerlaubten Betäubungsmittel- oder Waffenverkehrs, der Geld- oder Wertzeichenfälschung,*
> 2. *auf dem Gebiet des Staatsschutzes (§§ 74a, 120 des Gerichtsverfassungsgesetzes),*
> 3. *gewerbs- oder gewohnheitsmässig oder*
> 4. *von einem Bandenmitglied oder in anderer Weise organisiert*
>
> *begangen worden ist. Zur Aufklärung von Verbrechen dürfen Verdeckte Ermittler auch eingesetzt werden, soweit auf Grund bestimmter Tatsachen die Gefahr der Wiederholung besteht. Der Einsatz ist nur zulässig, soweit die Aufklärung auf andere Weise aussichtslos oder wesentlich erschwert wäre. Zur Aufklärung von Verbrechen dürfen Verdeckte Ermittler ausserdem eingesetzt werden, wenn die besondere Bedeutung der Tat den Einsatz gebietet und andere Massnahmen aussichtslos wären.“*[1158]

Der oben aufgeführte, abschliessende Katalog wurde unverändert aus § 98a Abs. 1 DE-StPO übernommen.[1159] Als Verdeckte Ermittler können in Deutschland, im Gegensatz zur Schweiz, nur (inländische) Polizeibeamte eingesetzt werden.[1160] Selbige dürfen, sofern zur Herstellung oder Aufrechterhaltung der Legende notwendig, falsche Urkunden verwenden.[1161] Verdeckte Ermittler dürfen somit unter ihrer Legende am Rechtsverkehr teilnehmen.[1162] Diese Legende

---

1153 Eschelbach, 2020: § 110a, Rz. 3.
1154 Günther, 2016: § 110a DE-StPO, Rz. 7.
1155 Pfeiffer, 2005: § 110a DE-StPO, Rz. 1.
1156 Bernsmann, 1998: S. 221.
1157 Eschelbach, 2020: § 110a, Rz. 18.
1158 § 110a Abs. 1 DE-StPO.
1159 Günther, 2016: § 110a DE-StPO, Rz. 9.
1160 Bruns, 2019: § 110a DE-StPO, Rz. 5; BGH StraFo 2007, 331 = NStZ 2007, 713.
1161 § 110a Abs. 2 und 3 DE-StPO; Gercke, 2019: § 110a DE-StPO, Rz. 6.
1162 Gercke, 2019: § 110a DE-StPO, Rz. 17.

ist auf Dauer angelegt.[1163] In der Legende werden unter anderem der Name, die Anschrift sowie der Beruf und allfällige familiäre und persönliche Umstände des Verdeckten Ermittlers abgeändert, um seine wahre Identität zu schützen.[1164] Der Aufbau der Legende der Verdeckten Ermittler wird von der Polizei durchgeführt.[1165]

Verdeckte Ermittler können sowohl repressiv als auch präventiv tätig werden. In der Praxis ist es denkbar, dass ein Verdeckter Ermittler zunächst präventivpolizeilich tätig war. Im Rahmen seiner Tätigkeit stösst er auf Sachverhalte, welche er aufgrund des Verfolgungszwangs im Sinne von § 152 Abs. 2 und § 163 DE-StPO nachgehen muss. Folglich geht die Zuständigkeit auf die Staatsanwaltschaft über. Sofern weiterhin auch präventivpolizeiliche Tätigkeiten ausgeführt werden sollen, müssen hierfür weiterhin die entsprechenden Einsatzvoraussetzungen erfüllt sein. Somit bleibt für diesen Teil das Polizeirecht massgebend.[1166] Der präventive Einsatz richtet sich in der Regel nach den entsprechenden Landespolizeigesetzen.[1167]

Die Befugnisse von Verdeckten Ermittlern richten sich nach der Strafprozessordnung sowie den jeweiligen Polizeigesetzen. Dies verdeutlicht, dass Verdeckte Ermittler im Rahmen von strafprozessualen Ermittlungen auch befugt sind, präventiv polizeiliche Massnahmen zu ergreifen. Gleichzeitig sind sie auch verpflichtet, Straftaten zu verfolgen, von welchen sie nur zufällig Kenntnis erlangt haben (§ 163 DE-StPO).[1168]

Vorliegend wird in erster Linie auf die Strafprozessordnung Bezug genommen. Dies ergibt sich einerseits bereits aus dem Titel der vorliegenden Arbeit. Andererseits müssen Verdeckte Ermittler ohnehin auch die Strafprozessordnung beachten, um die Verwertbarkeit der Ergebnisse ihrer Arbeit nicht zu gefährden. Auch wenn die Grenzen des Polizeirechts etwas weniger eng gefasst sind als jene der Strafprozessordnung, ist Letztere letztendlich für die Verwertbarkeit der Ergebnisse massgebend.[1169]

1163 Hegmann, 2017: § 110a DE-StPO, Rz. 3; BGHSt 41, 64.
1164 Gercke, 2019: § 110a DE-StPO, Rz. 7.
1165 Gercke, 2019: § 110a DE-StPO, Rz. 19.
1166 Hegmann, 2017: § 110a DE-StPO, Rz. 10.
1167 Gercke, 2019: § 110a DE-StPO, Rz. 9.
1168 Hegmann, 2017: § 110c DE-StPO, Rz. 4.
1169 Gercke, 2019: § 110a DE-StPO, Rz. 9.

5.2.4.1.1. *Voraussetzungen des Einsatzes*

Zur Abgrenzung ist ferner zu sagen, dass auf Grundlage der Strafprozessordnung ein Einsatz eines Verdeckten Ermittlers lediglich beim Vorliegen eines Verdachts einer schwerwiegenden Katalogtat möglich ist.[1170] Es muss ein Anfangsverdacht im Sinne von § 152 Abs. 2 DE-StPO für eine Katalogtat vorliegen.[1171] Zunächst ist festzuhalten, dass zureichende tatsächliche Anhaltspunkte vorliegen müssen, welche nahelegen, dass eine Katalogtat bereits begangen worden ist.[1172] Hingegen genügt es nicht, dass Anhaltspunkte dafür vorliegen, dass eine Person geneigt sei, in Zukunft eine Straftat zu begehen. Bei diesem Verdacht darf es sich nicht um blosse Vermutungen handeln. Gleichzeitig muss jedoch auch keine bestimmte Wahrscheinlichkeitsstufe, also beispielsweise ein dringender oder hinreichender Tatverdacht, erreicht werden. Vielmehr genügt ein hinreichend konkretisierter Anfangsverdacht.[1173]

Vorfeldermittlungen sind hingegen nicht zulässig. In der Praxis kommt es jedoch häufig zu einer Kombination von Strafprozessrecht und Polizeirecht, welche nicht selten zu einer Aufweichung des Verdachtsbegriffs führt.[1174] Hingegen können Verdeckte Ermittler auch bereits im Vorfeld eines Anfangsverdachts – gestützt auf die Landespolizeigesetze – eingesetzt werden. Eine Ausnahme zu den Katalogtaten besteht bei der Gefahr der Wiederholung.[1175] Dabei gilt es zu betonen, dass nur bei Vorliegen eines konkreten Anfangverdachts in Kombination mit einem im Sinne des Landespolizeirechts hinreichenden Gefahrenverdachts, ein Einsatz Verdeckter Ermittler mit doppelter Zielrichtung stattfinden darf.[1176]

Ferner ist erforderlich, dass eine Straftat von erheblicher Bedeutung vorliegt. Dabei muss es sich stets um Katalogdelikte handeln.[1177] Gleichzeitig müssen sie mindestens zur mittleren Kriminalität gehören und somit geeignet sein, den Rechtsfrieden erheblich zu stören bzw. das Gefühl der Bevölkerung und deren Vertrauen in die Rechtssicherheit zu mindern.[1178] Es kann kontrovers diskutiert werden, inwiefern die Anwendbarkeit auf Staatsschutzdelikte gestützt auf die

---

1170 Gercke, 2019: § 110a DE-StPO, Rz. 13.
1171 Hegmann, 2017: § 110a DE-StPO, Rz. 9.
1172 Bernsmann, 1998: S. 219.
1173 Eschelbach, 2020: § 110a DE-StPO, Rz. 13.
1174 Eschelbach, 2020: § 110a DE-StPO, Rz. 13.
1175 Gercke, 2019: § 110a DE-StPO, Rz. 14.
1176 Eschelbach, 2020: § 110a DE-StPO, Rz. 13.
1177 Bernsmann, 1998: S. 220.
1178 Eschelbach, 2020: § 110a DE-StPO, Rz. 14.

Zuständigkeitsregeln nach den §§ 74a, 120 GVG sinnvoll erscheint.[1179]Es besteht keine Bindung an den Gegenstand eines einzelnen Strafverfahrens. Einsätze können somit verfahrensübergreifend stattfinden.[1180]

5.2.4.1.2. Verdeckte Ermittler, V-Personen, Informanten und NOePs

Es ist zudem eine Abgrenzung zwischen Verdeckten Ermittlern und Vertrauenspersonen (V-Personen/V-Leuten) vorzunehmen.[1181] Der Verdeckte Ermittler ist in § 110a Abs. 2 DE-StPO definiert und gilt als Beamter des Polizeidienstes, welcher unter einer ihm verliehenen und auf Dauer angelegten Legende ermittelt.[1182] Hingegen gehören V-Personen in der Regel nicht der Polizei an.[1183] Sie unterstützen diese jedoch über einen längeren Zeitraum hinweg bei der Aufklärung (oder Prävention) von Straftaten.[1184] Auch wenn sie dabei teilweise auf staatliche Mittel zurückgreifen, unterliegen V-Personen nicht dem Legalitätsprinzip.[1185] Der Einsatz von V-Leuten ist häufig notwendig, um schwere aufklärbare Kriminalität zu bekämpfen.[1186] V-Leute werden somit von Behörden unterstützend eingesetzt.[1187] Auch ausländische Polizeibeamte können als V-Leute eingestuft werden.[1188] Es fehlt jedoch an einer ausdrücklichen spezialgesetzlichen Grundlage für V-Leute.[1189]

Es stellt sich die Frage, wie mit V-Personen – also Informanten aus dem Milieu – umzugehen sei. Im Gegensatz zu Verdeckten Ermittlern, welche in § 110a ff. DE-StPO geregelt sind, äussert sich das Gesetz bisher nicht zur Arbeit von V-Leuten. Dies wäre jedoch zwingend notwendig. Man denke hier beispielsweise an das Betreten fremder Häuser durch V-Personen. Dabei handelt es sich letztendlich um schwere Eingriffe in die Rechte Dritter. Zwar erteilt der Hausrechtsinhaber seine Zustimmung. Diese ist jedoch erschlichen. Schliesslich weiss der Hausrechtsinhaber nicht, dass es sich bei der V-Person um einen Informanten der Polizei handele. Wenn der Hausrechtsinhaber dies wüsste, würde er seine

---

1179 Eschelbach, 2020: § 110a DE-StPO, Rz. 15.
1180 Eschelbach, 2020: § 110a DE-StPO, Rz. 2.
1181 Gercke, 2017: S. 615.
1182 Kühne, 2015: Rz. 534; Hegmann, 2017: § 110a Rz. 1.
1183 Fezer, 1995: S. 971.
1184 Kühne, 2015: Rz. 534.
1185 Gercke, 2019: § 110a DE-StPO, Rz. 21.
1186 Eschelbach, 2020: § 110a DE-StPO, Rz. 11.
1187 Duttge, 1996: S. 564.
1188 BGH NStZ 2007, 713 = StraFo 2007, 331.
1189 Eschelbach, 2000: S. 391.

Zustimmung mit hoher Wahrscheinlichkeit nicht erteilen.[1190] Es steht lediglich fest, dass schwere Gesetzesverstösse von V-Leuten zur Unverwertbarkeit der Erkenntnisse führen können.[1191]

Man könnte ferner argumentieren, dass es sich bei V-Personen bereits um eine Art Verdeckter Ermittler mit erweiterten Befugnissen handele. V-Personen gehören häufig selbst dem Milieu an und begehen mitunter auch Straftaten. Diesen Straftaten wird regelmässig von Seiten der Polizei mit Nachsicht begegnet, um die Position der V-Leute und somit die Informationsgewinnung nicht zu gefährden.[1192] Interessant ist, dass es Haushaltspositionen im Innenressort gibt, welche Ressourcen für die Entlohnung von V-Personen vorsehen. Trotzdem fehlt es an einer gesetzlichen Grundlage für V-Personen. Es stellt sich daher auch die Frage, ob V-Personen auch Polizeibeamte sein können. Diesfalls könnte man die für Verdeckte Ermittler geltenden Restriktionen der §§ 110a ff. DE-StPO umgehen, indem Polizeibeamte nicht als Verdeckte Ermittler, sondern als V-Personen tätig werden könnten.[1193] Diesfalls kommt möglicherweise ein Beweisverwertungsverbot in Betracht.[1194]

Bereits heute wird der Einsatz von V-Leuten, welche aus Sicht der Betroffenen einen ähnlichen Zweck wie jener der Verdeckten Ermittler verfolgt, häufig als Umgehung von § 110a DE-StPO gewertet. Dies auch im Hinblick auf die Risiken der Selbstbelastungs- sowie Tatprovokation. Auch besteht eine Gefahr der Sachverhaltsverfälschung. Diese können unter anderem einen Verstoss gegen die Menschenwürdegarantie darstellen (Art. 1 Abs. 1, 20 Abs. 3, 79 Abs. 3 GG).[1195]

Zudem sind Verdeckte Ermittler von nicht offen ermittelnden Polizeibeamten, dem deutschen Pendant der schweizerischen Verdeckten Fahnder, zu unterscheiden.[1196] Die Qualifikation als Verdeckter Ermittler ergibt sich letztendlich erst daraus, dass ein Polizeibeamter dauerhaft unter einer Legende am Rechtsverkehr teilnimmt.[1197] Nichtöffentlich ermittelnde Polizeibeamte treten unter falschen Namen, aber ohne Legende in Einzelfällen auf. Ohne Legendenverwendung auf Dauer ermittelnde Polizeibeamte kommen beispielsweise

1190 Kühne, 2015: Rz. 369.
1191 BVerfG NStZ 2000, 489.
1192 Kühne 2015 Rz. 534.
1193 Kühne, 2015: Rz. 534.
1194 BGH NStZ 1995, 514.
1195 Eschelbach, 2020: § 110a DE-StPO, Rz. 11.
1196 Kühne, 2015: Rz. 534.1.
1197 Hegmann, 2017: § 110a DE-StPO, Rz. 5.

bei Internetermittlungen zum Einsatz. Sie verschweigen ihre Ermittlungstätigkeit.[1198] Der BGH hat nichtöffentlich ermittelnde Polizeibeamten als Notlösung den §§ 161 und 163 DE-StPO unterstellt.[1199] Damit werden beispielsweise Scheinkäufe im Drogenmilieu ermöglicht.[1200] Scheinkäufer im Drogenmilieu sind nach der herrschenden Lehre keine Verdeckten Ermittler. Auch Ermittler, welche sich hinsichtlich einer einzelnen Ermittlungshandlung einer falschen Identität bedienen, fallen nach der herrschenden Lehre nicht unter die §§ 110a ff. DE-StPO.[1201] Bei der Abgrenzung von nicht öffentlich operierenden Beamten von Verdeckten Ermittlern ist unter anderem massgebend, wie umfangreich ihr Ermittlungsauftrag ist, wie viele Personen getäuscht werden müssen, und ob der Schutz der ermittelnden Beamten die Geheimhaltung ihrer Identität erfordert.[1202]

Von Verdeckten Ermittlern und V-Personen zu unterscheiden sind sogenannte Informanten.[1203] Informanten stellen eher Augenblickshelfer dar und operieren nicht unter einer Legende.[1204] Sie sind nicht auf Dauer für die Polizei tätig, sondern operieren lediglich in Einzelfällen.[1205]

Aus ermittlungstaktischer Sicht dürfte der Einsatz Verdeckter Ermittler gegenüber jenem von V-Personen vorzuziehen sein. Schliesslich sind Verdeckte Ermittler besser ausgebildet und aufgrund ihrer Behördenzugehörigkeit vermeintlich zuverlässiger als V-Personen.[1206]

5.2.4.2. Umsetzung des Einsatzes

Einsätze Verdeckter Ermittler sind in der Regel durch die Polizei dominiert. Die Staatsanwaltschaft handelt hingegen meist nur als Genehmigungsbehörde. Ab dem Zwischenverfahren erfolgt die Genehmigung durch das Gericht. Daraus folgt, dass die Kontrolle durch die Justiz lediglich auf einige Ausschnitte aus der gesamten Verdeckten Ermittlung beschränkt ist.[1207]

1198 Eschelbach, 2020: § 110a DE-StPO, Rz. 9.
1199 BGH NJW 1995, 2237 f.; 1996, 2108.
1200 Kühne, 2015: Rz. 534.1.
1201 Eschelbach, 2020: § 110a DE-StPO, Rz. 10.
1202 Kramer, 2014: S. 255.
1203 Kühne, 2015: Rz. 534; Hegmann, 2017: § 110a DE-StPO, Rz. 7.
1204 Bruns, 2019: § 110a DE-StPO, Rz. 9.
1205 Kühne, 2015: Rz. 534.
1206 Rogall, 1987: S. 848.
1207 Eschelbach, 2020: § 110a DE-StPO, Rz. 2.

Der Einsatz von Verdeckten Ermittlern muss von der Staatsanwaltschaft oder (bei Gefahr in Verzug) von der Polizei angeordnet werden.[1208] Sofern sich ein Einsatz gegen einen bestimmten Beschuldigten richtet oder der Verdeckte Ermittler eine Wohnung betreten soll, welche nicht allgemein zulässig ist, ist zudem eine richterliche Anordnung notwendig. Bei Gefahr im Verzug genügt eine staatsanwaltliche Anordnung (§ 110b Abs. 2, DE-StPO).[1209]

Ferner muss bedacht werden, dass eine potentielle Gefährdung des allgemeinen Rechtsverkehrs durch Verdeckte Ermittlungen besteht. Schliesslich nehmen Verdeckte Ermittler unter ihrer Legende rechtlich relevante Handlungen vor.[1210]

Ähnlich wie in der Schweiz ist der präventive Einsatz von Verdeckten Ermittlern in den Polizeigesetzen des Bundes und der Länder geregelt.[1211] Es gelten weitgehend die gleichen Restriktionen, welche sich meist aus verfassungsrechtlichen Bedenken ergeben. Dazu zählt unter anderem der Schutz der Wohnung.[1212] Schliesslich können Verdeckte Ermittlungen zur totalen Überwachung führen, der auch der Schutz der Wohnung zum Opfer fällt.[1213] Dies wurde vor allem auch im Zusammenhang mit dem „grossen Lauschangriff", welcher sich in Kombination mit anderen Verdeckten Zwangsmassnahmen ergeben kann, diskutiert.[1214]

Ferner muss eine Legende – also eine falsche Identität – für den Verdeckten Ermittler geschaffen werden. Es war geplant, zur Unterstützung der Legende Verdeckter Ermittler Korrekturen ins Personenstandsregister einzutragen. Diese Möglichkeit wurde jedoch vom Gesetzgeber nicht umgesetzt.[1215]

Es besteht somit auch nur ein sehr geringes Schutzniveau für Legenden. Sofern Gefahr für Leib und Leben besteht, müssen Zeugen lediglich Angaben über allfällige frühere Identitäten machen (§ 68 Abs. 3 DE-StPO). Im Rahmen einer Hauptverhandlung muss ein Zeuge jedoch angeben, in welcher Eigenschaft er die von ihm wiedergegebenen Informationen erlangt hat (§ 68 Abs. 3 DE-StPO). Problematisch ist in diesem Zusammenhang, dass § 110a Abs. 3, DE-StPO zwar vorsieht, dass zur Aufrechterhaltung oder Herstellung von Legenden Urkunden hergestellt, verändert und verwendet werden dürfen. Es ist jedoch

1208 Bernsmann, 1998: S. 220.
1209 Kühne, 2015: Rz. 535.
1210 Eschelbach, 2020: § 110a DE-StPO, Rz. 4.
1211 Bruns, 2019: § 110a DE-StPO, Rz. 2.
1212 Weil, 1992: S. 243 f.; Krüger, 1993: S. 124 f.; Meyer, 1999: S. 49 f.; Baum & Palm, 1994: S. 447.
1213 Seifert, 1992: S. 355 f.
1214 Hassemer, 1992: S. 357 f.
1215 Kühne, 2015: Rz. 535.

keine Abänderung öffentlicher Register vorgesehen. Folglich können Legenden mit verhältnismässig geringem Aufwand enttarnt werden.[1216]

Im Hinblick auf die Legende ergeben sich eine ganze Reihe von Herausforderungen. Einerseits muss bedacht werden, dass der Verdeckte Ermittler unter Umständen eine unbestimmte Anzahl an Personen über seine Identität täuschen muss. Gleichzeitig muss auch seine Identität unter Umständen in zukünftigen Strafverfahren geheim gehalten werden. Wie sich diese Faktoren entwickeln werden, ist zu Beginn des Einsatzes des Verdeckten Ermittlers meist nicht abzuschätzen.[1217] Die alleinige Verwendung von Tarnpapieren (auch über einen längeren Zeitraum) alleine führt noch nicht zwingend zur Qualifikation als Verdeckter Ermittler.[1218]

Zwar ist kein fester Zeitraum für die Verdeckte Ermittlung vorgeschrieben. Sie ist jedoch in der Regel auf Dauer ausgelegt. Nicht erforderlich hingegen ist, dass die Legende auf einen bestimmten Mindestzeitraum ausgelegt sein muss.[1219] Sofern ein Einsatz nicht auf Dauer ausgelegt wäre, würde man ihn jedoch unter den nichtöffentlich handelnden Beamten zusammenfassen. Es gilt zu erwähnen, dass Verdeckte Ermittler in Deutschland bereits über sehr weitreichende Befugnisse verfügen. So dürfen Verdeckte Ermittler unter anderem nach § 110a DE-StPO unter ihrer Legende am Rechtsverkehr teilnehmen. Sie dürfen sogar Rechtsgeschäfte abschliessen. So ist es ihnen unter anderem gestattet, Firmen zu gründen oder sich unter falschem Namen in das Grundbuch und andere Register eintragen zu lassen. Sie dürfen sogar unter ihrer Legende als Kläger oder Beklagte in Prozessen auftreten. Diese an nachrichtendienstliche Vorgehensweisen erinnernden Befugnisse sind im Kontext von Art. 20 Abs. 3 GG tolerierbar, sofern einerseits unerlässlich erscheinen und andererseits hinreichend bestimmte Voraussetzungen und Befugnisse sowie eine Wahrung des Kontrollprinzips gewährleistet ist. Zudem hat der Dienstherr dafür zu sorgen, dass durch den Einsatz Verdeckter Ermittler kein Schaden für Dritte entsteht.[1220] Das bedeutet, dass der Dienstherr für allfällige vom Verdeckten Ermittler verursachte Schäden aufzukommen hat. Auch sind Verbindlichkeiten des Verdeckten Ermittlers, welche bei der Aufhebung der Legende bestehen, vom Dienstherrn zu tilgen.[1221]

1216 Kühne, 2015: Rz. 839.

1217 Eschelbach, 2020: § 110a DE-StPO, Rz. 5.

1218 Hegmann, 2017: § 110a DE-StPO, Rz. 5.

1219 Hegmann, 2017: § 110a DE-StPO, Rz. 3.

1220 Eschelbach, 2020: § 110a DE-StPO, Rz. 7.

1221 Gercke, 2019: § 110a DE-StPO, Rz. 20.

5.2.4.2.1. *Verfahren beim Einsatz Verdeckter Ermittler*

Das Verfahren beim Einsatz eines Verdeckten Ermittlers ist in § 110b DE-StPO geregelt. Dieser lautet wie folgt:

> *(1) Der Einsatz eines Verdeckten Ermittlers ist erst nach Zustimmung der Staatsanwaltschaft zulässig. Besteht Gefahr im Verzug und kann die Entscheidung der Staatsanwaltschaft nicht rechtzeitig eingeholt werden, so ist sie unverzüglich herbeizuführen; die Massnahme ist zu beenden, wenn nicht die Staatsanwaltschaft binnen drei Werktagen zustimmt. Die Zustimmung ist schriftlich zu erteilen und zu befristen. Eine Verlängerung ist zulässig, solange die Voraussetzungen für den Einsatz fortbestehen.*
>
> *(2) Einsätze,*
>
> 1. *die sich gegen einen bestimmten Beschuldigten richten oder*
> 2. *bei denen der Verdeckte Ermittler eine Wohnung betritt, die nicht allgemein zugänglich ist,*
>
> *bedürfen der Zustimmung des Gerichts. Bei Gefahr im Verzug genügt die Zustimmung der Staatsanwaltschaft. Kann die Entscheidung der Staatsanwaltschaft nicht rechtzeitig eingeholt werden, so ist sie unverzüglich herbeizuführen. Die Massnahme ist zu beenden, wenn nicht das Gericht binnen drei Werktagen zustimmt. Absatz 1 Satz 3 und 4 gilt entsprechend.*
>
> *(3) Die Identität des Verdeckten Ermittlers kann auch nach Beendigung des Einsatzes geheimgehalten werden. Die Staatsanwaltschaft und das Gericht, die für die Entscheidung über die Zustimmung zu dem Einsatz zuständig sind, können verlangen, dass die Identität ihnen gegenüber offenbart wird. Im übrigen ist in einem Strafverfahren die Geheimhaltung der Identität nach Massgabe des § 96 zulässig, insbesondere dann, wenn Anlass zu der Besorgnis besteht, dass die Offenbarung Leben, Leib oder Freiheit des Verdeckten Ermittlers oder einer anderen Person oder die Möglichkeit der weiteren Verwendung des Verdeckten Ermittlers gefährden würde.*"[1222]

Die Anordnung einer Verdeckten Ermittlung muss sowohl die materiellen als auch die prozessualen Voraussetzungen, welche in den §§ 110a und 110b DE-StPO festgehalten wurden, enthalten. Insbesondere ist die Anordnung auch zu begründen (§ 34 DE-StPO). Das Fehlen der staatsanwaltschaftlichen oder richterlichen Zustimmung kann zu einer Unverwertbarkeit der durch die Verdeckte Ermittlung gewonnenen Beweise führen. Auch bei willkürlichen oder unvertretbaren Begründungen kommt ein Beweisverwertungsverbot infrage.[1223]

Aus praktischer Sicht von wesentlicher Bedeutung ist, dass die Initiative für den Einsatz eines Verdeckten Ermittlers von der Polizei ausgeht. Sodann kann

---

1222 § 110b DE-StPO.

1223 Hegmann, 2017: § 110b DE-StPO, Rz. 12.

die Staatsanwaltschaft den Einsatz eines Verdeckten Ermittlers nicht mit Erfolg anordnen, wenn die Polizei nicht bereit ist, einen Verdeckten Ermittler zur Verfügung zu stellen.[1224]

Sodann baut die Polizei auch die Legende auf. Die Staatsanwaltschaft bleibt jedoch sachleitungsbefugt und somit Herrin des Ermittlungsverfahrens. Dabei beschränkt sich ihre Rolle jedoch häufig auf jene einer Genehmigungsbehörde. Aufgrund des Spionagecharakters wirkt die Polizei hier häufig ausserhalb des klassischen Strafverfahrensrechts.[1225]

Grundsätzlich ist die (schriftliche) Zustimmung der Staatsanwaltschaft stets erforderlich.[1226] Lediglich bei Gefahr in Verzug kann die Polizei vorerst alleine handeln. Die staatsanwaltschaftliche Genehmigung muss jedoch unverzüglich und die richterliche innert drei Tagen eingeholt werden (drei Werktage, gerechnet ab dem auf die Anordnung folgenden Tag). Interessant ist in diesem Zusammenhang, dass das blosse Fehlen der staatsanwaltschaftlichen Zustimmung in der Regel nicht zu einem Beweisverwertungsverbot führen dürfte.[1227]

Neben der staatsanwaltschaftlichen Zustimmung ist auch jene des Gerichts erforderlich. Zuständig hierfür ist der Ermittlungsrichter. Im Hinblick auf die hohen Pensenzahlen sowie die beschränkte Verfügbarkeit von Informationen im Bereich der Verdeckten Ermittler, ist der hier gewährte Rechtsschutz jedoch kritisch zu betrachten. Sodann hat der Ermittlungsrichter auch nur die Rechtmässigkeit, aber nicht die Zweckmässigkeit der Massnahme zu prüfen.[1228] Die Zustimmung des Gerichts ist in jedem Fall erforderlich, wenn sich der Einsatz des Verdeckten Ermittlers gegen einen bestimmten Beschuldigten richtet bzw. gegen mehrere Beschuldigte.[1229]

5.2.4.2.2. Verdeckte Ermittler und die Begehung von Straftaten

In der Lehre und Rechtsprechung besteht Einigkeit darüber, dass Verdeckte Ermittler keine Straftaten begehen dürfen. Es gilt für Verdeckte Ermittler das Legalitätsprinzip.[1230] Dies gilt auch für sogenannte milieubedingte Straftaten.[1231] Somit ist es

1224 Eschelbach, 2020: § 110b DE-StPO, Rz. 2.
1225 Eschelbach, 2020: § 110b DE-StPO, Rz. 2.
1226 Hegmann, 2019: § 110b DE-StPO, Rz. 1; BGH NStZ 1996, 48.
1227 Eschelbach, 2020: § 110b DE-StPO, Rz. 4.
1228 Eschelbach, 2020: § 110b DE-StPO, Rz. 5.
1229 Eschelbach, 2020: § 110b DE-StPO, Rz. 6; Hegmann, 2017: § 110b DE-StPO, Rz. 3.
1230 Eschelbach, 2020: § 110c DE-StPO, Rz. 8.
1231 Hegmann, 2017: § 110c DE-StPO, Rz. 7.

Verdeckten Ermittlern nicht gestattet, Straftaten zu begehen.[1232] Es kommen lediglich Rechtfertigungsgründe im Sinne von den §§ 32, 34, 35 DE-StGB in Frage. Ihre Befugnisse entsprechen jenen normaler Polizeibeamter.[1233] In der Vergangenheit wurde wiederholt gefordert, dass Verdeckte Ermittler in der Lage sein sollten, sogenannte „Milieu typische Straftaten" zu begehen. Dies wurde mitunter mit einer Stärkung der Glaubwürdigkeit der betroffenen Verdeckten Ermittler gerechtfertigt. Die herrschende Lehre ist dem (nach hier vertretener Auffassung zu Recht) entgegengetreten. Insbesondere muss verhindert werden, dass der Staat über die Rechtsgüter unbeteiligter Dritter, die zweifelsohne die Geschädigten dieser Straftaten wären, verfügen kann.[1234]

Die Befugnisse der Verdeckten Ermittler richten sich nach § 110c DE-StPO:

> *„Verdeckte Ermittler dürfen unter Verwendung ihrer Legende eine Wohnung mit dem Einverständnis des Berechtigten betreten. Das Einverständnis darf nicht durch ein über die Nutzung der Legende hinausgehendes Vortäuschen eines Zutrittsrechts herbeigeführt werden. Im Übrigen richten sich die Befugnisse des Verdeckten Ermittlers nach diesem Gesetz und anderen Rechtsvorschriften."*[1235]

Das heisst, dass die deutsche Strafprozessordnung explizit verbietet, dass Verdeckte Ermittler Straftaten begehen.[1236] Auch milieubedingte Straftaten oder sogenannte Keuschheitsproben sind nicht zulässig.[1237] Es handelt sich um ein allumfassendes Verbot.[1238] Lediglich die Vortäuschung einer Straftat im Sinne von Cold-Case-Techniken wird in der Regel als zulässig betrachtet.[1239] In Ausnahmefällen können Straftaten nach § 32 und § 34 DE-StGB gerechtfertigt oder nach § 35 DE-StGB entschuldigt sein.[1240] Um in Deutschland eine gesetzliche Grundlage zu schaffen, welche es Verdeckten Ermittlern erlaubt, Straftaten zu begehen, ohne mit einer Strafverfolgung rechnen zu müssen, müsste man also zunächst § 110c DE-StPO abändern. Derartige Vorhaben sind jedoch in der

1232 Eschelbach, 2020: § 110c DE-StPO, Rz. 10.
1233 Krey / Heinrich, 2019: S. 249.
1234 Kühne, 2015: Rz. 536.
1235 § 110c DE-StPO.
1236 Hegmann, 2017: § 110c, DE-StPO, Rz. 7.
1237 Bruns, 2019: § 110c DE-StPO, Rz. 6.
1238 Günther, 2016: § 110c DE-StPO, Rz. 39.
1239 Gercke, 2019: § 110c DE-StPO, Rz. 8.
1240 Pfeiffer, 2005: § 110c DE-StPO, Rz. 2.

Vergangenheit gescheitert.[1241] Dies ist unter anderem auf den hohen Stellenwert des Legalitätsprinzips zurückzuführen.[1242]

In diesem Zusammenhang muss ferner berücksichtigt werden, dass eine Erweiterung der Befugnisse Verdeckter Ermittler zur Begehung von Straftaten auch nicht auf vermeintlich harmlose Delikte beschränkt werden könnte. Schliesslich bedürfen derartige Regelungen einer gesetzlichen Grundlage. Das bedeutet, dass das Milieu wüsste, was erlaubt wäre und was verboten sein könnte. Würde man einen Diebstahl erlauben, könnte das Milieu eine schwerere Straftat von Verdeckten Ermittlern fordern. Die herrschende Lehre hat hier zu Recht angemerkt, dass die Spirale nach oben offen wäre.[1243]

Gleichzeitig stellt sich die Frage, ob man zur Bekämpfung des internationalen Terrorismus und seiner Finanzierung hier nicht eine Ausnahme vorsehen könnte. Die Eingriffe in die Rechte Dritter dürften sich in diesem Kontext in Grenzen halten. Dies im Hinblick auf die geringe Anzahl an Verfahren, die zur Bekämpfung des Terrorismus geführt werden.

In jedem Fall ist vernünftigerweise davon auszugehen, dass allfällige Gesetzesverstösse von Verdeckten Ermittlern auch heute schon von der Polizei und Staatsanwaltschaft nur sehr zurückhaltend verfolgt werden.[1244] Ein möglicher Lösungsansatz besteht darin, dass man sich darauf beruft, dass es aufgrund des Wesens des polizeilichen Ermittlungsauftrags gar nicht zu einer tatbestandlichen Erfüllung komme. Beispielsweise könnte man aufgrund polizeilicher Sicherungsmassnahmen dafür sorgen, dass vom Verdeckten Ermittler vorgenommene Handlungen nicht tatbestandsmässig sein können. Sodann könnte der Verdeckte Ermittler aufgrund des fehlenden Vollendungswillens auch nicht wegen Beihilfe oder Anstiftung zu einer Straftat belangt werden.[1245]

Diese Vorgehensweise ist elegant und kann in der Tat in einigen Fällen Abhilfe schaffen. Gleichzeitig stösst sie auch leicht an ihre Grenzen. Täter aus dem Milieu, welche einen Verdeckten Ermittler überprüfen wollen, um festzustellen, ob dieser tatsächlich ein Krimineller oder ein Polizeibeamter sei, dürften ihre Tests entsprechend geschickt organisieren. Abschliessend stellt sich somit die Frage, ob das Begehen von Straftaten nach §§ 34 und 35 DE-StGB gerechtfertigt sein könnte.[1246]

1241 Bruns, 2019: § 110c DE-StPO, Rz. 6.

1242 Günther, 2016: § 110c DE-StPO, Rz. 39.

1243 Kühne, 2015: Rz 536.

1244 Kühne, 2015: Rz 536.

1245 Hegmann, 2017: § 110c DE-StPO, Rz. 7.

1246 Hegmann, 2017: § 110c DE-StPO, Rz. 7.

Gemäss den §§ 110b Abs. 2 und 110c DE-StPO dürfen Verdeckte Ermittler mit Einwilligung der Berechtigten fremde Wohnungen betreten.[1247] Insbesondere haben Verdeckte Ermittler eine Befugnis zum offenen Betreten fremder Wohnungen unter Verwendung ihrer Legende.[1248] Dabei handelt es sich nicht um eine Durchsuchung im Sinne von § 102 ff. DE-StPO, sondern um eine Sonderregelung im Sinne von § 110c DE-StPO. In § 110c DE-StPO wurde der Eingriff, ein Art. 13 Abs. 1 GG, somit besonders geregelt. Erwähnenswert ist, dass diese besondere Regelung für Verdeckte Ermittler, aber nicht für andere, nicht offene ermittelnde Polizeibeamte oder gar V-Leute gilt. Diese Einschränkung ist jedoch zu relativieren, da davon ausgegangen wird, dass das Betreten einer Wohnung mit dem ausdrücklichen Einverständnis des Inhabers keinen Grundrechtseingriff darstelle. Folglich kann man den Sinn von § 110c Abs. 1 DE-StPO kritisch hinterfragen.[1249] In diesem Zusammenhang stellt sich die Frage, inwiefern dies mit Art. 13 GG in Einklang zu bringen ist. Schliesslich erfolgt die Einwilligung des Hausrechtinhabers durch Täuschung hinsichtlich der Identität des Verdeckten Ermittlers. Die Einwilligung könnte somit unwirksam sein. Nach der hier vertretenen Auffassung stellt diese Irrtumserregung jedoch keinen Eingriff in das Hausrecht dar, weshalb Art. 13 GG nicht verletzt wird. Dies insbesondere im Hinblick darauf, dass eine allenfalls unwirksame Einwilligung des Hausrechtinhabers durch die ausdrückliche gesetzliche Regelung in § 110c DE-StPO ausgeglichen wird.[1250] Gleichzeitig gilt zu bedenken, dass § 110c Abs. 1 DE-StPO die Möglichkeiten der Verdeckten Ermittler auch einschränkt. Beispielsweise ist eine heimliche Durchsuchung von Wohnungen ausgeschlossen.[1251] Abschliessend muss bedacht, dass mit den §§ 110a ff. DE-StPO eine konstitutive Ausnahme vom Täuschungsverbot geschaffen wurde.[1252]

Strittig ist hingegen, ob auch nicht offen ermittelnde Polizeibeamte unter Täuschung über ihre wahre Identität, fremde Wohnungen betreten dürfen. Diese Problematik könnte bei Vorliegen der materiellen Einsatzvoraussetzungen im Sinne von § 110a Abs. 1 DE-StPO und einer richterlichen Zustimmung im Sinne von § 110b Abs. 2 S. 1 Nr. 2 DE-StPO gelöst werden. Schliesslich wäre in einem solchen Fall auch der Einsatz eines Verdeckten Ermittlers möglich.[1253]

1247 Hegmann, 2017: § 110c DE-StPO, Rz. 1.

1248 Hilger, 1992: S. 525.

1249 Eschelbach, 2020: § 110c DE-StPO, Rz. 1.

1250 Kühne, 2015: Rz. 535.

1251 Eschelbach, 2020: § 110c DE-StPO, Rz. 2.

1252 Lagodny, 1996: 372.

1253 Hegmann, 2017: § 110c DE-StPO, Rz. 3.

Sofern sich der Einsatz eines Verdeckten Ermittlers gezielt gegen eine bestimmte Person richtet oder der Verdeckte Ermittler beabsichtigt, eine nicht allgemein zugängliche Wohnung zu betreten, ist eine Zustimmung des Richters erforderlich.[1254] Dabei müssen grundsätzlich die gleichen Grundsätze wie bei einer Durchsuchungsanordnung nach § 105 DE-StPO zur Anwendung gelangen.[1255] Entscheidend ist dabei nicht, ob der Verdeckte Ermittler tatsächlich die Wohnung betritt. Vielmehr ist auf eine vernünftigerweise zu erwartende Notwendigkeit des Betretens abzustellen.[1256] Verdeckte Ermittler dürfen kein über ihre Legende hinausgehende Täuschungshandlung vornehmen, um Zutritt zu einer Wohnung zu erhalten.[1257]

Es gilt zu beachten, dass Verdeckte Ermittler neben dem Betreten einer Wohnung unter Verwendung ihrer Legende keine weitergehenden Befugnisse haben. Insbesondere stützen sich ihre Befugnisse auf das Strafprozessrecht und das subsidiär geltende Polizeirecht. Verdeckte Ermittler dürfen gemäss der gesetzgeberischen Vorstellung auch präventiv polizeilich tätig werden. Der BGH hat in seinem Urteil vom 26.04.2017 – 2 StR 247/16 zugunsten einer parallelen Anwendbarkeit von Polizei und Strafprozessrecht entschieden.[1258]

Interessant ist jedoch, dass Verdeckte Ermittler sogenannte Initiativermittlungen durchführen können. Dies bedeutet unter anderem, dass sie nicht zu einer Belehrung nach §§ 136 Abs. 1, 55 Abs. 2, 163a Abs. 4 und 5 DE-StPO verpflichtet sind.[1259] Dies ist jedoch kritisch zu betrachten. Einerseits kann darin ein Verstoss gegen § 110c Abs. 3 DE-StPO erblickt werden. Gleichzeitig scheint eine derartige Initiativermittlung bzw. eine Befragung ohne Belehrung auch mit dem verfassungsrechtlichen Grundsatz „Nemo tenetur se ipsum accusare“ nur schwer in Einklang zu bringen. Die damit verbundene Selbstbelastungsprovokation kann zudem eine Verletzung von Art. 1 Abs. 1 GG darstellen. Selbst belastende Äusserungen des Beschuldigten dürfen sodann auch nur verwertbar sein, sofern sie ohne Zutun des Verdeckten Ermittlers gemacht wurden.[1260]

Sofern die Voraussetzungen für die Verdeckte Ermittlung erfüllt waren (Straftat von erheblicher Bedeutung, Subsidiarität), sind auch selbst belastende

1254 Gercke, 2019: § 110b DE-StPO, Rz. 4.
1255 BGHSt 42, 104.
1256 Gercke, 2019: § 110b DE-StPO, Rz. 5.
1257 Gercke, 2019: § 110c DE-StPO, Rz. 2.
1258 Eschelbach, 2020: § 110c DE-StPO, Rz. 7.
1259 Hegmann, 2017: § 110c DE-StPO, Rz. 5.
1260 Eschelbach, 2020: § 110c DE-StPO, Rz. 9; Hegmann, 2017: § 110c DE-StPO, Rz. 6.

Äusserung eines Beschuldigten gegenüber Verdeckten Ermittlern grundsätzlich verwertbar. Ausnahmen sind jedoch dann gegeben, wenn sich ein Beschuldigter bereits auf sein Aussageverweigerungsrecht berufen hat und vom Verdeckten Ermittler aufgrund eines vorgetäuschten Vertrauensverhältnisses es zu einer Aussage gedrängt wird. Dies wäre mit dem nemo tenetur Grundsatz nicht vereinbar. Aussagen, welcher aufgrund von nötigenden Handlungen zustande gekommen sind, sind ebenfalls nicht verwertbar.[1261]

5.2.4.2.3. Der Verdeckte Ermittler als Lockvogel?

Abschliessend stellt sich die Frage, wie mit tatprovozierendem Verhalten umzugehen ist. Dieses gilt innerhalb enger Grenzen als grundsätzlich zulässig. Selbst bei einer Überschreitung dieser Grenzen führt es in der Regel jedoch lediglich zu einer Strafmilderung. Dabei handelt es sich im Wesentlichen um Taten, welche ohne die staatliche Einwirkung nicht begangen worden wären.[1262]

In der Praxis werden Verdeckte Ermittler häufig als sogenannte Agent Provocateurs eingesetzt. Tatprovokationen sind nur innerhalb sehr enger Grenzen zulässig. Beispielsweise ist es möglich, Dritte darauf anzusprechen, ob sie bereit wären, Betäubungsmittel zu beschaffen.[1263] Dies wird häufig damit gerechtfertigt, dass es ausserordentlich kostspielig sei, einen Verdeckten Ermittler zu unterhalten und somit ein gewisser Leistungsdruck bestehe. Dies wurde in der Rechtsprechung als zulässig erachtet, aber bei der Strafzumessung berücksichtigt. Die Literatur hat sich hingegen kritisch geäussert, da der Staat mit einem derartigen Vorgehen seine Bürger zu Straftaten regelrecht verleitet.[1264] Die Zulässigkeit einer Tatprovokation kann im Rahmen einer Verfahrensrüge in der Revision überprüft werden.[1265]

Der Europäische Gerichtshof für Menschenrechte erblickte in von staatlichen Lockvögeln erwägten Ermittlungsergebnissen einen Verstoss gegen Art. 6 I. 1 EMRK (Fair-Trial-Prinzip). In einer Entscheidung gegen Portugal (Teixeira) erklärte der EGMR entsprechende Ermittlungsergebnisse für unverwertbar. Der erste Strafsenat des BGH hingegen hat in einer Entscheidung vom 18.11.1999 die Verwertbarkeit grundsätzlich bejaht. Demnach sei die Rolle des staatlichen Lockvogels lediglich bei der Rechtsfolge zu berücksichtigen.[1266] Dies ist jedoch

1261 Hegmann, 2017: § 110c DE-StPO, Rz. 6.
1262 Eschelbach, 2020: § 110c Rz. 11.
1263 Hegmann, 2017: § 110c DE-StPO, Rz. 9.
1264 Kühne, 2015: Rz 537.
1265 BGH NStZ 2015, 541.
1266 Kühne, 2015: Rz 537.1.

kritisch zu betrachten. Insbesondere kann dieses Verhalten einen Eingriff in das allgemeine Persönlichkeitsrecht darstellen (Art. 2 Abs. 1 i. V. m. Art. 1 Abs. 1 GG). Im Falle einer Nötigung kann jedoch auch der Kernbereich des Persönlichkeitsrechts sowie die Menschenwürdegarantie im Sinne von Art. 1 Abs. 1 GG betroffen sein. In jedem Fall ist die Provokation eines Unverdächtigen unzulässig.[1267]

Der BGH stützte sich dabei auf die vom EGMR in einem anderen Kontext wiederholt erwähnte Feststellung, dass sich die Ausgestaltung der Grundprinzipien der EMRK nach nationalem Recht richte und nicht vom EGMR zu betreiben sei. Dieser Auffassung ist jedoch nicht zu folgen. Schliesslich stützte sich der EGMR in seiner Beurteilung nicht auf nationales Recht, sondern ausschliesslich auf die EMRK. Wenn die Entscheidung des EGMR nicht Portugal, sondern Deutschland betroffen hätte, hätte die deutsche Justiz der Auffassung des EGMR folgen müssen.[1268]

In jedem Fall darf die in der vorliegenden Arbeit diskutierte potentielle Erweiterung der Befugnisse Verdeckter Ermittler nicht für Lockvögel gelten. Es darf nicht das Ziel eines Rechtsstaats sein, Bürger durch die Begehung von Straftaten zur Begehung einer schwereren Straftat zu ermuntern. Sodann wäre es auch brandgefährlich, potentielle Straftäter zur Finanzierung des Terrorismus durch Lockvogel zu ermutigen. Man stelle sich vor, dass die Situation ausser Kontrolle gerate. Diesfalls hätte der deutsche Staat durch einen Lockvogel Terrorismus finanziert. Wenn sich die Zahlung anschliessend nicht stoppen lassen würde, könnte dies im schlimmsten Fall Menschenleben im Ausland kosten. Der Einsatz von Lockvögeln kann aufgrund der Tragweite der vorliegend diskutierten Straftaten von vornherein nicht infrage kommen.

Von besonderer Bedeutung für die Bekämpfung des internationalen Terrorismus und dessen Finanzierung sind insbesondere ausländische VE's. Der Einsatz ausländischer VE's findet seine Rechtsgrundlage in Art. 14 des Übereinkommens zur Rechtshilfe in Strafsachen der Mitgliedstaaten der EU (EU-RhÜbk). Das besagte Übereinkommen ermöglicht es, dass die Mitgliedstaaten vereinbaren, Verdeckte Ermittler gegenseitig zu übernehmen und auf ihrem Hoheitsgebiet tätig werden zu lassen. Allerdings gilt es dabei zu bedenken, dass ausländische VE's in der Deutschen DE-StPO nicht erwähnt werden und somit auch nicht dem §§ 110a–e DE-StPO unterstehen. Sie sind damit faktisch Privatpersonen

1267 Eschelbach, 2020: § 110c DE-StPO, Rz. 11.
1268 Kühne, 2015: Rz. 537.1.

gleichzustellen.[1269] Verdeckt ermittelnde Polizeibeamte aus anderen Nationen sind in der Regel wie V-Personen zu behandeln.[1270] Dies zumindest sofern sie nicht vollständig der deutschen Rechtsordnung unterstehen.[1271] D. h., dass allfälliges Fehlverhalten nicht dem Staat zuzurechnen ist. Ausnahmen bestehen lediglich dann, wenn staatliche Organe dieses Fehlverhalten selbst veranlasst haben.[1272]

Ferner stellt sich die Frage, wie mit Informationen umzugehen ist, die der Verdeckte Ermittler wahrnimmt, welche jedoch unbeteiligte Dritte betreffen. Beweisverwertungsverbote ausserhalb der Katalogtaten der §§ 100a und 110a DE-StPO bieten hier nur begrenzten Rechtsschutz.[1273]

Dieser Aspekt erscheint insbesondere im Hinblick auf eine Erweiterung der Befugnisse Verdeckter Ermittler problematisch. Schliesslich sollte eine derartige Erweiterung der Befugnisse nur zur Bekämpfung der Finanzierung des Terrorismus infrage kommen. Sollte man die Befugnisse Verdeckter Ermittler jedoch erweitern und damit erlauben, dass diese auch bestimmte Straftaten begehen, um ihre Legende zu plausibilisieren, würde man damit unter Umständen auch kriminell, welche andere Straftaten ausserhalb der Finanzierung des Terrorismus begehen möchten, suggerieren, dass es sich vorliegend tatsächlich um Kriminelle handele.

5.2.4.2.4. Rechtsschutz

Sofern die für den Einsatz eines verdeckten Ermittlers bestimmten Eingriffsvoraussetzungen nicht vorhanden waren, kommt ein Beweisverwertungsverbot für die durch den Einsatz erlangten Beweise infrage. In der Praxis ist dies häufig jedoch nur der Fall, sofern von objektiver Willkür auszugehen ist.[1274]

Gemäss § 101 Abs. 7 DE-StPO kann innert zwei Wochen nach der Benachrichtigung über eine Verdeckte Ermittlung die Überprüfung ihrer Rechtmässigkeit sowie eine Kontrolle der Art und Weise, wie sie vollzogen wurde, beantragt werden.[1275]

Zudem besteht auch die Möglichkeit, nachträglich Rechtsschutz zu erhalten. Die Zuständigkeit liegt dabei bei dem Gericht, welches mit der Anordnung der Massnahme betraut war. Gegen eine allfällige gerichtliche Entscheidung kann sofort Beschwerde erhoben werden (§ 101 Abs. 7 DE-StPO). Dies jedoch mit

---

1269 Kühne, 2015: Rz. 534.1.
1270 Eschelbach, 2020: § 110a DE-StPO, Rz. 12.
1271 Hegmann, 2017: § 110a DE-StPO, Rz. 8.
1272 Gercke, 2019: § 110a DE-StPO, Rz. 23.
1273 Kühne, 2015: Rz. 401.
1274 Eschelbach, 2020: § 110a, Rz. 12; Gercke, 2019: § 110a DE-StPO, Rz. 24.
1275 Kühne, 2015: Rz. 557.3.

einer Einschränkung: Sofern bereits Anklage erhoben wurde, befindet das Gericht im Rahmen seiner abschliessenden Entscheidung über die Rechtmässigkeit sowie die Art und Weise des Vollzugs der Zwangsmassnahme. Diesfalls ist eine sofortige Beschwerde nicht möglich.[1276]

5.2.4.3. Verfassungsrechtliche Aspekte

Das Recht auf Geheim- und Intimsphäre im Sinne von Art. 1 I und Art. 10 GG sowie auf informationelle Selbstbestimmung im Sinne von Art. 2 I. i. V. m. Art. 1 I. GG wird durch die Kontrolle durch Verdeckte Ermittler im Sinne von § 110a DE-StPO eingeschränkt.[1277] Die Wahrung der Menschenwürde im Sinne von Art. 1 GG muss jedoch unter allen Umständen gewährleistet bleiben.[1278]

Zwangsmittel mit einer derart hohen Grundrechtsbetroffenheit dürfen nur angeordnet werden, sofern Katalogtaten betroffen sind. Hinsichtlich der Verdeckten Ermittlungen sind diese in § 110a I. Nr. 1–4 DE-StPO ausgeführt. Die Ergebnisse dieser Ermittlungen dürfen sodann auch nur zur Verfolgung besagter Katalogtaten verwendet werden. Problematisch dabei ist, dass unverwertbare Ergebnisse häufig zu neuen Ermittlungsansätzen führen. Im Rahmen dieser neuen Ermittlungsansätze gewonnene Erkenntnisse sind sodann uneingeschränkt verwertbar.[1279]

Von besonderer Bedeutung für die Erweiterung der Befugnisse Verdeckter Ermittler ist der Vorbehalt des Verdachts, der Katalogtat sowie der Subsidiarität. Verdeckte Ermittlungen implizieren besonders schwere Grundrechtseingriffe. Daher müssen hohe Anforderungen an die einschränkenden Bedingungen gestellt werden. Sie sind nur zulässig, sofern die Erforschung des Sachverhalts und/oder die Ermittlung der Aufenthaltsorte von Verdächtigen auf andere Weise aussichtslos oder zumindest wesentlich erschwert wären.[1280]

5.2.4.3. Fazit

Verdeckten Ermittlern ist es im Hinblick auf das Legalitätsprinzip nicht gestattet, Straftaten zu begehen. Daher sind Verdeckte Ermittler verhältnismässig leicht zu enttarnen. Tätern genügt es, die Begehung von Straftaten von Personen zu fordern, um zu testen, ob es sich um Verdeckte Ermittler handelt. Eine Erweiterung

1276 Kühne, 2015: Rz. 557.3.
1277 Kühne, 2015: Rz. 402.
1278 Gercke, 2017: S. 619.
1279 Kühne, 2015: Rz. 414.
1280 Kühne, 2015: Rz. 413.

der Befugnisse Verdeckter Ermittler im Hinblick auf die Bekämpfung der Terrorismusfinanzierung wäre somit wünschenswert.

5.3. Gesamtwürdigung der strafprozessualen Implikationen

Im Rahmen der vorliegenden Studie wurde aufgezeigt, mit welchen strafprozessualen Herausforderungen Strafverfolgungsbehörden zu kämpfen haben. Zusammenfassend lässt sich festhalten, dass Deutschland im Gegensatz zu Liechtenstein, Österreich und der Schweiz Onlinedurchsuchungen ermöglicht. Somit haben Strafverfolgungsbehörden in Deutschland ein breiteres Repertoire an Ermittlungsinstrumenten zur Verfügung als jene in Liechtenstein, Österreich und der Schweiz.

Die Vorteile dieser Überwachungsmethode beschränken sich nicht nur auf ihre Effizienz. Es ist zudem davon auszugehen, dass Täter, welche sich unbeobachtet fühlen und nicht merken, dass sie überwacht werden, weniger sorgsam mit ihren Plänen umgehen. Somit steigt auch das Entdeckungsrisiko der Täter.

Ausserdem helfen Onlinedurchsuchungen, die Problematik des Nachweises des vorsätzlichen Handelns der Täter zu überwinden. Schliesslich wird sich ein Täter, welcher regelmässig im Internet nach Plänen für die Finanzierung von Terrorismus gesucht hat, kaum darauf berufen können, fahrlässig Gelder an den IS überwiesen zu haben.

Gleichzeitig sind die Befugnisse der Verdeckten Ermittler in Deutschland, Liechtenstein, Österreich und der Schweiz in sehr ähnlichem Umfang begrenzt. Namentlich dürfen Verdeckte Ermittler in allen vier Ländern keine Straftaten begehen. Dieser Grundsatz beruht auf dem Legalitätsprinzip.

In Deutschland lassen sich die begrenzten Befugnisse der Verdeckten Ermittler zumindest teilweise durch Onlinedurchsuchungen kompensieren. In Liechtenstein, Österreich und der Schweiz besteht diese Möglichkeit nicht. Somit könnte man argumentieren, dass Deutschland im Hinblick auf die Bekämpfung der Terrorismusfinanzierung besser aufgestellt sei als Liechtenstein, Österreich und die Schweiz.

Im Sinne einer zusammenfassenden Würdigung des strafprozessualen Rechtsvergleichs lässt sich im Hinblick auf die Präventions- und Verfolgungsmöglichkeiten in Deutschland, Liechtenstein, Österreich und der Schweiz festhalten, dass die deutschen Strafverfolgungsbehörden aufgrund der Möglichkeit der Onlinedurchsuchungen einen grösseren Handlungsspielraum haben. Andere Länder könnten sich an den Erfahrungswerten der deutschen Behörden orientieren. Die gesetzlichen Grundlagen für Onlinedurchsuchungen in Deutschland könnten für Gesetzgeber in anderen Ländern hilfreich sein.

6. Zusammenfassung

Im Rahmen der vorliegenden Arbeit wurde analysiert, wie geschickte Terrorismusfinanzierer vorgehen. Dabei wurde anhand einer Literaturanalyse der Stand der Forschung zum Thema Terrorismusfinanzierung betrachtet und festgestellt, dass sich die bestehende Forschung zwar mit den Massnahmen zur Bekämpfung der Terrorismusfinanzierung beschäftigt hat, aber bisher verhältnismässig wenig über konkrete Vorgehensweisen von Terrorismusfinanzierern bekannt ist. Dies wäre jedoch eine Grundvoraussetzung, um die Terrorismusfinanzierung noch effektiver bekämpfen zu können.

Um diese Forschungslücke zu schliessen, wurde eine empirische Untersuchung vorgenommen. Zunächst wurden im Rahmen einer Vorstudie informelle Interviews mit illegalen Finanzdienstleistern und deren Helfern geführt. Darauf aufbauend wurden formelle Experteninterviews mit Compliance-Spezialisten und Ermittlern geführt, welche aufgrund der explorativen Vorgehensweise der Studie mittels einer qualitativen Inhaltsanalyse nach Mayring ausgewertet wurden. Dabei wurden einerseits die Einnahmequellen und andererseits der Vermögenstransfer von Terrorismusfinanzierern untersucht. Allerdings konnten auch Erkenntnisse über den Ausbildungsstand und Charakteristika der Täter sowie über strafprozessuale Hürden der Ermittler gewonnen werden.

Die Ergebnisse der empirischen Untersuchung haben gezeigt, dass Terrorismusfinanzierer in vielen Fällen intelligent und gut ausgebildet sein dürften. Zudem können sie auf eine Vielzahl legaler und illegaler Einnahmequellen zurückgreifen. Der vielversprechendste Ansatzpunkt für die Bekämpfung der Terrorismusfinanzierung ist somit der Vermögenstransfer. Allerdings reicht auch hier die Bandbreite der untersuchten Methoden von konventionellen Banküberweisungen über Hawala-Banking bis hin zum persönlichen Transfer.

Bei der Diskussion der empirischen Ergebnisse wurde deutlich, dass es schwierig ist, intelligent und geplant handelnde Terrorismusfinanzierer zu überführen – vor allem da den Ermittlern potentiell hilfreiche Instrumente nicht oder nur in signifikant eingeschränktem Umfang zur Verfügung stehen. Daher wurden basierend auf den Ergebnissen der empirischen Untersuchung Vorschläge für gesetzgeberische Massnahmen zur Ermöglichung einer effektiveren Bekämpfung der Terrorismusfinanzierung entwickelt.

Insbesondere wurden die (Wieder-)Einführung von Onlinedurchsuchungen und eine Erweiterung der Befugnisse der Verdeckten Ermittler in Deutschland, Österreich, Liechtenstein und der Schweiz diskutiert. In weiteren

Forschungsarbeiten könnte man andere Instrumente, welche ebenfalls für die Bekämpfung der Terrorismusfinanzierung hilfreich sind, untersuchen. Beispielsweise wäre eine Arbeit über eine Anpassung der Amts- und Rechtshilfe denkbar. Da es sich dabei jedoch um ein sehr umfangreiches Thema handelt, welches kaum im Rahmen eines einzigen Buches abgehandelt werden kann, wurde vorliegend nicht näher darauf eingegangen.

Darüber hinaus sind jedoch auch die Limitationen der vorliegenden Studie hervorzuheben. Aufgrund der signifikanten Forschungslücke und der fehlenden Literatur über die konkreten Vorgehensweisen der Täter war eine explorative Vorgehensweise notwendig. Daher wurden, wie bereits beschrieben, formelle und informelle Experteninterviews geführt, welche mittels einer qualitativen Inhaltsanalyse nach Mayring ausgewertet wurden. Diese Vorgehensweise bietet zwar den Vorteil, dass sie den Zugang zu einem neuen Feld eröffnet. Sie ist jedoch mit dem Nachteil signifikanter Limitationen verbunden. Dieser Effekt beruht einerseits auf der Auswahl einiger weniger Interviewpartner, wodurch die Perspektive der Studie eingeschränkt wird und andererseits auf der individuellen Wahrnehmung der Interviewpartner und andererseits auch auf ihrem persönlichen Hintergrund. Zudem sind die Ergebnisse aus quantitativer Sicht nicht repräsentativ.

Zusammenfassend lässt sich resümieren, dass es mit dieser Arbeit gelungen ist, eine signifikante Forschungslücke zu identifizieren und zumindest teilweise zu schliessen. Ferner wurden die anhand der empirischen Untersuchung gewonnenen Erkenntnisse genutzt, um Anregungen für eine Weiterentwicklung des Strafprozessrechts zu entwickeln.

7. Appendix

Appendix 1: Gedächtnisprotokolle der informellen Interviews

Interviewpartner 1:

Einnahmequellen:

Allgemeine Aussagen:

- Legale Einnahmequellen
- Illegale Einnahmequellen
- Kombination

Umsatzsteuerbetrug:

- Mobiltelefone
- Computerchips
- Reverse Charge Verfahren
- Markenkleidung
- Textilien

Handel mit CO2-Emissionszertifikaten:

- Verliert an Bedeutung
- Vorgehensweise wie bei Karusselbetrug, aber mit CO2-Emissionszertifikaten
- Kein physischer Transport wie bei Handy, Computerchips oder Textilien
- Schneller Transfer möglich
- Gesellschaften in verschiedenen Ländern

Handel mit Rohstoffen:

- Ölraffinerien
- Förderung von Öl
- Verarbeitung von Öl
- Luftangriffe als Problem
- Logistische Herausforderung
- Politischer Druck

Handel mit Betäubungsmitteln:

- Wichtige Rolle
- Mehrere mögliche Vorgehensweisen
- Häufig werden Kombinationen genutzt
- Anbau von Betäubungsmitteln
- Export nach Europa
- Schmuggel
- Verkauf an Endverbraucher

Handel mit Organen:

- Personen in Europa, welche ein Spenderorgan benötigen
- Hilfe über persönliche Netzwerke
- Suche in von Terroristen kontrollierten Gebieten

Handel mit Menschen:

- Arbeitskräfte
- Geflüchtete
- Schleusung von Geflüchteten aus kontrollierten Gebieten nach Europa
- Ausbeutung als Arbeitskräfte
- Äusserst niedrige Löhne
- Verdienst an der Flucht und an der Arbeit
- Ggf. Interessenskonflikt mit Verbleib von Personen in kontrollierten Gebieten (Zölle, Abgaben)

Zuhälterei:

- Im Aufbau
- Prostitution widerspricht Überzeugungen der Terrorismusfinanzierer
- Einnahmequelle trotzdem gewünscht
- Geflüchtete gewähren Prostituierten Schutz
- Teil der Einnahmen der Prostituierten für Schutz
- Anwendung von Gewalt falls kein Schutz gewünscht

Schutzgelderpressung:

- Rekrutierung von Geflüchteten
- Geschäftsleuten wird Schutz angeboten

- Monetäre Entschädigung für Schutz
- Freundliche Erinnerungen
- Massive Einschüchterungen

Erpresserischer Menschenraub:

- Entführung von Personen in von Terroristen kontrollierten Gebieten
- Hohe Lösegeldforderungen
- Bedeutende Einnahmequelle
- Entführung von Personen in Europa
- Geringe Lösegeldforderungen
- Keine Beteiligung von Strafverfolgungsbehörden
- Kleine Einnahmequelle

Diebstahl:

- Rekrutierung von jungen Geflüchteten
- Diebstahl von Turnschuhen in Kaufhaus in Berlin
- Veräusserung von Diebesgut auf dem Schwarzmarkt
- Geflüchtete häufig schlecht integriert
- Geflüchtete verfügen nicht über legale Einnahmequellen
- Geflüchtete leicht zu begeistern
- Radikalisierung von Geflüchteten
- Ggf. keine Gewinnbeteiligung für Geflüchtete
- Alternativ kleine Gewinnbeteiligungen

Online-Auktions-Betrug:

- Mehrere Vorgehensweisen möglich
- Versteigerung von nicht vorhandenen Waren
- Überweisung der Gelder über Money Transfer Systeme
- Direktüberweisungen
- Meidung von Treuhandsystemen
- Keine Lieferung der Ware

- Hacken der Konten von bestehenden Nutzern
- Übermittlung von falschen Kontodaten im Namen echter Verkäufer

Versicherungsbetrug:

- Bewusste Herbeiführung von Schäden
- Barauszahlungen von Versicherungen
- Schäden an Fahrzeugen
- Diebstahl von Luxusgütern
- Keine übermässigen Schäden, um Aufmerksamkeit von Versicherungen zu vermeiden

Gründung von Autovermietungen:

- Leasing von Fahrzeugen namhafter Hersteller
- Versicherung der Fahrzeuge
- Vermietung der Fahrzeuge an Strohleute
- Verbringen der Fahrzeuge ins Ausland
- Anschliessende Meldung des Diebstahls bei Behörden und Versicherung

Immobiliengeschäfte:

- Sehr beliebt
- Legale Geschäfte
- Versteuerung der Erträge
- Verwendung eines Teilbetrags für die Terrorismusfinanzierung
- Gelder nicht inkriminiert
- Beweis für Finanzierung des Terrorismus nur möglich, sofern Mittelverwendung belegt wird

Börsengeschäfte:

- Sehr beliebt
- Nicht illegal
- Nachweis der Finanzierung des Terrorismus schwierig, sofern keine Direktüberweisungen an terroristische Vereinigungen

Vermögenstransfer:

Allgemeine Aussagen:

- Differenzierung zwischen legalen und illegalen Einnahmequellen
- Differenzierung zwischen Bargeld und elektronischen Guthaben

Überweisungen in die Türkei:

- Geringste Herausforderung bei legalen Vermögenswerten
- Offiziell versteuerte Einnahmen aus Immobilien- und Börsengeschäfte
- Streuung von Vermögenswerten zur Risikodiversifizierung als plausible Begründung
- Türkei als Destination
- Barabhebung in der Türkei
- Übergabe an Terroristen nahe der Grenze zu Syrien
- Kaum nachweisbar

Hawala-Transfer:

- Geeignet für Bargeld
- Illegale Vermögenswerte
- Verrechnung von Geldbeträgen

Persönlicher Transfer:

- Geeignet für Barmittel
- Terrorismusfinanzierer reisen selbst
- Boten

Elektronische Währungen:

- Nutzung von Bitcoins
- Methode eher selten
- Bevorzugung von persönlichem Transfer und Überweisungen über Banken und Hawala

Interviewpartner 2:

Einnahmequellen:

Allgemeine Aussagen:

- Legale Einnahmequellen
- Illegale Einnahmequellen
    - o Wirtschaftskriminalität (wichtig)
    - o Organisierte Kriminalität (wichtig)
    - o Kleinkriminalität

Umsatzsteuerbetrug:

- Leicht zu transportierende Waren
- Computerchips
- Handys
- Reverse Charge Verfahren
- Erhöhte Aufmerksamkeit der Steuerbehörden
- Ausweichen auf andere Branchen, bspw. Markenkleidung
- Textilien gut geeignet für internationale Geschäfte

Handel mit CO2-Emissionszertifikaten:

- Verliert an Bedeutung
- Vorgehensweise wie bei Karusselbetrug, aber mit CO2-Emissionszertifikaten
- Kein physischer Transport wie bei Handy, Computerchips oder Textilien
- Schneller Transfer möglich
- In der Praxis weiterhin in Verwendung, aber rückläufig

Handel mit Rohstoffen:

- Ölraffinerien erobern
- Förderung von Öl
- Verarbeitung von Öl
- Rückläufig, da Luftangriffe
- Export logistisch schwierig

Handel mit Betäubungsmitteln:

- Verkauf an Endverbraucher
- Kleine Mengen
- Grosse Städte
- Einsatz von Hilfspersonen
- Rekrutierung von Geflüchteten aus arabischen Ländern
- Ggf. verbleibt ganzer Verkaufserlös für Terrorismusfinanzierung
- Berücksichtigung von Religion bei Rekrutierung
- Schaffung von Loyalität gegenüber Landsleuten
- Personen mit finanziellen Problemen involvieren
- Personen ohne alternative Erwerbstätigkeiten involvieren

Handel mit Organen:

- Personen in Europa, welche ein Spenderorgan benötigen
- Hilfe über persönliche Netzwerke
- Organentnahme in Türkei oder Balkan
- Nutzung von Flüchtlingsrouten
- Transplantation im Entnahmeland oder Export

Handel mit Menschen:

- Arbeitskräfte
- Geflüchtete
- Verdienst an der Flucht und an der Arbeit
- Ggf. Interessenskonflikt mit Verbleib von Personen in kontrollierten Gebieten (Zölle, Abgaben)

Zuhälterei:

- Im Aufbau
- Prostitution widerspricht Überzeugungen der Terrorismusfinanzierer
- Einnahmequelle trotzdem gewünscht
- Geflüchtete gewähren Prostituierten Schutz
- Anwendung von Gewalt falls kein Schutz gewünscht

Schutzgelderpressung:

- Rekrutierung von Geflüchteten
- Geschäftsleuten wird Schutz angeboten
- Monetäre Entschädigung für Schutz
- Freundliche Erinnerungen
- Massive Einschüchterungen

Erpresserischer Menschenraub:

- Entführung von Personen in von Terroristen kontrollierten Gebieten
- Hohe Lösegeldforderungen
- Bedeutende Einnahmequelle

Diebstahl:

- Rekrutierung von jungen Geflüchteten
- Diebstahl von Turnschuhen in Kaufhaus in Berlin
- Veräusserung von Diebesgut auf dem Schwarzmarkt
- Radikalisierung von Geflüchteten
- Ggf. keine Gewinnbeteiligung für Geflüchtete
- Alternativ kleine Gewinnbeteiligungen

Online-Auktions-Betrug:

- Mehrere Vorgehensweisen möglich
- Versteigerung von nicht vorhandenen Waren
- Überweisung der Gelder über Money Transfer Systeme
- Direktüberweisungen

Versicherungsbetrug:

- Schäden an Fahrzeugen
- Diebstahl von Luxusgütern
- Keine übermässigen Schäden, um Aufmerksamkeit von Versicherungen zu vermeiden

Gründung von Autovermietungen:

- Verbringen der Fahrzeuge ins Ausland
- Anschliessende Meldung des Diebstahls bei Behörden und Versicherung

Immobiliengeschäfte:

- Sehr beliebt
- Legale Geschäfte
- Versteuerung der Erträge
- Verwendung eines Teilbetrags für die Terrorismusfinanzierung

Börsengeschäfte:

- Sehr beliebt
- Nicht illegal

Vermögenstransfer:

Allgemeine Aussagen:

- Differenzierung zwischen legalen und illegalen Einnahmequellen
- Differenzierung zwischen Bargeld und elektronischen Guthaben

Überweisungen in die Türkei:

- Geringste Herausforderung bei legalen Vermögenswerten
- Offiziell versteuerte Einnahmen aus Immobilien- und Börsengeschäfte
- Streuung von Vermögenswerten zur Risikodiversifizierung als plausible Begründung
- Türkei als Destination

Hawala-Transfer:

- Geeignet für Bargeld
- Geeignet für inkriminierte Vermögenswerte
- Verrechnung von Geldbeträgen unter Muslimen
- Hawala-Geschäfte auf der ganzen Welt
- Keine oder geringe Identifikationspflichten

Persönlicher Transfer:

- Geeignet für Barmittel
- Balkanroute
- Funktioniert in beide Richtungen
- Terrorismusfinanzierer reisen selbst oder schicken Boten

Elektronische Währungen:

- Naheliegend, sofern bereits inkriminierte Vermögenswerte in elektronischen Währungen vorhanden

Interviewpartner 3:

Einnahmequellen:

Allgemeine Aussagen:

- Legale Einnahmequellen
- Illegale Einnahmequellen

Umsatzsteuerbetrug:

- Karusselbetrug sehr beliebt
- Gesellschaft A in Ursprungsland X verkauft Waren / Dienstleistungen an Gesellschaft B in Land Y
- Export innerhalb EU von Umsatzsteuer befreit
- Gesellschaft B in Land Y verkauf Ware an Gesellschaft C in Land Y
- Umsatzsteuer fällt an, aber wird nicht sofort bezahlt
- Gesellschaft C verkauft Ware an Gesellschaft A in Land X
- Export umsatzsteuerfrei
- Gesellschaft C lässt sich Umsatzsteuer zurückerstatten
- Rückerstattung an Gesellschaft C erfolgt vor Zahlung durch Gesellschaft B
- Gesellschaft B verschwindet vor Vollstreckung

Handel mit CO2-Emissionszertifikaten:

- Keine Angabe

Handel mit Rohstoffen:

- Ölraffinerien erobern
- Förderung von Öl
- Verarbeitung von Öl
- Potentielle Käufer unter politischem Druck

Handel mit Betäubungsmitteln:

- Kontrollierte Gebiete eignen sich ggf. für Anbau von Betäubungsmitteln
- Export nach Europa
- Schmugglerrouten

Handel mit Organen:

- Monetäre Anreize
- Einsatz von Gewalt
- Organentnahme in Türkei oder Balkan
- Nutzung von Flüchtlingsrouten
- Transplantation im Entnahmeland oder Export

Handel mit Menschen:

- Arbeitskräfte
- Geflüchtete
- Schleusung von Geflüchteten aus kontrollierten Gebieten nach Europa
- Ggf. Interessenskonflikt mit Verbleib von Personen in kontrollierten Gebieten (Zölle, Abgaben)

Zuhälterei:

- Keine Angabe

Schutzgelderpressung:

- Monetäre Entschädigung für Schutz
- Freundliche Erinnerungen
- Massive Einschüchterungen
- Geflüchtete als Täter geeignet, da wenig zu verlieren
- Geflüchtete akzeptieren geringe Gewinnbeteiligung

Erpresserischer Menschenraub:

- Entführung von Personen in von Terroristen kontrollierten Gebieten
- Hohe Lösegeldforderungen
- Bedeutende Einnahmequelle

Diebstahl:

- Rekrutierung von jungen Geflüchteten
- Diebstahl von Turnschuhen in Kaufhaus in Berlin
- Veräusserung von Diebesgut auf dem Schwarzmarkt
- Radikalisierung von Geflüchteten
- Ggf. keine Gewinnbeteiligung für Geflüchtete
- Alternativ kleine Gewinnbeteiligungen

Online-Auktions-Betrug:

- Mehrere Vorgehensweisen möglich
- Versteigerung von nicht vorhandenen Waren
- Direktüberweisungen
- Keine Lieferung der Ware
- Hacken der Konten von bestehenden Nutzern
- Übermittlung von falschen Kontodaten im Namen echter Verkäufer

Versicherungsbetrug:

- Bewusste Herbeiführung von Schäden
- Barauszahlungen von Versicherungen
- Keine übermässigen Schäden, um Aufmerksamkeit von Versicherungen zu vermeiden

Gründung von Autovermietungen:

- Leasing von Fahrzeugen namhafter Hersteller
- Verbringen der Fahrzeuge ins Ausland
- Anschliessende Meldung des Diebstahls bei Behörden und Versicherung

Immobiliengeschäfte:

- Verwendung eines Teilbetrags für die Terrorismusfinanzierung
- Gelder nicht inkriminiert
- Beweis für Finanzierung des Terrorismus nur möglich, sofern Mittelverwendung belegt wird

Börsengeschäfte:

- Sehr beliebt
- Nachweis der Finanzierung des Terrorismus schwierig, sofern keine Direktüberweisungen an terroristische Vereinigungen

Vermögenstransfer:

Allgemeine Aussagen:

- Differenzierung zwischen legalen und illegalen Einnahmequellen

Überweisungen in die Türkei:

- Geringste Herausforderung bei legalen Vermögenswerten
- Türkei als Destination
- Barabhebung in der Türkei
- Übergabe an Terroristen nahe der Grenze zu Syrien
- Kaum nachweisbar

Hawala-Transfer:

- Abgabe des Bargelds in Hawala-Geschäft in München
- Abholung innert weniger Minuten in Hawala-Geschäft in Türkei möglich

Persönlicher Transfer:

- Geeignet für Barmittel
- Terrorismusfinanzierer reisen selbst oder schicken Boten

Elektronische Währungen:

- Naheliegend, sofern bereits inkriminierte Vermögenswerte in elektronischen Währungen vorhanden
- Bevorzugung von persönlichem Transfer und Überweisungen über Banken und Hawala

Interviewpartner 4:

Einnahmequellen:

Allgemeine Aussagen:

- Legale Einnahmequellen
- Illegale Einnahmequellen

Umsatzsteuerbetrug:

- Karusselbetrug sehr beliebt
- Leicht zu transportierende Waren
- Computerchips
- Handys
- Reverse Charge Verfahren
- Erhöhte Aufmerksamkeit der Steuerbehörden
- Ausweichen auf andere Branchen, bspw. Markenkleidung
- Textilien gut geeignet für internationale Geschäfte
- Junge Dschihadisten als Geschäftsführer einsetzen
- Unverdächtiges Umfeld lenkt von Ausreiseabsicht ab
- Personen nicht greifbar
- Schutz der Hintermänner
- Keine Gewinnbeteiligungen

Handel mit CO2-Emissionszertifikaten:

- Kein physischer Transport wie bei Handy, Computerchips oder Textilien
- Schneller Transfer möglich
- Gesellschaften in verschiedenen Ländern
- Eingeschränkte Nachvollziehbarkeit

Handel mit Rohstoffen:

- Potentielle Käufer unter politischem Druck

Handel mit Betäubungsmitteln:

- Wichtige Rolle
- Mehrere mögliche Vorgehensweisen
- Häufig werden Kombinationen genutzt
- Kontrollierte Gebiete eignen sich ggf. für Anbau von Betäubungsmitteln
- Verkauf an Endverbraucher in Europa
- Kleine Mengen
- Grosse Städte
- Einsatz von Geflüchteten

Handel mit Organen:

- Personen in Europa, welche ein Spenderorgan benötigen
- Hilfe über persönliche Netzwerke
- Gezielte Suche nach Spendern
- Suche in von Terroristen kontrollierten Gebieten
- Transplantation im Entnahmeland oder Export

Handel mit Menschen:

- Arbeitskräfte
- Geflüchtete
- Schleusung von Geflüchteten aus kontrollierten Gebieten nach Europa

Zuhälterei:

- Geflüchtete gewähren Prostituierten Schutz
- Teil der Einnahmen der Prostituierten für Schutz
- Anwendung von Gewalt falls kein Schutz gewünscht

Schutzgelderpressung:

- Rekrutierung von Geflüchteten
- Geschäftsleuten wird Schutz angeboten
- Monetäre Entschädigung für Schutz

- Freundliche Erinnerungen
- Massive Einschüchterungen

Erpresserischer Menschenraub:

- Entführung von Personen in von Terroristen kontrollierten Gebieten
- Hohe Lösegeldforderungen
- Bedeutende Einnahmequelle
- Entführung von Personen in Europa
- Geringe Lösegeldforderungen
- Kleine Einnahmequelle

Diebstahl:

- Rekrutierung von jungen Geflüchteten
- Diebstahl von Turnschuhen in Kaufhaus in Berlin
- Ggf. keine Gewinnbeteiligung für Geflüchtete
- Alternativ kleine Gewinnbeteiligungen

Online-Auktions-Betrug:

- Versteigerung von nicht vorhandenen Waren

Versicherungsbetrug:

- Bewusste Herbeiführung von Schäden
- Barauszahlungen von Versicherungen

Gründung von Autovermietungen:

- Leasing von Fahrzeugen namhafter Hersteller
- Versicherung der Fahrzeuge
- Vermietung der Fahrzeuge an Strohleute
- Verbringen der Fahrzeuge ins Ausland
- Anschliessende Meldung des Diebstahls bei Behörden und Versicherung

Immobiliengeschäfte:

- Sehr beliebt
- Legale Geschäfte

Börsengeschäfte:

- Sehr beliebt
- Nicht illegal

Vermögenstransfer:

Allgemeine Aussagen:

- Differenzierung zwischen legalen und illegalen Einnahmequellen
- Differenzierung zwischen Bargeld und elektronischen Guthaben

Überweisungen in die Türkei:

- Geringste Herausforderung bei legalen Vermögenswerten
- Türkei als Destination
- Barabhebung in der Türkei
- Übergabe an Terroristen nahe der Grenze zu Syrien

Hawala-Transfer:

- Geeignet für Bargeld
- Geeignet für inkriminierte Vermögenswerte
- Abgabe des Bargelds in Hawala-Geschäft in München
- Abholung innert weniger Minuten in Hawala-Geschäft in Türkei möglich

Persönlicher Transfer:

- Geeignet für Barmittel

Elektronische Währungen:

- Naheliegend, sofern bereits inkriminierte Vermögenswerte in elektronischen Währungen vorhanden
- Bevorzugung von persönlichem Transfer und Überweisungen über Banken und Hawala

Interviewpartner 5:

Einnahmequellen:

Allgemeine Aussagen:

- Legale Einnahmequellen
- Illegale Einnahmequellen
  - o Wirtschaftskriminalität (wichtig)
  - o Organisierte Kriminalität (wichtig)
  - o Kleinkriminalität

Umsatzsteuerbetrug:

- Karusselbetrug sehr beliebt
- Leicht zu transportierende Waren
- Reverse Charge Verfahren
- Erhöhte Aufmerksamkeit der Steuerbehörden
- Ausweichen auf andere Branchen, bspw. Markenkleidung
- Textilien gut geeignet für internationale Geschäfte
- Junge Dschihadisten als Geschäftsführer einsetzen
- Unverdächtiges Umfeld lenkt von Ausreiseabsicht ab
- Personen nicht greifbar
- Schutz der Hintermänner
- Keine Gewinnbeteiligungen

Handel mit CO2-Emissionszertifikaten:

- Eingeschränkte Nachvollziehbarkeit
- Problem seit Jahren bekannt
- Reverse Charge Verfahren
- In der Praxis weiterhin in Verwendung, aber rückläufig

Handel mit Rohstoffen:

- Ölraffinerien erobern
- Förderung von Öl
- Verarbeitung von Öl
- Potentielle Käufer unter politischem Druck

Handel mit Betäubungsmitteln:

- Wichtige Rolle
- Kontrollierte Gebiete eignen sich ggf. für Anbau von Betäubungsmitteln
- Export nach Europa
- Schmugglerrouten
- Verkauf an Endverbraucher
- Kleine Mengen

Handel mit Organen:

- Personen in Europa, welche ein Spenderorgan benötigen
- Hilfe über persönliche Netzwerke
- Gezielte Suche nach Spendern
- Suche in von Terroristen kontrollierten Gebieten
- Monetäre Anreize

Handel mit Menschen:

- Arbeitskräfte
- Geflüchtete
- Verdienst an der Flucht und an der Arbeit
- Ggf. Interessenskonflikt mit Verbleib von Personen in kontrollierten Gebieten (Zölle, Abgaben)

Zuhälterei:

- Keine Angabe

Schutzgelderpressung:

- Geflüchtete als Täter geeignet, da wenig zu verlieren
- Geflüchtete akzeptieren geringe Gewinnbeteiligung
- Bevorzugt leicht zu manipulierende, schlecht integrierte Geflüchtete, um Radikalisierung zu erleichtern

Erpresserischer Menschenraub:

- Entführung von Personen in von Terroristen kontrollierten Gebieten
- Hohe Lösegeldforderungen

- Entführung von Personen in Europa
- Kleine Einnahmequelle

Diebstahl:

- Rekrutierung von jungen Geflüchteten
- Diebstahl von Turnschuhen in Kaufhaus in Berlin
- Veräusserung von Diebesgut auf dem Schwarzmarkt

Online-Auktions-Betrug:

- Mehrere Vorgehensweisen möglich
- Versteigerung von nicht vorhandenen Waren
- Überweisung der Gelder über Money Transfer Systeme

Versicherungsbetrug:

- Bewusste Herbeiführung von Schäden
- Barauszahlungen von Versicherungen
- Schäden an Fahrzeugen

Gründung von Autovermietungen:

- Leasing von Fahrzeugen namhafter Hersteller
- Versicherung der Fahrzeuge
- Vermietung der Fahrzeuge an Strohleute
- Verbringen der Fahrzeuge ins Ausland

Immobiliengeschäfte:

- Sehr beliebt
- Legale Geschäfte
- Versteuerung der Erträge
- Verwendung eines Teilbetrags für die Terrorismusfinanzierung

Börsengeschäfte:

- Sehr beliebt
- Nicht illegal

<u>**Vermögenstransfer:**</u>

Allgemeine Aussagen:

- Differenzierung zwischen legalen und illegalen Einnahmequellen
- Differenzierung zwischen Bargeld und elektronischen Guthaben

Überweisungen in die Türkei:

- Geringste Herausforderung bei legalen Vermögenswerten
- Offiziell versteuerte Einnahmen aus Immobilien- und Börsengeschäfte

Hawala-Transfer:

- Keine Angabe

Persönlicher Transfer:

- Geeignet für Barmittel
- Balkanroute
- Funktioniert in beide Richtungen
- Terrorismusfinanzierer reisen selbst oder schicken Boten

Elektronische Währungen:

- Naheliegend, sofern bereits inkriminierte Vermögenswerte in elektronischen Währungen vorhanden
- Nutzung von Bitcoins

<u>**Interviewpartner 6:**</u>

<u>**Einnahmequellen:**</u>

Allgemeine Aussagen:

- Legale Einnahmequellen
- Illegale Einnahmequellen
  - o Wirtschaftskriminalität (wichtig)
  - o Organisierte Kriminalität (wichtig)
  - o Kleinkriminalität

Umsatzsteuerbetrug:

- Karusselbetrug sehr beliebt
- Junge Dschihadisten als Geschäftsführer einsetzen
- Unverdächtiges Umfeld lenkt von Ausreiseabsicht ab
- Personen nicht greifbar
- Schutz der Hintermänner
- Keine Gewinnbeteiligungen

Handel mit CO2-Emissionszertifikaten:

- Keine Angabe

Handel mit Rohstoffen:

- Ölraffinerien erobern
- Förderung von Öl
- Verarbeitung von Öl
- Export logistisch schwierig

Handel mit Betäubungsmitteln:

- Wichtige Rolle
- Verkauf an Endverbraucher
- Kleine Mengen
- Grosse Städte
- Einsatz von Hilfspersonen
- Rekrutierung von Geflüchteten aus arabischen Ländern
- Ggf. verbleibt ganzer Verkaufserlös für Terrorismusfinanzierung
- Berücksichtigung von Religion bei Rekrutierung
- Schaffung von Loyalität gegenüber Landsleuten
- Personen mit finanziellen Problemen involvieren
- Personen ohne alternative Erwerbstätigkeiten involvieren
- Geflüchteten wird Unterstützung für Familie im Falle einer Haftstrafe zugesichert

Handel mit Organen:

- Personen in Europa, welche ein Spenderorgan benötigen
- Hilfe über persönliche Netzwerke
- Transplantation im Entnahmeland oder Export

Handel mit Menschen:

- Arbeitskräfte
- Geflüchtete
- Schleusung von Geflüchteten aus kontrollierten Gebieten nach Europa
- Ausbeutung als Arbeitskräfte

Zuhälterei:

- Keine Angabe

Schutzgelderpressung:

- Rekrutierung von Geflüchteten
- Geschäftsleuten wird Schutz angeboten
- Monetäre Entschädigung für Schutz
- Freundliche Erinnerungen
- Massive Einschüchterungen

Erpresserischer Menschenraub:

- Entführung von Personen in von Terroristen kontrollierten Gebieten
- Hohe Lösegeldforderungen

Diebstahl:

- Geflüchtete häufig schlecht integriert
- Geflüchtete verfügen nicht über legale Einnahmequellen
- Geflüchtete leicht zu begeistern

Online-Auktions-Betrug:

- Hacken der Konten von bestehenden Nutzern
- Übermittlung von falschen Kontodaten im Namen echter Verkäufer

Versicherungsbetrug:

- Keine übermässigen Schäden, um Aufmerksamkeit von Versicherungen zu vermeiden

Gründung von Autovermietungen:

- Leasing von Fahrzeugen namhafter Hersteller
- Anschliessende Meldung des Diebstahls bei Behörden und Versicherung

Immobiliengeschäfte:

- Sehr beliebt
- Beweis für Finanzierung des Terrorismus nur möglich, sofern Mittelverwendung belegt wird

Börsengeschäfte:

- Nachweis der Finanzierung des Terrorismus schwierig, sofern keine Direktüberweisungen an terroristische Vereinigungen

<u>**Vermögenstransfer:**</u>

Allgemeine Aussagen:

- Differenzierung zwischen legalen und illegalen Einnahmequellen
- Differenzierung zwischen Bargeld und elektronischen Guthaben

Überweisungen in die Türkei:

- Türkei als Destination
- Barabhebung in der Türkei
- Übergabe an Terroristen nahe der Grenze zu Syrien
- Kaum nachweisbar

Hawala-Transfer:

- Keine Angabe

Persönlicher Transfer:

- Keine Angabe

Elektronische Währungen:

- Naheliegend, sofern bereits inkriminierte Vermögenswerte in elektronischen Währungen vorhanden
- Bevorzugung von persönlichem Transfer

Interviewpartner 7:

Einnahmequellen:

Allgemeine Aussagen:

- Legale Einnahmequellen
- Illegale Einnahmequellen
    - o Wirtschaftskriminalität (wichtig)
    - o Organisierte Kriminalität (wichtig)
    - o Kleinkriminalität

Umsatzsteuerbetrug:

- Karusselbetrug sehr beliebt
- Gesellschaft A in Ursprungsland X verkauft Waren / Dienstleistungen an Gesellschaft B in Land Y
- Export innerhalb EU von Umsatzsteuer befreit
- Gesellschaft B in Land Y verkauf Ware an Gesellschaft C in Land Y
- Umsatzsteuer fällt an, aber wird nicht sofort bezahlt
- Gesellschaft C verkauft Ware an Gesellschaft A in Land X
- Export umsatzsteuerfrei
- Gesellschaft C lässt sich Umsatzsteuer zurückerstatten
- Rückerstattung an Gesellschaft C erfolgt vor Zahlung durch Gesellschaft B
- Gesellschaft B verschwindet vor Vollstreckung
- Leicht zu transportierende Waren
- Computerchips
- Handys
- Reverse Charge Verfahren
- Erhöhte Aufmerksamkeit der Steuerbehörden
- Ausweichen auf andere Branchen, bspw. Markenkleidung
- Textilien gut geeignet für internationale Geschäfte

- Junge Dschihadisten als Geschäftsführer einsetzen
- Unverdächtiges Umfeld lenkt von Ausreiseabsicht ab
- Personen nicht greifbar
- Schutz der Hintermänner
- Keine Gewinnbeteiligungen

Handel mit CO2-Emissionszertifikaten:

- Verliert an Bedeutung
- Vorgehensweise wie bei Karusselbetrug, aber mit CO2-Emissionszertifikaten
- Kein physischer Transport wie bei Handy, Computerchips oder Textilien
- Schneller Transfer möglich
- Gesellschaften in verschiedenen Ländern
- Eingeschränkte Nachvollziehbarkeit
- Problem seit Jahren bekannt
- Reverse Charge Verfahren
- In der Praxis weiterhin in Verwendung, aber rückläufig

Handel mit Rohstoffen:

- Ölraffinerien erobern
- Förderung von Öl
- Verarbeitung von Öl
- Rückläufig, da Luftangriffe
- Export logistisch schwierig
- Potentielle Käufer unter politischem Druck

Handel mit Betäubungsmitteln:

- Wichtige Rolle
- Mehrere mögliche Vorgehensweisen
- Häufig werden Kombinationen genutzt
- Kontrollierte Gebiete eignen sich ggf. für Anbau von Betäubungsmitteln
- Export nach Europa
- Schmugglerrouten
- Nutzung von Flugzeugen, Lastwagen und Schiffen, welche Hilfsgüter liefern und sonst unbeladen zurückfahren

- Verkauf an Endverbraucher
- Kleine Mengen
- Grosse Städte
- Einsatz von Hilfspersonen
- Rekrutierung von Geflüchteten aus arabischen Ländern
- Ggf. verbleibt ganzer Verkaufserlös für Terrorismusfinanzierung
- Berücksichtigung von Religion bei Rekrutierung
- Schaffung von Loyalität gegenüber Landsleuten
- Personen mit finanziellen Problemen involvieren
- Personen ohne alternative Erwerbstätigkeiten involvieren
- Geflüchteten wird Unterstützung für Familie im Falle einer Haftstrafe zugesichert

Handel mit Organen:

- Personen in Europa, welche ein Spenderorgan benötigen
- Hilfe über persönliche Netzwerke
- Gezielte Suche nach Spendern
- Suche in von Terroristen kontrollierten Gebieten
- Monetäre Anreize
- Einsatz von Gewalt
- Organentnahme in Türkei oder Balkan
- Nutzung von Flüchtlingsrouten
- Transplantation im Entnahmeland oder Export

Handel mit Menschen:

- Arbeitskräfte
- Geflüchtete
- Schleusung von Geflüchteten aus kontrollierten Gebieten nach Europa
- Ausbeutung als Arbeitskräfte
- Äusserst niedrige Löhne
- Verdienst an der Flucht und an der Arbeit
- Ggf. Interessenskonflikt mit Verbleib von Personen in kontrollierten Gebieten (Zölle, Abgaben)

Zuhälterei:

- Im Aufbau
- Prostitution widerspricht Überzeugungen der Terrorismusfinanzierer
- Einnahmequelle trotzdem gewünscht
- Geflüchtete gewähren Prostituierten Schutz
- Teil der Einnahmen der Prostituierten für Schutz
- Anwendung von Gewalt falls kein Schutz gewünscht

Schutzgelderpressung:

- Rekrutierung von Geflüchteten
- Geschäftsleuten wird Schutz angeboten
- Monetäre Entschädigung für Schutz
- Freundliche Erinnerungen
- Massive Einschüchterungen
- Geflüchtete als Täter geeignet, da wenig zu verlieren
- Geflüchtete akzeptieren geringe Gewinnbeteiligung
- Bevorzugt leicht zu manipulierende, schlecht integrierte Geflüchtete, um Radikalisierung zu erleichtern

Erpresserischer Menschenraub:

- Entführung von Personen in von Terroristen kontrollierten Gebieten
- Hohe Lösegeldforderungen
- Bedeutende Einnahmequelle
- Entführung von Personen in Europa
- Geringe Lösegeldforderungen
- Keine Beteiligung von Strafverfolgungsbehörden
- Kleine Einnahmequelle

Diebstahl:

- Rekrutierung von jungen Geflüchteten
- Diebstahl von Turnschuhen in Kaufhaus in Berlin
- Veräusserung von Diebesgut auf dem Schwarzmarkt

- Geflüchtete häufig schlecht integriert
- Geflüchtete verfügen nicht über legale Einnahmequellen
- Geflüchtete leicht zu begeistern
- Radikalisierung von Geflüchteten
- Ggf. keine Gewinnbeteiligung für Geflüchtete
- Alternativ kleine Gewinnbeteiligungen

Online-Auktions-Betrug:

- Mehrere Vorgehensweisen möglich
- Versteigerung von nicht vorhandenen Waren
- Überweisung der Gelder über Money Transfer Systeme
- Direktüberweisungen
- Meidung von Treuhandsystemen
- Keine Lieferung der Ware
- Hacken der Konten von bestehenden Nutzern
- Übermittlung von falschen Kontodaten im Namen echter Verkäufer

Versicherungsbetrug:

- Bewusste Herbeiführung von Schäden
- Barauszahlungen von Versicherungen
- Schäden an Fahrzeugen
- Diebstahl von Luxusgütern
- Keine übermässigen Schäden, um Aufmerksamkeit von Versicherungen zu vermeiden

Gründung von Autovermietungen:

- Leasing von Fahrzeugen namhafter Hersteller
- Versicherung der Fahrzeuge
- Vermietung der Fahrzeuge an Strohleute
- Verbringen der Fahrzeuge ins Ausland
- Anschliessende Meldung des Diebstahls bei Behörden und Versicherung

Immobiliengeschäfte:

- Sehr beliebt
- Legale Geschäfte
- Versteuerung der Erträge
- Verwendung eines Teilbetrags für die Terrorismusfinanzierung
- Gelder nicht inkriminiert
- Beweis für Finanzierung des Terrorismus nur möglich, sofern Mittelverwendung belegt wird

Börsengeschäfte:

- Sehr beliebt
- Nicht illegal
- Nachweis der Finanzierung des Terrorismus schwierig, sofern keine Direktüberweisungen an terroristische Vereinigungen

Vermögenstransfer:

Allgemeine Aussagen:

- Differenzierung zwischen legalen und illegalen Einnahmequellen
- Differenzierung zwischen Bargeld und elektronischen Guthaben

Überweisungen in die Türkei:

- Geringste Herausforderung bei legalen Vermögenswerten
- Offiziell versteuerte Einnahmen aus Immobilien- und Börsengeschäfte
- Streuung von Vermögenswerten zur Risikodiversifizierung als plausible Begründung
- Türkei als Destination
- Barabhebung in der Türkei
- Übergabe an Terroristen nahe der Grenze zu Syrien
- Kaum nachweisbar

Hawala-Transfer:

- Geeignet für Bargeld
- Geeignet für inkriminierte Vermögenswerte

- Verrechnung von Geldbeträgen unter Muslimen
- Hawala-Geschäfte auf der ganzen Welt
- Keine oder geringe Identifikationspflichten
- Abgabe des Bargelds in Hawala-Geschäft in München
- Abholung innert weniger Minuten in Hawala-Geschäft in Türkei möglich

Persönlicher Transfer:

- Geeignet für Barmittel
- Balkanroute
- Funktioniert in beide Richtungen
- Terrorismusfinanzierer reisen selbst oder schicken Boten

Elektronische Währungen:

- Naheliegend, sofern bereits inkriminierte Vermögenswerte in elektronischen Währungen vorhanden
- Nutzung von Bitcoins
- Methode eher selten
- Bevorzugung von persönlichem Transfer und Überweisungen über Banken und Hawala

<u>Interviewpartner 8:</u>

<u>Einnahmequellen:</u>

Allgemeine Aussagen:

- Legale Einnahmequellen
- Illegale Einnahmequellen
    - o Wirtschaftskriminalität (wichtig)
    - o Organisierte Kriminalität (wichtig)
    - o Kleinkriminalität

Umsatzsteuerbetrug:

- Reverse Charge Verfahren
- Erhöhte Aufmerksamkeit der Steuerbehörden
- Ausweichen auf andere Branchen, bspw. Markenkleidung
- Textilien gut geeignet für internationale Geschäfte

Handel mit CO2-Emissionszertifikaten:

- Gesellschaften in verschiedenen Ländern
- Eingeschränkte Nachvollziehbarkeit
- Reverse Charge Verfahren
- In der Praxis weiterhin in Verwendung, aber rückläufig

Handel mit Rohstoffen:

- Ölraffinerien erobern
- Förderung von Öl
- Verarbeitung von Öl
- Potentielle Käufer unter politischem Druck

Handel mit Betäubungsmitteln:

- Kontrollierte Gebiete eignen sich ggf. für Anbau von Betäubungsmitteln
- Export nach Europa
- Schmugglerrouten
- Nutzung von Flugzeugen, Lastwagen und Schiffen, welche Hilfsgüter liefern und sonst unbeladen zurückfahren
- Geflüchteten wird Unterstützung für Familie im Falle einer Haftstrafe zugesichert

Handel mit Organen:

- Personen in Europa, welche ein Spenderorgan benötigen
- Hilfe über persönliche Netzwerke
- Gezielte Suche nach Spendern
- Organentnahme in Türkei oder Balkan
- Nutzung von Flüchtlingsrouten
- Transplantation im Entnahmeland oder Export

Handel mit Menschen:

- Arbeitskräfte
- Geflüchtete
- Schleusung von Geflüchteten aus kontrollierten Gebieten nach Europa

Zuhälterei:

- Geflüchtete gewähren Prostituierten Schutz
- Teil der Einnahmen der Prostituierten für Schutz
- Anwendung von Gewalt falls kein Schutz gewünscht

Schutzgelderpressung:

- Rekrutierung von Geflüchteten
- Geschäftsleuten wird Schutz angeboten
- Monetäre Entschädigung für Schutz
- Bevorzugt leicht zu manipulierende, schlecht integrierte Geflüchtete, um Radikalisierung zu erleichtern

Erpresserischer Menschenraub:

- Entführung von Personen in von Terroristen kontrollierten Gebieten
- Hohe Lösegeldforderungen

Diebstahl:

- Rekrutierung von jungen Geflüchteten

Online-Auktions-Betrug:

- Mehrere Vorgehensweisen möglich
- Versteigerung von nicht vorhandenen Waren
- Direktüberweisungen

Versicherungsbetrug:

- Schäden an Fahrzeugen
- Diebstahl von Luxusgütern
- Keine übermässigen Schäden, um Aufmerksamkeit von Versicherungen zu vermeiden

Gründung von Autovermietungen:

- Keine Angabe

Immobiliengeschäfte:

- Sehr beliebt
- Legale Geschäfte
- Versteuerung der Erträge

Börsengeschäfte:

- Sehr beliebt
- Nachweis der Finanzierung des Terrorismus schwierig, sofern keine Direktüberweisungen an terroristische Vereinigungen

Vermögenstransfer:

Allgemeine Aussagen:

- Differenzierung zwischen legalen und illegalen Einnahmequellen
- Differenzierung zwischen Bargeld und elektronischen Guthaben

Überweisungen in die Türkei:

- Geringste Herausforderung bei legalen Vermögenswerten
- Offiziell versteuerte Einnahmen aus Immobilien- und Börsengeschäfte

Hawala-Transfer:

- Geeignet für Bargeld
- Geeignet für inkriminierte Vermögenswerte
- Verrechnung von Geldbeträgen unter Muslimen

Persönlicher Transfer:

- Geeignet für Barmittel
- Balkanroute

Elektronische Währungen:

- Naheliegend, sofern bereits inkriminierte Vermögenswerte in elektronischen Währungen vorhanden
- Nutzung von Bitcoins

Interviewpartner 9:

Einnahmequellen:

Allgemeine Aussagen:

- Legale Einnahmequellen
- Illegale Einnahmequellen
  - o Wirtschaftskriminalität (wichtig)
  - o Organisierte Kriminalität (wichtig)
  - o Kleinkriminalität

Umsatzsteuerbetrug:

- Export umsatzsteuerfrei
- Gesellschaft lässt sich Umsatzsteuer zurückerstatten
- Erhöhte Aufmerksamkeit der Steuerbehörden
- Ausweichen auf andere Branchen, bspw. Markenkleidung
- Textilien gut geeignet für internationale Geschäfte

Handel mit CO2-Emissionszertifikaten:

- Gesellschaften in verschiedenen Ländern
- Eingeschränkte Nachvollziehbarkeit
- Problem seit Jahren bekannt

Handel mit Rohstoffen:

- Ölraffinerien erobern
- Förderung von Öl
- Verarbeitung von Öl
- Potentielle Käufer unter politischem Druck

Handel mit Betäubungsmitteln:

- Wichtige Rolle
- Mehrere mögliche Vorgehensweisen
- Häufig werden Kombinationen genutzt
- Rekrutierung von Geflüchteten aus arabischen Ländern
- Ggf. verbleibt ganzer Verkaufserlös für Terrorismusfinanzierung
- Berücksichtigung von Religion bei Rekrutierung
- Schaffung von Loyalität gegenüber Landsleuten
- Personen mit finanziellen Problemen involvieren
- Personen ohne alternative Erwerbstätigkeiten involvieren

Handel mit Organen:

- Einsatz von Gewalt
- Organentnahme in Türkei oder Balkan
- Nutzung von Flüchtlingsrouten
- Transplantation im Entnahmeland oder Export

Handel mit Menschen:

- Verdienst an der Flucht und an der Arbeit

Zuhälterei:

- Keine Angabe

Schutzgelderpressung:

- Geflüchtete als Täter geeignet, da wenig zu verlieren
- Geflüchtete akzeptieren geringe Gewinnbeteiligung
- Bevorzugt leicht zu manipulierende, schlecht integrierte Geflüchtete, um Radikalisierung zu erleichtern

Erpresserischer Menschenraub:

- Entführung von Personen in von Terroristen kontrollierten Gebieten
- Kleine Einnahmequelle

Diebstahl:

- Geflüchtete leicht zu begeistern
- Radikalisierung von Geflüchteten
- Ggf. keine Gewinnbeteiligung für Geflüchtete
- Alternativ kleine Gewinnbeteiligungen

Online-Auktions-Betrug:

- Mehrere Vorgehensweisen möglich
- Versteigerung von nicht vorhandenen Waren
- Hacken der Konten von bestehenden Nutzern
- Übermittlung von falschen Kontodaten im Namen echter Verkäufer

Versicherungsbetrug:

- Bewusste Herbeiführung von Schäden

Gründung von Autovermietungen:

- Leasing von Fahrzeugen namhafter Hersteller
- Verbringen der Fahrzeuge ins Ausland

Immobiliengeschäfte:

- Beliebt
- Legale Geschäfte
- Versteuerung der Erträge
- Verwendung eines Teilbetrags für die Terrorismusfinanzierung

Börsengeschäfte:

- Sehr beliebt
- Nicht illegal

Vermögenstransfer:

Allgemeine Aussagen:

- Differenzierung zwischen legalen und illegalen Einnahmequellen
- Differenzierung zwischen Bargeld und elektronischen Guthaben

Überweisungen in die Türkei:

- Geringste Herausforderung bei legalen Vermögenswerten
- Offiziell versteuerte Einnahmen aus Immobilien- und Börsengeschäfte
- Streuung von Vermögenswerten zur Risikodiversifizierung als plausible Begründung

Hawala-Transfer:

- Geeignet für Bargeld
- Keine oder geringe Identifikationspflichten
- Abgabe des Bargelds in Hawala-Geschäft in Berlin
- Abholung innert weniger Minuten in Hawala-Geschäft in Syrien möglich

Persönlicher Transfer:

- Geeignet für Barmittel
- Terrorismusfinanzierer reisen selbst oder schicken Boten

Elektronische Währungen:

- Naheliegend, sofern bereits inkriminierte Vermögenswerte in elektronischen Währungen vorhanden
- Bevorzugung von persönlichem Transfer und Überweisungen über Banken und Hawala

Interviewpartner 10:

Einnahmequellen:

Allgemeine Aussagen:

- Legale Einnahmequellen
- Illegale Einnahmequellen
  - o Wirtschaftskriminalität (wichtig)
  - o Organisierte Kriminalität (wichtig)
  - o Kleinkriminalität

Umsatzsteuerbetrug:

- Karusselbetrug sehr beliebt
- Erhöhte Aufmerksamkeit der Steuerbehörden
- Junge Dschihadisten als Geschäftsführer einsetzen
- Unverdächtiges Umfeld lenkt von Ausreiseabsicht ab
- Personen nicht greifbar
- Schutz der Hintermänner
- Keine Gewinnbeteiligungen

Handel mit CO2-Emissionszertifikaten:

- Verliert an Bedeutung
- Vorgehensweise wie bei Karusselbetrug, aber mit CO2-Emissionszertifikaten
- In der Praxis weiterhin in Verwendung, aber rückläufig

Handel mit Rohstoffen:

- Export logistisch schwierig
- Potentielle Käufer unter politischem Druck

Handel mit Betäubungsmitteln:

- Verkauf an Endverbraucher
- Kleine Mengen
- Grosse Städte
- Einsatz von Hilfspersonen
- Rekrutierung von Geflüchteten aus arabischen Ländern

- Ggf. verbleibt ganzer Verkaufserlös für Terrorismusfinanzierung
- Personen ohne alternative Erwerbstätigkeiten involvieren
- Geflüchteten wird Unterstützung für Familie im Falle einer Haftstrafe zugesichert

Handel mit Organen:

- Personen in Europa, welche ein Spenderorgan benötigen
- Hilfe über persönliche Netzwerke
- Gezielte Suche nach Spendern

Handel mit Menschen:

- Arbeitskräfte
- Geflüchtete
- Schleusung von Geflüchteten aus kontrollierten Gebieten nach Europa
- Ausbeutung als Arbeitskräfte
- Äusserst niedrige Löhne

Zuhälterei:

- Geflüchtete gewähren Prostituierten Schutz
- Teil der Einnahmen der Prostituierten für Schutz
- Anwendung von Gewalt falls kein Schutz gewünscht

Schutzgelderpressung:

- Geschäftsleuten wird Schutz angeboten
- Monetäre Entschädigung für Schutz

Erpresserischer Menschenraub:

- Entführung von Personen in von Terroristen kontrollierten Gebieten

Diebstahl:

- Rekrutierung von jungen Geflüchteten

Online-Auktions-Betrug:

- Versteigerung von nicht vorhandenen Waren

Versicherungsbetrug:

- Barauszahlungen von Versicherungen
- Schäden an Fahrzeugen

Gründung von Autovermietungen:

- Leasing von Fahrzeugen namhafter Hersteller
- Vermietung der Fahrzeuge an Strohleute
- Schadensmeldung

Immobiliengeschäfte:

- Sehr beliebt
- Beweis für Finanzierung des Terrorismus nur möglich, sofern Mittelverwendung belegt wird

Börsengeschäfte:

- Nachweis der Finanzierung des Terrorismus schwierig, sofern keine Direktüberweisungen an terroristische Vereinigungen

Vermögenstransfer:

Allgemeine Aussagen:

- Differenzierung zwischen legalen und illegalen Einnahmequellen
- Differenzierung zwischen Bargeld und elektronischen Guthaben

Überweisungen in die Türkei:

- Geringste Herausforderung bei legalen Vermögenswerten
- Streuung von Vermögenswerten zur Risikodiversifizierung als plausible Begründung

Hawala-Transfer:

- Geeignet für Bargeld
- Weltweites Netzwerk

Persönlicher Transfer:

- Geeignet für Barmittel
- Terrorismusfinanzierer reisen selbst oder schicken Boten

Elektronische Währungen:

- Naheliegend, sofern bereits inkriminierte Vermögenswerte in elektronischen Währungen vorhanden
- Nutzung von verschiedenen Kryptowährungen
- Methode eher selten
- Bevorzugung von persönlichem Transfer und Überweisungen über Banken und Hawala

Interviewpartner 11:

Einnahmequellen:

Allgemeine Aussagen:

- Legale Einnahmequellen
- Illegale Einnahmequellen
    - o Wirtschaftskriminalität (wichtig)
    - o Organisierte Kriminalität (wichtig)
    - o Kleinkriminalität

Umsatzsteuerbetrug:

- Keine Angabe

Handel mit CO2-Emissionszertifikaten:

- Keine Angabe

Handel mit Rohstoffen:

- Förderung von Öl
- Verarbeitung von Öl

Handel mit Betäubungsmitteln:

- Wichtige Rolle
- Kontrollierte Gebiete eignen sich ggf. für Anbau von Betäubungsmitteln
- Export nach Europa
- Schmugglerrouten
- Verkauf an Endverbraucher
- Kleine Mengen
- Grosse Städte
- Einsatz von Hilfspersonen
- Rekrutierung von Geflüchteten aus arabischen Ländern
- Ggf. verbleibt ganzer Verkaufserlös für Terrorismusfinanzierung

Handel mit Organen:

- Personen in Europa, welche ein Spenderorgan benötigen
- Hilfe über persönliche Netzwerke
- Organentnahme in Türkei oder Balkan
- Nutzung von Flüchtlingsrouten
- Transplantation im Entnahmeland oder Export

Handel mit Menschen:

- Arbeitskräfte
- Geflüchtete
- Verdienst an der Flucht und an der Arbeit
- Ggf. Interessenskonflikt mit Verbleib von Personen in kontrollierten Gebieten (Zölle, Abgaben)

Zuhälterei:

- Geflüchtete gewähren Prostituierten Schutz
- Teil der Einnahmen der Prostituierten für Schutz
- Anwendung von Gewalt falls kein Schutz gewünscht

Schutzgelderpressung:

- Monetäre Entschädigung für Schutz
- Freundliche Erinnerungen
- Massive Einschüchterungen
- Bevorzugt leicht zu manipulierende, schlecht integrierte Geflüchtete, um Radikalisierung zu erleichtern

Erpresserischer Menschenraub:

- Entführung von Personen in von Terroristen kontrollierten Gebieten
- Bedeutende Einnahmequelle

Diebstahl:

- Rekrutierung von jungen Geflüchteten
- Geflüchtete leicht zu begeistern

Online-Auktions-Betrug:

- Mehrere Vorgehensweisen möglich
- Versteigerung von nicht vorhandenen Waren

Versicherungsbetrug:

- Bewusste Herbeiführung von Schäden
- Barauszahlungen von Versicherungen

Gründung von Autovermietungen:

- Leasing von Fahrzeugen namhafter Hersteller
- Anschliessende Meldung des Diebstahls bei Behörden und Versicherung

Immobiliengeschäfte:

- Sehr beliebt
- Beweis für Finanzierung des Terrorismus nur möglich, sofern Mittelverwendung belegt wird

Börsengeschäfte:

- Sehr beliebt
- Nachweis der Finanzierung des Terrorismus schwierig, sofern keine Direktüberweisungen an terroristische Vereinigungen

Vermögenstransfer:

Allgemeine Aussagen:

- Differenzierung zwischen legalen und illegalen Einnahmequellen
- Differenzierung zwischen Bargeld und elektronischen Guthaben

Überweisungen in die Türkei:

- Geringste Herausforderung bei legalen Vermögenswerten
- Offiziell versteuerte Einnahmen aus Immobilien- und Börsengeschäfte
- Kaum nachweisbar

Hawala-Transfer:

- Geeignet für Bargeld
- Abgabe des Bargelds in Hawala-Geschäft in Leipzig
- Abholung innert weniger Minuten in Hawala-Geschäft in Afghanistan möglich

Persönlicher Transfer:

- Terrorismusfinanzierer reisen selbst oder schicken Boten

Elektronische Währungen:

- Nutzung von Bitcoins
- Methode eher selten
- Bevorzugung von persönlichem Transfer und Überweisungen über Banken und Hawala

Interviewpartner 12:

Einnahmequellen:

Allgemeine Aussagen:

- Legale Einnahmequellen
- Illegale Einnahmequellen
  - Wirtschaftskriminalität (wichtig)
  - Organisierte Kriminalität (wichtig)
  - Kleinkriminalität

Umsatzsteuerbetrug:

- Keine Angabe

Handel mit CO2-Emissionszertifikaten:

- Keine Angabe

Handel mit Rohstoffen:

- Export logistisch schwierig
- Potentielle Käufer unter politischem Druck

Handel mit Betäubungsmitteln:

- Wichtige Rolle
- Export nach Europa
- Schmugglerrouten
- Kleine Mengen
- Grosse Städte
- Berücksichtigung von Religion bei Rekrutierung
- Schaffung von Loyalität gegenüber Landsleuten
- Personen mit finanziellen Problemen involvieren
- Personen ohne alternative Erwerbstätigkeiten involvieren

Handel mit Organen:

- Personen in Europa, welche ein Spenderorgan benötigen
- Einsatz von Gewalt
- Organentnahme in Türkei oder Balkan
- Nutzung von Flüchtlingsrouten
- Transplantation im Entnahmeland oder Export

Handel mit Menschen:

- Arbeitskräfte
- Geflüchtete
- Schleusung von Geflüchteten aus kontrollierten Gebieten nach Europa
- Ausbeutung als Arbeitskräfte

Zuhälterei:

- Im Aufbau
- Teil der Einnahmen der Prostituierten für Schutz
- Anwendung von Gewalt falls kein Schutz gewünscht

Schutzgelderpressung:

- Geschäftsleuten wird Schutz angeboten
- Bevorzugt leicht zu manipulierende, schlecht integrierte Geflüchtete, um Radikalisierung zu erleichtern

Erpresserischer Menschenraub:

- Entführung von Personen in von Terroristen kontrollierten Gebieten
- Entführung von Personen in Europa

Diebstahl:

- Rekrutierung von jungen Geflüchteten
- Veräusserung von Diebesgut auf dem Schwarzmarkt

Online-Auktions-Betrug:

- Mehrere Vorgehensweisen möglich
- Versteigerung von nicht vorhandenen Waren
- Überweisung der Gelder über Money Transfer Systeme
- Direktüberweisungen
- Meidung von Treuhandsystemen
- Keine Lieferung der Ware

Versicherungsbetrug:

- Diebstahl von Luxusgütern
- Keine übermässigen Schäden, um Aufmerksamkeit von Versicherungen zu vermeiden

Gründung von Autovermietungen:

- Leasing von Fahrzeugen namhafter Hersteller
- Verbringen der Fahrzeuge ins Ausland

Immobiliengeschäfte:

- Sehr beliebt
- Beweis für Finanzierung des Terrorismus nur möglich, sofern Mittelverwendung belegt wird

Börsengeschäfte:

- Sehr beliebt
- Nicht illegal

Vermögenstransfer:

Allgemeine Aussagen:

- Differenzierung zwischen legalen und illegalen Einnahmequellen
- Differenzierung zwischen Bargeld und elektronischen Guthaben

Überweisungen in die Türkei:

- Barabhebung in der Türkei
- Übergabe an Terroristen nahe der Grenze zu Syrien
- Kaum nachweisbar

Hawala-Transfer:

- Keine oder geringe Identifikationspflichten
- Abgabe des Bargelds in Hawala-Geschäft in Köln
- Abholung innert weniger Minuten in Hawala-Geschäft im Irak möglich

Persönlicher Transfer:

- Geeignet für Barmittel
- Terrorismusfinanzierer reisen selbst oder schicken Boten

Elektronische Währungen:

- Naheliegend, sofern bereits inkriminierte Vermögenswerte in elektronischen Währungen vorhanden
- Bevorzugung von persönlichem Transfer und Überweisungen über Banken und Hawala

Interviewpartner 13:

Einnahmequellen:

Allgemeine Aussagen:

- Legale Einnahmequellen
- Illegale Einnahmequellen
    - o Wirtschaftskriminalität (wichtig)
    - o Organisierte Kriminalität (wichtig)
    - o Kleinkriminalität

Umsatzsteuerbetrug:

- Reverse Charge Verfahren
- Erhöhte Aufmerksamkeit der Steuerbehörden

Handel mit CO2-Emissionszertifikaten:

- Verliert an Bedeutung
- Vorgehensweise wie bei Karusselbetrug, aber mit CO2-Emissionszertifikaten
- Reverse Charge Verfahren

Handel mit Rohstoffen:

- Rückläufig, da Luftangriffe

Handel mit Betäubungsmitteln:

- Keine Angabe

Handel mit Organen:

- Keine Angabe

Handel mit Menschen:

- Schleusung von Geflüchteten aus kontrollierten Gebieten nach Europa
- Ausbeutung als Arbeitskräfte

Zuhälterei:

- Keine Angabe

Schutzgelderpressung:

- Rekrutierung von Geflüchteten
- Geschäftsleuten wird Schutz angeboten
- Monetäre Entschädigung für Schutz

Erpresserischer Menschenraub:

- Entführung von Personen in von Terroristen kontrollierten Gebieten
- Keine Beteiligung von Strafverfolgungsbehörden

Diebstahl:

- Rekrutierung von jungen Geflüchteten
- Geflüchtete leicht zu begeistern

Online-Auktions-Betrug:

- Mehrere Vorgehensweisen möglich
- Versteigerung von nicht vorhandenen Waren

Versicherungsbetrug:

- Bewusste Herbeiführung von Schäden
- Barauszahlungen von Versicherungen

Gründung von Autovermietungen:

- Versicherung der Fahrzeuge
- Vermietung der Fahrzeuge an Strohleute
- Verbringen der Fahrzeuge ins Ausland
- Anschliessende Meldung des Diebstahls bei Behörden und Versicherung

Immobiliengeschäfte:

- Sehr beliebt
- Beweis für Finanzierung des Terrorismus nur möglich, sofern Mittelverwendung belegt wird

Börsengeschäfte:

- Sehr beliebt
- Nachweis der Finanzierung des Terrorismus schwierig, sofern keine Direktüberweisungen an terroristische Vereinigungen

Vermögenstransfer:

Allgemeine Aussagen:

- Differenzierung zwischen legalen und illegalen Einnahmequellen
- Differenzierung zwischen Bargeld und elektronischen Guthaben

Überweisungen in die Türkei:

- Geringste Herausforderung bei legalen Vermögenswerten
- Offiziell versteuerte Einnahmen aus Immobilien- und Börsengeschäfte
- Streuung von Vermögenswerten zur Risikodiversifizierung als plausible Begründung

Hawala-Transfer:

- Abgabe des Bargelds in Hawala-Geschäft in Dresden
- Abholung innert weniger Minuten in Hawala-Geschäft in Istanbul möglich

Persönlicher Transfer:

- Geeignet für Barmittel
- Terrorismusfinanzierer reisen selbst oder schicken Boten

Elektronische Währungen:

- Naheliegend, sofern bereits inkriminierte Vermögenswerte in elektronischen Währungen vorhanden
- Bevorzugung von persönlichem Transfer und Überweisungen über Banken und Hawala

<u>Interviewpartner 14:</u>

<u>Einnahmequellen:</u>

Allgemeine Aussagen:

- Legale Einnahmequellen
- Illegale Einnahmequellen
  - o Wirtschaftskriminalität (wichtig)
  - o Organisierte Kriminalität (wichtig)
  - o Kleinkriminalität

Umsatzsteuerbetrug:

- Keine Angabe

Handel mit CO2-Emissionszertifikaten:

- Keine Angabe

Handel mit Rohstoffen:

- Ölraffinerien erobern
- Förderung von Öl

Handel mit Betäubungsmitteln:

- Wichtige Rolle
- Kontrollierte Gebiete eignen sich ggf. für Anbau von Betäubungsmitteln
- Export nach Europa

Handel mit Organen:

- Organentnahme in Türkei oder Balkan
- Transplantation im Entnahmeland oder Export

Handel mit Menschen:

- Geflüchtete
- Ggf. Interessenskonflikt mit Verbleib von Personen in kontrollierten Gebieten (Zölle, Abgaben)

Zuhälterei:

- Keine Angabe

Schutzgelderpressung:

- Geschäftsleuten wird Schutz angeboten
- Geflüchtete als Täter geeignet, da wenig zu verlieren

Erpresserischer Menschenraub:

- Entführung von Personen in von Terroristen kontrollierten Gebieten

Diebstahl:

- Rekrutierung von jungen Geflüchteten
- Geflüchtete leicht zu begeistern

Online-Auktions-Betrug:

- Mehrere Vorgehensweisen möglich
- Übermittlung von falschen Kontodaten im Namen echter Verkäufer

Versicherungsbetrug:

- Bewusste Herbeiführung von Schäden

Gründung von Autovermietungen:

- Leasing von Fahrzeugen namhafter Hersteller

Immobiliengeschäfte:

- Sehr beliebt

Börsengeschäfte:

- Sehr beliebt
- Nicht illegal

Vermögenstransfer:

Allgemeine Aussagen:

- Differenzierung zwischen legalen und illegalen Einnahmequellen
- Differenzierung zwischen Bargeld und elektronischen Guthaben

Überweisungen in die Türkei:

- Geringste Herausforderung bei legalen Vermögenswerten
- Offiziell versteuerte Einnahmen aus Immobilien- und Börsengeschäfte
- Streuung von Vermögenswerten zur Risikodiversifizierung als plausible Begründung

Hawala-Transfer:

- Geeignet für Bargeld
- Geeignet für inkriminierte Vermögenswerte
- Verrechnung von Geldbeträgen unter Muslimen
- Hawala-Geschäfte auf der ganzen Welt
- Keine oder geringe Identifikationspflichten

Persönlicher Transfer:

- Geeignet für Barmittel
- Flüchtlingsrouten
- Funktioniert in beide Richtungen
- Terrorismusfinanzierer reisen selbst oder schicken Boten

Elektronische Währungen:

- Naheliegend, sofern bereits inkriminierte Vermögenswerte in elektronischen Währungen vorhanden
- Nutzung von Bitcoins
- Methode eher selten
- Bevorzugung von persönlichem Transfer und Überweisungen über Banken und Hawala

<u>Interviewpartner 15:</u>

<u>Einnahmequellen:</u>

Allgemeine Aussagen:

- Legale Einnahmequellen
- Illegale Einnahmequellen
  - o Wirtschaftskriminalität (wichtig)
  - o Organisierte Kriminalität (wichtig)
  - o Kleinkriminalität

Umsatzsteuerbetrug:

- Karusselbetrug sehr beliebt
- Gesellschaft verschwindet vor Vollstreckung

- Leicht zu transportierende Waren
- Textilien gut geeignet für internationale Geschäfte
- Junge Dschihadisten als Geschäftsführer einsetzen
- Unverdächtiges Umfeld lenkt von Ausreiseabsicht ab
- Personen nicht greifbar
- Schutz der Hintermänner
- Keine Gewinnbeteiligungen

Handel mit CO2-Emissionszertifikaten:

- Schneller Transfer möglich
- Gesellschaften in verschiedenen Ländern
- Eingeschränkte Nachvollziehbarkeit
- Problem seit Jahren bekannt
- Reverse Charge Verfahren
- In der Praxis weiterhin in Verwendung, aber rückläufig

Handel mit Rohstoffen:

- Ölraffinerien erobern
- Förderung von Öl
- Rückläufig, da Luftangriffe

Handel mit Betäubungsmitteln:

- Rekrutierung von Geflüchteten aus arabischen Ländern
- Ggf. verbleibt ganzer Verkaufserlös für Terrorismusfinanzierung

Handel mit Organen:

- Personen in Europa, welche ein Spenderorgan benötigen
- Hilfe über persönliche Netzwerke
- Organentnahme in Türkei oder Balkan
- Nutzung von Flüchtlingsrouten
- Transplantation im Entnahmeland oder Export

Handel mit Menschen:

- Arbeitskräfte
- Geflüchtete

Zuhälterei:

- Prostitution widerspricht Überzeugungen der Terrorismusfinanzierer
- Einnahmequelle trotzdem gewünscht

Schutzgelderpressung:

- Rekrutierung von Geflüchteten

Erpresserischer Menschenraub:

- Geringe Lösegeldforderungen
- Keine Beteiligung von Strafverfolgungsbehörden
- Kleine Einnahmequelle

Diebstahl:

- Geflüchtete verfügen nicht über legale Einnahmequellen
- Geflüchtete leicht zu begeistern
- Alternativ kleine Gewinnbeteiligungen

Online-Auktions-Betrug:

- Hacken der Konten von bestehenden Nutzern
- Übermittlung von falschen Kontodaten im Namen echter Verkäufer

Versicherungsbetrug:

- Bewusste Herbeiführung von Schäden
- Barauszahlungen von Versicherungen
- Schäden an Fahrzeugen
- Diebstahl von Luxusgütern

Gründung von Autovermietungen:

- Leasing von Fahrzeugen namhafter Hersteller
- Verbringen der Fahrzeuge ins Ausland

Immobiliengeschäfte:

- Sehr beliebt
- Gelder nicht inkriminiert
- Beweis für Finanzierung des Terrorismus nur möglich, sofern Mittelverwendung belegt wird

Börsengeschäfte:

- Sehr beliebt
- Nicht illegal
- Nachweis der Finanzierung des Terrorismus schwierig, sofern keine Direktüberweisungen an terroristische Vereinigungen

Vermögenstransfer:

Allgemeine Aussagen:

- Differenzierung zwischen legalen und illegalen Einnahmequellen
- Differenzierung zwischen Bargeld und elektronischen Guthaben

Überweisungen in die Türkei:

- Geringste Herausforderung bei legalen Vermögenswerten
- Offiziell versteuerte Einnahmen aus Immobilien- und Börsengeschäfte
- Barabhebung in der Türkei
- Übergabe an Terroristen nahe der Grenze zu Syrien
- Kaum nachweisbar

Hawala-Transfer:

- Geeignet für Bargeld
- Abgabe des Bargelds in Hawala-Geschäft in Wien
- Abholung innert weniger Minuten in Hawala-Geschäft in Syrien möglich

Persönlicher Transfer:

- Geeignet für Barmittel
- Balkanroute
- Funktioniert in beide Richtungen
- Terrorismusfinanzierer reisen selbst oder schicken Boten

Elektronische Währungen:

- Naheliegend, sofern bereits inkriminierte Vermögenswerte in elektronischen Währungen vorhanden
- Nutzung von Bitcoins
- Methode eher selten
- Bevorzugung von persönlichem Transfer und Überweisungen über Banken und Hawala

Appendix 2: Generalisierungen der formellen Interviews

Interviewpartner	Originalaussage	Generalisierung
Interviewpartner 1	Ich denke mal, das EINE/ EIN wichtiger Bereich ist eigentlich der Austausch zwischen UNTERSCHIEDLICHEN Beteiligten. Ähm das sind vor allem die Ermittlungsbehörden, natürlich, die bestimmte KENNTNISSE haben, Kenntnisse, die man uns auch nicht zur Verfügung stellt, oder BEDINGT nur zur Verfügung stellt.	Austausch zwischen Ermittlungsbehörden und Privaten wichtig
Interviewpartner 1	Also Kommunikation zwischen den Beteiligten verbessern, glaube ich, das ist ein wichtiges Ziel. Gerade im Vorfeld.	Kommunikation zwischen den Beteiligten verbessern
Interviewpartner 1	Ich meine, das Gute ist ja auch immer, wenn ich/ haben wir vorher auch gefragt/ äh GESAGT, ähm als Geldwäscher würde ich mir genau solche Literatur holen. Mensch, was empfiehlt denn so der Fachmann? (lacht) Ich meine, wie wäscht man am besten Geld? (holt Luft) Da ist SO viel verfügbar mittlerweile im Internet, dass man da ähm (.) ja auch als Krimineller, äh und die sind da oft besser ausgestattet als die Polizei von mir aus mit ihren auch Topleuten, die sie einkaufen/ einkaufen können.	Täter haben Zugriff auf Fachliteratur

Interviewpartner	Originalaussage	Generalisierung
Interviewpartner 1	Ich meine, wir SIND ja alle jetzt, die Finanzdienstleister aber auch die Kreditinstitute, wir sind ja gehalten ähm Analysen durchzuführen, Monitoring durchzuführen in den äh/ in den Finanzströmen, die wir sehen, in den Transaktionen, die wir sehen.	Transaktionsanalysen
Interviewpartner 1	Äh üblicherweise, so ist es auch bei UNS im Hause, ähm (.) entwickeln wir Typologien, wir haben beispielsweise hier/ DAS, glaube ich, (unv.) auch eines der/ der führenden Institute ähm, die jetzt insbesondere in den USA dann Zusammenarbeit mit den Behörden, aber auch hier in Europa, und hier auch konkret in Deutschland, (holt Luft) äh Typologien entwickelt haben, zum Beispiel äh Foreign Terrorist Fighters, das/ äh um das Verhalten im finanziellen Bereich zu erkennen.	Typologien zur Erkennung von Foreign Terrorist Fighters
Interviewpartner 1	Ähm wenn Sie dann sich in die Nähe der syrischen Grenze bewegen, dann wissen wir, dass da AUCH viele dieser Personen sich aufhalten, die ein bestimmtes Profil haben und eine bestimmte Art des Verhaltens, was Finanztransfers anbetrifft, und auch, wenn sie dann nach Syrien gehen, (holt Luft) oder wo immer die sich auch hinbewegen, äh da haben Sie bestimmte Charakteristika, ähm (.) die man auch dann über Analysen erkennen kann.	Grenznähe zu Syrien erhöht Entdeckungsrisiko
Interviewpartner 1	Ähm (.) aber DA ist halt auch die/ die, ich sage mal, Herausforderung hier äh eine zielführende und auch risikoorientierte natürlich (holt Luft) äh (.) Klassifizierung vorzunehmen, und auch dann die Finanzströme entsprechend zu analysieren.	Transaktionsanalysen

Interviewpartner	Originalaussage	Generalisierung
Interviewpartner 1	Ähm wenn ich das mal ganz/ ganz ALLGEMEIN formuliere, ähm dann wissen wir, dass es häufig sich um/ um junge MÄNNER handelt, die zwischen 18 und 30 Jahre alt beispielsweise sind, (holt Luft) wir sehen auch eine Zunahme an FRAUEN, die das unterstützen, und auch AKTIV äh werden. Aber da hätten wir schon mal etwas, sozusagen, JA, es sind oft junge Männer, die ähm (..) eine bestimmte Historie auch haben. Äh auch möglicherweise was ihre ähm/ also NICHT-Deutsche, die aber einen deutschen Ausweis haben, aber woanders GEBOREN sind möglicherweise/ ähm (..) die äh sich in einer bestimmten Art und Weise VERHALTEN.	Bestimmte Profile (männlich, zwischen 18 und 30 etc.) meiden
Interviewpartner 1	Wenn sie also jetzt in die/ beispielsweise in die/ äh nach Syrien REISEN wollen, dann sehen wir, dass die ein bestimmtes Verhalten haben, WIE sie sich bewegen, wo sie Geld in EMPFANG nehmen oder auch Geld schicken.	Bestimmte Verhaltensweisen erhöhen Entdeckungsrisiko
Interviewpartner 1	Kleinstbetriebe, die sie nutzen, ähm (.) wir sehen Sympathisanten auch mit bestimmten Charakteristika, die dann ähm (…) äh beispielsweise (lacht auf) auch mal in einer Art (.) Pressearbeit aktiv sind, mit Pressearbeit meine ich jetzt EHER so auch Facebook oder andere Internet/ (holt Luft) soziale Netzwerke, also Internetplattformen, dann nutzen, wo Sie auch mit bestimmten Methoden das erkennen können oder auch recherchieren können.	Facebook-Recherche
Interviewpartner 1	Sie sehen auch bestimmte/ bestimmte Netzwerke, wie dann Transaktionen sich zwischen bestimmten ähm/ (..) sagen wir mal, äh vielleicht ein ganz konkretes Kriterium oder ETWAS konkreter, wäre, dass EINE Person (unv.) Netzwerk äh WIEDER hat von vielen anderen Personen aus verschiedenen europäischen Ländern, durchaus auch äh immer wieder kleinere Betriebe zugeschickt. Und sie sind dann wie so eine Art Spinne in einem Netzwerk auch erkennbar.	Netzwerke zwischen bestimmten Personen

Interviewpartner	Originalaussage	Generalisierung
Interviewpartner 1	Und Sie überschreiten einen bestimmten Betrag, dann lassen wir die Auszahlung nicht mehr zu, sondern schicken das Geld zurück, und reagieren dann WEITER.	Überschreitung bestimmter Beträge
Interviewpartner 1	Eine einzelne/ nur EINE Transaktion sticht erst mal gar nicht ins AUGE, 50 Euro, 100 Dollar, was auch immer, (holt Luft) man ist dann auf einmal überrascht, wenn man grosse Netzwerke erkennt, wo wirklich HUNDERTE von Menschen ähm untereinander vernetzt sind und Gelder kreuz und quer schicken, die dann ein Indikator sein können für diese terroristischen Aktivitäten.	Netzwerke zwischen bestimmten Personen
Interviewpartner 1	Und wenn Sie noch WEITER gehen, ich meine, was WIR auch zum Beispiel machen, dass wir wirklich über bestimmte NAMEN analysieren, gucken, ob wir etwas GLAUBEN erkannt zu haben, gehen wir in Facebook. Und da sind wir oft überrascht, was wir da in Facebook sehen können, auch an (holt Luft) ähm ja an Meinungsäusserungen.	Facebook-Recherche
Interviewpartner 1	Gerade bei der Verrechnung von Spitzen können Sie das in bestimmten Banken wahrscheinlich erkennen, wenn/ über bestimmte Methoden.	Clearing über Banken riskant
Interviewpartner 1	Das ist korrekt. Die sind zwar ähm/ ich meine, wenn man es ganz DRASTISCH sieht, dann ist in Deutschland zumindestens unterliegen sie AUCH dem Geldwäschebekämpfungsgesetz, und müssten EIGENTLICH auch, wenn sie Verdachtsfälle haben, die MELDEN. (holt Luft) Werden Sie nur nicht sehen. Das macht kein Mensch äh in dieser Branche, weil sie halt nicht ähm (holt Luft) SO überwacht werden wie jetzt die Kreditinstitute durch eine/ durch eine Aufsichtsbehörde. Es gibt halt die Gewerbeaufsichtsämter, aber die gucken da nicht in SOLCHE Bereiche rein.	Mangelnde Aufsicht

Interviewpartner	Originalaussage	Generalisierung
Interviewpartner 1	Aber Stichwort Hawala, ähm das würden Sie erkennen können, theoretisch nachher über die Verrechnung von Spitzen unter Umständen, aber es ist extrem SCHWIERIG.	Clearing über Banken riskant
Interviewpartner 1	Das ist für uns auch eines der KONKRETEN Kriterien, die wir entwickelt haben, wenn sich jemand ganz/ wie sie sich jetzt in VERSCHIEDENEN Ländern bewegen und immer wieder äh Gelder in Empfang nehmen, wenn es auch Kleinstbeträge sind.	Bewegungsprofile
Interviewpartner 1	Die befinden sich sozusagen auf dem Weg nach Syrien, und sie gehen vielleicht nach einem HALBEN Jahr wieder zurück. Also so etwas, also jetzt äh aus welchen Gründen auch IMMER, ähm (holt Luft) äh kommen zurück nach Deutschland. Das sind Verhaltensweisen, die wir sehen. Und da gibt es auch bestimmte Kriterien, die man/ die WIR jetzt entwickelt haben, die finden Sie sicherlich auch woanders, bei anderen Häusern, äh die dann zu einer Auffälligkeit führen, und die dann konkret durch Mitarbeiter bei uns bearbeitet wird, der dann (.) sich diesen Vorfall anschaut und äh recherchiert und dann WEITERE (holt Luft) Möglichkeiten nutzt.	Bewegungsprofile
Interviewpartner 1	Da gibt es VIELE Methoden, (holt Luft), wie man Dinge erkennen kann durch Echtzeitkriterien, durch nachgelagerte Kriterien.	Echtzeitkriterien und Ex-post-Analysen
Interviewpartner 1	Das wäre natürlich für Finanzdienstleister und auch für Banken interessant, wenn man diese Liste bekommen könnte, und könnte dann auch GEZIELTER recherchieren ähm und auch dann im Austausch äh die Informationen natürlich dann den Behörden zur Verfügung stellen. Und das sind natürlich Personen auch, die mögen noch nicht äh den/ im Stadium eines/ eines TERRORISTEN sein, und vielleicht irgendwo im Vorstadium irgendwo im WEITESTEN Sinne damit zusammenhängt, ähm vielleicht auch nicht, vielleicht auch UNSCHULDIG reingeraten sind.	Informationsaustausch (Gefährderlisten) zwischen Behörden und Banken

Interviewpartner	Originalaussage	Generalisierung
Interviewpartner 1	Ähm natürlich haben Sie immer das Problem, auch wenn Sie solche Listen an PRIVATE Institute geben, dass die dann nicht mehr so richtig unter Kontrolle sind und dann vielleicht in Hände geraten, wo sie nicht hin sollen. (holt Luft) Ähm aber das wäre, glaube ich, gerade im Bereich der Kommunikation zwischen Behörde, wie gesagt: den Ermittlern, und der Privatindustrie, jetzt in diesem Fall dann halt Finanzdienstleister oder auch BANKEN.	Mangelnde Kontrolle über ausgetauschte Informationen
Interviewpartner 1	Das geschieht teilweise auch/ also wir arbeiten da auch beispielsweise konkret mit den Behörden ZUSAMMEN, also ich jetzt auch als Person zum Beispiel mit dem Bundeskriminalamt oder mit ähm durchaus auch Verfassungsschutz, wo man dann drüber nachdenkt, und äh das auch relativ offenlegt: WIE verhält sich denn einer, ein Sympathisant, der IS unterstützt, oder wie verhält sich auch tatsächlich ein Foreign Terrorist Fighter?	Informationsaustausch (Typologien) zwischen Behörden und Finanz-dienstleistern
Interviewpartner 1	Aber da gibt es VIELE Methoden, und ähm (holt Luft) WICHTIG ist da immer wieder auch dann, denke ich auch, die/ wirklich der AUSTAUSCH auch mit den Behörden. Ähm (.) nicht nur Polizeibehörden, sondern Aufsichtsbehörden oder (holt Luft) äh Institute, Gruppierungen, die es da gibt, bis hin zu den Kollegen ähm von anderen Instituten.	Austausch zwischen verschiedenen Behör-den (Polizei, Aufsicht) und Privaten
Interviewpartner 1	Durch die enge Zusammenarbeit auch mit den Behörden.	Enge Zusammenarbeit
Interviewpartner 1	Das ist ja üblich. Also das ist nicht nur/ nicht nur im Bereich des Terrorismus, sondern ganz andere ähm kriminelle Aktivitäten, wie Menschenhandel, Menschenschmuggel, oder DROGEN-Handel, dann werden in der REGEL Personen vorgeschoben. Das ist so ein Verhalten, das durchaus BEKANNT ist, und das finden Sie in der Szene genauso.	Einsatz von Stroh-leuten

Interviewpartner	Originalaussage	Generalisierung
Interviewpartner 1	/Wenn// man sich also jetzt in der TÜRKEI, sagen wir mal, in die Türkei GELD schicken/ sich schicken, zu jemandem in die Türkei, und ähm Sie überschreiten bestimmte BETRÄGE, so können wir erst mal vom GRUNDSATZ her überall in der Türkei das Geld abheben, egal, wo Sie sind. Das geht immer so. Es geht von EINEM Land in ein anderes Land, und es ist nicht BEGRENZT auf eine Stadt oder Region.	Geld in die Türkei schicken
Interviewpartner 1	Wenn wir aber sehen, dass der Empfänger in der Türkei das Geld nicht in Istanbul abhebt, sondern, sagen wir mal, in einer der Grenzstädte.	Grenzstädte meiden
Interviewpartner 1	Ja, das sehen wir/ ich meine, das sehen Sie auch, wir haben auch Beispiele hier, wo Sie gerade sagten, ein VATER, äh der sich auch in dieser Alters- äh -gruppe bewegte, der seinem SOHN Geld geschickt hat, der sich in Syrien befand und auch im KAMPF mitgewirkt hat. (holt Luft) Da habe ich gesagt, der Sohn hatte einfach/ wollte sich einfach mal eine COLA kaufen, hatte kein Geld dafür. Und ähm dem fehlten bestimmte westliche Annehmlichkeiten. Und über diesen/ ja, aufgrund DIESER Situation äh, Geld wurde über UNS transferiert, wir haben das der Polizei gemeldet, die Polizei hat uns hinterher noch mal informiert, dass es wirklich so platt war, dass der/ der JUNGE da ähm bestimmte BEDÜRFNISSE hatte äh und in der TAT auch Cola trinken wollte und dafür GELD brauchte.	Gelder an Familienangehörige transferieren
Interviewpartner 1	Da sind wir beim Thema Strohmann. (holt Luft) Ähm (.) das ist völlig üblich, dass sie da ähm/ dass Dritte vorgeschoben werden. Das ist wie in ALLEN kriminellen Bereichen, also beim Drogenhandel auch, beim Geldwaschen dort/.	Strohleute einsetzen

Interviewpartner	Originalaussage	Generalisierung
Interviewpartner 1	Aber ähm natürlich wird ein Mitarbeiter auch, wenn da ein offizieller Stempel drauf ist einer/ einer/ ja, einer Behörde, äh dem MEHR Glauben schenken, als wenn das so ein Wischiwaschipapier ist. Und dann wird man auch oft nicht weiter nachfassen.	Öffentliche Urkunden verwenden
Interviewpartner 1	Muss man nur aufpassen, äh ich hatte auch einen Kollegen der Polizei, der hat mal gesagt, was DIE ganz gern machen (unv.) die gingen gelegentlich zu äh bestimmten Auktionen, die sind dann nicht als Polizisten erkennbar, und BEOBACHTEN, (.) ähm wer da so sitzt, und was die so machen	Entdeckungsrisiken bei Handel mit Kulturgütern auf Auktionen
Interviewpartner 2	Aber es kommt auch immer darauf an, wie das dokumentiert ist. Und äh, was/ was Zahlungszweck ist, und äh, wie gut äh, man diese überweisende und diese empfangende Stelle auch kennt dann, oder.	Zahlungszweck und Dokumentation beeinflussen Entdeckungsrisiko
Interviewpartner 2	Überweisungen, und äh, und irgendein Zahlungsempfänger, und irgendein Grund. Und dann halt irgendwie etwas sagen, was man auch, äh, sagen wir, belegen könnte, oder.	Belegbaren Zahlungsgrund wählen
Interviewpartner 2	Irgendwelche Aufträge, oder Rechnungen, oder sonstige Finanzierungsdokumente.	Rechnungen, Aufträge und Finanzierungsdokumente schaffen
Interviewpartner 2	Man wird höchstens mal, sagen wir, in der Finanzindustrie damit konfrontiert, wenn die darüber reden, welche (unv.,?) Attacken laufen, und dann halt eben Erpressungsgelder verlangt werden, die dann halt in diesen Fällen zumeist über die Bitcoins bezahlt werden müssen.	Bezahlung von Erpressungsgeldern in Bitcoin

Interviewpartner	Originalaussage	Generalisierung
Interviewpartner 3	Bei Geldwäsche hat man ja meistens irgendwelche verdächtigen Transaktionen, die da äh auffallen und dann letztendlich die Bank dazu bringen, da 'ne Meldung zu machen. Bei der Terrorismusfinanzierung äh läuft das ja ein bissel anders, dass wir/ die Gelder äh kommen teilweise aus legalen Quellen, teilweise kleine Beträge, die dann zusammen auf 'nem grossen Konto zusammengeführt werden. Is also wirklich sehr, sehr schwierig, das zu erkennen.	Legale Quellen
Interviewpartner 3	Die Frage, wo ist das Geld hin, muss das Geld jetzt ins Ausland raus oder muss es ins Inland reinkommen. Das sind ja schon mal zwei verschiedene Ansatzpunkte, wo ich sagen muss, wie muss ich das Geld nach Deutschland bekommen, damit ichs hier verwenden kann für zum Beispiel Terroranschläge oder was muss ich umgekehrt machen.	Gelder werden sowohl ins Inland als auch ins Ausland transferiert
Interviewpartner 3	Auffälligkeiten festmachen, weil da etwa/ entweder ein grösserer Betrag abgeht oder aber ins Ausland verfügt wird, wo man sich vorstellen könnte, das könnte der Terrorismusfinanzierung dienen.	Überweisung grösserer Beträge ins Ausland erhöht Entdeckungs-risiko
Interviewpartner 3	Nur, aber wenn der nach Syrien reisen würde, hätten wir schon jede Menge Verdachtsmomente, um den nur zu melden.	Reisen nach Syrien verdächtig
Interviewpartner 3	Der/ // der zwar vertraulich, aber da is/ da is auch gewarnt/ da wird gewarnt, wie Terrorkämpfer, also die jetzt sich nach Syrien absetzen, um da kämpfen zu wollen bei der IS, ähm wie sie sich vorher verhalten. Da gibt's so Muster, die dann beschrieben sind, wo man als Bank auch merken könnte, hoppala, das könnte jetzt gefährlich werden.	Vorbereitung der Reise nach Syrien verdächtig
Interviewpartner 3	Aber ansonsten hmhm ist es äusserst schwierig, das zu erkennen, weils, wie gesagt, oft kleinere Beträge sind, die weder beim Ein- noch beim Ausgang grossartig auffallen.	Kleinere Beträge fallen nicht auf

Interviewpartner	Originalaussage	Generalisierung
Interviewpartner 3	Is billiger als Swift und/ und vor allen Dingen is es (.) nicht von irgendeiner Aufsicht zu kontrollieren.	Keine Aufsicht
Interviewpartner 3	Das sind meistens Familienangehörige.	Familienangehörige einbeziehen
Interviewpartner 3	Ähm wenn jetzt, sage ich mal, 'ne Familie aus der Türkei oder hier arbeitet ein/ ein/ ein/ ein türkischer Mitbewohner und/ und weist dann seiner Familie jeden Monat 2.000 Euro nach Hause aus seinen Einkünften her, das is ja nicht verdächtig, das ist auch normal.	Überweisungen an Familienmitglieder
Interviewpartner 3	Muss natürlich immer der Empfängername, wenn man den googeln kann und das ist 'ne NGO, die man nachvollziehen kann, dann is das in Ordnung für uns. Wenn es, sage ich mal, an den Roten Halbmond geht, is es für mich auch in Ordnung. Wenn's aber hingegen irgendwo was ist, wo ich/ was ich wirklich nicht nachvollziehen könnte, dann würden wir eher Verdacht (.) // haben. //	Überweisungen an seriöse NGOs
Interviewpartner 3	In (Mitsch) haben wir sehr viele Touristen aus Katar. Ähm dass einer von denen Geld A mitbringen würde auf der einen Seite oder dass er sich hierher Geld überweisen lässt. Das ist ganz legal.	Tarnung als Tourist aus Katar für Überweisungen aus dem Ausland
Interviewpartner 3	Da gibt's Geschäftsleute, die sind millionenschwer. Und wenn der von zu Hause Geld bekommt und dann anschliessend hier äh das Geld auf ein/ auf ein Konto sich überweisen lässt und dann abhebt und dann wieder verteilt, (.) das kann man gar nicht nachvollziehen. (.)	Barabhebungen und anschliessende Verteilung der Barmittel
Interviewpartner 3	Da spielt das keine Rolle, wie er da/ (.) was wer für Geld hat. Das Geld ist ganz legal hergekommen von einer Bank aus Katar und wird dann gar nicht mehr näher geprüft oder Mittelherkunft wird da auch nicht mehr geprüft in dem Augenblick.	Legale Mittelherkunft

Interviewpartner	Originalaussage	Generalisierung
Interviewpartner 3	Ich überweise einfach das Geld, wenn ich hier jemand drüben finanzieren will, an eine Bank in Dubai zum Beispiel, die gilt ja nicht so als/ als/ als total gefährdet, und über Dubai werden die Gelder dann wiederum innerarabisch dann verteilt.	Überweisungen nach Dubai und anschliessende Verteilung im arabischen Raum
Interviewpartner 3	Spenden, verdeckte Spenden sind dann, die also offiziell als Spenden getätigt werden und dann aber inoffiziell doch dem Terrorkampf dienen sollen. Ähm aber die können genauso gut sich auch kriminell verhalten.	Tarnung als Spenden
Interviewpartner 4	Wenn sie wie gesagt, ein, ein Mosaik aus einer christlichen Kirche rausreissen, das wäre wohl schlecht zu transportieren, das muss anders gehen, das muss dann über Container gehen oder ü/ über andere Transportmittel. Ich würde denken, wenn man Flüchtlingsrouten nimmt, dann muss man doch relativ kleinformatige Sachen mit sich führen, oder?	Handel mit Kulturgütern
Interviewpartner 4	Ähm ansonsten, das ist jetzt eher der ägyptische Bereich, Papyri sind natürlich auch sehr sehr fragil, äh, Sie finden Sie aber trotzdem auf eBay. Also (lacht) auch so was wird offensichtlich rausgeschmuggelt.	Handel mit Papyri
Interviewpartner 4	Ja, wenn Sie die zu Geld machen wollen, müssen Sie die ja eigentlich verkaufen. Und ähm, ja dafür müsste man dann wiederum, ähm, einmal jemanden finden, der das offiziell für Sie tun kann, ja gut, es sei denn, Sie haben da einen privaten, äh, Kunstliebhaber oder eben Antikenliebhaber an der Hand, dem das egal ist, ob die Sachen sozusagen einen ähm, einen gewissen Stammbaum an Papieren haben kann oder nicht.	Handel mit Kunst und Antiquitäten
Interviewpartner 4	Wenn das Ganze aber dann schon über den offiziellen Antikenhandel geht, dann muss so ein Gegenstand irgendwann mal eben Papiere kriegen.	Handel mit Antiquitäten

Interviewpartner	Originalaussage	Generalisierung
Interviewpartner 4	Fälschungen muss man auch immer mit relativ viel Aufwand betreiben, ansonsten fliegen die relativ flott auf und äh ich glaube beinahe, zur Terrorismusfinanzierung wäre es einfacher, man man äh äh plündert ein lokales Museum, äh eben, zum Beispiel ähm im ähm vorderen Orient und verhökert die Sachen dann, äh, weil man dann sozusagen, also ich ich, dem Entsprechenden, der das aufkaufen würde, auch gleich versichern kann, dass das Originale sind (lacht), weil weil eben sie sind ja eben aus einem musealen Zusammenhang.	Handel mit Antiquitäten
Interviewpartner 4	Und ähm, wenn man dann einen Wissenschaftler dazu bewegen kann, sich dieses Stück anzugucken, eine Expertise auszustellen und äh dann gegebenenfalls das Ganze auch noch zu publizieren, dann erhöht sich der Wert dieses Stückes natürlich.	Illegaler Kulturgütertransfer
Interviewpartner 4	Die Sachen müssen ausser Landes geschmuggelt werden und dann, ja, werden die verkauft.	Schmuggel
Interviewpartner 4	Also das wäre dann sozusagen der Weg vom Quellenland über einen Freihafen, über ein ein neutrales Drittland bis hin auf den europäischen, oder ähm, ja, amerikanischen, bis hin zum asiatischen Markt.	Schmuggel über Freihafen nach Europa, Amerika oder Asien
Interviewpartner 5	Ja ich habe, ich habe eben so das Gefühl, dass die legalen Einkünfte doch einen grösseren, also einen rechten Teil ausmachen, oder?	Legale Quellen
Interviewpartner 5	Die hinkt wahrscheinlich immer ein halbes Jahr hinterher, oder?	Amtshilfe zu langsam
Interviewpartner 5	Ist halt immer sehr schwerfällig und träge und, ähm, ich denke, das muss weitgehend über persönliche, schon im Rahmen der Rechtsordnung natürlich, aber schon über persönliche Kontakte läuft das dann.	Amtshilfe zu langsam
Interviewpartner 5	Im Moment sehr schwierig und dann natürlich wieder eine Welt, die noch schnelllebiger ist als alles andere und dann muss man sofort handeln können und so.	Sofortige Handlungsfähigkeit erforderlich

Interviewpartner	Originalaussage	Generalisierung
Interviewpartner 5	Das waren dann auffallend viele Personen involviert in diese Geldflüsse, alle mit arabischen Namen.	Zahlreiche Personen mit arabischen Namen sind verdächtig
Interviewpartner 5	Das sind dann ja Rechnungen für nicht erbrachte Leistungen sozusagen. Das war ja dann, dass, so fiktive Rechnungen waren es, ja genau.	Rechnungen für nicht erbrachte Leistungen
Interviewpartner 5	Ja klar. Und in unserem Fall war das/ ging das auf ein Bankkonto in Dubai.	Überweisungen nach Dubai
Interviewpartner 5	Ja, man muss wahrscheinlich halt auch Strohmänner finden.	Strohleute einsetzen
Interviewpartner 5	Tarnen, Scheinunternehmungen gründen. So halt einfach.	Scheinfirmen gründen
Interviewpartner 5	Plausibilität ist schon ganz wichtig, damit das nicht gleich so ins Auge sticht.	Plausibilität gewährleisten
Interviewpartner 5	Ähm, da hat man, ähm, Telefonnummern gehackt. Und zwar, ähm, nicht benutzte Telefonnummern, also wenn man jetzt eine grosse Unternehmung nimmt. Ähm. Die haben ja so eine interne Telefonanlage mit ganz vielen internen Nummern. Und wenn man jetzt weiss, dass auf dieser Nummer, dass da gerade niemand arbeitet an diesem Pool, diese Nummer also nicht vergeben ist intern, und man es dann schafft, auf so eine Nummer sich einzuhacken, dann kann man über diese Nummer Anrufe generieren.	Missbrauch von Telefonanlagen
Interviewpartner 5	Ja, also bei uns fängt es ja schon mit der gesetzlichen Grundlage an, dass wir das eigentlich gar nicht dürfen beziehungsweise uns so enge Grenzen gesetzt sind.	Schwache gesetzliche Grundlage
Interviewpartner 5	Ist auch sehr aufwendig, sehr kostenintensiv, personalintensiv. Ähm. Langjährige Ermittlungen sind das.	Kosten- und personalintensiv
Interviewpartner 5	Aber ich denke, das ist halt, bis man eine Person so aufgebaut hat, dass ihre/ dass ihr gesamtes Umfeld halt stimmt, ihre gesamte Legende, die man ihr geben kann, das ist schon sehr aufwändig.	Aufwendig

Interviewpartner	Originalaussage	Generalisierung
Interviewpartner 6	Das Ganze ist ursprünglich ausgerichtet gewesen unter der Prämisse, dass Terrorismusfinanzierung eigentlich eine Finanzierung von Terrororganisationen als grosse Organisation oder als grosses Netzwerk und vor allem als einheitliches Netzwerk und somit etwas, das fassbar ist, und im grossen Stil finanziert werden kann, das war, glaube ich, grundsätzlich der Hintergedanke.	Bekämpfung der Terrorismusfinanzierung auf grosse Organisationen und Netzwerke ausgerichtet
Interviewpartner 6	Wir sehen immer mehr die Lonesome-Wolf-Attacken oder eben völlig un/ also nicht unkoordiniert oder zumindest nicht mehr so zentrale Strukturen, wie das vielleicht ursprünglich bei der Al-Qaida war oder im Moment wieder bei ISIS auftritt.	Trend weg von zentralen Strukturen zu Einzeltätern
Interviewpartner 6	Und man braucht jetzt nicht grossartige oder grossartige Mengen oder Beträge an Ressourcen. Um eben einen wesentlichen Schaden und einen Schockzustand in einer Gesellschaft hervorzurufen, braucht man eben nicht mehr so viele Ressourcen, mittlerweile. Da reichen niederschwellige Angriffe wie Messerattacken in Zügen oder sonst wie.	Kleine Summen ausreichend für Terrorismus
Interviewpartner 6	Insofern, das wird wohl die grösste Problematik sein, denn es wird wohl kaum aus/ man kann kaum Einzelpersonen, vor allem, die noch nicht am Radar sind, möglicherweise erst zukünftig etwas vorhaben, vom kommerziellen, wirtschaftlichen Leben, so wie es in der Gesellschaft der Fall ist, ausschliessen können.	Einzeltäter schwer zu identifizieren
Interviewpartner 6	Wobei wahrscheinlich eingeschränkt, eingeschränkter wird die Möglichkeit jetzt wirklich schon im regulierten Finanzbereich sein, nämlich insbesondere über normale Bankkonten.	Normale Bankkonten unauffällig

Interviewpartner	Originalaussage	Generalisierung
Interviewpartner 6	Muss man sich eingestehen, gerade bei der Terrorismusfinanzierung muss man sich eingestehen, dass das nicht alles vollends erfassbar ist. Es ist vielleicht noch etwas, was man nicht gerne laut ausspricht, aber wenn man absolut, also wenn man nicht absolute Kontrolle und Überwachung haben möchte, und insbesondere, wenn es so etwas wie eine Cash Economy noch gibt. Da rede ich nicht einmal von Hawala, wo man nicht einmal Cash braucht, um das zu setteln, wird man ein gewisses Restrisiko und solche Situationen, wie Sie sie geschildert haben, so ein Restrisiko, das wird man nicht gänzlich ausschalten können.	Keine hundertprozentige Sicherheit möglich
Interviewpartner 6	Ja, ja, aber das ist die grundsätzliche Problematik, weil man hier versucht, einen Regelungsbereich zu erschaffen, der, um zu funktionieren, einen totalen, fast schon totalitären Eingriff in alle Lebensbereiche oder zumindest in alle relevanten kommerziellen Lebensbereiche bedeuten würde.	Eingriffe in alle Lebensbereiche notwendig
Interviewpartner 6	Bei Terrorismusfinanzierung glaube ich einfach, dass es wesentlich schwieriger ist, durch Transaktionsanalysen etwas zu finden, ganz im Gegensatz zu Money Laundering. Hier hat man einfach eine Gleichschaltung der Systematik erreicht, weil man das Ganze unter einem grossen Begriff AML/CTF hat.	Transaktionsanalysen nur bedingt hilfreich
Interviewpartner 6	Aber auf der einen Seite ist die Mittelherkunft die relevante oder Geldwäsche, und bei der Terrorismusfinanzierung ist es die Mittelverwendung.	Mittelherkunft vs. Mittelverwendung
Interviewpartner 6	Und hier habe ich auch ein Frequentierungsproblem, weil das eine liegt in der Vergangenheit, das andere liegt in der Zukunft.	Mittelverwendung liegt in der Zukunft
Interviewpartner 6	Also ich glaube, dass das nach wie vor weniger über den Finanzbereich das Ganze läuft, sondern eher über den Warenhandel und Cash, über Cashtransport.	Cahstransport anfälliger als Bankensektor

Interviewpartner	Originalaussage	Generalisierung
Interviewpartner 6	Noch dazu können Sie so etwas wie ein Steuersystem aufziehen.	Steuersysteme als Finanzierungsquellen des IS
Interviewpartner 6	Na gut, für die Zwecke der Ermittlung und Bekämpfung von Terrorismus oder sonstiger Kriminalität, der Idealfall, wenn wir den vollkommen gläsernen und transparenten Menschen hätten.	Gläserner/Transparenter Mensch als Idealfall
Interviewpartner 6	Also da sind die entsprechenden Systeme sehr wohl schon sehr ausgebaut, und die/ also diese Institute sind natürlich auch sensibilisiert im Hinblick auf diese Regionen.	Ausgeprägte Sensibilität im Hinblick auf bestimmte Regionen
Interviewpartner 6	Nun ja, besonders zu hinterfragen, es ist/ das wäre so, wie wenn man fragen würde, alle Fahrzeuge, die in die Himmelsrichtung Türkei unterwegs sind oder vielleicht sogar direkt in die Türkei fahren, müssten einer speziellen Kontrolle unterliegen. Also, die Frage ist, inwiefern ist das überhaupt noch praktikabel? Es sind 99,9 Prozent Überweisungen wahrscheinlich völlig legitim, und in dieser Masse an Finanzströmen wird der eine oder andere Euro sein, der möglicherweise vom Sympathisanten an, weiss ich nicht, Familienangehörige oder sonst irgendjemanden oder Personen, die eben in dem Kampfgebiet tätig sind oder dorthin zumindest immer wieder pendeln, an die überwiesen.	Verdächtige Transaktionen gehen in legitimen Transaktionen unter
Interviewpartner 6	Das liegt dann halt bei der Bank, diejenigen Ausreisser herauszufiltern, wo möglicherweise ein Indiz vorliegt, dass das Ganze doch möglicherweise einen anderen Hintergrund hat.	Transaktionsanalysen
Interviewpartner 6	Wobei zugegebenermassen, gerade bei der Terrorismusfinanzierung es den Banken irrsinnig schwerfallen wird, Einzelpersonen nur aufgrund einzelner, wahrscheinlich auch Kleinstbeträge und Überweisungen diesbezüglichen Verdacht, dass diese in Verdacht geraten.	Kleinstbeträge schwer erkennbar

Interviewpartner	Originalaussage	Generalisierung
Interviewpartner 6	Grundsätzlich ist es das Leichteste für eine Bank natürlich, wenn man mit Personenlisten arbeitet.	Personenlisten
Interviewpartner 6	Und der zweite Faktor sind einfach Überweisungen in gewisse Regionen. Kennen wir Beispiele, wo Institute gewisse Regionen, also auch wirklich Filialen oder Banken in bekannten Regionen, zum Beispiel auch in Bosnien, die bekanntermassen extremistische Gruppierungen beherbergen, dass diese explizit auch von den Systemen gepflegt werden.	Verdächtige Regionen
Interviewpartner 6	Dass der Überprüfungsstandard und der Sorgfaltsstandard nicht der ist, der die meisten Länder gerne sehen würden, insbesondere, wenn solche Transaktionen angestossen werden bei Handyshops oder sonstigen Handelstreibenden, die als Agenten auftreten für diese grossen Unternehmen. Das wissen wir auch.	Überprüfungsstandard bei Handyshops nur gering
Interviewpartner 6	Und da kann ich, vor allem, wenn ich nicht spezifische Namen von Personen habe, wird es sehr schwer sein, hier aufgrund Zahlungsverhaltens im Bagatellbereich oder im niederschwelligen Bereich mir einen Reim nur aus dem Zahlungsverhalten einen Reim darauf zu machen, ob derjenige jetzt irgendwie beabsichtigt, terroristische Aktivitäten zu finanzieren damit. Also der Anknüpfungspunkt ist eigentlich nur, und das ist natürlich auch der Anknüpfungspunkt zu den Intelligence Agencies: die Person, das Verhalten der Person.	Verdächtiges Verhalten
Interviewpartner 6	Also legitimierte Bankkonten und Überweisungen von Bankinstituten, insbesondere im EWR- und EU-Raum direkt in diese Krisengebiete, sagen wir jetzt Syrien oder Irak oder sonst wo, das wird unauffälligerweise nicht mehr möglich sein.	Direkte Überweisungen in Krisengebiete unmöglich
Interviewpartner 6	Dazu stellt sich die Frage, ob überhaupt eine relevante Infrastruktur überhaupt noch zur Verfügung steht auf Empfängerseite in Syrien.	Keine geeignete Infrastruktur in Syrien

Interviewpartner	Originalaussage	Generalisierung
Interviewpartner 6	Na ja, rein schon von der, jetzt ohne, dass/ das wird jetzt schwierig/ das ist insofern schon geeignet, weil wiederum, es gibt kein legitimiertes, fixes Konto dahinter, das heisst, es gibt keine ständige Infrastruktur, die auf eine Person zugerechnet werden kann.	Keine Zurechenbarkeit zu bestimmter Person
Interviewpartner 6	Bitcoin und Co., bekanntermassen über das Darknetz, schon eine gewisse Beliebtheit in kriminellen Kreisen. Es würde mich wundern, wenn hier nicht nur normale Rauschgiftdelikte oder sonstige, wesentlich härtere Delikte begangen werden, sondern auch eben so was wie Terrorismusfinanzierung.	Bitcoin im Darknet beliebt
Interviewpartner 6	Ich glaube, dass das wahrscheinlich einer der Hauptkanäle ist, das ist meine persönliche Meinung.	Hauptkanal
Interviewpartner 6	Da wird man überweisungstechnisch vielleicht wirklich noch auf Money Transfers zurückgreifen, wobei auch hier, denke ich, mittlerweile die Infrastruktur einfach auf der Empfängerseite in einem Land wie Syrien wohl kaum vorhanden sein wird.	Infrastruktur auf Empfängerseite ggf. eingeschränkt
Interviewpartner 6	Anderes wird wahrscheinlich, ganz, ganz banal, wird über den/ normal über den Handel funktionieren, also dass man Finanzierungen jetzt nicht nur mit reinem flüssigem Cashmittel oder sonstigen Finanzmitteln macht, sondern dass man finanziert mit Ressourcen oder mit Financing-in-Kind, also mit sonstigen Unterstützungshandlungen, Spenden, Sachgütern und Sonstiges.	Finanzierung mit Sachgütern, Spenden und Handel
Interviewpartner 6	Wir haben natürlich, gerade bei gewissen Regionen in Zentraleuropa, wo vielleicht die Diaspora aus der Türkei traditionell stärker vertreten ist, auch völlig legitime grosse Ströme, Finanzströme, in das jeweilige Land.	Legitime Ströme aus Zentraleuropa als Tarnung

Interviewpartner	Originalaussage	Generalisierung
Interviewpartner 6	Also wenn man einen soliden Background hat und vor allem eine solide Transaktionshistorie, wo man auf eine durchschnittliche Überweisungs/ sagen wir mal so, Überweisungsprofil schliessen kann, dann wird man wohl auch einen Grossteil dieser Transaktionen relativ schnell plausibilisieren können.	Solide Transaktions-historie aufbauen
Interviewpartner 6	Dass es auch solche Überweisungen gegeben hat, von unterschiedlichen Personen, jedoch unter dem gleichen Namen, das ist auch sehr wohl bekannt.	Unterschiedliche Per-sonen unter gleichem Namen
Interviewpartner 6	Man muss auch sagen, wir kennen das von Erfahrungsberichten, von Leuten, die aus den Krisengebieten aus Syrien gekommen sind und hier Asyl gesucht haben. Die haben oftmals auch nicht mehr die Möglichkeit, sich auf dem geregelten Finanzweg, theoretisch, wenn sie zu Hause ein Vermögen haben oder ein Bankguthaben haben oder sonst irgendwie Guthaben auf Banken oder sonstigen Konten haben, sie können mittlerweile nicht mehr darauf zurückgreifen. Einfach, weil es Sperren gibt, wird seitens der Organisationen, die ein gewisses Gebiet derzeit besetzen oder es ist halt immer noch die syrische Regierung, die sind dann mitunter darauf angewiesen, auf solche Netzwerke wie ein Hawala-Netzwerk zurückzugreifen.	Transfer aus Krisen-gebiet über Bank nicht möglich
Interviewpartner 6	Für einige gibt es auch rein praktikable Gründe, warum die Person, auch wenn sie in Wien ist und theoretisch hier schon ein Konto hat, noch immer auf Hawala zurückgreifen muss, einfach, weil man die Schwierigkeiten im Land B, also in dem Fall in Syrien, hat und nichts anderes machen kann, weil man sonst das Geld nicht über die Grenze bekommt. Das wäre die eine Richtung. Natürlich in die andere Richtung ist das Ganze natürlich auch zugänglicher, keine Frage.	Keine Bank in Syrien

Interviewpartner	Originalaussage	Generalisierung
Interviewpartner 6	Die Frage ist allerdings, und das ist schon zumindest zu hinterfragen, was kann ich mir dann/ also eincashen werde ich es wohl relativ schwer können, irgendwo in Syrien. Also ich gehe mal davon aus, sehr viele Abnehmer für Bitcoins oder sonstige virtuelle Währungen wird es nicht geben.	Eingeschränkte Handelbarkeit von Bitcoins in Syrien
Interviewpartner 6	Das heisst wiederum, ich könnte, wenn ich die Bitcoins als Zahlungsmittel oder als Finanzmittel akzeptieren will, als Terrorist, und damit arbeiten will, kann ich mir dann wiederum im Darknet für Bitcoins möglicherweise Waffen oder sonstiges Material beschaffen.	Bitcoins als Zahlungsmittel für Waffen im Darknet verwenden
Interviewpartner 6	Also hier müsste man zumindest irgendwo das nächste Land heranziehen, wo man so etwas wie eine informelle Bitcoin-Wirtschaft hat, wo einzelne, vielleicht Warenhändler oder sonst irgendjemand Bitcoins akzeptiert oder wo es zumindest die Möglichkeit gibt, Bitcoins auszucashen und wiederum in Cash umzuwandeln.	Länder mit Bitcoin-Börse suchen
Interviewpartner 6	Ich glaube auch, der Attentäter von München war im Darknet unterwegs, um sich die Glock zu besorgen.	Bitcoins als Zahlungsmittel für Waffen im Darknet verwenden
Interviewpartner 6	Man hat da relativ oft vor Augen so etwas wie in Syrien, wo es eine relativ unbehelligte Grenze zur Türkei gegeben hat, wo man auch weiss, dass sehr viele Personen und Güter diese Grenze überqueren und relativ frei.	Grenze zwischen Syrien und Türkei nutzen
Interviewpartner 6	Also, das können legitime Einkommensquellen sein, das kann ein Gehalt sein, das kann Arbeitslosenunterstützung, staatliche Unterstützung, das kann alles Mögliche sein.	Gehalt oder staatliche Unterstützung

Interviewpartner	Originalaussage	Generalisierung
Interviewpartner 6	Ich denke mal, dadurch, dass es immer wieder zu solchen Attacken kommt und man weiss, dass diese Personen im Internet radikalisiert wurden oder durch gewisses Material im Internet, und dennoch nicht auf diese Personen draufgekommen ist, zeigt umso mehr, wie schwierig das einfach ist. Das sind einfach Regelungsbereiche oder das sind einfach Bereiche des Lebens, die einfach den Alltag betreffen, so wie jeder den kennt bei uns. Und das sind dann nur kleine Elemente, die möglicherweise ein Indiz geben können.	Einzelne Elemente als Indizien
Interviewpartner 6	Ja, das ist wahrscheinlich eine der wesentlichsten oder der intelligentesten Formen der Bekämpfung, weil man hier vielleicht wirklich auf die einzelnen Zellen eingehen kann.	Flexibel auf Zellen abstimmbar
Interviewpartner 6	Aber wenn man sich in gewissen sozialen Bereichen frei bewegen kann, eben, weil man als solcher aufgenommen wird als einer der Ihren, dann kann das durchaus einen Intelligence-Mehrwert produzieren.	Intelligence-Mehrwert
Interviewpartner 7	Ähm (.) ein Grossteil kommt tatsächlich aus/ aus/ aus (.) 'ner Art Steuererhebung.	Steuererhebung
Interviewpartner 7	Also das ist schon/ ich sage mal, dieser Anspruch, Islamischer Staat, die sich als Staat sehen, die eine gewisse Infrastruktur haben, also die 'ne gewisse Besteuerung erfordert. Aber das Interessante ist auch, was die sagten. Der/ wirklich der überwiegende Teil der Finanzierung kommt aus/ das ist so 'ne Art Ponzi-Scheme, den die aufgesetzt haben, aus Plünderungen.	Besteuerung und Plünderungen durch den IS
Interviewpartner 7	Dass man also tatsächlich durch/ durch Gebietsgewinne, durch/ durch Landgewinne letztendlich bestehende Infrastruktur, Vermögen konfisziert, plündert und dann über graue Märkte, über Schwarzmärkte in den Handel bringt.	Plünderungen

Interviewpartner	Originalaussage	Generalisierung
Interviewpartner 7	Das können (.) Kulturgüter sein, das können Konsumgüter sein. Also das ist letztendlich 'ne Umverteilung, 'ne Konfiszierung und Umverteilung, quasi 'ne Plünderung von/ von/ von Vermögensgegenständen.	Plünderungen
Interviewpartner 7	Wenn es um den Review von Transaktionen äh geht, letztlich das Mindset aber auch auf GWG, äh auf Geldwäscherei, auf Muster von Geldwäscherei, äh aber Terrorismusfinanzierung einfach in den Köpfen noch nicht existiert.	Fokus liegt auf der Geldwäscherei und nicht auf Terrorismusfinanzierung
Interviewpartner 7	Ja, ich/ ich glaube, die/ die Muster der (.) Terrorismusfinanzierung sind, glaube ich, bei den meisten Leuten gar nicht bekannt. Und/ und deswegen ist es einfach auch schwierig, diese zu finanz/ äh diese zu identifizieren.	Muster der Terrorismusfinanzierung teilweise nicht bekannt
Interviewpartner 7	Und bevor Sie dann mal irgendwo 'nen Amtshilfegesuch oder 'ne Arrestierung erwirkt haben, ich meine, da ist das Geld schon wieder äh üb/ über alle Ländergrenzen hinweg.	Geld schneller als Amtshilfe
Interviewpartner 7	Also es ist/ Also ich glaube, das Problem ist, es gibt innerhalb der Berufsstände hmhm gewisse schwarze Schafe, die sich auch (.) zum Beispiel das Anwaltsgeheimnis, et cetera zu eigen machen, um/ um äh gewisse Sachen zu verschleiern.	Berufsgeheimnisse als Verschleierungstool
Interviewpartner 7	Und // und da haben Sie einfach, ich sage mal, mittels der Ihnen als/ als Bank zur Verfügung stehenden (.) Compliance-Datenbanken null Zugriff, ne.	Grenzen der Compliance-Datenbanken
Interviewpartner 7	Sei es // das Geld geht an 'nen/ 'nen Verein, an/ an/ (.) äh oder an 'ne Privatperson oder an ein Geschäft, wer dahinter steht, woher der kommt, (.) das/ das bleibt für Sie intransparent, ne.	Wirtschaftlich Berechtigte der Empfängerseite oft nicht bekannt
Interviewpartner 7	Da haben Sie null Chance hier. Da haben Sie null Chance. Also ich glaube, damit würden Sie so durchkommen hier jetzt.	Geringes Entdeckungsrisiko

Interviewpartner	Originalaussage	Generalisierung
Interviewpartner 7	Äh es finden insofern alle/ alle Standards, die wir haben im Bereich Geldwäschereibekämpfung, (KYC) findet da nicht statt.	Keine GwG- oder KYC-Standards
Interviewpartner 7	Und ähm (.) Sie haben keinerlei Chance, letztendlich durch, so wie das System angelegt ist, den wirtschaftlich Berechtigten ultimativ finanzieren/ äh zu identifizieren.	Keine Identifikation des wirtschaftlich Berechtigten möglich
Interviewpartner 7	Das heisst, innerhalb dieser ganzen Prozesskette von fünf, sechs, sieben Schritten, (.) da seh' ich nur anderthalb Schritte, (.) ja. Und/ und da die Informationen zu verknüpfen und/ und/ und 'ne Faktenbasis zu schaffen, die es mir erlaubt, das dann rich/ richtig zu beurteilen, das ist faktisch nicht gegeben.	Bank sieht nur Teil des Prozesses
Interviewpartner 7	Was/ was meine Kenntnis ist, einfach nur auf die bewährten zurück. Einerseits äh Identifizierung des wirtschaftlichen Berechtigten und/ und dann das Monitoring äh der Transaktionen und das Matching gegen Listen, Sanktionslisten, EU-Listen, äh Geldwäscherei, (unv.)Checklisten, et cetera. Das heisst, (.) ich glaube, (.) es/ es besteht keine grooosse Sensibilität, was eigentlich der Unterschied genau ist zwischen Terrorismusfinanzierung oder Geldwäscherei.	Terrorismusfinanzierung wird mit Geldwäscherei vermischt
Interviewpartner 7	Nur weil/ weil die jetzt an der Grenze liegen da zu/ zu den Krisengebieten und es einen gewissen Influx gibt im ganzen Land, heisst ja nicht, dass per se jede Geschäftstätigkeit in der Türkei rechtswidrig ist od/ oder letztendlich Geldwäscherei oder Terrorismusfinanzierungsverdacht automatisch gegeben ist.	Türkei nicht per se verdächtig
Interviewpartner 7	Und ich meine, das ist natürlich ein perfektes System, was auch angelegt ist natürlich dann auch, äh äh (.) die Beneficial Ownership geheim zu halten, zu verschleiern und/ und kann natürlich dann auch genutzt werden für/ für illegale Transaktionen.	Verschleierung des Wirtschaftlich Berechtigten

Interviewpartner	Originalaussage	Generalisierung
Interviewpartner 7	Es müsste eigentlich möglich sein, ohne dass jemals ein Finanzinstitut damit in Berührung kommt.	Ohne Berührungspunkte mit Finanzinstituten
Interviewpartner 7	Und/ und äh äh wenn Sie da Menschen rüberkriegen, dann kriegen Sie natürlich auch Bar- oder Vermögenswerte da rüber.	Flüchtlingsrouten für Geldtransfer geeignet
Interviewpartner 7	// innerhalb // der Bank sehe. Und das ist einfach das/ die Krux, dass/ dass/ dass wir äh als Berater oder als Anwälte immer nur diesen Snapshot sehen. Das heisst, Sie haben letztendlich 'ne Kette von/ von Ereignissen, Sie haben irgendwo (.) die Quelle (.) und von der Quelle bis hin zum Empfänger haben Sie verschiedene Prozessschritte.	Banken sehen nicht den gesamten Prozess
Interviewpartner 7	Und/ und wir wissen alle, nichts ist so flüchtig auf dieser Welt wie Geld.	Schnelle Überweisungen
Interviewpartner 7	Und nichts ist so schnell wie Geld. Also das heisst, ich kann ja mittlerweile innerhalb von Sekunden Geld von A nach B transferieren und (.) unbegrenzte Summen.	Schnelle Überweisungen
Interviewpartner 7	Es ist das typische Nutzen von Strohmännern, um eben den Finanzplatz, den Sektor als Medium zu nutzen, um/ um Gelder zu transferieren an (.) terroristische Organisationen, an ein Individuum, die (.) Anschläge geplant haben, et cetera.	Einsatz von Strohleuten
Interviewpartner 7	Also ich glaube, das ist wirklich das grosse Risiko ähm für Schweizer Finanzinstitute, dass mittels Strohmänner die Herkunft und/ und dann die Zie/ Ziele, die Empfänger verschleiert werden …	Einsatz von Strohleuten
Interviewpartner 7	Einerseits Strohmänner	Einsatz von Strohleuten

Interviewpartner	Originalaussage	Generalisierung
Interviewpartner 7	Was natürlich auf der anderen Seite ein Problem ist, sind zum Beispiel/ das können Stiftungen sein, das/ das können Kulturvereine sein, das können (.) irgendwelche Unterstützergruppen sein, die sich nach aussen hin irgend 'nen Anstrich geben, wie/ wie/ ja, wie gesagt, diese ganzen Kulturvereine, die Sie hier haben, die ganzen NGOs, äh irgendwelchen Non-Governmental Organizations, die sich 'nen Anstrich geben als gemeinnützig, wohltätig. Aber dahinter verbirgt sich letztendlich 'ne/ ich sage mal, eine Organisation, die einer (.) politischen Organisation, einer terroristischen Organisation nahesteht.	Kulturvereine und Stiftungen als Deckmantel
Interviewpartner 7	Das heisst // Sie brauchen ja immer, ich sage mal, irgendwo/ (.) wenn/ wenn Sie/ angenommen Sie sind 'ne terroristische Vereinigung, irgendwo (.) 'nen legalen Arm in die Gesellschaft hinein, in dem Sie, ich sage mal, A rekrutieren, Werbung, Lobbying betreiben.	Legale Strukturen für Werbung und Lobbyismus schaffen
Interviewpartner 7	Und was ich mir vorstellen kann, ist natürlich, wenn Sie gerade im/ im Bereich ähm (.) ähm (.) Transaktionen in die Türkei ansprechen, dass Sie natürlich im Rahmen der Flüchtlingsbewegung, dass/ dass wir natürlich viele Leute haben, die aus den Krisengebieten, wo es terroristische Aktivitäten gibt, in/ ich sage mal, in westliche oder in nahe westliche Länder immigriert sind, da jetzt (.) 'ne legale äh äh (.) Identität oder ein legales Leben aufgebaut haben, sind registriert, haben ein Geschäft, et cetera. Und da können natürlich die History/ wo kommen die Leute her, was für Beziehungen haben die, das können Sie nur schwer nachvollziehen, ne.	Geflüchtete als Tarnung nutzen

Interviewpartner	Originalaussage	Generalisierung
Interviewpartner 7	Wenn Sie/ wenn Sie es/ dann auch noch irgendwie ein Splitting machen und/ und bleiben unter irgendwelchen kritischen Schwellenwerten, (.) da haben Sie als Bank keine äh/ (.)	Vermögenswerte aufteilen
Interviewpartner 7	Und/ und Sie haben natürlich, ich sage mal, aufgrund der sprachlichen Unterschiedlichkeiten und/ und/ und der/ (.) der Ferne trotzdem nicht/ nicht die Chance, das alles irgendwie in/ berechtigte Zweifel zu ziehen. Gerade wenn Sie dieses Beispiel mit der notariellen Beurkundung et cetera bringen dann, ne. (.)	Notarielle Beurkundungen nutzen
Interviewpartner 7	Also wenn es 'ne plausible Geschichte ist, die rund ist und/ und Sie auf der Gegenseite sagen, Sie haben da ein valides Business und es hat vielleicht sogar schon 'ne gewisse History, das ist jetzt nicht gerade erst seit äh/ seit ein, zwei Monaten registriert im Markt, et cetera.	Plausibles Geschäft mit Historie
Interviewpartner 7	Ähm der hat vielleicht renommierte Kunden auch irgendwo, äh hat 'ne gute Webpage mit/ mit allen Zipp und Zapp. Also das äh/ das fällt Ihnen da nicht auf. (.)	Renommierte Kunden und Internetseite
Interviewpartner 7	Und // und diese Handelsrouten, das sind einfach Landwege gewesen, weil die Häfen blockiert waren, diese Handelsrouten und/ und das heisst, auch diese Logistik dahinter, die funktioniert heute immer noch.	Handelsrouten (Landwege) nutzen
Interviewpartner 7	Existiert, sondern das stammt zum Teil wirklich eben noch gerade, diese Route, äh äh aus/ aus dem Oil-for-Food-Programm. Und ich meine, in der/ in der Türkei ein legales Business aufzubauen, ist, glaube ich, nicht sonderlich schwierig.	Legales Business in der Türkei aufbauen

Interviewpartner	Originalaussage	Generalisierung
Interviewpartner 7	Aber // aber die Leute, die an diesem Part/ oder an diesem System partizipieren und gewinnen, das heisst, die Leute, die diese Wertgegenstände über die Grenzen schaffen, die das Geld wieder rücktransferieren, ähm da/ das besteht seit Jahrzehnten und/ und das kann, wie gesagt, ähm (.) einerseits der/ der Schmuggel oder der Transfer von/ von/ von materiellen Gegenständen sein und dann auf der anderen Seite natürlich auch die Rückführung von/ von Geldern.	Erfahrene Schmuggler einbeziehen
Interviewpartner 7	Dass // dass Sie sagen, ähm Sie haben ein/ ein System, dieses (Hawala)-System zum Beispiels, weil's einfach auf/ auf Mittelsmännern und Vertrauen beruht, ne, wo letztendlich am Ende des Tages mal irgendwann ein Clearing stattfindet, aber es ist alles bargeldbasiert, und Sie haben einfach Ihre Mittelsmänner irgendwo sitzen, wo Sie natürlich als/ ja, ich sag mal, als/ als (.) jemand, der ein westliches Bankensystem gewohnt ist, natürlich überhaupt keinen Zugriff haben, weil's einfach ein komplett paralleles Bankensystem ist, ne.	Bargeldgeschäfte basierend auf Vertrauen und Mittelsmännern
Interviewpartner 7	Ähm (seufzt leise) das ist 'ne gute Frage. Also ich weiss, dass es das gibt. Ähm (.) ähm ich weiss es eigentlich (.) inoffiziell von/ von, ich sag mal, Hilfsorganisationen, die, ich sag mal, das Problem haben, stellen Sie sich vor, Sie sind 'ne Hilfsorganisation und Sie wollen/ Es gab 'ne Katastrophe irgendwo in 'nem Gebiet, wo es einfach keine westliche Bank gibt, die Dollar annimmt oder so.	Hilfsorganisationen als Tarnung
Interviewpartner 7	Sie müssen irgendwo nach, ich sage mal, Mittelafrika Geld bringen, um da helfen zu wollen. Da greifen diese Hilfsorganisationen zum Beispiel auf Parallelbankensysteme, auf Cash-Systeme zurück.	Hilfsorganisationen als Tarnung
Interviewpartner 7	Ich meine, das Ganze geht ja letztendlich über irgendwelche Rechenkapazitäten.	Rechenkapazitäten schaffen

Interviewpartner	Originalaussage	Generalisierung
Interviewpartner 7	Letztendlich, Sie/ ich meine, Sie können ja Bitcoins erwerben, wenn Sie an anteil/ am System teilnehmen und einfach Rechenkapazität zur Verfügung stellen und können so durch dieses System intern letztendlich, (.) ja, (.) Kaufkraft erwerben …	Rechenkapazitäten zur Verfügung stellen
Interviewpartner 7	indem Sie Rechenkapazität zur Verfügung stellen.	Rechenkapazitäten zur Verfügung stellen
Interviewpartner 7	Also das heisst, hier hat man diesen Umweg über das/ den Kauf von Infrastruktur, die Möglichkeit, daran zu partizipieren.	Infrastruktur aufbauen
Interviewpartner 7	Und ich meine, wir haben natürlich Länder jetzt, wie Frankreich und/ und so, die gewisse Limite aussprechen wollen und trotzdem auch gewisse (KYC-)Regeln über diese Prepaid-Karten ziehen wollen. Also ich glaube, das wär schon wieder zu/ zu offensichtlich, oder?	Prepaid-Karten meiden
Interviewpartner 7	Ja, ich/ Und das ist, glaube ich, die/ diese Flüchtlingsrouten oder Schmugglerrouten oder wie auch immer Sie die da nennen wollen, ich meine, da gibt's 'ne bestehende Infrastruktur. Das funktioniert.	Flüchtlingsrouten nutzen
Interviewpartner 7	Da gibt's äh äh/ da gibt es Logistiker, Schleuser, was auch immer Sie/ oder wie Sie die nennen wollen.	Schleuser einbeziehen
Interviewpartner 7	Und gerade jetzt, wenn wir über Barwerte reden oder/ oder gerade Prepaid-Karten. Ich meine, das ist ja wahrscheinlich noch leichter dann als irgendwelche Menschen rüberzuschmuggeln, wo Sie äh Papiere brauchen et cetera. Und dann/	Prepaid-Karten nutzen
Interviewpartner 7	Ja, so 'ne Prepaid/ Ich meine, Prepaid-Karte, ich meine, das is/ dann haben Sie (.) 'nen Haufen kleiner Kärtchen. Ich meine, wie/ das fällt keinem auf.	Prepaid-Karten nutzen

Interviewpartner	Originalaussage	Generalisierung
Interviewpartner 7	Das heisst, Sie sehen eigentlich als/ als Finanzintermediär immer nur, A wo kommst Geld rein (durch diesen) Strohmann und B wo gehts Geld wieder raus, eventuell auch wieder ein Strohmann oder unsere türkische Bank, et cetera.	Einsatz von Strohleuten
Interviewpartner 7	Und/ und ich glaube, das ist einfach auch die Krux äh ähm (.) bei der Ermittlung grundsätzlich, dass Sie einfach über das äh äh Nutzen von Strohmännern, von Konstrukten, von Gesellschaften eben 'ne (.) sehr lange Prozesskette haben und um dieses Ganze, dieses Big Picture dann zu etablieren und wenn es über Ländergrenzen hinweg geht, über verschiedene Finanzinstitutionen, verschiedene Banken, et cetera, die Informationen zusammenzubekommen.	Einsatz von Strohleuten und Firmenkonstrukten
Interviewpartner 7	Und dann wird das Geld transferiert und es ist innerhalb von Sekunden/ Wenn Sie das mal nachträglich investigieren, dann landet das erst auf (.) 'nem Konto 'ner westlichen Bank, aber von da geht's dann nach China und von der chinesischen Bank dann in tausend Himmelsrichtungen. Da haben Sie null Chance, das Geld jemals wieder zu finden. (leise) Also das ist äh (.) illusorisch.	Überweisungen an chinesische Banken und anschliessende Streuung
Interviewpartner 7	Sie können letztendlich auch Bitcoins anders erwerben als jetzt über/ über 'ne Bank oder/ oder über/ äh äh über 'nen Finanzdienstleister.	Bitcoins anonym erwerben
Interviewpartner 7	Wäre wahrscheinlich ein probates Mittel. Deckt sich wahrscheinlich nicht immer ganz mit der/ (schmunzelnd) mit dem Datenschutz (lacht) und dem Persönlichkeitsschutz. Äh (.) aber wenn Sie rein auf die/ auf die Effizienz und Effektivität abzielen, ist das wahrscheinlich ein Element, was/ was/ was wahrscheinlich probat wäre, weitere Informationen zu etablieren, ja.	Effektiv und effizient, aber datenschutzrechtlich bedenklich
Interviewpartner 7	Das können sein, wie gesagt, dann Drogenhandel oder andere Sachen.	Drogenhandel

Interviewpartner	Originalaussage	Generalisierung
Interviewpartner 7	Was wir gesehen haben, dass der Grossteil der Versicherungsbetrügereien wirklich Fälle von organisierter Kriminalität sind.	Versicherungsbetrug
Interviewpartner 7	// Also das // ist jetzt wirklich der Grossteil, wo fingiert von/ über fingierte Autofällen/ Un/ Unfällen, über/ über Diebstähle, wo Sie wirklich, ich sag mal, ähm Netzwerke haben von Leuten, die äh bewusst, ich sag mal, Versicherungspolicen zeichnen und/ und Schaden melden, fingieren.	Versicherungsbetrug
Interviewpartner 7	Und das sind letztendlich immer gewisse/ gewisse Netzwerke, die da agieren. Sind immer dieselben Player. Und/ und (.) also Versicherungsbetrug ist ein Grossteil wirklich ein Problem, organisierte Kriminalität.	Versicherungsbetrug
Interviewpartner 7	Also ich glaube, dass/ dass es ohne klassische Intelligence wahrscheinlich sehr, sehr schwierig ist, also ohne äh/ ohne dass ich das jetzt aus der Erfahrung sagen könnte.	Ermittlungen ohne klassische Intelligence schwierig
Interviewpartner 7	Ich meine, die Behörden sind da angewiesen auf Insiderwissen. Sei es Sie haben 'nen Verdeckten Ermittler, der/ den Sie beauftragt haben unter Einschleusen oder Sie kaufen 'ne Art Whistleblower oder Kronzeugen raus.	Insiderwissen erforderlich
Interviewpartner 7	Hm ich glaube, ohne diese Art von Informationen werden Sie sonst nie da ankommen. Wenn Sie wirklich (.) äh äh mühselig die Prozesskette nachgehen müssen mit/ mit Amtshilfe, da kommen Sie nie ans Ziel.	Ohne Verdeckte Ermittler kaum Erfolgschancen
Interviewpartner 7	Ich glaube, Sie sind angewiesen auf entweder Verdeckte Ermittler oder Whistleblower, Kronzeugen, die aus der Organisation kommen, umfallen und/ und äh (.) die dann aus dem Nähkästchen plaudern.	Insiderwissen erforderlich

Interviewpartner	**Originalaussage**	**Generalisierung**
Interviewpartner 7	Und/ und ich meine, ohne dass ich da jetzt aus der Erfahrung spräche, aber meine Vermutung ist einfach relativ gross, was wir gesehen haben, (.) äh zum Beispiel als das ganze ähm (.) Iran-Oil-for-Food-Programm lief. Das sind ja diese Handelsrouten. Ich meine, das ist ja belegt mittlerweile, dass äh in/ in der Zeit der 90er und 2000er, als dieses Oil-for-Food-Programm lief, dass der Schwarzhandel mit/ mit dem Öl über (.) zum Teil auch die Türkei lief.	Handel mit Öl über die Türkei
Interviewpartner 7	Ich will nicht ausschliessen, dass es da noch über Firmenkonstrukte jetzt äh äh (.) in den/ in den grösseren Bereich jetzt/ jetzt Umsatzsteuerbetrügereien, et cetera gehen mag. Das/	Umsatzsteuerbetrug über Firmenkonstrukte
Interviewpartner 8	Ich meine, man darf sich ja nicht den Illusionen hingeben, dass das – gerade bei Terrorismus – dass das alles nur – in Anführungszeichen – irgendwelche Fanatiker sind, die Hochhäuser in die Luft jagen wollen und dann irgendwelche Menschen mit reinziehen. Die gibt es auch, aber da gibt es wahrscheinlich natürlich auch hochintelligente Menschen im Hintergrund, die mit einer vergleichbaren Ausbildung, ja wirklich die Schwachstellen suchen.	Täter sind intelligent und gut ausgebildet
Interviewpartner 8	Also das heisst, man hat hier mittlerweile einen, ja, auf der Gegenseite durchaus gleichwertigen Gegner, sage ich mal.	Täter sind kompetent
Interviewpartner 8	Ich weiss nicht, wie Ihre Erfahrung ist, sage ich jetzt mal, von Ihren bisherigen Tätigkeiten heraus, aber man sieht ja schon, dass die immer cleverer werden.	Täter sind clever
Interviewpartner 8	Dritter Punkt, um das vielleicht auch nochmal zu sagen, für mich ist die fortschreitende Technisierung des Ganzen auch ein, ich will nicht sagen, ein Risiko, aber auch ein Fakt, der die Arbeit schwieriger gemacht hat.	Fortschreitende Technisierung erschwert Ermittlungen

Interviewpartner	Originalaussage	Generalisierung
Interviewpartner 8	Ich will mal so ein Beispiel nennen, aber das ist bei mir hier so ein Lieblingsthema, worüber ich stundenlang schwadronieren könnte, dass gewisse Bereiche unfassbar hart reguliert sind und manche Bereiche aber, wo es aus meiner Sicht offensichtlich ist, dass da aus freien Stücken gar nichts passiert.	Bestimmte Branchen sind nicht reguliert
Interviewpartner 8	Der intelligente Terrorismusfinanzierer macht im Prinzip genau das, was er tun möchte, und erklärt das einfach nur gut.	Intelligente Täter haben plausible Erklärungen für ihr Verhalten
Interviewpartner 8	Ich sage mal so, das sind ja nicht nur noch, sage ich mal, irgendwelche schlimmen Ziegenhirten, die dann irgendwie mit der Kalaschnikow auf irgendwelche Leute feuern. Das sind ja wirklich durchaus gut ausgebildete Menschen dahinter, die sich so einem Ziel verschrieben haben, leider.	Täter sind gut ausgebildet
Interviewpartner 8	Das, was Sie aus der Geldwäsche lernen können, kann man natürlich auch auf das Thema Terrorismusfinanzierung übertragen.	Ähnlichkeiten zwischen Geldwäscherei und Terrorismusfinanzierung
Interviewpartner 8	Es gibt Lücken in Prozessen, sei es in der Verwaltung, sei es bei Gericht, die man, wenn man das genau weiss, gut nutzen kann.	Täter nutzen Lücken in der Verwaltung
Interviewpartner 8	Bei der Geldwäsche sind wir ja praktisch schon paranoid und gucken: Wo könnte da irgendwas Grösseres reinkommen? Bei der Terrorismusfinanzierung haben wir schon Gelder, die als sauber deklariert wurden, die auch schon geprüft wurden – also das ist ja praktisch der Unterschied dazu, ein wirklich spannendes Thema, wie ich finde – dass die also erst mal gar nicht den Verdacht (unv. #00:37:32.5#) erregen.	Gelder der Terrorismusfinanzierer sind häufig nicht inkriminiert
Interviewpartner 8	Persönlich glaube ich, dass wir Terrorismusfinanzierung nie einfangen können, weil es immer solche Schlupflöcher gibt.	Terrorismusfinanzierung kann nicht bekämpft werden

Interviewpartner	Originalaussage	Generalisierung
Interviewpartner 8	Wenn Sie einen guten haben – in Anführungszeichen –, der die Prozesse halt kennt und ausnutzen kann, wird er sie austricksen. Gerade wenn die richtig viel Geld zur Verfügung haben. Die Kleinen, sage ich mal, Unauffälligen, die kriegen Sie, weil die einfach nicht die Ressourcen haben.	Kompetente Täter werden nicht erwischt
Interviewpartner 8	Und das ist ja genau das Spannende daran, dass Sie also praktisch die Kleineren kriegen, aber die Grossen, die richtig schweren Brocken, die kriegen Sie nur ganz schwer zu sehen. Ich glaube, da müssen Sie dann, ja, auf ganz anderer Ebene angreifen.	Nur kleine Täter werden erwischt
Interviewpartner 8	Das zeigt ja, wenn man sich ein bisschen mit dem Thema auseinandersetzt, findet man einfach Möglichkeiten, die es dem einzelnen Unternehmen fast unmöglich macht, das auch rauszufinden. Weil dieser Gesamtzusammenhang, den kriegen Sie nicht mit.	Geschickte Täter werden nicht erwischt
Interviewpartner 8	Da ist mir doch vollkommen egal, ob ich jetzt hinten raus noch eine Strafe bekomme für Terrorismusfinanzierung, wenn ich vorne raus irgendwie, keine Ahnung, ein Bombenattentat oder sowas finanziert habe. Das ist dann das kleinere Übel, wo ich sage: Ja gut, dann kriegst du halt da, wenn es rauskommt, auch noch zwei Jahre. Aber wenn ich da vorher schon, ich sage mal, Mittäter bin, sage ich mal, oder Urheber für ein Bombenattentat oder sowas, wie es in Paris passiert ist (unv. #00:56:27.9#), dann ist es doch vollkommen egal.	Strafen für Terrorismusfinanzierung wirken nicht abschreckend
Interviewpartner 8	Ich glaube, auch da ist vielleicht noch eine Schwäche der Terrorismusfinanzierungsbekämpfung, dass die Aufsichts- oder Ermittlungsbehörden eigentlich zu langsam sind.	Ermittlungsbehörden sind zu langsam

Interviewpartner	Originalaussage	Generalisierung
Interviewpartner 8	Es gibt einfach zu viele Einfallstore, die man im Hinterkopf haben muss, wie das laufen kann, warum das so laufen kann, und ich glaube einfach mittlerweile, dass die Professionalität auf der anderen Seite so gross geworden ist, dass man eben vorsichtig sein muss, zu glauben, man kann das alles noch durch eine singuläre Massnahme abfangen. Also singulär im Sinne von: Ich kann das nicht alles alleine bei den Finanzinstituten liegen lassen, weil die nur einen Teil der Prozesskette sind.	Täter sind zu kompetent, um durch Finanzdienstleister erwischt zu werden
Interviewpartner 8	Ansonsten, wie gesagt, aber das ist halt eine persönliche Schlussnote, wenn ich das mal sagen darf, viele der Sachen, die wir aktuell machen, werden verkauft unter dem Deckmantel der Geldwäscheprävention und/oder der Terrorismusfinanzierung, dienen aber nach meinem Verständnis eher dem Thema Steuerfahndung.	Bekämpfung der Terrorismusfinanzierung dient der Steuerfahndung
Interviewpartner 8	Im Prinzip muss das auch auf anderen Ebenen auch angepasst sein. Sei es bei Rechtsanwälten, sei es bei Notaren, sei es, wie gesagt, bei Behörden. Also überall dort, wo ich die Möglichkeit habe, sage ich mal, eine Dokumentation oder Ähnliches zu besorgen, müssen im Prinzip die gleichen Standards herrschen.	Standards bei Beurkundungen
Interviewpartner 8	Die Wahrscheinlichkeit, dass uns da jemand unterrutscht, der komplett anonym ist und irgendwie durch Zufall reinkommt, das ist eigentlich nicht darstellbar oder ist nicht möglich.	Anonymität nahezu unmöglich
Interviewpartner 8	Wir kennen unseren Kunden wirklich und wir kennen auch den Hintergrund des Kunden.	Hintergründe der Kunden bekannt
Interviewpartner 8	Das heisst, da lassen wir gesondert durch den Berater prüfen, was der Hintergrund einer Zahlung ist.	Überprüfung der Hintergründe der Zahlungen
Interviewpartner 8	Das ist das, was ich eingangs meinte. Wie gut kenne ich eigentlich meinen Kunden, ja?	Hintergründe der Kunden bekannt

Interviewpartner	Originalaussage	Generalisierung
Interviewpartner 8	Die Presse von (unv. #00:20:15.6#), da kommen Sie heute nicht mehr drum herum. Wenn Sie feststellen, da ist irgendjemand dabei, der nicht seriös ist, dann sollten Sie tunlichst anfangen, mal nachzudenken in Ihrer Bank, warum man vielleicht diesen Geschäftspartner nicht mehr in Zukunft haben möchte.	Analyse der Presse
Interviewpartner 8	Wenn jemand wirklich so präzise vorgeht, wirklich, sage ich mal, von den Unterlagen her eine Nachvollziehbarkeit stattfindet, glaube ich, ehrlich gesagt, dann bekommen Sie den im Zweifel gar nicht.	Nachvollziehbarkeit der Dokumentation reduziert Entdeckungsrisiko
Interviewpartner 8	So, das heisst, wir haben eine komplette Parallelwährung, die Sie aber wieder umtauschen können in reales Geld.	Parallelwährung umtauschbar in gängige Währungen
Interviewpartner 8	So, ist aber null reguliert.	Keine Regulierung
Interviewpartner 8	Ja, warum soll ich denn irgendwie, sage ich mal, ganz böse, sage ich mal, eine Überweisung machen, wenn ich einfach über so ein Verschlüsselungssystem, also über künstliche Währung, eigentlich alles darstellen kann, was ich möchte?	Gute Alternative zu klassischen Überweisungen
Interviewpartner 8	Also nochmal, nicht dass die Banken alle sauber sind, bitte nicht so verstehen, aber ich glaube, die Wahrscheinlichkeit, dass man über die Banken noch was darstellen kann, ist deutlich schwieriger oder unwahrscheinlicher, als wenn Sie in andere Bereiche gehen.	Banken kontrollieren mehr als andere Branchen
Interviewpartner 8	Und es ist unfassbar schwer nach meinem Verständnis, die wenigen Bösen – und ich glaube, es sind wirklich wenige – von der überragenden grossen guten Masse zu unterscheiden.	Täter schwer von normalen Kunden zu unterscheiden
Interviewpartner 8	Sie merken ja, egal, welches Beispiel wir diskutieren, es gibt einfach unfassbar viele Möglichkeiten, die eben ausserhalb der Banken liegen, und die Banken kriegen eben nur einen Teil dieses Prozesses mit, nicht den Gesamtprozess, und dadurch, ja (…) können die gar nicht alles aufdecken, was da gefordert ist.	Banken sehen nicht den gesamten Prozess

Interviewpartner	Originalaussage	Generalisierung
Interviewpartner 8	Wenn Sie nur einen Teil des Prozesses sehen, können Sie nicht das Gesamtbild beurteilen. Das ist aktuell die Schwierigkeit in der Bank, das ist meine Überzeugung.	Banken sehen nicht den gesamten Prozess
Interviewpartner 8	Dass man wirklich weiss, mit welchem Kunden habe ich zu tun, und vor allen Dingen, was sind die Geschäftspartner meines Kunden.	Kunden und ihre Geschäftspartner offenlegen
Interviewpartner 8	Ich meine, weiss ich, warum der dort eigentlich Gelder hat, warum der dahin überweisen will?	Erklärungen für Transaktionen
Interviewpartner 8	Kann ich das nachvollziehen?	Nachvollziehbarkeit gewährleisten
Interviewpartner 8	Kann ich das plausibilisieren?	Plausibilität gewährleisten
Interviewpartner 8	Onlinebanken. Die wissen im Zweifel gar nicht, was da hinten dran steht, oder die sehen das gar nicht.	Onlinebanken kennen Hintergründe nicht
Interviewpartner 8	Sie haben ja auch, sage ich mal, Spezialdienstleister, ich will es jetzt nicht Ethno-Banking nennen, das hört sich so komisch an, aber die sich genau auf gewisse Volksgruppen spezialisiert haben.	Spezialisierte Finanzdienstleister für bestimmte Regionen
Interviewpartner 8	Das sind türkische Banken, die hier eine Niederlassung aufgemacht haben, die (unv. #00:19:24.3#), die gezielt auf Migranten zielen und sagen: Wir möchten euch als Kunden werben.	Türkische Banken mit Niederlassungen in Deutschland
Interviewpartner 8	Ja, an deutsche regulierte Vollbanken würden wir immer überweisen.	Deutsche regulierte Vollbanken als Partner
Interviewpartner 8	Also das fängt schon damit an, dass Sie die Sprache im Zweifel nicht sprechen, oder wenn es ganz hart kommt, noch nicht mal die Schrift entziffern können.	Dokumente in Fremdsprachen

Interviewpartner	Originalaussage	Generalisierung
Interviewpartner 8	Oh, ich fang jetzt plötzlich an, an die Türkei zu überweisen oder nach Russland oder, keine Ahnung, irgendwohin, das ist auffällig. Komme ich aber hin und sage: So, ich hab hier ein internationales Unternehmen, ich mach Transport, hab eine schöne Homepage dazu, wo ich auch sehen kann: Ach guck mal, der macht Transporte in den Nahen Osten. Wegen mir sagt er auch, spezialisiert für, keine Ahnung, Krankentransport oder Ähnliches. Dann läuft das wunderbar.	Plausibilisierung von Auslandsüberweisungen durch internationale Firmenstruktur im Transportwesen
Interviewpartner 8	Also so ein Klassiker, sage ich mal, der auch damals durch die Presse gegangen ist, machen Sie ein Bestattungsunternehmen auf. Hört sich im ersten Moment ein bisschen komisch an, aber wenn Sie sagen: Na ja, wir haben halt viele Leute, die in ihrer Heimat beerdigt werden wollen, dann haben Sie auf jeden Fall schon mal jemanden, der Ihnen plausibel erklären kann, warum die regelmässig unten vor Ort im Nahen Osten ist.	Bestattungsunternehmen gründen
Interviewpartner 8	Und wenn Sie dann noch sagen: Ja, und die zahlen dann eben teilweise auch bar, haben Sie auch einen Grund, warum Sie Geld reinbekommen.	Unternehmen mit Barzahlung
Interviewpartner 8	Und auf einmal haben Sie ein Profil, wo Sie sagen: Ungewöhnlich, aber macht Sinn.	Sinnvolles Profil wählen
Interviewpartner 8	Wie gesagt, Sie müssen halt parallel diese (unv. #00:25:13.9#) auch betreiben, schöne Homepage et cetera. Firmeneintrag und so weiter, aber schon sind Sie im Prinzip da erst mal, was die Wahrnehmung angeht, zumindest nachvollziehbar.	Firmen mit Homepage und Firmeneintrag aufbauen
Interviewpartner 8	Ein Intelligenter macht sich diese Vorurteile zu eigen und guckt eigentlich: Wie komme ich zu einem Profil in der Überwachung, was risikoarm ist?	Vorurteile zur Schaffung von risikoarmen Profilen nutzen

Interviewpartner	Originalaussage	Generalisierung
Interviewpartner 8	Und das heisst, ich suche mir erst mal die Lücken. Zum Beispiel, wenn ich jetzt eben sage, ich transferiere Gelder für die Terroristenfinanzierung in die Türkei, um bei Ihrem Beispiel zu bleiben, suche ich mir eben als Vehikel eine deutsche Firma, wahrscheinlich eine GmbH, weil die am günstigsten ist, die regelmässig Geschäftsbeziehungen in die Türkei hat.	GmbH mit Geschäftsbeziehungen in die Türkei gründen
Interviewpartner 8	Zum Beispiel Reiseveranstalter könnte ich sein.	Reiseveranstalter gründen
Interviewpartner 8	Dann mache ich idealerweise auf der türkischen Seite auch nochmal eine Firma auf, die auch am besten irgendwie so/ Dann kann ich zwischen diesen beiden Sachen ständig was hin- und hertransferieren.	Firma in der Türkei gründen
Interviewpartner 8	Und das Perfide daran: Je häufiger Sie das machen, umso unauffälliger wird das, ja?	Häufigkeit erhöht Plausibilität
Interviewpartner 8	Weil, wenn Sie da sagen, bei der ersten Transaktion: Oh, guck mal, der hat da was überwiesen. Dann macht man den ersten Scheck und stellt fest, ja, okay, ist in Ordnung. Beim zweiten Mal auch. Aber beim 10. oder 20. Mal sagt man sich: Ach ja, stimmt, die machen schon seit langer Zeit Geschäfte mit denen, das ist in Ordnung.	Häufigkeit erhöht Plausibilität
Interviewpartner 8	Durch die Wiederholung wird es weniger auffällig, als man meinen könnte.	Häufigkeit erhöht Plausibilität
Interviewpartner 8	Reiseveranstalter, klar, und dann liefert man die Ware nicht. Also man sagt zum Beispiel: Ich nehme dem Kontingent ab für 100 Betten im Monat, den ganzen Sommer und dann war ich halt schlecht im Verkauf und hab jetzt leider nicht so viele Betten an den Mann gebracht, aber die 100 Betten muss ich halt trotzdem bezahlen.	Reiseveranstalter gründen und fiktive Kontingente schaffen

Interviewpartner	Originalaussage	Generalisierung
Interviewpartner 8	Also ich verklage jetzt (unv. #00:30:19.5#) und sage, keine Ahnung, Sie haben meinen Hund erschossen, dadurch ist mir ein emotionaler Schaden entstanden von 100.000 Euro. Dass ich keinen Hund habe, hat damit nichts zu tun. Ich kann jeden Blödsinn vor Gericht behaupten. So, das packe ich in eine Klageschrift, stelle das dem Amtsgericht zu. Das Amtsgericht kriegt das und sieht, na ja, da ist eine Klageschrift, so. Und dann geht das Ihnen zu und Sie müssen erwidern. Das Thema ist, nach der deutschen Prozessordnung, wenn Sie nichts dazu sagen und bei Gericht auch nicht erscheinen trotz Aufforderung, wird dem Kläger Recht gegeben, sofern die Klage nachvollziehbar ist.	Versäumnisurteile anstreben
Interviewpartner 8	Also Klassiker ist: Autounfall, Auto ist beschädigt, war eine Luxuskarosse, 60.000 Euro, so. Und auf einmal stellen Sie fest: Ja, da hab ich eine Klage. Ich antworte nicht drauf und dann gibt es, wenn Sie im Termin nicht erscheinen, ein Versäumnisurteil. Und dieses Versäumnisurteil ist ein vollwertiges Gerichtsurteil. So, und dann überweisen Sie auf einmal, Sie an mich, die 60.000 oder 100.000 Euro und wenn die Frage ist, warum ist das so gewesen, zeigen Sie ein Urteil eines deutschen Gerichts vor, wo ich sage: Höherer Qualitätsnachweis als eine gerichtliche Anordnung, das zu machen, können Sie ja gar nicht haben.	Versäumnisurteile anstreben
Interviewpartner 8	Ja, der macht das, weil er dazu gerichtlich verurteilt wurde. Keiner ist ja freiwillig bereit, sich vom Gericht verurteilen zu lassen, kommt dann natürlich. Und automatisch ist dieses Thema durch.	Versäumnisurteile anstreben

Interviewpartner	Originalaussage	Generalisierung
Interviewpartner 8	Also Tourismushochburgen, da stellen Sie halt eine Seite vom Hotel online und sagen: Da und da ist das Hotel, und da können Sie hinfliegen. Wie Sie gesagt haben, kaufen ein Bettenkontingent von, keine Ahnung, 5000 Übernachtungen pro Jahr, und am Ende des Tages gibt es kein Hotel, das Geld wird trotzdem überwiesen. Nun sind Sie noch so clever und machen auf Holidaycheck und Clubreisen irgendwie 30 Bewertungen drauf und schon sieht das Ding doch rund aus.	Reiseveranstalter gründen und fiktive Kontingente auf Internetseiten bewerben
Interviewpartner 8	Ich gehe also in Deutschland mit meinem Geld zur HSBC, sage: Hier auf mein Konto, den und den Betrag, und jetzt überweist das doch auf mein Konto bei der HSBC in, keine Ahnung, nehmen wir die Türkei oder nehmen wir den Iran oder wo die auch immer vertreten sind.	Banken mit Niederlassungen im Ausland wählen
Interviewpartner 8	Das heisst also, ich kriege dann über eine Konzernstruktur es hin, dass das Geld transferiert wird. Und vor Ort wird kein Mensch prüfen, ob das unsauber ist, weil das kommt ja aus dem Mutterhaus oder aus irgendeiner Schwestergesellschaft.	Banken mit Niederlassungen im Ausland wählen
Interviewpartner 8	Ich prüfe bei uns innerhalb der Konzernstruktur ja auch nicht, ob das in Ordnung ist.	Geringere Prüfungen innerhalb von Konzernstrukturen nutzen
Interviewpartner 8	Ich muss mir nur eine gute Geschichte ausdenken.	Plausibilität gewährleisten
Interviewpartner 8	Ich glaube, auf der Gegenseite sind mittlerweile Leute da, die die Strukturen kennen und diese Strukturen ausnutzen können.	Experten einbeziehen
Interviewpartner 8	Eine Bank, die zwar eine türkische Mutter hat, aber hier eine deutsche Registrierung hat, deutsche Beaufsichtigung, dann ist das für mich ein Inländer.	Banken mit türkischen Muttergesellschaften wählen

Interviewpartner	Originalaussage	Generalisierung
Interviewpartner 8	Aber wenn Sie sagen, ich habe hier, keine Ahnung, 100.000 Euro zur Hand, um eben, keine Ahnung, eine deutsche GmbH aufzumachen, noch einen Partner auf der, keine Ahnung, türkischen Seite, sagen wir mal, mit dabei, um dann ein paar Webseiten zu hosten, um da vielleicht auch irgendwie, sage ich mal, den Eindruck entstehen zu lassen, dass da irgendwas hinten dran ist, also wenn ich das hinkriege und dieses Kapital habe, um mir einen Deckmantel zu bauen, dann finden Sie es nicht mehr raus.	Deckmantel in Deutschland und der Türkei mit GmbH aufbauen
Interviewpartner 8	Geld leihen	Kredite aufnehmen
Interviewpartner 8	Das ist quasi so eine Art Funding durch Privatleute.	Finanzierung durch Privatpersonen
Interviewpartner 8	Das heisst, Sie sagen: Ich hab hier den und den Kreditbedarf, den und den Preis bin ich bereit zu zahlen, und die Plattform stellt eigentlich nur noch den Kontakt her zwischen den Kreditsuchenden und anderen Leuten, die sagen: Okay, ich gebe Geld dafür.	Plattformen stellen Kontakt zwischen Darlehensgebern und Darlehensnehmern her
Interviewpartner 8	Dann sagen die halt: Wir sind hier nur Vermittler, aber gehen nicht selber praktisch ins Risiko.	Plattformen als Vermittler ohne Risiko
Interviewpartner 8	So, das heisst, Sie haben eine wunderbare Anonymität über das Netz geschaffen. Und gehen Sie davon aus, dass diese Plattform, sonst würden die sich ja nicht tragen, nicht dem Standard, sage ich mal, der Kreditbeschaffung entsprechen, sei es Deutsch, Schweizerisch oder überhaupt irgendeines anderen Landes, die sind weitestgehend noch Wildwest.	Plattformen anonym
Interviewpartner 8	Also die Rückzahlung überprüft die Plattform im Zweifel gar nicht.	Rückzahlung wird durch Plattformen nicht überprüft
Interviewpartner 9	Oder Sie haben tatsächlich auch illegale Quellen, das heisst, der IS finanziert sich ja auch selber durch Zwangsabgaben.	Zwangsabgaben

Interviewpartner	Originalaussage	Generalisierung
Interviewpartner 9	Die hat/ überall kommt die Geldwäsche zusammen mit der Terrorismusfinanzierung. Das, das wäre auch ein Ansatz, Sie mal drüber sich auslassen sollten kritisch, ob das nicht eigene Institutionen und eigene Prozesse oder so, wie auch immer, nach sich ziehen sollte.	Geldwäsche und Terrorismusfinanzierung werden vermischt
Interviewpartner 9	Terrorismus ist immer ein, ein, ein Türöffner, nicht nur für Gesetzesänderungen sondern auch für, für massive Massnahmen.	Terrorismusfinanzierung als Türöffner für harte Massnahmen
Interviewpartner 9	Erst mal ist/ hat man ja ein primäres Ziel. (unv.) der IS, der Islamische Staat, will sich finanzieren. Der überlegt sich ja nicht gerade, „was passiert 'n, wenn irgendwo ein Ermittlungsverfahren läuft?“	Ermittlungsverfahren schrecken Täter nicht ab
Interviewpartner 9	Dass da Leute in, in Molenbeek in Brüssel sitzen, die brauchen bloss/ die brauchen im Grunde nur ihre Gewehre, äh, zu finanzieren, um dann irgendwo hinzugehen und Leute zu erschiessen, äh, oder die müssen Waffen halt beschaffen. Das ist ja/ Finanzierung muss ja auch nicht nur Geld sein. Das kann ja auch eben (die?) Tatmittel sein, Waffen beschaffen zum Beispiel nur.	Terrorismusfinanzierung kann auch durch Tatmittel erfolgen
Interviewpartner 9	Sie haben ganz normale Einnahmen. Der, der Bin Laden war Erbe eines grossen Baukonzerns in Saudo A/ Saudi-Arabien und war Millionär und hat damit, (.) ziemlich einfach wahrscheinlich, die Anschläge in 9/11 finanziert, indem er aus legalen Bauunternehmen/ aus den Gewinnen eines Bauunternehmens oder eines Konzerns hat er seinen/ die Leute, die die Anschläge gemacht haben, im nötigen Masse finanziert.	Legale Einnahmen aus Bauunternehmen

Interviewpartner	Originalaussage	Generalisierung
Interviewpartner 9	Da hat jemand seinem, seinem Bruder 1.000, 2.000 Euro geschickt (.) und der hat hier vor Gericht dann eben das Problem, oder nicht er, sondern die Justiz hatte das Problem, nachzuweisen, dass das IS-Finanzierung war, wenn der gesagt hat, „mein Bruder war krank, ich musste ihm 'ne Arzt/ der musste 'ne Arztrechnung bezahlen. Das ist 'ne reine familiäre Sache, ich musste dem/ der ist in Syrien, ich weiss gar nicht, wa/ vom IS weiss ich nix", sagte er dann, „ich hab' dem 1.000 oder 2.000 Euro geschickt oder Dollar, weil er mir sagte, er braucht das Geld. Der ist krank."	Überweisungen an kranke Familienmitglieder
Interviewpartner 9	Nicht/ und da/ das andere sind V-Leute. Und Verdeckte Ermittler, Polizei, die haben/ hatten schon früher, so viel kann ich mal verraten, auch Leute mit Migrationshintergrund, Muslime, bei der/ als Beamt/ die dann Deutsche wurden, als Beamte im BKA tätig.	Verdeckte Ermittler mit Migrationshintergrund
Interviewpartner 9	Egal. Es ist eine grössere Hürde solche/ selbst die Kollegen sozusagen, Kollegen zu gewinnen, die in dem Bereich – ich hatte kein Glück bis dahin – Verdeckte Ermittler sein wollen. Die haben da so 'n bisschen 'ne gewisse, (.) wie soll ich sagen, 'ne ethnische Loyalität, Pro/ Problem der ethnischen Loyalität sogar gehabt, dass die sagen, „nee, das will ich nicht. Das mag ich nicht." Also, das, das/ die Gewinnung verdeckter Ermittler, das stellen Sie sich nicht zu einfach vor.	Verdeckte Ermittler mit Migrationshintergrund schwierig zu rekrutieren
Interviewpartner 9	V-Leute, gut, das geht jetzt eher. (Denkweise?) ist eher, dass man Leute aus der Szene direkt hat, die dann für die Polizei arbeiten. Ist ja auch im, im Rechtsextremismus und im Linksextremismus durchaus ja üblich, mit, mit/ auch mit sehr grossen Problemen.	V-Leute leichter zu rekrutieren

Interviewpartner	Originalaussage	Generalisierung
Interviewpartner 10	Das ist ja bei der Terrorfinanzierung so, dass, ähm, die Herkunft der Vermögenswerte sowohl legal als auch illegal sein kann. Und eigentlich dann die Verwendung, also die Terrorfinanzierung an sich, dann illegal ist. Das macht die Ermittlungen natürlich etwas schwierig. Weil das völlig legal erworbenes Vermögen sein kann. Und die Leute auch nicht notwendigerweise schon irgendwelche Vormerkungen haben im strafrechtlichen Bereich.	Ermittlungen schwierig, da Vermögenswerte nicht inkriminiert sind
Interviewpartner 10	Da/ die zweite Schwierigkeit, die mir dazu einfallen würde, ist, dass das ähm, national und auch international einfach einer sehr hohen Koordinierung der Behörden bedarf. Da durchwegs sehr unterschiedliche Behörden mit der Bekämpfung betraut sind.	Internationale Koordination der Zusammenarbeit der Behörden erforderlich
Interviewpartner 10	Aber ich glaube aber, grundsätzlich alles, was für den Transfer von Vermögenswerten geeignet ist, ist natürlich auch für potentielle Terrorismusfinanzierung geeignet.	Jede Art des Vermögenstransfers ist für die Terrorismusfinanzierung geeignet
Interviewpartner 10	Wenn es eine ganz normale Banküberweisung ist, kann natürlich alles sein. Und allein der Umstand, dass das jemand in die Türkei transferiert hat, heisst nicht notwendigerweise, dass das Geld mit Terrorfinanzierung zu tun hat	Banküberweisungen in die Türkei
Interviewpartner 11	Und dann natürlich regional, regional durch die Erhebung von Zwangsabgaben, Zwangszöllen ähm, Schutzgebühren, Strassenzöllen, Sondersteuern und so weiter und so fort. Also hm, (.) zum Beispiel der (..) in Syrien (seufzend) oder im Irak praktizierte IS auch die Enteignung von ähm, Immobilien oder Landwirtschaftsgütern und da müssen die Leute ihr Eigentum quasi mieten, wenn sie es benutzen wollen, nicht? Also das ist Raubrittertum, nicht?	Zwangsabgaben, Zwangszölle, Schutzgebühren, Strassenzölle, Sondersteuern, Enteignung

Interviewpartner	Originalaussage	Generalisierung
Interviewpartner 11	Das Problem ist, dass zum Zweck der Terrorismusfinanzierung ähm, sehr geringe Beträge, äh, wenn überhaupt, über das Frankensystem transferiert werden, oder?	Kleine Summen ausreichend für Terrorismus
Interviewpartner 11	Wobei eigentlich zu sagen, dass das eher die Ausnahme darstellt äh, (unv.), das sind äh, sehr geringe Beträge, weil ähm, es ist ähm, festzuhalten, dass man heute einen Anschlag ähm, problemlos äh, durchführen kann, für ein paar tausend Franken.	Kleine Summen ausreichend für Terrorismus
Interviewpartner 11	Wenn überhaupt Transaktionen stattfinden, ähm, über das elektronische Transaktionssystem vom Finanzinstitut ähm, (.) in der Regel nicht festgestellt werden kann, dass hier ein krimineller Zweck verfolgt wird.	Krimineller Zweck kann in der Regel nicht festgestellt werden
Interviewpartner 11	Zuordnung des Bitcoins oder der Währung zu einem wirtschaftlich Berechtigten ist äh, äusserst schwierig, oder?	Zuordnung der Bitcoins zum wirtschaftlich Berechtigten schwierig
Interviewpartner 11	Ich meine, die Überwachung von (Hawala?-) Transaktionen ist nicht möglich.	Keine Überwachung möglich
Interviewpartner 11	Ja, die müsste man eigentlich, wenn man sagt, das ist ein erhöhtes Risiko, muss man eine Abklärung des äh, wirtschaftlichen Hintergrundes machen und den dokumentieren.	Abklärung des wirtschaftlichen Hintergrunds kann erfolgen
Interviewpartner 11	Die Leute sind sehr seriös, weil sie sehr viel riskieren, wenn es nicht klappt.	Seriös
Interviewpartner 11	Und es ist auch kostengünstig, so.	Kostengünstig
Interviewpartner 11	Dass Terrorismus auch über den Handel finanziert wird.	Finanzierung durch Handelsaktivitäten
Interviewpartner 11	Man kann zum Beispiel das Geld äh, physisch transportieren. Man kann auch jemanden anrufen äh und ihn veranlassen, dass er jemandem, der sich meldet ähm, einen Kredit zur Verfügung stellt, in Form eines (unv.) Geschäftes, also eines (Bargeschäftes?). Da gibt es verschiedene Methoden, die es unmöglich machen,	Physischer Transport von Bargeld oder Kredite

Interviewpartner	Originalaussage	Generalisierung
Interviewpartner 11	(Hawala?-)Banker gibt es natürlich in Regionen, die nicht über ein ähm, fortschrittliches Banksystem verfügen, oder anders gesagt, wo der Zugang zu Banken für den Grossteil der Bevölkerung nicht möglich ist.	Länder ohne fortschrittliches Bankensystem involvieren
Interviewpartner 11	Aber ich meine, es geht ja einfach darum, ich meine, (.) wenn, wenn man natürlich Geld in gefährdete Regionen schickt oder Geld aus gefährdeten Regionen bekommt, dann ist das klar, es gibt Hochrisikoländer, das ist sicher Syrien, Irak, Afghanistan und so weiter. Ähm, Libanon, was auch immer, das sind so Risikoländer. Und dort muss man das (unv.) Risiko aufgrund des Domizilstaates oder des Destinationsstaates evaluieren, das ist ganz klar.	Hochrisikoländer meiden
Interviewpartner 11	Durch die (unv.), sondern auch über den Verkauf von (Raubkunst?). (.) Ähm, also illegaler Kulturgütertransfer, wobei, das passiert vor allem auf dem Schwarzmarkt.	Illegaler Kulturgütertransfer
Interviewpartner 12	Praktisch haben wir aber bei der/ bei der Terrorismusfinanzierung ähm im Gegensatz zur/ zur/ zur reinen Geldwäsche 'ne/ 'ne Mischfinanzierung. Das heisst, wir haben (.) ähm/ wir haben teilweise legale Quellen über/ über Spenden, et cetera. Und als aber auch das gesamte Spektrum der (.) ähm/ der kriminellen Aktivitäten.	Legale und illegale Einnahmequellen
Interviewpartner 12	Äh da können Sie halt auch schon mit 1.000 Euro richtig viel erreichen.	Kleine Summen ausreichend für Terrorismus
Interviewpartner 12	Sondern es gibt so viele ähm alternative Möglichkeiten, Gelder über Landesgrenzen hinweg zu bringen. Also in erster Linie die/ die/ die Dienstleister, wie/ wie Western Union, et cetera, die das äh wesentlich schneller können, wesentlich billiger können.	Schnell und preiswert

Interviewpartner	Originalaussage	Generalisierung
Interviewpartner 12	Und auf der anderen Seite aus Sicht der Behörden ähm ist bei/ äh bei/ bei der ganzen Office-Arbeit, bei der Prävention ein/ ein/ unbedingt erforderlich/ ein sehr hohes Mass an Abgeschottenheit erforderlich/ Abgeschottenheit erforderlich. Also das heisst, diese Informationen kann man, darf man aus/ aus rechtsstaatlichen äh Gründen gar nicht weitergeben.	Abgeschottetheit
Interviewpartner 12	Äh das/ das ist/ das ist sehr schwer. Ob man zusätzlich bei der/ der nötige Austausch zwisch/ zwischen den Strafverfolgern und äh/ und/ und der Wirtschaft im weitesten Sinne äh teilweise gar nicht erfolgen darf.	Informationsaustausch darf nicht erfolgen
Interviewpartner 12	Ähm wir vergeben Kredite (.) und da wäre die einzige Möglichkeit, (.) ähm (.) sich das im/ im (Bildungsgeschäft) sich zu besorgen, also mittels/ äh mittels Krediten, die man/ die man bekommt über einen gewissen Zeitraum im Rahmen der Auszahlung ähm und/ und wo dann erst Jahre später so die (Zahlung) einsetzt. (.) Also (.) ähm ist aber/ das/ wir sind ja nicht äh/ nicht alleiniger Anbieter im Markt von solchen/ von solchen, ich sage mal (Bildungsfinanzierungen), ähm aber mit Sicherheit einer der/ der/ der grossen insgesamt.	Bildungskredite erschleichen
Interviewpartner 13	Aber auch Steuern erhebt.	Steuererhebung
Interviewpartner 13	Also hier sind jetzt nicht ganz so viel, aber im Prinzip, was der IS macht, ist, er erhebt tatsächlich Zölle und zwar in dem Gebiet, wo er es kontrolliert, da werden wir mit unseren Massnahmen, Ermittlungen nicht viel ausrichten können, also ich kann nichts machen hier in Liechtenstein, was den IS daran hindern sollte.	Zölle
Interviewpartner 13	Zum Beispiel bei Abhebungen von Banken muss jeder eine Steuer abliefern und zwar je nach Religion, Christen ein bisschen mehr, Muslime ein bisschen weniger, gibt es da einen Steuertarif.	Steuererhebung

Interviewpartner	Originalaussage	Generalisierung
Interviewpartner 13	Das haben wir natürlich relativ deutlich erlebt mit dem Aufkommen des Islamischen Staates und eigentlich relativ schnell gemerkt dann, dass alles, was wir gemeint haben zu wissen über Terrorismusfinanzierung, eigentlich aus dem Wissen post Nine Eleven entstanden ist.	Wissen über Terrorismusfinanzierung basiert auf 9/11
Interviewpartner 13	Na, das kommt darauf an, ich glaube, es gibt nicht DIE Terrorismusfinanzierung.	Verschiedene Arten der Terrorismusfinanzierung
Interviewpartner 13	Wir hatten dann, ich glaube, etwa 2003, 2004/5 herum relativ genaue Kenntnis, wie sich Al-Qaida finanziert hat, und haben daraus dann die entsprechenden Massnahmen abgeleitet.	Massnahmen basieren teils auf Wissen über Al-Qaida
Interviewpartner 13	Und vielleicht ein Grund, warum man dieses Phänomen jetzt so lange nicht eindämmen konnte oder immer noch Mühe hat damit, ist, dass diese Organisation völlig anders strukturiert ist und eben auch völlig anders finanziert ist als Al-Qaida.	Neue Strukturen funktionieren anders als Al-Qaida
Interviewpartner 13	Auf die zu einfache Antwort, also es gibt nicht die Terrorismusfinanzierung, man kann auch nicht sagen, die man macht, sondern es ist jede, wenn man einmal so von den Organisationen, vor allem ist, jede Organisation hat ihre Eigenheiten.	Individuelle Merkmale der Organisationen
Interviewpartner 13	Was jetzt für den Islamischen Staat ganz besonders schwierig macht, ist, dass der Islamische Staat natürlich gelernt hat aus Al-Qaida, also so unverwandt sind die beiden ja nicht, gibt es auch noch persönliche Beziehungen.	IS hat aus Al-Qaida gelernt
Interviewpartner 13	Und im Unterschied Al-Qaida hatte ja eigentlich nie ein grosses Geldproblem am Anfang, weil sie hatten ja genügend Vermögenswerte aus der bin-Laden-Familie, bin Laden selber war ja vermögend.	Al-Qaida verfügte von Anfang an über Vermögenswerte
Interviewpartner 13	Da ging es eigentlich mehr darum, das Geld, das man hat, möglichst beisammenzuhalten und niemandem Zugriff darauf zu gewähren.	Vermögenserhalt stand bei Al-Qaida im Vordergrund

Interviewpartner	Originalaussage	Generalisierung
Interviewpartner 13	Wo der IS im Gegensatz dazu arm und klein angefangen hat und gewachsen ist.	IS verfügte anfangs nur über wenig Vermögen
Interviewpartner 13	Und eigentlich, je grösser die Organisation wurde, desto mehr sich so verhalten hat, wie ein Staat sich verhält.	Organisationen verhalten sich wie Staaten
Interviewpartner 13	Und darum ist der Begriff Islamischer Staat eben nicht ganz falsch, generieren aber ihre Einkünfte aus dem eigenen Herrschaftsbereich.	Einkünfte aus eigenem Herrschaftsbereich
Interviewpartner 13	Al-Qaida war immer extern finanziert, also zum Teil intern bin-Laden-Vermögen und andere, aber im Wesentlichen extern durch Donations, also es war eigentlich eine spendenfinanzierte Organisation.	Al-Qaida extern finanziert
Interviewpartner 13	Darum hat man bei der Bekämpfung eigentlich auch, Hauptansatzpunkt war zum einen Listing von Personen, die Geld haben oder Zugriff zu Geldern haben, und zum anderen das Unterbinden von Spenden.	Personenlistings zur Unterbindung von Spenden
Interviewpartner 13	Beim IS ist es fast umgekehrt, IS bekommt zwar auch Spenden, hängt aber nicht davon ab, sondern der IS generiert Einkommen, indem er Ölquellen auch nutzt.	IS generiert eigenes Einkommen
Interviewpartner 13	Also eine völlig andere Ausgangslage als jetzt bei Al-Qaida.	Andere Ausgangslage als bei Al-Qaida
Interviewpartner 13	Man muss zuerst einmal gucken, welche Organisation, was man eigentlich anschaut, um die Hintergründe der Finanzierung zu verstehen.	Analyse der Organisation als Voraussetzung für Verständnis der Finanzierung
Interviewpartner 13	Und wenn man dann jetzt noch weitergeht über die beiden hinaus und Boko Haram sieht, die auch wieder Eigenheiten haben, die eher an den IS erinnern.	Boko Haram ähnlich IS
Interviewpartner 13	Und erst dann eigentlich daraus abgeleitet die richtigen Massnahmen machen kann.	Massnahmen aus Analyse ableiten

Interviewpartner	Originalaussage	Generalisierung
Interviewpartner 13	Das Zweite ist, ein ganz anderes Kapitel sind die Terroranschläge durch Einzeltäter, die einfach radikalisiert sind durch die Ideologie, aber nicht bei wirklich einer Organisation sind, also die Lone Wolves, wahrscheinlich Nizza und wahrscheinlich Ansbach und ein paar andere.	Einzeltäter schwer zu identifizieren
Interviewpartner 13	Hier ist es schon so, dass die AUCH darauf achten, unterdessen ist auch Teil der Ausbildung dieser Terroristen oder des Materials, dass sie sich finden und zueignen, möglichst keine Spuren zu hinterlassen.	Terroristen ausgebildet Spuren zu vermeiden
Interviewpartner 13	Also möglichst versuchen, dass wenn sie irgendwo ihre Waffen besorgen oder ihr Auto mieten, sie selber riskieren das Leben, ihnen ist egal, wenn sie auffliegen, aber möglichst ihr Umfeld nicht auffliegen zu lassen.	Terroristen versuchen ihr Umfeld nicht auffliegen zu lassen
Interviewpartner 13	Und da ist man dann ganz anders, da geht es nicht darum, dass die Geld brauchen, um den Anschlag zu begehen, sondern dass die Terrorismusfinanzierung dort eigentlich ein nützliches Instrument ist, weil man über die Finanzierungsströme, also, ich sage einmal, die Auswertung des Bankkontos eines solchen Attentäters ist wahrscheinlich mindestens so aufschlussreich wie die Auswertung seines Handys.	Auswertung der Finanzierungsströme der Attentäter gibt Aufschluss über Umfeld
Interviewpartner 13	Und viele dieser Lone Wolves sind ja dann doch Teil auch von informellen Fällen, also man verspricht sich, und das ist auch nachgewiesen nach den Anschlägen in Paris, man kann schon relativ schnell weitere Mitglieder von Zellen oder Anverwandte aufspüren, wenn man weiss, wer wem, wo, wann Geld überwiesen hat.	Auswertung der Finanzierungsströme der Attentäter gibt Aufschluss über Umfeld
Interviewpartner 13	Hier hat es eigentlich einen Paradigmenwechsel gegeben, also bei, am Anfang nach Nine Eleven ging es darum, die Finanzquellenorganisationen auszutrocknen, um die Organisation lahmzulegen.	Früher Austrocknung der Finanzströme

Interviewpartner	Originalaussage	Generalisierung
Interviewpartner 13	Das ist eigentlich bei Al-Qaida gar nicht einmal so schlecht gelungen, Al-Qaida spielt heute wirklich keine grosse Rolle mehr. Welcher Teil hier ferngesteuerte Bomben und welcher Teil die Finanzierungsbemühungen hatte, welchen Anteil daran, das ist hypothetisch, aber ich glaube, geschadet hat es auf jeden Fall nicht.	Al-Qaida wurde durch CTF geschwächt
Interviewpartner 13	Beim Islamischen Staat glaubt man auch, dass die Massnahmen Wirkung zeigen, der Islamische Staat hat deutlich weniger Geld zur Verfügung als noch am Anfang.	IS wird durch CTF geschwächt
Interviewpartner 13	Aber die grösste Herausforderung ist wahrscheinlich schon bei diesen Einzeltätern, bei den kleinen Zellen, die ja sehr mobil, sehr unabhängig von der zentralen Organisation arbeiten und dort ist, glaube ich, die Zielsetzung der Massnahmen, nicht mehr die auszutrocknen, weil die gar nicht so viel Geld brauchen, sondern der Charme der Massnahmen liegt darin, erstens das Umfeld zu erkennen, was ich schon gesagt habe, und zweitens aber auch, und jetzt wird es natürlich spannend, mit Zuhilfenahme von diesen Erkenntnissen, die man schon hat, Täter überhaupt, mögliche zukünftige Täter überhaupt erst aufzuspüren.	Einzeltäter schwer zu identifizieren
Interviewpartner 13	Also, wenn man weiss, dass diese Leute typischerweise Autos mieten mit Prepaid-Karten, ja, kann man daraus, zusammen mit ein paar anderen Merkmalen, die typisch ist für diese Täter, schon einspeisen und sagen: „Hier, halt. Kann man das dann nicht erkennen im Moment, wo jemand ein Auto mietet, um den wenigstens zu observieren", ne?	Einzeltäter aufgrund bestimmter Verhaltensweisen identifizierbar

Interviewpartner	Originalaussage	Generalisierung
Interviewpartner 13	Also ich sage nicht, dass jeder, der mit Prepaid-Karte ein Auto mietet, observiert werden muss, aber wenn er zusätzlich noch andere Merkmale hat, ich sage einmal jung, männlich, radikalisiert, dann kann das einen Alarm auslösen.	Verdächtige Verhaltensweisen erkennen
Interviewpartner 13	Und ich glaube schon, dass zunehmend die Mittel da, die Kenntnisse aus der Finanzierung helfen, einen Beitrag dazu leisten, solche Leute aufzuspüren.	CTF leistet wichtigen Beitrag
Interviewpartner 13	Also es geht eigentlich jetzt mehr darum, die Nadel im Heuhaufen erst zu finden, als die Illusion zu haben oder vielleicht die beschränkten Möglichkeiten zu haben eine ganze Organisation hier lahmzulegen mit Terrorismusfinanzierungsmassnahmen.	Einzeltäter vs. ganze Organisationen bekämpfen
Interviewpartner 13	Also das ist eigentlich für mich eine wichtige Erkenntnis, in den letzten zwei, drei Jahren sind die Erwartungen eine andere geworden, die Zielsetzung ist anders geworden.	Veränderte Zielsetzung
Interviewpartner 13	Möglichst ohne Spuren zu hinterlassen	Terroristen ausgebildet Spuren zu vermeiden
Interviewpartner 13	Oder wenn Spuren hinterlassen werden, dann die so normal aussehen zu lassen, dass sie eben nicht entdeckt werden können.	Terroristen lassen Spuren normal aussehen
Interviewpartner 13	Was ja schon einmal anders ist als früher, ich glaube, wenn vor fünf Jahren ein Terroranschlag gewesen wäre, hätte man eigentlich gar nicht so gross geguckt, wo die ihr Geld herhaben und wohin das Geld gegangen ist.	Terrorismusfinanzierung zunehmend im Fokus
Interviewpartner 13	Weg aus dem formellen Sektor, eine sehr starke Neigung zu modernen Zahlungsmitteln, sehr starke Neigung zum Gebrauch von Technologie, also Mobile Payment Services.	Starker Trend zu modernen Technologien und Mobile Payment Services

Interviewpartner	**Originalaussage**	**Generalisierung**
Interviewpartner 13	Also jede, ich sage einmal, Innovation auf dem Finanzmarkt vor allem zur Übermittlung von Geldern, vor allem zum Transferieren von Geldern ausserhalb des formalen Bankensektors, die wird aufgenommen.	Innovationen für Transfer von Geldern werden aufgenommen
Interviewpartner 13	Wir sehen zunehmend Hinweise auf die Verwendung von Kryptowährung, auch wenn das jetzt noch nicht sich durchgesetzt hat als Lieblingsmittel der Terroristen, aber wenn es eine Möglichkeit gibt, die wenigen Transaktionen, die sie machen müssen, aber ein paar müssen sie halt schon machen, dann sicher ausserhalb des Bankensektors.	Transaktionen ausserhalb des Bankensektors
Interviewpartner 13	Und man darf die nicht immer nur isoliert betrachten, also nicht ein Indikator heisst, es ist ein Terrorist dahinter, sondern ist dann immer eine Kombination von mehreren solchen Indikatoren, die Hinweise darauf geben kann.	Kombination mehrerer Indikatoren beachten
Interviewpartner 13	Also, und das sieht schon anders aus als das, was wir noch vor zehn Jahren hatten, wo wir immer typischerweise versucht haben, diesen finanziellen Unterstützer, diesen Scheich halt zu finden, der Al-Qaida unterstützt, da sind wir heute schon breiter aufgestellt.	Breite Aufstellung der Ermittlungen bei der Terrorismusfinanzierung
Interviewpartner 13	Was wir machen können, ist dafür sorgen, dass das Geld nicht weiter fliesst, aber der IS, ist halt schon, weil es vor allem über den Schmuggel herausgeht, sind eigentlich die Nachbarländer gefragt.	Nachbarländer der Krisengebiete im Fokus
Interviewpartner 13	Ja, das ist aber, wobei die Täter, also von denen wir hier reden, das sind ja Verrückte, oder? Also irgendwelche 23-jährige Arbeitslose, die sich irgendwo radikalisiert haben, ich weiss nicht, ob die so intelligent sind.	Täter meist nicht intelligent
Interviewpartner 13	Das dürfte einfach schwieriger sein und ich sage einmal, lieber dort ansetzen, wo man es sehen kann und das richtigmachen, anstatt zu sehr im Fischteich zu buddeln.	Fokussierung der Aktivitäten zur Terrorismusbekämpfung

Interviewpartner	Originalaussage	Generalisierung
Interviewpartner 13	Ich meine, wenn das einmal auffällt und erfolgreich ist, dann werden Leute natürlich wieder ausweichen und andere Methoden finden.	Weiterentwicklung der Methoden
Interviewpartner 13	Zum einen, weil der IS immer noch über erhebliche Geldmittel verfügt, versucht er eher in seinem Herrschaftsgebiet noch mehr Geld zu machen, als das Risiko einzugehen, im Ausland sich zu exponieren zu stark.	Fokussierung des IS auf eigenes Herrschaftsgebiet
Interviewpartner 13	Also es gibt Lösegeldversicherungen, aber ich denke einmal mehr an diese Konzerne, die halt weltweit tätig sind und die eine generelle Police haben, was immer ihren Mitarbeitern passiert, zahlt die Versicherung oder entschädigt die Gesellschaft für die Kosten, ja. Die Versicherung kann nicht in Anspruch nehmen für sich, dass sie im Notstand ist, ja, kein Mensch zwingt sie diese Police anzubieten, aber die Versicherung hat ja ein grösseres Risiko sich der Terrorismusfinanzierung schuldig zu machen, wenn sie solche Kosten entschädigen würde.	Lösegeldversicherungen als Risikobranche
Interviewpartner 13	Also ein grosses Thema ist natürlich, dass wir ganz vorsichtig sein müssen, schnelle Rückschlüsse zu ziehen.	Keine übereilten Rückschlüsse
Interviewpartner 13	Mit Terrorismus ist heute eine Keule natürlich, die ein Arsenal auslöst von Massnahmen, also da kann man die auch ganz schnell in die Bredouille bringen.	Viele Massnahmen möglich
Interviewpartner 13	Also hier, was vielleicht so eine der Schwierigkeiten ist, die Erkenntnisse, die man heute gewinnen kann, man hat ja viel mehr Mittel als früher, dass man hier aufpasst, dass man nicht über die Stränge schlägt.	Keine übertriebenen Massnahmen ergreifen
Interviewpartner 13	Weil es ist natürlich, Big Data ist natürlich eine Sorge für Datenschützer, ne, hier kommen wir in einen Zielkonflikt herein, wobei ich kann heute hundert Leute fragen, was ihnen wichtiger ist, Terrorismusbekämpfung oder Datenschutz, und ich kriege 99-mal die gleiche Antwort. Der Hundertste war ein Treuhänder.	Terrorismusbekämpfung oft wichtiger als Datenschutz

Interviewpartner	Originalaussage	Generalisierung
Interviewpartner 13	Aber mir geht es ja nicht so sehr um den Täter, der hat sich ja vielleicht schon in die Luft gejagt, mir geht es vor allem darum, einen möglichen Anschlag zu vermeiden, indem man Gelder sicherstellt.	Anschläge verhindern durch Sicherstellung von Geldern
Interviewpartner 13	Ich glaube, generell haben wir, also wir haben zum einen eine wichtige Rolle der Nachrichtendienste und zum anderen haben wir eine wichtige Rolle der Finanzermittler und die beiden haben sich bis jetzt noch nicht einmal in den gleichen Raum gesetzt, ja?	Kommunikation zwischen Nachrichtendiensten und FIUs noch nicht ausreichend
Interviewpartner 13	Das andere ist tatsächlich, wie können wir es schaffen, einen Schnitt, den Fuss vor die Tat zu kriegen, ja? Also schon, wenn Sie die Anschläge in Paris ansehen, dann war eigentlich alles da, man wusste, die Täter haben Spuren gelegt, ne? Es waren Daten und Erkenntnisse in Belgien vorhanden, es waren Daten und Erkenntnisse in Frankreich vorhanden. Und obwohl die beiden Staaten die gleiche Sprache sprechen, gut zusammenarbeiten, keine Probleme miteinander haben, alle Kanäle sind offen, es sind EU-Staaten, man hat es nicht gesehen, man hat es erst nachher gesehen, was da abgeht.	Fatale Folgen träger Kommunikation
Interviewpartner 13	Und ich glaube, dass das die grosse Herausforderung, aber auch Chance ist, wie können wir Daten miteinander verhängen?	Daten verknüpfen
Interviewpartner 13	Wie können wir, das berühmte Stichwort, Big Data nutzen, um schneller zu sein, um Anschläge zu verhindern, um Leute aus den Verkehr zu nehmen oder zumindest unter Beobachtung zu setzen, ohne dass wir Gefahr laufen, dass es dann die Falschen trifft?	Grosse Datenvolumen gezielt nutzen
Interviewpartner 13	Aber es ist ja schon so, dass wir hier auch mit Staaten zusammenarbeiten müssen, die eben nicht die gleichen Anforderungen haben, und das ist schon ein grosses Problem. Also schmeissen wir alle rechtsstaatlichen Grundsätze über Bord?	Weiterleitung der Informationen an ausgewählte Staaten

Interviewpartner	Originalaussage	Generalisierung
Interviewpartner 13	Wir haben es, ich meine, generell in der Zusammenarbeit zwischen Staaten, ich sage einmal, auf dem justiziellen Bereich, also Amts- und der Rechtshilfe, da haben wir ein Konzept aus dem 19. Jahrhundert, ne, zum Teil muss man es noch über die Botschaften schicken, übersetzen, beglaubigen.	Veraltetes System der Amtshilfe
Interviewpartner 13	Und wir haben heute auf der anderen Seite ein Finanzsystem, das ihnen erlaubt innerhalb Sekunden Transaktionen in zig verschiedene Länder umzuleiten.	Schnelles Finanz-system
Interviewpartner 13	Und um die gleiche Transaktion nachzuvollziehen, brauchen Sie drei Jahre, ja?	Amtshilfe zu langsam
Interviewpartner 13	Wir haben auch parallel dazu heute schon Möglichkeiten auch der informellen Zusammenarbeit, ich sage einmal, zwischen FIU, das ist eines der Beispiele, auch zwischen Polizeibehörden, die jetzt nicht auf diese justizförmliche Anforderung angewiesen sind.	Informelle Zusam-menarbeit zwischen FIU
Interviewpartner 13	Also ich glaube, wir müssen noch stärker unterscheiden, was ist Intelligence, wo geht es darum, Informationen rasch zugänglich zu machen.	Informationen rasch zugänglich machen
Interviewpartner 13	Also unter dem Titel Terrorismusfinanzierung habe ich heute das, was ich brauche, ich bekomme alle Informationen, die ich brauche. Natürlich muss ich sie dann auch so verwenden, ich darf sie ja nicht für Drittzwecke verwenden.	Informationen nur zur Terrorismusbekämp-fung verwenden
Interviewpartner 13	Ich frage mich manchmal, ob die Betroffenen selber sich dann nicht noch Fesseln eigentlich anziehen, die es gar nicht mehr geben sollte. Ob vielleicht viele im Privatsektor denken, zum Beispiel: Ja, wir dürfen vielleicht gar nicht zu den Behörden kommen, weil wir Berufsgeheimnisse haben.	Zögerliche Reaktionen auf Seiten der Berufs-geheimnisträger

Interviewpartner	Originalaussage	Generalisierung
Interviewpartner 13	Bei der Organisation, beim IS selber, ich glaube, dort ist die Reihenfolge der Finanzierungsquellen oder die Wichtigkeit immer noch im Vordergrund, also erst einmal das Geld, das der IS selber hat, das ist zwar ein Thema für die, ja, gut, für das Konfliktgebiet, sage ich einmal, im weitesten Sinne.	Bereits vorhandene Vermögenswerte in Konfliktgebieten
Interviewpartner 13	Solange der IS die Gelder nur in seinem Territorium verwenden kann, geht es ja noch, aber, ich glaube, auch die Nachbarländer Irak, Jordanien, Türkei vor allem sind da gefragt.	Transfer über Nachbarländer als Herausforderung
Interviewpartner 13	Sehr häufig fliegen halt die nach Istanbul, reisen dann an die Grenze und leeren dann an den Geldautomaten in der letzten türkischen Stadt vor dem Grenzübertritt, plündern die noch einmal ihr Konto, also die kommen dann mit ihren fünf-, sechstausend Euro ins Krisengebiet.	Barbezug in Grenzgebiet zu Syrien verdächtig
Interviewpartner 13	Und das ist etwas, was man erkennen kann, also hier kann natürlich eine türkische Bank durchaus einen wichtigen Beitrag leisten, indem man solche Transaktionen als ungewöhnlich erfasst und auswertet.	Transaktionsanalysen
Interviewpartner 13	„Moment einmal, du bist einmal in dieser südtürkischen Stadt gewesen, du hast dein Konto geplündert, das ist ein Indikator und dich schauen wir einmal genauer an."	Verdächtige Transaktionen als Ansatzpunkt für weitere Ermittlungen
Interviewpartner 13	Also ich sage, dass das/ Nur ist es so eben, ist gerade beim Geldautomatengeschäft, die Bank, wo sie den Zug vornehmen, die weiss nicht, ob das Konto geplündert wird oder nicht. Die weiss ja nicht, wie viel auf dem Konto ist, die sieht einfach, da werden tausend Euro bezogen, das kann aber schon auch ein Tourist sein, der ein Teppich kauft, oder?	Differenzierung von Terrorismusfinanzierung und legitimen Barbezügen schwierig
Interviewpartner 13	Also hier sind schon Banken im, nahe am Kriegsgebiet waren, türkische Banken, die ja auch gut sind, die ja professionell aufgestellt sind, die haben da wahrscheinlich schon eine besondere Verantwortung.	Türkische Banken als Alternative zu Syrien

Interviewpartner	Originalaussage	Generalisierung
Interviewpartner 13	Das war natürlich ein grosses Thema bei Al-Qaida, wusste man auch, weil es dort eben vor allem darum ging, Geld ins Konfliktgebiet zu bringen, und da war Hawala fast die einzige Möglichkeit.	Zugang zu Konfliktgebieten
Interviewpartner 13	Ich würde meinen, wenn man so eine Transaktion, wie ich sie skizziert habe, so eine strukturierte, denkt, könnte Hawala zwischen oder nach der Bankreform Cash durchaus eine Rolle spielen.	Kombination mit Banküberweisung
Interviewpartner 13	Also ich glaube, im Bereich Lösegeld könnte ich mir durchaus vorstellen, dass das immer noch eine Rolle spielt.	Geeignet für Lösegeldzahlung
Interviewpartner 13	Natürlich ist es so, und hier kommt die internationale Zusammenarbeit ins Spiel, wenn natürlich jetzt eine belgische Behörde jemanden sowieso schon beobachtet, sieht, der fliegt nach Istanbul, wenn diese Information dann schnell in die Türkei gehen kann, dort an die Banken gelangen kann und der macht das in Istanbul, dann könnte man das auch entdecken.	Informationsaustausch (Gefährderlisten) zwischen Behörden und Banken
Interviewpartner 13	Das sind junge Männer, die digital aufgewachsen sind und vertraut sind. Ich meine, bin Laden wusste wahrscheinlich nicht, was E-Banking ist, die wissen, was hier E-Wallets sind, ja?	Digital Natives als Täter
Interviewpartner 13	Ich würde einmal vermuten, da würde man wahrscheinlich eher den Weg über die Golfstaaten machen, wo ja, man darf nicht ganz vergessen, der IS hat sich da massgeblich am Anfang auch aus den Golfstaaten finanziert.	Umweg über Golfstaaten
Interviewpartner 13	Also ich bringe eben das Beispiel, dass irgendjemand einen grossen Geldbetrag in Istanbul hat und hat einen arabisch klingenden Namen, aber mit französischer Staatsangehörigkeit. Vielleicht ist es ein braver Familienvater, der einen Teppich kaufen will oder dem die Brieftasche gestohlen wurde und dringend Cash braucht, um sein Hotel zu bezahlen.	Teppichkauf oder Brieftaschenverlust in Istanbul als Rechtfertigung angeben

Interviewpartner	Originalaussage	Generalisierung
Interviewpartner 13	Wie gesagt, auch hier natürlich wertvoll, weil schnell und eben nicht an irgendwelche Grenzen, formalen Grenzen haltmachend.	Schnell
Interviewpartner 13	Also ich sage einmal, wenn eine deutsche Bundesanwaltschaft so etwas macht, dann habe ich kein Problem damit, wenn der russische Inlandsgeheimdienst das macht, dann (lachen) ist wahrscheinlich nicht so toll.	Unterscheidung nach Ländern
Interviewpartner 13	Weil wir öffnen natürlich da schon Möglichkeiten, die auch missbrauchsanfällig sind.	Anfällig für Missbrauch
Interviewpartner 13	Also wahrscheinlich ist das Rezept darin, ja, diese Möglichkeiten müssen genutzt werden, das schulden wir den Leuten, wenn sie Sicherheit haben wollen, oder wir müssen so ehrlich sein und zu den Leuten hingehen und sagen: „Das könnte man tun, das machen wir nicht, damit ist aber die Sicherheit nicht eine hundertprozentige."	Geringere Sicherheit ohne Onlinedurchsuchungen
Interviewpartner 13	Wenn Unternehmen, also Ölquellenschmuggel betreibt.	Handel mit Öl
Interviewpartner 13	Ganze Bevölkerungsgruppen von der Lösegeldindustrie betreibt und halt der Versklavung der Jesiden sind darauf gerichtet, damit Lösegeld zu generieren.	Lösegelderpressung
Interviewpartner 13	Antiquitätenhandel zu einem gewissen Bereich und ich sage einmal, ist eigentlich mehr der Schmuggel von Antiquitäten, der besteuert wird, wo Zölle erhoben werden.	Handel mit Antiquitäten
Interviewpartner 13	Wir haben den Bereich Schmuggel, wo der IS immer noch viel finanziert, und eben den Bereich Menschenhandel.	Menschenhandel
Interviewpartner 13	Und dann noch beim Schmuggel spezifisch die Antiquitäten.	Handel mit Antiquitäten
Interviewpartner 13	Da sind schon gewisse Bedenken dann, dass in diesen Ländern vielleicht nicht die Staaten selber, aber viele Leute natürlich auch davon profitieren vom IS das Öl abzunehmen oder die ausgebeuteten oder geraubten Kunstwerke.	Schmuggel

Interviewpartner	Originalaussage	Generalisierung
Interviewpartner 13	Und danach wird es dann ganz schwierig, also Öl ist das einmal vermischt, werden Sie da nicht mehr, der Ölhändler, der dann viel später erst das Öl kauft, da dürfte es zu spät sein anzusetzen.	Handel mit Öl
Interviewpartner 13	Sicher gibt es eine Entführungsindustrie, also der IS, Boko Haram, auch viele andere entführen gezielt Leute.	Lösegelderpressung
Interviewpartner 13	Der den Ermittlungsbehörden hilft, sich einmal an die Fersen von jemandem zu setzen und allenfalls jemanden hochzugehen.	Erleichtert weitere Ermittlungen
Interviewpartner 13	ist wahrscheinlich eine der wenigen Möglichkeiten, die man hat, überhaupt in diese Felder.	Eine weniger Möglichkeiten
Interviewpartner 13	Für den IS selber relativ schwierig, weil diese Organisation ist sehr geschickt aufgebaut, die haben da eigentlich nicht ein Hauptquartier, wo man einen einschleusen kann und dann alles erfährt, eine sehr dezentrale Organisation.	Dezentrale Organisation des IS als Hindernis
Interviewpartner 13	Vielversprechend wahrscheinlich dort im europäischen Umfeld, wo sie tatsächlich Schläferzellen haben, aus denen heraus sich ein Anschlag erzielen lässt.	Ideal für Schläferzellen in Europa
Interviewpartner 13	Also ich glaube, die belgische Zelle und so weiter, das sind lohnenswerte Ziele für Verdeckte Ermittler.	Belgische Zelle als lohnenswertes Ziel
Interviewpartner 13	Den Lonely Wolf, der da irgendwo zuhause sich Gewaltvideos anschaut und sich irgendwie radikalisiert und dann einen Lastwagen mietet, den werden sie, so viele Verdeckte Ermittler gibt es gar nicht, also, wenn sie da jedem einen oder drei oder fünf hinterherhängen und da haben wir die Ressourcen nicht.	Lonely Wolf nicht erreichbar
Interviewpartner 13	Ich glaube, man muss die beschränkten Mittel, die man ohnehin schon hat bei den Verdeckten Ermittlern, das ist ja hoch riskant für die Betroffenen auch, muss man dort ansetzen, wo es am meisten Sinn macht, und das ist wahrscheinlich beim Aufspüren und Infiltrieren von erkannten Zellen, die eine hohe Wahrscheinlichkeit haben, dass einer davon dann tatsächlich einen Anschlag vornimmt.	Gezielter Einsatz notwendig

Interviewpartner	Originalaussage	Generalisierung
Interviewpartner 14	Und die/ Eben diese Splittergruppen, diese Attentäter von Paris und Brüssel, wahrscheinlich jetzt auch in Istanbul, das ist nicht aufwendig, ein paar tausend Euro, die die nötig haben, um quasi da ihre Ressourcen zu kaufen, also Miete zu tragen, Lebensmittel zu kaufen. Die Waffen sind auch nicht wahnsinnig teuer. Da ist man mit ein paar tausend Euro dabei	Anschläge sind nicht kostenintensiv
Interviewpartner 14	eben als terroristische Organisation würde ich schauen: Kann ich mich selber finanzieren? Dann bin ich natürlich viel unabhängiger oder eher Land und Quellen erschliessen, wo ich weiss, da gibt es immer Opfer, die wir da uns aussuchen können.	Terroristische Vereinigungen finanzieren sich selbst
Interviewpartner 14	Ja das ist natürlich das absolute Highlight oder/ Was Geldwäsche oder Terrorfinanzierung erreichen möchte, dass das durch Quellen kommt, die legal sind und so geschickt konstruiert werden kann, dass die Quelle legal ist, aber auch der Verwendungszweck dann legal aussieht.	Legale Quellen
Interviewpartner 14	Und die Frage ist: Wenn dann diese Geldhändler, dieser (unv.) dann seinerseits quasi Geschäfte macht, bleibt er eventuell bei seiner Hausbank hängen.	Clearing über Banken riskant
Interviewpartner 14	Also ich persönlich würde viel eher in die Richtung gehen von diesen neuen Technologien. Da sind die Behörden wirklich noch hinterher.	Behörden sind nicht auf dem aktuellen Stand
Interviewpartner 14	Aber doch, es gibt immer ein Risiko, dass man da Spuren hinterlässt, ja. Aber das ist beim Bargeld genau das Gleiche. Sie können nicht grosse Bargeldsummen irgendwie unsichtbar in den Markt integrieren. Irgendwo fällt das immer auf.	Risiko, Spuren zu hinterlassen
Interviewpartner 14	Die Entwicklung geht so schnell voran und den Behörden fehlt einfach das Geld.	Behörden sind nicht auf dem aktuellen Stand
Interviewpartner 14	Ja also ich denke zuletzt geht das in bar. Also die brauchen ja das Geld (unv.), um das/ Ja quasi um die (unv.) betreiben zu können, um Einkäufe tätigen zu können.	Bartransport von Mitteln für Einkäufe

Interviewpartner	**Originalaussage**	**Generalisierung**
Interviewpartner 14	Also eine Bank in der Schweiz kann sagen: (unv.) Türkei ist für mich nicht ein erhöhtes Risiko, weil sie unterstehen einer Bankenaufsicht und gemäss (unv.) gehen sie nicht auf/ Mit erhöhtem Risiko versehen und werden sich da auch nicht die grossen Fragen stellen.	CH-Banken können Geschäftsbeziehungen mit der Türkei ableh-nen
Interviewpartner 14	Also sprich zusammengefasst: Ja, es können Überweisungen gemacht werden in die Türkei, wird nicht von Gesetzes wegen als Hochrisiko angesehen werden müssen, ausser die Bank setzt sich selber über gewisse Risikokriterien und sagen: „Türkei ist für mich erhöhtes Risiko."	Türkei wird nicht als Hochrisikoland ein-gestuft
Interviewpartner 14	Es ist ein Thema und bleibt ein Thema, weil wenn man mit quasi diesem informellen Bereich benutzt oder/ Dann schaut niemand nach, oder?	Keine Aufsicht
Interviewpartner 14	Das ist möglich, aber das ist natürlich schon ein Gebiet, wo keine Aufsicht besteht und der überhaupt nicht transparent ist und das bietet natürlich ganz viele Möglichkeiten auch Vermögenswerte von A nach B zu verschieben.	Keine Aufsicht
Interviewpartner 14	Also die Bitcoins, ich finde das ein super spannendes Thema, hochkomplex, absolut nicht transparent,	Mangelnde Trans-parenz
Interviewpartner 14	Aber man hat keine Ahnung, wer sich hinter einer Bitcoin-Adresse verbirgt. Das ist komplett anonym, verschlüsselt, man hat keine Ahnung, wer dahintersteckt.	Anonymität
Interviewpartner 14	Und ja, weil es eben technisch anspruchsvoll ist (unv.), überhaupt nicht transparent ist, ist es natürlich ein super geeignetes Mittel, um die Vermögenswerte von A nach B zu verschieben, solange die Teilnehmer an das System Bitcoin glauben, funktioniert das auch.	Mangelnde Trans-parenz
Interviewpartner 14	Aber es ist sehr leicht versteckbar, es ist verschlüsselbar.	Leicht zu verstecken

Interviewpartner	Originalaussage	Generalisierung
Interviewpartner 14	Man kann grosse Summen quasi in Bitcoin umwandeln und wenn ich das in bar haben müsste, dann brauche ich grosse Lagerplätze und da ist eben das Verlustrisiko, sei es durch Diebstahl, sei es durch Verlust, sei es durch Raub, sei es durch Brand oder irgendwelche Elementarschäden.	Geringeres Lagerrisiko
Interviewpartner 14	Für diese Terroristen, die da in, ja nicht so westlichen Ländern, aber die ausserhalb des Operationsgebietes vom IS arbeiten, also quasi direkt im Zielort arbeiten, ist schon eine Rolle. Die müsse quasi ihren Lebensunterhalt finanzieren und ich glaube nicht, dass die finanzielle Unterstützung des IS erhalten.	Finanzierung des Lebensunterhalts im Westen
Interviewpartner 14	Miete müssen sie zahlen, sie müssen Essen kaufen können, sie müssen quasi die Waffenmunition, Sprengstoff kaufen, aber da bewegen wir uns nicht wirklich im Bereich von ein paar 10.000 Euro. 10, 20 pro Person. Das klingt zwar nach viel, für jemanden, der arbeitslos ist, aber das hat man schnell beisammen. Und gerade wenn man noch (unv.) tätig ist oder im Drogenhandel drinnen (unv.) keine Berührungsängste, Diebstahl, Erpressung, ja? Und dann wird das quasi so finanziert.	Finanzierung des Lebensunterhalts im Westen durch Diebstahl, Drogenhandel, Erpressung
Interviewpartner 14	Ich weiss nicht, wie genau die Behörden dort hingucken. Also es heisst zumindest, dass die internationale Kooperation etwas schwierig ist mit den Behörden in Dubai.	Mangelnde Kooperation der Behörden in Dubai nutzen
Interviewpartner 14	Also Türkei gilt in dem Sinne/ Es ist nicht auf einer Sanktionsliste der (unv.) und das bedeutet, dass die Aufsicht über den Bankenbereich als gleichwertig empfunden wird.	Türkische Banken, da Aufsicht als gleichwertig gilt
Interviewpartner 14	Aber dann kann das Geld dort sicher bar abgehoben werden.	Barabhebungen

Interviewpartner	Originalaussage	Generalisierung
Interviewpartner 14	Wenn man das kombiniert oder das quasi mit Handel vermischt wird oder dass eine Warenlieferung gemacht oder nicht gemacht wird oder eine Rechnung gestellt wird, aber nicht geliefert wird und dann hat man natürlich wieder die Möglichkeit, Vermögenswerte von A nach B zu verschieben.	Kombination mit Handel und Einsatz fiktiver Rechnungen
Interviewpartner 14	Was ist der (unv.) Wert eines Produktes oder wie können die bestimmen, ob diese Maschine wirklich so viel 100.000 Euro kostet oder nicht?	Schwer bestimmbare Werte für Maschinen angeben
Interviewpartner 14	Oh, es ist ein hoher Betrag und gibt es eine Rechtfertigung für das? Ja, es gibt ein Dokument oder einen Vertrag. Okay, den schauen wir uns an. Um was geht es da? Ah, Dienstleistungen, ja das ist schon etwas, was verdächtig wäre. Dienstleistungen ist ein schwammiger Begriff.	Rechnungen für Dienstleistungen vermeiden
Interviewpartner 14	Aber wenn irgendeine Maschine geliefert wird und da steht, die kostet eine halbe Million und der Betrag war eine halbe Million, (unv.) mein Einwand. Das ist dann für die meisten Banken genügend. Die hinterfragen dieses Dokument gar nicht.	Rechnungen für Maschinen
Interviewpartner 14	Die sind schon froh, dass es ein Dokument oder sogar eine Urkunde gibt, die besagt: Diese Maschine ist eine halbe Million Euro wert.	Urkunden beschaffen
Interviewpartner 14	Ich sage mal ich bin da wirklich compliant, ich komme freiwillig zu euch. Dann ist auch die Bank froh, wenn sie diese Dokumente hat, ablegen kann, zusammenheften kann und dann sagt: „Wir haben ja eine Dokumentation."	Dokumentation der Bank freiwillig vorlegen
Interviewpartner 14	Ich weiss nicht, ob ich von vorneherein so kommen würde. Aber wenn die Frage kommt, dann würde ich das gleich liefern und sagen: „Ja, selbstverständlich. Wir verstehen, dass Sie Compliance-Pflichten haben, dass Sie Aufklärungspflichten haben und wir wissen das. Ist nicht das erste Mal, dass wir gefragt werden. Bitte schön, hier sind die Unterlagen."	Dokumentation der Bank auf erstes Verlangen vorlegen

Interviewpartner	Originalaussage	Generalisierung
Interviewpartner 14	Und dann kommt man wunderbar schön/ Verfasst das Dossier, welches alle sagen wir mal schwierigen Fragen plausibel beantwortet. Würde ich schon so machen, ja. Deswegen (unv.) und sagen: „Ja, wissen wir, die Problematik."	Gut aufbereitete Unterlagen für die Bank vorhalten
Interviewpartner 14	Von vornherein kommen würde ich jetzt eher nicht, das käme mir komisch vor. Aber wenn dann die Frage kommt, ja, sofort, selbstverständlich, finden wir gut.	Dokumentation der Bank auf erstes Verlangen vorlegen
Interviewpartner 14	Stempel sind immer gut, das ist so unglaublich.	Stempel verwenden
Interviewpartner 14	Ich würde das so offiziell wie möglich aussehen lassen, super Geschichte.	Offizielles Erscheinungsbild schaffen
Interviewpartner 14	Aber es gibt sagen wir mal Personengruppen aus bestimmten Regionen und die wollen Geld in die Heimatländer überweisen, und wenn man weiss, man hat eine Community, sage ich mal von Asiaten oder Philippinen oder das können auch Brasilianer sein und man hat einen Zugang zu diesen Gruppen, dann kann man ja mal fragen. „Wo kann ich Geld günstig überweisen?" Und da wird sofort gesagt: „Geh zu dem!" oder „Geh zu dieser Frau!"	Kontaktaufnahme durch Mitglieder bestimmter ethnischer Gruppen
Interviewpartner 14	Also das ist für mich ein Transportkanal für Menschen, aber auch für Güter oder auch für Geld.	Flüchtlingsrouten nutzen
Interviewpartner 14	Wenn die Leute dann wieder freiwillig zurückgehen, dann kann es sein, dass sie wieder Gelder mitnehmen, das ist durchaus möglich, aber beim Transport selber meist nicht (unv.) fliesst.	Flüchtlingsrouten nutzen
Interviewpartner 14	Man braucht auch ein elektronisches Portemonnaie, ein E-Wallet dazu und nur noch die Adresse oder nur noch die physikalische, elektronische Adresse (unv.)	E-Wallet schaffen
Interviewpartner 14	Dann kaufen Sie sich einen billigen Computer, ein billiges Notebook und dann ist man mit ein paar Hundert Franken dabei und das ist ja nichts. Und dann wechselt man das Ding wieder und schmeisst das weg.	Ständig wechselnde preiswerte Notebooks

Interviewpartner	Originalaussage	Generalisierung
Interviewpartner 14	Ja, wie gesagt, die öffentlichen Netze, das ist schon so. Wo keine Handynummer notwendig ist, um sich einzuloggen. Es gibt nach wie vor Personen, die ihr Netzwerk nicht schützen und so weiter und so fort.	Öffentlich zugängliche WLAN-Netze nutzen
Interviewpartner 14	Die müssen am/ Entweder gehen Sie (unv.), wo Sie diese kaufen können und das andere Geld quasi oder Vermögenswerte auf Gegenleistung einzahlen können.	Akquise von Bitcoins mit Bargeld oder Sachwerten
Interviewpartner 14	Aber wahrscheinlich muss man schon in Buchgeld umwandeln oder auch in Bargeld umwandeln können oder dann auch einen Gegenpart finden, der bereit ist, quasi Bitcoins gegen einen anderen Wert zu verkaufen.	Tauschpartner finden
Interviewpartner 14	Entweder über einen Bitcoins-Change oder man findet direkt Leute.	Bitcoins Exchange oder Tauschpartner finden
Interviewpartner 14	Immobilie verkauft und ich lege das jetzt in Bitcoin an. Ich hätte es auch in Edelmetall anlegen können, in Aktien anlegen, dann hätte es die Bank noch einigermassen unter Kontrolle, weil das in einem Wertschrift- oder Edelmetalldepot dann eingebucht wird, aber bei den Bitcoins wäre das nicht der Fall.	Anlage von Vermögenswerten in Bitcoin
Interviewpartner 14	Darum muss es über Mittelsleute laufen. Da sind wir wieder bei Nachbarländern, Syrien, Irak oder Türkei, da ist es durchaus möglich, dass so Vermögenswerte gemacht werden.	Mittelsmänner in Nachbarländern der Krisengebiete
Interviewpartner 14	Ja natürlich, natürlich. Es ist keine (unv.) könnte auch ein Tochterunternehmen in der Türkei aufmachen oder ich finanziere die.	Tochtergesellschaft in der Türkei gründen und finanzieren
Interviewpartner 14	Die machen Beratungsteams oder was auch immer und muss auch wieder Investitionen tätigen und braucht ihrerseits wieder Beratungen (unv.). Da kann man das Geld wirklich weiter schicken.	Beratungen und Investitionen als Rechtfertigung für Kapitalbedarf

Interviewpartner	Originalaussage	Generalisierung
Interviewpartner 14	Andere terroristische Organisationen, die das nicht haben oder die sind ganz klar im Drogenhandel tätig, ganz klar, sie sind in Entführungen und Erpressungen tätig und das sind so die Quellen und das funktioniert nach wie vor noch und die Frage ist: Kann man diesem Herr werden und in Ländern wie Pakistan, denke ich, ist das komplett unmöglich.	Drogenhandel
Interviewpartner 14	Ja die klassischen Entführungen, wo/ Also egal wo, ob das jetzt der IS ist oder in Pakistan der Fall ist oder in, nach wie vor, in Lateinamerika der Fall ist oder in Afrika der Fall ist, wo halt eine westliche Geisel/ Wirklich, das ist eine Investition.	Entführungen
Interviewpartner 14	Ich weiss, dass Menschenhandel ein grosses Thema ist in Westafrika. Es gibt dort immer noch Sklaven in verschiedenen Ländern. Die lokalen Stämme profitieren vom Menschenhandel oder die schmuggeln oder schleusen Leute durch diese Ader und zum Teil sind diese Stämme ja auch/ Haben sich angeschlossen oder beim Al-Qaida, Maghreb und wie sie alle heissen, ja, ist schon ein Thema, aber, glaube ich regional beschränkt, denke ich jetzt mal.	Menschenhandel
Interviewpartner 14	Wenn ich natürlich sagen wir mal Selbstfinanzierer bin, das ist natürlich die ideale Situation. Der IS hat ja diese Möglichkeit, indem sie nach wie vor ja noch Zugriff auf Ölquellen hat und das wäre für mich erste Priorität, wenn man dann quasi Zugang hat, zu solchen Quellen.	Handel mit Öl

Interviewpartner	Originalaussage	Generalisierung
Interviewpartner 14	Ich denke mal, wenn man das Öl etwas günstiger auf den Markt wirft als quasi der Weltmarktpreis. Dann gibt es immer Abnehmer, die sagen: „Okay das ist ein Schnäppchen, eine Schnäppchenmöglichkeit oder wir lehnen das ab." Klar muss man da Leute schmieren und ich nehme jetzt mal an, Dokumente fälschen oder verfälschen, aber sobald man ein Produkt mit einem interessanten Preis anbietet, dann gibt es immer Leute (unv.), die bereit sind darauf einzusteigen und sich einen Deut scheren, woher dieses Öl kommt, garantiert.	Handel mit Öl
Interviewpartner 14	Ja, ich könnte mir schon vorstellen, man muss schon über ein Beziehungsnetz verfügen oder in der Branche, aber das ist ja/ (unv.) ist das eine. Das (unv.) muss ja noch transportiert werden.	Handel mit Öl über Beziehungen in der Branche
Interviewpartner 14	Also wenn man jetzt Betrügerei auch als Wirtschaftskriminalität anschaut, dann ja, ist jede Form der Kriminalität, die Geld produziert, um solche Terroristen zu finanzieren, ist ein Thema.	Betrug
Interviewpartner 14	Und ich weiss, dass mit Produktfälschungen oder einige terroristische (unv.) sich finanziert haben in der Vergangenheit oder mit Kreditkartenbetrügereien.	Produktfälschungen
Interviewpartner 15	Also grundsätzlich äh, grundsätzlich ist die Terrorismusfinanzierung, meines Erachtens, geringere Beträge möglich als bei der klassischen Geldwäsche.	Terrorismusfinanzierung mit kleinen Beträgen möglich
Interviewpartner 15	Nur, es ist halt schwierig, weil ich kann nicht einkaufen beim Aldi mit Bitcoin oder an der Tankstelle.	Keine gängige Währung im Einzelhandel
Interviewpartner 15	Aber man kommt da als Nicht-Teil dieser Community kaum rein.	Schwieriger Zugang

Interviewpartner	**Originalaussage**	**Generalisierung**
Interviewpartner 15	Also Sie müssten schon aus dieser Volksgruppe sein, damit Sie das Urvertrauen von (Hawala?) da bekommen.	Schwieriger Zugang
Interviewpartner 15	Aber Bitcoins selber, kommt auf dasselbe heraus, Sie brauchen ein Konto, ein Wallet, ich brauche ein Wallet, um zu einem gewissen (Stichtag?) wechseln wir, wechselt dieser Wallet.	E-Wallet schaffen
Interviewpartner 15	Da gibt es dann einen Ausgleich, der geschaffen wird. Ähm, aber im Prinzip ist es ähm, eine Sache für Betroffene, ne? Das ist eine Grundidee (unv.) der gibt es und sagt, bitte, ich möchte meiner Mutter einen Kühlschrank zukommen lassen. Gibt es Geld mit Provision oder Abzug und ihr wird der Kühlschrank vor die Tür gestellt, ne?	Clearing (Ausgleich von Spitzen)

Appendix 3: Belegzitate

Kategorie	**Generalisierung**	**Belegzitat**	**Interviewpartner**
Allgemeine Aussagen			
	Austausch zwischen Ermittlungsbehörden und Privaten wichtig	Ich denke mal, das EINE/ EIN wichtiger Bereich ist eigentlich der Austausch zwischen UNTERSCHIEDLICHEN Beteiligten. Ähm das sind vor allem die Ermittlungsbehörden, natürlich, die bestimmte KENNTNISSE haben, Kenntnisse, die man uns auch nicht zur Verfügung stellt, oder BEDINGT nur zur Verfügung stellt.	Interviewpartner 1

Kategorie	Generalisierung	Belegzitat	Interviewpartner
	Täter haben Zugriff auf Fachliteratur	Ich meine, das Gute ist ja auch immer, wenn ich/ haben wir vorher auch gefragt/ äh GESAGT, ähm als Geldwäscher würde ich mir genau solche Literatur holen. Mensch, was empfiehlt denn so der Fachmann? (lacht) Ich meine, wie wäscht man am besten Geld? (holt Luft) Da ist SO viel verfügbar mittlerweile im Internet, dass man da ähm (.) ja auch als Krimineller, äh und die sind da oft besser ausgestattet als die Polizei von mir aus mit ihren auch Topleuten, die sie einkaufen/ einkaufen können.	Interviewpartner 1
	Täter sind intelligent und gut ausgebildet	Ich meine, man darf sich ja nicht den Illusionen hingeben, dass das – gerade bei Terrorismus – dass das alles nur – in Anführungszeichen – irgendwelche Fanatiker sind, die Hochhäuser in die Luft jagen wollen und dann irgendwelche Menschen mit reinziehen. Die gibt es auch, aber da gibt es wahrscheinlich natürlich auch hochintelligente Menschen im Hintergrund, die mit einer vergleichbaren Ausbildung, ja wirklich die Schwachstellen suchen.	Interviewpartner 8
	Fortschreitende Technisierung erschwert Ermitt-lungen	Dritter Punkt, um das vielleicht auch nochmal zu sagen, für mich ist die fortschreitende Technisierung des Ganzen auch ein, ich will nicht sagen, ein Risiko, aber auch ein Fakt, der die Arbeit schwieriger gemacht hat.	Interviewpartner 8

Kategorie	Generalisierung	Belegzitat	Interviewpartner
	Bestimmte Branchen sind nicht reguliert	Ich will mal so ein Beispiel nennen, aber das ist bei mir hier so ein Lieblingsthema, worüber ich stundenlang schwadronieren könnte, dass gewisse Bereiche unfassbar hart reguliert sind und manche Bereiche aber, wo es aus meiner Sicht offensichtlich ist, dass da aus freien Stücken gar nichts passiert.	Interviewpartner 8
	Intelligente Täter haben plausible Erklärungen für ihr Verhalten	Der intelligente Terrorismusfinanzierer macht im Prinzip genau das, was er tun möchte, und erklärt das einfach nur gut.	Interviewpartner 8
	Ähnlichkeiten zwischen Geldwäscherei und Terrorismusfinanzierung	Das, was Sie aus der Geldwäsche lernen können, kann man natürlich auch auf das Thema Terrorismusfinanzierung übertragen.	Interviewpartner 8
	Täter nutzen Lücken in der Verwaltung	Es gibt Lücken in Prozessen, sei es in der Verwaltung, sei es bei Gericht, die man, wenn man das genau weiss, gut nutzen kann.	Interviewpartner 8
	Gelder der Terrorismusfinanzierer sind häufig nicht inkriminiert	Bei der Geldwäsche sind wir ja praktisch schon paranoid und gucken: Wo könnte da irgendwas Grösseres reinkommen? Bei der Terrorismusfinanzierung haben wir schon Gelder, die als sauber deklariert wurden, die auch schon geprüft wurden – also das ist ja praktisch der Unterschied dazu, ein wirklich spannendes Thema, wie ich finde – dass die also erst mal gar nicht den Verdacht erregen.	Interviewpartner 8

Kategorie	Generalisierung	Belegzitat	Interviewpartner
	Nur kleine Täter werden erwischt	Und das ist ja genau das Spannende daran, dass Sie also praktisch die Kleineren kriegen, aber die Grossen, die richtig schweren Brocken, die kriegen Sie nur ganz schwer zu sehen. Ich glaube, da müssen Sie dann, ja, auf ganz anderer Ebene angreifen.	Interviewpartner 8
	Strafen für Terrorismusfinanzierung wirken nicht abschreckend	Da ist mir doch vollkommen egal, ob ich jetzt hinten raus noch eine Strafe bekomme für Terrorismusfinanzierung, wenn ich vorne raus irgendwie, keine Ahnung, ein Bombenattentat oder sowas finanziert habe. Das ist dann das kleinere Übel, wo ich sage: Ja gut, dann kriegst du halt da, wenn es rauskommt, auch noch zwei Jahre. Aber wenn ich da vorher schon, ich sage mal, Mittäter bin, sage ich mal, oder Urheber für ein Bombenattentat oder sowas, wie es in Paris passiert ist, dann ist es doch vollkommen egal.	Interviewpartner 8
	Ermittlungsbehörden sind zu langsam	Ich glaube, auch da ist vielleicht noch eine Schwäche der Terrorismusfinanzierungsbekämpfung, dass die Aufsichts- oder Ermittlungsbehörden eigentlich zu langsam sind.	Interviewpartner 8
	Bekämpfung der Terrorismusfinanzierung dient der Steuerfahndung	Ansonsten, wie gesagt, aber das ist halt eine persönliche Schlussnote, wenn ich das mal sagen darf, viele der Sachen, die wir aktuell machen, werden verkauft unter dem Deckmantel der Geldwäscheprävention und/oder der Terrorismusfinanzierung, dienen aber nach meinem Verständnis eher dem Thema Steuerfahndung.	Interviewpartner 8

Kategorie	Generalisierung	Belegzitat	Interviewpartner
	Fokus liegt auf der Geldwäscherei und nicht auf Terrorismusfinanzierung	Wenn es um den Review von Transaktionen äh geht, letztlich das Mindset aber auch auf GWG, äh auf Geldwäscherei, auf Muster von Geldwäscherei, äh aber Terrorismusfinanzierung einfach in den Köpfen noch nicht existiert.	Interviewpartner 7
	Muster der Terrorismusfinanzierung teilweise nicht bekannt	Ja, ich/ ich glaube, die/ die Muster der (.) Terrorismusfinanzierung sind, glaube ich, bei den meisten Leuten gar nicht bekannt. Und/ und deswegen ist es einfach auch schwierig, diese zu finanz/ äh diese zu identifizieren.	Interviewpartner 7
	Anschläge sind nicht kostenintensiv	Und die/ Eben diese Splittergruppen, diese Attentäter von Paris und Brüssel, wahrscheinlich jetzt auch in Istanbul, das ist nicht aufwendig, ein paar tausend Euro, die die nötig haben, um quasi da ihre Ressourcen zu kaufen, also Miete zu tragen, Lebensmittel zu kaufen. Die Waffen sind auch nicht wahnsinnig teuer. Da ist man mit ein paar tausend Euro dabei.	Interviewpartner 14
	Terroristische Vereinigungen finanzieren sich selbst	Also eben als terroristische Organisation würde ich schauen: Kann ich mich selber finanzieren? Dann bin ich natürlich viel unabhängiger oder eher Land und Quellen erschliessen, wo ich weiss, da gibt es immer Opfer, die wir da uns aussuchen können.	Interviewpartner 14

Kategorie	Generalisierung	Belegzitat	Interviewpartner
	Geldwäsche und Terrorismusfinanzierung werden vermischt	Die hat/ überall kommt die Geldwäsche zusammen mit der Terrorismusfinanzierung. Das, das wäre auch ein Ansatz, Sie mal drüber sich auslassen sollten kritisch, ob das nicht eigene Institutionen und eigene Prozesse oder so, wie auch immer, nach sich ziehen sollte.	Interviewpartner 9
	Terrorismusfinanzierung als Türöffner für harte Massnahmen	Terrorismus ist immer ein, ein, ein Türöffner, nicht nur für Gesetzesänderungen sondern auch für, für massive Massnahmen.	Interviewpartner 9
	Ermittlungsverfahren schrecken Täter nicht ab	Erst mal ist/ hat man ja ein primäres Ziel. (unv.) der IS, der Islamische Staat, will sich finanzieren. Der überlegt sich ja nicht gerade, „was passiert 'n, wenn irgendwo ein Ermittlungsverfahren läuft?"	Interviewpartner 9
	Terrorismusfinanzierung kann auch durch Tatmittel erfolgen	Dass da Leute in, in Molenbeek in Brüssel sitzen, die brauchen bloss/ die brauchen im Grunde nur ihre Gewehre, äh, zu finanzieren, um dann irgendwo hinzugehen und Leute zu erschiessen, äh, oder die müssen Waffen halt beschaffen. Das ist ja/ Finanzierung muss ja auch nicht nur Geld sein. Das kann ja auch eben (die?) Tatmittel sein, Waffen beschaffen zum Beispiel nur.	Interviewpartner 9
	Internationale Koordination der Zusammenarbeit der Behörden erforderlich	Da/ die zweite Schwierigkeit, die mir dazu einfallen würde, ist, dass das ähm, national und auch international einfach einer sehr hohen Koordinierung der Behörden bedarf. Da durchwegs sehr unterschiedliche Behörden mit der Bekämpfung betraut sind.	Interviewpartner 10

Kategorie	Generalisierung	Belegzitat	Interviewpartner
	Jede Art des Vermögenstransfers ist für die Terrorismusfinanzierung geeignet	Aber ich glaube aber, grundsätzlich alles, was für den Transfer von Vermögenswerten geeignet ist, ist natürlich auch für potentielle Terrorismusfinanzierung geeignet.	Interviewpartner 10
	Legale und Illegale Einnahmequellen	Praktisch haben wir aber bei der/ bei der Terrorismusfinanzierung ähm im Gegensatz zur/ zur/ zur reinen Geldwäsche ’ne/ ’ne Mischfinanzierung. Das heisst, wir haben (.) ähm/ wir haben teilweise legale Quellen über/ über Spenden, et cetera. Und als aber auch das gesamte Spektrum der (.) ähm/ der kriminellen Aktivitäten.	Interviewpartner 12
	Gelder werden sowohl ins Inland als auch ins Ausland transferiert	Die Frage, wo ist das Geld hin, muss das Geld jetzt ins Ausland raus oder muss es ins Inland reinkommen. Das sind ja schon mal zwei verschiedene Ansatzpunkte, wo ich sagen muss, wie muss ich das Geld nach Deutschland bekommen, damit ich’s hier verwenden kann für zum Beispiel Terroranschläge oder was muss ich umgekehrt machen.	Interviewpartner 3
	Bekämpfung der Terrorismusfinanzierung auf grosse Organisationen und Netzwerke ausgerichtet	Das Ganze ist ursprünglich ausgerichtet gewesen unter der Prämisse, dass Terrorismusfinanzierung eigentlich eine Finanzierung von Terrororganisationen als grosse Organisation oder als grosses Netzwerk und vor allem als einheitliches Netzwerk und somit etwas, das fassbar ist, und im grossen Stil finanziert werden kann, das war, glaube ich, grundsätzlich der Hintergedanke.	Interviewpartner 6

Kategorie	Generalisierung	Belegzitat	Interviewpartner
	Trend weg von zentralen Strukturen zu Einzeltätern	Wir sehen immer mehr die Lonesome-Wolf-Attacken oder eben völlig un/ also nicht unkoordiniert oder zumindest nicht mehr so zentrale Strukturen, wie das vielleicht ursprünglich bei der Al-Qaida war oder im Moment wieder bei ISIS auftritt.	Interviewpartner 6
	Einzeltäter schwer zu identifizieren	Insofern, das wird wohl die grösste Problematik sein, denn es wird wohl kaum aus/ man kann kaum Einzelpersonen, vor allem, die noch nicht am Radar sind, möglicherweise erst zukünftig etwas vorhaben, vom kommerziellen, wirtschaftlichen Leben, so wie es in der Gesellschaft der Fall ist, ausschliessen können.	Interviewpartner 6
	Normale Bankkonten unauffällig	Wobei wahrscheinlich eingeschränkt, eingeschränkter wird die Möglichkeit jetzt wirklich schon im regulierten Finanzbereich sein, nämlich insbesondere über normale Bankkonten.	Interviewpartner 6
	Keine hundertprozentige Sicherheit möglich	Muss man sich eingestehen, gerade bei der Terrorismusfinanzierung muss man sich eingestehen, dass das nicht alles vollends erfassbar ist. Es ist vielleicht noch etwas, was man nicht gerne laut ausspricht, aber wenn man absolut, also wenn man nicht absolute Kontrolle und Überwachung haben möchte, und insbesondere, wenn es so etwas wie eine Cash Economy noch gibt. Da rede ich nicht einmal von Hawala, wo man nicht einmal Cash braucht, um das zu setteln, wird man ein gewisses Restrisiko und solche Situationen, wie Sie sie geschildert haben, so ein Restrisiko, das wird man nicht gänzlich ausschalten können.	Interviewpartner 6

Kategorie	Generalisierung	Belegzitat	Interviewpartner
	Eingriffe in alle Lebensbereiche notwendig	Ja, ja, aber das ist die grundsätzliche Problematik, weil man hier versucht, einen Regelungsbereich zu erschaffen, der, um zu funktionieren, einen totalen, fast schon totalitären Eingriff in alle Lebensbereiche oder zumindest in alle relevanten kommerziellen Lebensbereiche bedeuten würde.	Interviewpartner 6
	Transaktionsanalysen nur bedingt hilfreich	Bei Terrorismusfinanzierung glaube ich einfach, dass es wesentlich schwieriger ist, durch Transaktionsanalysen etwas zu finden, ganz im Gegensatz zu Money Laundering. Hier hat man einfach eine Gleichschaltung der Systematik erreicht, weil man das Ganze unter einem grossen Begriff AML/CTF hat.	Interviewpartner 6
	Mittelherkunft vs. Mittelverwendung	Aber auf der einen Seite ist die Mittelherkunft die relevante oder Geldwäsche, und bei der Terrorismusfinanzierung ist es die Mittelverwendung.	Interviewpartner 6
	Mittelverwendung liegt in der Zukunft	Und hier habe ich auch ein Frequentierungsproblem, weil das eine liegt in der Vergangenheit, das andere liegt in der Zukunft.	Interviewpartner 6
	Steuersysteme als Finanzierungsquellen des IS	Noch dazu können Sie so etwas wie ein Steuersystem aufziehen.	Interviewpartner 6
	Wissen über Terrorismusfinanzierung basiert auf 9/11	Das haben wir natürlich relativ deutlich erlebt mit dem Aufkommen des Islamischen Staates und eigentlich relativ schnell gemerkt dann, dass alles, was wir gemeint haben zu wissen über Terrorismusfinanzierung, eigentlich aus dem Wissen post Nine Eleven entstanden ist.	Interviewpartner 13

Kategorie	Generalisierung	Belegzitat	Interviewpartner
	Verschiedene Arten der Terrorismusfinanzierung	Na, das kommt darauf an, ich glaube, es gibt nicht DIE Terrorismusfinanzierung.	Interviewpartner 13
	Massnahmen basieren teils auf Wissen über Al-Qaida	Wir hatten dann, ich glaube, etwa 2003, 2004/5 herum relativ genaue Kenntnis, wie sich Al-Qaida finanziert hat, und haben daraus dann die entsprechenden Massnahmen abgeleitet.	Interviewpartner 13
	Vermögenserhalt stand bei Al-Qaida im Vordergrund	Da ging es eigentlich mehr darum, das Geld, das man hat, möglichst beisammenzuhalten und niemandem Zugriff darauf zu gewähren.	Interviewpartner 13
	IS verfügte anfangs nur über wenig Vermögen	Wo der IS im Gegensatz dazu arm und klein angefangen hat und gewachsen ist.	Interviewpartner 13
	Organisationen verhalten sich wie Staaten	Und eigentlich, je grösser die Organisation wurde, desto mehr sich so verhalten hat, wie ein Staat sich verhält.	Interviewpartner 13
	Einkünfte aus eigenem Herrschaftsbereich	Und darum ist der Begriff Islamischer Staat eben nicht ganz falsch, generieren aber ihre Einkünfte aus dem eigenen Herrschaftsbereich.	Interviewpartner 13
	Personenlistings zur Unterbindung von Spenden	Darum hat man bei der Bekämpfung eigentlich auch, Hauptansatzpunkt war zum einen Listing von Personen, die Geld haben oder Zugriff zu Geldern haben, und zum anderen das Unterbinden von Spenden.	Interviewpartner 13
	IS generiert eigenes Einkommen	Beim IS ist es fast umgekehrt, IS bekommt zwar auch Spenden, hängt aber nicht davon ab, sondern der IS generiert Einkommen, indem er Ölquellen auch nutzt	Interviewpartner 13

Kategorie	Generalisierung	Belegzitat	Interviewpartner
	Terroristen ausgebildet Spuren zu vermeiden	Hier ist es schon so, dass die AUCH darauf achten, unterdessen ist auch Teil der Ausbildung dieser Terroristen oder des Materials, dass sie sich finden und zueignen, möglichst keine Spuren zu hinterlassen.	Interviewpartner 13
	Auswertung der Finanzierungsströme der Attentäter gibt Aufschluss über Umfeld	Und da ist man dann ganz anders, da geht es nicht darum, dass die Geld brauchen, um den Anschlag zu begehen, sondern dass die Terrorismusfinanzierung dort eigentlich ein nützliches Instrument ist, weil man über die Finanzierungsströme, also, ich sage einmal, die Auswertung des Bankkontos eines solchen Attentäters ist wahrscheinlich mindestens so aufschlussreich wie die Auswertung seines Handys.	Interviewpartner 13
	Früher Austrocknung der Finanzströme	Hier hat es eigentlich einen Paradigmenwechsel gegeben, also bei, am Anfang nach Nine Eleven ging es darum, die Finanzquellenorganisationen auszutrocknen, um die Organisation lahmzulegen.	Interviewpartner 13
	IS wird durch CTF geschwächt	Beim Islamischen Staat glaubt man auch, dass die Massnahmen Wirkung zeigen, der Islamische Staat hat deutlich weniger Geld zur Verfügung als noch am Anfang.	Interviewpartner 13
	Einzeltäter aufgrund bestimmter Verhaltensweisen identifizierbar	Also, wenn man weiss, dass diese Leute typischerweise Autos mieten mit Prepaid-Karten, ja, kann man daraus, zusammen mit ein paar anderen Merkmalen, die typisch ist für diese Täter, schon einspeisen und sagen: „Hier, halt. Kann man das dann nicht erkennen im Moment, wo jemand ein Auto mietet, um den wenigstens zu observieren", ne?	Interviewpartner 13

Kategorie	Generalisierung	Belegzitat	Interviewpartner
	Verdächtige Verhaltensweisen erkennen	Also ich sage nicht, dass jeder, der mit Prepaid-Karte ein Auto mietet, observiert werden muss, aber wenn er zusätzlich noch andere Merkmale hat, ich sage einmal, jung, männlich, radikalisiert, dann kann das einen Alarm auslösen.	Interviewpartner 13
	Starker Trend zu modernen Technologien und Mobile Payment Services	Weg aus dem formellen Sektor, eine sehr starke Neigung zu modernen Zahlungsmitteln, sehr starke Neigung zum Gebrauch von Technologie, also Mobile Payment Services.	Interviewpartner 13
	Innovationen für Transfer von Geldern werden aufgenommen	Also jede, ich sage einmal, Innovation auf dem Finanzmarkt vor allem zur Übermittlung von Geldern, vor allem zum Transferieren von Geldern ausserhalb des formalen Bankensektors, die wird aufgenommen.	Interviewpartner 13
	Kombination mehrerer Indikatoren beachten	Und man darf die nicht immer nur isoliert betrachten, also nicht ein Indikator heisst, es ist ein Terrorist dahinter, sondern ist dann immer eine Kombination von mehreren solchen Indikatoren, die Hinweise darauf geben kann.	Interviewpartner 13
	Breite Aufstellung der Ermittlungen bei der Terrorismusfinanzierung	Also, und das sieht schon anders aus als das, was wir noch vor zehn Jahren hatten, wo wir immer typischerweise versucht haben, diesen finanziellen Unterstützer, diesen Scheich halt zu finden, der Al-Qaida unterstützt, da sind wir heute schon breiter aufgestellt.	Interviewpartner 13

Kategorie	Generalisierung	Belegzitat	Interviewpartner
	Nachbarländer der Krisengebiete im Fokus	Was wir machen können, ist dafür sorgen, dass das Geld nicht weiter fliesst, aber der IS, ist halt schon, weil es vor allem über den Schmuggel herausgeht, ist in eigentlich die Nachbarländer gefragt.	Interviewpartner 13
	Lösegeldversicherungen als Risikobranche	Also es gibt Lösegeldversicherungen, aber ich denke einmal mehr an diese Konzerne, die halt weltweit tätig sind und die eine generelle Police haben, was immer ihren Mitarbeitern passiert, zahlt die Versicherung oder entschädigt die Gesellschaft für die Kosten, ja. Die Versicherung kann nicht in Anspruch nehmen für sich, dass sie im Notstand ist, ja, kein Mensch zwingt sie diese Police anzubieten, aber die Versicherung hat ja ein grösseres Risiko sich der Terrorismusfinanzierung schuldig zu machen, wenn sie solche Kosten entschädigen würde.	Interviewpartner 13
	Keine übereilten Rückschlüsse	Also ein grosses Thema ist natürlich, dass wir ganz vorsichtig sein müssen, schnelle Rückschlüsse zu ziehen.	Interviewpartner 13
	Anschläge verhindern durch Sicherstellung von Geldern	Aber mir geht es ja nicht so sehr um den Täter, der hat sich ja vielleicht schon in die Luft gejagt, mir geht es vor allem darum, einen möglichen Anschlag zu vermeiden, indem man Gelder sicherstellt.	Interviewpartner 13

Kategorie	Generalisierung	Belegzitat	Interviewpartner
	Kommunikation zwischen Nachrichtendiensten und FIUs noch nicht ausreichend	Ich glaube, generell haben wir, also wir haben zum einen eine wichtige Rolle der Nachrichtendienste und zum anderen haben wir eine wichtige Rolle der Finanzermittler und die beiden haben sich bis jetzt noch nicht einmal in den gleichen Raum gesetzt, ja?	Interviewpartner 13
Einnahmequellen – legal			
	Kredite aufnehmen	Geld leihen	Interviewpartner 8
	Finanzierung durch Privatpersonen	Das ist quasi so eine Art Funding durch Privatleute	Interviewpartner 8
	Plattformen stellen Kontakt zwischen Darlehensgebern und Darlehensnehmern her	Das heisst, Sie sagen: Ich hab hier den und den Kreditbedarf, den und den Preis bin ich bereit zu zahlen, und die Plattform stellt eigentlich nur noch den Kontakt her zwischen den Kreditsuchenden und anderen Leuten, die sagen: Okay, ich gebe Geld dafür.	Interviewpartner 8
	Legale Einnahmen aus Bauunternehmen	Sie haben ganz normale Einnahmen. Der, der Bin Laden war Erbe eines grossen Baukonzerns in Saudo A/ Saudi-Arabien und war Millionär und hat damit, (.) ziemlich einfach wahrscheinlich, die Anschläge in 9/11 finanziert, indem er aus legalen Bauunternehmen/ aus den Gewinnen eines Bauunternehmens oder eines Konzerns hat er seinen/ die Leute, die die Anschläge gemacht haben, im nötigen Masse finanziert.	Interviewpartner 9
	Finanzierung durch Handelsaktivitäten	Dass Terrorismus auch über den Handel finanziert wird.	Interviewpartner 11

Kategorie	Generalisierung	Belegzitat	Interviewpartner
	Gehalt oder staatliche Unterstützung	Also, das können legitime Einkommensquellen sein, das kann ein Gehalt sein, das kann Arbeitslosenunterstützung, staatliche Unterstützung, das kann alles Mögliche sein.	Interviewpartner 6
Einnahmequellen – illegal			
	Besteuerung und Plünderungen durch den IS	Also das ist schon/ ich sage mal, dieser Anspruch, Islamischer Staat, die sich als Staat sehen, die eine gewisse Infrastruktur haben, also die 'ne gewisse Besteuerung erfordert. Aber das Interessante ist auch, was die sagten. Der/ wirklich der überwiegende Teil der Finanzierung kommt aus/ das ist so 'ne Art Ponzi-Scheme, den die aufgesetzt haben, aus Plünderungen.	Interviewpartner 7
	Zwangsabgaben, Zwangszölle, Schutzgebühren, Strassenzölle, Sondersteuern, Enteignung	Und dann natürlich regional, regional durch die Erhebung von Zwangsabgaben, Zwangszöllen ähm, Schutzgebühren, Strassenzöllen, Sondersteuern und so weiter und so fort. Also hm, (.) zum Beispiel der (..) in Syrien (seufzend) oder im Irak praktizierte IS auch die Enteignung von ähm, Immobilien oder Landwirtschaftsgütern und da müssen die Leute ihr Eigentum quasi mieten, wenn sie es benutzen wollen, nicht? Also das ist Raubrittertum, nicht?	Interviewpartner 11

Kategorie	Generalisierung	Belegzitat	Interviewpartner
	Handel mit Öl über die Türkei	Und/ und ich meine, ohne dass ich da jetzt aus der Erfahrung spräche, aber meine Vermutung ist einfach relativ gross, was wir gesehen haben, (.) äh zum Beispiel als das ganze ähm (.) Iran-Oil-for-Food-Programm lief. Das sind ja diese Handelsrouten. Ich meine, das ist ja belegt mittlerweile, dass äh in/ in der Zeit der 90er und 2000er, als dieses Oil-for-Food-Programm lief, dass der Schwarzhandel mit/ mit dem Öl über (.) zum Teil auch die Türkei lief.	Interviewpartner 7
	Umsatzsteuerbetrug über Firmenkonstrukte	Ich will nicht ausschliessen, dass es da noch über Firmenkonstrukte jetzt äh äh (.) in den/ in den grösseren Bereich jetzt/ jetzt Umsatzsteuerbetrügereien, et cetera gehen mag.	Interviewpartner 7
	Betrug	Also wenn man jetzt Betrügerei auch als Wirtschaftskriminalität anschaut, dann ja, ist jede Form der Kriminalität, die Geld produziert, um solche Terroristen zu finanzieren, ist ein Thema.	Interviewpartner 14
	Produktfälschungen	Und ich weiss, dass mit Produktfälschungen oder einige terroristische (unv.) sich finanziert haben in der Vergangenheit	Interviewpartner 14

Kategorie	Generalisierung	Belegzitat	Interviewpartner
	Bildungskredite erschleichen	Ähm wir vergeben Kredite (.) und da wäre die einzige Möglichkeit, (.) ähm (.) sich das im/ im (Bildungsgeschäft) sich zu besorgen, also mittels/ äh mittels Krediten, die man/ die man bekommt über einen gewissen Zeitraum im Rahmen der Auszahlung ähm und/ und wo dann erst Jahre später so die (Zahlung) einsetzt. (.) Also (.) ähm ist aber/ das/ wir sind ja nicht äh/ nicht alleiniger Anbieter im Markt von solchen/ von solchen, ich sage mal, (Bildungsfinanzierungen), ähm aber mit Sicherheit einer der/ der/ der grossen insgesamt.	Interviewpartner 12
	Drogenhandel	Das können sein, wie gesagt, dann Drogenhandel oder andere Sachen.	Interviewpartner 7
	Versicherungsbetrug	// Also das // ist jetzt wirklich der Grossteil, wo fingiert von/ über fingierte Autofällen/ Un/ Unfällen, über/ über Diebstähle, wo Sie wirklich, ich sag mal, ähm Netzwerke haben von Leuten, die äh bewusst, ich sag mal, Versicherungspolicen zeichnen und/ und Schaden melden, fingieren.	Interviewpartner 7
	Drogenhandel	Andere terroristische Organisationen, die das nicht haben oder die sind ganz klar im Drogenhandel tätig, ganz klar, sie sind in Entführungen und Erpressungen tätig und das sind so die Quellen und das funktioniert nach wie vor noch und die Frage ist: Kann man diesem Herr werden, und in Ländern wie Pakistan, denke ich, ist das komplett unmöglich.	Interviewpartner 14

Kategorie	Generalisierung	Belegzitat	Interviewpartner
	Entführungen	Ja die klassischen Entführungen, wo/ Also egal wo, ob das jetzt der IS ist oder in Pakistan der Fall ist oder in, nach wie vor, in Lateinamerika der Fall ist oder in Afrika der Fall ist, wo halt eine westliche Geisel/ Wirklich, das ist eine Investition.	Interviewpartner 14
	Menschenhandel	Ich weiss, dass Menschenhandel ein grosses Thema ist in Westafrika. Es gibt dort immer noch Sklaven in verschiedenen Ländern. Die lokalen Stämme profitieren vom Menschenhandel oder die schmuggeln oder schleusen Leute durch diese Ader und zum Teil sind diese Stämme ja auch/ Haben sich angeschlossen oder beim Al-Qaida, Maghreb und wie sie alle heissen, ja, ist schon ein Thema, aber, glaube ich regional beschränkt, denke ich jetzt mal.	Interviewpartner 14
	Handel mit Kulturgütern	Wenn sie wie gesagt, ein, ein Musee/ ein ein Mosaik aus einer christlichen Kirche rausreissen, das wäre wohl schlecht zu transportieren, das muss anders gehen, das muss dann über Container gehen oder ü/ über andere Transportmittel. Ich würde denken, wenn man Flüchtlingsrouten nimmt, dann muss man doch relativ kleinformatige Sachen mit sich führen, oder?	Interviewpartner 4

Kategorie	Generalisierung	Belegzitat	Interviewpartner
	Missbrauch von Telefonanlagen	Ähm, da hat man, ähm, Telefonnummern gehackt. Und zwar, ähm, nicht benutzte Telefonnummern, also wenn man jetzt eine grosse Unternehmung nimmt. Ähm. Die haben ja so eine interne Telefonanlage mit ganz vielen internen Nummern. Und wenn man jetzt weiss, dass auf dieser Nummer, dass da gerade niemand arbeitet an diesem Pool, diese Nummer also nicht vergeben ist intern, und man es dann schafft, auf so eine Nummer sich einzuhacken, dann kann man über diese Nummer Anrufe generieren.	Interviewpartner 5
	Finanzierung des Lebensunterhalts im Westen durch Diebstahl, Drogenhandel, Erpressung	Miete müssen sie zahlen, sie müssen Essen kaufen können, sie müssen quasi die Waffenmunition, Sprengstoff kaufen, aber da bewegen wir uns nicht wirklich im Bereich von ein paar 10.000 Euro. 10, 20 pro Person. Das klingt zwar nach viel, für jemanden, der arbeitslos ist, aber das hat man schnell beisammen. Und gerade wenn man noch (unv.) tätig ist oder im Drogenhandel drinnen (unv.) keine Berührungsängste, Diebstahl, Erpressung, ja? Und dann wird das quasi so finanziert.	Interviewpartner 14
Transfermöglichkeiten			
Bankensystem			
Bankensystem – generelle Eignung			

Kategorie	Generalisierung	Belegzitat	Interviewpartner
	Banken kontrollieren mehr als andere Branchen	Also nochmal, nicht dass die Banken alle sauber sind, bitte nicht so verstehen, aber ich glaube, die Wahrscheinlichkeit, dass man über die Banken noch was darstellen kann, ist deutlich schwieriger oder unwahrscheinlicher, als wenn Sie in andere Bereiche gehen.	Interviewpartner 8
	Täter schwer von normalen Kunden zu unterscheiden	Und es ist unfassbar schwer nach meinem Verständnis, die wenigen Bösen – und ich glaube, es sind wirklich wenige – von der überragenden grossen guten Masse zu unterscheiden.	Interviewpartner 8
	Banken sehen nicht den gesamten Prozess	Sie merken ja, egal, welches Beispiel wir diskutieren, es gibt einfach unfassbar viele Möglichkeiten, die eben ausserhalb der Banken liegen, und die Banken kriegen eben nur einen Teil dieses Prozesses mit, nicht den Gesamtprozess, und dadurch, ja (…) können die gar nicht alles aufdecken, was da gefordert ist.	Interviewpartner 8
	Terrorismusfinanzierung wird mit Geldwäscherei vermischt	Was/ was meine Kenntnis ist, einfach nur auf die bewährten zurück. Einerseits äh Identifizierung des wirtschaftlichen Berechtigten und/ und dann das Monitoring äh der Transaktionen und das Matching gegen Listen, Sanktionslisten, EU-Listen, äh Geldwäscherei, (unv.) Checklisten, et cetera. Das heisst, (.) ich glaube, (.) es/ es besteht keine grooosse Sensibilität, was eigentlich der Unterschied genau ist zwischen Terrorismusfinanzierung oder Geldwäscherei.	Interviewpartner 7

Kategorie	Generalisierung	Belegzitat	Interviewpartner
	Türkei nicht per se verdächtig	Nur weil/ weil die jetzt an der Grenze liegen da zu/ zu den Krisengebieten und es einen gewissen Influx gibt im ganzen Land, heisst ja nicht, dass per se jede Geschäftstätigkeit in der Türkei rechtswidrig ist od/ oder letztendlich Geldwäscherei oder Terrorismusfinanzierungsverdacht automatisch gegeben ist.	Interviewpartner 7
	Banken sehen nicht den gesamten Prozess	// innerhalb // der Bank sehe. Und das ist einfach das/ die Krux, dass/ dass/ dass wir äh als Berater oder als Anwälte immer nur diesen Snapshot sehen. Das heisst, Sie haben letztendlich 'ne Kette von/ von Ereignissen, Sie haben irgendwo (.) die Quelle (.) und von der Quelle bis hin zum Empfänger haben Sie verschiedene Prozessschritte.	Interviewpartner 7
	Schnelle Überweisungen	Und nichts ist so schnell wie Geld. Also das heisst, ich kann ja mittlerweile innerhalb von Sekunden Geld von A nach B transferieren und (.) unbegrenzte Summen.	Interviewpartner 7
	Kleinere Beträge fallen nicht auf	Aber ansonsten hmhm ist es äusserst schwierig, das zu erkennen, weils, wie gesagt, oft kleinere Beträge sind, die weder beim Ein- noch beim Ausgang grossartig auffallen.	Interviewpartner 3
	Keine geeignete Infrastruktur in Syrien	Dazu stellt sich die Frage, ob überhaupt eine relevante Infrastruktur überhaupt noch zur Verfügung steht auf Empfängerseite in Syrien.	Interviewpartner 6

Kategorie	Generalisierung	Belegzitat	Interviewpartner
	Türkische Banken als Alternative zu Syrien	Also hier sind schon Banken im, nahe am Kriegsgebiet waren, türkische Banken, die ja auch gut sind, die ja professionell aufgestellt sind, die haben da wahrscheinlich schon eine besondere Verantwortung.	Interviewpartner 13
Bankensystem – konkrete Vorgehensweise			
	Einsatz von Strohleuten	Das ist ja üblich. Also das ist nicht nur/ nicht nur im Bereich des Terrorismus, sondern ganz andere ähm kriminelle Aktivitäten, wie Menschenhandel, Menschenschmuggel, oder DROGEN-Handel, dann werden in der REGEL Personen vorgeschoben. Das ist so ein Verhalten, das durchaus BEKANNT ist, und das finden Sie in der Szene genauso.	Interviewpartner 1
	Kunden und ihre Geschäftspartner offenlegen	Dass man wirklich weiss, mit welchem Kunden habe ich zu tun, und vor allen Dingen, was sind die Geschäftspartner meines Kunden.	Interviewpartner 8
	Erklärungen für Transaktionen	Ich meine, weiss ich, warum der dort eigentlich Gelder hat, warum der dahin überweisen will?	Interviewpartner 8
	Nachvollziehbarkeit gewährleisten	Kann ich das nachvollziehen?	Interviewpartner 8
	Plausibilität gewährleisten	Kann ich das plausibilisieren?	Interviewpartner 8
	Onlinebanken kennen Hintergründe nicht	Onlinebanken. Die wissen im Zweifel gar nicht, was da hinten dran steht, oder die sehen das gar nicht.	Interviewpartner 8

Kategorie	Generalisierung	Belegzitat	Interviewpartner
	Spezialisierte Finanzdienstleister für bestimmte Regionen	Sie haben ja auch, sage ich mal, Spezialdienstleister, ich will es jetzt nicht Ethno-Banking nennen, das hört sich so komisch an, aber die sich genau auf gewisse Volksgruppen spezialisiert haben.	Interviewpartner 8
	Türkische Banken mit Niederlassungen in Deutschland	Das sind türkische Banken, die hier eine Niederlassung aufgemacht haben, die (unv. #00:19:24.3#), die gezielt auf Migranten zielen und sagen: Wir möchten euch als Kunden werben.	Interviewpartner 8
	Dokumente in Fremdsprachen	Also das fängt schon damit an, dass Sie die Sprache im Zweifel nicht sprechen, oder wenn es ganz hart kommt, noch nicht mal die Schrift entziffern können.	Interviewpartner 8
	Plausibilisierung von Auslandsüberweisungen durch internationale Firmenstruktur im Transportwesen	Oh, ich fang jetzt plötzlich an, an die Türkei zu überweisen oder nach Russland oder, keine Ahnung, irgendwohin, das ist auffällig. Komme ich aber hin und sage: So, ich hab hier ein internationales Unternehmen, ich mach Transport, hab eine schöne Homepage dazu, wo ich auch sehen kann: Ach guck mal, der macht Transporte in den Nahen Osten. Wegen mir sagt er auch, spezialisiert für, keine Ahnung, Krankentransport oder Ähnliches. Dann läuft das wunderbar.	Interviewpartner 8

Kategorie	Generalisierung	Belegzitat	Interviewpartner
	Bestattungsunternehmen gründen	Also so ein Klassiker, sage ich mal, der auch damals durch die Presse gegangen ist, machen Sie ein Bestattungsunternehmen auf. Hört sich im ersten Moment ein bisschen komisch an, aber wenn Sie sagen: Na ja, wir haben halt viele Leute, die in ihrer Heimat beerdigt werden wollen, dann haben Sie auf jeden Fall schon mal jemanden, der Ihnen plausibel erklären kann, warum die regelmässig unten vor Ort im Nahen Osten ist.	Interviewpartner 8
	Unternehmen mit Barzahlung	Und wenn Sie dann noch sagen: Ja, und die zahlen dann eben teilweise auch bar, haben Sie auch einen Grund, warum Sie Geld reinbekommen.	Interviewpartner 8
	Firmen mit Homepage und Firmeneintrag aufbauen	Wie gesagt, Sie müssen halt parallel diese (unv. #00:25:13.9#) auch betreiben, schöne Homepage etc. Firmeneintrag und so weiter, aber schon sind Sie im Prinzip da erst mal, was die Wahrnehmung angeht, zumindest nachvollziehbar.	Interviewpartner 8
	Vorurteile zur Schaffung von risikoarmen Profilen nutzen	Ein Intelligenter macht sich diese Vorurteile zu eigen und guckt eigentlich: Wie komme ich zu einem Profil in der Überwachung, was risikoarm ist?	Interviewpartner 8

Kategorie	Generalisierung	Belegzitat	Interviewpartner
	GmbH mit Geschäftsbeziehungen in die Türkei gründen	Und das heisst, ich suche mir erst mal die Lücken. Zum Beispiel, wenn ich jetzt eben sage, ich transferiere Gelder für die Terroristenfinanzierung in die Türkei, um bei Ihrem Beispiel zu bleiben, suche ich mir eben als Vehikel eine deutsche Firma, wahrscheinlich eine GmbH, weil die am günstigsten ist, die regelmässig Geschäftsbeziehungen in die Türkei hat.	Interviewpartner 8
	Reiseveranstalter gründen	Zum Beispiel Reiseveranstalter könnte ich sein.	Interviewpartner 8
	Firma in der Türkei gründen	Dann mache ich idealerweise auf der türkischen Seite auch nochmal eine Firma auf, die auch am besten irgendwie so/ Dann kann ich zwischen diesen beiden Sachen ständig was hin- und hertransferieren.	Interviewpartner 8
	Häufigkeit erhöht Plausibilität	Und das Perfide daran: Je häufiger Sie das machen, umso unauffälliger wird das, ja?	Interviewpartner 8
	Häufigkeit erhöht Plausibilität	Weil, wenn Sie da sagen, bei der ersten Transaktion: Oh, guck mal, der hat da was überwiesen. Dann macht man den ersten Scheck und stellt fest, ja, okay, ist in Ordnung. Beim zweiten Mal auch. Aber beim 10. oder 20. Mal sagt man sich: Ach ja, stimmt, die machen schon seit langer Zeit Geschäfte mit denen, das ist in Ordnung.	Interviewpartner 8
	Häufigkeit erhöht Plausibilität	Durch die Wiederholung wird es weniger auffällig, als man meinen könnte.	Interviewpartner 8

Kategorie	Generalisierung	Belegzitat	Interviewpartner
	Reiseveranstalter gründen und fiktive Kontingente schaffen	Reiseveranstalter, klar, und dann liefert man die Ware nicht. Also man sagt zum Beispiel: Ich nehme dem Kontingent ab für 100 Betten im Monat, den ganzen Sommer und dann war ich halt schlecht im Verkauf und hab jetzt leider nicht so viele Betten an den Mann gebracht, aber die 100 Betten muss ich halt trotzdem bezahlen.	Interviewpartner 8
	Versäumnisurteile anstreben	Also ich verklage jetzt (unv. #00:30:19.5#) und sage, keine Ahnung, Sie haben meinen Hund erschossen, dadurch ist mir ein emotionaler Schaden entstanden von 100.000 Euro. Dass ich keinen Hund habe, hat damit nichts zu tun. Ich kann jeden Blödsinn vor Gericht behaupten. So, das packe ich in eine Klageschrift, stelle das dem Amtsgericht zu. Das Amtsgericht kriegt das und sieht, na ja, da ist eine Klageschrift, so. Und dann geht das Ihnen zu und Sie müssen erwidern. Das Thema ist, nach der deutschen Prozessordnung, wenn Sie nichts dazu sagen und bei Gericht auch nicht erscheinen trotz Aufforderung, wird dem Kläger Recht gegeben, sofern die Klage nachvollziehbar ist.	Interviewpartner 8
	Banken mit Niederlassungen im Ausland wählen	Ich gehe also in Deutschland mit meinem Geld zur HSBC, sage: Hier auf mein Konto, den und den Betrag, und jetzt überweist das doch auf mein Konto bei der HSBC in, keine Ahnung, nehmen wir die Türkei oder nehmen wir den Iran oder wo die auch immer vertreten sind.	Interviewpartner 8

Kategorie	Generalisierung	Belegzitat	Interviewpartner
	Geringere Prüfungen innerhalb von Konzernstrukturen nutzen	Ich prüfe bei uns innerhalb der Konzernstruktur ja auch nicht, ob das in Ordnung ist.	Interviewpartner 8
	Experten einbeziehen	Ich glaube, auf der Gegenseite sind mittlerweile Leute da, die die Strukturen kennen und diese Strukturen ausnutzen können.	Interviewpartner 8
	Kulturvereine und Stiftungen als Deckmantel	Was natürlich auf der anderen Seite ein Problem ist, sind zum Beispiel/ das können Stiftungen sein, das/ das können Kulturvereine sein, das können (.) irgendwelche Unterstützergruppen sein, die sich nach aussen hin irgend 'nen Anstrich geben, wie/ wie/ ja, wie gesagt, diese ganzen Kulturvereine, die Sie hier haben, die ganzen NGOs, äh irgendwelchen Non-Governmental Organizations, die sich 'nen Anstrich geben als gemeinnützig, wohltätig. Aber dahinter verbirgt sich letztendlich 'ne/ ich sage mal, eine Organisation, die einer (.) politischen Organisation, einer terroristischen Organisation nahesteht.	Interviewpartner 7
	Legale Strukturen für Werbung und Lobbyismus schaffen	Das heisst // Sie brauchen ja immer, ich sage mal, irgendwo/ (.) wenn/ wenn Sie/ angenommen Sie sind 'ne terroristische Vereinigung, irgendwo (.) 'nen legalen Arm in die Gesellschaft hinein, in dem Sie, ich sage mal, A rekrutieren, Werbung, Lobbying betreiben.	Interviewpartner 7

Kategorie	Generalisierung	Belegzitat	Interviewpartner
	Geflüchtete als Tarnung nutzen	Und was ich mir vorstellen kann, ist natürlich, wenn Sie gerade im/ im Bereich ähm (.) ähm (.) Transaktionen in die Türkei ansprechen, dass Sie natürlich im Rahmen der Flüchtlingsbewegung, dass/ dass wir natürlich viele Leute haben, die aus den Krisengebieten, wo es terroristische Aktivitäten gibt, in/ ich sage mal, in westliche oder in nahe westliche Länder immigriert sind, da jetzt (.) 'ne legale äh äh (.) Identität oder ein legales Leben aufgebaut haben, sind registriert, haben ein Geschäft, et cetera. Und da können natürlich die History/ wo kommen die Leute her, was für Beziehungen haben die, das können Sie nur schwer nachvollziehen, ne.	Interviewpartner 7
	Vermögenswerte aufteilen	Wenn Sie/ wenn Sie es/ dann auch noch irgendwie ein Splitting machen und/ und bleiben unter irgendwelchen kritischen Schwellenwerten, (.) da haben Sie als Bank keine äh/ (.).	Interviewpartner 7
	Notarielle Beurkundungen nutzen	Und/ und Sie haben natürlich, ich sage mal, aufgrund der sprachlichen Unterschiedlichkeiten und/ und/ und der/ (.) der Ferne trotzdem nicht/ nicht die Chance, das alles irgendwie in/ berechtigte Zweifel zu ziehen. Gerade wenn Sie dieses Beispiel mit der notariellen Beurkundung, et cetera bringen dann, ne. (.)	Interviewpartner 7

Kategorie	Generalisierung	Belegzitat	Interviewpartner
	Prepaid-Karten meiden	Und ich meine, wir haben natürlich Länder jetzt, wie Frankreich und/ und so, die gewisse Limite aussprechen wollen und trotzdem auch gewisse (KYC-) Regeln über diese Prepaid-Karten ziehen wollen. Also ich glaube, das wär schon wieder zu/ zu offensichtlich, oder?	Interviewpartner 7
	Überweisungen an chinesische Banken und anschliessende Streuung	Und dann wird das Geld transferiert und es ist innerhalb von Sekunden/ Wenn Sie das mal nachträglich investigieren, dann landet das erst auf (.) 'nem Konto 'ner westlichen Bank, aber von da gehts dann nach China und von der chinesischen Bank dann in tausend Himmelsrichtungen. Da haben Sie null Chance, das Geld jemals wieder zu finden. (leise) Also das ist äh (.) illusorisch.	Interviewpartner 7
	Mangelnde Kooperation der Behörden in Dubai nutzen	Ich weiss nicht, wie genau die Behörden dort hingucken. Also es heisst zumindest, dass die internationale Kooperation etwas schwierig ist mit den Behörden in Dubai.	Interviewpartner 14
	Barabhebungen	Aber dann kann das Geld dort sicher bar abgehoben werden.	Interviewpartner 14
	Dokumentation der Bank auf erstes Verlangen vorlegen	Ich weiss nicht, ob ich von vorneherein so kommen würde. Aber wenn die Frage kommt, dann würde ich das gleich liefern und sagen: „Ja, selbstverständlich. Wir verstehen, dass Sie Compliance-Pflichten haben, dass Sie Aufklärungspflichten haben und wir wissen das. Ist nicht das erste Mal, dass wir gefragt werden. Bitte schön, hier sind die Unterlagen."	Interviewpartner 14

Kategorie	Generalisierung	Belegzitat	Interviewpartner
	Gut aufbereitete Unterlagen für die Bank vorhalten	Und dann kommt man wunderbar schön/ Verfasst das Dossier, welches alle sagen wir mal schwierigen Fragen plausibel beantwortet. Würde ich schon so machen, ja. Deswegen (unv.) und sagen: „Ja, wissen wir, die Problematik.“	Interviewpartner 14
	Dokumentation der Bank auf erstes Verlangen vorlegen	Von vornherein kommen würde ich jetzt eher nicht, das käme mir komisch vor. Aber wenn dann die Frage kommt, ja, sofort, selbstverständlich, finden wir gut.	Interviewpartner 14
	Stempel verwenden	Stempel sind immer gut, das ist so unglaublich.	Interviewpartner 14
	Beratungen und Investitionen als Rechtfertigung für Kapitalbedarf	Die machen Beratungsteams oder was auch immer und muss auch wieder Investitionen tätigen und braucht ihrerseits wieder Beratungen (unv.). Da kann man das Geld wirklich weiter schicken.	Interviewpartner 14
	Überweisungen an kranke Familienmitglieder	Da hat jemand seinem, seinem Bruder 1.000, 2.000 Euro geschickt (.) und der hat hier vor Gericht dann eben das Problem, oder nicht er, sondern die Justiz hatte das Problem, nachzuweisen, dass das IS-Finanzierung war, wenn der gesagt hat, „mein Bruder war krank, ich musste ihm ‘ne Arzt/ der musste ‘ne Arztrechnung bezahlen. Das ist ‘ne reine familiäre Sache, ich musste dem/ der ist in Syrien, ich weiss gar nicht, wa/ vom IS weiss ich nix“, sagte er dann, „ich hab’ dem 1.000 oder 2.000 Euro geschickt oder Dollar, weil er mir sagte, er braucht das Geld. Der ist krank.“	Interviewpartner 9

Kategorie	Generalisierung	Belegzitat	Interviewpartner
	Rechnungen, Aufträge und Finanzierungsdokumente schaffen	Irgendwelche Aufträge, oder Rechnungen, oder sonstige Finanzierungsdokumente.	Interviewpartner 2
	Überweisungen an seriöse NGOs	Muss natürlich immer der Empfängername, wenn man den googeln kann und das ist 'ne NGO, die man nachvollziehen kann, dann is das in Ordnung für uns. Wenn es, sage ich mal, an den Roten Halbmond geht, is es für mich auch in Ordnung. Wenn's aber hingegen irgendwo was ist, wo ich/ was ich wirklich nicht nachvollziehen könnte, dann würden wir eher Verdacht (.) // haben. //	Interviewpartner 3
	Tarnung als Tourist aus Katar für Überweisungen aus dem Ausland	In (Mitsch) haben wir sehr viele Touristen aus Katar. Ähm dass einer von denen Geld A mitbringen würde auf der einen Seite oder dass er sich hierher Geld überweisen lässt. Das ist ganz legal.	Interviewpartner 3
	Barabhebungen und anschliessende Verteilung der Barmittel	Da gibt's Geschäftsleute, die sind millionenschwer. Und wenn der von zu Hause Geld bekommt und dann anschliessend hier äh das Geld auf ein/ auf ein Konto sich überweisen lässt und dann abhebt und dann wieder verteilt, (.) das kann man gar nicht nachvollziehen (.).	Interviewpartner 3
	Legale Mittelherkunft	Da spielt das keine Rolle, wie er da/ (.) was wer für Geld hat. Das Geld ist ganz legal hergekommen von einer Bank aus Katar und wird dann gar nicht mehr näher geprüft oder Mittelherkunft wird da auch nicht mehr geprüft in dem Augenblick.	Interviewpartner 3

Kategorie	Generalisierung	Belegzitat	Interviewpartner
	Tarnung als Spenden	Spenden, Verdeckte Spenden sind dann, die also offiziell als Spenden getätigt werden und dann aber inoffiziell doch dem Terrorkampf dienen sollen. Ähm aber die können genauso gut sich auch kriminell verhalten.	Interviewpartner 3
	Hochrisikoländer meiden	Aber ich meine, es geht ja einfach darum, ich meine, (.) wenn, wenn man natürlich Geld in gefährdete Regionen schickt oder Geld aus gefährdeten Regionen bekommt, dann ist das klar, es gibt Hochrisikoländer, das ist sicher Syrien, Irak, Afghanistan und so weiter. Ähm, Libanon, was auch immer, das sind so Risikoländer. Und dort muss man das (unv.) Risiko aufgrund des Domizilstaates oder des Destinationsstaates evaluieren, das ist ganz klar.	Interviewpartner 11
	Legitime Ströme aus Zentraleuropa als Tarnung	Wir haben natürlich, gerade bei gewissen Regionen in Zentraleuropa, wo vielleicht die Diaspora aus der Türkei traditionell stärker vertreten ist, auch völlig legitime grosse Ströme, Finanzströme, in das jeweilige Land.	Interviewpartner 6
	Teppichkauf oder Brieftaschenverlust in Istanbul als Rechtfertigung angeben	Also ich bringe eben das Beispiel, dass irgendjemand einen grossen Geldbetrag in Istanbul hat und hat einen arabisch klingenden Namen, aber mit französischer Staatsangehörigkeit. Vielleicht ist es ein braver Familienvater, der einen Teppich kaufen will, oder dem die Brieftasche gestohlen wurde und dringend Cash braucht, um sein Hotel zu bezahlen.	Interviewpartner 13

Kategorie	Generalisierung	Belegzitat	Interviewpartner
Bankensystem – Entdeckungs-risiko			
	Transaktionsanalysen	Ich meine, wir SIND ja alle jetzt, die Finanzdienstleister aber auch die Kreditinstitute, wir sind ja gehalten ähm Analysen durchzuführen, Monitoring durchzuführen in den äh/ in den Finanzströmen, die wir sehen, in den Transaktionen, die wir sehen.	Interviewpartner 1
	Typologien zur Erkennung von Foreign Terrorist Fighters	Äh üblicherweise, so ist es auch bei UNS im Hause, ähm (.) entwickeln wir Typologien, wir haben beispielsweise hier/ DAS, glaube ich, (unv.) auch eines der/ der führenden Institute ähm, die jetzt insbesondere in den USA dann Zusammenarbeit mit den Behörden, aber auch hier in Europa, und hier auch konkret in Deutschland, (holt Luft) äh Typologien entwickelt haben, zum Beispiel äh Foreign Terrorist Fighters, das/ äh um das Verhalten im finanziellen Bereich zu erkennen.	Interviewpartner 1
	Anonymität nahezu unmöglich	Die Wahrscheinlichkeit, dass uns da jemand unterrutscht, der komplett anonym ist und irgendwie durch Zufall reinkommt, das ist eigentlich nicht darstellbar oder ist nicht möglich.	Interviewpartner 8
	Hintergründe der Kunden bekannt	Wir kennen unseren Kunden wirklich und wir kennen auch den Hintergrund des Kunden.	Interviewpartner 8
	Überprüfung der Hintergründe der Zahlungen	Das heisst, da lassen wir gesondert durch den Berater prüfen, was der Hintergrund einer Zahlung ist.	Interviewpartner 8

Kategorie	Generalisierung	Belegzitat	Interviewpartner
	Analyse der Presse	Die Presse von (unv. #00:20:15.6#), da kommen Sie heute nicht mehr drum herum. Wenn Sie feststellen, da ist irgendjemand dabei, der nicht seriös ist, dann sollten Sie tunlichst anfangen, mal nachzudenken in Ihrer Bank, warum man vielleicht diesen Geschäftspartner nicht mehr in Zukunft haben möchte.	Interviewpartner 8
	Nachvollziehbarkeit der Dokumentation reduziert Entdeckungsrisiko	Wenn jemand wirklich so präzise vorgeht, wirklich, sage ich mal, von den Unterlagen her eine Nachvollziehbarkeit stattfindet, glaube ich, ehrlich gesagt, dann bekommen Sie den im Zweifel gar nicht.	Interviewpartner 8
	Grenzen der Compliance-Datenbanken	Und // und da haben Sie einfach, ich sage mal, mittels der Ihnen als/ als Bank zur Verfügung stehenden (.) Compliance-Datenbanken null Zugriff, ne.	Interviewpartner 7
	Wirtschaftlich Berechtigte der Empfängerseite oft nicht bekannt	Sei es // das Geld geht an 'nen/ 'nen Verein, an/ an/ (.) äh oder an 'ne Privatperson oder an ein Geschäft, wer dahinter steht, woher der kommt, (.) das/ das bleibt für Sie intransparent, ne.	Interviewpartner 7
	Überweisung grösserer Beträge ins Ausland erhöht Entdeckungsrisiko	Auffälligkeiten festmachen, weil da etwa/ entweder ein grösserer Betrag abgeht oder aber ins Ausland verfügt wird, wo man sich vorstellen könnte, das könnte der Terrorismusfinanzierung dienen.	Interviewpartner 3
	Krimineller Zweck kann in der Regel nicht festgestellt werden	Wenn überhaupt Transaktionen stattfinden, ähm, über das elektronische Transaktionssystem vom Finanzinstitut ähm, (.) in der Regel nicht festgestellt werden kann, dass hier ein krimineller Zweck verfolgt wird.	Interviewpartner 11

Kategorie	Generalisierung	Belegzitat	Interviewpartner
	Zahlreiche Personen mit arabischen Namen sind verdächtig	Da waren dann auffallend viele Personen involviert in diese Geldflüsse, alle mit arabischen Namen.	Interviewpartner 5
	Ausgeprägte Sensibilität im Hinblick auf bestimmte Regionen	Also da sind die entsprechenden Systeme sehr wohl schon sehr ausgebaut, und die/ also diese Institute sind natürlich auch sensibilisiert im Hinblick auf diese Regionen.	Interviewpartner 6
	Verdächtige Transaktionen gehen in legitimen Transaktionen unter	Nun ja, besonders zu hinterfragen, es ist/ das wäre so, wie wenn man fragen würde, alle Fahrzeuge, die in die Himmelsrichtung Türkei unterwegs sind oder vielleicht sogar direkt in die Türkei fahren, müssten einer speziellen Kontrolle unterliegen. Also, die Frage ist, inwiefern ist das überhaupt noch praktikabel? Es sind 99,9 Prozent Überweisungen wahrscheinlich völlig legitim, und in dieser Masse an Finanzströmen wird der eine oder andere Euro sein, der möglicherweise vom Sympathisanten an, weiss ich nicht, Familienangehörige oder sonst irgendjemanden oder Personen, die eben in dem Kampfgebiet tätig sind oder dorthin zumindest immer wieder pendeln, an die überwiesen.	Interviewpartner 6

Kategorie	Generalisierung	Belegzitat	Interviewpartner
	Barbezug in Grenzgebiet zu Syrien verdächtig	Sehr häufig fliegen halt die nach Istanbul, reisen dann an die Grenze und leeren dann an den Geldautomaten in der letzten türkischen Stadt vor dem Grenzübertritt, plündern die noch einmal ihr Konto, also die kommen dann mit ihren fünf-, sechstausend Euro ins Krisengebiet.	Interviewpartner 13
	Differenzierung von Terrorismusfinanzierung und legitimen Barbezügen schwierig	Also ich sage, dass das/ Nur ist es so eben, ist gerade beim Geldautomatengeschäft, die Bank, wo sie den Zug vornehmen, die weiss nicht, ob das Konto geplündert wird oder nicht. Die weiss ja nicht, wie viel auf dem Konto ist, die sieht einfach, da werden tausend Euro bezogen, das kann aber schon auch ein Tourist sein, der ein Teppich kauft, oder?	Interviewpartner 13
Parallelbankensysteme			
Parallelbankensysteme – generelle Eignung			
	Verschleierung des wirtschaftlich Berechtigten	Und ich meine, das ist natürlich ein perfektes System, was auch angelegt ist natürlich dann auch, äh äh (.) die Beneficial Ownership geheim zu halten, zu verschleiern und/ und kann natürlich dann auch genutzt werden für/ für illegale Transaktionen.	Interviewpartner 7

Kategorie	Generalisierung	Belegzitat	Interviewpartner
	Keine Aufsicht	Das ist möglich, aber das ist natürlich schon ein Gebiet, wo keine Aufsicht besteht und der überhaupt nicht transparent ist und das bietet natürlich ganz viele Möglichkeiten auch Vermögenswerte von A nach B zu verschieben.	Interviewpartner 14
	Schwieriger Zugang	Also Sie müssten schon aus dieser Volksgruppe sein, damit Sie das Urvertrauen von (Hawala?) da bekommen.	Interviewpartner 15
	Keine Aufsicht	Is billiger als Swift und/ und vor allen Dingen is es (.) nicht von irgendeiner Aufsicht zu kontrollieren.	Interviewpartner 3
	Seriös	Die Leute sind sehr seriös, weil sie sehr viel riskieren, wenn es nicht klappt.	Interviewpartner 11
	Kostengünstig	Und es ist auch kostengünstig, so.	Interviewpartner 11
	Zugang zu Konflikt-gebieten	Das war natürlich ein grosses Thema bei Al-Qaida, wusste man auch, weil es dort eben vor allem darum ging, Geld ins Konfliktgebiet zu bringen, und da war Hawala fast die einzige Möglichkeit.	Interviewpartner 13
	Kombination mit Banküberweisung	Ich würde meinen, wenn man so eine Transaktion, wie ich sie skizziert habe, so eine strukturierte, denkt, könnte Hawala zwischen oder nach der Bankreform Cash durchaus eine Rolle spielen.	Interviewpartner 13
	Geeignet für Löse-geldzahlung	Also ich glaube, im Bereich Lösegeld könnte ich mir durchaus vorstellen, dass das immer noch eine Rolle spielt.	Interviewpartner 13

Kategorie	Generalisierung	Belegzitat	Interviewpartner
Parallel-bankensysteme – konkrete Vorgehensweise			
	Bargeldgeschäfte basierend auf Vertrauen und Mittelsmännern	Dass // dass Sie sagen, ähm Sie haben ein/ ein System, dieses (Hawala-)System zum Beispiels, weils einfach auf/ auf Mittelsmännern und Vertrauen beruht, ne, wo letztendlich am Ende des Tages mal irgendwann ein Clearing stattfindet, aber es ist alles bargeldbasiert, und Sie haben einfach Ihre Mittelsmänner irgendwo sitzen, wo Sie natürlich als/ ja, ich sag mal, als/ als (.) jemand, der ein westliches Bankensystem gewohnt ist, natürlich überhaupt keinen Zugriff haben, weils einfach ein komplett paralleles Bankensystem ist, ne.	Interviewpartner 7
	Hilfsorganisationen als Tarnung	Ähm (seufzt leise) das ist 'ne gute Frage. Also ich weiss, dass es das gibt. Ähm (.) ähm ich weiss es eigentlich (.) inoffiziell von/ von, ich sag mal, Hilfsorganisationen, die, ich sag mal, das Problem haben, stellen Sie sich vor, Sie sind 'ne Hilfsorganisation und Sie wollen/ Es gab 'ne Katastrophe irgendwo in 'nem Gebiet, wo es einfach keine westliche Bank gibt, die Dollar annimmt oder so.	Interviewpartner 7

Kategorie	Generalisierung	Belegzitat	Interviewpartner
	Kombination mit Handel und Einsatz fiktiver Rechnungen	Wenn man das kombiniert oder das quasi mit Handel vermischt wird oder dass eine Warenlieferung gemacht oder nicht gemacht wird oder eine Rechnung gestellt wird, aber nicht geliefert wird und dann hat man natürlich wieder die Möglichkeit, Vermögenswerte von A nach B zu verschieben	Interviewpartner 14
	Schwer bestimmbare Werte für Maschinen angeben	Was ist der Wert eines Produktes oder wie können die bestimmen, ob diese Maschine wirklich so viel 100.000 Euro kostet oder nicht?	Interviewpartner 14
	Rechnungen für Dienstleistungen vermeiden	Oh, es ist ein hoher Betrag und gibt es eine Rechtfertigung für das? Ja, es gibt ein Dokument oder einen Vertrag. Okay, den schauen wir uns an. Um was geht es da? Ah, Dienstleistungen, ja das ist schon etwas, was verdächtig wäre. Dienstleistungen ist ein schwammiger Begriff.	Interviewpartner 14
	Urkunden beschaffen	Die sind schon froh, dass es ein Dokument oder sogar eine Urkunde gibt, die besagt: Diese Maschine ist eine halbe Million Euro wert.	Interviewpartner 14

Kategorie	Generalisierung	Belegzitat	Interviewpartner
	Kontaktaufnahme durch Mitglieder bestimmter ethnischer Gruppen	Aber es gibt sagen wir mal Personengruppen aus bestimmten Regionen und die wollen Geld in die Heimatländer überweisen und wenn man weiss, man hat eine Community, sage ich mal von Asiaten oder Philippinen oder das können auch Brasilianer sein und man hat einen Zugang zu diesen Gruppen, dann kann man ja mal fragen. „Wo kann ich Geld günstig überweisen?" Und da wird sofort gesagt: „Geh zu dem!" oder „Geh zu dieser Frau!"	Interviewpartner 14
	Clearing (Ausgleich von Spitzen)	Da gibt es dann einen Ausgleich, der geschaffen wird. Ähm, aber im Prinzip ist es ähm, eine Sache für Betroffene, ne? Das ist eine Grundidee (unv.) der gibt es und sagt, bitte, ich möchte meiner Mutter einen Kühlschrank zukommen lassen. Gibt es Geld mit Provision oder Abzug und ihr wird der Kühlschrank vor die Tür gestellt, ne?	Interviewpartner 15
	Physischer Transport von Bargeld oder Kredite	Man kann zum Beispiel das Geld äh, physisch transportieren. Man kann auch jemanden anrufen äh und ihn veranlassen, dass er jemandem, der sich meldet ähm, einen Kredit zur Verfügung stellt, in Form eines (unv.) Geschäftes, also eines (Bargeschäftes?). Da gibt es verschiedene Methoden, die es unmöglich machen,	Interviewpartner 11

Kategorie	Generalisierung	Belegzitat	Interviewpartner
	Länder ohne fortschrittliches Bankensystem involvieren	(Hawala?) Banker gibt es natürlich in Regionen, die nicht über ein ähm, fortschrittliches Banksystem verfügen oder anders gesagt, wo der Zugang zu Banken für den Grossteil der Bevölkerung nicht möglich ist.	Interviewpartner 11
	Finanzierung mit Sachgütern, Spenden und Handel	Anderes wird wahrscheinlich, ganz, ganz banal, wird über den/ normal über den Handel funktionieren, also dass man Finanzierungen jetzt nicht nur mit reinem flüssigem Cashmittel oder sonstigen Finanzmitteln macht, sondern dass man finanziert mit Ressourcen oder mit Financing-in-Kind, also mit sonstigen Unterstützungshandlungen, Spenden, Sachgütern und Sonstiges.	Interviewpartner 6
	Transfer aus Krisengebiet über Bank nicht möglich	Man muss auch sagen, wir kennen das von Erfahrungsberichten, von Leuten, die aus den Krisengebieten aus Syrien gekommen sind und hier Asyl gesucht haben. Die haben oftmals auch nicht mehr die Möglichkeit, sich auf dem geregelten Finanzweg, theoretisch, wenn sie zu Hause ein Vermögen haben oder ein Bankguthaben haben oder sonst irgendwie Guthaben auf Banken oder sonstigen Konten haben, sie können mittlerweile nicht mehr darauf zurückgreifen. Einfach, weil es Sperren gibt, wird seitens der Organisationen, die ein gewisses Gebiet derzeit besetzen, oder es ist halt immer noch die syrische Regierung, die sind dann mitunter darauf angewiesen, auf solche Netzwerke wie ein Hawala-Netzwerk zurückzugreifen.	Interviewpartner 6

Kategorie	Generalisierung	Belegzitat	Interviewpartner
	Keine Bank in Syrien	Für einige gibt es auch rein praktikable Gründe, warum die Person, auch wenn sie in Wien ist und theoretisch hier schon ein Konto hat, noch immer auf Hawala zurückgreifen muss, einfach, weil man die Schwierigkeiten im Land B, also in dem Fall in Syrien, hat und nichts anderes machen kann, weil man sonst das Geld nicht über die Grenze bekommt. Das wäre die eine Richtung. Natürlich in die andere Richtung ist das Ganze natürlich auch zugänglicher, keine Frage.	Interviewpartner 6
Parallelbankensysteme – Entdeckungsrisiko			
	Clearing über Banken riskant	Gerade bei der Verrechnung von Spitzen können Sie das in bestimmten Banken wahrscheinlich erkennen, wenn/ über bestimmte Methoden.	Interviewpartner 1
	Mangelnde Aufsicht	Das ist korrekt. Die sind zwar ähm/ ich meine, wenn man es ganz DRASTISCH sieht, dann ist in Deutschland zumindestens unterliegen sie AUCH dem Geldwäschebekämpfungsgesetz, und müssten EIGENTLICH auch, wenn sie Verdachtsfälle haben, die MELDEN. (holt Luft) Werden Sie nur nicht sehen. Das macht kein Mensch äh in dieser Branche, weil sie halt nicht ähm (holt Luft) SO überwacht werden wie jetzt die Kreditinstitute durch eine/ durch eine Aufsichtsbehörde. Es gibt halt die Gewerbeaufsichtsämter, aber die gucken da nicht in SOLCHE Bereiche rein.	Interviewpartner 1

Kategorie	**Generalisierung**	**Belegzitat**	**Interviewpartner**
	Keine GwG- oder KYC-Standards	Äh es finden insofern alle/ alle Standards, die wir haben im Bereich Geldwäschereibekämpfung, KYC findet da nicht statt.	Interviewpartner 7
	Keine Identifikation des wirtschaftlich Berechtigten möglich	Und ähm (.) Sie haben keinerlei Chance, letztendlich durch, so wie das System angelegt ist, den wirtschaftlich Berechtigten ultimativ finanzieren/ äh zu identifizieren.	Interviewpartner 7
	Keine Überwachung möglich	Ich meine, die Überwachung von (Hawala?) Transaktionen ist nicht möglich.	Interviewpartner 11
Kryptowährungen			
Kryptowährungen – generelle Eignung			
	Parallelwährung umtauschbar in gängige Währungen	So, das heisst, wir haben eine komplette Parallelwährung, die Sie aber wieder umtauschen können in reales Geld.	Interviewpartner 8
	Keine Regulierung	So, ist aber null reguliert.	Interviewpartner 8
	Gute Alternative zu klassischen Überweisungen	Ja, warum soll ich denn irgendwie, sage ich mal, ganz böse, sage ich mal, eine Überweisung machen, wenn ich einfach über so ein Verschlüsselungssystem, also über künstliche Währung, eigentlich alles darstellen kann, was ich möchte?	Interviewpartner 8
	Ohne Berührungspunkte mit Finanzinstituten	Es müsste eigentlich möglich sein, ohne dass jemals ein Finanzinstitut damit in Berührung kommt.	Interviewpartner 7
	Anonymität	Aber man hat keine Ahnung, wer sich hinter einer Bitcoin-Adresse verbirgt. Das ist komplett anonym, verschlüsselt, man hat keine Ahnung, wer dahintersteckt.	Interviewpartner 14

Kategorie	Generalisierung	Belegzitat	Interviewpartner
	Mangelnde Transparenz	Und ja, weil es eben technisch anspruchsvoll ist (unv.), überhaupt nicht transparent ist, ist es natürlich ein super geeignetes Mittel, um die Vermögenswerte von A nach B zu verschieben, solange die Teilnehmer an das System Bitcoin glauben, funktioniert das auch.	Interviewpartner 14
	Leicht zu verstecken	Aber es ist sehr leicht versteckbar, es ist verschlüsselbar.	Interviewpartner 14
	Geringeres Lagerrisiko	Man kann grosse Summen quasi in Bitcoins umwandeln und wenn ich das in bar haben müsste, dann brauche ich grosse Lagerplätze und da ist eben das Verlustrisiko, sei es durch Diebstahl, sei es durch Verlust, sei es durch Raub, sei es durch Brand oder irgendwelche Elementarschäden.	Interviewpartner 14
	Keine gängige Währung im Einzelhandel	Nur, es ist halt schwierig, weil ich kann nicht einkaufen beim Aldi mit Bitcoin oder an der Tankstelle.	Interviewpartner 15
	Bitcoins im Darknet beliebt	Bitcoin und Co., bekanntermassen über das Darknetz, schon eine gewisse Beliebtheit in kriminellen Kreisen. Es würde mich wundern, wenn hier nicht nur normale Rauschgiftdelikte oder sonstige, wesentlich härtere Delikte begangen werden, sondern auch eben so was wie Terrorismusfinanzierung.	Interviewpartner 6
Kryptowährungen – konkrete Vorgehensweise			
	Rechenkapazitäten schaffen	Ich meine, das Ganze geht ja letztendlich über irgendwelche Rechenkapazitäten.	Interviewpartner 7

Kategorie	Generalisierung	Belegzitat	Interviewpartner
	Rechenkapazitäten zur Verfügung stellen	Letztendlich, Sie/ ich meine, Sie können ja Bitcoins erwerben, wenn Sie an anteil/ am System teilnehmen und einfach Rechenkapazität zur Verfügung stellen und können so durch dieses System intern letztendlich, (.) ja, (.) Kaufkraft erwerben …	Interviewpartner 7
	E-Wallet schaffen	Man braucht auch ein elektronisches Portemonnaie, ein E-Wallet dazu und nur noch die Adresse oder nur noch die physikalische, elektronische Adresse (unv.)	Interviewpartner 14
	Ständig wechselnde preiswerte Notebooks	Dann kaufen Sie sich einen billigen Computer, ein billiges Notebook und dann ist man mit ein paar Hundert Franken dabei und das ist ja nichts. Und dann wechselt man das Ding wieder und schmeisst das weg.	Interviewpartner 14
	Öffentlich zugängliche WLAN-Netze nutzen	Ja, wie gesagt, die öffentlichen Netze, das ist schon so. Wo keine Handynummer notwendig ist, um sich einzuloggen. Es gibt nach wie vor Personen, die ihr Netzwerk nicht schützen und so weiter und so fort.	Interviewpartner 14
	Akquise von Bitcoins mit Bargeld oder Sachwerten	wo Sie diese kaufen können und das andere Geld quasi oder Vermögenswerte auf Gegenleistung einzahlen können.	Interviewpartner 14
	Bitcoins-Exchange oder Tauschpartner finden	Entweder über einen Bitcoins-Change oder man findet direkt Leute.	Interviewpartner 14

Kategorie	Generalisierung	Belegzitat	Interviewpartner
	Anlage von Vermögenswerten in Bitcoins	Immobilie verkauft und ich lege das jetzt in Bitcoin an. Ich hätte es auch in Edelmetall anlegen können, in Aktien anlegen, dann hätte es die Bank noch einigermassen unter Kontrolle, weil das in einem Wertschrift- oder Edelmetalldepot dann eingebucht wird, aber bei den Bitcoins wäre das nicht der Fall.	Interviewpartner 14
	Bezahlung von Erpressungsgeldern in Bitcoins	Man wird höchstens mal, sagen wir, in der Finanzindustrie damit konfrontiert, wenn die darüber reden, welche Attacken laufen, und dann halt eben Erpressungsgelder verlangt werden, die dann halt in diesen Fällen zumeist über die Bitcoins bezahlt werden müssen.	Interviewpartner 2
	Eingeschränkte Handelbarkeit von Bitcoins in Syrien	Die Frage ist allerdings, und das ist schon zumindest zu hinterfragen, was kann ich mir dann/ also eincashen werde ich es wohl relativ schwer können, irgendwo in Syrien. Also ich gehe mal davon aus, sehr viele Abnehmer für Bitcoins oder sonstige virtuelle Währungen wird es nicht geben.	Interviewpartner 6
	Bitcoins als Zahlungsmittel für Waffen im Darknet verwenden	Das heisst wiederum, ich könnte, wenn ich die Bitcoins als Zahlungsmittel oder als Finanzmittel akzeptieren will, als Terrorist, und damit arbeiten will, kann ich mir dann wiederum im Darknet für Bitcoins möglicherweise Waffen oder sonstiges Material beschaffen.	Interviewpartner 6

Kategorie	Generalisierung	Belegzitat	Interviewpartner
	Länder mit Bitcoin-Börse suchen	Also hier müsste man zumindest irgendwo das nächste Land heranziehen, wo man so etwas wie eine informelle Bitcoin-Wirtschaft hat, wo einzelne, vielleicht Warenhändler oder sonst irgendjemand Bitcoins akzeptiert oder wo es zumindest die Möglichkeit gibt, Bitcoins auszucashen und wiederum in Cash umzuwandeln.	Interviewpartner 6
Kryptowährungen – Entdeckungsrisiko			
	Behörden sind nicht auf dem aktuellen Stand	Also ich persönlich würde viel eher in die Richtung gehen von diesen neuen Technologien. Da sind die Behörden wirklich noch hinterher.	Interviewpartner 14
	Risiko, Spuren zu hinterlassen	Aber doch, es gibt immer ein Risiko, dass man da Spuren hinterlässt, ja. Aber das ist beim Bargeld genau das Gleiche. Sie können nicht grosse Bargeldsummen irgendwie unsichtbar in den Markt integrieren. Irgendwo fällt das immer auf.	Interviewpartner 14
	Zuordnung der Bitcoins zum wirtschaftlich Berechtigten schwierig	Zuordnung des Bitcoins oder der Währung zu einem wirtschaftlich Berechtigten ist äh, äusserst schwierig, oder?	Interviewpartner 11
Money Transfer Systems			
Money Transfer Systems – generelle Eignung			

Kategorie	Generalisierung	Belegzitat	Interviewpartner
	Schnell und preiswert	Sondern es gibt so viele ähm alternative Möglichkeiten, Gelder über Landesgrenzen hinweg zu bringen. Also in erster Linie die/ die/ die Dienstleister, wie/ wie Western Union, et cetera, die das äh wesentlich schneller können, wesentlich billiger können.	Interviewpartner 12
	Keine Zurechenbarkeit zu bestimmter Person	Na ja, rein schon von der, jetzt ohne, dass/ das wird jetzt schwierig/ das ist insofern schon geeignet, weil wiederum, es gibt kein legitimiertes, fixes Konto dahinter, das heisst, es gibt keine ständige Infrastruktur, die auf eine Person zugerechnet werden kann.	Interviewpartner 6
	Infrastruktur auf Empfängerseite ggf. eingeschränkt	Da wird man überweisungstechnisch vielleicht wirklich noch auf Money Transfers zurückgreifen, wobei auch hier, denke ich, mittlerweile die Infrastruktur einfach auf der Empfängerseite in einem Land wie Syrien wohl kaum vorhanden sein wird.	Interviewpartner 6
Money Transfer Systems – konkrete Vorgehensweise			
	Geld in die Türkei schicken	/Wenn// man sich also jetzt in der TÜRKEI, sagen wir mal, in die Türkei GELD schicken/ sich schicken, zu jemandem in die Türkei, und ähm Sie überschreiten bestimmte BETRÄGE, so können wir erst mal vom GRUNDSATZ her überall in der Türkei das Geld abheben, egal, wo Sie sind. Das geht immer so. Es geht von EINEM Land in ein anderes Land, und es ist nicht BEGRENZT auf eine Stadt oder Region.	Interviewpartner 1

Kategorie	Generalisierung	Belegzitat	Interviewpartner
	Grenzstädte meiden	Wenn wir aber sehen, dass der Empfänger in der Türkei das Geld nicht in Istanbul abhebt, sondern, sagen wir mal, in einer der Grenzstädte.	Interviewpartner 1
	Gelder an Familienangehörige transferieren	Ja, das sehen wir/ ich meine, das sehen Sie auch, wir haben auch Beispiele hier, wo Sie gerade sagten, ein VATER, äh der sich auch in dieser Alters- äh gruppe bewegte, der seinem SOHN Geld geschickt hat, der sich in Syrien befand und auch im KAMPF mitgewirkt hat. (holt Luft) Da habe ich gesagt, der Sohn hatte einfach/ wollte sich einfach mal eine COLA kaufen, hatte kein Geld dafür. Und ähm dem fehlten bestimmte westliche Annehmlichkeiten. Und über diesen/ ja, aufgrund DIESER Situation äh, Geld wurde über UNS transferiert, wir haben das der Polizei gemeldet, die Polizei hat uns hinterher noch mal informiert, dass es wirklich so platt war, dass der/ der JUNGE da ähm bestimmte BEDÜRFNISSE hatte äh und in der TAT auch Cola trinken wollte und dafür GELD brauchte.	Interviewpartner 1
	Strohleute einsetzen	Da sind wir beim Thema Strohmann. (holt Luft) Ähm (.) das ist völlig üblich, dass sie da ähm/ dass da Dritte vorgeschoben werden. Das ist wie in ALLEN kriminellen Bereichen, also beim Drogenhandel auch, beim Geldwaschen dort/.	Interviewpartner 1

Kategorie	Generalisierung	Belegzitat	Interviewpartner
	Öffentliche Urkunden verwenden	Aber ähm natürlich wird ein Mitarbeiter auch, wenn da ein offizieller Stempel drauf ist einer/ einer/ ja, einer Behörde, äh dem MEHR Glauben schenken, als wenn das so ein Wischiwaschipapier ist. Und dann wird man auch oft nicht weiter nachfassen.	Interviewpartner 1
	Unterschiedliche Personen unter gleichem Namen	Dass es auch solche Überweisungen gegeben hat, von unterschiedlichen Personen, jedoch unter dem gleichen Namen, das ist auch sehr wohl bekannt.	Interviewpartner 6
	Digital Natives als Täter	Das sind junge Männer, die digital aufgewachsen sind und vertraut sind. Ich meine, bin Laden wusste wahrscheinlich nicht, was E-Banking ist, die wissen, was hier E-Wallets sind, ja?	Interviewpartner 13
Money Transfer Systems – Entdeckungsrisiko			
	Grenznähe zu Syrien erhöht Entdeckungsrisiko	Ähm wenn Sie dann sich in die Nähe der syrischen Grenze bewegen, dann wissen wir, dass da AUCH viele dieser Personen sich aufhalten, die ein bestimmtes Profil haben und eine bestimmte Art des Verhaltens, was Finanztransfers anbetrifft, und auch, wenn sie dann nach Syrien gehen, (holt Luft) oder wo immer die sich auch hinbewegen, äh da haben Sie bestimmte Charakteristika, ähm (.) die man auch dann über Analysen erkennen kann.	Interviewpartner 1

Kategorie	Generalisierung	Belegzitat	Interviewpartner
	Bestimmte Profile (männlich, zwischen 18 und 30 etc.) meiden	Ähm wenn ich das mal ganz/ ganz ALLGEMEIN formuliere, ähm dann wissen wir, dass es häufig sich um/ um junge MÄNNER handelt, die zwischen 18 und 30 Jahre alt beispielsweise sind, (holt Luft) wir sehen auch eine Zunahme an FRAUEN, die das unterstützen, und auch AKTIV äh werden. Aber da hätten wir schon mal etwas, sozusagen, JA, es sind oft junge Männer, die ähm (..) eine bestimmte Historie auch haben. Äh auch möglicherweise was ihre ähm/ also NICHT-Deutsche, die aber einen deutschen Ausweis haben, aber woanders GEBOREN sind möglicherweise/ ähm (..) die äh sich in einer bestimmten Art und Weise VERHALTEN.	Interviewpartner 1
	Bestimmte Verhaltensweisen erhöhen Entdeckungsrisiko	Wenn sie also jetzt in die/ beispielsweise in die/ äh nach Syrien REISEN wollen, dann sehen wir, dass die ein bestimmtes Verhalten haben, WIE sie sich bewegen, wo sie Geld in EMPFANG nehmen oder auch Geld schicken.	Interviewpartner 1
	Facebook-Recherche	Kleinstbetriebe, die sie nutzen, ähm (.) wir sehen Sympathisanten auch mit bestimmten Charakteristika, die dann ähm (…) äh beispielsweise (lacht auf) auch mal in einer Art (.) Pressearbeit aktiv sind, mit Pressearbeit meine ich jetzt EHER so auch Facebook oder andere Internet/ (holt Luft) soziale Netzwerke, also Internetplattformen, dann nutzen, wo Sie auch mit bestimmten Methoden das erkennen können oder auch recherchieren können.	Interviewpartner 1

Kategorie	Generalisierung	Belegzitat	Interviewpartner
	Netzwerke zwischen bestimmten Personen	Sie sehen auch bestimmte/ bestimmte Netzwerke, wie dann Transaktionen sich zwischen bestimmten ähm/ (..) sagen wir mal, äh vielleicht ein ganz konkretes Kriterium oder ETWAS konkreter, wäre, dass EINE Person (unv.) Netzwerk äh WIEDER hat von vielen anderen Personen aus verschiedenen europäischen Ländern, durchaus auch äh immer wieder kleinere Betriebe zugeschickt. Und sie sind dann wie so eine Art Spinne in einem Netzwerk auch erkennbar.	Interviewpartner 1
	Überschreitung bestimmter Beträge	Und Sie überschreiten einen bestimmten Betrag, dann lassen wir die Auszahlung nicht mehr zu, sondern schicken das Geld zurück, und reagieren dann WEITER.	Interviewpartner 1
	Bewegungsprofile	Die befinden sich sozusagen auf dem Weg nach Syrien, und sie gehen vielleicht nach einem HALBEN Jahr wieder zurück. Also so etwas, also jetzt äh aus welchen Gründen auch IMMER, ähm (holt Luft) äh kommen zurück nach Deutschland. Das sind Verhaltensweisen, die wir sehen. Und da gibt es auch bestimmte Kriterien, die man/ die WIR jetzt entwickelt haben, die finden Sie sicherlich auch woanders, bei anderen Häusern, äh die dann zu einer Auffälligkeit führen, und die dann konkret durch Mitarbeiter bei uns bearbeitet wird, der dann (.) sich diesen Vorfall anschaut und äh recherchiert und dann WEITERE (holt Luft) Möglichkeiten nutzt.	Interviewpartner 1

Kategorie	**Generalisierung**	**Belegzitat**	**Interviewpartner**
	Echtzeitkriterien und Ex-post-Analysen	Da gibt es VIELE Methoden, (holt Luft) wie man Dinge erkennen kann durch Echtzeitkriterien, durch nachgelagerte Kriterien	Interviewpartner 1
	Überprüfungsstandard bei Handyshops nur gering	Dass der Überprüfungsstandard und der Sorgfaltsstandard nicht der ist, der die meisten Länder gerne sehen würden, insbesondere, wenn solche Transaktionen angestossen werden bei Handyshops oder sonstigen Handelstreibenden, die als Agenten auftreten für diese grossen Unternehmen. Das wissen wir auch.	Interviewpartner 6
Persönlicher Transfer			
Persönlicher Transfer – generelle Eignung			
	Flüchtlingsrouten für Geldtransfer geeignet	Und/ und äh äh wenn Sie da Menschen rüberkriegen, dann kriegen Sie natürlich auch Bar- oder Vermögenswerte da rüber.	Interviewpartner 7
	Bartransport von Mitteln für Einkäufe	Ja also ich denke zuletzt geht das in bar. Also die brauchen ja das Geld (unv.), um das/ Ja quasi um die (unv.) betreiben zu können, um Einkäufe tätigen zu können	Interviewpartner 14
	Hauptkanal	Ich glaube, dass das wahrscheinlich einer der Hauptkanäle ist, das ist meine persönliche Meinung.	Interviewpartner 6
Persönlicher Transfer – konkrete Vorgehensweise			

Kategorie	Generalisierung	Belegzitat	Interviewpartner
	Handelsrouten (Landwege) nutzen	Und // und diese Handelsrouten, das sind einfach Landwege gewesen, weil die Häfen blockiert waren, diese Handelsrouten und/ und das heisst, auch diese Logistik dahinter, die funktioniert heute immer noch.	Interviewpartner 7
	Erfahrene Schmuggler einbeziehen	Aber // aber die Leute, die an diesem Part/ oder an diesem System partizipieren und gewinnen, das heisst, die Leute, die diese Wertgegenstände über die Grenzen schaffen, die das Geld wieder rücktransferieren, ähm da/ das besteht seit Jahrzehnten und/ und das kann, wie gesagt, ähm (.) einerseits der/ der Schmuggel oder der Transfer von/ von/ von materiellen Gegenständen sein und dann auf der anderen Seite natürlich auch die Rückführung von/ von Geldern.	Interviewpartner 7
	Flüchtlingsrouten nutzen	Ja, ich/ Und das ist, glaube ich, die/ diese Flüchtlingsrouten oder Schmugglerrouten oder wie auch immer Sie die da nennen wollen, ich meine, da gibt's 'ne bestehende Infrastruktur. Das funktioniert.	Interviewpartner 7
	Schleuser einbeziehen	Da gibt's äh äh/ da gibt es Logistiker, Schleuser, was auch immer Sie/ oder wie Sie die nennen wollen.	Interviewpartner 7
	Prepaid-Karten nutzen	Und gerade jetzt, wenn wir über Barwerte reden oder/ oder gerade Prepaid-Karten. Ich meine, das ist ja wahrscheinlich noch leichter dann als irgendwelche Menschen rüberzuschmuggeln, wo Sie äh Papiere brauchen et cetera. Und dann/	Interviewpartner 7

Kategorie	Generalisierung	Belegzitat	Interviewpartner
	Grenze zwischen Syrien und Türkei nutzen	Man hat da relativ oft vor Augen so etwas wie in Syrien, wo es eine relativ unbehelligte Grenze zur Türkei gegeben hat, wo man auch weiss, dass sehr viele Personen und Güter diese Grenze überqueren und relativ frei.	Interviewpartner 6
Persönlicher Transfer – Entdeckungsrisiko			
	Reisen nach Syrien verdächtig	Nur, aber wenn der nach Syrien reisen würde, hätten wir schon jede Menge Verdachtsmomente, um den nur zu melden.	Interviewpartner 3
	Vorbereitung der Reise nach Syrien verdächtig	Der/ // der zwar vertraulich, aber da is/ da is auch gewarnt/ da wird gewarnt, wie Terrorkämpfer, also die jetzt sich nach Syrien absetzen, um da kämpfen zu wollen bei der IS, ähm wie sie sich vorher verhalten. Da gibt's so Muster, die dann beschrieben sind, wo man als Bank auch merken könnte, hoppala, das könnte jetzt gefährlich werden.	Interviewpartner 3
Instrumente zur Terrorismusbekämpfung			
Informationsaustausch zwischen Privaten und Behörden			

Kategorie	Generalisierung	Belegzitat	Interviewpartner
	Informationsaustausch (Gefährderlisten) zwischen Behörden und Banken	Das wäre natürlich für Finanzdienstleister und auch für Banken interessant, wenn man diese Liste bekommen könnte, und könnte dann auch GEZIELTER recherchieren ähm und auch dann im Austausch äh die Informationen natürlich dann den Behörden zur Verfügung stellen. Und das sind natürlich Personen auch, die mögen noch nicht äh den/ im Stadium eines/ eines TERRORISTEN sein, und vielleicht irgendwo im Vorstadium irgendwo im WEITESTEN Sinne damit zusammenhängt, ähm vielleicht auch nicht, vielleicht auch UNSCHULDIG reingeraten sind.	Interviewpartner 1
	Mangelnde Kontrolle über ausgetauschte Informationen	Ähm natürlich haben Sie immer das Problem, auch wenn Sie solche Listen an PRIVATE Institute geben, dass die dann nicht mehr so richtig unter Kontrolle sind und dann vielleicht in Hände geraten, wo sie nicht hinsollen. (holt Luft) Ähm aber das wäre, glaube ich, gerade im Bereich der Kommunikation zwischen Behörde, wie gesagt: den Ermittlern, und der Privatindustrie, jetzt in diesem Fall dann halt Finanzdienstleister oder auch BANKEN.	Interviewpartner 1

Kategorie	Generalisierung	Belegzitat	Interviewpartner
	Informationsaustausch (Typologien) zwischen Behörden und Finanzdienstleistern	Das geschieht teilweise auch/ also wir arbeiten da auch beispielsweise konkret mit den Behörden ZUSAMMEN, also ich jetzt auch als Person zum Beispiel mit dem Bundeskriminalamt oder mit ähm durchaus auch Verfassungsschutz, wo man dann drüber nachdenkt, und äh das auch relativ offenlegt: WIE verhält sich denn einer, ein Sympathisant, der IS unterstützt, oder wie verhält sich auch tatsächlich ein Foreign Terrorist Fighter?	Interviewpartner 1
	Abgeschottetheit	Und auf der anderen Seite aus Sicht der Behörden ähm ist bei/ äh bei/ bei der ganzen Office-Arbeit, bei der Prävention ein/ ein/ unbedingt erforderlich/ ein sehr hohes Mass an Abgeschottetheit erforderlich/ Abgeschottetheit erforderlich. Also das heisst, diese Informationen kann man, darf man aus/ aus rechtsstaatlichen äh Gründen gar nicht weitergeben.	Interviewpartner 12
	Informationsaustausch darf nicht erfolgen	Äh das/ das ist/ das ist sehr schwer. Ob man zusätzlich bei der/ der nötige Austausch zwisch/ zwischen den Strafverfolgern und äh/ und/ und der Wirtschaft im weitesten Sinne äh teilweise gar nicht erfolgen darf.	Interviewpartner 12
Verdeckte Ermittler			
	Ermittlungen ohne klassische Intelligence schwierig	Also ich glaube, dass/ dass es ohne klassische Intelligence wahrscheinlich sehr, sehr schwierig ist, also ohne äh/ ohne dass ich das jetzt aus der Erfahrung sagen könnte.	Interviewpartner 7

Kategorie	Generalisierung	Belegzitat	Interviewpartner
	Insiderwissen erforderlich	Ich meine, die Behörden sind da angewiesen auf Insiderwissen. Sei es Sie haben 'nen Verdeckten Ermittler, der/ den Sie beauftragt haben unter Einschleusen oder Sie kaufen 'ne Art Whistleblower oder Kronzeugen raus.	Interviewpartner 7
	Ohne Verdeckte Ermittler kaum Erfolgschancen	Hm, ich glaube, ohne diese Art von Informationen werden Sie sonst nie da ankommen. Wenn Sie wirklich (.) äh äh mühselig die Prozesskette nachgehen müssen mit/ mit Amtshilfe, da kommen Sie nie ans Ziel.	Interviewpartner 7
	Verdeckte Ermittler mit Migrationshintergrund	Nicht/ und da/ das andere sind V-Leute. Und Verdeckte Ermittler, Polizei, die haben/ hatten schon früher, so viel kann ich mal verraten, auch Leute mit Migrationshintergrund, Muslime, bei der/ als Beamt/ die dann Deutsche wurden, als Beamte im BKA tätig.	Interviewpartner 9
	Verdeckte Ermittler mit Migrationshintergrund schwierig zu rekrutieren	Egal. Es ist eine grössere Hürde solche/ selbst die Kollegen sozusagen, Kollegen zu gewinnen, die in dem Bereich – ich hatte kein Glück bis dahin – Verdeckte Ermittler sein wollen. Die haben da so 'n bisschen ‘ne gewisse, (.) wie soll ich sagen, ‘ne ethnische Loyalität, Pro/ Problem der ethnischen Loyalität sogar gehabt, dass die sagen, „nee, das will ich nicht. Das mag ich nicht.“ Also, das, das/ die Gewinnung Verdeckter Ermittler, das stellen Sie sich nicht zu einfach vor.	Interviewpartner 9

Kategorie	Generalisierung	Belegzitat	Interviewpartner
	V-Leute leichter zu rekrutieren	V-Leute, gut, das geht jetzt eher. (Denkweise?) ist eher, dass man Leute aus der Szene direkt hat, die dann für die Polizei arbeiten. Ist ja auch im, im Rechtsextremismus und im Linksextremismus durchaus ja üblich, mit, mit/ auch mit sehr grossen Problemen.	Interviewpartner 9
	Schwache gesetzliche Grundlage	Ja, also bei uns fängt es ja schon mit der gesetzlichen Grundlage an, dass wir das eigentlich gar nicht dürfen beziehungsweise uns so enge Grenzen gesetzt sind.	Interviewpartner 5
	Kosten- und personalintensiv	Ist auch sehr aufwendig, sehr kostenintensiv, personalintensiv. Ähm. Langjährige Ermittlungen sind das.	Interviewpartner 5
	Flexibel auf Zellen abstimmbar	Ja, das ist wahrscheinlich eine der wesentlichsten oder der intelligentesten Formen der Bekämpfung, weil man hier vielleicht wirklich auf die einzelnen Zellen eingehen kann.	Interviewpartner 6
	Dezentrale Organisation des IS als Hindernis	Für den IS selber relativ schwierig, weil diese Organisation ist sehr geschickt aufgebaut, die haben da eigentlich nicht ein Hauptquartier, wo man einen einschleusen kann und dann alles erfährt, eine sehr dezentrale Organisation.	Interviewpartner 13
	Ideal für Schläferzellen in Europa	Vielversprechend wahrscheinlich dort im europäischen Umfeld, wo sie tatsächlich Schläferzellen haben, aus denen heraus sich ein Anschlag erzielen lässt.	Interviewpartner 13
	Belgische Zelle als lohnenswertes Ziel	Also ich glaube, die belgische Zelle und so weiter, das sind lohnenswerte Ziele für Verdeckte Ermittler.	Interviewpartner 13

Kategorie	Generalisierung	Belegzitat	Interviewpartner
	Lonely Wolf nicht erreichbar	Den Lonely Wolf, der da irgendwo zuhause sich Gewaltvideos anschaut und sich irgendwie radikalisiert und dann einen Lastwagen mietet, den werden sie, so viele Verdeckte Ermittler gibt es gar nicht, also, wenn sie da jedem einen oder drei oder fünf hinterherhängen und da haben wir die Ressourcen nicht.	Interviewpartner 13
	Gezielter Einsatz notwendig	Ich glaube, man muss die beschränkten Mittel, die man ohnehin schon hat bei den Verdeckten Ermittlern, das ist ja hoch riskant für die Betroffenen auch, muss man dort ansetzen, wo es am meisten Sinn macht, und das ist wahrscheinlich beim Aufspüren und Infiltrieren von erkannten Zellen, die eine hohe Wahrscheinlichkeit haben, dass einer davon dann tatsächlich einen Anschlag vornimmt.	Interviewpartner 13
Onlinedurchsuchungen			
	Effektiv und effizient, aber datenschutzrechtlich bedenklich	Wäre wahrscheinlich ein probates Mittel. Deckt sich wahrscheinlich nicht immer ganz mit der/ (schmunzelnd) mit dem Datenschutz (lacht) und dem Persönlichkeitsschutz. Äh (.) aber wenn Sie rein auf die/ auf die Effizienz und Effektivität abzielen, ist das wahrscheinlich ein Element, was/ was/ was wahrscheinlich probat wäre, weitere Informationen zu etablieren, ja.	Interviewpartner 7

Kategorie	Generalisierung	Belegzitat	Interviewpartner
	Einzelne Elemente als Indizien	Ich denke mal, dadurch, dass es immer wieder zu solchen Attacken kommt und man weiss, dass diese Personen im Internet radikalisiert wurden oder durch gewisses Material im Internet, und dennoch nicht auf diese Personen draufgekommen ist, zeigt umso mehr, wie schwierig das einfach ist. Das sind einfach Regelungsbereiche oder das sind einfach Bereiche des Lebens, die einfach den Alltag betreffen, so wie jeder den kennt bei uns. Und das sind dann nur kleine Elemente, die möglicherweise ein Indiz geben können.	Interviewpartner 6
	Schnell	Wie gesagt, auch hier natürlich wertvoll, weil schnell und eben nicht an irgendwelche Grenzen, formalen Grenzen haltmachend.	Interviewpartner 13
	Unterscheidung nach Ländern	Also ich sage einmal, wenn eine deutsche Bundesanwaltschaft so etwas macht, dann habe ich kein Problem damit, wenn der russische Inlandsgeheimdienst das macht, dann (lachen) ist wahrscheinlich nicht so toll.	Interviewpartner 13
	Anfällig für Missbrauch	Weil wir öffnen natürlich da schon Möglichkeiten, die auch missbrauchsanfällig sind.	Interviewpartner 13
	Geringere Sicherheit ohne Onlinedurchsuchungen	Also wahrscheinlich ist das Rezept darin, ja, diese Möglichkeiten müssen genutzt werden, das schulden wir den Leuten, wenn sie Sicherheit haben wollen, oder wir müssen so ehrlich sein und zu den Leuten hingehen und sagen: „Das könnte man tun, das machen wir nicht, damit ist aber die Sicherheit nicht eine hundertprozentige."	Interviewpartner 13

Kategorie	Generalisierung	Belegzitat	Interviewpartner
Amts- und Rechtshilfe			
	Geld schneller als Amtshilfe	Und bevor Sie dann mal irgendwo 'nen Amtshilfegesuch oder 'ne Arrestierung erwirkt haben, ich meine, da ist das Geld schon wieder äh üb/ über alle Ländergrenzen hinweg.	Interviewpartner 7
	Amtshilfe zu langsam	Die hinkt wahrscheinlich immer ein halbes Jahr hinterher, oder?	Interviewpartner 5
	Sofortige Handlungsfähigkeit erforderlich	Im Moment sehr schwierig und dann natürlich wieder eine Welt, die noch schnelllebiger ist als alles andere und dann muss man sofort handeln können und so.	Interviewpartner 5
	Daten verknüpfen	Und ich glaube, dass das die grosse Herausforderung, aber auch Chance ist, wie können wir Daten miteinander verhängen?	Interviewpartner 13
	Grosse Datenvolumen gezielt nutzen	Wie können wir, das berühmte Stichwort Big Data nutzen, um schneller zu sein, um Anschläge zu verhindern, um Leute aus dem Verkehr zu nehmen oder zumindest unter Beobachtung zu setzen, ohne dass wir Gefahr laufen, dass es dann die Falschen trifft?	Interviewpartner 13
	Weiterleitung der Informationen an ausgewählte Staaten	Aber es ist ja schon so, dass wir hier auch mit Staaten zusammenarbeiten müssen, die eben nicht die gleichen Anforderungen haben, und das ist schon ein grosses Problem. Also schmeissen wir alle rechtsstaatlichen Grundsätze über Bord?	Interviewpartner 13

Kategorie	Generalisierung	Belegzitat	Interviewpartner
	Veraltetes System der Amtshilfe	Wir haben es, ich meine, generell in der Zusammenarbeit zwischen Staaten, ich sage einmal, auf dem justiziellen Bereich, also Amts- und der Rechtshilfe, da haben wir ein Konzept aus dem 19. Jahrhundert, ne, zum Teil muss man es noch über die Botschaften schicken, übersetzen, beglaubigen.	Interviewpartner 13
	Informelle Zusammenarbeit zwischen FIUs	Wir haben auch parallel dazu heute schon Möglichkeiten auch der informellen Zusammenarbeit, ich sage einmal, zwischen FIU, das ist eines der Beispiele, auch zwischen Polizeibehörden, die jetzt nicht auf diese justizförmliche Anforderung angewiesen sind.	Interviewpartner 13
Berufsgeheimnisse			
	Standards bei Beurkundungen	Im Prinzip muss das auch auf anderen Ebenen auch angepasst sein. Sei es bei Rechtsanwälten, sei es bei Notaren, sei es, wie gesagt, bei Behörden. Also überall dort, wo ich die Möglichkeit habe, sage ich mal, eine Dokumentation oder Ähnliches zu besorgen, müssen im Prinzip die gleichen Standards herrschen.	Interviewpartner 8
	Berufsgeheimnisse als Verschleierungstool	Also es ist/ Also ich glaube, das Problem ist, es gibt innerhalb der Berufsstände hmhm gewisse schwarze Schafe, die sich auch (.) zum Beispiel das Anwaltsgeheimnis, et cetera zu eigen machen, um/ um äh gewisse Sachen zu verschleiern.	Interviewpartner 7

Kategorie	Generalisierung	Belegzitat	Interviewpartner
	Gläserner/Transparenter Mensch als Idealfall	Na gut, für die Zwecke der Ermittlung und Bekämpfung von Terrorismus oder sonstiger Kriminalität der Idealfall, wenn wir den vollkommen gläsernen und transparenten Menschen hätten.	Interviewpartner 6
	Informationen nur zur Terrorismusbekämpfung verwenden	Also unter dem Titel Terrorismusfinanzierung habe ich heute das, was ich brauche, ich bekomme alle Informationen, die ich brauche. Natürlich muss ich sie dann auch so verwenden, ich darf sie ja nicht für Drittzwecke verwenden.	Interviewpartner 13

Appendix 4: Interviewleitfaden

1. Welche Schwierigkeiten ergeben sich aus Ihrer Sicht bei der Bekämpfung der Terrorismusfinanzierung? Wie finanzieren intelligente Täter Terrorismus? Wie würden Sie Terrorismus finanzieren?

2. Welche Einnahmequellen haben Terroristen?

   Sie haben die Wirtschaftskriminalität noch nicht erwähnt. Inwiefern eignet sich die Wirtschaftskriminalität, um Terrorismus zu finanzieren?
   - Umsatzsteuerbetrug
   - CO2-Emissionen
   - Rohstoffhandel (insbesondere Öl)

   Sie haben die organisierte Kriminalität noch nicht erwähnt. Inwiefern eignet sich die organisierte Kriminalität, um Terrorismus zu finanzieren?
   - Drogenhandel
   - Organhandel
   - Menschenhandel
   - Zuhälterei
   - Schutzgelderpressung
   - Entführungen

Sie haben die Kleinkriminalität noch nicht erwähnt. Inwiefern eignet sich Kleinkriminalität, um Terrorismus zu finanzieren?
- Diebstahl
- eBay-Betrug
- Versicherungsbetrug
- Autovermietungen (Verkauf nach Osteuropa)

Sie haben legale Einnahmequellen noch nicht erwähnt. Inwiefern eignen sich legale Einnahmequellen, um Terrorismus zu finanzieren?
- Immobilien
- Börsengeschäfte

3. Wie transferieren Terroristen ihre Vermögenswerte?

Inwiefern eignen sich Banken, beispielsweise in der Türkei, um Vermögenswerte von Terroristen zu transferieren?

Inwiefern eignet sich die Verrechnung unter Muslimen, beispielsweise durch Hawala, um Vermögenswerte von Terroristen zu transferieren?

Inwiefern eignet sich die der persönliche Transfer, zum Beispiel im Rahmen einer Ausreise, zum Beispiel nach Syrien, um Vermögenswerte von Terroristen zu transferieren?

Inwiefern eignen sich Kryptowährungen, wie beispielsweise Bitcoin, um Vermögenswerte von Terroristen zu transferieren?

4. Welche Schwierigkeiten ergeben sich bei den Ermittlungen zur Bekämpfung der Terrorismusfinanzierung?
- Welche Schwierigkeiten ergeben sich im Hinblick auf Verdeckte Ermittler?
- Welche Schwierigkeiten ergeben sich im Hinblick auf Onlinedurchsuchungen?
- Welche Schwierigkeiten ergeben sich im Hinblick auf die Amts- und Rechtshilfe?
- Welche Schwierigkeiten ergeben sich im Hinblick auf Berufsgeheimnisse?

Appendix 5: Vorabpublikationen

Auszüge aus dem vorliegenden Werk wurden bereits veröffentlicht oder zur Publikation angenommen. In Absprache mit Prof. Dr. Dr. h.c. Hans-Heiner Kühne wurde darauf verzichtet, eine Übersicht der Vorabpublikationen beizulegen.

I. Literaturverzeichnis

Abadie, A., & Gardeazabal, J. (2008). Terrorism and the world economy. *European Economic Review, 52*(1), 1–27.

Abrahms, M. (2012). The political effectiveness of terrorism revisited. *Comparative Political Studies, 45*(3), 366–393.

Abrahamsen, R., & Williams, M. C. (2009). Security beyond the state: Global security assemblages in international politics. *International Political Sociology, 3*(1), 1–17.

Abuza, Z. (2002). Tentacles of terror: Al Qaeda's Southeast Asian network. *Contemporary Southeast Asia, 24*(3), 427–465.

Abuza, Z. (2003). Funding terrorism in Southeast Asia: the financial network of Al Qaeda and Jemaah Islamiya. *Contemporary Southeast Asia, 25*(2), 169–199.

Acharya, A. (2009). Small amounts for big bangs? Rethinking responses to "low cost" terrorism. *Journal of Money Laundering Control, 12*(3), 285–298.

Alford, D. E. (1993). Anti-money laundering regulations: a burden on financial institutions. *North Carolina Journal of International Law and Commercial Regulation, 19*(3), 437–468.

Allen, W. (2003). The war against terrorist financing. *Journal of Money Laundering Control, 6*(4), 306–310.

Alonso, R., & Reinares, F. (2005). Terrorism, human rights and law enforcement in Spain. *Terrorism and Political Violence, 17*(1–2), 265–278.

Andenaes, J. (1952). General prevention. Illusion or reality? *The Journal of Criminal Law, Criminology, and Police Science, 43*(2), 176–198.

Andenaes, J. (1975). General prevention revisited: Research and policy implications. *The Journal of Criminal Law and Criminology (1973-), 66*(3), 338–365.

Andenaes, J. (1971). The moral or educative influence of criminal law. *Journal of Social Issues, 27*(2), 17–31.

Arin, K. P., Ciferri, D., & Spagnolo, N. (2008). The price of terror: The effects of terrorism on stock market returns and volatility. *Economics Letters, 101*(3), 164–167.

Aufhauser, D. D. (2003). Terrorist financing: foxes run to ground. *Journal of Money Laundering Control, 6*(4), 301–305.

Aydinli, E. (2006). From finances to transnational mobility: Searching for the global jihadists' achilles heel. *Terrorism and Political Violence, 18*(2), 301–313.

Bachner-Foregger, H. (2018). *Strafprozessordnung – StPO 1975* (24. Auflage). Wien: Manz.

Badey, T. J. (1998). Defining international terrorism: A pragmatic approach. *Terrorism and Political Violence, 10*(1), 90–107.

Balasubramaniyan, V. (2015). Understanding the costing decisions behind terror attacks – an analytical study. *Journal of Money Laundering Control, 18*(4), 475–487.

Baldus, M. (2016). Art. 10, in: Epping, V. & Hillgruber, C. (Hrsg.). *Beck'scher Online-Kommentar Grundgesetz* (29. Edition). München: Beck Verlag.

Baldwin Jr, F. N. (2004). The rule of law, human rights and proportionality as components of the war against terrorism: is the US judiciary in self-imposed exile? *Journal of Money Laundering Control, 7*(3), 218–253.

Baldwin Jr, F. N. (2005). The financing of terror in the age of the internet: wilful blindness, greed or a political statement? *Journal of Money Laundering Control, 8*(2), 157–158.

Balkin, J. M., & Levinson, S. (2006). The processes of constitutional change: From partisan entrenchment to the national surveillance state. *Fordham Law Review, 75*, 489–536.

Balkin, J. M. (2008). The constitution in the national surveillance state. *Minnesota Law Review, 93*, 1–25.

Bandyopadhyay, S., Sandler, T., & Younas, J. (2014). Foreign direct investment, aid, and terrorism. *Oxford Economic Papers, 66*(1), 25–50.

Bantekas, I. (2003). The international law of terrorist financing. *The American Journal of International Law, 97*(2), 315–333.

Barkin, A. A. (2003). Corporate America – Making a killing: An analysis of why it is appropriate to hold American corporations who fund terrorist organizations liable for aiding and abetting terrorism. *California Western Law Review, 40*, 169–193.

Barrett, R. (2009). Time to reexamine regulation designed to counter the financing of terrorism. *Case Western Reserve Journal of International Law, 41*, 7–18.

Barrett, R. (2011). Preventing the financing of terrorism. *Case Western Reserve Journal of International Law, 44*, 719–736.

Baron, B. F. (2004). Deterring donors: Anti-terrorist financing rules and American philanthropy. *International Journal of Not-for-Profit Law, 6*(2), 1–32.

Barry Johnston, R., & Carrington, I. (2006). Protecting the financial system from abuse: Challenges to banks in implementing AML/CFT standards. *Journal of Money Laundering Control, 9*(1), 48–61.

Barry Johnston, R., & Nedelescu, O. M. (2006). The impact of terrorism on financial markets. *Journal of Financial Crime, 13*(1), 7–25.

Basile, M. (2004). Going to the source: Why Al Qaeda's financial network is likely to withstand the current war on terrorist financing. *Studies in Conflict & Terrorism, 27*(3), 169–185.

Basse, D. M. (2017) Art. 1 ff. GwG, in: Kunz, P. V., Jutzi, T., Schären, S. (Hrsg.). *Geldwäschereigesetz (GwG)*. Bern: Stämpfli.

Baum, B., & Palm, F. (1994). Zur verfassungsrechtlichen Problematik des „Grossen Lauschangriffs". *Juristenzeitung, 49*(9), 447–454.

Baum, G. R., & Schantz, P. (2008). Die Novelle des BKA-Gesetzes: Eine rechtspolitische und verfassungsrechtliche Kritik. *Zeitschrift für Rechtspolitik, 41(5),* 137–140.

Beekarry, N. (2011). International anti-money laundering and combating the financing of terrorism regulatory strategy: A critical analysis of compliance determinants in international law. *Northwestern Journal of International Law & Business, 31*, 137–194.

Begorre-Bret, C. (2005). The definition of terrorism and the challenge of relativism. *Cardozo Law Review, 27*, 1987–2004.

Bell, R. E. (2004). The confiscation, forfeiture and disruption of terrorist finances. *Journal of Money Laundering Control, 7*(2), 105–125.

Benthall, J. (2007). The overreaction against Islamic charities. *Isim Review, 20*, 6–7.

Bernsmann, K., & Jansen, K. (1998). Heimliche Ermittlungsmethoden und ihre Kontrolle. *StV* (4), 217–231.

Betti, S. (2006). The duty to bring terrorists to justice and discretionary prosecution. *Journal of International Criminal Justice, 4*, 1104–1116.

Beukelmann, S. (2017). Online-Durchsuchungen und Quellen-TKÜ. *NJW Spezial* (14), 440–440.

Biersteker, T. J., & Eckert, S. E., (Hrsg.). (2007). *Countering the financing of terrorism*. Abingdon: Routledge.

Bizer, J. (2007). Gegen die Online-Durchsuchung. *Datenschutz und Datensicherheit - DuD, 31*(9), 640–640.

Blackett, A. (1998). Globalization and Its Ambiguities: Implications for Law School Curricular Reform. *Columbia Journal of Transnational Law, 37*, 57–80.

Blomberg, S. B., Hess, G. D., & Orphanides, A. (2004). The macroeconomic consequences of terrorism. *Journal of Monetary Economics, 51*(5), 1007–1032.

Bock, M. (1991). Ideen und Schimären im Strafrecht. Rechtssoziologische Anmerkungen zur Dogmatik der positiven Generalprävention. *Zeitschrift für die gesamte Strafrechtswissenschaft, 103*(3), 636–656.

Bogner, A., Littig, B., & Menz, W. (2014). *Interviews mit Experten: eine praxisorientierte Einführung*. Wiesbaden: Springer-Verlag.

Böhme, R., Christin, N., Edelman, B., & Moore, T. (2015). Bitcoin: Economics, Technology, and Governance. *The Journal of Economic Perspectives, 29*(2), 213–238.

Böckenförde, T. (2008). Auf dem Weg zur elektronischen Privatsphäre: Zugleich Besprechung von BVerfG, Urteil v. 27. 2. 2008 – „Online-Durchsuchung". *Juristenzeitung, 63*(19), 925–939.

Bossong, R. (2012). Peer reviews in the fight against terrorism: A hidden dimension of European security governance. *Cooperation and conflict, 47*(4), 519–538.

Boudreaux, P. (1989). Booth v. Maryland and the individual vengeance rationale for criminal punishment. *The Journal of Criminal Law and Criminology (1973), 80*(1), 177–196.

Bowen, G. A. (2005). Preparing a qualitative research-based dissertation: Lessons learned. *The Qualitative Report, 10*(2), 208–222.

Bowers, C. B. (2008). Hawala, Money Laundering, and Terrorism Finance: Micro-Lending as an End to Illicit Remittance. *Denver Journal of International Law and Policy, 37*, 379–419.

Brantingham, P. J., & Faust, F. L. (1976). A conceptual model of crime prevention. *NPPA Journal, 22*(3), 284–296.

Brodeur, J. P. (1992). Undercover policing in Canada: Wanting what is wrong. *Crime, Law and Social Change, 18*(1), 105–136.

Brooks, R. C., Riley Jr, R. A., & Thomas, J. (2005). Detecting and preventing the financing of terrorist activities: A role for government accountants. *The Journal of Government Financial Management, 54*(1), 12–18.

Brounen, D., & Derwall, J. (2010). The impact of terrorist attacks on international stock markets. *European Financial Management, 16*(4), 585–598.

Brown, D. K. (2002). The Warren Court, criminal procedure reform, and retributive punishment. *Washington and Lee Law Review, 59*, 1411–1428.

Brown, J. R., Cummins, J. D., Lewis, C. M., & Wei, R. (2004). An empirical analysis of the economic impact of federal terrorism reinsurance. *Journal of Monetary Economics, 51*(5), 861–898.

Brunnhofer, M., & Leimgruber, D. (2017). Art. 5 GwG, in: Kunz, P. V., Jutzi, T., Schären, S. (Hrsg.). *Geldwäschereigesetz (GwG)*. Bern: Stämpfli.

Bruns, A. (2019). §§ 100a–11a, in: Hannich, R. (Hrsg.). *Karlsruher Kommentar zur Strafprozessordnung: StPO* (8. Auflage). München: Beck Verlag.

Brunst, P. W. (2011). Staatlicher Zugang zur digitalen Identität. *Datenschutz und Datensicherheit – DuD, 35*(9), 618–623.

Buckler, K. (2008). The quantitative/qualitative divide revisited: A study of published research, doctoral program curricula, and journal editor perceptions. *Journal of Criminal Justice Education, 19*(3), 383–403.

Bures, O. (2010). EU's fight against terrorist finances: Internal shortcomings and unsuitable external models. *Terrorism and Political Violence, 22*(3), 418–437.

Bures, O. (2013). Public-private partnerships in the fight against terrorism? *Crime, law and social change, 60*(4), 429–455.

Campbell, L. M. (1999). Defending against terrorism: a legal analysis of the decision to strike Sudan and Afghanistan. *Tulane Law Review, 74*, 1067–1096.

Carter, T. S., Carter, S. S., & Claridge, N. E. (2008). Impact of anti-terrorism legislation on charities in Canada: The need for balance. *International Journal of Civil Society Law, 6*, 42–77.

Cassani, U. (2003). Le train de mesures contre le financement du terrorisme: une loi nécessaire? *RSDA – Revue Suisse de Droit des Affaires et du Marché Financier, 75*(6), 293–313.

Cassella, S. D. (2004). Terrorism and the financial sector: are the right prosecutorial tools being used? *Journal of Money Laundering Control, 7*(3), 281–285.

Cassese, A. (2001). Terrorism is also disrupting some crucial legal categories of international law. *European Journal of International Law, 12*(5), 993–1001.

Chen, A. H., & Siems, T. F. (2004). The effects of terrorism on global capital markets. *European Journal of Political Economy, 20*(2), 349–366.

Chesney, M., Reshetar, G., & Karaman, M. (2011). The impact of terrorism on financial markets: An empirical study. *Journal of Banking & Finance, 35*(2), 253–267.

Christen, M., Küng, M., Lange, M. (2018). Die Finanzierung von Kriegsmaterialproduzenten als politischer Streitpunkt. *Sicherheit und Recht* (3), 208–215.

Chodosh, H. E. (1998). Comparing comparisons: in search of methodology. *Iowa Law Review, 84*, 1025–1132.

Choi, S. W. (2010). Fighting terrorism through the rule of law? *Journal of Conflict Resolution, 54*(6), 940–966.

Choudhry, S. (1998). Globalization in search of justification: toward a theory of comparative constitutional interpretation. *Indiana Law Journal, 74*, 819–892.

Chukwuemerie, A. I. (2006). International legal war on the financing of terrorism: A comparison of Nigerian, UK, US and Canadian laws. *Journal of Money Laundering Control, 9*(1), 71–88.

Clunan, A. L. (2006). The fight against terrorist financing. *Political Science Quarterly, 121*(4), 569–596.

Coninx, A. (2016). Rechtsphilosophische Grundlagen des Strafens und aktuelle Entwicklungen im Massnahmenrecht. *Recht*, 16, 157–179.

Cooper, H. H. (2001). Terrorism: The problem of definition revisited. *American Behavioral Scientist*, *44*(6), 881–893.

Corlett, J. A. (2006). Forgiveness, apology, and retributive punishment. *American Philosophical Quarterly*, *43*(1), 25–42.

Cox Jr, L. A. T. (2008). Some limitations of "Risk = Threat × Vulnerability × Consequence" for risk analysis of terrorist attacks. *Risk Analysis*, *28*(6), 1749–1761.

Creswell, J. W., & Miller, D. L. (2000). Determining validity in qualitative inquiry. *Theory Into Practice*, *39*(3), 124–130.

Creswell, J. W. (2012). *Qualitative inquiry and research design: Choosing among five approaches*. Thousand Oaks: Sage Publications.

Creswell, J. W. (2013). *Research design: Qualitative, quantitative, and mixed methods approaches*. Thousand Oaks: Sage Publications.

Crimm, N. J. (2003). High alert: the government's war on the financing of terrorism and its implications for donors, domestic charitable organizations, and global philanthropy. *William & Mary Law Review*, *45*, 1341–1350.

Crimm, N. J. (2004). Post-September 11 fortified anti-terrorism measures compel heightened due diligence. *Pace Law Review*, *25*, 203–218.

Crimm, N. J. (2008). The moral hazard of anti-terrorism financing measures: a potential to compromise civil societies and national interests. *Wake Forest Law Review*, *43*, 577–626.

Croissant, A., & Barlow, D. (2007). Following the money trail: Terrorist financing and government responses in Southeast Asia 1. *Studies in Conflict & Terrorism*, *30*(2), 131–156.

Crouch, M., & McKenzie, H. (2006). The logic of small samples in interview-based qualitative research. *Social Science Information*, *45*(4), 483–499.

Curran, V. G. (1998a). Cultural immersion, difference and categories in US comparative law. *The American Journal of Comparative Law*, *46*(1), 43–92.

Curran, V. G. (1998b). Dealing in difference: Comparative law's potential for broadening legal perspectives. *The American Journal of Comparative Law*, *46*(4), 657–668.

Curti, H. (1999). Strafe und Generalprävention: Ein empirischer Nachweis für die Bundesrepublik Deutschland. *Zeitschrift für Rechtspolitik*, *32*(6). 234–237.

Daly, K. (2000). Revisiting the relationship between retributive and restorative justice, in: Strang, H., Braithwaite, J. (Hrsg.). *Restorative justice: Philosophy to Practice*, Farnham: Ashgate, 33–54.

Dalyan, S. (2008). Combating the financing of terrorism: Rethinking strategies for success. *Defence Against Terrorism Review, 1*(1), 137–153.

Danziger, Y. (2012). Changes in methods of freezing funds of terrorist organisations since 9/11: A comparative analysis. *Journal of Money Laundering Control, 15*(2), 210–236.

Davis, K. E. (2003). Legislating against the financing of terrorism: pitfalls and prospects. *Journal of Financial Crime, 10*(3), 269–274.

Day, J. P. (1978). Retributive punishment. *Mind, 87*(348), 498–516.

DeFord, W. (2005). The dilemma of expressive punishment. *University of Colorado Law Review, 76,* 843.

De Goede, M. (2003). Hawala discourses and the war on terrorist finance. *Environment and Planning D: Society and Space, 21*(5), 513–532.

De Koker, L. (2006). Money laundering control and suppression of financing of terrorism: some thoughts on the impact of customer due diligence measures on financial exclusion. *Journal of Financial Crime, 13*(1), 26–50.

Den Boer, M., & Monar, J. (2002). Keynote article: 11 September and the challenge of global terrorism to the EU as a security actor. *JCMS: Journal of Common Market Studies, 40*(s1), 11–28.

Denkowski, C. (2008). Die Aufnahme von Online-Durchsuchungen ins Polizeirecht von Bund und Ländern – Eine rechtspolitische Skizze auf die zu erwartende Bundesverfassungsgerichtsentscheidung. *Neue Kriminalpolitik, 20*(1), 5–8.

Derungs, C., Gmünder, E. (2017) Art. 22a GwG. In: Kunz, P. V., Jutzi, T., & Schären, S. (Hrsg.). *Geldwäschereigesetz (GwG).* Bern: Stämpfli.

Dishman, C. (2005). The leaderless nexus: When crime and terror converge. *Studies in Conflict & Terrorism, 28*(3), 237–252.

Dix, G. E. (1974). Undercover investigations and police rulemaking. *Texas Law Review, 53,* 203–294.

Dobrauz-Saldapenna, G., Derungs, C. (2017). Art. 3 GwG. In: Kunz, P. V., Jutzi, T., & Schären, S. (Hrsg.). *Geldwäschereigesetz (GwG).* Bern: Stämpfli.

Donatsch, A., Thommen, M., & Wohlers, W. (2017). *Strafrecht IV – Delikte gegen die Allgemeinheit* (5. Auflage). Zürich: Schulthess.

Donatsch, A. (2017). Fortschritte im Bereich der Strafverfolgung. *SJZ (113),* 285–292.

Döbeli, T. (2015). Blockieren – Beschlagnahmen – Einfrieren. *AJP (15),* 1237–1248.

Dölling, D., Entorf, H., Hermann, D., Häring, A., Rupp, T., & Woll, A. (2006). Zur generalpräventiven Abschreckungswirkung des Strafrechts: Befunde einer Metaanalyse. *Soziale Probleme*, *17*(2), 193–209.

Dölling, D., & Hermann, D. (2012). Zur generalpräventiven Abschreckungswirkung des Strafrechts bei jungen Menschen. In: Deutsche Vereinigung für Jugendgerichte und Jugendgerichtshilfen eV (Hrsg.). *Achtung (für) Jugend* (1. Auflage). Mönchengladbach: Forum Verlag Godesberg GmbH, 427–439.

Duttge, G. (1996). Strafprozessualer Einsatz von V-Personen und Vorbehalt des Gesetzes. *JZ,51*(11), 556–565.

Dragu, T., & Polborn, M. (2014). The rule of law in the fight against terrorism. *American Journal of Political Science*, *58*(2), 511–525.

Drakos, K. (2004). Terrorism-induced structural shifts in financial risk: airline stocks in the aftermath of the September 11th terror attacks. *European Journal of Political Economy*, *20*(2), 435–446.

Dreher, A., & Gassebner, M. (2008). Does political proximity to the US cause terror? *Economics Letters*, *99*(1), 27–29.

Dreher, A., Gassebner, M., & Siemers, L. H. (2010). Does terrorism threaten human rights? Evidence from panel data. *The Journal of Law and Economics*, *53*(1), 65–93.

Dumitriu, E. (2004). The EU's definition of terrorism: the council framework decision on combating terrorism. *German Law Journal*, *5*, 585–602.

Eggimann, P. (2013). Neuer Regulierungsschub im Datenschutzrecht? *Sic!*, 112–116.

Eldor, R., & Melnick, R. (2004). Financial markets and terrorism. *European Journal of Political Economy*, *20*(2), 367–386.

Elo, S., & Kyngäs, H. (2008). The qualitative content analysis process. *Journal of Advanced Nursing*, *62*(1), 107–115.

Elu, J. U., & Price, G. N. (2012). Remittances and the financing of terrorism in Sub-Saharan Africa: 1974–2006. *Peace Economics, Peace Science and Public Policy*, *18*(1), 1–40.

Enders, W., & Sandler, T. (1996). Terrorism and foreign direct investment in Spain and Greece. *Kyklos*, *49*(3), 331–352.

Enders, W., Sachsida, A., & Sandler, T. (2006). The impact of transnational terrorism on US foreign direct investment. *Political Research Quarterly*, *59*(4), 517–531.

Engel, M. E. (2004). Donating blood money: Fundraising for international terrorism by United States Charities and the Government's Efforts to Constrict the Flow. *Cardozo Journal of International & Comparative Law*, *12*, 251–296.

Eschelbach, R. (2000). Rechtsfragen zum Einsatz von V-Leuten. *StV* (7), 390–399.

Eschelbach, R. (2020). §§ 110a–110c, in: Satzger, H. Schluckebier, W. (Hrsg.). *Strafprozessordnung mit GVG und EMRK* (4. Auflage). Köln: Carl Heymanns Verlag.

Eugster L., & Katzenstein, A. (2014). Art. 196–457 StPO, in: Niggli, M.A., Heer, M., Wiprächtiger, H. (Hrsg.). *Basler Kommentar zur schweizerischen Strafprozessordnung* (2. Auflage). Basel: Helbing Lichtenhahn.

Ewald, W. (1995). Comparative Jurisprudence (I): What was it like to try a rat? *University of Pennsylvania Law Review, 143*(6), 1889–2149.

Ewald, W. (1995). Comparative jurisprudence (II): the logic of legal transplants. *The American Journal of Comparative Law, 43*(4), 489–510.

Fabrizy, E. (2014). Die österreichische Strafprozessordnung (12. Auflage). Wien: Manz.

Favarel-Garrigues, G., Godefroy, T., & Lascoumes, P. (2011). Reluctant partners? Banks in the fight against money laundering and terrorism financing in France. *Security Dialogue, 42*(2), 179–196.

Fereday, J., & Muir-Cochrane, E. (2006). Demonstrating rigor using thematic analysis: A hybrid approach of inductive and deductive coding and theme development. *International Journal of Qualitative Methods, 5*(1), 80–92.

Ferrara, N., & Salmina, E. (2016). Die Weissgeldstrategie wird zum Strafrecht: Der neue Art. 305bis StGB: Die Steuergeldwäscherei und seine Auswirkungen auf die internationale Rechtshilfe. Bern: Stämpfli.

Fezer, G. (1995). Zum Einsatz Verdeckter Ermittler. *JZ, 50*(19), 970–972.

Fink, N. (2016). Art. 13, in: Epping, V., & Hillgruber, C. (Hrsg.). *Beck'scher Online-Kommentar Grundgesetz* (29. Edition). München: Beck Verlag.

Fiolka, G. (2018) Terrorismusfinanzierung, in: Niggli, M. A., & Wiprächtiger, H. (Hrsg.). *Basler Kommentar zum Strafrecht I* (4. Auflage). Basel: Helbing & Lichtenhahn.

Fischer, T. (2020), § 89c StGB. Kommentar Strafgesetzbuch mit Nebengesetzen. 67. Auflage. München: C.H. Beck Verlag.

Fiss, O. (2006). The war against terrorism and the rule of law. *Oxford Journal of Legal Studies, 26*(2), 235–256.

FitzGerald, V. (2004). Global financial information, compliance incentives and terrorist funding. *European Journal of Political Economy, 20*(2), 387–401.

Fitzpatrick, J. (2003). Speaking law to power: the war against terrorism and human rights. *European Journal of International Law, 14*(2), 241–264.

Flanigan, S. T. (2006). Charity as resistance: Connections between charity, contentious politics, and terror. *Studies in Conflict & Terrorism*, *29*(7), 641–655.

Fletcher, G. P. (1998). Comparative law as a subversive discipline. *The American Journal of Comparative Law*, *46*(4), 683–700.

Fletcher, G. P. (1999). The place of victims in the theory of retribution. *Buffalo Criminal Law Review*, *3*(1), 51–63.

Foot, R. (2007). The United Nations, counter terrorism and human rights: institutional adaptation and embedded ideas. *Human Rights Quarterly*, *29*(2), 489–514.

Forman, M. M. (2006). Combating terrorist financing and other financial crimes through private sector partnerships. *Journal of Money Laundering Control*, *9*(1), 112–118.

Forster, M. (2003). Die Strafbarkeit der Unterstützung (insbesondere Finanzierung) des Terrorismus Al-Qaïda, ETA, Brigate Rosse – das schweizerische Antiterrorismus-Strafrecht auf dem Prüfstand. *Schweizerische Zeitschrift für Strafrecht – ZStrR (121)*, 423–447.

Forster, M. (2005). Zur Abgrenzung zwischen Terroristen und militanten „politischen" Widerstandskämpfern im internationalen Strafrecht – Am Beispiel des serbisch-kosovo-albanischen Bürgerkrieges, *Zeitschrift des Bernischen Juristenvereins – ZBJV (141)*, 213–238.

Forster, M. (2006). Terroristischer Massenmord an Zivilisten als „legitimer Freiheitskampf" (im Sinne von Art. 260^{quinquies} Abs. 3 StGB) kraft „Analogieverbot"? *Schweizerische Zeitschrift für Strafrecht – ZStrR (124)*, 331–338.

Forster, M. (2018). Art. 24–27 StGB, in: Niggli, M. A., & Wiprächtiger, H. (Hrsg.). *Basler Kommentar zum Strafrecht* (4. Auflage). Basel: Helbing & Lichtenhahn.

Forster, M. (2015). Strafrecht / Marksteine der Bundesgerichtspraxis zur strafprozessualen Überwachung des digitalen Fernmeldeverkehrs, in: *Recht im digitalen Zeitalter. Festgabe Schweizerischer Juristentag 2015 in St. Gallen*, 613–635.

Frankenberg, G. (1985). Critical comparisons: Re-thinking comparative law. *Harvard International Law Journal*, *26*, 411–456.

Freeman, M. (2011). The sources of terrorist financing: theory and typology. *Studies in Conflict & Terrorism*, *34*(6), 461–475.

Frey, B. S., Luechinger, S., & Stutzer, A. (2007). Calculating tragedy: Assessing the costs of terrorism. *Journal of Economic Surveys*, *21*(1), 1–24.

Freedman, M. G. (2010). Prosecuting Terrorism: The Material Support Statute and Muslim Charities. *Hastings Constitutional Law* Quarterly, *38*, 1113–1154.

Froschauer, U., & Lueger, M. (2003). *Das qualitative Interview: zur Praxis interpretativer Analyse sozialer Systeme*. Wien: WUV.

Ganor, B. (2002). Defining terrorism: Is one man's terrorist another man's freedom fighter? *Police Practice and Research*, *3*(4), 287–304.

Ganor, B. (2008). Terrorist organization typologies and the probability of a boomerang effect. *Studies in Conflict & Terrorism*, *31*(4), 269–283.

Gardella, A. (2003). The fight against the financing of terrorism between judicial and regulatory cooperation. *Studies in International Financial, Economic, and Technology Law*, *6*, 109.

Gardner, K. L. (2007). Fighting terrorism the FATF way. *Global Governance: A Review of Multilateralism and International Organizations*, *13*(3), 325–345.

Garrick, B. J., Hall, J. E., Kilger, M., McDonald, J. C., O'Toole, T., Probst, P. S., & Zebroski, E. L. (2004). Confronting the risks of terrorism: making the right decisions. *Reliability Engineering & System Safety*, *86*(2), 129–176.

Gearty, C. (2005). 11 September 2001, counter-terrorism, and the human rights Act. *Journal of Law and Society*, *32*(1), 18–33.

Gerber, D. J. (2000). Globalization and legal knowledge: implications for comparative law. *Tulane Law Review*, *75*, 949–976.

Gercke, B. (2017). Gesetzliche Regelung des Einsatzes von V-Leuten im Rahmen der Strafverfolgung? Von Verfassungswegen geboten. *StV*, *37*(9), 615–629.

Gercke, B. (2019). §§ 94–111q StPO, in: Gercke, B., Julius, K. P., Temming, D. & Zöller, M. A. (Hrsg.). *Heidelberger Kommentar zur Strafprozessordnung* (6. Auflage). Heidelberg: C.F. Müller Verlag.

Gibbs, J. P. (1989). Conceptualization of terrorism. *American Sociological Review*, 329–340.

Gilmore, W. C. (2004). *Dirty money: the evolution of international measures to counter money laundering and the financing of terrorism* (Vol. 599). Stroosburg: Council of Europe.

Girodo, M. (1991). Drug corruption in undercover agents: Measuring the risk. *Behavioral Sciences & the Law*, *9*(3), 361–370.

Glaeser, E. L., & Shapiro, J. M. (2002). Cities and warfare: The impact of terrorism on urban form. *Journal of Urban Economics*, *51*(2), 205–224.

Gläser, J., & Laudel, G. (2010). *Experteninterviews und qualitative Inhaltsanalyse: als Instrumente rekonstruierender Untersuchungen*. Wiesbaden: VS Verlag für Sozialwissenschaften.

Godenzi, G. (2012). Strafbare Beweisverwertung? *AJP*, 1243–1254.

Goldby, M. (2010). The impact of Schedule 7 of the Counter-Terrorism Act 2008 on banks and their customers. *Journal of Money Laundering Control, 13*(4), 351–371.

Gordon, R. K. (2010). Losing the war against dirty money: Rethinking global standards on preventing money laundering and terrorism financing. *Duke Journal of Comparative & International Law, 21*, 503–565.

Graf, J. P. (2017). *Beck'scher Online-Kommentar StPO* (27. Auflage). München: Beck Verlag.

Graf, J. P. (2018). *Strafprozessordnung mit Gerichtsverfassungsgesetz und Nebengesetzen* (3. Auflage). München: C.H. Beck Verlag.

Graneheim, U. H., & Lundman, B. (2004). Qualitative content analysis in nursing research: concepts, procedures and measures to achieve trustworthiness. *Nurse Education Today, 24*(2), 105–112.

Gross, E. (2001). Legal Aspects of Tackling Terrorism: The Balance between the Right of a Democracy to Defend Itself and the Protection of Human Rights. *UCLA Journal of International Law & Foreign Affairs, 6*, 89–167.

Guillaume, G. (2004). Terrorism and international law. *International & Comparative Law Quarterly, 53*(3), 537–548.

Gul, T. G., Hussain, A. H., Bangash, S. B., & Khattak, S. W. K. (2010). Impact of terrorism on financial markets of Pakistan (2006–2008), European Journal of Social *Sciences, 18*(1), 98–108.

Günther, R. (2016). §§ 110a–110h. In: Schneider, H. (Hrsg.). *Münchener Kommentar zur StPO* (1. Auflage). München: Beck Verlag.

Gurulé, J. (2010). *Unfunding terror: the legal response to the financing of global terrorism*. Edward Elgar Publishing.

Gurung, J., Wijaya, M., & Rao, A. (2010). AMLCTF compliance and SMEs in Australia: a case study of the prepaid card industry. *Journal of Money Laundering Control, 13*(3), 184–201.

Halberstam, M. (2002). The evolution of the United Nations position on terrorism: From exempting national liberation movements to criminalizing terrorism wherever and by whomever committed. *Columbia Journal of Transnational Law, 41*, 573–584.

Hamin, Z. (2017). Recent changes to the AML/CFT law in Malaysia. *Journal of Money Laundering Control, 20*(1), 5–14.

Hamilton, H., & Smykla, J. O. (1994). Guidelines for police undercover work: New questions about accreditation and the emphasis of procedure over authorization. *Justice Quarterly, 11*(1), 135–151.

Hansjakob, T. (2005). Erste Erfahrungen mit dem BÜPF aus anwaltlicher Sicht. *Anwaltsrevue* (2), 54–67.

Hansjakob, T. (2008). Zwangsmassnahmen in der neuen Eidg. StPO, *Schweizerische Zeitschrift für Strafrecht - ZStrR (1)*, 90–120.

Hansjakob, T. (2016). Das neue BÜPF. *Schweizerische Zeitschrift für Strafrecht - ZStrR (134)*, 429–444.

Hardouin, P., & Weichhardt, R. (2006). Terrorist fund raising through criminal activities. *Journal of Money Laundering Control*, *9*(3), 303–308.

Hardouin, P. (2009). Banks governance and public-private partnership in preventing and confronting organized crime, corruption and terrorism financing. *Journal of Financial Crime*, *16*(3), 199–209.

Hasler, A. (2016). Gesetzgebung. *Forumpoenale* (3), 182–183.

Hassemer, W. (1992). Warum man den „Grossen Lauschangriff" nicht führen sollte. *Deutsche Richterzeitung*, 357–358.

Häusermann D. (2017), Autonome Systeme im Rechtskleid der Kapitalgesellschaft. *AJP (2)*, 204 ff.

Healy, M., & Perry, C. (2000). Comprehensive criteria to judge validity and reliability of qualitative research within the realism paradigm. *Qualitative Market Research: An International Journal*, *3*(3), 118–126.

Hegmann, S. (2017). *Beck'scher Online-Kommentar StPO* (27. Auflage). München: Beck Verlag.

Heintschel-Heinegg, B. (2018). § 89c StGB, in: Heintschel-Heinegg, B. *Kommentar Strafgesetzbuch* (3. Auflage). München: CH. Beck Verlag.

Heng, Y. K., & McDonagh, K. (2008). The other war on terror revealed: global governmentality and the Financial Action Task Force's campaign against terrorist financing. *Review of International Studies*, *34*(03), 553–573.

Henrichson, C., & Delaney, R. (2012). The price of prisons: What incarceration costs taxpayers. *Federal Sentencing Reporter*, *25*, 68–80.

Herzfeld, M. (2003). Restricting the flow of funds from US charities to international terrorist organizations - A proposal. *The Tax Lawyer*, *56*(4), 875–901.

Hett, W. (2008). Digital currencies and the financing of terrorism. *Richmond Journal of Law & Technology*, *15*, 1–43.

Hetzer, W. (2008). Deutsche Umsetzung neuer europäischer Vorgaben zur Bekämpfung der Geldwäsche und der Terrorismusfinanzierung. *EuZW*, *19*(18) 560–565.

Hilf, M. (2017). Art. 37 GwG, in: Kunz, P. V., Jutzi, T., Schären, S. (Hrsg.). *Geldwäschereigesetz (GwG)*. Bern: Stämpfli.

Hilger, H. (1992). Neues Strafverfahrensrecht durch das OrgKG. *NStZ,12*(11), 523–526

Hill, J. (1989). Comparative law, law reform and legal theory. *Oxford Journal of Legal Studies*, *9*, 101–115.

Hillgruber, C. (2016). Art. 1, in: Epping, V., & Hillgruber, C. (Hrsg.). *Beck'scher Online-Kommentar Grundgesetz* (29. Edition). München: Beck Verlag.

Hinnen, T. M. (2004). The cyber-front in the war on terrorism: Curbing terrorist use of the Internet. *The Columbia Science and Technology Law Review*, *5*(5), 1–42.

Hirsch, C. (2001). Policing undercover agents in the United Kingdom: Whether the regulation of investigatory powers acts complies with regional human rights obligations. *Fordham International Law Journal*, *25*, 1282–1334.

Hofmann, M. (2005). Die Online-Durchsuchung – staatliches „Hacken" oder zulässige Ermittlungsmassnahme. *Neue Zeitschrift für Strafrecht*, *25*, 121–176.

Hoffman, M. B., & Goldsmith, T. H. (2003). The biological roots of punishment. *Ohio State Journal of Criminal Law*, *1*, 627.

Hoffmann-Riem, W. (2008). Der grundrechtliche Schutz der Vertraulichkeit und Integrität eigengenutzter informationstechnischer Systeme. *Juristenzeitung*, *63*(21)1009–1022.

Holder, W. E. (2003). The International Monetary Fund's involvement in combating money laundering and the financing of terrorism. *Journal of Money Laundering Control*, *6*(4), 383–387.

Hömig, D. (2009). Die aktuelle Entscheidung „Neues" Grundrecht, neue Fragen? Zum Urteil des BVerfG zur Online-Durchsuchung. *JURA – Juristische Ausbildung*, *31*(3), 207–213.

Hornung, G. (2007). Ermächtigungsgrundlage für die „Online-Durchsuchung"? *Datenschutz und Datensicherheit – DuD*, *31*(8), 575–580.

Hornung, G. (2008). Ein neues Grundrecht. *Computer und Recht*, *24*(5), 299–306.

Howard, M. (2002). What's in a name? How to fight terrorism. *Foreign Affairs*, 81, 8–13.

Hroub, K. (2006). Hamas: Politics, charity, and terrorism in the service of Jihad. *Journal of Palestine Studies*, *35*(4), 73–75.

Hsieh, H. F., & Shannon, S. E. (2005). Three approaches to qualitative content analysis. *Qualitative health research*, *15*(9), 1277–1288.

Hudson, B. A. (1994). Beyond proportionate punishment: Difficult cases and the 1991 Criminal Justice Act. *Crime, Law and Social Change*, *22*(1), 59–78.

Hunt, J. (2011). The new frontier of money laundering: how terrorist organizations use cyberlaundering to fund their activities, and how governments are trying to stop them. *Information & Communications Technology Law, 20*(2), 133–152.

Hughes, J. (2007). The Chechnya conflict: freedom fighters or terrorists? *Demokratizatsiya, 15*(3), 293–311.

Hutchinson, S., & O'Malley, P. (2007). A crime-terror nexus? Thinking on some of the links between terrorism and criminality. *Studies in Conflict Terrorism, 30*(12), 1095–1107.

Irwin, A. S., Slay, J., Raymond Choo, K. K., & Liu, L. (2012). Are the financial transactions conducted inside virtual environments truly anonymous? An experimental research from an Australian perspective. *Journal of Money Laundering Control, 16*(1), 6–40.

Irwin, A. S., & Milad, G. (2016). The use of crypto-currencies in funding violent jihad. *Journal of Money Laundering Control, 19*(4), 407–425.

Jacobson, M. (2010). Terrorist financing and the Internet. *Studies in Conflict & Terrorism, 33*(4), 353–363.

Jaggi, E. (2015). Die Revision des BÜPF. *Schweizerische Zeitschrift für Strafrecht – ZStrR (133),* 276–294.

Jahn, M., & Kudlich, H. (2007). Die strafprozessuale Zulässigkeit der Online-Durchsuchung. *Juristische Rundschau,* (2), 57–61.

Jamwal, N. S. (2002). Hawala – the invisible financing system of terrorism. *Strategic Analysis, 26*(2), 181–198.

Jean-Richard-dit-Bressel, M. (2014), Art. 269, 272, 275–278 StGB, in: Niggli, M.A., Heer, M., & Wiprächtiger, H. (Hrsg.). *Basler Kommentar zur schweizerischen Strafprozessordnung/Jugendstrafprozessordnung* (2. Auflage). Basel: Helbing Lichtenhahn.

Joh, E. E. (2009). Breaking the law to enforce it: Undercover police participation in crime. *Stanford Law Review, 62,* 155–198.

Johnson, J. (2003). 11th September, 2001: Will it make a difference to the global anti-money laundering movement? *Journal of Money Laundering Control, 6*(1), 9–16.

Johnson, J. (2008). Is the global financial system AML/CFT prepared? *Journal of Financial Crime, 15*(1), 7–21.

Johnson, J. (2008). Third round FATF mutual evaluations indicate declining compliance. *Journal of Money Laundering Control, 11*(1), 47–66.

Jositsch, D. (2005). Terrorismus oder Freiheitskampf? – Heikle Abgrenzungsfragen bei der Anwendung von Art. $260^{quinquies}$. *ZStrR, 123,* 458–470.

Jositsch, D., & von Rotz, M. (2016). Das Finanzmarktstrafrecht der Schweiz – Status quo unter Einbezug der neusten Gesetzesänderungen, des internationalen Einflusses sowie der anstehenden Neuerungen. *SZW, 16*, 592–608.

Jutzi, T. (2017). Art. 7a ff. GwG, in: Kunz, P. V., Jutzi, T., Schären, S. (Hrsg.) *Geldwäschereigesetz (GwG)*. Bern: Stämpfli.

Kahn-Freund, O. (1974). On uses and misuses of comparative law. *The Modern Law Review, 37*(1), 1–27.

Kalin, W., & Kunzli, J. (2000). Article 1F (b): Freedom fighters, terrorists, and the notion of serious non-political crimes. *International Journal of Refugee Law, 12*, 46–78.

Kaufmann, A. F., Meltzer, M. I., & Schmid, G. P. (1997). The economic impact of a bioterrorist attack: are prevention and postattack intervention programs justifiable? *Emerging Infectious Diseases, 3*(2), 83–94.

Keene, S. (2007). Hawala and related informal value transfer systems – an assessment in the context of organized crime and terrorist finance: is there cause for concern? *Security Journal, 20*(3), 185–196.

Kemper, M. (2007). Anforderungen und Inhalt der Online-Durchsuchung bei der Verfolgung von Straftaten. *Zeitschrift für Rechtspolitik, 40*(4)105–109.

Kennedy, D. (1997). New approaches to comparative law: comparativism and international governance. *Utah Law Review*, 545–637.

Kennedy, R. (1999). Is one person's terrorist another's freedom fighter? Western and Islamic approaches to 'just war' compared. *Terrorism and Political Violence, 11*(1), 1–21.

Kerr, O. S. (2008). Updating the Foreign Intelligence Surveillance Act. *The University of Chicago Law Review, 75*(1), 225–243.

Kersten, A. (2002). Financing of Terrorism – A Predicate Offence to Money Laundering? In: Pieht, M. (Hrsg.). *Financing Terrorism*. Springer Netherlands, 49–56.

Kessler, M. A., Waygood-Weiner, A. (2017). Art. 10a GwG, in: Kunz, P. V., Jutzi, T., Schären, S. (Hrsg.). *Geldwäschereigesetz (GwG)*. Bern: Stämpfli.

Kindhäuser, U. (2017). § 89c StGB, in: Kindhäuser, U. (Hrsg.). *Strafgesetzbuch, Lehr und Praxiskommentar* (7. Auflage). Baden-Baden: Nomos-Verlag.

Killias, M., Kuhn, A., Dongois, N., Aebi, M. (2009). *Grundriss des Allgemeinen Teils des Schweizerischen Strafgesetzbuches*. Bern: Stämpfli.

Klabbers, J. (2003). Rebel with a cause? Terrorists and humanitarian law. *European Journal of International Law, 14*(2), 299–312.

Koh, W. T. (2007). Terrorism and its impact on economic growth and technological innovation. *Technological Forecasting and Social Change, 74*(2), 129–138.

Kracauer, S. (1952). The challenge of qualitative content analysis. *Public Opinion Quarterly, 16*(4) 631–642.

Kramer, B. (2019). *Grundlagen des Strafverfahrensrechts – Ermittlung und Verfahren* (8. Auflage). Stuttgart: Kohlhammer Verlag.

Krey, V., & Heinrich, M. (2019). *Deutsches Strafverfahrensrecht* (2. Auflage). Stuttgart: Kohlhammer Verlag.

Krüger, R. (1993). Verdeckte Ermittlungen im Strafverfahren und die Unverletzlichkeit der Wohnung. *Zeitschrift für Rechtspolitik, 26*(4), 124–127.

Kugelmann, D. (2014). *BKA-Gesetz* (1. Auflage). München: Beck Verlag.

Kunreuther, H., Michel-Kerjan, E., & Porter, B. (2003). Assessing, managing, and financing extreme events: Dealing with terrorism. *National Bureau of Economic Research Working Paper No. 10179.*

Kutty, F. (2001). Canada Calling: Canadian Muslims Concerned About New Charity Law. *The Washington Report on Middle East Affairs, 20*(4), 25–35.

Kühl, K. (2018). § 89c StGB, in: Lackner, K. & Kühl, K. (Hrsg.). Strafgesetzbuch (StGB) Kommentar (29. Auflage). München: C.H. Beck-Verlag. München.

Kühne, H. (2015). *Strafprozessrecht – Eine systematische Darstellung des deutschen und europäischen Strafverfahrensrechts* (9. Auflage). Heidelberg: C.F. Müller Verlag.

Lagodny, O. (1996). Verdeckte Ermittler und V-Leute im Spiegel von § 136 a StPO als «angewandtem Verfassungsrecht». *StV (3)*, 167–172.

Latimer, P. (2005). Bank secrecy in Australia: terrorism legislation as the new exception to the Tournier rule. *Journal of Money Laundering Control, 8*(1), 56–65.

Legrand, P. (1995). Comparative legal studies and commitment to theory. *The Modern Law Review, 58*(2), 262–273.

Léonard, S., & Kaunert, C. (2012). Combating the financing of terrorism together? the influence of the United Nations on the European Union's financial sanctions regime, in: Costa, O., & Jørgensen, K. (Hrsg.). *The Influence of International Institutions on the EU.* Palgrave Macmillan UK, 111–134.

Leuzinger, A. (2014). Verdeckte Einvernahme – nach Mr. Big und allgemein. *Forumpoenale (3),* 165–167.

Levi, M., Halliday, T., & Reuter, P. (2014). *Global surveillance of dirty money: assessing assessments of regimes to control money-laundering and combat the financing of terrorism.* Final Report to International Monetary Fund.

Levitt, M. A. (2002). The political economy of Middle East terrorism. *Middle East Review of International Affairs, 6*(4), 49–65.

Levitt, M. (2003). Stemming the flow of terrorist financing: Practical and conceptual challenges. *Fletcher Forum of World Affairs, 27*, 59–70.

Li, Q., & Schaub, D. (2004). Economic globalization and transnational terrorism: A pooled time-series analysis. *Journal of Conflict Resolution, 48*(2), 230–258.

Liebi, M., & Lionel, C. (2017). Art. 4 GwG, in: Kunz, P. V., Jutzi, T., Schären, S. (Hrsg.). *Geldwäschereigesetz (GwG)*. Bern: Stämpfli.

Linn, C. J. (2005). How terrorists exploit gaps in US anti-money laundering laws to secrete plunder. *Journal of Money Laundering Control, 8*(3), 200–214.

Lobel, J. (1999). The use of force to respond to terrorist attacks: The bombing of Sudan and Afghanistan. *Yale Journal of International Law, 24*, 537.

Looney, R. (2003). Hawala: The terrorist's informal financial mechanism. *Middle East Policy, 10*(1), 164–167.

López-Rivera, O., & Headley, B. (1989). Who is the terrorist? The making of a Puerto Rican freedom fighter. *Social Justice, 16*(4 (38), 162–174.

Lowe, P. (2006). Counterfeiting: links to organised crime and terrorist funding. *Journal of Financial Crime, 13*(2), 255–257.

Luban, D. (2002). The war on terrorism and the end of human rights. *Philosophy & Public Policy Quarterly, 22*(3), 9–14.

Luchsinger, R. (2017). Art. 9 ff. GwG, in: Kunz, P. V., Jutzi, T., Schären, S. (Hrsg.). *Geldwäschereigesetz (GwG)*. Bern: Stämpfli.

Lundy, J. R. (1968). Police undercover agents: New threat to first amendment freedoms. *The George Washington Law Review, 37*, 634–668.

Lutz, D. S. (2002). Was ist Terrorismus? Definitionen, Wandel, Perspektiven. *Sicherheit und Frieden (S+F) / Security and Peace, 20*(1), 2–8.

Lutz, P. (2016). Fresh Up: GwG für Rechtsanwälte und Notare. *Anwaltsrevue (16)*, 487–493.

Lutz, P., & Kern, M. (2017). Geldwäscherei und das qualifizierte Steuervergehen von Art. 305bis Ziff. 1bis StGB. *SJZ (113)*, 97–106.

Maclin, T. (2007). The Bush administration's terrorist surveillance program and the Fourth Amendment's warrant requirement: Lessons from Justice Powell and the Keith Case. *UC Davis Law Review, 41*, 1259–1325.

MacMull, J. G. (2004). Removing the charitable veil: an examination of US policy to combat terrorist funding charities post 9/11. *New England Journal of International and Comparative Law, 10*, 121–136.

Makarenko, T. (2004). The crime-terror continuum: tracing the interplay between transnational organised crime and terrorism. *Global crime, 6*(1), 129–145.

Malkawi, B. H., & Malkawi, H. O. (2007). Anti-terrorist finance provisions in Jordan: important step but insufficient. *Journal of Money Laundering Control, 10*(2), 180–188.

Markesinis, B. (1990). Comparative law – a subject in search of an audience. *The Modern Law Review, 53*(1), 1–21.

Marron, D. (2008). Money talks, money walks: The war on terrorist financing in the West. *Policing, 2*(4), 441–451.

Marshall, M. N. (1996). Sampling for qualitative research. *Family Practice, 13*(6), 522–526.

Marx, G. (1977). Undercover Cops: Creative Policing or Constitutional Threat? *The Civil Liberties Review, 4*, 34–44.

Marx, G. T. (1980). The new police undercover work. *Urban Life, 8*(4), 399–446.

Marx, G. T. (1982). Who really gets stung? Some issues raised by the new police undercover work. *NPPA Journal, 28*(2), 165–193.

Marx, G. T. (1987). The interweaving of public and private police in undercover work. *Private Policing, 23*, 172–93.

Masciandaro, D., & Portolano, A. (2003). It takes two to tango: International financial regulation and offshore centres. *Journal of Money Laundering Control, 6*(4), 311–330.

Masciandaro, D. (2004). Migration and illegal finance. *Journal of Money Laundering Control, 7*(3), 264–271.

Mattei, U. (1994). Efficiency in legal transplants: An essay in comparative law and economics. *International Review of Law and Economics, 14*(1), 3–19.

Mayring, P. (2010). *Qualitative Inhaltsanalyse: Grundlagen und Techniken*. Weinheim: Beltz.

Mays, N., & Pope, C. (2000). Assessing quality in qualitative research. *BMJ: British Medical Journal, 320*(7226), 50–60.

Mayer, J. (1999). Verdeckte Ermittlungen: Zulässigkeit und rechtliche Grundlagen des Einsatzes nicht offen operierender Polizeibeamter. *Kriminalistik, 1999*, 49–57.

McCloskey, H. J. (1967). Utilitarian and retributive punishment. *The Journal of Philosophy, 64*(3), 91–110.

McCulloch, J., Pickering, S., McQueen, R., & Tham, J. C. (2004). Suppressing the financing of terrorism. *Current Issues in Criminal Justice, 16*, 71–78.

McCulloch, J., & Pickering, S. (2005). Suppressing the financing of terrorism proliferating state crime, eroding censure and extending neo-colonialism. *British Journal of Criminology, 45*(4), 470–486.

McCulloch, J., & Carlton, B. (2005). Preempting justice: Suppression of financing of terrorism and the war on terror. *Current Issues in Criminal Justice, 17*, 397–412.

McCulloch, J., & Pickering, S. (2009). Pre-crime and counter-terrorism imagining future crime in the 'war on terror'. *British Journal of Criminology, 49*(5), 628–645.

Merlonghi, G. (2010). Fighting financial crime in the age of electronic money: opportunities and limitations. *Journal of Money Laundering Control, 13*(3), 202–214.

Middlebrook, S., & Hughes, S. (2013). Virtual uncertainty: Developments in the law of electronic payments and financial services. *The Business Lawyer, 69*(1), 263–273.

Miller, G. I. (1987). Observations on police undercover work. *Criminology, 25*(1), 27–46.

Mitsilegas, V., & Gilmore, B. (2007). The EU legislative framework against money laundering and terrorist finance: a critical analysis in the light of evolving global standards. *International and Comparative Law Quarterly, 56*(01), 119–140.

Molo G., & Drzalic, J. (2019). Können Kryptowährungen compliant sein? *AJP, 28*, 50–57.

Moreillon, L., & Lubishtani, K. (2018). Aspects choisis de l'incrimination du terrorisme. Etude de droit compare suisse, allemand, francais et anglais (1/2), *Revue Pénale Suisse – RPS* (4), 499–521.

Morse, J. M., Barrett, M., Mayan, M., Olson, K., & Spiers, J. (2002). Verification strategies for establishing reliability and validity in qualitative research. *International Journal of qualitative Methods, 1*(2), 13–22.

Müller, T. (2017). Art. 7 GwG, in: Kunz, P. V., Jutzi, T., Schären, S. (Hrsg.). *Geldwäschereigesetz (GwG)*. Bern: Stämpfli.

Myers, M. D. (1997). Qualitative research in information systems. *Management Information Systems Quarterly, 21*(2), 241–242.

Nakajima, C. (2006). Intensified efforts to fight money laundering and terrorist financing – more changes for the UK financial services industry? *Journal of Money Laundering Control, 9*(3), 1–6.

Navias, M. S. (2002). Finance warfare as a response to international terrorism. *The Political Quarterly, 73*(s1), 57–79.

Nitsch, V., & Schumacher, D. (2004). Terrorism and international trade: an empirical investigation. *European Journal of Political Economy, 20*(2), 423–433.

Norgren, C. (2004). The control of risks associated with crime, terror and subversion. *Journal of Money Laundering Control, 7*(3), 201–206.

Norman, T. L. (2010). *Risk analysis and security countermeasure selection* (978–980). Boca Raton/London/New York: CRC Press.

Orlova, A. V., & Moore, J. W. (2004). Umbrellas or building blocks: Defining international terrorism and transnational organized crime in International law. *Houston Journal of International Law, 27*, 267–310.

Othman, R., & Ameer, R. (2014). Institutionalization of risk management framework in Islamic NGOs for suppressing terrorism financing: Exploratory research. *Journal of Money Laundering Control, 17*(1), 96–109.

Paeffgen, H. (2017). § 89c StGB, in: Kindhäuser, U., Neumann, U. & Paeffgen, H.U. (Hrsg.). *Strafgesetzbuch* (5. Auflage). Baden- Baden: Nomos-Verlag.

Parnell, G. S., Smith, C. M., & Moxley, F. I. (2010). Intelligent adversary risk analysis: A bioterrorism risk management model. *Risk Analysis, 30*(1), 32–48.

Passas, N. (2003). Hawala and other informal value transfer systems: how to regulate them? *Risk management, 5*, 49–59.

Passas, N. (2005a). Indicators of Hawala operations and criminal abuse. *Journal of Money Laundering Control, 8*(2), 168–172.

Passas, N. (2005b). Law enforcement challenges in hawala-related investigations. *Journal of Financial Crime, 12*(2), 112–119.

Passas, N. (2006a). Setting global CFT standards: A critique and suggestions. *Journal of Money Laundering Control, 9*(3), 281–292.

Passas, N. (2006b). Demystifying Hawala: A look into its social organization and mechanics. *Journal of Scandinavian Studies in Criminology and Crime Prevention, 7*(S1), 46–62.

Paté-Cornell, E., & Guikema, S. (2002). Probabilistic modeling of terrorist threats: A systems analysis approach to setting priorities among countermeasures. *Military Operations Research, 7*(4), 5–23.

Pathak, R. (2003). The obstacles to regulating the hawala: A cultural norm or a terrorist hotbed. *Fordham International Law Journal, 27*, 2007–2061.

Peers, S. (2003). EU responses to terrorism. *International and Comparative Law Quarterly, 52*(01), 227–243.

Perri, F. S., & Brody, R. G. (2011). The dark triad: organized crime, terror and fraud. *Journal of Money Laundering Control, 14*(1), 44–59.

Perry, N. J. (2003). The numerous federal legal definitions of terrorism: The problem of too many grails. *Journal of Legislation, 30*, 249–274.

Petri, T. B. (2008). Das Urteil des Bundesverfassungsgerichts zur „Online-Durchsuchung". *Datenschutz und Datensicherheit - DuD, 32*(7), 443–448.

Petzsche, A. (2013). *Strafrecht und Terrorismusbekämpfung*. Bern: Stämpfli Verlag.

Pfeiffer, M. (2005). *Strafprozessordnung* (5. Auflage). München: Beck Verlag.

Pfitzmann, A. (2008). Contra Online-Durchsuchung. *Informatik-Spektrum*, *31*(1), 65–69.

Piers, M. J. (2004). Malevolent destruction of a Muslim charity: A commentary on the prosecution of benevolence international foundation. *Pace Law Review*, *25*, 339–354.

Pieth, M. (2002). Financing of terrorism: following the money, in Pieth, M. (Hrsg.). *Financing Terrorism*. Springer Netherlands, 115–126.

Pieth, M. (2006). Criminalizing the financing of terrorism. *Journal of International Criminal Justice*, *4*(5), 1074–1086.

Ping, H. E. (2008). The measures on combating money laundering and terrorism financing in the PRC: from the perspective of Financial Action Task Force. *Journal of Money Laundering Control*, *11*(4), 320–330.

Pizam, A., & Smith, G. (2000). Tourism and terrorism: A quantitative analysis of major terrorist acts and their impact on tourism destinations. *Tourism Economics*, *6*(2), 123–138.

Plöchl, F. (2018). § 278d StGB, in: Höpfel, F., & Ratz, E. (Hrsg.). Wiener Kommentar zum Strafgesetzbuch (2. Auflage). Wien: Manz.

Pohl, H. (2007). Zur Technik der heimlichen Online-Durchsuchung. *Datenschutz und Datensicherheit - DuD*, *31*(9), 684–688.

Polenz, S. (2018). Verfassungsrechtliche Grundlagen des Datenschutzes, in: Taenger, J., & Pohle, J. (Hrsg.). *Computerrechts-Handbuch* (34. Auflage). München: Beck Verlag.

Pollinger, Z. A. (2008). Counterfeit goods and their potential financing of international terrorism. *The Michigan Journal of Business*, *1*(1), 85–102.

Posner, R. A. (2008). Privacy, surveillance, and law. *The University of Chicago Law Review*, *75*(1), 245–260.

Pope, C., Ziebland, S., & Mays, N. (2000). Analysing qualitative data. *British Medical Journal*, *320*(7227), 114–116.

Prabha, K. (2000). Defining terrorism. *Strategic Analysis*, *24*(1), 125–135.

Raghavan, S. V., & Balasubramaniyan, V. (2012). Financial facilitators: an important component of terror networks. *Journal of Money Laundering Control*, *15*(3), 294–303.

Raphaeli, N. (2003). Financing of terrorism: sources, methods, and channels. *Terrorism and Political Violence*, *15*(4), 59–82.

Razavy, M. (2005). Hawala: An underground haven for terrorists or social phenomenon? *Crime, Law and Social Change, 44*(3), 277–299.

Reimann, M. (2002). The progress and failure of comparative law in the second half of the twentieth century. *The American Journal of Comparative Law, 50*(4), 671–700.

Reindl-Krauskopf, S. (2011). *Strafprozessordnung* (21. Auflage). Wien: Manz.

Reitz, J. C. (1998). How to do comparative law. *The American Journal of Comparative Law, 46*(4), 617–636.

Rice, D. (2013). The past and future of bitcoins in worldwide commerce. *Business Law Today*, 1–4.

Ridley, N. (2008). Organized crime, money laundering, and terrorism. *Policing, 2*(1), 28–35.

Riklin, F. (2014). *StPO Kommentar – Schweizerische Strafprozessordnung mit JStPO, StBOG und weiteren Erlassen*. Zürich: Schulthess.

Riles, A. (1999). Wigmore's treasure box: Comparative law in the era of information. *Harvard International Law Journal, 40*, 221–284.

Rios Insua, D., Rios, J., & Banks, D. (2009). Adversarial risk analysis. *Journal of the American Statistical Association, 104*(486), 841–854.

Roach, K. (2011). The Air India report and the regulation of charities and terrorism financing. *University of Toronto Law Journal, 61*(1), 45–57.

Roberge, I. (2007). Misguided policies in the war on terror? The case for disentangling terrorist financing from money laundering. *Politics, 27*(3), 196–203.

Roberts, A. (2000). Crime creation? Some questions of fairness and efficacy in covert operations. *The Police Journal, 73*(3), 263–276.

Rodin, D. (2004). Terrorism without intention. *Ethics, 114*(4), 752–771.

Rogall, K. (1987). Strafprozessuale Grundlagen und legislative Probleme des Einsatzes Verdeckter Ermittler im Strafverfahren. *JZ, 42*(18), 847–853.

Rolfe, G. (2006). Validity, trustworthiness and rigour: quality and the idea of qualitative research. *Journal of Advanced Nursing, 53*(3), 304–310.

Rosand, E. (2003). Security council resolution 1373, the counter-terrorism committee, and the fight against terrorism. *The American Journal of International Law, 97*(2), 333–341.

Rosenthal, G. (2005). *Interpretative Sozialforschung, Eine Einführung*. München: Juventa.

Ross, J. E. (2007). The place of covert surveillance in democratic societies: a comparative study of the United States and Germany. *The American Journal of Comparative Law, 55*(3), 493–579.

Ross, J. E. (2008). Undercover policing and the shifting terms of scholarly debate: The United States and Europe in counterpoint. *Annual Review of Law and Social Science, 4*, 239–273.

Roth, M. P., & Sever, M. (2007). The Kurdish Workers Party (PKK) as criminal syndicate: Funding terrorism through organized crime, a case study. *Studies in Conflict & Terrorism, 30*(10), 901–920.

Roy, S. (2007). Hamas: Politics, charity and terrorism in the service of Jihad. *Middle East Policy, 14*(2), 162–167.

Ruby, C. L. (2002). The definition of terrorism. *Analyses of Social Issues and Public Policy, 2*(1), 9–14.

Ruebner, R. (2002). Democracy, judicial review and the rule of law in the age of terrorism: The experience of Israel – A comparative perspective. *Georgia Journal of International and Comparative Law, 31*, 493–546.

Ruff, K. A. (2005). Scared to donate: An examination of the effects of designating Muslim charities as terrorist organizations on the First Amendment Rights of Muslim donors. *N.Y.U. Journal of Legislation & Public Policy, 9*, 447–502.

Rux, J. (2007). Ausforschung privater Rechner durch die Polizei- und Sicherheitsbehörden – Rechtsfragen der „Online-Durchsuchung". *JuristenZeitung, 62*(6), 285–295.

Sacco, R. (1991). Legal formants: a dynamic approach to comparative law (Installment I of II). *The American Journal of Comparative Law, 39*(1), 1–34.

Sadat, L. N. (2004). Terrorism and the Rule of Law. *Washington University Global Studies Law Review, 3*, 135–154.

Samantha Maitland Irwin, A., Raymond Choo, K. K., & Liu, L. (2011). An analysis of money laundering and terrorism financing typologies. *Journal of Money Laundering Control, 15*(1), 85–111.

Sandelowski, M. (1994). Focus on qualitative methods. The use of quotes in qualitative research. *Research in Nursing & Health, 17*(6), 479–482.

Sanderson, T. M. (2004). Transnational terror and organized crime: blurring the lines. *SAIS Review of International Affairs, 24*(1), 49–61.

Saul, B. (2005a). Attempts to define 'terrorism' in international law. *Netherlands International Law Review, 52*(1), 57–84.

Saul, B. (2005b). Definition of "Terrorism" in the UN security council: 1985–2004. *Chinese Journal of International Law, 4*(1), 141–166.

Schaeffer, E. C. (2008). Remittances and reputations in hawala money-transfer systems: Self-enforcing exchange on an international scale. *Journal of Private Enterprise, 24*(1), 95–117.

Schäfer, J. (2017). § 89c StGB, in: Miebach, K. (Hrsg.). *Münchener Kommentar zum Strafgesetzbuch* (3. Auflage). München: C.H. Beck-Verlag.

Schantz, P. (2007). Verfassungsrechtliche Probleme von „Online-Durchsuchungen". *Kritische Vierteljahresschrift für Gesetzgebung und Rechtswissenschaft (KritV)*, *90*(3), 310–330.

Scharf, M. P. (2000). Defining terrorism as the peace time equivalent of war crimes: A case of too much convergence between international humanitarian law and international criminal law. *ILSA Journal of International & Comparative Law*, *7*, 391–398.

Scharf, M. P. (2004). Defining terrorism as the peacetime equivalent of war crimes: Problems and prospects. *Case Western Reserve Journal of International Law*, *36*, 359–374.

Schären, S. (2017) Art. 2 GwG, in: Kunz, P. V., Jutzi, T., Schären, S. (Hrsg). *Geldwäschereigesetz (GwG)*. Bern: Stämpfli.

Scheuerman, W. E. (2006). Survey article: Emergency powers and the rule of law after 9/11. *Journal of Political Philosophy*, *14*(1), 61–84.

Schenke, W. R. (2019). § 49 BKAG, in: Schenke, W. R., Graulich, K., Ruthig, J. (Hrsg.). *Sicherheitsrecht des Bundes* (2. Auflage). München: C.H. Beck Verlag.

Schinkelshoek, M. (2015). Anwendungsbereich von Art. 9 Abs. 1 lit. b Geldwäschereigesetz (GwG). *AJP, 15*, 481–486.

Schmid, A. P. (1996). The links between transnational organized crime and terrorist crimes. *Transnational Organized Crime*, *2*(4), 40–82.

Schmid, A. P. (2004a). Frameworks for conceptualising terrorism. *Terrorism and political violence*, *16*(2), 197–221.

Schmid, A. P. (2004b). Terrorism – The definitional problem. *Case Western Reserve Journal of International Law*, *36*, 375–420.

Schmid, N., & Jositsch, D. (2017). *Schweizerische Strafprozessordnung – Praxiskommentar* (3. überarbeitete Auflage). Zürich: Dike.

Schneider, F. (2010). Turnover of organized crime and money laundering: some preliminary empirical findings. *Public Choice*, *144*(3–4), 473–486.

Schott, P. A. (2006). *Reference guide to anti-money laundering and combating the financing of terrorism*. World Bank Publications.

Schubarth, M. & Vest, H. (2013). *Kommentar zum schweizerischen Strafrecht*. Bern: Stämpfli.

Schwaighofer, K. (2010). § 278d StGB, in: Bertel, C., & Schwaighofer, K. (Hrsg.). *Österreichisches Strafrecht, Besonderer Teil II (§ 169 bis 321 StGB)* (9. Auflage), Wien: Österreich GmbH Verlag.

Scott, D. (1995). Money laundering and international efforts to fight it. *Public Policy for the Private Sector*, *48*, 1–6.

Seifert, J. (1992). Vom Lauschangriff zum „Grossen Lauschangriff". Darf es eine totale Überwachung der Wohnung geben? *Kritische Justiz*, *25*(3), 355–363.

Senechal dela Roche, R. (2004). Toward a scientific theory of terrorism. *Sociological Theory*, *22*(1), 1–4.

Shahin, W. (2013). Compliance with international regulation on AML/CFT: the case of banks in Lebanon. *Journal of Money Laundering Control*, *16*(2), 109–118.

Shapiro, J. N., & Siegel, D. A. (2007). Underfunding in terrorist organizations. *International Studies Quarterly*, *51*(2), 405–429.

Sharp, F. C., & Otto, M. C. (1910). A study of the popular attitude towards retributive punishment. *The International Journal of Ethics*, *20*(3), 341–357.

Shelley, L. I., & Picarelli, J. T. (2002). Methods not motives: Implications of the convergence of international organized crime and terrorism. *Police Practice and Research*, *3*(4), 305–318.

Shelley, L. I., & Picarelli, J. T. (2005). Methods and motives: Exploring links between transnational organized crime and international terrorism. *Trends in Organized Crime*, *9*(2), 52–67.

Shelley, L. I., & Melzer, S. A. (2008). The nexus of organized crime and terrorism: Two case studies in cigarette smuggling. *International Journal of Comparative and Applied Criminal Justice*, *32*(1), 43–63.

Shehu, A. Y. (2010). Promoting financial sector stability through an effective AML/CFT regime. *Journal of Money Laundering Control*, *13*(2), 139–154.

Simser, J. (2011). Terrorism financing and the threat to financial institutions. *Journal of Money Laundering Control*, *14*(4), 334–345.

Singelnstein, T., & Derin, B. (2017). Das Gesetz zur effektiveren und praxistauglicheren Ausgestaltung des Strafverfahrens. *NJW,70* (37), 2646–2652.

Sinha, G. (2013). AML-CTF: a forced marriage post 9/11 and its effect on financial institutions. *Journal of Money Laundering Control*, *16*(2), 142–158.

Slaughter, A. M. (1999). Judicial globalization. *Virginia Journal of International Law*, *40*, 1103–1124.

Spalek, B., & O'Rawe, M. (2014). Researching counterterrorism: a critical perspective from the field in the light of allegations and findings of covert activities by undercover police officers. *Critical Studies on Terrorism*, *7*(1), 150–164.

Sproat, P. A. (2010). Counter-terrorist finance in the UK: A quantitative and qualitative commentary based on open-source materials. *Journal of Money Laundering Control*, *13*(4), 315–335.

Stergiou, D., & Stergiou, D. (2016). ISIS political economy: financing a terror state. *Journal of Money Laundering Control, 19*(2), 189–207.

Sternberg-Lieben, D. (2019). § 89c StGB, in: Schönke, A., & Schröder, H. (Hrsg.). *Strafgesetzbuch Kommentar* (30. Auflage). München: C.H. Beck-Verlag.

Stessens, G. (2001). The FATF 'black list' of non-cooperative countries or territories. *Leiden Journal of International Law, 14*(01), 199–207.

Stotter, H. (2008). § 278d StGB, in: *Das liechtensteinische Strafgesetzbuch* (2. Auflage). Vaduz: Ex jure Verlagsanstalt, 708–716.

Stotter, H. (2012). *Die liechtensteinische Strafprozessordnung (StPO)* (1. Auflage). Triesen: Ritter.

Stratenwerth, G. (2011). *Schweizerisches Recht – Allgemeiner Teil.* Bern: Stämpfli.

Stratenwerth, G., & Wohlers, W. (2013). *Schweizerisches Strafgesetzbuch – Handkommentar.* Bern: Stämpfli.

Stromseth, J. E. (2003). The Security Council's counter-terrorism role: Continuity and innovation. *Proceedings of the ASIL Annual Meeting*, 41–45.

Szasz, P. C. (2002). The security council starts legislating. *The American Journal of International Law, 96*(4), 901–905.

Teichmann, F. (2017a). Twelve Methods of Money Laundering. *Journal of Money Laundering Control, 20*(2), 130–137.

Teichmann, F. (2017b). Die Bekämpfung der Terrorismusfinanzierung – Ein aussichtsloser Weg? *ius.full (3)*, 95–100.

Teichmann, F. (2017c). Geldwäscherei in der Immobilienbranche. *Kriminalistik (3)*, 194–198.

Teichmann, F. (2016a). *Umgehungsmöglichkeiten der Geldwäschereipräventionsmassnahmen.* Zürich: Schulthess Verlag.

Teichmann, F. (2016b). Wie sinnvoll ist die Abschaffung des Bargelds zur Bekämpfung der Geldwäscherei und der Terrorismusfinanzierung? *ius.full (6)*, 154–161.

Teichmann, F. (2016c). Geldwäscherei in der Schweiz. *ZRFC – Risk, Fraud & Compliance (4)*, 163–166.

Teichmann, F. (2016d). Geldwäscherei im Schmuckhandel. *Ius.full (5)*, 120–127.

Tewksbury, R. (2009). Qualitative versus quantitative methods: Understanding why qualitative methods are superior for criminology and criminal justice. *Journal of Theoretical and Philosophical Criminology, 1*(1), 38–58.

Tewksbury, R., Dabney, D. A., & Copes, H. (2010). The prominence of qualitative research in criminology and criminal justice scholarship. *Journal of Criminal Justice Education, 21*(4), 391–411.

Thelesklaf, D. (2009). Art. 9 ff. GwG, in: Thelesklaf, D., Wyss, R., Zollinger, D., van Thiel, M. (Hrsg.). *Gwg Kommentar*. Bern: Orell Füssli.

Thistle, C. (2008). A First Amendment Breach: The National Security Agency's Electronic Surveillance Program. *Seton Hall Law Review*, *38*, 1197–1232.

Thomas, E., & Magilvy, J. K. (2011). Qualitative rigor or research validity in qualitative research. *Journal for Specialists in Pediatric Nursing*, *16*(2), 151–155.

Thony, J. F., & Png, C. A. (2007). FATF special recommendations and UN resolutions on the financing of terrorism: A review of the status of implementation and legal challenges faced by countries. *Journal of Financial Crime*, *14*(2), 150–169.

Tierney, M. (2017). Well funded and dangerous: assessing the Islamic State's financing operations. *Journal of Money Laundering Control*, *20*(2), 1–20.

Tilly, C. (2004). Terror, terrorism, terrorists. *Sociological Theory*, *22*(1), 5–13.

Tofangsaz, H. (2012). A new approach to the criminalization of terrorist financing and its compatibility with Sharia law. *Journal of Money Laundering Control*, *15*(4), 396–406.

Tofangsaz, H. (2015a). Rethinking terrorist financing; where does all this lead? *Journal of Money Laundering Control*, *18*(1), 112–130.

Tofangsaz, H. (2015b). Terrorism or not terrorism? Whose money are we looking for? *Journal of Financial Crime*, *22*(3), 378–390.

Travalio, G. M. (2000). Terrorism, international law, and the use of military force. *Wisconsin International Law Review 18*, 145–192.

Trechsel, S. & Pieth, M. (2018). *Schweizerisches Strafgesetzbuch – Praxiskommentar* (3. Auflage). Zürich/St.Gallen: Dike.

Truby, J. (2016). Qatar's progress towards preventing terror finance through the abuse of charitable status and the financial sector. *Journal of Money Laundering Control*, *19*(4), 500–516.

Tupman, W. A. (2009). Ten myths about terrorist financing. *Journal of Money Laundering Control*, *12*(2), 189–205.

Twining, W. (1999). Globalization and Comparative Law. *Maastricht Journal of European & Comparative Law*, 6, 217–243.

Vaismoradi, M., Turunen, H., & Bondas, T. (2013). Content analysis and thematic analysis: Implications for conducting a qualitative descriptive study. *Nursing & Health Sciences*, *15*(3), 398–405.

van den Haag, E. (1986). Punishment: Desert and crime control. *Michigan Law Review*, *85*, 1250.

van Hoecke, M., & Warrington, M. (1998). Legal cultures, legal paradigms and legal doctrine: towards a new model for comparative law. *International and Comparative Law Quarterly*, *47*(3), 495–536.

van Munster, R. (2004). The war on terrorism: When the exception becomes the rule. *International Journal for the Semiotics of Law*, *17*(2), 141–153.

Veng Mei Leong, A. (2005). Definitional analysis: the war on terror and organised crime. *Journal of Money Laundering Control*, *8*(1), 19–36.

Verdugo-Yepes, C. (2008). Enhancing international cooperation in the fight against the financing of terrorism. *Journal of Global Change and Governance*, *1*(3), 1–27.

Vest, H. & Schuhbarth, M. (2007). *Delikte gegen den öffentlichen Frieden (Art. 258–263 StGB)* (1. Auflage). Bern: Stämpfli.

Viles, T. (2008). Hawala, hysteria and hegemony. *Journal of Money Laundering Control*, *11*(1), 25–33.

Viritha, B., Mariappan, V., & Haq, I. U. (2015). Suspicious transaction reporting: an Indian experience. *Journal of Money Laundering Control*, *18*(1), 2–16.

Vlcek, W. (2006). Acts to combat the financing of terrorism: Common foreign and security policy at the European court of justice. *European Foreign Affairs Review*, *11*, 491–507.

Vlcek, W. (2008). Development vs. terrorism: Money transfers and EU financial regulations in the UK. *The British Journal of Politics and International Relations*, *10*(2), 286–302.

von Heintschel-Heinegg, W. (2016). *Beck'scher Online-Kommentar StGB* (33. Auflage). München: Beck Verlag.

von Hirsch, A. (1991). Proportionality in the philosophy of punishment: From "Why punish?" to "How much?". *Israel Law Review*, *25*(3–4), 549–580.

von Hirsch, A. (1992). Proportionality in the philosophy of punishment. *Crime and Justice*, *16*, 55–98.

von Ins, P. & Wyder, P. (2018). Art. 179bis, in: Niggli, M.A., Heer, M., & Wiprächtiger, H. (Hrsg.). *Basler Kommentar zum Strafrecht II* (4. Auflage). Basel: Helbing Lichtenhahn.

von Winterfeldt, D., & O'Sullivan, T. M. (2006). Should we protect commercial airplanes against surface-to-air missile attacks by terrorists? *Decision Analysis*, *3*(2), 63–75.

Wachtel, J. (1992). From morals to practice: Dilemmas of control in undercover policing. *Crime, Law and Social Change*, *18*(1–2), 137–158.

Warbrick, C. (2004). The European response to terrorism in an age of human rights. *European Journal of International Law*, *15*(5), 989–1018.

Ward, C. A. (2003). Building capacity to combat international terrorism: the role of the United Nations Security Council. *Journal of Conflict and Security Law*, *8*(2), 289–305.

Waszak, J. D. (2004). The Obstacles to Suppressing Radical Islamic Terrorist Financing. *Case Western Reserve Journal of International Law*, *36*, 673–710.

Watson, A. (1978). Comparative law and legal change. *The Cambridge Law Journal*, *37*(02), 313–336.

Watson, A. (1995). From legal transplants to legal formants. *American Journal of Comparative Law*, *43*, 469–476.

Wedgwood, R. (1999). Responding to terrorism: the strikes against Bin Laden. *Yale Journal of International Law*, *24*, 559–576.

Webster, D. W., Bulzacchelli, M. T., Zeoli, A. M., & Vernick, J. S. (2006). Effects of undercover police stings of gun dealers on the supply of new guns to criminals. *Injury Prevention*, *12*(4), 225–230.

Weder, U. (2018). In: Donatsch, A., Heimgartner, S., Isenring, B. & Weder, U. (Hrsg.). *StGB Kommentar*. Bern: Orell Füssli.

Weil, S. (1992). Verdeckte Ermittlungen im Strafverfahren und die Unverletzlichkeit der Wohnung. *Zeitschrift für Rechtspolitik*, *25*(7) 243–247.

Weiner, B., Graham, S., & Reyna, C. (1997). An attributional examination of retributive versus utilitarian philosophies of punishment. *Social Justice Research*, *10*(4), 431–452.

Weintraub, S. (2002). Disrupting the financing of terrorism. *Washington Quarterly*, *25*(1), 53–60.

Weissenberger, P. (2018). Art. 143bis, in: Niggli, M.A., Heer, M., Wiprächtiger, H. (Hrsg.). *Basler Kommentar zum Strafrecht II* (4. Auflage). Basel: Helbing Lichtenhahn

Wheatley, J. (2005). Ancient banking, modern crimes: How hawala secretly transfers the finances of criminals and thwarts existing laws. *University of Pennsylvania Journal of International Economic Law*, *26*, 347–378.

Whittemore, R., Chase, S. K., & Mandle, C. L. (2001). Validity in qualitative research. *Qualitative Health Research*, *11*(4), 522–537.

Winer, J. M., & Roule, T. J. (2002). Fighting terrorist finance. *Survival*, *44*(3), 87–104.

Winer, J. M. (2008). Countering terrorist finance: a work, mostly in progress. *The ANNALS of the American Academy of Political and Social Science*, *618*(1), 112–132.

Wong, K. (2006). The NSA Terrorist Surveillance Program. *Harvard Journal on Legislation*, *43*, 517–534.

Wyss, R. (2009). Art. 1 ff. GwG, in: Thelesklaf, D., Wyss, R., Zollinger, D., van Thiel, M. (Hrsg). *GwG Kommentar*. Bern: Orell Füssli.

Yoo, J. (2006). The terrorist surveillance program and the constitution. *George Mason Law Review*, *14*, 565–600.

Zagaris, B. (2004). The merging of the anti-money laundering and counter-terrorism financial enforcement regimes after September 11, 2001. *Berkeley Journal of International Law*, *22*, 123–158.

Zagaris, B. (2007). Problems applying traditional anti-money laundering procedures to non-financial transactions, "parallel banking systems" and Islamic financial systems. *Journal of Money Laundering Control*, *10*(2), 157–169.

Zerbes, I. (2011). *Wiener Kommentar StPO*. Wien: Manz.

Zeidan, S. (2003). Desperately seeking definition: The international community's quest for identifying the specter of terrorism. *Cornell International Law Journal*, *36*, 491–496.

Ziercke, J. (2008). Pro Online-Durchsuchung. *Informatik-Spektrum*, *31*(1), 62–64.

Zöller, M. (2009). *Terrorismusstrafrecht – Ein Handbuch*. Heidelberg: C.F. Müller Verlag.

Zöller, A. M. (2018). § 89c StGB, in: Wolter, J. (Hrsg.). *SK-StGB, §§80–173. Band III* (9. Auflage). Köln: Carl Heymanns Verlag.

II. Internetquellen

Bundesamt für Justiz (2011). Zusammenfassung der Ergebnisse des Vernehmlassungsverfahrens über den Bericht und den Vorentwurf zur Änderung des Bundesgesetzes vom 6. Oktober 2000 betreffend die Überwachung des Post- und Fernmeldeverkehrs (BÜPF). Abgerufen am 01.05.2017 unter https://www.admin.ch/ch/d/gg/pc/documents/1719/Bericht_V_Ueberwachung_des_Post-_und_Fernmeldeverkehrs.pdf.

Bundesrat (2007). Entwurf für das Bundesgesetz über Massnahmen zur Wahrung der inneren Sicherheit. Abgerufen am 01.05.2017 unter http://www.news-service.admin.ch/NSBSubscriber/message/attachments/8731.pdf.

FINMA (2006). Bekämpfung der Terrorismusfinanzierung. Abgerufen am 06.04.2017 unter https://www.finma.ch/FinmaArchiv/bpv/d/themen/00711/index.html?lang=de.

FINMA (2017). Finanzsanktionen im Zusammenhang mit Terrorismus und Terrorismusfinanzierung. Heruntergeladen am 06.04.2017 unter https://www.finma.ch/de/dokumentation/internationale-sanktionen-und-terrorismusbekaempfung/finanzsanktionen-gegen-terrorismus/#Order=4.

Hansjakob, T. Einsatz von GovWare – zulässig oder nicht? Zum Einsatz von Computerprogrammen bei der Überwachung von Internet-Telefonie. Abgerufen am 02.05.2017 unter http://www.hansjakob.ch/thomas/jusletter_einsatz_govware.pdf.

Parlamentsdirektion (2016). Bundesgesetz, mit dem die Strafprozessordnung 1975 und das Staatsanwaltschaftsgesetz geändert werden. Abgerufen am 01.05.2017 unter https://www.parlament.gv.at/PAKT/VHG/XXV/ME/ME_00192/fname_521691.pdf.

Zeit (2015). Angst zu verbreiten ist erschreckend günstig. Abgerufen am 06.04.2017 unter http://www.zeit.de/wirtschaft/2015-11/terrorismus-finanzierung-islamischer-staat-fatf-peter-neumann.

www.ingramcontent.com/pod-product-compliance
Ingram Content Group UK Ltd.
Pitfield, Milton Keynes, MK11 3LW, UK
UKHW022106051026
15623UKWH00003B/720

9 783631 828243